Der Größte

MEINE GESCHICHTE

Muhammad Ali

UND RICHARD DURHAM

Droemer Knaur

Für Cassius Marcellus Clay sen.
und
Odessa Clay

Cash und Bird
in Dankbarkeit

Aus dem Amerikanischen übersetzt von
Dr. Dieter Dörr, Gisela Stege, Norbert Wölfl.

1. bis 200. Tausend

Die Originalausgabe »The Greatest, my own story« erschien bei Random House
Papier: Holzfrei bläulichweiß Werkdruck 90 g/m²,
geliefert von der Papierfabrik Salach GmbH in Salach/Württ.
durch Hartmann & Mittler GmbH, München
Gesamtherstellung: Welsermühl, Wels
Printed in Austria · 25076
ISBN 3-426-05600-3

Inhalt

Lebenslauf

1942 Geboren am 17. Januar in Louisville

1959 Gewinner der Goldenen Boxhandschuhe (Golden Gloves) in Chicago

1960 Goldene Boxhandschuhe in Chicago, Olympiasieg in Rom, Vertragsangebot von Reynolds (September), Vertrag mit der Louisville Sponsoring Group (Oktober)

1964 6 Monate nach dem Beitritt am 28. Februar Bekanntgabe der Zugehörigkeit zum Islam; am 4. Juni Eheschließung mit Sonji

1965 19. Juni Einzug der Boxlizenz durch die World Boxing Association

1966 Am 7. Januar Scheidung von Sonji. Am 17. Februar in Miami Pressekonferenz mit Stellungnahme zu Vietnam. Am 26. Oktober Beendigung des Vertrags mit der Louisville Sponsoring Group, neues Abkommen mit Herbert Muhammad

1967 Am 28. April in Houston Einberufung zum Wehrdienst. Am 28. April Einziehung der Boxlizenz durch die Boxkommission des Staates New York. Am 25. Juni Verurteilung zu fünf Jahren Gefängnisstrafe wegen Wehrdienstverweigerung. Am 17. August Eheschließung mit Belinda

1968 Am 18. Juni Geburt der Tochter Maryum

1970 Am 20. Juni Aufhebung der fünfjährigen Gefängnisstrafe. Am 21. August Geburt der Zwillinge Yamillah und Rasheda. Am 28. September Ausstellung der ersten Boxlizenz seit dem Ausschluß

1972 Am 14. Mai Geburt des Sohnes Muhammad jr.

Kämpfe als Profi

ÄRA LOUISVILLE SPONSORING GROUP

Datum	Gegner	Ort	Ergebnis	Börse in $
1960				
29. Oktober	Tunney Hunsaker	Louisville	S 6[1]	2 000
27. Dezember	Herb Siler	Miami Beach	K.o. 4	200
1961				
17. Januar	Tony Esperti	Miami Beach	K.o. 3	545
7. Februar	Jim Robinson	Miami Beach	K.o. 1	645
21. Februar	Donnie Fleeman	Miami Beach	K.o. 7	913
19. April	Lamar Clark	Louisville	K.o. 2	2 548
26. Juni	Duke Sabedong	Las Vegas	S 10	1 500
22. Juli	Alonzo Johnson	Louisville	S 10	6 636
7. Oktober	Alex Miteff	Louisville	K.o. 6	5 644
29. November	Willi Besmanoff	Louisville	K.o. 7	2 048
1962				
10. Februar	Sonny Banks	New York	K.o. 4	5 014
28. Februar	Don Warner	Miami Beach	K.o. 4	1 675
23. April	George Logan	Los Angeles	K.o. 4	9 206
19. Mai	Billy Daniels	New York	K.o. 7	6 000
20. Juli	Alejandro Lavorante	Los Angeles	K.o. 5	15 149
15. November	Archie Moore	Los Angeles	K.o. 4	45 300

Datum	Gegner	Ort	Ergebnis	Börse in $
1963				
24. Januar	Charlie Powell	Pittsburgh	K.o. 3	14 331
13. März	Doug Jones	New York	S 10	57 668
18. Juni	Henry Cooper (I)	London	K.o. 5	56 098
1964				
25. Februar	Sonny Liston (I)	Miami Beach	K.o. 7[2]	464 595
1965				
25. Mai	Sonny Liston (II)	Lewiston, Me.	K.o. 1[3]	361 819
22. November	Floyd Patterson	Las Vegas	K.o. 12[3]	300 078
1966				
29. März	George Chuvalo	Toronto	S 15[3]	66332
21. Mai	Henry Cooper (II)	London	K.o. 6[3]	448186
6. August	Brian London	London	K.o. 3[3]	290411
10. September	Karl Mildenberger	Frankfurt	K.o. 12[3]	211576
	Bruttoeinkommen in der Ära Louisville Sponsoring Group:			2376115

ÄRA HERBERT MUHAMMAD

1966				
14. November	Cleveland Williams	Houston	K.o. 3[3]	405 000
1967				
6. Februar	Ernie Terrell	Houston	S 15[3]	585 000
22. März	Zora Folley	New York	K.o. 7[3]	275 000
	(EXIL: APRIL 1967 BIS SEPTEMBER 1970)			
1970				
26. Oktober	Jerry Quarry (I)	Atlanta	K.o. 3	580 000
7. Dezember	Oscar Bonavena	New York	K.o. 15	925 000
1971				
8. März	Joe Frazier (I)	New York	N 15[4]	2 500 000
26. Juli	Jimmy Ellis	Houston	K.o. 12	450 000
17. November	Buster Mathis	Houston	S 10	300 000
26. Dezember	Jürgen Blin	Zürich	K.o. 7	250 000

Datum	Gegner	Ort	Ergebnis	Börse in $
1972				
1. April	Mac Foster	Tokio	S 15	200 000
1. Mai	George Chuvalo	Vancouver	S 12	200 000
27. Juni	Jerry Quarry (II)	Las Vegas	K.o. 7	500 000
19. Juli	Al »Blue« Lewis	Dublin	K.o. 11	200 000
20. September	Floyd Patterson	New York	K.o. 7	250 000
21. November	Bob Foster	Lake Tahoe	K.o. 8	260 000
1973				
14. Februar	Joe Bugner (I)	Las Vegas	S 12	285 000
31. März	Ken Norton (I)	San Diego	N 12	210 000
10. September	Ken Norton (II)	Los Angeles	S 12	535 000
20. Oktober	Rudi Lubbers	Djakarta	S 12	200 000
1974				
28. Januar	Joe Frazier (II)	New York	S 12	1 715 000
30. Oktober	George Foreman	Kinshasa	K.o. 8[5]	5 450 000
1975				
24. März	Chuck Wepner	Cleveland	K.o. 15	1 500 000
16. Mai	Ron Lyle	Las Vegas	K.o. 11	1 000 000
30. Juni	Joe Bugner (II)	Kuala Lumpur	S 15	2 100 000
30. September	Joe Frazier (III)	Manila	T.K.o. 14[3]	6 000 000

Bruttoeinkommen in der Ära Herbert Muhammad:	27 375 000
Bruttoeinkommen seit meiner Rückkehr in den Ring:	26 110 000
Einkommen im Ring insgesamt:	29 751 115
Geschätztes Einkommen aus Schaukämpfen:	1 500 000
Gesamteinkommen:	31 251 115

K.o. = Sieg durch K.o.
N = Niederlage nach Punkten
S = Sieg nach Punkten
T.K.o. = Sieg durch Technischen K.o.
Die Ziffern geben die Zahlen der Runden an, hochgestellte Ziffern verweisen auf die Anmerkungen.

[1] Für diesen Kampf (vor meinem Vertrag mit der Louisville Sponsoring Group) zeichnete ich selbst
[2] Ich gewann den Weltmeistertitel im Schwergewicht
[3] Ich verteidigte den Weltmeistertitel im Schwergewicht
[4] Es ging um den vakanten Weltmeisterschaftstitel
[5] Ich gewann den Weltmeisterschaftstitel zurück

Vorwort

Will ein Boxer erfolgreich sein und seinen Weg gehen, muß er sich teilen und die Fähigkeit besitzen, an zwei Orten gleichzeitig zu sein: beim Training und beim Rechtsanwalt, im Ring und in der Steuerkanzlei. Da sich aber kein Mensch zweiteilen kann, braucht jeder Boxer einen Partner, einen Bruder, einen Freund, ein zweites Ich, das ihn in seinem Denken und Wollen ergänzt. Das alles ist Herbert Muhammad für mich. Ich habe keine einzige Entscheidung getroffen, bei der er nicht eine wichtige Rolle gespielt hat.
Herbert war es auch, der mir in der Zeit meiner Verbannung aus dem Boxring vorschlug, ich sollte doch mit der Arbeit an meiner Autobiographie beginnen. In den Vereinigten Staaten wurde ich drei Jahre lang von dem einzigen Beruf ferngehalten, für den ich mich wirklich engagiert hatte; da mein Paß eingezogen war, konnte ich ihn auch nicht im Ausland ausüben. Als ich mit dem Verlagshaus Random House in Verbindung trat, mußte ich noch damit rechnen, nur über vergangene Kämpfe berichten zu können und meine Geschichte im Gefängnis zu Ende schreiben zu müssen.
Ich hatte gerade damit begonnen, mein Leben zu überdenken und zu ordnen. Noch hielt ich die Entscheidung des Obersten Gerichts für das Nonplusultra – da gelang es Herberts rastlosen Bemühungen, den Boykott gegen mich zu durchbrechen. Er entdeckte eine Möglichkeit in Georgia, und der letzte, wichtigste Teil meiner Boxerlaufbahn begann.
Herbert Muhammad sollte mein engster Freund und Berater werden und schließlich in Boxerkreisen einen größeren Einfluß gewinnen als irgendein anderer Manager. Ich lernte ihn 1964 kennen, als ich kurz nach dem Titelkampf gegen Sonny Liston nach Chicago kam, um Fotos machen zu lassen. Der Fotograf war mir als einer der besten Chicagos empfohlen worden. Während der ersten Sitzung in seinem Atelier sprachen wir ganz offen über Boxer und über die Frage, wofür sie denn nun eigentlich kämpften: für ihre Existenz

und die ihrer Familie und aller, die sie liebten und von denen sie wiedergeliebt wurden. Er zeigte sich verständnisvoll und freundlich, blieb aber sehr ernst. Sein Geschäftssinn machte einen großen Eindruck auf mich.
»Ich wollte selbst einmal Boxer werden«, gestand mir Herbert Muhammad. »Mein Vater bat mich zwar, es aufzugeben, aber ich bin nie ganz davon losgekommen. Zu meiner Zeit wurden Namen wie Joe Louis, Sugar Ray Robinson, Ezzard Charles oder Rocky Marciano ganz groß geschrieben. Ich überwand zwar die Sehnsucht, selbst im Ring zu stehen, nicht jedoch den Wunsch, diesen großen Boxern außerhalb des Rings behilflich zu sein. Warum ich das tat? Weil ich sah, was am Ende einer großen Karriere aus diesen hervorragenden Boxern wurde und was ihnen nach all den Jahren übrigblieb. Was ich da erleben mußte, schockierte mich. Ich schwor mir, mich voll und ganz einzusetzen, sollte ich jemals Gelegenheit haben, einem Boxer zu helfen, der diese Bezeichnung wirklich verdiente.«
Eigentlich hatte ich ja die »elf Manager« der Louisville Sponsoring Group. Aber ich wußte auch, daß keiner von ihnen die Zeit und die Befähigung hatte, mein Fernziel zu begreifen und mir bei der Verwirklichung hochgesteckter Pläne zu helfen. Ich glaubte zwar daran, daß es mit mir weiterhin aufwärtsgehen würde, aber ich wußte auch, daß ich all meine Gedanken und Handlungen auf das Training und die boxerische Weiterentwicklung konzentrieren mußte, wenn ich mich in dieser Welt behaupten wollte. Mit einigem Glück mußte ich jemanden finden, der das kaufmännische Fingerspitzengefühl besaß, das Geschäftliche für mich zu erledigen – einen Agenten, der es verstand, die richtigen Anwälte auszuwählen, finanzielle Angebote zu durchleuchten, Geld zu beschaffen und das Image seines Schützlings aufzubauen. Ich trug Honorable Elijah Muhammad, Allahs Abgesandten, mein Anliegen vor. Er hielt zwar wenig vom Profisport, verstand jedoch, daß ich als einer seiner Anhänger des Schutzes bedurfte, bis ich mich aus diesem Geschäft zurückziehen konnte. Ich bat ihn um die Erlaubnis, Herbert als meinen Berater innerhalb und außerhalb des Ringes freizustellen, damit ich meine Karriere weiterverfolgen und gleichzeitig mit meinem Leben der Sache der Freiheit, Gerechtigkeit und Gleichheit des schwarzen Mannes in den USA dienen konnte.
Die Louisville Sponsoring Group, beunruhigt wegen der Verständigungsschwierigkeiten zwischen uns, begrüßte Herbert als Berater, um so mehr, als er schon bald sein kaufmännisches Können und seine hingebungsvolle Treue bewies. Innerhalb kürzester Zeit beherrschte er die Grundlagen der geschäftlichen Seite des Boxsports.
Als 1966 mein Vertrag mit der Gruppe aus Louisville auslief, wurde Herbert mein Manager. Wir bildeten zwar eine Einheit, entschieden uns jedoch für strikte Arbeitsteilung. »Deine Aufgabe ist es, alles zu bestimmen, was im Ring passiert«, sagte Herbert. »Konzentrier du dich auf das Training, die Entwicklung deiner Technik und deiner ganz persönlichen Note. Ich sorge dafür, daß du das Geld bekommst, das dir zusteht.«
Er erklärte weiter: »Die Veranstalter verstehen es, einen Boxer auszuneh-

men. Sie zweigen Nebeneinnahmen ab, die von Rechts wegen in die Taschen des Boxers fließen sollten. Allmählich durchschaue ich alle Tricks. Es geht um versteckte Rabatte, Zuwendungen, Schleichwerbung und andere Geldquellen, die der Boxer erschließt und an denen er beteiligt werden müßte. Das allgemeine Interesse an der Schwergewichtsmeisterschaft ist größer denn je, weil du das Boxen wieder populär gemacht hast. Bei deinem Übertritt zum Islam hast du eine ungeheure Anzahl von Menschen, die sich zuvor kaum für Sport überhaupt interessierten, auf die Weltmeisterschaft aufmerksam gemacht. Niemals zuvor blickte die Welt so gebannt auf einen einzelnen Sportler. Jetzt ist deine Zeit gekommen. Du mußt deine Chance nutzen.«
Herberts zupackender Art und seiner Phantasie ist es zu verdanken, daß zum erstenmal in der Geschichte des Sports Boxkämpfe staatlich gefördert wurden, wie in Zaire, Malaysia und auf den Philippinen; daß sich andere Länder wie Ägypten, Saudi-Arabien, der Iran, Santo Domingo und Haiti darum bewarben; daß öffentlich für Kämpfe in Irland, in der Schweiz, in Japan, Indonesien und Kanada geworben wurde.
Herbert verfaßte ein Gedicht, das zu der neuen Strategie paßte:

Invite Muhammad Ali to fight,
And your country will share the world spotlight.

Holt Muhammad Ali in den Ring,
Und auch euer Land hat etwas von dem Superding.

Ich hatte das Glück, einen Manager zu finden, der Geschick, Integrität und Pflichtbewußtsein mitbrachte, einen Freund, der zwar in großen Zügen meine Karriere mit vorzeichnete, der aber sonst zurückhaltend und bescheiden blieb. Er hat es mir ermöglicht, das Verhältnis zwischen Manager und Boxer zu revolutionieren; er ermutigt mich ständig, nicht nur den Zuschauern meine beste Leistung zu bieten, sondern auch am Lebenskampf der Menschen teilzuhaben, mich um den menschlichen Fortschritt zu kümmern und für die Grundsätze des Friedens, der Gerechtigkeit und Gleichheit einzutreten: zu beweisen, daß man auch in einem Beruf, der als brutal und blutig verschrien ist, Anstand und Würde beweisen kann. Nicht nur ich allein bin Herbert Muhammad zu großem Dank verpflichtet – der Boxsport insgesamt steht tief in seiner Schuld.
Für all das danke ich Allah und Honorable Elijah Muhammad, dem Diener Allahs. Der Friede und der Segen Allahs mögen ihn stets begleiten. Herbert, dieser brillante und pflichtgetreue Mann, den ich als Fotografen kennenlernte und der dann das Bild meiner Zukunft strahlender gestaltete, als es sonst jemals geworden wäre – diesem Freund danke ich es, daß ich nun einige Höhepunkte meines Lebens gemeinsam mit Ihnen noch einmal erleben darf.

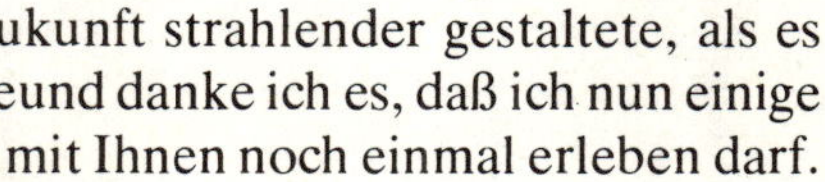

1

Shorty sieht zu

»Louisville 100 Meilen.« Im dichten Regen kann ich den Wegweiser kaum ausmachen.
»Bis zum Morgen schaffen wir es nicht«, sagt Harold Hazzard, mein Fahrer. Er sitzt schon zu lange am Steuer und nimmt alles nur noch verschwommen wahr.
»Wenn ich fahre, schaffen wir's.« Von hier an kenne ich jede Kurve und jedes Schlagloch. Ich übernehme das Steuer und Harold klettert zu den übrigen Mitgliedern meines Teams hinten in den Bus. Belinda und meine Tochter Maryum schlafen dort tief und fest.
»Wenn du down bist, ist dein Heimatort das Schlimmste, was es gibt«, warnte mich einmal Chris Dundee. »Die sollen dich nur als Gewinner kennen. Komm nie als geschlagener Mann nach Hause.«
Bis jetzt war ich immer wie ein siegreicher Jäger nach Hause zurückgekehrt und hatte reichlich Beute aus dem Urwald mitgebracht: Zweimal die Goldenen Boxhandschuhe, ein paar Amateurtitel, eine olympische Goldmedaille, die Weltmeisterschaft im Schwergewicht. Selbst nach meinem Ausschluß aus dem Boxsport blieb ich immer noch der Unbesiegte.
Nun schreiben wir das Frühjahr 1973, und ich habe eine Niederlage hinter mir, die in meiner Heimatstadt jeder Mann, jede Frau, jedes Kind gehört oder gesehen hat, genau wie alle anderen Menschen auf der Welt. Aus den Sportseiten der Presse werden mir Schlagzeilen entgegenspringen wie: MUHAMMAD ERLEDIGT! DAS ENDE EINER ÄRA! ALI VON EINEM NIEMAND BESIEGT! DAS GROSSMAUL SCHWEIGT FÜR IMMER! DER SPANNENDSTE KAMPF IN DER BOXGESCHICHTE!
Aber ich will nach Hause. Mich ausruhen. Bird und meinen Vater und die alten Freunde wiedersehen. Bestandsaufnahme machen. Ich will wissen, wer ich bin, wo ich herkomme und wo ich hin will. Hier bin ich geboren und auf-

gewachsen, hier habe ich die ersten einundzwanzig Jahre meines Lebens verbracht. Ich muß wissen, ob es wirklich meine »Heimat« ist – der Zufluchtsort, an den man immer zurückkehren kann, wenn man Prügel bezogen hat.
Es regnet stärker. Ich muß noch langsamer fahren. Während ich mühsam ins Dunkel hinausblinzle, läuft wie in einem Film immer wieder dieselbe Szene vor meinen Augen ab: Die Sporthalle von San Diego. Die letzte Runde ist vorbei. Ich stehe in meiner Ecke. Der Schiedsrichter sammelt die Punktkarten ein. Er wirft einen Blick darauf, verliest die Wertungen, sieht für eine Sekunde zu mir herüber und dreht sich dann zu Norton um. »Sieger nach Punkten – Ken Norton!«
Die Arena explodiert. Wildes Geschrei brandet von den Rängen herunter. Ein paar Buhrufe sind dazwischen, aber sie gehen im Sprechchor »NORTON! NORTON!« unter.
»Wir haben dich geschlagen, du Bastard!« Ich blicke auf einen untersetzten Weißen hinab, der auf seinem Stuhl steht, eine Zeitung schwenkt und mich anschreit. »Wir haben dich geschafft! Wir haben dich geschafft!«
Polizeibeamte springen in den Ring, aber die Menschen drängen sich an ihnen vorbei und strömen scharenweise unter den Seilen herein. Joe Frazier umarmt Norton; er ist sein Stallgefährte und Sparringspartner. Ein Radioreporter ruft meinen Namen und winkt mir zu. Ich soll hinkommen und »ein paar erklärende Worte sagen«. Aber Angelo und Bundini schieben mich bereits die Stufen hinunter. Ich spüre Blut in der Kehle, und die Schmerzen an Gesicht und Schultern nehmen zu. Ich weiß noch, daß ich stehenblieb und einen Blick dorthin warf, wo Belinda saß. Ich will ihr zuwinken, ihr irgendwie verständlich machen, daß bei mir alles in Ordnung ist, aber in dem Gedränge zwischen der Menge und der Polizei werde ich in die Kabine geschoben.
»Wer ist denn *nun* der Schönste – wer ist denn *nun* der Schönste?« Ein paar weiße Frauen kreischen es mit voller Lautstärke und trampeln im Takt dazu. Die Polizei drängt sie ab.
Mein Kopf fühlt sich an, als würde er gleich abfallen. Die Schmerzen in der linken Kinnhälfte sind kaum noch zu ertragen.
Ein Mann in Feuerwehruniform durchbricht den Polizeikordon. »Du bist erledigt. Großmaul! Erledigt!«
Die Polizisten bilden vor mir einen Keil und drängen die Massen zurück, bis wir die Sporthalle hinter uns haben und auf dem Flur stehen. Der Pöbel drängt uns mit Gebrüll und Buhrufen nach, während die Ordner versuchen, die Kabinentüren zu öffnen. Sie werden schließlich von innen geöffnet, und wir drücken uns nacheinander hinein.
Mein Manager Herbert Muhammad, mein Trainerassistent Bundini, mein Ringarzt Dr. Pacheco, Captain Joseph Yuseff vom Tempel Nr. 7, den ich schon kenne, seit ich dem Islam beigetreten bin, mein Trainer Angelo Dundee, meine Assistenten Eugene Kilroy und Hassan Salami und mein Fotograf Howard Bingham, mein Texter Dick Durham, mein Freund Reggie Barrett, mein Leibwächter Pat Patterson, der Trainerassistent Walter Youngblood. Auch nachdem wir in der Kabine sind, stoßen sie von draußen immer wieder

die Tür auf, so daß ich alles hören kann: »Wer ist *jetzt* der Größte? – Wer ist *jetzt* der Größte?«
Endlich bleibt die Tür zu, und Angelo lehnt sich erschöpft dagegen. Er begreift den Haß und die Wut nicht, die in diesen Stimmen liegt. »Wilde!« Mehr kann er dazu nicht sagen.
Kilroy hebt den Bademantel auf, der mir von den Schultern geglitten ist. »THE PEOPLE'S CHAMPION – CHAMPION DES VOLKES« steht auf dem Rükken – ein Geschenk von Elvis Presley anläßlich meines Kampfes gegen Joe Bugner. Kilroy tritt auf mich zu und bandagiert mein Kinn mit einem Handtuch, um mir die Schmerzen zu erleichtern.
»Das hier ist Nortons Stadt. Es sind Nortons Leute«, sagt jemand. »Genau wie du in Louisville zu Hause bist, Ali. Überall reagiert man so auf den Lokalmatador.«
Aber ich weiß, daß diese Gesichter, diese Stimmen da draußen, nicht nur eine Reaktion auf den »Lokalmatador« sind. Es ist die Reaktion der Mehrheit des weißen Amerika. Ich habe mich daran gewöhnt, daß die Hälfte meiner Zuschauer nur kommen, weil sie mich geschlagen sehen wollen, gleichgültig, wer mein Gegner ist. Diesen Triumph habe ich ihnen lange Zeit nicht gegönnt. Nun ist er da, und sie kosten ihn aus. Seit Frazier mich im Madison Square Garden mit einem linken Haken fällte, hatten sie nicht viel zu jubeln. Und diese Niederlage kommt ihnen noch viel gelegener, weil ich nicht von einem international berühmten Monstrum wie Frazier oder Foreman gefällt wurde, sondern von einem »Jungen aus dem Volk«.
Ich habe noch im Ohr, wie Herbert in der Besprechung unmittelbar vor dem Kampf sagte: »Wenn sie gegen dich antreten, sind es keine Lokalmatadore. Du bist zweiunddreißig. Für einen Boxer ist das alt, und du stehst Fightern gegenüber, die rauher und härter sind als die Gegner in deiner Jugendzeit. Es ist ihre Chance, schnell zu Ruhm und Geld zu kommen, wenn sie das Großmaul schlagen, das geprahlt hat: ›Ich bin der größte Boxer aller Zeiten!‹ Alle Boxer, die gegen dich antreten, sind so motiviert. Deine Prahlerei macht sie scharf. Sie kämpfen gegen dich verbissener als gegen irgendeinen anderen. Deinetwegen schämen sie sich, wenn sie es nicht tun.«
Vor einem Kampf suchen Herbert und ich immer einen ruhigen Winkel, preisen Allah und denken noch einmal über das nach, was mir bevorsteht. Über diesen Kampf sagte er: »Du hast bei der Vorbereitung alle Regeln gebrochen, die im Buch stehen.«
Ich dachte an eine Verschiebung.
»Ich bin gut auf Norton eingestellt«, sagte ich. »Du wirst schon sehen.«
Ich wollte den Kampf nicht verschieben.
Ich sitze auf dem niedrigen Tisch, betrachte die Gesichter ringsum, sehe Leute ein- und ausgehen und komme mir ganz fremd vor. Dann begreife ich, warum alles so fremd ist: Es ist nicht die Garderobe des Siegers, sondern die des Verlierers. In einer solchen war ich bisher erst einmal. In der Kabine des Verlierers weiß niemand so recht, was er sagen soll.
Wieso habe ich eigentlich verloren? Ich denke an die zweite Runde, als Nor-

ton meine Deckung durchstieß und mir die Linke unters Kinn rammte. Ich weiß ganz genau, wann dieser Schlag kam. Ich spürte ein Knacken und plötzlich Blut in der Kehle. Ich komme in die Ecke zurück und frage Bundini und Angelo: »Woran merkt man eigentlich, wenn das Kinn gebrochen ist?«
»Wenn man den Mund so aufmacht« – Bundini zeigt es mir – »und es knackt, dann ist der Unterkiefer gebrochen.«
Ich mache den Mund auf und höre das Knacken. Ein stechender Schmerz durchzieht mein Gesicht. Ich spucke das Blut in den Eimer und spüle den Mund aus, aber die Wunde blutet weiter.
»Wenn die Kinnlade gebrochen ist«, sagt Bundini, »müssen wir den Kampf abbrechen.«
Aber er weiß, daß ich nicht aufhöre. Noch liegen dreizehn Runden vor mir, noch kann ich gewinnen. Ich drehe mich um und sehe Joe Frazier und Archie Moore verdutzt zu mir heraufblicken. Sie sind hier, um Norton zu unterstützen. Ich würde sie so gern enttäuschen.
Kurz vor dem Gong flüstert mir Bundini ins Ohr: »Shorty sitzt im Wohnzimmer und sieht dir zu. Er verschränkt die Beine und beobachtet dich. Vergiß das nicht.«
»Shorty«, das ist Bundinis Name für Gott. Und während ich mich anstrenge, Norton zu erwischen, bevor sein nächster Schlag mein Kinn trifft, schreit Bundini: »Shorty sieht dir zu! Im Wohnzimmer! Am Fernseher im Wohnzimmer! Er beobachtet dich!«
Ich überstehe Runde um Runde, bemerke ein paar Lücken, aber ich weiß, daß ich mich von Norton nicht mehr in die Ecke drängen lassen darf. Einen Schlagabtausch kann ich mir nicht mehr leisten. Selbst wenn ich einen Treffer lande, schießt mir der Schmerz durch die Hand, als ob ich Arthritis hätte.
Hinterher wollen die Leute dann wissen, warum ich nicht aufgehört habe – wußte ich denn nicht, daß er mir hätte das Gesicht abreißen können? Ich kann's mir heute noch nicht erklären. Vielleicht dachte ich, der Kieferbruch sei nicht so schlimm. Vielleicht glaubte ich nicht daran, daß Norton mich schlagen könnte, auch nicht mit einem gebrochenen Unterkiefer. Vielleicht liegt es auch nur daran, daß ich noch nie einem Kampf ausgewichen bin. Oben im Ring, in der Hitze des Gefechts, hat mein Kinn nicht so furchtbar weh getan wie jetzt hier in der kühlen Kabine. Jeden Pulsschlag spüre ich wie Zahnschmerzen.
Jemand klopft an die Tür und schreit: »Laßt den Doktor rein!« Es ist der Arzt der Boxkommission von Kalifornien. Er kommt auf mich zu, greift behutsam nach meinem Kopf und dem Nacken, betastet die Backe, den Hals und mein Kinn. Seine Miene ist düster.
»Ist die Kinnlade gebrochen?« frage ich.
Er sagt überhaupt nichts. Es ist still in der Kabine.
Ich versuche es noch einmal. »Ist es schlimm?«
»Das wissen wir erst nach den Röntgenaufnahmen genauer«, sagt er und wendet sich an Dr. Pacheco. Während sich die beiden leise miteinander un-

terhalten, warte ich auf ein weiteres Klopfen an der Tür. Eigentlich müßte noch jemand hereinkommen.
»Wo bleibt Belinda?« frage ich.
Niemand antwortet. Ich weiß, da stimmt etwas nicht. Wenn ich verletzt bin, könnte sie nichts davon abhalten, zu mir zu kommen.
Nach einer ganzen Weile sagt Captain Joseph: »Sie ist nebenan.«
»Dann holt sie her«, sage ich.
»Sie liegt in einem anderen Zimmer, den Flur entlang«, sagt er. Und er fügt hinzu: »Sie hat einen Schock erlitten.«
Ich höre wieder die Stimme des Amtsarztes: »Muhammad, der Wagen wartet schon. Der Orthopäde steht bereit. Sie müssen sofort mitkommen.«
Aber ich lasse ihn stehen und dränge mich durch die Tür auf den Flur hinaus zu dem Zimmer, in dem Belinda liegt. Die beiden Ärzte folgen mir. Die Spötter, die meine Niederlage bejohlen, sind zahlreicher geworden, und als sie mich sehen, schreien sie auf.
»Du bist erledigt, Großmaul! Norton hat den Nigger geschlagen! Norton hat den Nigger geschlagen!« Heute morgen noch war Norton ein »Nigger« genau wie ich, aber heute abend ist er die große Hoffnung der Weißen.
Pfiffe und Schreie verfolgen mich bis ins Zimmer meiner Frau. Als wir dann drin sind und die Tür hinter uns geschlossen haben, kann ich nur dastehen und sie ansehen. Wenn jemand mir eine Sühne für meine Großspurigkeit und meine Prahlereien wünschte – da hat er sie. Nortons Kinnhaken ist nichts im Vergleich zu dem, was mich jetzt erschüttert. Man hat Belinda an einen Tisch gefesselt. Sie bäumt sich auf, schreit, wirft den Kopf von einer Seite auf die andere. Youngblood und vier weitere Männer halten sie fest.
Während ich noch dastehe, bäumt sie sich so heftig auf, daß sie die Fesseln sprengt. Die Männer beeilen sich, sie zu packen und die Gurte wieder festzuschnallen.
Ich lasse mich langsam auf einer Bank neben ihr niedersinken.
»Ich habe ihr ein starkes Beruhigungsmittel gegeben«, erklärt Dr. Pacheco. »Aber es wirkt nicht. Ich fürchte, mehr darf ich ihr nicht geben.«
Belindas Begleiterin Suzie Gomez, eine junge mexikanische Studentin, setzt sich neben mich.
»Was ist denn passiert?« frage ich.
»Ich weiß es nicht«, antwortet Suzie. »Sie drehte einfach durch, als Nortons Sieg verkündet wurde. Zuerst hat sie nur einfach dagesessen. Ganz still. Vollkommen ruhig. Aber ich wußte gleich, daß bei ihr etwas nicht stimmte.« Sie hält inne und sieht Belinda eine ganze Weile an. »Vor dem Kampf sagte sie, sie hätte eine Vorahnung, aber mehr wollte sie mir nicht sagen. Als dann die Entscheidung bekanntgegeben wurde, hob sie die Hände, als wollte sie sie vor das Gesicht legen, aber so weit kam sie nicht. Die Hände blieben mitten in der Luft hängen. Ich dachte schon, sie würde aufstehen, und der Mann neben ihr dachte es auch. Er wollte ihr helfen, aber sie schlug nach ihm.«
Belinda hat zehn Jahre lang Karate gelernt und ist Trägerin des Schwarzen

Gürtels. Ich habe bei ihr so manchen furchtbaren und blitzschnellen Schlag gesehen.
Suzie fährt fort: »Die Leute hinter uns sprangen hoch und schrien. Es war ein furchtbares Gedränge. Wir sahen dich aus dem Ring steigen und wollten zu dir hinüber. Aber es ging nicht. Da begann Belinda, sich den Weg freizukämpfen. Sie schlug nach einem Polizisten und brüllte die ganze Zeit: ›Muhammad Ali ist tot! Sie haben ihn umgebracht!‹«
»Sie glaubt, ich bin tot?« Ich beuge mich vor, lege meine Arme um Belinda und versuche sie zu beruhigen. Als wir 1967 heirateten, war sie sechzehn, und ich war ein Ausgestoßener. In den ersten drei Jahren unserer Ehe gab es keine Weltreisen zu den Kämpfen, keine Pressekonferenzen, keine Trainingslager. Für meine Boxerlaufbahn war es die schlimmste Zeit, aber die beste für meine Familie.
Ich lege ihr die Hand auf die Stirn. Sie ist glühheiß. Ich verlange, daß die Gurte gelockert werden, die in ihre Arme einschneiden. Dann beuge ich mich über sie und flüstere ihr ins Ohr: »Alles ist in Ordnung, mein Liebling. Muhammad Ali fehlt nichts.«
»Muhammad Ali ist tot. Er ist tot!« Sie weint.
Meine Lippen berühren jetzt ihr Ohr. »Das ist er nicht, mein Liebling. Ich bin hier. Mir fehlt nichts.« Ich sehe ihr in die Augen, die so weit und groß sind, aber sie starrt durch mich hindurch auf irgendeinen Punkt in weiter Ferne.
Der Amtsarzt legt mir die Hand auf die Schulter. »Sie müssen jetzt ins Krankenhaus«, sagt er. »Je früher wir die Aufnahmen machen, um so besser ist es.«
»Ich möchte, daß sie mitkommt.«
Er schüttelt den Kopf. »Sie muß in ein ganz anderes Krankenhaus. Ihre Niederlage ist für sie ein Trauma gewesen. Sie identifiziert sich völlig mit Ihnen. Es ist, als müßte sie gegen die Menschen kämpfen, die sich über Ihre Niederlage freuen, oder als müßte sie an Ihrer Stelle den Kampf gegen Norton bestehen. Ich weiß es nicht genau, aber sie hat einen Schock erlitten.«
Ich stehe von der Bank auf und lege mich neben sie auf den Tisch. Ich flüstere: »Liebling, ich bin nicht tot. Mich kann man nicht umbringen.«
Die beiden Ärzte wollen mich wegziehen, aber ich bleibe liegen, bis sie sich beruhigt hat. Dann bitte ich Suzie, sie ins Krankenhaus zu begleiten und mir ständig zu berichten, wie es ihr geht.
Sie bringen mich ins Claremont-Krankenhaus, ein langgestrecktes, einstökkiges Gebäude ohne Einzelzimmer. Sie tun mir wenigstens den Gefallen, das zweite Bett in meinem Zimmer nicht zu belegen. Nachdem die Röntgenaufnahmen gemacht sind und die Diagnose gestellt ist, schieben sie mich in den Operationssaal. Ein Anästhesist kommt auf mich zu und will mich einschläfern.
»Wenn Sie aufwachen, ist alles vorüber«, sagt der Arzt.
Ich denke insgeheim, ich werde wach bleiben und alles beobachten. Wenn sie mir die Nadel hineinstechen, leiste ich Widerstand wie Belinda. Ich lasse mich nicht einschläfern.

Dann weiß ich nur noch, wie ich wieder aufwache und im Mund ein Gefühl habe, als stecke er voller Stacheldraht. Der Schmerz ist weg. Dr. Lancaster betrachtet meine Röntgenaufnahme und zeigt mir die Fraktur. »Sie wurden von einem harten Schlag genau hier an der Stelle getroffen, wo man kürzlich einen Zahn entfernt hat. Es war der schwächste Punkt des Unterkiefers.«
Ich betaste mit den Händen meinen Mund und spüre die Drähte, mit denen die Knochenfragmente verbunden und die Zähne gerade gerichtet werden.
»Es wird drei bis vier Monate dauern, bis alles ausgeheilt ist«, sagt er. »Aber dann müßte der Unterkiefer wieder so gut wie neu sein.«
Ich versuche etwas zu sagen.
»Ach ja«, fügt der Arzt lächelnd hinzu, »Sie werden jetzt eine Weile nicht sprechen können oder nur durch die Zähne.«
Ich nehme alle Kraft zusammen, öffne den Mund und sage: »Das ist für mich die schlimmste Strafe. Das muß ich Norton heimzahlen.«
Sie lachen. Aber ich weiß, daß nicht ich am schwersten gestraft bin. Ich hebe die Hand und betaste mein taubes Kinn. Dabei denke ich an Maryum, meine Sechsjährige, die so aufgeweckt ist, die so gern ihre Ärmchen um meinen Kopf legt und mich ganz festhält. Dann an die Zwillinge Yamillah und Rasheda und meinen Sohn Muhammad Ali jr. Wie lang wird es dauern, bis sie wieder mit Anlauf zu mir ins Bett springen und auf mir herumklettern können?
Bundini besucht mich täglich mit den neuesten Nachrichten. Eines Morgens sagt er: »Howard Cosell erklärt, daß du erledigt bist. Er meint, dreieinhalb Jahre Exil hätten dir zu sehr zugesetzt. Der Lump macht dich herunter. Erst gestern hat er getönt, wie groß du bist.«
»Nimm es Cosell nicht übel«, zische ich durch die Zähne. »Ich bin schuld. Nur ein Trottel bleibt auf einem sinkenden Schiff.«
Bis jetzt war ich es, der das unberechenbare Gefolge anzog. Jetzt sehe ich, wie sie zu Norton überwechseln.–Mir läuft es kalt über den Rücken, aber zu meiner eigenen Überraschung bin ich darauf vorbereitet. Herbert, der zwischen Belindas Krankenbett und meinem hin und her läuft, meint, darum soll ich mir keine Sorgen machen, und vor allen Dingen solle ich erst einmal gesund werden.
Am Nachmittag des zweiten Tages teilt mir Kilroy mit, daß Eddie Futch, Nortons Manager, angerufen hätte: »Er sagt, Norton möchte dir einen Höflichkeitsbesuch abstatten. Bist du einverstanden?«
Captain Joseph springt wütend auf. »Was will Norton denn hier?« Bundini schüttelt knurrend den Kopf, aber ich erkläre mich mit dem Besuch einverstanden. Es wird das erstemal in meiner achtzehnjährigen Boxerlaufbahn sein, daß mich ein Sieger besuchen kommt.
Man hat mir schon erzählt, daß Norton sich am Abend nach dem Kampf herausgeputzt hat – schwarze hautenge Hose, knallrotes italienisches Hemd, weit offen, um seine Brust zu zeigen – und prahlend in der Halle herumgelaufen ist: Er habe mir das Kinn gebrochen. Ich kann das verstehen, der Sieger braucht seinen Triumph.

Als die Krankenschwester dann Futch und Norton hereingeleitet, plaudern wir über den Kampf, als hätten wir ihn als Zuschauer und nicht als die Beteiligten erlebt.
Die Unterhaltung ist leicht und freundlich. Ich sage Norton, daß Futch ein guter Manager sei. »Aber bisher habe ich alle seine Boxer geschlagen. Du bist der erste Boxer, der mir einen Kampf abgenommen hat. Worin besteht sein Geheimnis?«
»Ich glaube, er mag mich.« Norton lächelt.
»Ich habe noch nie einen Boxer übernommen, den ich nicht mochte«, sagt Futch. »Wenn einer bei mir landet, den ich nicht mag, dann gebe ich ihn wieder ab, und wenn er mir noch so viel einbringt. Ich habe Manager erlebt, die einen ihrer Leute unbewußt hassen und sich im Grunde genommen freuen, wenn er geschlagen wird. Wenn ich nach ein paar Monaten keine richtige Zuneigung zu einem Boxer verspüre, lasse ich ihn fallen und schiebe ihn ab. Man muß einen Boxer wie seinen eigenen Sohn lieben, sonst ist die Sache gefährlich. Man schickt ihn los, weil's nur um das Geld geht, und er wird vielleicht zum Krüppel geschlagen oder getötet.
Ich bin sechzig Jahre alt. Auf eine solche Chance habe ich lange gewartet. Ich weiß, daß ich Norton als Herausforderer aufbauen muß.«
»Ihr wollt gegen George kämpfen?«
»Die Börse macht schon eine Million.« Futch strahlt. »Sadler bewirbt sich darum.«
Plötzlich wird mir heiß. Mir ist, als würde mir etwas weggeschnappt. »Du bist ein guter Boxer«, sage ich zu Norton. »Du hast einen harten Schlag. Wenn du den Titel gewinnst, gib jedem eine Chance. Drück dich nicht. Versteck dich vor keinem.«
Norton war in meinem Trainingslager und hatte meinen extra schweren, eigens für mich angefertigten Sandsack bewundert. »Dieser Sack macht mir Spaß«, sagt er jetzt, wo wir uns darüber unterhalten.
»Ich schenke ihn dir«, sage ich. Dann winke ich Youngblood herbei und bitte ihn, er soll dafür sorgen, daß Norton ihn sofort bekommt. Aber Youngblood blitzt mich wütend an. Alle in meiner Ecke sind dagegen, daß ich Norton den Sandsack schenke, doch ich bestehe darauf.
Bevor sich die beiden verabschieden, sagt Futch, er möchte noch ein Foto von mir und Norton machen. »Nur fürs Familienalbum«, sagt er. »Nur für meine Kinder.«
»Es wird nicht fotografiert«, murrt Bundini, aber ich habe nichts dagegen. Norton lehnt sich ans Kopfende meines Bettes.
Später komme ich dahinter, daß diese Bilder gar nicht für Futchs »Familienalbum« gedacht waren. »Rein zufällig« hatte Futch nämlich einen Berufsfotografen dabei. Norton und sein Manager haben dafür gesorgt, daß diese Bilder überall auf der ganzen Welt erscheinen. Der Sieger und sein Opfer. Der Mann, der Muhammad Ali die Kinnlade gebrochen hat.
Ich bin entschlossen, es Norton um jeden Preis heimzuzahlen, und wenn ich ohne Börse kämpfen muß. Am Morgen erkenne ich meine Chance: Dick

Sadler und sein Rechtsanwalt Harry Barnett kommen vorbei. Als ich Sadler kennenlernte, war ich siebzehn. Meine Förderer aus Louisville hatten mich in Archie Moores Trainingslager hier in der Nähe von San Diego geschickt. Sadler sollte mein Training unterstützen. Jetzt ist er der Manager des Weltmeisters im Schwergewicht, George Foreman. Er nimmt seine Jockeymütze ab, reibt sich über die Glatze und stößt einen tiefen Seufzer aus, als trage er schwer unter sämtlichen Problemen der Welt.
»Was gibt es?« Auch ich weiß, daß Sadler mit George seine Schwierigkeiten hat.
»Für einen Kampf gegen dich hat man ihm fünf Millionen Dollar geboten. Wir hatten ein Fünf-Millionen-Angebot Ali–Foreman, aber George hat gekniffen. Du bist der größte Kassenmagnet, den es im Sport gibt, Ali. Ein Sportler kann nur dann fünf Millionen verdienen, wenn er gegen dich kämpft. Deshalb will ich dir jetzt sagen, du sollst dir diesen kleinen Rückschlag nicht zu Herzen nehmen. Du bekommst deinen Titelkampf. Wenn dein Unterkiefer wieder in Ordnung ist, schließ mit keinem anderen ab, warte auf George. Für einen Kampf zwischen euch wird die Welt auch dann noch fünf Millionen zahlen. Und wir können tanzen und feiern und das Geld auf den Kopf hauen.«
Sadler legt auf dem gefliesten Fußboden eine kesse Sohle hin.
»Ich tanze mit fünf Millionen Dollar unter den Schuhen, Ali. Laß dir wegen einem gebrochenen Unterkiefer keine grauen Haare wachsen. Dein nächster Gegner ist George.« Er tanzt weiter.
»Mein nächster Gegner heißt Norton.«
Sadler bleibt stehen. »Teufel, nein! Du mußt doch nichts beweisen. Mit fünf Millionen spaßt man nicht. Die Leute waren bereit, so viel auszuspucken. Sie sind es immer noch. Was willst du mehr?«
Ich schüttle den Kopf. »Eine Revanche gegen Norton.«
»Hör mal«, sagt Sadler, »ich bin dein Freund.«
Er tritt näher ans Bett. Das Sprechen fällt mir zwar schwer, aber es gibt da etwas, das ich sagen muß. »Wenn du mein Freund bist, dann laß mich gegen Norton antreten, bevor du George auf ihn ansetzt. Ich weiß, daß Norton als nächster bei ihm dran ist. Aber gib mir eine Chance. Das ist mir wichtiger als alles andere.« Meine Kehle brennt, mein Kopf schmerzt.
»Bei unserem Spiel geht es um Geld und nicht um Rache«, sagt Sadler. »Warum willst du ein zweitesmal gegen einen Narren wie Norton etwas riskieren? Ich sag' dir doch, du bist immer noch der einzige Boxer, der fünf Millionen einbringt.«
»Es geht nicht ums Geld«, sage ich. »Du weißt genau, daß es nicht ums Geld geht. Laß mich gegen Norton kämpfen, bevor Foreman ihn sich vorknöpft.«
Auf einmal habe ich Sadlers platte Nase dicht vor meiner. Ich kann seine Gedanken lesen. Er glaubt, Norton könnte mich ein zweitesmal schlagen und alle finanziellen Chancen wären dann im Eimer.
»Es geht nicht ums Geld«, presse ich zwischen den Zähnen hervor. »Es geht

um mich.« Ich weiß, daß Sadler jederzeit zum Madison Square Garden gehen und für einen Kampf Foreman–Norton eine Million lockermachen kann. Besonders jetzt, wo Norton mich so zugerichtet hat.
Nach einer Weile hat Sadler sich entschieden. »Na schön. Meinetwegen–wie du willst. Du kannst zuerst Norton haben. Ich weiß, daß du besser bist als Norton, aber es ist eine Stilfrage. Er hat einen Boxstil, der dir schwer zusetzt, nicht aber George. George würde ihn wie eine Wanze zerquetschen. Aber ich glaube, du kannst ihn auch schlagen.«
»Was glaubst du, wie lange es dauern wird, bis ich soweit bin?« frage ich. Sadler war Boxer, Manager und Trainer. Er versteht mehr von Boxern als die Ärzte. Er hat Hunderte von gebrochenen Boxern erlebt, mit Schädelbrüchen, zerfetzten Ohren, eingeschlagenen Nasen, ausgeschlagenen Zähnen und verschwollenen Augen, und er weiß, wie lang es dauert, bis solche Wunden wieder heilen.
Sadler sucht an der Zimmerdecke nach der Antwort und setzt sich die Jokkeymütze wieder auf. »Wenn du dich still verhältst und die Klappe nicht zuviel bewegst, wird es vielleicht drei oder vier Monate dauern. Dann müßtest du soweit sein. Wenn du hier rauskommst, geh nach Hause und ruh dich aus. Das ist die beste Medizin. Eine schöne lange Pause, ohne Zeitungen in der Nähe, ohne Turnhalle, weit weg vom ganzen Ringgeschäft. Fahr irgendwohin, wo du nachdenken kannst. Fahr nach Hause, nach Louisville.«
Damit zieht Sadler seine Jockeymütze, macht seine Verbeugung vor den Krankenschwestern, den Assistenten und mir und tänzelt, gefolgt von Barnett, aus dem Zimmer.
Jetzt endlich sehe ich weiter als bis Norton. Sadler wird Wort halten. Bis zu meiner Revanche gegen Norton wird er andere Gegner für George finden. Wenn ich mir Norton vornehme, wird es knapp werden, aber wir werden dann quitt sein. Ich kann meinen Titel zurückgewinnen, wenn es mir jemals gelingt, George in den Ring zu bekommen. George ist auf eine lange Serie leichter Siege bedacht. Ich weiß, wie verhängnisvoll das sein kann.
Mehrmals am Tag berichtet man mir, wie es Belinda geht. Sobald ich wieder auf den Beinen stehen kann, steige ich aus dem Bett und suche nach meinen Kleidungsstücken. Wie ich mich anziehe, kommt der Arzt herein und macht mich und meine Helfer darauf aufmerksam, daß er Bettruhe verordnet hat. Sie nehmen mir die Kleider wieder weg. Aber wie ich mich nackt auf den Weg machen will, überlegen sie es sich doch anders und erlauben mir, daß ich mich anziehe.
Kilroy chauffiert mich zu Belindas Krankenhaus, dann fahre ich mit dem Aufzug hinauf. Eine Krankenschwester öffnet mir und sagt: »Sie darf keine Besuche empfangen. Wer sind Sie überhaupt?«
Ich fletsche die Zähne, zeige ihr die Silberdrähte und zische: »Dracula.« Da erkennt sie mich, und ich darf das Zimmer betreten. Belinda schreibt gerade etwas auf ein Blatt Papier und gibt es ihrer Mutter, Schwester Inez, die ihretwegen hergeflogen ist.
»Vielleicht will sie noch nicht sprechen«, sagt ihre Mutter, aber sie wirft mir

einen ermutigenden Blick zu. Seit ich mit ihrer Familie in Berührung kam, war sie immer auf meiner Seite.
Ich weiß noch, was Suzie sagte, als sie mir im Krankenhaus das erstemal von Belinda berichtete: »Ich habe ausdrücklich gesagt, daß man ihr ein schlichtes Zimmer geben und alles herausnehmen soll, was sie aufregen könnte. Aber als wir dann hinkamen, hing ein großes Kruzifix an der Wand. Sie hat geschrien, bis man es wegnahm.«
Herbert hat großen Einfluß auf sie. Belinda kennt ihn seit ihrem dritten Lebensjahr, und durch Herbert wurden wir miteinander bekannt. Er wacht zwei Nächte hintereinander bei ihr und hält sie fest, bis sie sich beruhigt hat. Zweimal setzt ihr Atem aus. Beim erstenmal genügt es, ihren Brustkasten zu massieren, aber beim zweitenmal ist künstliche Beatmung notwendig. Sie arbeiten eine ganze Stunde, bis ihre Atmung wieder funktioniert, und als sie dann halb zu sich kommt, öffnet sie die Augen und fragt: »Wer hat den Kampf gewonnen?« Zuerst wollen Ärzte und Krankenschwestern sie nicht aufregen und antworten: »Muhammad hat gewonnen. Ihr Mann hat gewonnen.« Aber dadurch wird alles nur noch schlimmer, und sie beginnt wieder zu schreien: »Nein! Ali ist tot! Muhammad Ali ist tot!«
Während dieser Anfälle beobachtet Herbert Belinda sehr genau. Er fürchtet, ihre Krankheit könnte unheilbar werden, wenn sie nicht bald auf irgendeine Weise zu sich käme. Schließlich ruft er seinen Vater an, Honorable Elijah Muhammad, und erklärt ihm die Lage.
Elijah Muhammad, Allahs Abgesandter, spricht am Telefon mit Belinda, spricht mit ihr auf eine Weise, wie nur er es kann, er tröstet und beruhigt sie. »Seine Stimme machte mir wieder klar, wofür ich lebte«, sollte sie später rückblickend zu mir sagen. »Ich sah meine Kinder und meinen Ehemann – und dann sah ich dich ins Zimmer treten.«
Nun stehe ich da und sehe sie an. Mir wird klar, daß dann, wenn ein Boxer geschlagen ist, auch jeder andere geschlagen ist, der an ihn glaubt: seine Angehörigen, seine Freunde, seine Kinder, die Leute, die ihm zujubeln, die ihm ihre Liebe, ihre Hoffnung, ihren Stolz darbringen. Was mich betrifft, so weiß ich, daß sich kein besiegter Boxer Selbstmitleid leisten kann. Wenn ich einen Kampf abschließe, akzeptiere ich auch die Konsequenzen. Ich tue alles, um den Kampf für mich zu entscheiden, aber wenn ich besiegt werde, muß ich wieder aufstehen und erneut in den Ring steigen, auch wenn die Niederlage noch so demütigend ist.
Sie nimmt zwar noch kaum etwas wahr, aber ich beuge mich über sie und sage: »Liebling, ich bin nicht tot, mich kann man nicht umbringen. Hast du das nicht gewußt? Ein Muhammad Ali ist nicht totzukriegen, Baby. Hab' ich dir das nicht gesagt? Laß dir nichts vormachen. Hör nicht auf die anderen. Ich sterbe nicht. Ich werde wieder oben sein.« Ich merke, daß sie mich ansieht, und lege meine Arme um sie. »In ein paar Tagen fahren wir nach Hause. Willst du?«
Sie sieht mich an. Ich lächle. Sie starrt meinen Mund an. Da fällt mir ein, daß ihr niemand etwas von dem gebrochenen Unterkiefer gesagt hat. Unwillkür-

lich halte ich den Atem an und überlege, wie sie wohl reagieren wird. Dann entblöße ich die Zähne und sage: »So küßt Dracula immer im Film.« Ich beuge mich vor und küsse ihren Hals.

Wenn Belinda später an San Diego zurückdenkt, wird sie manchmal sagen: »Vielleicht werde ich mir nie wieder einen seiner Kämpfe ansehen, weil ich mich zu sehr mit ihm identifiziere. Wenn ihn ein Hieb trifft, spüre ich ihn in meinem Magen. Ich spüre jeden Treffer. Ich fühle seine Erschöpfung und das Ziehen in seinem Arm, wenn er müde ist. Ich selbst bin müde, wenn die Schläge, die ihn treffen, auf mir niederprasseln. Ich denke an die Schmerzen in seiner Hand, wenn er einen Treffer landet, und wünsche mir, ihm meine Hände leihen zu können, weil sie nicht weh tun. Wenn er auf eine ganz bestimmte Weise seine linke Gerade schlägt, dann weiß ich, daß seine Hände schmerzen. Dann möchte ich gern in den Ring steigen und für ihn boxen. Dieses Gefühl überwältigt mich beinahe. Vielleicht werde ich mir nie wieder einen seiner Kämpfe ansehen.«

Aber sie wird hingehen, und ich werde ihr helfen, den Schlägen auszuweichen. Sie wird dann, wenn ich wieder gegen Norton antrete, so ruhig und zuversichtlich sein, als wäre das Ergebnis schon klar, und auch in allen nachfolgenden Kämpfen wird sie ruhig an meiner Seite stehen und mich anfeuern.

»Ich bin nicht geschlagen worden«, flüstere ich ihr zu. »Es war nur eine Sühne. Allah hat mich gestraft, weil ich mich nicht an die Regeln gehalten habe. Ich habe nicht richtig trainiert. Ich war nicht ausgeruht. Ich habe mir die ganze Nacht um die Ohren geschlagen. Boxen ist ein ernstes, gefährliches Geschäft, und ich nahm es zu leicht. Allah wollte mich wachrütteln und auf meinen Auftrag hinweisen. Mich erinnern, daß ich vom rechten Wege abgewichen und meine Aufgabe vergessen hatte. Etwas Besseres konnte mir gar nicht passieren.

Ich glaubte fast schon, unschlagbar zu sein und nicht mehr hart arbeiten, hart trainieren und mich in der Gewalt haben zu müssen – ich glaubte, nichts mehr tun zu müssen, um zu gewinnen. Jetzt weiß ich, daß zu viele leichte Siege einen Boxer ebenso ruinieren können wie eine lange Reihe von Niederlagen. Seit Frazier ging es bergab mit mir. Ich habe ohne Mühe Jimmy Ellis geschlagen, dann Buster Mathis, Jürgen Blin in der Schweiz, Mac Foster in Tokio, George Chuvalo in Kanada, Blue Lewis in Irland und Bob Foster – es war alles ganz leicht. Wenn man so lange Zeit immer wieder gewinnt, wird man gedankenlos und glaubt, der Name allein genügt, um zu gewinnen. Man vergißt die Opfer und die harte Arbeit, die einem Sieg vorangehen. Jetzt bin ich unten, ganz tief unten. Viele sagen, ich bin erledigt. Sie freuen sich darüber. Aber ich komme wieder. Ich kann meinen Titel zurückgewinnen. Mach dir keine Sorgen, Liebling. Muhammad Ali ist nicht tot, und niemand wird mich je totkriegen.

Wir fahren zurück nach Louisville. Ich möchte für einige Zeit nach Hause. Ich brauche meinen alten Kompaß, ich muß dahinterkommen, wer ich bin, woher ich stamme, wohin ich gehe und wie ich an meinen heutigen Platz gekommen bin. Wir kehren zurück nach Louisville und fangen dort wieder an,

wo ich nach meiner Goldmedaille aufgehört habe. Ich komme wieder und werde sie alle schlagen.«
Sie hat die ganze Zeit das Papier auf dem Tisch betrachtet, aber nun hebt sie langsam den Kopf. Erkennen liegt in ihrem Blick. Erst kürzlich hat sie ihren zweiundzwanzigsten Geburtstag gefeiert. Heute sieht sie noch jünger aus. Sie drückt mich an sich.
Endlich untersuchen mich die Ärzte ein letztesmal: Dr. Michael G. Kilty aus London und Dr. Lancaster, der Orthopäde, der meinen Unterkiefer verdrahtet hat. Sie studieren die Röntgenaufnahmen.
»Wie geht's Ihnen?« fragt mich ein anderer Arzt.
»Wird mein Kinn immer so gefühllos bleiben?« frage ich zurück.
Dr. Lancaster greift nach der Aufnahme und deutet auf die Fraktur. »Hier an dieser Stelle geht ein Nerv durch den Knochen. Er wurde durchtrennt. Bis dieser Nerv wieder geheilt und ganz ist, wird das Kinn gefühllos bleiben.«
»Wie lange muß ich mein Essen durch einen Strohhalm nehmen?«
»Vielleicht drei Wochen. Schwer zu sagen. Sobald Sie nach Philadelphia kommen, werden Sie Dr. Lester Cramer im Chesterhill Hospital vorgestellt. Er wird Sie weiterbehandeln.«
»Am wichtigsten ist es jetzt, Ihren Unterkiefer nicht anzustrengen. Cramer wird die Drähte von Zeit zu Zeit nachstellen, damit sie straff bleiben, und Röntgenaufnahmen machen, um zu sehen, ob der Unterkiefer richtig verheilt. Wenn das der Fall ist, wird er genauso stabil sein wie zuvor – sogar stärker. Wenn Sie die beiden fehlenden Zähne ersetzen lassen, brauchen Sie einen eigens angepaßten Mundschutz. Wenn diese Zähne schon früher ersetzt worden wären, dann wäre Ihr Unterkiefer wahrscheinlich nicht gebrochen.«
»Wie fühlen Sie sich?« will Dr. Kilty wissen.
»Als ob ich eine Maulsperre hätte«, sage ich.
»Bei einer Maulsperre ist das ganz anders«, sagt der Arzt. »Fast die Hälfte dieser Patienten stirbt. Aber Sie sind besser dran als zuvor.«
Dann bittet er mich um ein Autogramm für die Röntgenaufnahmen. »Es gibt ein paar junge Leute in London, die nicht glauben wollen, daß man Alis Unterkiefer brechen kann. Ich muß ihnen beweisen, daß auch Sie nur ein Mensch sind.«
Beim Verlassen des Krankenhauses überreichen mir die Schwestern einen Stapel Post. Eine Mitteilung fällt mir auf. Sie ist an mich persönlich adressiert und auf die Rückseite einer braunen Tüte geschrieben:

> THE BUTTERFLY HAS LOST ITS WINGS,
> THE BEE HAS LOST ITS STING.
>
> DER SCHMETTERLING DIE FLÜGEL HAT VERLOREN,
> DER BIENE MAN DEN STACHEL HAT GESCHOREN.

Du bist erledigt, Großmaul. Jetzt haben sie dir für immer das Maul gestopft. Das ist ein großer Tag für Amerika. Du bist erledigt.

Ich lese den verlegenen Krankenschwestern das Gedicht laut vor. Etwas an dem Gedicht gefällt mir. Ich muß es immer wieder lesen:

THE BUTTERFLY HAS LOST ITS WINGS,
THE BEE HAS LOST ITS STING.

Später hänge ich das Gedicht in der Sporthalle an die Wand, damit ich jeden Tag beim Trainieren daran erinnert werde, daß der Schmetterling seine Flügel und die Biene ihren Stachel zurückgewinnen müssen. Von allen Briefen, die ich während meines Aufenthalts im Claremont Hospital bekommen habe, gefällt mir dieses Gedicht am besten.

Es ist seltsam, aber manchmal inspirieren mich gerade die Menschen am meisten, die mich am glühendsten hassen. Ich muß nur wissen, daß ich sie mir vom Leibe halten kann.

Bevor ich das Krankenhaus verlasse, besucht mich Bundini. Er kommt mit einer riesigen Einkaufstüte hereingerauscht und schüttet sie auf dem Fußende des Bettes aus.

»Was ist das?« frage ich ihn.

»Plaketten«, sagt er grinsend. »Deine Plaketten.«

Ich greife die erstbeste heraus. CHAMPION DES VOLKES steht in dicken schwarzen Buchstaben darauf.

»Diese Plakette habe ich von Big Mo, George Foremans Fotografen«, sagt er zu mir. »Er ging damit hausieren und fragte mich, ob ich nicht ein paar davon billig erwerben wollte. Ich hab' sie alle genommen. Ich hab' ihm sogar die eine abgerissen, die er selbst trug. Er hat sie mir für den halben Preis überlassen. Ich fragte ihn, warum er sie so billig verkauft, da sagte er: ›Niemand will diese Dinger mehr haben.‹ Du seist untendurch. Er glaubt, wir sind erledigt, Champion! Er glaubt wirklich, daß wir untendurch sind!«

Bundini schüttelte sich vor Lachen. Er weiß, daß ich jetzt härter denn je trainieren werde.

Ich muß es Big Mo und allen anderen, die an mir zweifeln, beweisen: Ich lasse mich nicht einfach auszählen.

Ich habe den wichtigsten Kampf meines Lebens hinter mir und spüre deutlich, daß er mir irgendwie dazu verhelfen wird, den Weltmeistertitel zurückzugewinnen.

Es war außerdem der gefährlichste Kampf, an dem ich beinahe gescheitert wäre. Es war ein Kampf, der mir Einsicht bescherte, während ich zuvor nur nach außen schaute, nach außen redete und dachte. Die Niederlage gegen Frazier war mir nie als eine solche erschienen. Ich war nach wie vor davon überzeugt, ihn ausgepunktet und den Kampf eigentlich gewonnen zu haben. Aber so knapp auch die Entscheidung beim Kampf gegen Norton war – eine gebrochene Kinnlade ist ein überzeugendes Merkmal der Niederlage. Die bewies mir, daß eine lange Serie von Siegen das Realitätsbewußtsein eines Boxers verwirren kann. Davon werde ich bei meinem Kampf gegen George Foreman profitieren.

Da draußen wartet George, ein überfütterter Löwe, übersättigt mit Siegen, allzu selbstzufrieden. Ich habe wieder meinen alten Hunger. Nur der Weltmeistertitel im Schwergewicht kann ihn stillen. Ich freue mich auf George Foreman.

Ich bin fast mit Höchstgeschwindigkeit gefahren. Die ganze Nacht denke ich über den Kampf nach, Meile für Meile, und lenke den Bus instinktiv über die Straßen, bis auf einmal der Tag anbricht. Ich bin jetzt im Bundesstaat Ohio und komme an die Brücke, die nach Louisville hinüberführt. Alle im Wagen schlafen: meine Tochter und Belinda, Harold und Kilroy. Ich halte den Bus mitten auf der Brücke an, steige aus und lehne mich ans Geländer.
Vor dreizehn Jahren stand ich zuletzt hier mit einer Goldmedaille in der Tasche. Es war ein Wendepunkt in meinem Leben und gleichzeitig ein neuer Anfang.
Ein Lieferwagen kommt von Louisville herüber. Der Fahrer hält an und ruft mir zu: »Bist du das, Cassius?« Ein älterer Weißer in der Uniform der Wach- und Schließgesellschaft steigt aus. Ein jüngerer, anscheinend sein Sohn, folgt ihm. »Ist das Cassius Clay?« Die Stimme kommt mir bekannt vor. Plötzlich erkenne ich den alten John Mayberry, einen weißen Polizisten, der schon Streifendienst machte, als ich noch ein Junge war. Er hat meine Bande oft genug durch die Straßen verfolgt. Trotzdem freute ich mich, ihn zu sehen. Er wendet sich an den Jüngeren und fragt: »Hab' ich dir nicht gesagt, daß das Cassius Clay ist?«
Ich mag ihn nicht, weil er immer wieder meinen »Sklavennamen« gebraucht.
»Es ist Muhammad Ali«, sagt der Junge bescheiden.
»Cassius Clay!« schreit der Ältere, ohne seine Freude zu verhehlen. »Also haben sie dir endlich die Fresse poliert. Ich hab's auf der Mattscheibe gesehen. Hab' ich dir nicht schon immer gesagt, daß es dich eines Tages erwischen wird?«
»Wie ist das passiert?« fragt sein Sohn leise.
Ich wiederhole den alten Witz, den Sonny Liston gebrauchte, als ihm Marty Marshall die Kinnlade brach: »Ich stand mit diesem Clown im Ring und fing furchtbar zu lachen an – ich hatte gerade den Mund offen.«
Der Junge lächelt. Dem alten Mayberry kommt das nicht komisch vor. »Das war längst überfällig. Als Boxer bist du jetzt erledigt.«
»Ich fange gerade erst an«, antworte ich. »Ich bin nur noch einmal hier, um meine Freunde zu sehen.«
»Wie lang willst du bleiben?« fragt er.
»Nur so lange, bis ich mich zurechtgefunden habe. Dann mache ich mich auf und hole mir den Titel«, antworte ich.
Wir versperren die Straße. Hupen, Plärren, und ich steige wieder in den Bus. Als ich vorbeifahre, schreit der junge Mann: »Willkommen in Louisville!« Aber der alte Mayberry tritt aufs Gas und fährt weiter. Sein Blick ist genauso kalt wie der Regen.

Ich bin schon fast an der Kirche vorbei, bis ich sie sehe. Es ist die Baptistenkirche Mount Zion, wo ich einmal getauft wurde, als ich noch Christ war. Ich dachte, sie wäre abgerissen worden, und meine Überraschung verwandelt sich in Freude. Ich will hineingehen, aber Belinda weigert sich. Sie betritt grundsätzlich keine christliche Kirche.
Ich parke den Bus trotzdem und gehe allein bis zum Tor. Es steht offen. Drinnen höre ich Kinder singen. Es sind kleine Kinder, die stramm dastehen und Gesangbücher in den Händen halten; sie singen ein Lied, das auch ich gesungen habe, als ich in ihrem Alter war.
Ich liebe Kinder. Ich kann niemals an ihnen vorbeigehen, ohne ein paar Worte mit ihnen zu sprechen. Wenn man sie sieht, möchte man das Leben wieder ganz von vorn anfangen. Ich möchte ihnen alles beibringen, was ich weiß, diesen Jungen und Mädchen. Bevor mein Sohn geboren wurde, sagte der Arzt uns, es würde ein Mädchen. Belindas erster Sohn kam zu früh und starb. Der Arzt wußte, daß wir drei Mädchen hatten und uns einen Jungen wünschten. Als es soweit war, sagte er: »Nun wollen wir uns mal die Mädchen ansehen.« Sie setzten mir eine Atemmaske auf und banden mir eine Schürze um. Dann stand ich da und hörte den Arzt sagen: »Da kommt das Mädchen – da kommt das kleine Mädchen.«
Aber als der untere Teil des kindlichen Körpers ans Tageslicht kam, sah ich, daß es ein Junge war, und ich war so aufgeregt, daß ich nicht mehr wußte, was ich tun sollte.
»Für ein Foto von dir hätte ich viel gegeben«, sagte mir Belinda später. »Deine Augen wurden so rot wie Blut, und auf einmal schossen Tränen hervor.«
Ich wollte den Kreißsaal verlassen, fand aber den Ausgang nicht. »Gehen Sie nicht weg, kommen Sie her, und sehen Sie sich das Baby an«, sagte der Doktor sanft und nahm meinen Arm. Ich blieb noch eine Weile, und als ich endlich ging, mußte ich mich in Belindas Zimmer niederlegen, bis ich mich so weit beruhigt hatte, daß ich nach Hause fahren konnte.
Nun betrete ich die kleine Kirche und sehe mich nach der Bank um, auf der ich früher immer saß, nach den Bildern, die mein Vater an die Wände gemalt hatte und für die er fünfundzwanzig Dollar und ein gutes Essen bekommen hatte. Die Bilder gibt es nicht mehr, aber die Bank steht noch da, und ich sehe die Initialen ›CC‹, die ich in das Holz geschnitzt habe.
Die Kinder hören zu singen auf und sehen mich schüchtern an.
»Das ist Cassius Clay«, sagt die Chorleiterin, Miss Davidson.
Ein Junge meldet sich laut: »Er heißt Muhammad Ali.«
»Ja«, stimmt sie ihm zu. »Muhammad Ali, unser großer Boxer. In diese Kirche ging er immer, als er in Louisville wohnte.« Dann wendet sie sich an mich: »Unser Kinderchor nennt sich ›Knospen der Lobpreisung‹. Können wir etwas für Sie singen?«
»Singen Sie bitte das Lied von vorhin noch einmal. Ich habe es als Kind selbst immer gesungen.«
Verlegen sehen die Kinder in ihr Gesangbuch, kichern erst ein wenig und fül-

len dann die Kirche mit ihren klaren, kräftigen Stimmen: »Gott gab den Menschen unterschiedliche Gaben.«

... What is God to you?
We are not perfect, living in the way we do.
But God knows just what we have been going through ...

... Was ist Dein Gott für Dich?
Wir machen unsere Fehler ewiglich,
Doch Gott kennt unsere Herzen, Dich und mich.

Ich bin wieder acht Jahre alt. Ich bin einer von ihnen, singe im Chor mit, höre mir die langen Predigten an, das Geschrei der Schwestern, und warte, bis das alles zu Ende ist, damit ich hinauslaufen und mit meiner Bande durch die Straßen ziehen kann.

Plötzlich weiß jeder, daß ich hier bin. Sie treten aus den Läden, aus ihren Häusern. Autos bleiben stehen. Sie folgen meinem Bus, und wo ich auf der Straße anhalte, steigen sie aus und rufen meinen Namen. Sie drängen sich um mein Fahrzeug.

»Es ist Muhammad Ali!« brüllen ein paar Kinder und rennen die Straße entlang. »Der Weltmeister im Schwergewicht!« schreien sie, als hätten sie auf dem Bildschirm meine Niederlage nicht gesehen.

Eine hagere, grauhaarige Frau schiebt sich schüchtern durch die Menge. Es ist Miss Murphy, die mir in der Oberschule Englisch beibrachte. Ich höre sie fragen: »Darf ich ihn wohl Cassius nennen? Wird er böse, wenn ich ihn mit Cassius anspreche?«

»Sie können mich nennen, wie Sie wollen, Miss Murphy. Mir ist alles recht.«

Sie kommt auf mich zu. Ich nehme sie in meine Arme. Nur in meinem Heimatort nennen mich die meisten Leute immer noch Cassius, und ich weiß, sie mögen mich.

»Du hast schon immer gesagt, daß du einmal Weltmeister im Schwergewicht wirst«, sagt sie. Ich zucke zurück. Hat sie meinen Kampf gegen Norton nicht gesehen?

Wenn ich aus dem Bus steige und hin und her gehe, kommen die Leute und wollen Autogramme von mir haben. Manche grinsen, als hätten wir miteinander etwas ausgeheckt, einige sind immer noch schüchtern und zurückhaltend, aber die meisten benehmen sich, als sei ich erst gestern von zu Hause weggegangen.

Ich fahre den Bus zum Haus meiner Eltern, Bird und Cash. »Er nennt mich ›Bird – Vogel‹«, sagt meine Mutter zu allen Leuten. »Weil er behauptet, daß ich wie ein Vöglein aussehe, zierlich und hübsch. Jetzt nennen mich alle Leute so. Ich habe ihn einmal G. G. genannt, weil das die ersten Laute waren, die ich von ihm hörte. Als er dann älter wurde, behauptete er, er hätte ›Golden Gloves – Goldene Boxhandschuhe‹ sagen wollen. Er wurde hier im Krankenhaus von Louisville geboren.«

Die erste Horrorgeschichte, die ich jemals hörte, stammt von meinem Vater und handelt von meiner Geburt: Wie ich meine Mutter dabei fast umgebracht hätte.
»Sie war so lang über die Zeit, daß sich die Ärzte keinen Reim darauf machen konnten«, sagte er. »Das lag an seinem Dickschädel. Sein Kopf war so groß, daß er nicht herauskonnte. Sie haben alles probiert: Ziehen und schieben, aber die Wehen hörten nicht auf. Damals wußten wir noch nicht, daß ihr Becken zu schmal war.
Schließlich kam so viel von seinem Kopf zum Vorschein, daß der Arzt ihn mit einer Zange holen konnte. Davon stammen die Narben an seiner Backe. Man sieht sie immer noch.«
Und meine Mutter fügte dann hinzu: »Das war noch nicht das Schlimmste. Aber dann, nachdem er geboren war, verlor ich ihn beinahe wieder. Sie legten mir das falsche Baby ins Bett. Ich hielt es eine ganze Weile für mein Kind, aber dann bemerkte ich, daß auf dem Namensanhänger nicht ›Clay‹ stand, sondern ›Brown‹. Da rief ich die Schwester.
›Wo ist mein Baby?‹ fragte ich sie. ›Das hier gehört einer anderen.‹ Da gingen sie und holten Cassius. Ich wußte, daß etwas nicht stimmte, denn das andere Baby war ein nettes, ruhiges Kind. Cassius brüllte so viel, daß er alle anderen Babys in der Abteilung damit ansteckte. Wenn sie schön ruhig schliefen, fing Cassius zu kreischen an. Und bald kreischten alle Babys im Saal mit.«

Das schwarze Louisville besteht aus drei Stadtteilen: Der schlimmste ist East End, ein Viertel, das wir »Schlangenstadt« nennen; etwas besser ist das Viertel um die California; am dichtesten bevölkert ist West End, wo ich aufwuchs. Vom Haus meiner Eltern aus müssen wir durch die ganze Stadt zum West End fahren. Bird sieht aus dem Fenster und macht mich auf Dinge aufmerksam, von denen sie glaubt, ich hätte sie vergessen.
»Sprich jetzt nicht. Der Doktor sagt, daß dein Kinn ausheilen muß. Wenn du in Louisville etwas wissen willst, dann frag mich. Fahr nur einfach und hör mir zu. In Louisville hat sich manches verändert, seit du zuletzt hier warst. Es ist nicht mehr dieselbe Stadt.«
»Sie sieht aber noch genauso aus, Bird.«
»Nein, G. Als du ein kleiner Junge warst, gab es in Louisville die Rassentrennung, erinnerst du dich? Bis 1960 durfte kein Farbiger in den Hotels wohnen. Für die Farbigen gab es nur ein Kino. In den meisten größeren Läden in der Stadt bekam ein Farbiger nichts zu essen und zu trinken. Nicht einmal da drüben in dem Drugstore.«
Gegenüber einem Warenhaus muß ich an einer roten Ampel halten.
Bird fährt fort: »Als du noch ein ganz kleiner Junge warst, standen wir einmal vor diesem Warenhaus; du hast nach einem Schluck Wasser gejammert. Ich nahm dich mit hinein und bat die Verkäuferin um ein Glas Wasser, aber sie hatte zu viel Angst. ›Wenn wir hier Neger bedienen, wirft man uns hinaus‹, sagte sie. Dann kam der Ladendetektiv und schob uns ab. Du hast immer noch geweint – auf dem ganzen Weg bis zum West End.

»Aber das war noch nicht die schlimmste Zeit. Ich hab' dich ungern mit in die Stadt genommen, besonders dann, als du sieben oder acht Jahre alt warst. Du hast dich umgesehen, in den Läden und Büros nur weiße Gesichter erblickt, zu weinen angefangen und mich immer wieder gefragt: ›Bird, wo arbeiten die Farbigen? Bird, was haben sie mit den Farbigen gemacht?‹ Dann hast du dir die kleinen Augen ausgeweint, bis wir wieder zu Hause waren. Für mich war es furchtbar, dich so weinen zu sehen.
Ich und dein Vater, wir haben uns deinetwegen Sorgen gemacht. Wenn du etwas über Ungerechtigkeit gegen Neger gehört hast, konntest du nicht schlafen und hast die ganze Nacht im Bett geweint. Erinnerst du dich noch? Rudy weinte dann mit. Wenn dann dein Vater nach Hause kam und alles, was geschehen war, übertrieb, wurde es noch schlimmer. Wie damals die Sache mit Emmett Till. Weißt du noch, wie aufgeregt du warst, als sie Emmett Till in Mississippi lynchten? Er war ungefähr in deinem Alter. Dein Vater hat Tag und Nacht von nichts anderem gesprochen. Ich habe ihm gesagt, er soll dich nicht so aufregen. Weißt du noch, wie du immer gefragt hast, ob es denn gar keine Möglichkeit gibt, Emmett Till zu helfen? Wir haben uns Sorgen gemacht, von dem Tag an, als du in die Schule kamst, bis zum Schulabschluß. Wenn du dann nicht Boxer geworden wärst, hätte weiß Gott was passieren können – warum hältst du hier an, G.?«
Ich halte an einem alten Bahnhof und steige aus.
»Hier kommt schon lange kein Zug mehr durch.« Bird ist verwirrt. »G., dieser Bahnhof ist seit langem stillgelegt.«
Ich weiß das. Ich steige über die Schienen und blicke die weitgeschwungene Kurve entlang, wie damals vor zwanzig Jahren, als noch Züge kamen.
Emmett Till und ich waren doch gleich alt. Eine Woche nach seiner Ermordung im Sunflower County in Mississippi stand ich mit ein paar Jungen an der Ecke, und wir sahen uns seine Fotos in Zeitungen und Zeitschriften für Schwarze an. Auf einem Bild war er lachend und glücklich dargestellt. Auf dem anderen Bild war sein Kopf verschwollen und eingeschlagen, die Augen traten aus ihren Höhlen, die Lippen waren verzerrt und aufgesprungen. Seine Mutter hatte Mut bewiesen. Sie weigerte sich, ihn beerdigen zu lassen, bevor nicht in Chicago Hunderttausende an seinem offenen Sarg vorübergezogen waren und die verstümmelte Leiche gesehen hatten. Ich fühlte mich ihm zutiefst verbunden, als ich erfuhr, daß er im selben Jahr und sogar am selben Tag wie ich geboren war. Am Abend sprach mein Vater darüber und bauschte das Verbrechen noch auf.
Mir ging Emmett nicht aus dem Sinn, bis mir eines Abends eine Möglichkeit einfiel, seinen Tod an den Weißen zu rächen. An diesem Abend schlich ich mich aus dem Haus, ging die Straße entlang zu Ronnie King und erzählte ihm von meinem Plan. Es war schon spät, als wir den alten Bahnhof an der West Side von Louisville erreichten. Ich erinnere mich noch an das Plakat mit einem hageren weißen Mann in gestreifter Hose und Zylinderhut, der mit dem Finger auf uns zeigte; darunter standen die Worte: ONKEL SAM BRAUCHT DICH! Wir bleiben stehen und werfen Steine auf das Plakat. Dann brechen

wir die Bude des Schuhputzers auf, holen zwei eiserne Fußstützen und schleppen sie auf die Schienen. Wir verkeilen sie und warten dann. Eine große blaue Diesellok kommt um die Biegung, prallt auf die Fußstützen und schleppt sie gut zehn Meter mit, bevor ein Rad blockiert und aus den Schienen springt. Ich erinnere mich noch gut an das laute, metallische Geräusch. Ich renne los, Ronnie dicht hinter mir. Dann sehe ich mich um. Ich werde niemals die Augen des Mannes auf dem Plakat vergessen, der mit dem Finger auf mich zeigt und uns anstarrt: ONKEL SAM BRAUCHT DICH.

Erst nach zwei Tagen brachte ich den Mut auf, noch einmal hinzugehen. Ein Arbeitstrupp war immer noch mit der Beseitigung der Trümmer beschäftigt. Der Mann auf dem Plakat zeigte immer noch mit dem Finger auf mich. Ich wußte, daß wir uns früher oder später in die Haare geraten würden.

Ich halte den Bus vor Tante Evas Frisiersalon an und sehe durch die schmutzige Schaufensterscheibe hinein. Tante Eva, die älteste Schwester meines Vaters, wetzt gerade ihr Rasiermesser, um den grauhaarigen alten Mann zu rasieren, der in einem der vier Stühle sitzt. Sie ruft mir entgegen: »Ich traue meinen Augen nicht – Cassius!« Ihr Kunde fährt herum, und der kleine Schuhputzer hängt mir an den Hosenbeinen. Eva umarmt mich so heftig, daß mich die verdrahtete Kinnlade schmerzt. »Wird's nicht Zeit, daß du mit dem Boxen aufhörst?« fragt sie, als sie mein Zucken bemerkt. »Hast du noch nicht genug, Cassius? Wie lange boxt du eigentlich schon?«

»Zwanzig Jahre«, kräht der kleine Schuhputzer. »Zwanzig Jahre! Deine Tante hat's mir gesagt.«

»Wie lang noch, G.?« fragt sie.

»Bis ich den Titel zurückgewinne«, antworte ich.

»Das werden sie nie zulassen«, sagt sie. »Du hast ihnen Angst gemacht, als du den Titel hattest. Du hast die Army abblitzen lassen und dich den Black Muslims angeschlossen. Von denen kriegst du keinen Titel mehr.«

Tante Eva lernte das Haareschneiden, weil es in der Familie meines Vaters acht Jungen und vier Mädchen gab. Damals trugen nur die Mädchen langes Haar, aber bei den Jungen wuchs das Haar genauso schnell, und Großvater meinte, die Friseurkosten für acht Köpfe wären ihm zu hoch. Tante Eva lernte für ihre Brüder das Haareschneiden und wurde später Berufsfriseuse.

Als ich ihr sage, daß sich die Familie bei Tante Coretta treffen wird, meint sie, daß sie bald zuschließen und auch herüberkommen will.

Es ist sieben Jahre her, seit ich zuletzt die schmale Straße entlanggefahren bin, an der Tante Corettas kleines zweistöckiges Ziegelhaus mit dem hübschen Vorgarten und einer Tafel mit der Inschrift CORETTAS SÜSSIGKEITEN steht. Schon vor Jahren hat sie das Haus zu einem kleinen Laden, einem Restaurant, einer Wohnung, einer Bäckerei und einer kleinen Süßwarenfabrik umgebaut. Vorn wohnt Tante Coretta, und an der Seite ist der Eingang für die Kunden des Restaurants und der Bäckerei.

All die alten Erinnerungen kehren zurück. Hier lernte ich stehen, laufen und sprechen. Ich verbrachte so viel Zeit hier, weil es für meine Mutter bequem war, mich auf dem Weg zur Arbeit hier abzusetzen. Hier treffen sich die Verwandten meines Vaters. Hier lernt man die Kinder der anderen kennen und tratscht miteinander. Und man genießt, denn Coretta ist die beste Köchin der Familie Clay. Die Familie meiner Mutter war klein und bestand nur aus ihrem bettlägerigen Vater und einem Bruder, der nach Chicago übersiedelt war.

Einzeln und paarweise strömen meine Cousins und Cousinen, meine Tanten und Onkel in das kleine Wohnzimmer, nehmen mich in die Arme und küssen mir die zerschundene Backe. Von allem muß ich essen: Es gibt gebackenes und gegrilltes Hähnchen, Rinder- und Lammbraten, Kohl und Spinat, Senfgurken, Makkaroni und Käse, Erbsen und Möhren, frisch gebackene Brötchen und Kuchen, Süßigkeiten aus Tante Corettas berühmter Küche. Hier entsteht bei mir der Entschluß, Tante Coretta mit ins Trainingslager zu nehmen. Zusammen mit Schwester Lana Shabazz soll sie meine Köchin sein, solange ich boxe.

Während ich im Essen herumstochere, sagt Tante Coretta: »Früher hast du alles gegessen, was dir vor die Augen kam. Sogar das Heu und den Hafer bei den Pferden.« Sie deutet auf ein altes Foto von mir, das aufgenommen wurde, als wir in der Nähe der Rennplätze von Churchill Downs wohnten. Dort hatte ich mich in Pferde verliebt. »Weißt du das noch?« fragt sie. »Als du anfingst zu boxen, bist du morgens auf die Bahn hinausgegangen und mit den Pferden um die Wette gelaufen.«

Ich war vor den Trainern hergerannt, bis eines Tages ein Pferd durchging. Der Reiter wollte mir noch ausweichen, kam aber dabei aus dem Sattel. »Junge, ich hab' dir doch gesagt, du sollst von der Bahn wegbleiben«, schrie mich der Aufseher an. Aber das hielt mich nicht davon ab, auch weiterhin die Ställe zu besuchen. Ich wollte in der Nähe der Pferde atmen und schlafen. Ich liebte den Duft von Pferden und Heu, den Anblick ihrer wunderbaren Leiber. Irgendwie war das für mich ein Ansporn, auch härter zu trainieren, um ihnen gegenüber konditionsmäßig aufzuholen.

»Es ist eine Schande«, höre ich meinen Onkel sagen, »daß du so Dresche bezogen hast, daß deine Kinnlade gebrochen ist. Ich hab's im Fernsehen gesehen.«

»So schlecht habe ich dich noch nie boxen sehen«, sagt Tante Coretta. »Läßt dich von jemandem besiegen, von dem ich noch nie etwas gehört habe.« Als ob das die schlimmste Demütigung wäre. »Ich hab' erst gedacht, jemand hat dir ein Pulver in den Kaffee geschüttet. Ich lag auf dem Bett und sah fern. Du warst wie ausgewechselt. Ich hab' alle im Haus zusammengetrommelt. ›Seht euch das an! Kommt mal her! Cassius wird geschlagen!‹«

»Wer ist dein nächster Gegner?« will mein Onkel wissen.

»Noch einmal derselbe«, sage ich und habe den Mund voll Kartoffelbrei.

»Großer Gott! Laßt uns beten!« schreit einer von meinen Vettern und lacht los.

»Cassius hat nun einmal einen Dickschädel«, erklärt Coretta. »Ganz wie sein

Großvater Herman.« Sie zeigt auf ein Bild an der Wand. Mein Großvater war ein stämmiger, kräftig gebauter Mann. Da steht er in schwarzer Hose und weißem Hemd, stolz aufgerichtet und voller Kraft. »Deshalb hat er nie eines seiner Kinder geschlagen«, fährt sie fort. »Er war so stark, daß er Angst hatte, uns zu verletzen. Geprügelt hat immer nur meine Mutter, aber wenn er zu Hause war, hat er es nicht erlaubt. Er hat dann nur mit uns gesprochen. Er hat überhaupt gern gesprochen. Auch in dieser Hinsicht bist du nach ihm geraten, glaube ich.«

Ich betrachte Großvater Herman und erinnere mich an seine Sprechweise: klar, direkt und farbig. Er war ein guter Baseballspieler. Aber damals durften Schwarze noch nicht in den oberen Klassen spielen. Ich weiß noch, wie erschrocken und enttäuscht ich über seinen Tod war. Er starb in dem Jahr, als ich zu boxen begann, und gerade ihm wollte ich beweisen, was für ein guter Boxer ich war.

»Wir sind in schweren Zeiten groß geworden«, sagt Coretta. »Damals bezahlte man den farbigen Arbeitern in Louisville die reinsten Hungerlöhne. Er hat jahrelang in der Stadt für fünfundzwanzig Cents die Woche Spucknäpfe sauber gemacht. Dann hat er ein eigenes Geschäft eröffnet und Eis und Holz verkauft. Er hat den Weißen nie vergessen, wie sie ihn behandelt haben, und er hat auch nie einen Weißen in sein Haus gelassen.«

Neben ihm hängt ein Bild meiner Großmutter, gemalt von ihrem Neffen Sedgwick. Coretta sagt dazu: »Sie war eine sehr hübsche Frau.«

Nach meinem Sieg über Liston war ich nach Hause geflogen, um in der Methodistenkirche Broadway Temple an ihrer Seite zu stehen, als sie als das älteste Gemeindemitglied geehrt wurde. Sie war stolz auf die Kunst meines Vaters und ermutigte ihn: »Wenn du einmal ein großer Künstler bist, kannst du den Süden verlassen. Geh nach New York oder Chicago oder sonstwohin. Der Süden ist nicht das Richtige für einen farbigen Künstler.«

Ständig kommen Verwandte herein, und jeder erinnert sich an irgendeine Episode, die ich längst vergessen habe.

»Dort hast du mit deiner Prahlerei angefangen und gesagt: ›Ich bin schön‹«, sagt Coretta und deutet auf den Rand des alten Eßzimmertischs. »Du bist gegen diesen Tisch gestoßen und hast dir über dem Auge die Haut aufgeschürft. Als dein Vater das Blut sah, sagte er: ›Mein Gott! Hoffentlich hat er sich nicht das hübsche Gesicht verschandelt!‹ Dein Vater hat immer behauptet, du wärst ›bildhübsch‹, und er hat gesagt: ›Mach das Schöne nicht kaputt.‹ Und auf einmal schaust du selbst in den Spiegel und sagst: ›Hoffentlich mach ich mir das schöne Gesicht nicht kaputt.‹«

Ich höre den ganzen Abend zu und bin froh, heimgekehrt zu sein. Unsere Familie hat immer zusammengehalten. Nur eines hat sie erschüttert: Daß ich das Christentum aufgab und ein Gefolgsmann von Elijah Muhammad wurde. Aber irgendwie haben sie auch das überwunden und finden es sogar noch interessant.

Aber wie ich dann gehe, komme ich durch Tante Corettas Schlafzimmer. Über dem Bett hängt in dicken Buchstaben die Inschrift:

ONLY ONE LIFE,
IT WILL SOON BE PAST.
ONLY WHAT IS DONE FOR CHRIST,
WILL LAST.

NUR EIN LEBEN,
BALD IST ES AUS.
NUR WAS FÜR CHRISTUS GESCHIEHT,
GILT IN DIESEM HAUS.

So wenige Menschen scheinen zu wissen, wie sich das Leben für die Schwarzen in Louisville gestaltet. Als ich Weltmeister wurde, hörte ich zu meiner Überraschung, daß ich aus der »Mittelschicht« stamme. Eine Zeitung schrieb sogar: »Denn er war kein Kind aus den Slums. Seine Mutter war eine elegante milchkaffeebraune Dame, sein vor Witz sprühender Vater sehr stolz auf den Familiennamen Clay, denn er ging auf Henry Clay zurück, den berühmten Redner aus dem weißen Zweig der Familie ...«

Die Wahrheit ist, daß ich während des größten Teils meines Lebens in Louisville so etwas wie Armut kennenlernte. Ob ich ein Kind aus den Slums war oder nicht, läßt sich am ehesten beurteilen, wenn man die Tatsachen berücksichtigt, mit denen ich mich auseinandersetzen mußte.

Es gab in Louisville zwar eine schwarze »Mittelschicht« und sogar einige wohlhabende Familien, und unser Viertel gleicht nicht dem Getto mancher Großstädte, aber die Familie Clay gehörte erst dazu, nachdem ich ihr mit meinen Einkünften einen anderen Lebensstil ermöglichen konnte.

Ich erinnere mich noch an den Sommer 1956. Die Schule war aus, Rudy und ich streiften den ganzen Tag durch die Straßen und hatten Hunger bekommen. Mein Vater war irgendwo am anderen Ende der Stadt mit Schildermalen beschäftigt, und wir blickten alle paar Minuten die Straße entlang in der Hoffnung, Bird mit der Einkaufstasche kommen zu sehen. Vielleicht hatte sie Hamburger und Würstchen dabei. Wenn sie ihren ganzen Tagesverdienst dafür aufwandte, waren es vielleicht sogar Hähnchen mit Pommes frites. In der Regel blieb ihr nur so viel Geld übrig, daß sie am nächsten Morgen die Busfahrt zu der weißen Dame in der Oberstadt bezahlen konnte, bei der sie arbeitete und die ich nie kennenlernte. Morgens stand sie immer früh auf, ging zu Fuß die vier Straßen zur Bushaltestelle und fuhr dann in das Viertel, wo die Weißen in sauberen Häusern mit sauberen Toiletten wohnten. Dort kochte sie und versorgte die Kinder – das alles für vier Dollar pro Tag. Am Abend war sie manchmal so müde, daß sie für uns nicht mehr kochen konnte.

Für Rudy und mich blieb selten das Busgeld zur Schule übrig, jedenfalls nicht für beide gleichzeitig. Das ist der eigentliche Grund dafür, warum ich Wettläufe mit dem Schulbus veranstaltete. Bei meinem Ehrgeiz, Weltmeister im Schwergewicht werden zu wollen, mußte ich so nicht eingestehen, daß ich dem Bus nachlief, weil mir das Geld fehlte. Ich konnte sagen, es sei Konditionstraining.

Wir besaßen nie ein Auto, das jünger war als zehn Jahre, und wir hatten auch nie neue Reifen. Die Nachbarn konnten sich irgendwann neue Autoreifen leisten. Mein Vater hatte ständig Reifenpannen. Wenn einmal Geld im Haus war, dann nicht für das Auto oder für Reifen, dann mußte das Haus repariert werden. Es regnete durch Dach und Wände. Vier Jahre lang war die Wasserspülung kaputt. Seit acht Jahren war die Veranda am Zusammenbrechen. Der Zimmermann erklärte meinem Vater, auch eine provisorische Reparatur würde zweihundert Dollar kosten. Das war zu teuer, und so gingen wir eben über Balken und Bohlen, die jeden Tag zusammenkrachen konnten.

Die meisten Kleidungsstücke bekamen wir von der Wohlfahrt, auch gebrauchte Schuhe für zwei bis vier Dollar. Mein Vater verstand es vorzüglich, aus Pappkarton Einlegesohlen zu machen. Ab und zu bekam ich ein neues Hemd, und ich erinnere mich gut daran, wie Dad für die Kirche einen billigen Anzug kaufte. Neue Hosen waren eine Seltenheit, bis mich ein paar Angehörige unserer Bande in die Geheimnisse des Ladendiebstahls einweihten. Am liebsten klauten wir bei Levi, weil es dort grüne und blaue Sommerhosen und eine Auswahl von Jeans gab, die ich mir sonst nie hätte leisten können – auch bei Sears und Roebuck wegen der großen Auswahl.

Der Winter war dafür am besten geeignet, weil man unter dem weiten Mantel ein größeres Bündel verstecken konnte. Wenn man im Sommer nur T-shirts trug, konnte man nicht viel mitgehen lassen.

Das alles fällt mir jetzt wieder ein, wo ich mit dem Bus die Walnut Street entlangfahre, die 22nd Street, die 34th Street, die Shelby, Jefferson und Market Street, die 12th und die Kentucky Street. Überall in Louisville sehe ich die Schilder, die Vater gemalt hat: Firmentafeln, Beschriftungen von Lieferwagen, Aufschriften an Gaststätten und Fabriken.

Einmal malte Dad ein Bild von Moses auf dem Berge Sinai. Das war so großartig, daß ihm auch andere Kirchen Aufträge gaben. Ich blieb dann die ganze Nacht in den Kirchen wach und sah ihm zu, wie er seine Fresken malte: Johannes den Täufer, das Abendmahl, die Erzengel, die Jungfrau Maria. Seine Kreuzigung trieb mir Tränen in die Augen.

Ich fahre an einem alten vierstöckigen Gebäude vorbei. Das Schild daran hat auch mein Vater gemalt. Es war im Winter, und ich half ihm, indem ich die Leiter rauf und runter kletterte und ihm die Farbe brachte. Er wies mich in die Kunst des Schildermalens ein, aber es war so kalt, daß wir immer nur zwanzig Minuten arbeiten konnten. Dann mußten wir uns im Lieferwagen erst aufwärmen, bevor wir wieder hinaufklettern konnten.

Wenn ich ihm bei der Arbeit zusah und merkte, welche Sorgfalt und welchen Stolz er hineinlegte, ob es sich nun um ein Firmenschild handelte oder um eine Whiskyflasche oder um ein Wandbild in einer Gaststätte, dann bewunderte ich ihn, obgleich ich wußte, daß ich niemals in seine Fußstapfen treten würde. Er wollte es auch gar nicht. »Du wirst einmal Rechtsanwalt oder Lehrer«, sagte er dann. Aber nachdem er mich im Ring gesehen hatte, änderte er seine Meinung. Er rief als erster: »Das wird der nächste Weltmeister im Schwergewicht!« Dabei hatte ich erst einen Kampf absolviert. Ich erschrak. Wenn mein Vater fest an etwas glaubt, dann übertreibt er gern. »Bereiten wir uns darauf vor«, sagte er. »Mach dich auf die Socken. Ich hab' hier einen neuen Joe Louis!«

Aus unerfindlichen Gründen schrieben mindestens zwei meiner Biographen, mein Vater hätte während meiner Amateurzeit keinen einzigen Kampf gesehen. Das stimmt absolut nicht. Die lauten und dramatischen Aufmunterungsrufe meines Vaters spornten mich an. Er sah fast jeden Kampf, den ich in Louisville absolvierte, und versäumte nur die auswärtigen Begegnungen, weil wir uns das Reisegeld nicht leisten konnten.

Nach der Arbeit kam Vater abends nach Hause und übte Gesang. Er war als Schauspieler ein Naturtalent. Er ahmte jeden Filmstar nach, den er gesehen hatte, insbesondere die Liebhaber. Seine Stimme klang wie eine Mischung aus Nat King Cole, Bing Crosby und Russ Columbo. In Gesellschaft imitierte er alle drei Sänger nacheinander. In unserem Viertel galt er als der beste Tänzer von Louisville, und wenn er auf die Tanzfläche kam, machten ihm die anderen Platz, bildeten einen Kreis und sahen ihm zu, wie er übers Parkett glitt. Aber gerade sein Anblick machte mir schon frühzeitig klar, daß es in Louisville für einen talentierten schwarzen Künstler kaum eine Zukunft gab. Dad war einer der begabtesten Menschen, die mir je begegnet sind. Ich habe daran gedacht, wie anders sich sein Leben gestaltet hätte, wenn er irgendwo aufgewachsen wäre, wo sich auch den Schwarzen Freiheit und Chancen bieten. Das war einer der Gründe, warum ich mich unbedingt von meinen Förderern in Louisville lösen wollte, obgleich sie anständige, gerechte Menschen waren. Heute hat sich im Süden der USA vieles verändert, aber zu meiner Zeit wollte ich dort nicht bleiben.

Was den Stolz auf den »weißen Zweig der Familie« Henry Clays betraf, so muß ich sagen, daß unter meinen Verwandten so gut wie nichts über irgendwelches »weißes Blut« in unseren Adern bekannt war. Während der Sklaverei bezeichnete man die Sklaven automatisch mit den Familiennamen der Sklavenhalter: Jones, Williams, Robinson, Smith, Davis usw. Falls wirklich mit dem Namen auch das Blut des Sklavenhalters Clay in unsere Adern gekommen sein sollte, dann geschah es durch Vergewaltigung und Schändung.

Wenn Weiße früher einem Neger irgendeine Leistung zugestehen mußten, suchten sie lieber nach irgendeinem Hinweis auf »weißes Blut«, um nicht bei einem Schwarzen Fähigkeiten, Genie oder Talent anerkennen zu müssen. War der Schwarze zufälligerweise ein Einbrecher, Trunkenbold, ein Süchtiger, ein Landstreicher oder Wohlfahrtsempfänger, dann konnte sein Blut noch so gemischt sein, man interessierte sich nicht mehr für den »weißen« Anteil, sondern er wurde als rein schwarz eingestuft.

Hätte weißes Blut irgend etwas mit überlegenen Fähigkeiten zu tun, so hät-

ten die sechzig weißen Boxer, gegen die ich angetreten bin, mich in Stücke hauen müssen. Die Russen und die Polen bei den Olympischen Spielen hätten mich abgeschlachtet. Dann wäre Jerry Quarry oder Karl Mildenberger Weltmeister im Schwergewicht.
Der letzte Rest von Stolz auf diesen Namen schwand dahin, als ich ein wenig mehr darüber erfuhr, was der Sklavenbefreier Clay tatsächlich von den Schwarzen hielt. Einer meiner Lehrer war so stolz auf diesen Namen, daß er immer wieder zu mir sagte: »Cassius Marcellus Clay, wenn du nur in die Fußstapfen dieses großen Freundes Abraham Lincolns trittst, dieses Freiheitskämpfers, dessen Namen du trägst ...«
Als ich endlich Neugier zeigte, gab er mir das Buch *The Writings of Cassius M. Clay* von Horace Greeley.
Eine Woche später brachte ich ihm das Buch zurück und las ihm vor, was der große Clay über die Rassenfrage gesagt hatte: »›Ich bin der Meinung, daß die weiße Rasse die überlegene ist; sie besitzt ein größeres und stärker ausgebildetes Gehirn; außerdem eine weiter entwickelte Form und exquisite Struktur. Die moderne Forschung beweist, daß die Pyramidenbauer und die ägyptischen Erfinder von Zeichen und Buchstaben Weiße waren. Dieser lange Disput ist damit beigelegt. Die Historiker sind sich nun darin einig, daß die weiße Rasse erst die Zivilisation der gesamten Vorzeit aufbaute.‹«
Der Lehrer wurde verlegen, griff nach dem Buch und überzeugte sich selbst. Seitdem wurde ich in der Schule nie wieder aufgefordert, in die Fußstapfen des Weißen Clay zu treten. Er hatte zwar die Sklaven freigelassen, aber am Dogma der weißen Überlegenheit festgehalten.
Trotzdem gefiel mir der Name, und ich dachte auch nicht daran, ihn zu ändern, bis ich tiefer in die Geschichte der Schwarzen eindrang und die Botschaft Muhammads vernahm. Dann fragte ich mich, warum ich einen Namen beibehalten sollte, der mir von einem Sklavenhalter vererbt worden war, und sei er noch so liberal gewesen. Warum sollte ich meinen weißen Sklavennamen führen und den meiner schwarzen Vorfahren verschweigen?
Aber dann erreichte mich eine Fülle von Briefen von guten weißen Freunden mit der Bitte, es mir noch einmal zu überlegen. Das *Sunday Bulletin Magazine* in Philadelphia veröffentlichte am 7. Juni 1970 einen »Offenen Brief an Cassius Clay«: »Nun, Weltmeister ... warum ehrst du nicht deinen großherzigen, kämpferischen Namensvetter aus Kentucky, der sich für die Bürgerrechte einsetzte, indem du wieder den Namen Clay annimmst und auf diese Weise eingestehst, daß die Welt mehr und nicht weniger Männer vom Schlage eines Cassius Marcellus Clay braucht?«

Am nächsten Tag fahre ich mit dem Bus in die Grand Street zu dem Haus, in dem ich aufgewachsen bin. Unterwegs zeigt Bird mir ringsum Plätze, auf denen ich gespielt habe.
»Dort auf den Zaun bist du immer geklettert. Die ersten Schritte hast du in Großmutters Haus getan. Sie hat immer auf dich aufgepaßt, wenn ich zur Ar-

beit mußte. Weißt du, ich habe einmal bei Vertner Smith gearbeitet, aber das ist schon lange her. Damals war ich erst fünfzehn.«

Vertner Smith, der frühere Arbeitgeber meiner Mutter, war später einer der Millionäre aus Louisville, die mich förderten.

Ein paar Kinder stehen am Straßenrand und winken mir zu. Ich lass' sie einsteigen und nehme sie mit zum East End, wo ich den größten Teil meines Lebens verbracht habe. In der Grand Street steige ich aus und stehe vor dem alten Haus. Es soll verkauft werden. »Ich möchte es kaufen«, sage ich. »Als Andenken.«

Ich steige die Treppe empor und klopfe an die Tür. Eine Frau öffnet mir eine Handbreit und blinzelt heraus. »Warten Sie einen Augenblick, bis ich mich angezogen habe, dann können wir uns darüber unterhalten.«

Mrs. Arvin, eine massige Frau mit rot gefärbtem Haar, trägt einen knallroten Bademantel. Sie erklärt uns, sie fühle sich nicht wohl, und außerdem: »Zum Saubermachen komme ich nur am Wochenende. Diese Unordnung möchte ich Ihnen nicht zeigen.«

Später dürfen wir doch den winzigen ofenbeheizten Raum betreten. Das Haus sieht jetzt besser aus als damals, als wir darin wohnten. Ich gehe in das Zimmer, in dem mein Bruder und ich geschlafen haben. Es ist kleiner als in meiner Erinnerung. In der Küche finde ich noch die Spüle vor, die mein Vater gebaut hat, und die Veranda ist immer noch baufällig.

»Was muß ich machen, wenn ich das Haus kaufen will?« frage ich Mrs. Arvin.

»Nun, es steht zum Verkauf. Sie können es jederzeit haben.«

Während ich durch die vertrauten Straßen fahre, denke ich an die Zeit zurück, da ich mich kaum getraute, hier zu gehen. Damals war ich sechzehn. In der Sporthalle bei Wettkämpfen und in der Schule wurde ich als »King« anerkannt. Ich nahm es mit jedem Boxer auf. Ich war stolz und selbstbewußt, aber nur, wenn Corky Baker nicht auf der Straße war. Ob ich nun mit meiner Bande oder allein durch Snake Town oder West End ging – Corky war der unumstrittene Herr der Straße, und er duldete neben sich keinen Rivalen.

Ich hatte die Goldenen Boxhandschuhe vor mir, die Nationalmeisterschaften, die Olympischen Spiele; ich war zuversichtlich, all diese Wettbewerbe gewinnen zu können. Doch die Krone, die ich mit größtem Stolz getragen hätte, befand sich in Corkys Besitz. Er terrorisierte alle, auch mich; und er schlug jeden – auch mich. Ich hatte bereits durchblicken lassen, daß ich Weltmeister im Schwergewicht werden wolle, aber Corky lachte nur darüber. Für ihn war jeder Boxer ein Feigling. Er sagte zu allen Leuten: »Cassius hat nichts weiter als eine große Klappe.« Ich konnte im Kampf niemals das richtige Selbstbewußtsein aufbringen, solange ich mich vor Corky duckte.

Corky war älter als ich, kleiner, untersetzt und krummbeinig – aber er hatte einen Oberkörper wie der berühmte Atlas in den Anzeigen für Muskeltraining. In seiner Freizeit stemmte er Gewichte oder zerriß mit bloßen Händen dicke Telefonbücher. Als ich ihn zum erstenmal sah, hielt er gerade ein Mitglied unserer Fußballmannschaft an den Beinen hoch und schüttelte ihn, bis

ihm das Geld aus der Tasche fiel. Wenn man sich Corkys Straße näherte, mußte man einen Umweg machen oder für die Gunst, an ihm vorbeigehen zu dürfen, ein Wegegeld zahlen. Von Beruf war er Rausschmeißer in der »Dreamland Tavern«. Nebenbei verdiente er sich Geld mit Wetten darüber, wie hoch er das vordere Ende eines Cadillac an der Stoßstange heben konnte, gelegentlich auch einmal einen Lastwagen, wenn die Wette hoch genug war.
Ich hatte mehrere Zusammenstöße mit ihm und zog regelmäßig den kürzeren. Das machte mich allmählich mürbe. Ich bildete mir ein, daß es nicht viel Sinn hätte, Berufsboxer zu werden, wenn es mir bei all meinem Training, meiner Beinarbeit und meinem boxerischen Können nicht gelang, Corky zu besiegen. Andererseits war ich sicher, jeden Gegner auf der ganzen Welt schlagen zu können, wenn es mir gelang, Corky zu überwinden.
Ich traute mich jedenfalls, damit zu prahlen, daß ich ihn im Ring schlagen würde. Irgend jemand hörte dies und erzählte es Corky weiter. Der war empört, zornig, beleidigt. Und er wurde wütend. Wochenlang kursierten in den schwarzen Vierteln von Louisville Gerüchte über den bevorstehenden blutigen Zusammenstoß zwischen Cassius Clay und Corky Baker. Sie wirbelten in unserer kleinen Stadt genausoviel Staub auf wie Jahre später ein großer Kampf zwischen Joe Frazier und mir – und in gewisser Weise war diese Sache für mich auch genauso wichtig.
Vielleicht wäre es nie dazu gekommen. Aber meine »Freunde« stichelten so lange, bis ich an der »Taverne« vorbeimarschierte, vor der Corky stand; sein Brustkasten sprengte beinahe das T-shirt, seine Oberarme hatten den Durchmesser eines mittleren Schinkens. Die Hälfte der Gäste mußte eingreifen, um ihn davon abzuhalten, mich in Stücke zu reißen, bevor sie hohe Wetten darauf abgeschlossen hatten, daß Corky mich trotz all meiner bisherigen Erfolge in einer Runde schlagen würde. »Gehst du drauf ein? Hast du das gehört?« Ein mächtiges Gebrüll ging los, und ich nahm die Wette an.
Ich wußte, daß es Selbstmord gewesen wäre, mich auf der Straße mit ihm zu messen, wo es keine Regeln und keinen Schiedsrichter gab. Deshalb forderte ich ihn heraus, in der Columbia-Halle im Rahmen der Veranstaltung »*Champions von morgen*« gegen mich anzutreten. »Das ist kein richtiger Kampf«, sagte Corky, aber die anderen lachten ihn aus, und er ging rasch auf mein Angebot ein. Der Kampf wurde auf drei Runden angesetzt, und der Sieger sollte in Louisville als der echte Champion anerkannt werden. Die Gäste der Kneipe riefen vergnügt: »Corky wird ihm das Rückgrat brechen, den Schädel einschlagen und die Rippen herausreißen. Corky wird ihm das große Maul stopfen.«
Als der Gong ertönte, stürzte Corky vor und ließ einen Hagel von Rechten und Linken los, mit denen er dem Schiedsrichter fast den Schädel abriß, mich aber verfehlte. Inzwischen hatte ich gelernt, Schläge auszupendeln, zu kreiseln, zu finten. Schon nach ein paar Minuten stieß ich mit meiner Linken von allen Seiten zu seinem Gesicht durch, während er mich überhaupt nicht traf. Als die Runde zu Ende war, hatte er sich mit seinen raschen, wilden Schlägen so sehr verausgabt, daß er keuchte wie nach zehn anstrengenden

Runden. Mit meinem rechten Cross, der mehrfach durchkam, hatte ich ihm ein blaues Auge geschlagen und die Nase aufgerissen, auch seine Lippe blutete. Noch vor dem Ende der zweiten Runde blieb er plötzlich mitten im Ring stehen und schrie: »Teufel, nein! Das ist nicht fair!« Er stolperte aus dem Ring, holte seine Klamotten aus der Kabine und verließ die Turnhalle. Meine Klassenkameraden aus der Oberschule jubelten und hoben mich auf die Schultern. »Der ›King‹ ist tot! Jetzt sind wir alle frei!«
Ich war der neue »King«, nicht nur in der Halle, sondern auch auf den Straßen.
Es war ein Sieg ohne jede finanzielle Bedeutung, aber für den Sechzehnjährigen war der Kampf gegen Corky Baker sehr wichtig. Ich zog eine notwendige Lehre daraus.
Später erkundige ich mich bei meinem alten Freund Lawrence Montgomery, wo Corky sich heute aufhält. Im Laufe der Jahre hatte Corky meine Boxerlaufbahn aufmerksam verfolgt, und wir waren beinahe Freunde geworden. Nun will ich wissen, was Corky von meinem Kampf gegen Norton hält.
»Corky ist tot«, sagt Montgomery. »Vor einer Woche umgekommen.«
»Wie denn?«
»Es war in einer Kneipe in der Warner Street. Eine Schießerei mit der Polizei. Er ist gegangen, wie er gekommen ist: Als Straßenkämpfer.«

Wir steigen wieder ein und fahren hinüber zu der katholischen Schule, die sich früher Nazareth College nannte. Ich arbeitete damals dort, wischte die Treppen und kümmerte mich um die Bibliothek. Von der Schwester an der Pforte erfahre ich, daß Schwester Allen, nach der ich mich erkundige, nicht mehr da ist. Ich frage nach Schwester Christina; aber bevor sie sich auf die Suche macht, erzählt sie mir, daß sie von mir gelesen hat und daß es im College das Foto eines Stuhls mit der Inschrift gibt: »Hier hat Cassius Clay ›geschlafen‹.«
»Ich weiß noch, daß Sie nie an einem Spiegel vorbeigehen konnten, ohne Schattenboxen zu machen«, sagt Schwester Christina.
Wir fahren durch den Chickasaw-Park, wo ich Tag für Tag, jeden Morgen, mein Laufpensum absolviert habe. Ich schlendere über den Weg, auf dem ich jeden Morgen fünfmal meine Runden drehte. Danach war ich dann hinter dem Bus bis zur Schule gelaufen. Dabei ging es mir nicht nur um das Konditionstraining, sondern auch um die Milch-Shakes und Schokoladenriegel, die ich mir von dem ersparten Fahrgeld kaufen konnte. Taschengeld gab es bei uns nicht.
Wie wir zu meinem Elternhaus zurückkommen, erscheinen allmählich immer mehr Freunde und Verwandte. In diesen Straßen hier bin ich zu Hause. Das sind meine Leute, zu denen ich gehöre, wie sie zu mir. Meine Niederlage: »Das ist wie ein Fehlstoß auf dem Billardtisch«, sagt ein Freund. »In jedem Spiel gibt es mal einen Fehlstoß.«
Ich begegne Leuten, die ich seit Jahren nicht mehr gesehen habe.

»Was macht die Familie? Was habt ihr so getrieben? Was arbeitest du jetzt?« frage ich sie. Es ist ein seltsames Gefühl. Mich brauchen sie nicht zu fragen, was ich mache. Alle wissen es. Zwischen diesen Menschen bin ich aufgewachsen, und sie wissen alle so viel über mich – und ich so wenig über sie.

Gegenüber dem Nazareth College liegt die Columbia-Halle. Hier begann ich zwar zu boxen, aber ich habe diese Kunst nicht hier gelernt.
Die Anekdote, daß meine Boxerlaufbahn mit einem gestohlenen Fahrrad begann, ist übrigens wahr. Aber es kam noch einiges andere hinzu. Ich war zwölf Jahre alt. Johnny Willis, mein bester Freund, und ich waren auf unseren Fahrrädern herumgefahren, bis es zu sehr regnete. Wir überlegten gerade, was wir machen sollten, da fiel Johnny plötzlich eine Zeitungsanzeige ein, die zu einer Ausstellung schwarzer Firmen in der Columbia-Aula an der Ecke Fourth und Yorck Street einlud. Diese Halle ist ein großes Freizeit-Center mit Boxring und Kegelbahnen. Die schwarze Bevölkerung der Stadt hält in der Columbia-Halle jährlich einen großen Bazar ab, die sogenannte »Louisville Home Show«.
Zuerst hatte ich keine rechte Lust, mir die Ausstellung anzusehen, aber als wir dann den Handzettel überflogen, sahen wir, daß es Popcorn, Würstchen und Schokolade umsonst gab. Außerdem hatte mir mein Vater zu Weihnachten ein neues Fahrrad geschenkt, ein Schwinn-Rad mit roten Lampen und Chromstreifen, mit einem Scheinwerfer, Weißwandreifen, verchromten Felgen und Speichen, und damit wollte ich jetzt angeben.
Bei der Ausstellung konzentrierten wir uns auf das Eßbare. Damit vertrieben wir uns die Zeit bis zum Feierabend um sieben Uhr.
Da es immer noch genauso heftig regnete wie zuvor, merkten wir nicht sofort, daß mein Fahrrad fehlte. Ich war wütend und hatte außerdem Angst vor meinem Vater. Wir liefen durch die Straßen und fragten alle möglichen Leute nach dem Rad. Jemand riet uns, unten in die Columbia-Sporthalle zu gehen. »Dort im Freizeit-Center gibt es einen Polizisten namens Joe Martin, sprecht mit dem.«
Ich lief heulend die Treppe hinunter, aber als ich die Boxhalle betrat, regten mich der Anblick, die Geräusche und Gerüche so sehr auf, daß ich beinahe mein Fahrrad vergaß.
Es waren ungefähr zehn Boxer bei der Arbeit. Einige an der Schlagbirne, ein paar beim Sparring im Ring, wieder andere beim Seilhüpfen. Ich stand da, roch die Mischung aus Schweiß und Franzbranntwein und empfand so etwas wie Ehrfurcht. Im Ring stand ein schlanker Junge, der beim Schattenboxen so blitzschnell war, daß ich seinen einzelnen Schlägen fast nicht mehr mit den Augen folgen konnte.
»Du mußt mir das alles genau erzählen«, sagte Martin ruhig und schrieb es sich auf. Als ich dann schon gehen wollte, tippte er mir mit dem Finger auf die Schulter. »Übrigens boxen wir hier montags bis freitags jeden Abend von sechs bis acht. Falls du mitmachen willst – hier hast du eine Anmeldung.«
Ich war dürr, etwas über einen Zentner schwer und hatte noch nie ein Paar

Boxhandschuhe angehabt. Ich faltete das Anmeldeformular zusammen und schob es in die Tasche. Es war ein dürftiger Ersatz für das Fahrrad. Am Abend bezog ich wegen meines Leichtsinns von meinem Vater eine ordentliche Tracht Prügel. Ausnahmsweise gab ich ihm dabei vollkommen recht. Und ich sagte ihm ganz ehrlich, wie leid es mir täte.
Am Samstag sah ich im Fernsehen die Veranstaltung »*Champions von morgen*«. Bei dieser Amateurveranstaltung erkannte ich plötzlich in einer Ecke Joe Martins Gesicht. Ich stieß meine Mutter an. »Bird, das ist der Mann, dem ich die Sache mit dem Fahrrad erzählt habe. Er möchte, daß ich beim Boxen mitmache. Wo ist eigentlich das Anmeldeformular?«
Sie hatte vor dem Waschen das Papier aus der Tasche genommen und gab es mir jetzt. »Du willst Boxer werden?« fragte sie ernst.
»Ich möchte Boxer werden«, sagte ich.
»Wie willst du dort hinkommen? Das ist ein weiter Weg. Dein Fahrrad ist weg. Dafür gibt's kein Fahrgeld.«
»Ach, ich werde mir irgendein Fahrrad leihen«, sagte ich. »Ich hab' ja sonst nichts zu tun.«
Ich weiß noch, wie ungewiß mein Vater dreinschaute. Draußen machte jemand die Tür auf und rief: »Johnny Willis steht hier und wartet auf Cassius.«
Damit war die Sache entschieden. »Boxen ist immer noch besser, als sich mit Willis und dieser Bande herumzutreiben«, sagte mein Vater. »Jede andere Beschäftigung ist besser. Laß ihn gehen.«
Als ich in die Sporthalle kam, stieg ich sofort zu einem älteren Boxer in den Ring und begann wie wild um mich zu schlagen. Bereits eine Minute später blutete meine Nase. Meine Lippen schmerzten. Mir war schwindlig. Am Ende zog mich jemand aus dem Ring.
In diesem Augenblick dachte ich: Draußen auf der Straße wärst du besser dran. Aber da kam ein schlanker Weltergewichtler zu mir, legte mir die Arme um die Schultern und sagte: »Es wird schon gehen. Nimm dir nur nicht gleich am Anfang diese erfahrenen Boxer vor. Such dir einen Partner, der genauso neu ist wie du. Außerdem brauchst du jemanden, der dir zeigt, wie's geht.«
Aber es war kaum jemand da, der mir etwas zeigen konnte. Martin verstand einiges davon. Er erklärte mir, wie man sich hinstellt und wie man einen rechten Cross schlägt, aber viel mehr wußte er auch nicht. Ich boxte wie ein Mädchen, mit unkontrollierten, weit hergeholten Schwingern. Aber ich spürte den inneren Antrieb, und ich boxte weiter, und ich trainierte weiter. Ich zog zwar immer noch mit der Bande durch die Straßen, aber ich kam auch regelmäßig in die Sporthalle.
»Mir gefällt es, wie du das machst«, sagte Martin eines Tages zu mir. »Mir gefällt deine Beharrlichkeit. Ich bring' dich ins Fernsehen. Beim nächsten TV-Kampf bist du dabei.«
Ich war fasziniert von dem Gedanken, daß man mich in ganz Kentucky im Fernsehen bewundern konnte, und trainierte die ganze Woche. Mein Gegner war Ronny O'Keefe, ein weißer Boxer. Ich gewann meinen ersten Kampf nach Punkten.

Ganz plötzlich änderte sich mein Leben. In unserer Bande wurde ich immer mehr anerkannt. Mein Vater verkündete nach meinem ersten Sieg in der ganzen Boston Street: »Mein Junge wird ein zweiter Joe Louis! Ein Hoch auf Cassius Clay, den Weltmeister im Schwergewicht!«
Bird glaubte Ähnlichkeiten zwischen Joe Louis und mir zu entdecken: »Hat er nicht den gleichen großen, runden Schädel wie Joe Louis?« fragte sie meine Vettern. Dann fiel ihr ein, wie ich im Bett herumhüpfte und plapperte: »G. G.« – »Etwas anderes konnte er nicht sagen, nur die beiden Buchstaben G. G.«
Ich witzelte darüber. »Ich hab' die ›Golden Gloves‹ damit gemeint, Bird. Die Goldenen Boxhandschuhe. Mit G. G. wollte ich dir nur sagen, daß ich einmal die Goldenen Boxhandschuhe gewinnen würde.«
Selbst die Lücke zwischen ihren beiden Vorderzähnen schob sie mir jetzt in die Schuhe: »Schon als Baby hatte er diesen Boxinstinkt. Ich hab' ihm den Hintern versohlt, da ist er wütend geworden und hat zurückgeschlagen, seitdem sitzen meine Schneidezähne schief. Damals war er erst ein Jahr alt. Da seht ihr wieder, wie hart er von Anfang an zuschlagen konnte.«
Jede Woche stellte mich jetzt Joe Martin in der Sendung *»Champions von morgen«* vor, weil ich im Ring auch dann noch kämpfte, wenn ich völlig erschöpft war, und weil ich siegte. Das lag nicht an meinem Können, sondern nur daran, daß ich nie aufgab. Andere Boxer gingen zu Boden, oder sie wurden entmutigt, oder sie hörten auf.
Aber gerade bei meinem ersten Turnier um die Goldenen Boxhandschuhe des Staates Kentucky lernte ich mehr aus einer Niederlage als aus all den Siegen, die ich unter Martins Obhut gesammelt hatte. In diesem Turnier konnte mich ein schwarzer Boxer entscheidend schlagen. Es schmerzte, aber ich wußte, daß ich einem Besseren unterlegen war, und ich wußte auch, woher er kam: Aus dem Grace Community Center, einem Boxclub, drüben im schwarzen Teil der Stadt, und sein Trainer hieß Fred Stoner.
Mir war schon aufgefallen, daß die Boys aus Stoners Stall besser boxten als Martins Schützlinge. Sie konterten mit einem besseren Rhythmus. Ihre Zeiteinteilung war besser, ihre Schläge kamen genauer.
Martin verbot uns strikt jeden Kontakt mit Stoner. Ich bekam für jeden Auftritt in der Fernsehshow vier Dollar, und Martin erlaubte keinem von Stoners Boxern, an der Veranstaltung teilzunehmen. Die meisten von Martins Boxern waren Weiße, und wenn er sich ernsthaft um Nachwuchs bemühte, dann auch nur unter den Weißen.
Als ich eines Abends beobachtete, wie Stoners Boxer Gäste aus einem anderen Bundesstaat förmlich deklassierten, war ich so beeindruckt, daß ich das Risiko auf mich nahm. Mit meinem Bruder Rudy ging ich den ganzen Weg zum Grace Community Center zu Fuß und suchte Stoner in der Boxhalle im Kellergeschoß auf.
Er war ein schmächtiger, stiller, dunkelhäutiger Mann, sehr konzentriert bei der Arbeit, und keine Bewegung seiner Boxer entging ihm. Ich sah mich um. Er hatte nicht die Möglichkeiten, die Joe Martin zur Verfügung standen. Im

Winter war der Keller dieser Kirche nicht heizbar, während es in Martins Boxhalle warm war. Auch seine Sandsäcke und Punchingballs konnten sich mit Martins Geräten nicht messen.
»Nur zu, wenn du reinkommen willst«, sagte er.
»Haben Sie mich im Fernsehen gesehen?« fragte ich.
Er nickte, war aber nicht sonderlich beeindruckt. »Mut hast du ja«, stellte er fest. »Der Geist ist willig, aber das Fleisch ist schwach. Wir trainieren hier abends von acht bis zwölf. Wenn du zu uns kommst, zeige ich dir, wie man boxt.«
Als ich am nächsten Morgen in die Columbia-Halle kam, nahm mich Joe Martin beiseite. »Ich hab' gehört, du hast mit Fred Stoner trainiert.«
Aus unerfindlichen Gründen bekam ich Angst. Er redete in einem Ton mit mir, als hätte ich etwas Verbotenes getan.
»Du kennst doch unsere Spielregeln«, fuhr er fort. »Niemand kann gleichzeitig bei Stoner und bei mir sein. Entscheide dich. Entweder du läßt Stoner fallen, oder ich lasse dich fallen.«
Mir rutschte das Herz in die Hose. Ich brauchte die vier Dollar, die ich von Martin fürs Boxen bekam, ich brauchte aber auch die Technik und Kniffe, die Stoner mir beibrachte. Alle schwarzen Profis – Jerome Dawson, Billy William, Bill Hestor, Green Gresham und Rudolph Stitch – waren durch Stoners Schule gegangen.
Ich erinnere mich noch genau, wie ich schwitzend und gedemütigt vor Martin stand. Ich erklärte mich bereit, Stoners Trainingslager nicht mehr zu betreten.
In jenem Jahr gingen Fred Stoners Schützlinge nach Chicago und holten die meisten Amateurtitel nach Hause. Sie waren großartige Stilisten. Gute Boxer. Sie schlugen harte Haken, und sie konnten tanzen. Sie finteten, sie trafen, sie bewegten sich. Ihre Fußarbeit war gut. Sie verstanden das Abducken und Auspendeln. Manche waren noch jünger als ich, aber ihre Körper wirkten ausgereift. Wie schafften sie das nur? Das mußte ich herausfinden.

Ich erinnere mich an einen warmen Sonntagmorgen, an dem ich den langen Fußmarsch von der 32nd Street zur Boxhalle an der 6th Street zurücklegte, wo sich die Boxer für die Veranstaltung »*Champions von morgen*« versammelten. Ich bin gerade dreizehn geworden. An der 18th Street bleibe ich stehen und sehe den Jungen und Mädchen zu, die in einem großen Swimmingpool herumplanschen. Während ich noch dastehe, kommt ein magerer Junge in abgetragenen Tennisschuhen mit schmutzigen Shorts (die mehr nach Unterhose aussehen) in der Hand auf mich zu. Ich halte meine schwarzweiß gestreifte Hose fest. Aufmerksam mustern wir uns.
»Wo willst du hin?« fragt er mich mit einem Blick auf meine Hose.
»Zum Boxen«, antworte ich.
»Gegen wen?«
»Weiß ich nicht. Ich soll in einer Show auftreten – ›*Champions von morgen*‹.«
»Komisch, ich auch.«

»Gegen wen?«
»Weiß ich nicht«, sagt er.
Dann kommt ein Freund von ihm auf einem Fahrrad vorbei, er steigt auf und fährt weiter zur Boxhalle.
Wie ich hinkomme, tritt er aus der Tür, knufft mich und sagt knurrig: »Heute wirst du nicht boxen.« Ich suche rasch nach Joe Martin. Er zeigt auf den betreffenden Jungen und sagt: »Gegen den sollst du boxen. Er heißt Jimmy Ellis, aber er wiegt nicht genug.«
Ich gehe zu ihm hinüber. »Du bist Jimmy Ellis?«
»Und du Cassius Clay?«
»Warum nimmst du nicht zu?« frage ich, als ob er an seiner mageren Gestalt schuld wäre. Ich sehe Tränen in seinen Augen. »Weil du zu mager bist, gehen uns beiden heute vier Dollar flöten.«
Ich merke, daß ihm das genauso schlimm ist wie mir. Ich bin zwei Jahre jünger als Jimmy, aber dafür schwerer. Später begegnen wir uns sogar in einem Amateurturnier. Einen Kampf gewinnt er, den anderen ich. Wir witzeln darüber, daß wir irgendwann einmal um die Entscheidung boxen werden. Später, als ich der erste Weltmeister im Schwergewicht aus Louisville bin, wird Ellis mein wichtigster Sparringspartner. Und später, als man mir den Titel abnimmt, wird er das Ausscheidungsturnier der World Boxing Association gewinnen und als Schwergewichtsweltmeister anerkannt werden. Für eine kurze Zeit wird Louisville auf zwei Weltmeister im Schwergewicht stolz sein dürfen, die es in einem Jahrzehnt hervorgebracht hat. Später, als ich mich in den Wettbewerb wieder einschalte, kommt es dann doch noch zu unserem entscheidenden Match.
Es soll in Houston stattfinden. Er ist der erste Boxer, dem ich nach meiner Niederlage gegen Joe Frazier gegenübertrete. Es ist von entscheidender Bedeutung, daß ich ihn schlage und beweise, daß ein Comeback drin ist. Für ihn ist es entscheidend zu beweisen, daß er mehr ist als nur ein Sparringspartner – nämlich ein echter Champion. Eine Niederlage gegen Ellis wäre für mich das Ende gewesen. Glücklicherweise bin ich ein wenig schwerer und besser als Jimmy.

Zum Jahresende war ich mir sicher, daß ich Boxer werden wollte. Ich beschloß, das Boxen im Grace Community Center zu erlernen, auch wenn ich mich damit einer guten Einkommensquelle beraubte.
Nach der Schule arbeitete ich vier Stunden für die katholischen Schwestern, dann trainierte ich von sechs bis acht bei Martin. Anschließend fuhr ich zu Stoner, um von acht bis zwölf das eigentliche Training zu absolvieren.
Mein Vater war mit dem, was ich tat, immer mehr einverstanden. Er meinte, ich würde nun nicht mehr mit meiner Bande herumstrolchen, weil mir das Boxen keine Zeit dazu ließ. Die Disziplin bei Fred war eisern. Aus den Grundübungen wurde eine Art Religion gemacht. Fred Stoner war unbeugsam, wenn es darum ging, bestimmte Muskeln zu entwickeln, die er für ein Bestehen im Ring für unerläßlich hielt.

Wir mußten an einem Streifen zweihundert linke Gerade schlagen, harte Gerade, ohne eine einzige Pause. Wenn wir ermüdeten, ließ er uns von vorn beginnen und bis hundert zählen: eins, zwei, drei ... Wir schlugen so lange linke Gerade, bis wir die zweihundert nicht mehr spürten. Dann kam ein rechter Cross an die Reihe. Danach ein Haken, eine Gerade, ein linker Haken und Wegducken; eine Gerade und Abrücken, eine Gerade und Vorrücken. Er brachte uns bei, wie man blockiert, wie man die Rechte quer über die Dekkung schlägt, und wir mußten alles ständig wiederholen. Wir machten hundert Liegestütze und hundert Kniebeugen.
Bei Martin wurde nichts weiter verlangt als Sandsack-Boxen, Seilhüpfen, in den Ring springen und aufeinander losdreschen. Meine Anfänge als Boxer und die frühe Entwicklung meiner Kenntnisse werden immer wieder Joe Martin zugeschrieben. Doch mein Stil, mein Stehvermögen und mein System wurden im Keller einer Kirche im East End geprägt.

Ich bin vierzehn Jahre alt und sitze auf meinem 2-PS-Moped. Im Regen fahre ich vom Grace Community Center im East End von Louisville nach Hause. Ich war dort den ganzen Nachmittag bei Fred Stoner.
Der Regen wird schlimmer. Mit gesenktem Kopf rausche ich an geparkten Autos vorbei, bis ich aus einem offenen Wagenfenster das Geräusch einer johlenden Menschenmenge höre. Ich bremse, wende und fahre zurück. Ein Schwergewichtskampf wird übertragen. Der Wagen ist so voll, daß ich nicht einsteigen kann, aber ich darf wenigstens den Kopf hineinstecken und mithören. Ich komme gerade noch rechtzeitig, um zu hören, wie der Ansager gegen den Lärm anbrüllt: »Alter und neuer Weltmeister im Schwergewicht–Rocky Marciano!«
Eisig kalt durchfährt es mich. Noch nie hat mich etwas so gepackt wie die Worte: »Weltmeister im Schwergewicht.« Ist er der Meister der *ganzen* Welt? Von diesem Tag an wünsche ich mir, daß das einmal von mir gesagt wird.
Ich ziehe meinen Kopf aus dem Wagen und stehe im Regen da. »Alter und neuer Weltmeister im Schwergewicht: Cassius Clay!« Ich steige wieder auf mein Moped und fahre weiter. Ich höre die Stimme des Ansagers selbst im Sturm: »Alter und neuer Weltmeister im Schwergewicht Gene Tunney, Joe Louis, Ezzard Charles, Rocky Marciano, Floyd Patterson ... Cassius Clay!«
Ich beginne zu träumen. Ich höre mich zu meinem Nachbarn sagen: »Ich bereite mich gerade auf den Weltmeistertitel im Schwergewicht vor!« Und am nächsten Abend sage ich zu ihm: »Jetzt bin ich Weltmeister im Schwergewicht!« Der Regen wird immer kälter und immer dichter. Ich frage mich: »Kann ich das?« Damals gelingt es mir nicht einmal, im eigenen Club jeden zu schlagen. Ich frage Joe Martin. Er schüttelt zweifelnd den Kopf. »Auch wenn du triefnaß bist, bringst du kaum hundertfünf Pfund auf die Waage. Weißt du, wie ein Schwergewichtler gebaut ist? Vielleicht wäre das Leichtgewicht etwas für dich.«
Aber ich bin für's »Schwergewicht«. Niemand in meiner Familie ist so mas-

sig, aber irgendwie werde ich es schaffen. Ich weiß, daß ich es schaffe. Ich gehe und beginne am nächsten Tag mit ernsthaftem Training. Ich sehe mir die Boxkämpfe im Fernsehen mit größerem Interesse an. Was mich fasziniert, ist die Art und Weise, wie die Boxer ihre Schläge austauschen. Ich beobachte Ralph »Tiger« Jones, Hurricane Jackson, Carmen Basilio, Gene Fullmer und passe genau auf, wie sie dastehen und wie sie ihre Treffer abbekommen. Oder wie sie immer wieder ihre Geraden abschießen. Ich weiß, daß ich sie schlagen kann. Selbst Patterson. Selbst Archie Moore. Ich weiß, daß ich eines Tages imstande sein werde, diese Männer ganz leicht zu schlagen, weil sie sich nicht bewegen, weil sie nicht kreiseln. Sie pendeln nicht im richtigen Augenblick zurück. Ich weiß, daß ich einmal zuschlagen werde, ohne selbst getroffen zu werden. Und in der Sporthalle übe ich täglich das Zurückweichen vor den Schlägen. Ich schlage eine Gerade und beuge mich dann zurück. Ich lerne, daß man zumindest auf der kurzen Distanz nicht alle Treffer durch Auspendeln, Hüpfen und Abducken vermeiden kann.
Die Profis unter meinen Freunden sagen mir immer wieder: »Einmal kostet dich das Kopf und Kragen.« Aber die Klügeren unter ihnen erinnern sich daran, daß auch Jack Johnson sich zurückbeugte. Ich glaube, so etwas wie ein Radargerät zu besitzen. Ich weiß genau, wie weit ich mich zurückbeugen kann.
Ich entwickle diese Technik. Ich weiß, wie weit ich zurückgehen kann, wann ich mich ducken und wann ich meinen Mann festnageln muß. Ich lerne die Kunst, den Gegner zu ermüden. Ich bringe meinen Kopf in Reichweite seiner Fäuste, bringe meinen Gegner zum Zuschlagen und beuge mich dann zurück. Dabei halte ich die Augen weit offen, damit ich alles sehe, ich mache einen Sidestep, weiche nach rechts und dann nach links aus, halte ihn mir mit linken Geraden vom Leib und bringe meinen Kopf wieder in seine Reichweite. Es kostet eine Menge Kraft, immer wieder ins Leere zu schlagen. Wenn die besten Kombinationen nur dünne Luft treffen, dann geht das schon auf die Nerven.
Während meiner ganzen Amateurzeit glauben die älteren Boxer, ich sei leicht zu treffen, aber das stimmt nicht. Ich konzentriere mich auf die Verteidigung. Ich konzentriere mich ganz auf das Timing, auf die Bewegungen und auf den Rückzug. Wenn ich zuschlage, weiß ich, daß von dem anderen ein Konter kommt, und ich ziehe mich zurück.

»Ich werde jetzt härter trainieren«, sagte ich eines Abends zu Stoner. »Ich will alles lernen, was Sie mir beibringen können.«
Stoner sah mir fest ins Auge, als wollte er genau wissen, wie ernst es mir mit meinem Vorsatz war. Dann sagte er: »Du bist fix und du hast Talent. Einige der besten Profis Amerikas sind hier in der Stadt. Mach dich an die Arbeit, und wenn im Herbst das Turnier stattfindet, wirst du es gewinnen.«
Noch vor einer Minute hatten meine Hände gebrannt und meine Arme und Beine geschmerzt. Aber was Stoner da zu mir sagte, linderte meine Schmerzen schneller als Einreiben mit Alkohol und Jod.

»Sie glauben, ich kann die Goldenen Boxhandschuhe gewinnen?«
»Nicht nur die Goldenen Boxhandschuhe. Du wirst dir auch in Rom die Goldmedaille holen.« Stoner sagte das in einem Ton, als stände das für ihn bombenfest.
Ich hatte die meisten meiner Kämpfe ohne große Vorbereitung gewonnen, aber nach Stoners Lektionen war ich sicher, meine Gegner schlagen zu können. In einhunderteinundsechzig von einhundertsiebenundsechzig Amateurkämpfen gelang mir das auch.
Sowohl Martin als auch Stoner hielten mir immer wieder das Gold der olympischen Medaille vor Augen: »Für einen Boxer ist die Goldmedaille eine Million Dollar wert. Wenn du sie gewinnst, bist du ein Nationalheld. Du wirst gefeiert wie Lindbergh. Der Gouverneur, der Bürgermeister, die Polizei, sogar der Präsident ehren dich. Du wirst das bis an dein Lebensende nicht vergessen.«
Sie hatten recht. Ich weiß noch genau, wie ich die Turniere um die Goldenen Boxhandschuhe und die nationalen Titel gewann. Aber am deutlichsten erinnere ich mich an den Sommer 1960, als ich nach meiner Rückkehr aus Rom wie ein Held gefeiert wurde.

2

Die Goldmedaille

Nach meiner Rückkehr aus Rom hätte ich am liebsten Joe Louis als Manager gehabt, aber Louis redete nicht gern, er mochte keine lauten, angeberischen Boxer, und er sagte mir voraus, daß ich jeden Kampf verlieren würde.
Dann fiel meine Wahl auf Sugar Ray Robinson. Ich fuhr nach New York, um ihn zu suchen und mich ihm vorzustellen. Ray näherte sich dem Ende seiner Karriere, und ich dachte, er würde sich vielleicht gern meiner annehmen. Als ich ihn endlich erwischte und mich bemerkbar machte, da schob er mich beiseite: »Hör mal, Kleiner, du kannst ja vielleicht in zwei Jahren wieder nachfragen, okay?«
Den ganzen Tag verfolgte ich ihn quer durch Harlem, tanzte, übte Schattenboxen und zeigte ihm, wie schnell und schlagkräftig ich war, aber Ray war zu beschäftigt.
Jahre später, als wir schon Freunde geworden waren, schüttelte er manchmal traurig den Kopf bei dem Gedanken, wie es hätte werden können, wenn er mich übernommen hätte. Rückblickend bin ich froh, daß er es nicht tat. Ich achte Sugar Ray als einen der größten Boxer, die je in den Ring traten. Aber dem, was ich als eigentliche Kampfarena betrachte, hielt er sich fern: Er stieg nicht in den Ring, in dem die Freiheit für die Schwarzen in Amerika verteidigt wird. Und wenn er mein Manager geworden wäre, hätte er mich vielleicht in dieser Richtung beeinflußt. Ich bin froh, daß er keine Zeit für mich hatte.
Jene, die dann Zeit für mich fanden, waren überwiegend reiche weiße Südstaatler. In Louisville und überhaupt im Süden erwartete man, daß der Millionär William Reynolds mein Management übernehmen würde. Als ich aus Rom heimkehrte, mußte ich feststellen, daß man in ganz Amerika Reynolds bereits Komplimente für das machte, was er für mich unternehmen würde. Sein persönlicher Beauftragter und mein Trainer Joe Martin hatten mich in

New York am Flugzeug abgeholt. Man stellte mir Reynolds' private Suite im Waldorf Astoria zur Verfügung. Reynolds' Adlatus begleitete mich auf meinem ersten Einkaufsbummel durch Manhattan und erlaubte mir, Uhren im Wert von vierhundert Dollar als Geschenke für meine Eltern zu kaufen. Dann nahm er mich in ein Restaurant mit und meinte: »Iß so viele Steaks, wie du verdrücken kannst.« Ich schaffte sechs.
»Wie könnte ein normaler junger Mann aus Kentucky, der es im Boxsport zu etwas bringen will, einen reichen Wohltäter mit der Großzügigkeit, dem Geld und den Verbindungen eines William Reynolds abweisen?« schrieb ein paar Jahre später eine Zeitung aus Louisville; ich war damals bereits aus dem Ring verbannt. Man machte sich Gedanken darüber, an welcher Stelle ich meinen entscheidenden Fehler begangen hatte. »Als er Reynolds abwies, hätte uns klarwerden müssen, wie verdreht und irregeleitet dieser Cassius war, der junge Mann, den wir in Kentucky einmal so sehr schätzten und achteten. Das war der Wendepunkt.«

In gewisser Weise war meine Beziehung zu Billy Reynolds sicherlich der verborgene Wendepunkt. Martin war es, der zuerst mit einem Vertrag zu mir kam. Seit vielen Jahren trainierte ich nun bei ihm, und es war das erstemal, daß er unser Haus betrat. »Da ist das Ding«, sagte er und drückte meinem Vater den Vertrag in die Hand. Vater wollte ihn von einem Rechtsanwalt überprüfen lassen, aber Martin bestand auf einer sofortigen Unterschrift. Der Vertrag garantierte mir für die Dauer von zehn Jahren fünfundsiebzig Dollar pro Woche. Ich wäre damit einverstanden gewesen, weil ich damals so wenig Geld verdiente. Mein Vater schrie: »Niemand kann meinen Sohn auf zehn Jahre für fünfundsiebzig Dollar pro Woche kaufen! Den Sklavenhandel gibt es nicht mehr!« Und er sagte Martin, wozu er das Papier des Vertrags verwenden könne.
Martin führte die Ablehnung auf Dads »Haß auf weiße Polizisten« zurück. Diese Version ging um die ganze Welt. In Wirklichkeit sah die Sache anders aus. Ich habe bis heute Stillschweigen darüber bewahrt, warum ich weder diesen Vertrag noch den weitaus günstigeren, der mir später von Reynolds angeboten wurde, unterschrieben habe: Ich sehe mich noch in jenem Frühjahr 1960 vor dem großen schmiedeeisernen Tor des Reynolds-Besitzes in Bridgeton in Kentucky, einem der vornehmsten Vororte von Louisville, stehen, ein etwas zu groß geratener Achtzehnjähriger in T-shirt und Khakihosen. Joe Martin hatte mich hierher geschickt – Reynolds sei an mir interessiert und werde mir vielleicht einen Job geben. Ich stand um fünf Uhr morgens auf, lief sechs Kilometer weit um den Chickasaw-Park und fuhr dann mit dem Bus nach Bridgeton hinaus.
Als Martin verkündete, ich würde vielleicht bei Reynolds einen Job bekommen, ging ein aufgeregtes Raunen durch die Sporthalle. Die Mitteilung konnte nur bedeuten, daß der Millionär daran interessiert war, mich zu managen und »sich um mich zu kümmern«. Ein Millionär als Mäzen für einen Boxer. Von so etwas träumten die Sportler.

»Du brauchst jemanden, der keinen Hunger leidet«, hatte Martin gesagt. »Reynolds besitzt soviel Geld wie das Fort Knox. Seiner Familie gehört das ganze Aluminium: Reynolds-Töpfe, Reynolds-Pfannen, Reynolds-Stahl, Reynolds-Eisenbahnwaggons. Er weiß, daß du der beste Anwärter auf den Schwergewichtstitel bist, den Louisville seit langer Zeit hervorgebracht hat.« Martin hatte Reynolds durch dessen Bruder Jerry kennengelernt, einen Sportler, der einmal den Fliegengewichtler Spider Thomas gemanagt hatte. »Als Polizist hat man eine Menge wichtiger Leute durch die Stadt zu begleiten«, sagte Martin immer augenzwinkernd. »Sie wollen ihr Geld richtig anlegen. Cassius ist unser bester Boxer.«

Ich war vielleicht der beste Boxer, gleichzeitig aber auch der ärmste. Mir gehörten ein T-shirt, zwei Hosen und einige Paare Schuhe mit Löchern drin. Meine Jacken waren zerrissen und geflickt, und fast jeden Tag platzte meine Hose irgendwo auf. Obgleich ich fast alle meine Kämpfe gewonnen hatte und im Begriff war, ins Profilager hinüberzuwechseln, konnte ich mir zum Schutz meiner Zähne noch nicht einmal ein erstklassiges Mundstück leisten. Ich mußte warten, bis andere Boxer fertig waren, damit ich mir ihren Kopfschutz, ihre Hosen und ihre Bandagen ausleihen konnte. Ich wollte endlich meine eigenen Trainingshandschuhe, meine eigenen Sachen haben.

»Reynolds wird dafür sorgen, daß du diesen Sommer eine geeignete Arbeit kriegst und nach den Olympischen Spielen Profi werden kannst«, hatte Martin voller Stolz erklärt.

Ich konnte nicht anders, ich freute mich so sehr, daß ich vor mich hin grinste.

»Kein Boxer hat einen Manager wie Reynolds«, hatte Martin weiterhin gesagt. »Hoffentlich ist er deinem Vater groß genug.« Mit diesem Sarkasmus spielte er auf Dads Ablehnung des Vertrages an. »Er wird dich wie seinen eigenen Sohn empfangen.«

Reynolds' Haus liegt mitten auf dem Grundstück, dreistöckig und grau, mit einer Freitreppe, die zu der Veranda mit den hohen Säulen führt. Größe und Schönheit dieses Hauses waren atemberaubend. Genau wie in dem Roman *Vom Winde verweht.* Ich rechnete fast damit, Sklaven beim Baumwollpflükken und eine Reihe von Wohnhütten am Fuß des Berges zu sehen.

Ich zog immer wieder an der Klingel. Als sich niemand rührte, stieß ich das schmiedeeiserne Tor auf. Es ließ sich leicht bewegen. Ich ging über den Rasen auf das große Haus zu.

Da hörte ich eine scharfe Stimme hinter mir. »He, du! Nigger! Weißt du nicht, daß du auf Mr. Reynolds' Privatgrund bist?«

Ich drehte mich um. Ein stämmiger rothaariger Weißer mit einer Schaufel in der Hand kam auf mich zu. Ihm folgte ein gebeugter älterer Neger, der Gärtner, wie ich später erfuhr.

»Nigger, weißt du überhaupt, wo du bist?« Der Weiße stand jetzt vor mir, die Schaufel drohend in der Hand.

»Ja, Sir«, antwortete ich.

»Da geht's entlang.« Der Mann deutete in die Richtung, aus der ich gekommen war.

Aber ich blieb stehen und ließ ihn nicht aus den Augen. Er kam noch näher und hob die Schaufel. Da raunte ihm der Schwarze zu: »Ich glaube, das ist Cassius Clay, Sir.«
Der Weiße wandte sich an den Gärtner. »John, du kennst diesen Nigger? Du kennst wirklich diesen Nigger, John?«
»Ja, Sir.« Der Gärtner nickte. »Mr. Reynolds hat ihn herbestellt. Er will ihn anstellen.« Das klang so entschuldigend, als fürchtete er, den Weißen kränken zu können, obwohl er die Wahrheit sagte. »Ja, Sir, das ist der junge Boxer.« Stolz glitzerte in den Augen des Schwarzen auf. Er hatte eine nette, warme Stimme und bedeutete mir, ihm zu folgen. Als wir für einen Augenblick allein waren, fragte er vorsichtig: »Hat er dich mit der Schaufel erschreckt?«
Ich schüttelte den Kopf.
»Bist du wirklich ein guter Boxer?«
»Ja, Sir«, sagte ich. Er schien mich zu mögen.
»Du hast gute Manieren, mein Sohn. Du wirst es hier weit bringen. Die Familie Reynolds sind nette Menschen. Behalt deine guten Manieren. Die meisten jungen Leute aus Louisville reden lauter als ihre Chefs.«
»Ist Mr. Reynolds heute hier?« fragte ich, als wir an der Veranda vorbeigingen.
Der Gärtner nickte. »Er ist noch nicht unten, aber er ist zu Hause. Siehst du die Autos?« Er zeigte auf die Garage. »Das alles sind seine Autos. Was für einen Job wird Mr. Reynolds dir geben?«
Ich konnte ihm nicht sagen, was ich mir erhoffte. Ich war recht gut im technischen Zeichnen und hatte in dieser Kunst auch meinem Vater einiges abgeguckt. Deshalb dachte ich mir, daß es irgendwo in Reynolds' weitverzweigten Geschäften einen Posten für einen Mann wie mich geben müßte. Vielleicht konnte ich Zeichnen lernen und mir so neben dem Boxen noch einen zweiten Beruf zulegen.
»Wann treffe ich Mr. Reynolds?« fragte ich.
Der Gärtner schüttelte den Kopf. »Mach dir darum keine Sorgen. Mr. Reynolds hat mir gesagt, ich soll dich zu seiner Tante bringen. Sie ist so eine Art Beschließerin und hat schon etwas für dich.«
Wir standen an der Treppe zur Küche. Eine große, hagere, weißhaarige alte Frau in tristem grauem Kleid kam heraus und musterte mich von Kopf bis Fuß. Schließlich sagte sie mit ruhiger Stimme: »Ich werde dir zeigen, was du zu tun hast.«
Nun zeigte sie mir jeden Morgen, wo ich Staub wischen, Unrat wegräumen, Fußböden putzen, Toiletten reinigen und Terrassen kehren mußte. Ich fragte den Gärtner immer wieder, ob ich nicht Mr. Reynolds sprechen könnte, aber er schüttelte nur warnend den Kopf und sagte: »Er hat viel zu tun. Du wirst ihn schon sehen, aber Mr. Reynolds ist nicht oft hier.«
Dann hörte ich eines Tages, während ich gerade die hintere Veranda kehrte, eine Stimme sagen: »Der nächste Olympiasieger! Unser Goldmedaillengewinner Cassius Clay!«

Es war Mr. Reynolds. Er sah kleiner und dicker aus, als ich ihn mir vorgestellt hatte, aber sehr kraftvoll. »Mr. Reynolds ...«, begann ich.
»Nenn mich den künftigen Manager des Weltmeisters im Schwergewicht.« Er lachte.
Da ging es mir schon besser. In dieser Woche putzte ich die Fußböden sauberer, stutzte alle Hecken, reinigte alle Fenster und freute mich auf die seltenen Gelegenheiten, zu denen ich meinen »Manager« zu sehen bekam. Hin und wieder ließ er sich blicken, aß eine Kleinigkeit und raste wieder ins Büro zurück. Gelegentlich winkte er mir zu.
»Martin sagt, daß du dich machst.« Oder: »Die Olympiamedaille mußt du auf jeden Fall gewinnen. Sie ist eine Million wert.«
»Danke, Mr. Reynolds«, sagte ich dann. »Aber kann ich Sie bitte für eine Minute sprechen?«
»Jetzt nicht, mein Junge, später.«
Als er eines Tages zwischen zwei Tassen Kaffee etwas Zeit hatte, rief er mich in die Küche. »Cassius, ich werde dafür sorgen, daß du eine Chance bekommst wie kaum ein anderer Boxer. Brauchst du irgend etwas Besonderes?«
Ich bedankte mich und fragte: »Was, glauben Sie, sollte ich arbeiten, während ich trainiere?«
Er wollte schon wieder eilig das Haus verlassen und zeigte auf die Tante. »Sie wird dir alles zeigen, was du zu tun hast, Cassius. Sie hat sich einen genauen Plan gemacht. Wie geht's mit ihm? Magst du ihn?«
Sie betrachtete mich ohne viel Begeisterung. Dann sagte sie: »Er bewegt sich wie eine Katze. Schleicht herum wie ein Dschungeltier. Er geht nicht einmal wie ein Hausboy. Alles wäre in Ordnung, wenn er nicht den ganzen Tag träumen würde. Er träumt einfach zu viel.«
Mr. Reynolds lachte. »Du mußt ihn gut füttern, damit er Muskeln bekommt. Schließlich ist er Boxer.« Dann ging er.
Natürlich wurde ich gut gefüttert. Jeden Tag brachte mir Reynolds' Tante mein Mittagessen auf einem Tablett und stellte es auf die Veranda, wie sie es auch für die Hunde und Katzen tat. Nur war mein Essen köstlich gekocht und in teures Geschirr gefüllt. Wenn ich dann beim Essen saß, rief sie schon: »Wenn du fertig bist, Cassius, dann machst du die Toiletten im Keller sauber. Die hast du gestern vergessen.«
Wenn ich Wasser brauchte, brachte sie mir einen Eimer und stellte ihn mir auf die Veranda.
»Das soll nicht heißen, daß sie dich in der Küche nicht haben wollen«, erklärte mir der alte Gärtner. »Aber du bist so verschwitzt und schmutzig. Da ist es besser, wenn du hier draußen an der frischen Luft bist.«
Heute kommt mir das seltsam vor, aber damals machte es mir wirklich nichts aus. Ich freundete mich mit ein paar herrlichen, reinrassigen Hunden an. Aber ich wußte, daß ich wie ein gutes Haustier behandelt wurde, ein teures Rennpferd, bei dem es sich lohnte, Geld für viel Futter zu investieren.
Ich war in besserer Verfassung als die meisten anderen Sportler. Aber die

Schufterei, jeden Morgen um fünf aufstehen, Dauerlauf um den Chickasaw-Park, einstündige Busfahrt in die Vororte, dann zwei Stunden Training, wieder zurück an meine Arbeit als Hausboy–das hielt ich nur aus, indem ich davon träumte, Weltmeister im Schwergewicht zu werden.

»Wenn du die olympische Goldmedaille gewinnst, wird Reynolds dir ein besseres Angebot machen, als es je ein Boxer bekam«, erinnerte mich Martin manchmal.

Solche Worte hielten mich auf Trab, aber mir war trotzdem danach, mit Reynolds zu sprechen. Ich fragte seine Tante, ob sich das nicht irgendwie einrichten ließe.

»Siehst du denn nicht, wieviel er zu tun hat«, fauchte sie mich an. »Wenn du auf ihn einen guten Eindruck machen willst, dann tu deine Arbeit. Die Hälfte von allem, was ich dir auftrage, läßt du unerledigt. Mach weiter, und laß dich nicht wieder beim Tagträumen erwischen.«

Eines Tages stand Mrs. Reynolds' schwarzer Fleetwood mitten in der Einfahrt. Ich stieg ein, um ihn in die Garage zu manövrieren. Ich hatte noch nie in einem so großen, schönen und luxuriösen Auto gesessen. Da es draußen sehr heiß war, drehte ich die Fenster hoch, schaltete die Klimaanlage ein und lehnte mich zurück, um das alles zu genießen. Ich strich mit der Hand über die weichen Bezüge und berührte das schwarze Leder. Dann setzte ich den Wagen zurück in die Garage und war erstaunt, wie leicht er sich steuern ließ.

Plötzlich schrie jemand: »Hilfe! Hilfe! Haltet ihn auf! Jemand soll ihn aufhalten! Hilfe!«

Ich trat auf die Bremsen. Auf dem Grundstück mußte ein Dieb sein! Ich stieß die Tür auf, stürzte heraus, in der Absicht, den Familienschmuck zu retten.

»Nigger, wie kannst du das wagen! Sofort raus aus dem Auto!« schrie sie mich an. »Das ist Mrs. Reynolds' Privatauto! Niemand darf diesen Wagen anfassen!«

Ihr Geschrei hatte den alten Gärtner alarmiert. Es überraschte mich, wie gut er sie verstand. Er klopfte ihr auf die Schulter, wie man ein verzogenes Kind beruhigt.

»Cassius wollte doch nichts anstellen, Miss. Denken Sie an Ihren Blutdruck und daran, was der Arzt gesagt hat. Der Wagen ist es ja nicht wert, daß Sie sich so aufregen.«

Sie: »Dieser Wagen ist mehr wert, als der Nigger in seinem ganzen Leben wert sein wird. Ich will ihn nicht drin sehen. Ich hab' dir doch gesagt, daß er ein Träumer ist.«

Ich entschuldigte mich, aber sie blieb hart. »Warum machst du nicht deine Arbeit, wie ich es dir sage, anstatt träumend im Auto eines Weißen herumzusitzen?«

Ich ging weg und putzte die Badewannen. Ich war der alten Frau nicht einmal böse, aber von diesem Augenblick an ließ mich ein beunruhigendes Gefühl gegenüber dem künftigen Manager des Weltmeisters im Schwergewicht nicht mehr los.

Reynolds war begeistert von meinem Olympiasieg. Als die Maschine in New

York landete, schickte er Martin hin, mich abzuholen. Er hatte seine Privatsuite im Waldorf Astoria für mich reserviert, gleich neben der Suite des Prinzen von Wales, über der Wohnung von General Douglas MacArthur und neben der des früheren Präsidenten Herbert Hoover. Die Zimmer waren noch luxuriöser als sein Fleetwood. Aber irgendwie kam mir dieser Mann nicht vor wie der richtige Mr. Reynolds. Als ich auf der Veranda saß und mit den Hunden aß, kam er mir echter vor.
Sein Sekretär reichte mir den Vertrag und sagte: »Nehmen Sie ihn mit nach Hause, zeigen Sie ihn Ihrem Vater. Der Vertrag ist gut. Sie sind jetzt Olympiasieger, Sie verdienen ihn.«
Ich nahm das Dokument mit. Obgleich Dad auf Reynolds nicht gut zu sprechen war, meinte er, ich sollte unterschreiben. »Es ist dein bestes Angebot«, sagte er. »Fast so viel, wie die Millionär-Gruppe bietet, aber es könnte besser sein.«
Ich lehnte trotzdem ab.
Es gehört Stolz dazu und der Instinkt eines Tigers, wenn man so viel Selbstvertrauen und innere Kraft gewinnen will, daß man einen Gegner im Ring schlagen kann. Mir kam es komisch vor, daß der Mann, der die Absicht hatte, den Tiger zu managen, ihn zu Hause als Hausboy an die Kette legen wollte.

Meine lebhafteste Erinnerung an den Sommer 1960 betrifft nicht die großartige Begrüßung, die Feiern, die Ehrungen durch Polizeichef, Bürgermeister, Gouverneur und sogar die zehn Millionäre aus Louisville; ich denke mehr an jenen Abend, als ich auf der Jefferson-County-Brücke stand und meine olympische Goldmedaille in den Ohio warf.
Ein paar Minuten zuvor hatte ich die Medaille bis aufs Blut gegen einen Mann verteidigt, der sie mir wegnehmen wollte, und auch im Ring war ich bereit gewesen, bis zum Umfallen dafür zu kämpfen.
Um diese Medaille zu gewinnen, von der ich seit meiner Kindheit geträumt hatte, mußte ich sechs Jahre lang Blut und Schläge hinnehmen, Schmerzen, Schweiß und Kampf, Tausende von Runden im Ring und in der Sporthalle. Nun hatte ich sie in den Fluß geworfen. Es tat mir nicht leid, ich spürte kein Bedauern. Nur Erleichterung. Und eine neue Kraft.
Ich war Profi geworden. In meiner Tasche steckte die Vereinbarung mit den zehn Millionären aus Louisville, unser »Ehevertrag« für sechs Jahre. Ich war felsenfest davon überzeugt, eines Tages Weltmeister im Schwergewicht zu sein. Aber meine olympischen Flitterwochen als große Hoffnung der Weißen waren beendet. Noch wollte ich über diese Veränderung bei mir schweigen. Mir ging es darum, der Champion zu werden. Ein Champion nach meinem Geschmack.
Die Flitterwochen hatten begonnen, als meine Maschine auf dem Flugplatz Standiford niederging. Die Tür glitt zurück, und meine Mutter stürzte auf mich zu und umarmte mich. Dann kamen mein Bruder Rudy und Vater. Ich war einundzwanzig Tage lang weg gewesen, länger als je zuvor.

Dann folgten die Ehrungen: Die lange Polizeieskorte bis in die Innenstadt, die schwarzen und weißen Zuschauer an den Straßenrändern, Schilder mit der Inschrift WILLKOMMEN ZU HAUSE CASSIUS CLAY von meinen Schulkameraden; der Bürgermeister sagte, die olympische Goldmedaille sei für mich der Schlüssel zu den Stadttoren; es wurden Pläne gemacht, mich gemeinsam mit Präsident Eisenhower zu fotografieren.

Das Magazin *Time* schrieb: »Cassius läßt seine Goldmedaille nie aus den Augen. Er schläft sogar mit ihr.« Das stimmte. Ich trug meine Medaille beim Essen und beim Schlafen, und ich wachte nicht einmal auf, wenn sich die scharfen Kanten beim Umdrehen in die Haut bohrten. Um nichts in der Welt hätte ich mich je davon getrennt. Auch dann nicht, als das »Gold« allmählich abgewetzt war und das graue Blei zum Vorschein kam. Ich fragte mich, warum es sich die reichste und mächtigste Nation der Welt nicht leisten konnte, ihren Olympiasiegern echtes Gold zu verleihen.

Eine Zeitschrift aus Kentucky nannte meine Goldmedaille »den höchsten Preis, den irgendein Schwarzer jemals nach Louisville heimholte«. Sollte je ein Weißer etwas Besseres in diese Stadt geholt haben, in der nur Pferderennen und Whisky eine Rolle spielten, so hatte ich nie etwas davon erfahren. Als ich in späteren Jahren überall auf der Welt kämpfte und auftrat – in Zürich, Kairo, Tokio, Stockholm, London, Lima, Dublin, Rio de Janeiro –, erlebte ich viel größere Willkommensfeiern und Ehrungen, viel farbigere. Aber wenn man in einer Stadt groß geworden ist wie ein Baum und auf einmal von den anderen Bäumen anerkannt und gepriesen wird, so ist das doch mit keiner anderen Erfahrung im Leben zu vergleichen. Im Flugzeug hatte ich darüber sogar ein Gedicht geschrieben: »Wie Cassius Rom eroberte.« Ich schickte es an die schwarzen Zeitungen und trug es später meinen Klassenkameraden vor; in diesem Gedicht kam meine Liebe zu Louisville zum Ausdruck.

Obgleich ich immer noch ein wenig unter der Rassenfeindschaft litt, die ich seit meiner Kindheit kennengelernt hatte, hatte ich doch so viel Auftrieb bekommen, daß ich glaubte, jeder meiner Feinde müßte es sich anders überlegen – selbst jene, die sich in ihrer Abneigung nur mit halbem Herzen oder gar nicht zu einer Anerkennung durchringen konnten. Manche kamen aus Neugier und wirkten angewidert, als sie merkten, daß sie einen Schwarzen ehren sollten.

Ich war außerordentlich stolz darauf, Amerika vor der Weltöffentlichkeit vertreten zu haben. Für mich war die Goldmedaille mehr als ein Symbol dessen, was ich für mich und mein Vaterland erreicht hatte. Auch für mich selbst erhoffte ich etwas von dieser Medaille. Und genau das schien sich während der ersten Tage der Begrüßungsfeiern anzubahnen.

Ich weiß noch, welche Menschenmengen uns durch die Straßen zu unserem Haus begleiteten. Unsere Veranda war mit amerikanischen Fahnen geschmückt, und mein Vater hatte die Stufen rot, weiß und blau gestrichen. Fotografen riefen: »Augenblick mal, hierher!« Also stellte ich mich Arm in Arm mit meinem Vater in Positur, während er im Stil von Russ Columbo das

»Star-Spangled Banner« sang. Wir hoben stolz die Köpfe, und alle jubelten uns zu.

Fast den ganzen Sommer lang war bei uns eine Menge Betrieb. Louisville zeigte sich von seiner besten Seite. Jeden Tag trafen Glückwünsche von Stadtvertretern ein. Selbst der Polizeichef schüttelte mir die Hand. Der Gouverneur des Bundesstaates Kentucky klopfte mir auf die Schulter und erinnerte mich: »Junge, ich weiß, wie stolz du auf den Namen Cassius Clay bist. Ich weiß, wie stolz du bist, diesen Namen zu tragen.«

Am Abend sichteten wir dann die Angebote von Profis, mich zu »managen«. Ein Telegramm von Archie Moore war dabei: »WENN SIE EINEN ERSTKLASSIGEN MANAGER BRAUCHEN, RUFEN SIE AUF MEINE KOSTEN ZURÜCK.« Von Rocky Marciano: »DU HAST DAS ZEUG UND ICH DAS WISSEN!« Weiter waren Angebote dabei von Cus D'Amato, Floyd Pattersons Manager, und von Pete Rademacher, dem ehemaligen Olympiasieger. Wir diskutierten jedes Angebot, bis ein Rechtsanwalt im Auftrag von zehn (später elf) Millionären aus Louisville erschien und einen Vertrag vorlegte, mit dem meine Eltern einverstanden waren. Die Laufzeit erstreckte sich von 1960 bis 1966. Hauptpunkt des Vertrags war ein Vorschuß von zehntausend Dollar. Die Managergruppe sollte vorab fünfzig Prozent aller meiner Einkünfte innerhalb und außerhalb des Rings bekommen. Damals erschienen mir die zehntausend Dollar eine gewaltige Summe. Die einzige Vergleichsmöglichkeit hinsichtlich »großer« Summen war für uns das heruntergekommene kleine Haus, in dem wir lebten. Wir hatten es für viertausendfünfhundert Dollar auf Raten gekauft, und mein Vater hatte daran bis an sein Lebensende zu zahlen. Der größte Teil dieser zehntausend Dollar wurde für die Restzahlung und für Reparaturen am Haus verwendet.

In dieser ersten Zeit nach meiner Rückkehr aus Rom prahlte ich stolz mit meinen Mäzenen. Hier sah ich den Beweis dafür, daß all die Anstrengungen und die Mühen, die ich bis zum Gewinn der Goldenen Boxhandschuhe und anderer nationaler Titel auf mich genommen hatte, mich nun in die Lage versetzten, daß ich mit Boxen Geld verdienen konnte – nicht nur für mich, sondern auch für meine Gönner. Ich war glücklich darüber, daß so viele Mitbürger bereit waren, mir das zu geben, was sie die »richtige moralische und ethische Umgebung« für den Start meiner Karriere nannten. Soweit ich zurückdenken konnte, war der Boxsport immer durch Geschichten von Gangstern, Schiebungen und Hintertreppenvereinbarungen belastet, die teilweise durch den Kefauver-Ausschuß aufgedeckt wurden, während ich um die Goldenen Boxhandschuhe kämpfte.

Am Sonntag nach der Unterzeichnung predigte Reverend Isaiah Brayden in der Baptistenkirche »Ship of Zion«: »Cassius Clay sollte ewig dafür dankbar sein, was diese gütigen christlichen Millionäre für seine schwarze Seele tun.«

Alle Zeitungsberichte, die ich las, versahen das Ereignis mit einer Gloriole: Zehn weiße Engel betätigten sich als Wohltäter im Dschungel. Niemand erwähnte, daß es sich um ein ordentliches, knallhartes und vernünftiges Geschäft handelte.

Wenn es mir nicht immer gelang, mich bescheiden und dankbar zu erweisen, dann lag es wohl daran, daß Rechnen in der Schule zwar nicht meine Stärke war, daß ich mir aber trotzdem an den Fingern abzählen konnte, was zehntausend Dollar geteilt durch zehn Millionäre (Bill Faversham trat umsonst bei) pro Mann ausmachte. (Ein bißchen mehr, wenn auch nicht viel, kam später noch für die Trainingskosten vor meinem zweiten Kampf hinzu; danach rollte der Rubel.) Wenn die tausend Dollar pro Nase von armen Leuten gekommen wären, wie von meinem Vater, hätte ich Demut und Dankbarkeit empfunden. Aber ich kannte mich inzwischen in den Hotels von Louisville und auf den Rennbahnen Kentuckys aus und hatte reiche Leute gesehen, die ohne mit der Wimper zu zucken diese Summe an einem Wochenende mit einer Freundin auf den Kopf hauten oder zweimal soviel an einem Pferd verloren. Etwas unterschied mich von den Kentucky-Pferden: Ich gewann, je länger, um so mehr.

Als ich die Häuser in Amerika, Europa und Kanada füllte, gewannen meine Förderer, die Sponsoring Group aus Louisville, Beachtung in aller Welt. In jeder größeren Sportzeitschrift und -zeitung wurde sie vorgestellt. Aber schon damals störte es mich, daß sie behaupteten, alles nur »rein altruistisch« und »nicht wegen des Geldes« zu tun. Ich hatte noch nie von einem Menschen gehört, der kein Geld wollte, ob es sich nun um Rockefeller oder um die amerikanische Regierung handelte. Sie stellten die Sache so hin, als täten sie mir nur einen Gefallen, und wenn ich mich einmal weigerte, ihre Befehle auszuführen–später tat ich es, zum Beispiel als sie anordneten, ich solle mich von meiner Religion lossagen oder den Meisterschaftskampf gegen Johnny Liston absagen–, da wurde ich als frech, undankbar und als ein aufmuckender Rassist hingestellt, der alle Weißen haßt.

Die Investition von tausend Dollar warf in den sechs Jahren unserer Zusammenarbeit für jeden der Beteiligten ein hübsches Sümmchen ab.

So kam es, daß die Kluft zwischen mir und meinen Förderern in Louisville immer größer wurde, bis es kaum noch eine unmittelbare Kommunikation gab. Das dauerte an, bis Herbert Muhammad den Posten meines Beraters und Geschäftsführers übernahm. Danach ging die eigentliche Verantwortung des Managements in Herberts Hände über, zuerst inoffiziell, später, nach Beendigung meines Vertrags mit der Louisville-Gruppe im Jahre 1966, auch offiziell.

Nach dem ersten Treffen anläßlich der Vertragsunterzeichnung bekam ich die Herren in der Regel erst wieder für einen Augenblick zu Gesicht, wenn ich auf meinem Stühlchen saß und auf den Gong wartete, der mich zur nächsten Runde zwischen die Seile schickte. Der eine oder andere winkte mir dann von seinem Platz unmittelbar am Ring zu, hob grüßend eine Zigarre oder stieß eine Freundin oder einen Geschäftspartner an, als ob er sagen wollte: »Das da ist unser Pferd.« Dann galoppierte ich in den Ring hinaus, um das Pferd eines anderen weißen Managers fertigzumachen, das vermutlich genausowenig echte persönliche oder soziale Beziehungen zu seinem Manager hatte wie ich selbst.

Diese ganz übliche Arbeitsbeziehung zwischen Schwarz und Weiß hielt einen meiner Biographen, nämlich John Cottrell, nicht davon ab, der Welt mitzuteilen: »Der unerfahrene Profi Clay war sehr froh darüber, sich diesen elf gütigen Paten anvertrauen zu können; es war eine Atmosphäre absoluten Vertrauens.«

Meinen besten Einblick in die Gruppe bekam ich während des ersten Treffens, bei dem mein Vater, meine Mutter und mein Bruder strahlend neben mir saßen. Die Einzelheiten sollten später von Alberta Jones, einer hervorragenden Rechtsanwältin von der Howard-Universität, ausgearbeitet werden. Ein aufmerksamer Sekretär flüsterte mir rasch zu, um wen es sich jeweils handelte, dem ich gerade vorgestellt wurde; dann bekam ich einen maschinegeschriebenen Bogen mit ihren Telefonnummern und Geschäftsverbindungen gereicht, damit ich Bescheid wußte.

»Rufen Sie uns an, wann immer Sie etwas brauchen«, sagte Bill Faversham, der Sohn eines englischen Schauspielers und der eigentliche Koordinator der Gruppe. Die anderen fügten dann im Chor hinzu: »Ja, rufen Sie uns jederzeit an, wenn wir Ihnen irgendwie helfen können.«

»Ich bin stolz darauf, jemanden zu fördern, der den Namen Cassius Marcellus Clay trägt«, sagte ein anderer. »Schlank und ausgehungert ...«

Ich trug ihre Namen in einer Tasche bei mir, um mit diesem Zettel jederzeit beweisen zu können, daß ich ein Boxer mit erstklassigen Mäzenen war. Ich war bereit, damit ebenso anzugeben wie mit meiner Goldmedaille.

Die Liste trug ich auch eines Nachmittags bei mir, als ich mit meinem neuen Motorrad zum Bürgermeister fuhr, damit er meine Olympiamedaille einigen auswärtigen Würdenträgern zeigen konnte. Ich hatte Ronald King bei mir, einen guten Freund und ausgezeichneten Schüler, bei dem ich oft abgeschrieben hatte.

Der Bürgermeister stellte mich vor. Er sagte: »Cassius ist ein typischer Sohn Louisvilles – unser nächster Weltmeister.«

Die Besucher applaudierten.

»Wollen Sie wissen, was Cassius zu dem alten Russen in Rom gesagt hat?« Der Bürgermeister kam langsam in Form. »Haben Sie das gelesen? Dieser alte Russe hatte den Nerv, ihn zu fragen, wie es den Negern in Amerika ginge. Los, Cassius, erzählen Sie es ihnen, seien Sie nicht zu schüchtern.«

Ich wußte, was kommen mußte. Es ging um eine Bemerkung, die ich in Rom gemacht und längst bedauert hatte – aber der Bürgermeister ließ nicht lokker.

»Er hat diesen russischen Reporter wie ein Stück Dreck abgewimmelt. Sagen Sie es ihnen, Cassius. Also – Cassius richtete sich auf und sagte: ›Hör mal, du Kommunist, Amerika ist das beste Land auf der Welt, deins nicht ausgenommen. Ich lebe lieber hier in Louisville als in Afrika, denn hier hab' ich's wenigstens nicht mit Schlangen und Alligatoren zu tun, und ich wohne nicht in Lehmhütten.‹ Genau das hat er ihm gesagt!« Er legte seinen Arm um mich. »Cassius gehört zu uns, er ist unser nächster Weltmeister. In unserer Stadt kannst du alles haben, mein Sohn. Hast du das gehört?«

Ich hatte es gehört. Aber in mir wühlte es vor Scham. Von allen Bemerkungen, die ich im Olympischen Dorf gemacht hatte, wurde diese am häufigsten in Zeitungen und Zeitschriften, im Fernsehen und Rundfunk zitiert, und zwar Monat für Monat. Ich kam mir vor, als hätte ich mich in einem großen weißen Netz verfangen. Ich hatte den weißen Reportern, die mir zuhörten, diese Antwort gegeben, weil sie das von einem schwarzen Sportler wohl erwarteten. Ich wußte nichts über Rußland, und über Afrika nur das, was ich in Tarzan-Filmen gesehen hatte. Aber die Wirkung meiner Antwort bekam ich schon an meinem ersten Tag in Louisville zu spüren. Während ich mich mit ein paar Freunden unterhielt, trat ein junger Nigerianer auf mich zu und fragte mich, ob man meine Bemerkung richtig zitiert hätte. Als ich das bestätigte, sagte er: »Ich dachte, wir alle sind Brüder. Du verstehst das nicht.«

Ich kannte den Mann nicht und sah ihn später nie wieder, aber die Trauer in seiner Stimme erschütterte mich. Ich wußte, daß ich mir einen furchtbaren Ausrutscher geleistet hatte. Später, als ich Afrika schon oft bereist hatte, schämte ich mich noch mehr, daß ich so schlecht und einseitig über das Volk unterrichtet war, von dem ich abstammte.

Die meisten Afrikaner, die ich kennenlernte und mit denen ich umging, waren weitaus gebildeter als ich. Viele beherrschten fünf oder sechs Sprachen, und alle sprachen ein besseres Englisch als ich. Ich sah moderne Städte, lernte künstlerisch begabte Menschen kennen, erfuhr einiges über die Kultur und die Leistungen Afrikas in der Antike und in der Gegenwart. Ich erfuhr aber auch, wie Europa und Amerika das afrikanische Volk jahrhundertelang ausgeraubt, vergewaltigt und versklavt hatten und wie sie es immer noch aussaugten.

Die Kritik dieses Nigerianers machte mich auf etwas aufmerksam: Ich durfte unter keinen Umständen, ob mit oder ohne Absicht, zu einer »Hoffnung der Weißen« werden. Natürlich war mir klar, daß sie in dieser Rolle lieber einen Weißen gesehen hätten. Aber da solche Hoffnungen im Boxsport nur selten auftauchen, würden sie sich wohl auch mit einem Schwarzen begnügen, solange er dieselbe Überzeugung vertrat wie sie, genauso sprach wie sie und dieselben Leute haßte wie sie. Das alles, bis dann eine echte weiße »weiße Hoffnung« auftauchte.

Als ich acht Jahre später vom Boxsport in Amerika ausgeschlossen war und das Land nicht verlassen durfte, beobachtete ich die Boxkämpfe der Olympiade 1968 in Mexiko. Ich sah George Foreman, wie er um den Ring herummarschierte und nach seinem Olympiasieg eine amerikanische Flagge schwenkte. Ich habe nie gehört, daß er vorher oder nachher wieder eine Fahne geschwenkt hätte. Man hatte ihn dazu angehalten, um den Eindruck etwas abzumildern, den schwarze Sportler wie Tommy Smith und Carlos Jones hinterlassen hatten, die mit ihrem Black-Power-Gruß die ganze Welt auf die Ungerechtigkeit in Amerika hingewiesen hatten. Es gab kaum einen Schwarzen oder einen gerecht denkenden Weißen, der Smith und Jones nicht bewunderte und der viel von Foreman hielt. Und trotz seiner beachtlichen

Fähigkeiten als Boxer blieb dieses Image eines gefügigen Onkel Tom an ihm haften.
Und doch kann ich George irgendwie verstehen. Ich hatte vor ihm dieselbe Entwicklung durchgemacht. Ich brauchte einige Zeit, bis ich lernte, daß die Sklaventreiber nicht nur die Sklaverei hochjubeln, sondern einen perversen Spaß daran haben, auch die Sklaven selbst für die Sklaverei eintreten zu lassen.
An diesem Nachmittag verließ ich das Büro des Bürgermeisters mit dem festen Entschluß, diese Bemerkung, wenn ich sie schon nicht vor der Öffentlichkeit zurücknehmen konnte, sie doch wenigstens durch mein Tun zu korrigieren. Ich konnte nicht ahnen, daß der erste Akt dieser »Berichtigung« noch während dieser Motorradfahrt beginnen sollte.
Wolken zogen auf. Ronnie und ich rasten auf unseren Motorrädern durch die Innenstadt von Louisville. Der Wetterbericht hatte stürmische Winde und dichten Regen vorausgesagt, und die ersten Tropfen fielen, als wir an einem renovierten Restaurant vorbeikamen. Ich bremste.
»Nicht da! Nicht da!« warnte mich Ronnie und ließ seinen Motor laufen. Aber ich stieg ab und parkte mein Motorrad neben einigen großen Harley-Davidson. Die Besitzer der heißen Öfen, eine Lederjacken-Bande, saßen mit ihren Freundinnen an Fensterplätzen. Sie trugen Hakenkreuze auf dem Rücken und auf der Vorderseite die Fahne der Konföderierten – eine Mode, die bei manchen Weißen im East End gerade populär war. Einen der Jungen, den sie »Kentucky-Slim« nannten, hatte ich bei meinen Boxkämpfen schon gesehen. Slim nickte mir zu. Ihr Anführer, ein großer Rothaariger mit einer doppelten Fahrradkette an der Schulter, hatte eine pummelige Blondine im Arm. Wir kannten ihn nur unter seinem Spitznamen »Frosch«. Er beachtete mich nicht, aber ich wußte, daß er mich gesehen hatte.
Ich entdeckte an der Theke zwei freie Plätze. Als Ronnie nachgekommen war, setzte ich mich dort hin und griff nach einer Speisekarte. Rasch kam eine junge Kellnerin herbei und legte uns Servietten, Besteck und ein Glas Wasser vor. »Zwei Hamburger und zweimal Milch-Shake – Vanille«, bestellte Ronnie. Aber während die Kellnerin in die Küche ging, winkte sie ein dicker Mann mit Hängebauch hinüber zur Registrierkasse.
Er sprach ein paar Worte mit ihr. Die Kellnerin verschwand in der Küche. Nach einer längeren Pause kam sie wieder und brachte eine der Spülerinnen mit, eine schmale alte Negerin, die in der Tür stehenblieb, zu mir herüber sah und etwas zu sagen versuchte.
Damals waren die meisten Restaurants, Hotels und Kinos in Louisville wie überhaupt im ganzen amerikanischen Süden für Schwarze verboten.
Schließlich kam das weiße Mädchen zu uns zurück und flüsterte mir zu, als hätte sie uns etwas Vertrauliches mitzuteilen: »Wir dürfen Sie hier nicht bedienen.«
Ronnie knurrte etwas vor sich hin, aber ich stieß ihn an, er solle den Mund halten. Meine innere Ruhe tat mir gut, denn ich wußte ja, was nun kommen würde: Meine Goldmedaille würde das ganze Problem lösen.

Es war nicht das erstemal, daß Ronnie und ich ein für Weiße reserviertes Lokal betraten, aber hier taten wir es das erstemal als »einheimische« Neger. Zum Fasching hatten wir uns von einer Schneiderin zwei afrikanische Turbans und wallende Gewänder nähen lassen. Diese Maskerade benutzten wir monatelang in der Stadt. Wir sprachen Englisch mit »ausländischem« Akzent und benutzten untereinander eine selbsterfundene unverständliche Sprache, um als Ausländer in die Lokale der Weißen eingelassen zu werden. Einmal hielt uns in einem Kino ein argwöhnischer Portier fest, aber der weiße Geschäftsführer rief ihm zu: »Ist schon in Ordnung, das sind keine Neger.«
Inzwischen fühlte ich mich erwachsener. Ich hatte die Maskerade als Ausländer nicht mehr nötig. Schließlich hatte ich alle Ausländer geschlagen, um die Goldmedaille nach Amerika heimzubringen. Hier mußte meine Muttersprache genügen.
»Miss«, begann ich sehr höflich, weil ich glaubte, sie wüßte nicht Bescheid. »Ich bin Cassius Clay, der Olympiasieger.«
Ronnie zog stolz die Medaille unter meinem T-shirt hervor und zupfte das rotweißblaue Band zurecht. Dann drehte er sie um und zeigte das italienische Wort PUGILATO. Er bewunderte und liebte diese Medaille fast noch mehr als ich.
Die Kellnerin war beeindruckt. Ohne zu zögern, lief sie die Theke entlang zu dem Besitzer, flüsterte ihm beschwörend etwas ins Ohr. Der drehte sich nicht einmal um. »Ist mir egal, *wer* er ist!«
Seine Stimme dröhnte so laut durch den Raum, daß alle die Köpfe hoben. »Ich hab's doch gesagt, wir bedienen keine Nigger!«
Sie schlug beide Hände vors Gesicht, als hätte sie eine Ohrfeige bekommen, dann eilte sie herbei und wiederholte die Mitteilung, als ob ich nicht alles verstanden hätte. Es wurde sehr still im Raum.
Ich weiß noch, daß ich einem weißen Schüler aus der Manual-Schule ins Auge sah. Er war nicht älter als ich und hatte eben noch meine Medaille bewundert. Unsere beiden Schulen waren sportliche Rivalen, und er spielte immer in der gegnerischen Mannschaft. Jetzt sah er zu Boden.
Mein Herz klopfte. Noch vor einer Minute war das ein lautes, gemütliches Lokal mit über dreißig Gästen. Ich stand an der Theke auf. Ronnie imitierte jede meiner Bewegungen, als ob wir die Szene geübt hätten. Das Klappern des Bestecks und das Stimmengewirr hörten auf, alle Augen waren auf mich gerichtet. Mein Mund fühlte sich heiß und trocken an. In hundert Boxkämpfen war es mir nie passiert, daß mir das Blut so zu Kopf stieg wie in dieser Sekunde.
Ich versuchte, den Weißen entlang der Theke ins Auge zu blicken, aber das einzige Augenpaar, das mir begegnete, gehörte der alten Frau aus der Küche. Sie kam durch die Tür, ein Kreuz um den Hals, und winkte mir mit einem kleinen Büchlein zu, das wie ein Gebetbuch aussah.
Dann setzte sich der Eigentümer mit verschränkten Armen hinter der Theke in Bewegung, als hätte er mir persönlich etwas mitzuteilen. Der Bauch hing ihm über die Schürze. Ich zog mich bis zur Mitte des Raums zurück. Eine Se-

kunde lang verspürte ich den Drang, ihm einen rechten Cross in den Magen zu rammen, dann einen linken Haken ans Kinn, dann einen Uppercut, und bis heute frage ich mich, ob ich diesem Impuls nicht hätte nachgeben sollen.
Aber seit der Zeit, da ich mich schon beim geringsten Anlaß auf Straßen und in Schulhöfen geprügelt hatte, hatte sich meine Vorstellung von »kämpfen« radikal gewandelt. Ich hatte bereits den Vertrag für meinen ersten Profikampf unterschrieben. Es gehört mit zum Ehrenkodex eines echten Berufsboxers, sich nie und unter keinen Umständen auf eine Schlägerei einzulassen. Außerdem fiel mir eine andere Methode ein, von der ich sicher war, daß sie funktionieren würde. Sie sollten sich dessen schämen, was sie taten, notfalls wollte ich hier stehenbleiben, bis sie mich ins Gefängnis schleppten.
Ich nahm mich zusammen, um all das auszusprechen, was ich dachte. »Amerika nennt sich das Land der Tapferen und die Heimstatt der Freiheit. Dieses Land beschmutzt ihr mit dem, was ihr tut. Ihr kennt mich alle. Ich bin im städtischen Krankenhaus geboren, nur eine Straße von hier entfernt. Hier bin ich aufgewachsen. Hier habe ich die Schule besucht. Und nun habe ich *allen* Einwohnern von Louisville eine olympische Goldmedaille mitgebracht. Ich habe für den Ruhm meines Vaterlandes gekämpft. Ihr alle solltet euch schämen. Ihr bedient hier jeden Ausländer, aber keinen schwarzen amerikanischen Bürger. Ihr werdet mich schon ins Gefängnis werfen müssen, denn ich bleibe hier, bis ich mein Recht bekomme. Schämt euch!«
Aber ich sagte kein einziges Wort. Ich brachte einfach keinen Laut heraus. Irgendwie blieben mir die Worte im Hals stecken. Anstatt sie zu beschämen, war ich beschämt. Ich war beschämt und schockiert und einsam.
Die Negerin wischte sich mit der Küchenschürze übers Gesicht, als wenn sie gleich weinen wollte. Die Rocker wirkten auf einmal sehr interessiert. Einige scharten sich um den Wirt und lehnten sich an die Theke. Ich sah, wie Ronnie nach seiner rechten Hosentasche griff, wo er das Schnappmesser mit dem Perlmuttgriff hatte. Es war eine lange gemeine Waffe, die er einem sterbenden Zuhälter abgenommen hatte. Hatte ich viele Stunden an Sandsäcken und mit Sparringspartnern boxen geübt, so hatte Ronnie mindestens ebensoviel Zeit damit verbracht, den Gebrauch dieser Waffe bis zu einer tödlichen Perfektion zu entwickeln.
»Du übernimmst den Wirt, ich den Frosch«, flüsterte er.
Ich schüttelte den Kopf. Hätte es eins zu eins, zwei zu eins oder vielleicht auch drei zu eins geheißen, so wäre ich mit den meisten von ihnen fertig geworden, aber die Beleidigung reichte so tief und sie war so schmerzlich, daß eine gewöhnliche Keilerei mit Fäusten oder Messern nicht ausgereicht hätte. Ich verlangte nach mehr – viel mehr.
Ich hatte kaum eine Minute lang so dagestanden, aber sie kam mir vor wie ein Jahr. Ronnie sagte beinahe ungläubig: »Die wissen wirklich nicht, wer du bist. Sie wissen einfach nicht, daß du der große Champion bist! Ich hab' keine Angst, es ihnen einzubleuen.« Dann hob er die Stimme, wie der Ansager im Ring: »Leute, hier steht der Champion! Der Goldmedaillengewinner von Louisville! Frisch aus Italien zurück.«

Ich hörte, wie mein Magen knurrte. »Ronnie! Halt die Klappe! Nicht betteln, nur nicht betteln!«
»Du hast doch deine Förderer«, sagte Ronnie. »Ruf sie an.« Er griff in meine Tasche und zog die Liste der Manager hervor. »Na los, sag ihnen, was passiert ist. Diesen dreckigen Scheißladen können die doch von ihrem Taschengeld kaufen. Und dann sollst du mal die Gesichter sehen, wenn Mr. Viceroy ihnen Bescheid stößt!« Er drückte mir eine Münze in die Hand und schob mich in Richtung Telefonzelle. Ich breitete die Liste aus. Der Wirt runzelte beunruhigt die Stirn.
»Los, mach schon«, drängte Ronnie.
Ich las die Liste und überlegte dabei, wer mir wohl am ehesten helfen würde. Der erste Name hieß James Ross Todd. An ihn konnte man sich gut erinnern: Er war der jüngste der Millionäre. Erst zweiundzwanzig.
Ronnie zweifelte. »Der ist noch zu grün. Ob der weiß, was er sagen muß?«
Die nächste Telefonnummer: William Faversham, der Koordinator. Aber der unternahm nie etwas ohne die anderen. Also weiter.
William Lee Lyons Brown. Er war mir als »Whisky-Milliardär« vorgestellt worden. Der Mann, der Jack Daniels, Old Forrester und Early Times herstellt.
»Phantastisch«, murmelte Ronnie zustimmend. »Jack Daniels ist phantastisch.«
Aber dann fiel mir zu Mr. Brown ein: »Junge, jetzt arbeiten aus deiner Familie schon zwei Generationen bei meiner. Deine Mutter war Köchin bei meiner Cousine.« Ich dachte an die vier Dollar pro Tag, die sie Bird bezahlten, und wußte, daß ich ihn niemals im Leben anrufen würde.
George Washington Norton IV., Ölmillionär und Pferdezüchter. »Ein direkter Nachkomme von Martha Washington«, hatte der Sekretär mir zugeflüstert. »Sein Spitzname ist ›Stinktier Norton‹.« Ich schüttelte den Kopf. Irgendwie konnte ich das Stinktier nicht anrufen.
Ich ging weiter zum nächsten Namen: Patrick Calhoun jr., Aufsichtsratsvorsitzender der American Commercial Barge Line. »Die größte Binnenschifffahrtsgesellschaft der Welt«, hatte der Sekretär gesagt. Ronnie drängte mich, doch endlich zu telefonieren. Also wählte ich langsam seine Nummer. Keine Antwort.
Ich war erleichtert. Aber Ronnie ließ nicht locker. »Weiter, mach schon!«
Archibald McGhee Foster, der einzige Nordstaatler in der Gruppe. Ob der hier unten etwas zu sagen hatte?
»Cassius, ruf endlich jemanden an! Irgendeinen!« Ronnie war der Verzweiflung nahe.
William Sol Cutchings; der Mann, für den Ronnie war.
»Das ist er«, flüsterte er. »Ihm gehören die Zigarettenfabriken Viceroy und Raleigh, die Brown & Williamson Tobacco Corporation. Ruf ihn an.«
Nach einigem Nachdenken fiel mir wieder ein, was der Sekretär gesagt hatte: »Mr. Cutchings ist der unmittelbare Nachfahre eines Generals der Konföderierten.« Ich wußte, daß diese Generäle einen Bürgerkrieg geführt hatten,

um die Schwarzen in der Sklaverei zu belassen. Und ich wußte auch, was die Farben der Konföderierten auf den Jacken der Rocker bedeuteten. An die Konföderierten konnte ich mich nicht wenden.
Vertner DeGarmo Smith und Robert Worth Bingham, »Zeitungsmillionäre und Inhaber von Fernsehstationen«, hatte ich erfahren. Aber ich hatte die beiden auch beobachtet, wie einer dem anderen einen Negerwitz erzählte und der sich vor Lachen ausschüttete.
J.D.S. Coleman, Rinderkönig und Ölbaron. Er war der kühlste von allen und meinte, daß sie mir zuviel Geld bezahlten.
Der letzte Name war Elbert Gary Sutcliffe: »Seine Leute haben U.S. Steel in der Hand«, hatte der Sekretär erklärt. Um Ronnie nicht zu enttäuschen, wählte ich die Nummer. Eine leise, höfliche Stimme meldete sich. »Hier bei Sutcliffe, bitte?«
»Mr. Elbert Gary Sutcliffe?« las ich von dem Blatt ab.
»Wen darf ich melden, Sir?«
»Cassius Clay.«
Ronnie lächelte erleichtert. Vielleicht erreichten wir jetzt etwas.
Nach einer kurzen Pause hörte ich Mr. Sutcliffes Stimme klar, geschäftlich, stählern. »Ja, Cassius?«
»Mr. Sutcliffe«, begann ich, aber dann brach ich ab. Was in aller Welt wollte ich überhaupt von ihm?
»Wenn Sie Spesen brauchen, mein Junge, dann rufen Sie doch bitte Bill an. Er kümmert sich um solche Sachen.«
»In Ordnung, Mr. Sutcliffe«, sagte ich und legte auf.
Ronnie betrachtete mich enttäuscht.
»Du Nigger! Du hast ihm gar nichts gesagt! Was ist denn los mit dir?«
Ja, was war los? Wie sollte ich ihm erklären, daß ich Mr. Sutcliffe nie darum bitten konnte, daß man mir einen Hamburger servierte. Ich faltete das Blatt wieder zusammen und steckte es ein.
»Was ist los mit dir?« fragte Ronnie noch einmal.
Wie sollte ich ihm das erklären? Meine Millionäre waren die eigentlichen Herren von Louisville. Aber ich wollte nicht als »ihr« kleiner Junge betrachtet werden, auch nicht von den Leuten, die mich haßten. Meine Goldmedaille hatte ich ohne ihren Segen gewonnen. Sie sollte auch ohne ihr Zutun etwas gelten. Diese Medaille sollte mir klarmachen, daß ich mein eigener Herr war. Ein Anruf wäre für mich so gewesen, als hätte ich den einen Herrn gegen einen anderen vertauscht. Und wenn mir nun wirklich jemand zu Hilfe kam? Dann konnte ich in Lokalen, die nur für Weiße bestimmt waren, ein- und ausgehen, doch andere Farbige konnten es immer noch nicht. Was wäre ich dann?
Ich schob mich auf die Tür zu und behielt den Wirt im Auge. Im Kopf und im Magen verspürte ich einen seltsamen, elenden Schmerz. Es war derselbe Schmerz, der nach Schlägen bleibt, die man dem Gegner nicht zurückgeben kann.
Meine Illusionen, die ich mir in Rom als der Held ganz Amerikas zurechtge-

legt hatte, waren dahin. Meine olympischen Flitterwochen waren vorbei. Das hier war Kentucky, meine alte Heimat.
Der Wirt atmete erleichtert auf, schob sich wieder hinter die Theke und bot dem Frosch eine Zigarette an. Sie zündeten ihre Glimmstengel an und lachten wie über einen guten Witz. Bevor ich die Tür erreichte, griff jemand nach meinem Arm. Es war die Negerin aus der Küche. Aus der Nähe wirkte ihr Gesicht noch schmaler, ihre Augen waren sehr groß, weich und feucht blickten sie mir ins Gesicht.
»Mein Sohn, behalt deinen Glauben«, sagte sie fromm.
»Sagen Sie so etwas nicht.« Ronnie wandte den Blick ab.
»Du hast für unsere Zeitung ein so hübsches Gedicht geschrieben.« Sie drückte mir das kleine Büchlein in die Hand. Das Gedicht, das ich im Flugzeug geschrieben hatte, war in dieser Woche in einigen schwarzen Zeitungen erschienen. Sie hatte es zwischen die Seiten ihres Gebetbuchs gelegt.

HOW CASSIUS TOOK ROME
BY CASSIUS CLAY, JR.

To make American the greatest is my goal,
So I beat the Russian, and I beat the Pole,
And for the USA won the Medal of Gold.
Italiens said, »You're greater than the Cassius of Old.«
We like your name, we like your game,
So make Rome your home if you will.
I said I appreciate kind hospitality,
But the USA is my country still,
'Cause they waiting to welcome me in Louisville.

WIE CASSIUS ROM EROBERTE
VON CASSIUS CLAY JR.

Es ist mein Ziel, Amerika den Sieg zu holen.
Dafür schlug ich den Russen und den Polen,
Gewann den USA olympisch' Gold.
Selbst Italiener haben mir Tribut gezollt.
»Du bist der größte Cassius, den wir hatten!«
Ich war beliebt und sollte Römer werden,
Doch dankte ich für ihre Freundlichkeit:
Die USA, die ist und bleibt mein Heim auf Erden,
In Louisville ist schon mein Empfang bereit.

Ich schämte mich nur noch mehr. Mein Blick flog über die Zeilen. Das Büchlein war gar kein Gebetbuch, sondern ein Band mit Langston Hughes' Gedichten. Ich schob es in die Tasche.
»Mary!« Die Stimme des Wirts klang, als hätte er sie bei einem Vergehen ertappt. »Mary! Ab in die Küche!«

Sie gehorchte sofort. Jemand begann zu lachen. Das übliche Reden und Klappern machte sich in dem Restaurant wieder breit. Ronnie fluchte vor sich hin. Ich zog ihn mit nach draußen und hinüber zum Parkplatz. Da hörten wir im Regen rasche Schritte hinter uns.
»Wartet, wartet!«
Es waren die Kellnerin und der weiße Junge, der neben mir an der Theke gesessen hatte. Sie hielten Speisekarten in der Hand.
»Mr. Clay, kann ich bitte ein Autogramm haben?« Naß und keuchend standen sie da. Es goß wie aus Kannen. »Bitte.«
Der Junge von der Konkurrenzschule reichte mir ein Stück rote Kreide. Ich kritzelte auf beide Speisekarten: »Cassius Clay – 1960.« Dann rannten die zwei in verschiedene Richtungen davon.
»He, olympischer Nigger!«
»Willst du immer noch ein Milch-Shake?«
Die Stimmen stammten von den Rockern, die auf den Parkplatz herauskamen und auf ihre heißen Öfen stiegen. Frosch hatte einen Arm um sein pummeliges Mädchen gelegt, sah zu uns herüber und sagte: »Ich hab' deinen Milch-Shake, Mr. Olympia!« Sie johlten und schrien und ahmten Froschs Gesten nach. Frosch half seiner Freundin auf das Motorrad und beugte sich zu Kentucky-Slim hinüber und schien ihm ein paar Anweisungen zu erteilen. Dann ließen sie ihre Maschinen extra laut aufheulen und donnerten einzeln an uns vorbei, fluchend, drohend, johlend.
Wir ließen unsere Motorräder an, blieben aber noch stehen und beobachteten die Bande. Plötzlich scherte Kentucky-Slim aus dem Rudel aus, wendete und kam wieder auf uns zu. Eine Hand hielt er erhoben, als wollte er ein Zeichen geben. Erst zwei Meter vor mir senkte er sie. Ronnie schob sich mit seinem Motorrad zwischen ihn und mich.
»Clay.« Ich höre noch Slims melancholische, näselnde Stimme, wie er mich über Ronnies Schulter ansah. »Ich hab' euch helfen wollen, du hast Frosch geärgert.«
Ich sagte nichts, sondern wartete auf seine Bedingungen.
»Frosch wollte euch im Restaurant lynchen«, vertraute mir Slim fast freundschaftlich an. »Aber ich hab' nein gesagt. Nein, so nicht! Er soll euch abhauen lassen. Da, wo ihr hingehört, verstehst du? Aber Frosch will irgendein kleines Souvenir haben.«
Ich verstand genau, was er wollte, und fühlte mich so aufgeheizt und gespannt, wie jedesmal, wenn der Gong zur ersten Runde ertönt.
»Wir haben gerade keine Souvenirs.« Ronnie stocherte sich mit einem Streichholz in den Zähnen herum, als hätten wir in dem Restaurant unsere Hamburger tatsächlich bekommen.
Slim zeigte auf meinen Hals: »Frosch möchte für seine Freundin das Halsband und die Medaille haben. Nur ein kleines Souvenir. Dann könnt ihr machen, was ihr wollt.« Er wartete. »Na, was sagt ihr dazu?«
»Slim«, sagte Ronnie ruhig und war erleichtert, daß diese Sache sich so einfach beilegen ließ, »sag Frosch, wir geben sie seiner Mutter – im Tausch.«

Slim blieb der Mund offenstehen. Er starrte uns fassungslos an. Dann schob er Ronnie beiseite. »Clay, es ist deine Medaille, nicht seine. Was sagst du dazu?«

»Bis später, Slim.« Ich gab Gas.

Slim lief dunkel an und wurde wütend. Er jagte sein Motorrad hoch, drohte mir mit dem Zeigefinger und brüllte: »Frosch wird euch Nigger dafür umbringen!« Er fuhr los und schrie noch einmal über die Schulter: »Wartet nur! Ihr schwarzen Hunde! Wartet nur!«

Da wußte ich, daß wir schon zu lange gewartet hatten. So mancher junge Schwarze war von derselben Bande bereits in weißen Vierteln gestellt und mit Ketten fast zu Tode geprügelt worden.

Falls es stimmt, daß ein Ertrinkender in letzter Sekunde sein Leben an sich vorüberziehen sieht, dann war ich wirklich im Begriff unterzugehen. Vor meinem inneren Auge tauchten all die Jahre voll Schweiß und Kampf auf, die ich gebraucht hatte, um ein Champion zu werden, und ich wußte, daß das alles vergebens war oder daß es zumindest eine lange Unterbrechung geben würde, wenn ich mich nicht Froschs Wunsch nach dem »Souvenir« beugte. Eine handgreifliche Auseinandersetzung mit Froschs Rockerbande würde meine Laufbahn als Boxer beenden, falls ich überhaupt am Leben blieb. Meine Goldmedaille hatte im Büro des Bürgermeisters und im Restaurant zwar ihren Glanz eingebüßt, aber es ging mir einfach gegen den Strich, sie als Lösegeld hinzugeben.

Der Regen war kalt, und ich war bis auf die Haut durchnäßt. Aber was mir noch schlimmer zusetzte, war der Gedanke, daß in wenigen Tagen hier in der Freedom Hall in Louisville mein erster Profikampf stattfinden sollte, und zwar gegen Tunney Hunsaker, einen alten Hasen, der von Beruf Polizeichef in Virginia gewesen war. Wenn ich mit frischen Rissen und Verletzungen in den Ring stieg, würde Hunsaker sie mir sofort wieder aufreißen.

Dieses Match war zwar vor der Vereinbarung mit der Louisville-Gruppe abgesprochen, aber sie hätten es gern gesehen, wenn ich auf Hunsaker verzichtet und mit einem leichteren Gegner begonnen hätte. Eine alte Boxregel lautet, daß ein »vielversprechender Amateur« seinen ersten Profikampf gewinnen muß, wenn er nicht als Strohfeuer versprottet werden will. Manche Kommentatoren waren noch nicht davon überzeugt, daß ich es ernst meinte, und prophezeiten bereits, daß ich gegen jeden »echten Profi« versagen würde. Aber ich war es leid, nur gegen Amateure anzutreten, und vor allem wollte ich mich einmal mit einem harten Profi messen.

Ronnie horchte auf Froschs Motorgeräusch, der den Häuserblock umkreiste. Er spürte, was in mir vorging. »Für dich steht zu viel auf dem Spiel, das kannst du nicht alles kaputtmachen.« Er war wirklich ein lieber Kerl.

»Ich kümmere mich schon um die Bande. Los, hau ab, mach schnell ...« Er wollte Frosch entgegenfahren, aber ich hielt seinen Lenker fest.

Ich hatte schon einen Plan. Wahrscheinlich erwarteten sie, daß ich schnurstracks ins Negerviertel fahren würde. Mein Ziel war jedoch die Jefferson County Bridge, eine einsame Gegend mit Eisenbahngleisen und Straßen, die

Grenze zwischen Kentucky und Indiana. Dort konnte ich nach Indiana hinüberfahren, ein paar Meilen dem Fluß folgen und über eine andere Brücke nach Louisville zurückkehren.

Ronnie hielt sich dicht hinter mir. Ich überquerte ein unbebautes Grundstück, donnerte eine Nebenstraße entlang und fuhr so lange im Zickzack durch Gassen und Hinterhöfe, bis das Geräusch der schweren Maschinen hinter mir verstummte.

Wir zogen die Köpfe ein und fuhren weiter. Der Regen klatschte uns ins Gesicht, wir redeten kaum ein Wort. Es gab auch nichts zu reden.

Ronald King zählte zu meinen besten Freunden, und zwar vom Beginn meiner Schulzeit bis zu meinem zweiten Kampf gegen Liston. Sein Onkel »Tootie« besaß eine Reinigungsfirma in Louisville, und Ronnie sprach dauernd von ihm. »Tootie nimmt mich zum Fischen mit«, »Tootie geht zur Jagd«, »Tootie hat ein Motorrad ...«

So nannte ich ihn einfach »Tootie«.

Ich lernte ihn kennen, als ich mich gerade in der DuVall Junior High School anmeldete, an der 34th Street im West End in Louisville, ungefähr zwei Kilometer von zu Hause entfernt. Ihn begleitete seine Großmutter, eine stämmige Frau mit grauem Haar. Sie machte uns miteinander bekannt und sagte zu mir: »Na, nimmst du meinen kleinen Enkelsohn mit?«

So blieben Tootie und ich beisammen. »Mein Frühstücksbrot«, sagte er, weil er merkte, daß ich auf seine Papiertüte sah. »Willst du's?«

»Was ist drauf?«

»Nur ein Hamburger«, antwortete er ärgerlich. »Ich muß immer einen Hamburger auf selbstgebackenem Weizenbrot mitnehmen, dazu Senf und Zwiebeln und eine Gurke. Dabei will ich lieber Erdnußbutter, Kekse und Milch. Ich mag das Zeug nicht.«

Der Junge muß verrückt sein, dachte ich. Ein schöner saftiger Hackbraten mit Zwiebeln und Gurken – und er redet von ein paar blöden Keksen und von Erdnußbutter.

»Was willst du dafür?« fragte ich.

»Gib mir 'nen Fünfer.«

Ich gab ihm fünf Cents und bekam dafür sein Frühstücksbrot. In der Mittagspause besorgte er sich ein Brötchen mit Erdnußbutter, Kekse und Milch, und er war glücklich damit. Ich hatte von meinem Essensgeld immer noch einen Fünfer übrig und kaufte mir zu meinem Hamburger zwei Tüten Milch.

Von da an stand ich fast zwei Jahre lang jeden Morgen rechtzeitig an der Ecke und wartete auf den Hamburger. Wenn ich Tootie morgens verpaßte, trafen wir uns in der Mittagspause. Wir wurden enge Freunde.

Da wir in derselben Gegend wohnten, wurden wir in eine Klasse eingeteilt und saßen nebeneinander. Er war immer ein bißchen besser als ich. Er lernte rasch Lesen, Rechtschreibung und Rechnen. Ich war in Gedanken so sehr beim Boxen, daß ich für die Schule nicht allzuviel tat. Mir ging es nur darum, schnell nach Hause zu kommen, mich auf mein Fahrrad zu schwingen und in die Sporthalle zu fahren. Unterwegs hielt ich an einem kleinen Geschäft an,

kaufte mir eine Tüte Milch und schlug zwei rohe Eier hinein, weil mir jemand erzählt hatte, das sei gut für die Luft und die Lungen.
Tootie machte die meisten Hausaufgaben für mich. Oft raunte ich ihm zu: »Was kommt bei der vierten Aufgabe heraus?« Oder: »Wie heißt die Antwort bei Nummer sechs?« Er gab mir immer die Lösungen. Auf diese Weise mogelte ich mich durch.
Nach der Schule begleitete Tootie meinen Bruder und mich zur Sporthalle. Wir fuhren zu dritt auf meinem Fahrrad, wobei jeweils abwechselnd einer trampeln mußte, die beiden anderen fuhren mit.
So ging es ungefähr vier Jahre lang. Wir wurden dicke Freunde. Wir gehörten zur selben Bande, wir rauften gemeinsam auf den Straßen, wir stiegen gemeinsam den Mädchen nach. Wir hatten auch beide zu boxen begonnen, aber Ronnie hörte bald wieder auf. Er war es leid, sich seine lange Nase blutig schlagen zu lassen und nicht aus den Augen sehen zu können. Er meinte, das beeinträchtige seine Chancen als Abschlepper. Diese Laufbahn brachte ihm einen frühen Tod, denn er kam bei einer Auseinandersetzung um eine Frau auf einer New Yorker Straße um.
Ich hätte Joe Martin anrufen können, meinen Trainer. Aber mir kam es einfach nicht in den Sinn, einen weißen Polizisten aus Louisville anzurufen und ihn zu bitten, mir gegen ein paar weiße Burschen beizustehen. Ich kannte zwar einige Polizeibeamte in Louisville, aber ich wäre niemals auf den Gedanken gekommen, daß Martin oder irgendein anderer weißer Polizist auch nur den Finger gerührt hätte, wenn ich Schwierigkeiten mit anderen Weißen bekam und sie die Oberhand hatten. Wenn einige meiner Biographen von Martin behaupten, er sei »zu Cassius wie ein Vater« gewesen, dann verstehen sie einfach nichts von den Südstaaten, von der weißen Polizei und einem schwarzen Jungen.
Ich war froh, daß Ronnie bei mir war. Ich hatte Sportkameraden wie Jimmy Ellis, Donnie Hall, Tommy Jones, Maceo Bell und meinen eigenen Bruder, die technisch gesehen weitaus bessere Boxer waren. Aber hier auf der Straße war Ronnie mit Abstand der bessere Mann. Wenn er in eine Auseinandersetzung geriet, dann sah es immer aus, als ginge es um Leben und Tod. Angesichts dieser Alternative hatten bisher die meisten seiner Gegner kampflos das Leben gewählt.
Ich weiß noch, welche Erleichterung ich empfand, als ich vor mir die Brücke sah. Der Regen hatte nachgelassen, und ich glaubte, es wagen zu dürfen, über die Hauptstraße auf die Brücke hinaufzufahren.
Das erwies sich als Fehler. Kaum hatte ich die Hauptstraße erreicht, da hörte ich in der Ferne ein wildes Geschrei. »Da sind sie! Da sind die Nigger!« kreischte eine Frauenstimme. »Du schwarzer Schweinehund! Jetzt haben wir dich beim Wickel!« Das war Frosch.
Zuerst sah ich nur Froschs Maschine. Seine Leute hatte er vermutlich ausgeschickt, um die Straßen zum Negerviertel hin zu kontrollieren, aber er war schlau genug, anzunehmen, daß ich vielleicht versuchen könnte, über die Brücke nach Indiana auszuweichen. Deshalb hatte er sich hier postiert. Da

wir langsamer waren als er, mußten wir damit rechnen, daß Frosch uns eingeholt hatte, noch bevor wir die Brücke erreichten.
Ronnie beugte sich zu mir herüber. Sein Gesicht war, genau wie meins, mehr vom Schweiß als vom Regen naß: »Sie sind mehr hinter dir her als hinter mir! Fahr voraus. Ich bleib' hinten. Kapiert?«
Ich hatte kapiert. Wir erreichten die Brücke, und ich fuhr Schlangenlinien. Ronnie hielt sich halbrechts hinter mir. Ich warf einen Blick zurück und sah unmittelbar hinter Frosch ein zweites Motorrad: Kentucky-Slim.
Ronnie behielt recht. Frosch war fast auf gleicher Höhe mit ihm, beachtete ihn aber gar nicht, sondern konzentrierte sich ganz auf mich und wirbelte seine Fahrradkette wie ein Cowboy, der einen jungen Stier einfangen will, als Lasso. »He, olympischer Nigger! Du bist doch Boxer ...«
Vielleicht hätte er noch mehr gesagt, aber genau im richtigen Augenblick sprang Ronnie von seiner Maschine ab und schleuderte sie mit aller Kraft unter Froschs Vorderrad. Frosch bemerkte es zu spät, versuchte verzweifelt, nach links auszuweichen, rutschte gegen das Betongeländer und krachte mitsamt seinem Mädchen gegen den Brückenpfeiler. Die Frau schrie vor Schmerz auf. Schwer verletzt und blutend, mit zerrissener Bluse, kroch sie zu Frosch hinüber, der benommen über dem Geländer hing.
Nun kam Kentucky heran. Auch er wirbelte eine Fahrradkette und zielte nach meinem Kopf. Dies war eine von zwei Situationen in meinem Leben, wo Sekundenbruchteile alles über meine ganze Laufbahn entschieden. Die andere war jener Augenblick in meinem ersten Meisterschaftskampf gegen Sonny Liston, als meine Augen durch irgend etwas auf Listons Boxhandschuhen halb geblendet waren und mich Angelo Dundee gerade noch rechtzeitig wieder in den Ring schob; eine Zehntelsekunde später hätte der Schiedsrichter den Kampf an Liston gegeben. Über diesen Vorfall wurde viel geschrieben. – Aber meine erste Entscheidung fand hier auf der Jefferson County Bridge statt.
Slim wirbelte seine Kette nach meinem Kopf. Aber sie traf nicht mein Gesicht, sondern wickelte sich um meine Schultern. Instinktiv hob ich die Hand, packte die Kette und riß mit aller Kraft daran. Slim wurde von seiner Maschine gezogen, und wir beide gingen mit furchtbarer Wucht zu Boden. Sein Schädel schlug gegen meinen. Ich war benommen, aber immer noch klar genug, um mit meiner Faust sein Gesicht zu treffen. Er blieb liegen. Blut schoß ihm aus der Nase, und sein herrenloses Motorrad schleuderte aufs Geländer.
Das Mädchen kreischte: »Sie bringen Frosch um! Sie bringen Frosch um!«
Ronnie hatte Frosch im Schwitzkasten und drückte ihm die Luft ab. Sein narbiges Gesicht wirkte noch entstellter, weil ihm die Adern an den Schläfen hervortraten. Das Schnappmesser saß an seiner Gurgel.
»Zurück! Verdammt, ich schneid' ihm den Hals durch! Zurück!« Er zerfetzte Froschs Lederjacke wie dünnes Klopapier.
Das Mädchen fiel schluchzend auf die Knie. Zwei weitere Motorradfahrer kamen heran, einer mit einem knallroten gepunkteten Halstuch und einem deutschen Stahlhelm auf dem Kopf.

Ich schrie dem Mädchen zu: »Sag ihnen, sie sollen runter von der Brücke. Schick sie von der Brücke weg!«
Sie sprang auf, rannte zur Brückenauffahrt und schwenkte die Arme. »Umkehren! Fahrt zurück!«
Sie bremsten zwar, kamen aber vorsichtig näher.
»Frosch soll's ihnen sagen. Gib ihm Luft, damit er's ihnen sagen kann«, rief ich Ronnie zu.
Ronnie lockerte seinen Griff. Frosch holte tief Luft und brüllte lauter, als ich erwartet hatte: »Fahrt nach Hause! Haut ab! Nun fahrt schon!«
Seine Leute blieben ein paar Sekunden lang verwirrt stehen. »Was sollen wir machen, Frosch?«
Das Mädchen antwortete: »Frosch hat's euch doch gesagt. Hört ihr nicht? Tut doch, was er sagt!«
Der Fahrer mit dem Stahlhelm zog ein Ding hervor, das wie eine Fünfundvierziger aussah. Ich behielt sein Gesicht im Auge, um genau zu erkennen, was er vorhatte. Natürlich hätten sie uns überwältigen können, aber ebenso sicher war, daß Ronnie dann Froschs Schlagader durchschnitten hätte.
»Lockerlassen«, flüsterte ich Ronnie zu. Frosch war unsere einzige Hoffnung. »Laß Frosch reden.«
Frosch brüllte heiser und gurgelnd: »Ich hab's euch doch gesagt: Haut ab! Los, fahrt nach Hause! Du auch, Slim! Hau ab!«
Slim rappelte sich wie ein Betrunkener auf und schob seine Maschine humpelnd zu seinen Leuten zurück. Sie berieten sich kurz, sahen zu uns herüber und zogen sich dann die Straße entlang zurück.
Ich rührte mich nicht. Ich beobachtete sie nur, bis ich das Mädchen rufen hörte: »Sie sind jetzt weg. Was macht ihr mit uns?«
Ronnie ließ Frosch los. Er kroch hinüber zu seiner Maschine. Es ging ihm wie einem Jäger, der glaubte, ein Kaninchen zu jagen, das sich dann plötzlich als Tiger entpuppte. Sein einziger Gedanke war Flucht. Sein Mädchen versuchte, ihm in den Sattel zu helfen, aber er rutschte immer wieder ab. Ich stand da und sah den beiden zu. Dabei verspürte ich weder Wut noch Mitleid oder Haß, sondern nur innere Spannung. Ohne unsere Hilfe würden die beiden den Kasten niemals in Gang bringen. Ich ging auf das Mädchen zu, und sie zuckte zurück, als ob sie einen Schlag erwartete.
»Helft uns weiter«, sagte sie sehr leise und sehr verzweifelt. »Wir kommen nicht wieder. Ehrlich nicht! Wir fahren weg.«
Ich bog das Schutzblech gerade, damit es nicht am Reifen streifte, und legte dann Froschs Finger an die Handgriffe. Er war schwach und unsicher. Ab und zu hustete er, als ob ihm Ronnie immer noch die Kehle zudrückte. An den Stellen, wo ihm Ronnies Messer die Lederjacke zerschnitten hatte, sickerte Blut hervor und durchnäßte mein T-shirt, während ich ihm half.
Ronnie und ich hielten das Motorrad auf beiden Seiten fest und schoben es die Brücke hinunter. Der Anlasser war feucht, aber die Maschine hustete, sprang an und fuhr dann ein wenig schwankend weiter. Wir warteten, um zu sehen, ob Frosch seine Bande neu formierte, aber das Mädchen hatte die

Wahrheit gesagt. Frosch fuhr an ihnen vorbei, und alle schlossen sich ihm an. Wir warteten, bis sie verschwunden waren, dann hörten wir nur noch das Klatschen des Regens und das Rattern der Güterwaggons auf den Schienen.
»Komm, laß uns rasch von hier verschwinden.« Ronnie wischte sich das Messer am Ärmel ab. »Mein Motorrad ist hin.« Er betrachtete die traurigen Überreste, die nur noch verbogenes Metall waren. Dann fiel ihm etwas an meinem Gesichtsausdruck auf. »Bist du verletzt? Verdammt – haben sie dich erwischt?«
Ich schüttelte den Kopf. Körperlich hatte ich die Sache besser überstanden, als zu erwarten war, aber der elende Schmerz in Kopf und Magen, den ich im Restaurant schon verspürt hatte, war wieder da. Schläge, die man einsteckt und zurückgibt, wie vorhin gegen Froschs Leute, sind erträglich. Was ich spürte, waren die Nachwirkungen der Schläge, die ich von dem Wirt, vom Bürgermeister, von den Millionären eingesteckt hatte.
»Laß uns die ganze Scheiße abwaschen, dann geht's dir besser«, schloß Ronnie. Wir probierten, ob mein Motorrad uns beide trug. »Wenn wir das Blut los sind, geht's uns besser.«
Ich ging mit ihm zum Fluß hinunter und hängte die olympische Medaille an einen Pfosten. Das rotweißblaue Band war mit Froschs Blut verklebt. Auch das Gold trug Flecken.
Ronnie griff zärtlich nach der Medaille und reinigte sie, bevor er sich selbst wusch. Er polierte das Gold, spülte das Blut von dem Band und hängte sich dann die Medaille selbst um den Hals.
Ich hielt inne und beobachtete ihn. Es war das erstemal, seit der Siegerehrung in Rom, daß die Goldmedaille nicht an meiner Brust hing. Und ich sah sie auch zum erstenmal so richtig. Sie war nur ein ganz gewöhnlicher Gegenstand. Ihren Zauber hatte sie eingebüßt. Plötzlich wußte ich, was ich mit diesem billigen Stück Metall und dem ausgefransten Band zu tun hatte. Und als ich das wußte, hörte auch der Schmerz in meinem Magen auf.
Wir wuschen uns rasch, dann legte Ronnie mir das Metall wieder um den Hals und folgte mir hinauf zum Motorrad.
Ich überlegte: Genau in der Mitte ist der Ohio wahrscheinlich am tiefsten. Also ging ich bis in die Mitte der Brücke. Mit dem feinen Gespür von Menschen, die sich seit langer Zeit kennen und lieben, ahnte Ronnie, was ich vorhatte. Er ließ das Motorrad fallen und rannte schreiend auf mich zu. Aber ich hatte das Band schon durchgerissen. Ich hielt die Medaille so weit hinaus, daß sie sich nicht im Brückengeländer verfangen konnte. Dann warf ich sie ins schwarze Wasser des Ohio. Ich sah ihr nach, bis sie mit ihrem Gewicht auch das rotweißblaue Band hinuntergezogen hatte.
Als ich mich umdrehte, sah ich das Entsetzen in Ronnies Augen. »Heiland! Mein Gott!« Tränen liefen ihm über die Wangen. »Oh, mein Gott! Weißt du, was du gemacht hast?«
»Es war kein echtes Gold, nur eine Imitation.« Ich wollte ihm den Arm um die Schulter legen. Er war durchnäßt, kalt und steif. »Nur eine Imitation.« Er hörte mir nicht zu. »Warum hast du sie in den Fluß geworfen? Warum?«

Wie sollte ich diese Frage beantworten? Ich wußte es selbst nicht genau. Die Olympiamedaille war der kostbarste Gegenstand, den ich jemals besessen hatte. Ich betete sie an. Sie war der Beweis für Leistung und Status, das Symbol eines erreichten Ziels, der Zugehörigkeit zu einem Team, einem Land, einer Welt. Auf diese Art und Weise rechtfertigte ich mich vor meinen Lehrern und Schulkameraden, indem ich ihnen klarmachte, daß ich zwar keine schulischen Glanzleistungen vollbracht hatte, daß in mir aber dennoch das Zeug zum Sieger steckte.

Wie sollte ich Ronnie erklären, daß ich mir etwas wünschte, was noch mehr bedeutete? Daß ich stolz geben und nehmen wollte? Daß ich zu mir finden mußte, um mein eigener Champion zu werden?

»Wir brauchen sie nicht«, sagte ich. »Wir brauchen sie nicht.«

»Du bist ein Idiot!« Er ging mit einer Feindseligkeit auf mich los, die ich noch nie zuvor bei ihm erlebt hatte. Mit harter Faust packte er mich am Pullover. »Glaubst du, sie lassen einen Trottel wie dich Champion werden? Was willst du deinen Gönnern erzählen? Sie wollen dich mit der Medaille fotografieren. Was werden die Zeitungen sagen?«

Ich schüttelte seine Faust ab und hielt seine Arme fest. »Du wirst nichts sagen, ich werde nichts sagen. Kein Wort.«

Die Medaille war weg, aber mir ging es auch wieder besser. Ich war ruhig, entspannt und zuversichtlich. Meine Rolle als »weiße Hoffnung« war ausgespielt. Ich fühlte eine neue, eine geheime Kraft.

Ich versuchte Ronnie zu trösten. »Warte nur, bis wir den Meisterschaftsgürtel im Schwergewicht erringen.« Ein alter Trainer hatte mir einmal beschrieben, wie der Weltmeistergürtel aussieht. »Das ist echtes Gold. Gold mit Diamanten und Rubinen. Er wiegt zwanzig Pfund. Diesen Gürtel haben schon Schwergewichtler wie John L. Sullivan getragen, Jack Johnson, Jess Willard, Jack Dempsey, Jack Sharkey, Max Baer, Joe Louis – der Gürtel ist für die großen Champions gemacht. Kein imitiertes Gold.«

Aber Ronnie sollte niemals »Gold und Diamanten« an dem echten Weltmeisterschaftsgürtel im Schwergewicht sehen, den ich in Miami gewann. Er sollte nie erfahren, wie er verschwand. Dafür sorgte Drew Bundini Brown in meiner Ecke. Während ich im Exil war, rief ich ihn eines Abends in New York an und erkundigte mich danach.

»Hallo, Meister. Du willst wissen, was ich mit deinem Gürtel gemacht habe? Nun, ich habe ihn aufgehoben, seit Malcolm X. ermordet wurde. Erinnerst du dich noch an den Abend, als es in deiner Wohnung in Chicago brannte? Vier Stunden nach der Ermordung von Malcolm X., wie ich in das brennende Gebäude ging und deinen Weltmeisterschaftsgürtel herausholte, daß ich ihn nach New York zum Aufbewahren mitnahm ... Um es kurz zu fassen: Ich habe ihn versetzt – was – bitte ... Ich hab' gedacht, du wirst das verstehen. Ich war pleite. Bitte ... Die Rate für mein Auto war fällig. Dazu vier Monate rückständige Miete. Meine Frau war mir weggelaufen. Ich hatte schon jedes Schmuckstück versetzt, das ich besaß. Also habe ich mir deinen Goldenen

Gürtel vorgeknöpft. Es war das wertvollste Ding, das ich im Haus hatte. Ich bin zum besten Pfandleiher von New York gegangen. Ich weiß ja, daß die Brüder weniger bezahlen, als man verlangt, also forderte ich mehr, als ich erwartete. Ich sagte: ›Geben Sie mir fünfzehnhundert Dollar dafür.‹
Ich hab' ihm gesagt, daß der Gürtel dir gehört, Cassius Clay, Muhammad Ali, dem wahren Weltmeister im Schwergewicht. Den Titel haben sie dir aberkannt, aber der Gürtel ist da. Ich habe ihm gesagt, daß ihn dreißig andere Weltmeister besessen haben, bevor du der Größte geworden bist. Alle Angestellten und Kunden haben sich um den Gürtel versammelt. Alle waren hingerissen. Ein einmaliges Stück.
Aber der Pfandleiher hat sich nicht einmal die Lupe ins Auge geklemmt. Er hat keinen Blick drauf geworfen. Und als er sich die Sache dann aus der Nähe ansah, warf er mir den Gürtel wieder hin. ›Dafür kann ich dir keinen Pfennig geben‹, sagte er.
Ich antworte: ›Was soll das heißen? Keinen Pfennig! Für den Weltmeisterschaftsgürtel im Schwergewicht kannst du mir kein Geld leihen?‹
Er sagt: ›Das Ding ist keinen Pfennig wert.‹ Ich sage: ›Sie müssen sich irren.‹
Er sagt: ›Reden Sie ruhig weiter, wenn es Ihnen Spaß macht. Das ist nichts weiter als billiges goldfarbenes Metall mit dem Aufdruck von ein paar Namen und den Worten ‚Weltmeisterschaftsgürtel im Schwergewicht'. Er hat nur einen Liebhaberwert.‹
Champion, das Ding war weniger wert als die Schlagzeilen in den Zeitungen am nächsten Morgen mit deinem Bild drin. Der Mann hat mir wirklich keinen Pfennig dafür gegeben. Also war die Zeitung immer noch mehr wert.
Champion, ich war nicht nur deshalb enttäuscht, weil ich nicht einmal mehr das Fahrgeld für die U-Bahn hatte, ich war für den Boxsport enttäuscht. Man boxt schließlich nicht für den Ruhm, sondern fürs Geld. Bei all den Millionen und aber Millionen, die große Promoter wie Tex Rickard oder Mike Jacobs oder Jim Norris vom Madison Square Garden bis zum Stadion von Chicago an Schwergewichtlern wie Dempsey, Joe Louis, Walcott oder Marciano verdient haben – halten die so wenig von dem Symbol, für das die Schwergewichtler sich die Birne weich klopfen lassen, daß es keinen Pfennig wert ist.
Ich hab' daran gedacht, wie du die Olympiamedaille in den Ohio geworfen hast. Ich hätte den Gürtel in den Hudson schmeißen sollen.
Aber ich habe ihn versetzt.«
»Wieviel?«
»Der Pfandleiher hatte ja gesagt, er hat nur einen Liebhaberwert. Nun, Champion, ich habe einen Liebhaber gefunden ... Champion, bitte ... Champion, leg doch nicht auf.«

Diese Unterhaltung mit Bundini fand acht Jahre nach der Episode auf der Jefferson County Bridge statt. Aber damals, an jenem Abend des Jahres 1960, war der Weltmeisterschaftsgürtel für mich immer noch eine goldene Hoffnung.
Es regnete während der ganzen Rückfahrt. Als ich Ronnie abgesetzt hatte

und nach Hause kam, schlief meine ganze Familie. Ich ging in mein Zimmer und wollte meinem Bruder Rudolph Valentine Clay erzählen, was geschehen war, aber er schlief so fest, daß ich nur vor dem Bett stand und ihn eine Weile betrachtete. Rudy und ich waren nur dreizehn Monate auseinander. Ich hing sehr an ihm, und wir trennten uns nur selten. Er trägt den Namen, den mein Vater eigentlich mir zugedacht hatte. Ich bekam ihn damals wegen des Einspruchs meiner Mutter nicht. Sie bestand darauf, daß der erste Sohn nach Vater benannt werden sollte, denn sie mochte diesen Namen. »Wenn ich Rudy verhauen wollte«, erzählte meine Mutter allen Leuten, »dann mischte sich Cassius immer ein, schlug nach mir und sagte: ›Hör auf, meinen Kleinen zu hauen. Hör mit Hauen auf!‹«

Wie ich hatte er angefangen zu boxen und war mein häufigster Sparringspartner. Er begleitete mich auch fast jeden Morgen beim Lauftraining. Aber als ich ihn jetzt im Schlaf beobachtete, da wußte ich, daß ich ihn davon abhalten würde, Berufsboxer zu werden.

Er hatte den nötigen Mut und die Schlagkraft, aber er war einfach nicht begabt genug. Er mußte zuviel einstecken. Boxen ist ein gefährliches Geschäft, wenn man nicht talentiert ist.

Ich beschloß, gleich am Morgen mit ihm zu sprechen, und schlich auf Zehenspitzen aus dem Zimmer. Ich war so aufgedreht und munter, daß ich nicht schlafen konnte. Ich wollte bis zum Morgengrauen wach bleiben, dann um den Chickasaw-Park herumlaufen und mich für Hunsaker in Form bringen. Ich setzte mich auf das abgewetzte alte Sofa und zog das Büchlein hervor, das mir die alte Frau im Restaurant geschenkt hatte. Ich las ein Gedicht von Langston Hughes, das sie angestrichen hatte:

I, too, sing America. I am the darker brother. They send me to eat in the kitchen When company comes ...	*Auch ich sing das Lied Amerikas, Ich bin der dunklere Bruder. Ich muß in der Küche essen, Wenn Besuch kommt ...*
But I laugh, And eat well, And grow strong.	*Aber ich lache nur. Es schmeckt mir. Ich werde groß und stark.*
Tomorrow, I'll be at the table When company comes.	*Morgen, Wenn Besuch kommt, Werde ich am Tisch sitzen.*
Nobody'll dare Say to me, »Eat in the kitchen«,	*Niemand wird es wagen, Zu mir zu sagen: »Iß in der Küche.«*
Then. Besides, They'll see how beautiful I am And be ashamed –	*Dann Werden sie außerdem Meine Schönheit sehen Und sich schämen –*
I, too, am America.	*Auch ich bin Amerika.*

Ein paar Jahre später sollte ich Langston Hughes bei einer Dichterlesung in Greenwich Village begegnen, wo man mich eingeladen hatte, Gedichte von mir vorzutragen. Ich dankte ihm für sein Gedicht und fragte ihn, ob er nicht noch mehr davon hätte. Er schenkte mir drei Bücher. Es waren Gedichte, wie ich sie mochte, einfach, schlicht und mindestens die Hälfte davon gereimt.

Als ich an diesem Morgen vom Lauftraining zurückkam, war ich immer noch aufgedreht. Mein erster Profikampf stand bevor, und ich wußte, daß nach all dem Geschrei, das ich veranstaltet hatte, die gesamte Sportwelt jeden meiner Schläge genau beobachten würde.

Aber ich war zuversichtlich – so zuversichtlich, daß ich nur eine Stunde vor dem Kampf noch ein komplettes Abendessen zu mir nahm. In der dritten Runde mußte ich dafür bezahlen, als Hunsaker mit einem schweren Schlag meine Magengrube traf. Um ein Haar hätte ich mich übergeben. Irgendwie gelang es mir, ihm auszuweichen, bis sich mein Magen beruhigt hatte. In den letzten Runden schüttelte ich ihn dann so sehr durch, daß er am Schluß benommen war.

Ich hatte meinen ersten Kampf gewonnen. Als ich in meine Garderobe zurückkam, um meinen Sieg zu feiern, gab es keinen Champagner und überhaupt keinen Alkohol. Aber meine Sponsors, meine Angehörigen und alle meine Jugendfreunde waren da. Der Promoter Bill King hatte auch meine Mannschaftskameradin aus dem olympischen Team, Wilma Rudolph, die Sprintweltmeisterin und Gewinnerin von drei Goldmedaillen, zum Anlaß meines ersten Kampfes per Flugzeug herbeigeholt.

Ich hatte die Tatsache geheimgehalten, daß ich furchtbar in Wilma verliebt war. In Rom hatte ich alles versucht, um ihr den Hof zu machen. Mein Problem bestand darin, daß ich einfach zu schüchtern war. Ich konnte zwar laut und frech schreien »Ich bin der Größte« und mit offener Klappe durch das ganze Olympische Dorf laufen, aber in Wilmas Gegenwart brachte ich kaum ein Wort über die Lippen. Das ging mir übrigens auch bei anderen hübschen Mädchen so.

Mein Gerede und meine Prahlereien hatten zwar die Zeitungen auf mich aufmerksam gemacht, und sie schrieben über meine Siege über den Belgier Ivon Becue, den Russen Gennadiy Chatkow und den Argentinier Tony Madigan, einen der wenigen Amateure, die mich je geschlagen haben, sowie über meinen Finalsieg gegen den Polen Sbigniew Pietrzkowski sowie über meine Tourneen mit Bing Crosby und Floyd Patterson, aber im Grunde genommen lag mir nur an der Aufmerksamkeit dieses schokoladenbraunen Mädchens mit dem langen, eleganten Schritt und den strahlenden braunen Augen. Ich trieb mich in der Nähe der amerikanischen Botschaft herum, wo die Frauen des Teams wohnten, nur um sie einmal zu sehen, wenn sie ausging. Wenn sich die Mannschaft traf, suchte ich sofort nach ihr, aber sobald sie in meiner Nähe stand, war meine Zunge wie gelähmt.

Die Sache wurde dadurch noch schlimmer, daß sie einen Freund hatte, den Kurzstreckler Ray Norton, der mir immer eine Nasenlänge voraus war.

Wenn ich sah, daß Wilma gelegentlich etwas herunterfiel, ein Handtuch oder ein Schuh, und ich darauf zuschoß, war Norton immer eine Sekunde vor mir da. Ich sah sie im Café und beeilte mich, ihr Tablett zu tragen, aber wieder war Norton schneller als ich. Ich wünschte mir nur eines: diesen Ray Norton einmal in den Ring zu bekommen!
Ich fragte mich, ob ich jemals den Mut aufbringen würde, sie anzusprechen und meinem Herzen Luft zu machen.
Nun war sie hier in Louisville zur Feier meines ersten Sieges. Ich hätte so gern etwas über meine früheren Gefühle und meine Hoffnungen für die Zukunft gesagt, aber ich war einfach zu schüchtern, und ein paar Stunden später war die günstige Gelegenheit vorbei.
Jahre später traf ich sie in Los Angeles, wo sie als Lehrerin arbeitete, und gestand ihr meine heimliche Liebe. Sie war überrascht. Inzwischen war sie verheiratet und Mutter geworden. Als ich aus dem Exil zurückkehrte, um gegen Quarry zu kämpfen, suchte sie mich zusammen mit ihrem zwei Monate alten Baby auf, um mir für den Kampf Glück zu wünschen.

Am Tag nach der Begegnung mit Hunsaker traf ich mich mit der Louisville-Gruppe, um die Trainerfrage zu besprechen. Zur Wahl standen Angelo Dundee und Archie Moore.
Ich lernte Angelo kennen, als ich hinter Willie Pastrano her war, einem seiner Schützlinge. Auf Turnieren querlandein hatte ich alle Amateure meiner Gewichtsklasse geschlagen und wollte gegen einen Profi antreten.
Ich sah sie jede Woche im Fernsehen und war überzeugt, die meisten von ihnen schlagen zu können, aber ich hatte noch nie mit einem Profi im Ring gestanden. Pastrano war ein Mann, den ich bewunderte. Er war fix, klug und ein guter Boxer, und trotz seiner schlanken Figur steckte eine Menge Dampf in seinen Fäusten. Auf der Mattscheibe hatte ich Angelo in der Ecke einiger ausgezeichneter Boxer gesehen wie Carmen Basilio, Luis Rodriguez, Yama Bahama und Isaac Logart.
Als Angelo mit Pastrano wegen des Kampfes gegen George Holeman nach Louisville kam, ging ich in sein Hotel und rief ihn in seinem Zimmer an. Als er sich meldete, stellte ich mich vor: »Ich bin der künftige Weltmeister im Schwergewicht und möchte Sie gern sprechen.«
»Warum?« fragte Angelo.
»Ich bewundere Willie und möchte ihn kennenlernen.«
Es blieb lange still in der Leitung. Dann sagte Angelo: »Komm mal rauf.«
Ich betrat das Zimmer und verspürte den herben Duft von Eukalyptus und Alkohol. Angelo hatte Willie gerade massiert. Willie lag im Unterhemd quer über dem Bett, ein Kissen unter dem Kopf, eine Schüssel Eiscreme in der Hand. Ich war beeindruckt, wie schlank Willie war, wie breit seine Schultern, wie muskulös seine Beine. Er wirkte ausgereift, zuversichtlich und stark.
In der Weltrangliste der Mittelgewichtler stand er an dritter Stelle und sollte bald Weltmeister werden.

»Warum liegst du so herum?« fragte ich ihn.
Er drehte sich auf den Bauch und sah zu mir auf. »Ich kann nicht in den Straßen herumlaufen wie du, Kleiner. Ich liege hier und sammle Kraft. Nett, dich kennenzulernen.« Damit war ich für ihn erledigt.
Ich wandte mich an Angelo. »Wenn ich zu Ihnen komme, darf ich dann einmal gegen Willie boxen?«
Angelo meinte, er fände mich nett und wollte nicht, daß mir etwas zustoße. Aber ich bestand darauf. Insgeheim tauschten er und Pastrano einen Blick. Willie lächelte.
»Na schön«, gab Angelo schließlich nach.
Am nächsten Tag war ich noch vor den beiden in der Sporthalle. Ich wollte Eindruck auf sie machen. Mit aller Kraft schlug ich auf den Sandsack ein. Das Klatschen hörte man in der ganzen Halle. Pastrano kam herein, warf mir einen neugierigen Blick zu und beobachtete mich dann, während er Schattenboxen machte. Als ich mit ihm in den Ring steigen mußte, beschloß Angelo, den Kampf auf zwei Runden anzusetzen.
Der Gong ertönte. Ich trat vor und umkreiste ihn. Pastrano war schnell, beweglich und glatt, aber ich war noch schneller. Meine linke Gerade war besser. Ich hatte eine größere Reichweite und erwischte ihn. Plötzlich dämmerte es mir, daß ich da einen Profi festnagelte. Ein Gefühl der Erregung packte mich. Ich markierte ihn mit linken und rechten Geraden, ich schlug nach seinem Kopf, trieb ihn vor mir her und bemerkte seinen verwirrten Gesichtsausdruck, da er weder meiner Linken noch meiner Rechten auszuweichen wußte.
»Genug!« schrie Angelo. »Das reicht!«
Ich war mit Pastrano wie mit einem Amateur umgesprungen. Ich hatte immer schon vermutet, genausogut zu sein wie die Profis, die ich im Fernsehen sah. Nun war ich davon überzeugt.
»Genug davon!« schrie Angelo. »Willie hat einen Kampf vor sich!« Er nahm mich beiseite und sagte: »Hör mal, mein Junge, das reicht für heute. Willie hat noch einiges an Sparring vor sich.«
»Gegen wen?« fragte ich.
»Mir ist jeder recht außer dir«, antwortete Angelo. »Wenn du mal Profi wirst, mein Junge, dann such mich auf.«
Als ich ein Jahr später tatsächlich Profi wurde und meine Förderer in Louisville mir die Wahl des Trainers überließen, hatte ich Angelo vergessen. Ich schlug Archie Moore vor, den »großen Alten«, da mir seine Art im Ring, mehr noch außerhalb, gefiel.
Ich erinnere mich noch, wie Archie einen Titelkampf gegen Marciano erzwang, indem er ein paar gekonnte Tricks anwandte, auf die Rocky antworten mußte. Er hatte Zeitungsanzeigen veröffentlicht, in denen Marciano in gestreifter Gefängniskleidung dargestellt wurde. Daneben stand zu lesen:
HUNDERTTAUSEND DOLLAR BELOHNUNG FÜR JEDEN, DER MARCIANO MIT SHERIFF ARCHIE MOORE IN EINEN RING BRINGT!
Meine Sponsors setzten sich mit Moore in Verbindung und vereinbarten mit

ihm, daß er mein Training übernehmen sollte, damit ich von seiner Klugheit profitierte und er mir das Können der besten Boxer beibrachte.
Moore wollte, daß ich das Flugzeug nehme, aber damals flog ich so wenig wie nur möglich und fuhr mit dem Zug bis San Diego. Dort holte mich Patrick Calhoun, einer meiner Förderer, am Bahnhof ab und fuhr mich hinaus zu Archie.
Archie besaß ein großes, modernes Haus über der Schnellstraße von San Diego. Er begrüßte mich vor der Tür mit einer Umarmung. »Nimm deinen Koffer und komm mit«, sagte er. Er führte mich ins Obergeschoß und zeigte mir ein kleines Zimmer. »Das wird genügen, bis du Champion bist«, sagte er. Er war zwar einer der ältesten Veteranen im Ring, aber es gefiel mir, daß sein Gesicht kaum gezeichnet war und daß er immer noch alle seine leuchtend weißen Zähne besaß.
Ich ging mit ihm durch das ganze Haus und sah hinüber zu der Schnellstraße. Autos rauschten vorbei und hupten, Leute winkten Archie zu.
»So werden sie auch dir zuwinken, wenn du einmal Weltmeister bist«, sagte Archie. »Alle werden dich kennen, alle achten dich. Du mußt nur hart an dir arbeiten und meine Anweisungen befolgen. Morgen früh fangen wir an. Jetzt ruh dich erst einmal aus. Meine Töchter und meine Frau kochen für uns, aber oben im Trainingslager kochen wir selbst.«
Am nächsten Morgen setzten wir uns in seinen kleinen Lieferwagen und fuhren in die Berge hinauf, etwa vierzig Kilometer über unbefestigte Straßen bis zu seinem Trainingslager. Alles war hier auf Boxen abgestellt. So etwas hatte ich noch nie gesehen. Ringsum standen große Felsbrocken mit den Namen der Unsterblichen: Jack Johnson, Rocky Marciano, Sugar Ray, Joe Louis. Als ich Jahre später mein eigenes Lager errichtete, übernahm ich diese Idee.
»Bis zur Sporthalle müssen wir noch ein Stück zu Fuß gehen«, sagte Archie und schnallte seine Hosenträger kürzer. Er trug gern Blue jeans in Form von Overalls und kaufte auch mir einen solchen Anzug.
Es war für mich schon aufregend, neben einem der größten Boxer der Geschichte den Berg hinaufzugehen. Ich konnte es kaum erwarten, mit ihm in den Ring zu steigen und zu versuchen, bei ihm ein paar Treffer unterzubringen. Ich hielt das für die einzige Möglichkeit, ihn zu beeindrucken. Archie behandelte mich recht beiläufig, und ich wollte ihm zeigen, daß ich kein gewöhnlicher Amateur war.
»Und jetzt im Spurt bis zur Hügelkuppe«, sagte er. Ich war einverstanden und rannte los. Fast einen Kilometer weit lief ich einfach geradeaus. Er folgte mir in ruhigem, gleichmäßigem Tempo. Dann war ich plötzlich so müde, daß ich beinahe zusammenbrach. Ich sah mich nach ihm um. Er wirkte kühl und ruhig und behielt seinen gleichmäßigen Rhythmus bei.
Als er mich eingeholt hatte, sagte er: »Lektion Nummer eins: Lerne deine Kräfte einteilen, das bringt dich weiter.«
Das eigentliche Trainingszentrum war eine kleine garagenartige Scheune. Am auffälligsten daran war ein riesiges Faß davor, das rot bemalt war und in knallroten Buchstaben die Aufschrift »Blutfaß« trug.

Ich zog mich um und wollte sofort in den Ring steigen, um mit einigen der Boxer, insbesondere aber mit Archie Moore selbst, zu trainieren. Er warnte mich davor. »Laß dir Zeit. Disziplin ist wichtig. Ich hab' den Leuten in Louisville versprochen, daß ich dich richtig trainieren werde. Immer schön eines nach dem anderen. Du willst schon springen, noch bevor du laufen gelernt hast. Aber neben dem Boxen gibt es noch andere Dinge zu tun. Einmal am Tag essen wir hier draußen. Nach dem Essen wird das Geschirr abgespült. Du fegst den Fußboden, machst das Haus sauber. Auf diese Weise kümmere ich mich um die Disziplin.«
Archie und ich gerieten uns schon bald in die Haare. Hier lernte ich Dick Sadler kennen, einen der geschicktesten Trainer in der ganzen Boxgeschichte. Sadler sorgte für Stimmung im Übungsraum, er tanzte, er spielte Boogie-Woogie auf dem Klavier, erzählte schmutzige Witze und trieb die Boxer zu immer neuen Höchstleistungen an. Ich bekam täglich meine Aufgaben zugeteilt und drängte Sadler, mich endlich zusammen mit Archie in den Ring zu stellen. »Das will er noch nicht«, antwortete Sadler, »warte lieber, er will es nicht.«
Aber eines Tages fand Sadler doch eine Möglichkeit, und wir beide zogen unsere Boxhandschuhe an. Ich ließ an Archie all meinen Zorn wegen des endlosen Putzens, Waschens und Schrubbens aus, zu dem ich wochenlang gezwungen gewesen war. Ich schlug eine Gerade und wich aus, ich umkreiste ihn, stieß den Haken nach und überraschte ihn mit rechten Crosses.
Wenn ich heute daran zurückdenke, bin ich nicht sonderlich stolz darauf, denn Archie war doppelt so alt wie ich. Aber ich hatte von meinem Dasein die Nase voll. Ich entwickelte eine Antipathie gegen das Training. Da draußen in den Bergen und Wäldern gab es nichts zu tun, als einem Vogel zuzuhören, Kaninchen zu beobachten, wie sie über die Straße hoppelten, und ab und zu einen Düsenvogel über den Himmel jagen zu sehen.
Wenn ich ein erfolgreicher Boxer werden wollte, sagte ich mir, mußte ich mehr unter die Menschen. Ich brauchte Frauen und Kinder um mich, einen Friseurladen in der Nähe, den Schuhputzer an der Ecke, den Straßenverkehr, ich mußte die Leute aus und ein gehen sehen, ich mußte sie reden hören und auch selbst mit ihnen sprechen können. Vor allem wollte ich nichts mit einem Lehrer zu tun haben, der nur den anderen etwas beibrachte, nicht aber mir. Über das Training war ich längst hinaus. Ich wollte jetzt nur noch kämpfen.
In der Woche darauf verließ ich das »Blutfaß«, und zwar hauptsächlich deshalb, weil ich dahin wollte, wo das Blut lebhafter floß. Ich wollte auf schnellstem Weg nach Louisville zurück. Meine Art zu kämpfen, hatte ich mir bereits zurechtgelegt, und ich schmiedete Pläne, wie ich an einen Titelkampf herankommen könnte.
»Du mußt fliegen, mein Sohn, wenn du ein guter Boxer werden willst. Überallhin in der Welt mußt du fliegen.« Sadler wußte, daß ich mich vor dem Fliegen fürchtete. »Das ist eine seltsame Furcht«, sagte der erfahrene Manager, »aber bei dir ist sie echt. Entweder du überwindest sie, oder du gibst das Boxen auf.«

Ich habe oft darüber nachgedacht, wie und wo diese Angst entstanden sein könnte, vielleicht hat mein Vater diese Furcht übertrieben, und ich erbte sie von ihm. Vielleicht lag es auch daran, daß während meines ersten Flugs von Louisville nach Chicago die kleine zweimotorige Maschine in einen so heftigen Sturm geriet, daß sich einige Sitze von ihrer Verschraubung lösten. Meine Angst war damals so groß, daß ich mich weigerte, nach Louisville zurückzufliegen, nachdem ich die vorolympischen Ausscheidungskämpfe in San Francisco gewonnen hatte. Ich bat Joe Martin, mir das Fahrgeld für die Eisenbahn zu leihen. »Entweder du fliegst, oder du gehst zu Fuß!« sagte er. »Du mußt das überwinden.« Und er flog ohne mich nach Hause. Einer der Preise, die ich gewonnen hatte, war eine goldene Uhr, und die versetzte ich für die Eisenbahnfahrkarte nach Louisville. Natürlich beunruhigte mich diese Angst, und ich überlegte, wie ich sie denn überwinden könnte.
Heute weiß ich, daß mich diese Furcht beinahe die Teilnahme an den Olympischen Spielen gekostet hätte – und natürlich alles, was daraus folgte. Als sich die Mannschaft für die Romreise fertig machte, erklärte ich Martin, ich würde nicht fliegen. Ich sei bereit, ein Schiff zu nehmen, aber der Gedanke an einen Transozeanflug jagte mir eine Gänsehaut über den Rücken. Martin erklärte mir, ein Schiff sei viel zu langsam, dann setzte er sich zu mir, sprach sehr lang und ernsthaft mit mir über die Vorteile eines Olympiasiegs, insbesondere für einen künftigen Profi. »Überleg dir das«, sagte er. »Du hast nicht mehr viel Zeit.«
Am meisten Angst hatte ich vor einem Absturz. Ich beruhigte mich erst, nachdem ich Air Force angerufen und mich nach der Anzahl von Flugzeugabstürzen zwischen Rom und Amerika erkundigt hatte. Man antwortete mir, an den letzten Absturz könne sich niemand mehr erinnern. Erst jetzt war ich so weit befriedigt, daß ich den Flug nach Rom wagte.
Ein paar Jahre später war Fliegen für mich eine Selbstverständlichkeit geworden. Ich sitze auch gern bei dem Piloten im Cockpit. Und ich denke sogar daran, mir ein Flugzeug und einen Hubschrauber zu kaufen.
»Wenn du fliegst, geht's dir gut, wenn du daheim bleibst, wirst du hungern«, sagte Sadler.
Ich flog doch nach Louisville zurück.

3

Sieben plus zwei

Als ich noch Amateur war, hörte ich oft, wie Betreuer, Trainer und Manager das schlechte Abschneiden eines Boxers mit Kopfschütteln kommentierten: »Geschieht ihm ganz recht, ich hab' ihm gesagt, er soll die Finger davon lassen.« Ich hörte auf sie, und ich schwor mir, Sex unter allen Umständen zu meiden. Und bis zu den Goldenen Boxhandschuhen im Jahre 1958 gelang mir das auch ohne größere Mühe. Was ich vom Leben erwartete, war der ganz große Erfolg. Und wenn ich dafür jeglichem Sex den Rücken kehren mußte, war ich auch bereit, das Leben eines Mönchs auf mich zu nehmen. Was das Liebesleben der Sportler betrifft, sind viele Ärzte und Forscher inzwischen zu ganz anderen Ergebnissen gelangt. Aber als ich in die Wettbewerbe einstieg, lauschten wir jüngeren Boxer gläubig den alten erfahrenen Hasen, die Sex als etwas Übles hinstellten. Immer wieder schrieb einer von ihnen eine Niederlage oder ein knapp vermiedenes Knockout der unerwarteten Begegnung mit einem Mädchen zu, und Manager als auch Trainer pflegten dann beifällig zu nicken.

Wenn sie merkten, daß wir jüngeren Boxer, ihre »Schützlinge«, einem Mädchen nachstiegen, nahmen sie uns beiseite und sagten: »Junge, du mußt sie dir aus dem Kopf schlagen. Laß die Finger davon, oder du ruinierst dich.« Dann schoben sie mit dem Mädchen ab, und wir standen mit offenem Mund da, weil wir uns nicht erklären konnten, warum Liebe für uns schlecht, für sie aber gut sein sollte.

»Du weißt noch nicht, wie man so etwas macht«, pflegte mich Donnie Hall, mein bester Freund unter den älteren Boxern, zu beruhigen. Wir waren zusammen in Louisville aufgewachsen. Donnie war ein großer, gut gebauter Schwarzer mit herrlichen Zähnen und blitzenden Augen, der sich seiner Gegner ebenso lässig entledigte, wie er sich die hübschesten Mädchen anlachte.

»Und wie machst *du* das?« fragte ich ihn eines Tages, als wir die Ausscheidungen zu den Goldenen Boxhandschuhen vorbereiteten. Er hatte sich in Louisville im Schwergewicht, ich mich im Mittelschwergewicht qualifiziert. Donnie vergewisserte sich mit einem Blick, daß uns auch niemand belauschte. »Sobald wir nach Chicago kommen, zeige ich's dir.« Er zwinkerte mir zu. »Aber im Augenblick behalte die Nerven. Laß dich nicht mit Frauen ein. Spar dir deine Kraft.« Mit diesem guten Rat ließ mich Donnie, der vier Jahre älter war als ich, stehen und holte seine neueste Freundin ab.

Die Warnung brauchte ich eigentlich nicht. Ich war gerade erst sechzehn geworden und furchtbar schüchtern. Es kostete mich schon all meinen Mut, ein Mädchen überhaupt anzusprechen. Wenn das mein einziges Problem sein sollte, dachte ich, dann habe ich die Meisterschaften schon in der Tasche.

Der Februar 1958 war eiskalt, als unsere Mannschaft in Chicago eintraf und im St. Clair Hotel abstieg, nicht weit vom eisigen Michigansee entfernt. Sechs von uns hatten die Absicht, ins Profilager überzuwechseln: Ed Whitaker, Davie Hilton, Elmer Dennison, Bill Wikstrom, Donnie Hall und ich. Für uns bedeuteten die Goldenen Boxhandschuhe so etwas wie den »Meisterbrief«, den wir für unseren Beruf brauchten.

Der erste Anlauf im Jahr zuvor war schon mißglückt, da ich bereits in Louisville aus dem Kader genommen wurde – der Arzt hatte eine Unregelmäßigkeit an meinem Herzschlag entdeckt. Was immer es auch gewesen sein mochte, es kam wieder in Ordnung, aber so spät, daß ich in das Turnier nicht mehr einsteigen konnte. In diesem ganzen Jahr nun wünschte ich mir nichts sehnlicher, als den Sieg nach Hause zu bringen.

Das gewaltige Stadion in Chicago, wo unter grellem Scheinwerferlicht und unter dem Johlen und Buhen der Menge drei Kämpfe abgewickelt wurden, war der furchterweckendste Augenblick, den ich je erlebt hatte. Die Hälfte der Bundesstaaten schickte ihre Boxer nach Chicago, die andere Hälfte nach New York. Die acht Gewinner kämpften dann um den nationalen Titel.

Gewisse Städte sind wegen der Qualität der Boxer, die sie hervorbringen, berühmt. Wir sagen zum Beispiel: »O weh, der kommt aus Cleveland, das muß ein harter Brocken sein.« Es kann auch Detroit, Omaha, Toledo, Dayton, Chicago oder Wichita sein. Kleine Nester geraten auf diese Weise wegen des Muts ihrer Kämpfer auf die Landkarte. So war es mein Ehrgeiz, daß Louisville nicht mehr nur wegen des Whiskys und seiner Pferde bekannt sei.

Ich beobachtete die Boxer im Ring und studierte sie wie ein Musterschüler seine Bücher. Manche kämpften wild und unorthodox, andere ausgefeilt und gekonnt wie die besten Profis. Ich beobachtete den Stil, die Haltung, die Bewegungen, die Finten, die Geraden, die Cross- und Konterschläge, die Haken, die blitzschnellen Vorstöße und die Schwinger. Und ich übernahm soviel wie nur möglich von jenen, die dieses Handwerk – so blutig und brutal es auch sein mag – zu einer Kunst entwickelt haben. Das taten zum Beispiel Sugar Ray, Kid Gavilan und Johnny Bratton. Sie waren die Künstler unter den Boxern, und an ihnen wirkte alles stolz, würdig, mutig, kraftvoll und schön.

Im Kampf um die Goldenen Boxhandschuhe treten zuerst die leichteren

Gewichtsklassen nach dem K.-o.-System an. Dann kommen die schwereren Klassen an die Reihe. Nach meinen Vorkämpfen ging ich in Donnies Zimmer hinauf und fand ihn vor dem Spiegel, wo er Rumpfbeugen übte. Er zeigte mir einen Zeitungsartikel, der sich mit meinem Kampf am nächsten Abend beschäftigte: »Uns steht ein Kampf bevor, der ein besonderer Leckerbissen werden könnte: Kent Green gegen Cassius Clay aus Louisville. Clay hat in seinem Kampf gestern abend eine hervorragende Leistung geboten.«
Donnie klopfte mir lachend auf den Rücken: »Den Kerl schaffst du mit einer Hand. Meiner ist auch reif. Laß uns ausgehen.« Ich fragte: »Wohin?« Da sagte er: »Mal sehen, ob du es schaffst. Wie hast du dich denn überhaupt angestellt?«
»Prima«, antwortete ich und wagte nicht einzugestehen, daß ich mich überhaupt nicht »damit« beschäftigt hatte. Ich weiß auch nicht, warum ich ihm so bereitwillig folgte, anstatt bei meinem strikten Vorsatz zu bleiben, das Training nie zu unterbrechen. Vielleicht lag es daran, daß die schwerste Belastung für Boxer zwischen den Kämpfen die Langeweile ist, das ermüdende, endlose Warten.
Wir nahmen an der Michigan Avenue ein Taxi. Als sich der Fahrer nach unserem Ziel erkundigte, antwortete Donnie: »Dorthin, wo es Mädchen gibt.« Der Fahrer schluckte erst einmal, dann fragte er: »Wieviel wollt ihr denn anlegen?«
»Hm«, antwortete Donnie gelassen. »Fahren Sie uns zu der besten Adresse, die Sie kennen.«
»Das kostet aber Aufschlag«, sagte der Fahrer und schaltete sein Taxameter ein. Er fuhr uns zur South Side und ließ uns in der Nähe der Kreuzung von 47th und Calumet Avenue aussteigen. Donnie bezahlte, gab ihm ein Trinkgeld und erfuhr: »Einfach immer geradeaus.«
Wir standen vor einem Trödelladen unter der Hochbahn. Eine Frau mit gestrickter Pudelmütze, Galoschen und in einem Männermantel stand auf einer Orangenkiste und versuchte, die Menschen zu bekehren, die eilig an ihr vorbeiströmten. Wir gingen los.
Ein paar Straßen weiter waren auf der Calumet Avenue zwei Prostituierte hinter uns, eine Schwarze und eine Weiße. Die Weiße betrachtete mich mit starrem Lächeln. »Na, habt ihr was vor?«
»Ja«, antwortete ich. »Hm, nein, wir gehen nur spazieren.«
Donnie fuhr mir dazwischen: »Na klar haben wir was vor, Baby, was soll's denn kosten?«
Ich beneidete ihn um sein selbstsicheres Auftreten und wünschte mir, ich könnte es ihm nachmachen.
»Was wollt ihr denn zahlen?« fragte sie.
Donnie zögerte. »Wieviel willst du denn?«
»Sieben plus zwei«, antwortete sie.
Donnie sah mich an, als hätte ich zu entscheiden. »Cassius, bist du mit ›sieben plus zwei‹ einverstanden?«
»Klar«, sagte ich, ohne die leiseste Ahnung, was das bedeutete. Als ich we-

nige Minuten später erfuhr, das heiße sieben Dollar für sie und zwei für das Zimmer, erschien mir der Preis schwindelerregend hoch.
Sie nahmen uns mit in ein Haus, an dem wir gerade vorbeigekommen waren, und führten uns drei Treppen hoch über wackelige Holzstufen und vorbei an beschmierten Wänden. Auf dem Flur saß ein alter weißer Mann in einer winzigen Portierloge. Er klappte seinen Schalter zu, als wir kamen.
Die weiße Frau beruhigte ihn. »Daddy, es ist alles in Ordnung«, sagte sie. Dann bezahlten wir unsere »sieben plus zwei«.
Donnie schnippte mit den Fingern und fragte laut: »Welche willst du haben?«
Ich genierte mich, so laut zu sprechen. Das kam mir ungehörig vor. Wenn ich mich für eine entschied, war das dann nicht für die andere kränkend? Also flüsterte ich Donnie ins Ohr: »Ich nehm' die Farbige.« Sie sah ja ohnehin besser aus und war auch jünger. Etwa um die dreißig. Aber als sie dann eine Tür in dem Flur ansteuerte, erklärte ich Donnie, ich wollte doch lieber zurück ins Hotel. »Ich muß früh aufstehen und trainieren.«
Die Frau sah, daß ich einen Rückzieher machen wollte, und sagte: »Mach dir keine Sorgen, Kleiner, ist doch alles in Ordnung. Mach dir nur keine Sorgen.« Sie wirkte jetzt überhaupt nicht mehr sexy, sondern benahm sich wie eine Krankenschwester, die einen Patienten vor einer kleineren Operation beschwichtigt.
Donnie verzog sich und bedeutete mir, ich sollte meinem Mädchen folgen. Die hatte inzwischen ein Zimmer in der Nähe der Treppe betreten. Aber ich blieb mit schweißnassen Händen vor der Tür stehen und fühlte mich hundeelend.

Ich fühle mich wieder zurückversetzt nach Louisville. Ich bin sieben oder acht Jahre alt und schleiche mit unserer Bande durch die Gassen. Wir schauen in alle Schlafzimmer, die keine Vorhänge haben, und sind enttäuscht, weil wir eigentlich doch nie etwas sehen. Trotzdem gucken wir immer wieder. Das, worauf wir aus sind, erleben wir doch nicht. Donnies Mutter nennt uns »furchtbare kleine Ratten«.
»Heut' suchen wir uns ein anderes Schlafzimmer«, schlägt jemand vor.
»Ich weiß eins. Ein Stück die Straße entlang ist ein Haus ganz ohne Vorhänge, und gestern abend habe ich alles gesehen, was drin vorgeht.«
Ich sage: »Na los, dann laßt uns mal.«
Wir laufen vier oder fünf Straßen weiter. Im Dunkel schleichen wir an das Fenster heran und blinzeln hinein, sehen aber niemanden. Es wird ausgesprochen spät. Dann kommen ein Mann und eine Frau herein und beginnen, sich auszuziehen. Aber kurz bevor sie fertig sind, schaltet der Mann das Licht aus. Das macht mich wütend.

Ich holte tief Luft, trat ein und schloß die Tür. Sie saß auf dem Bett und riß eine Packung Zigaretten auf.

»Beeil dich, wir haben nicht den ganzen Tag Zeit.«
»Womit soll ich mich beeilen?« fragte ich.
»Zieh dich aus.« Ich ging quer durchs Zimmer und schaltete alle Lampen aus.
»Warum schaltest du das Licht aus?«
»Ich muß doch meine Hose ausziehen«, entgegnete ich.
»Verdammt noch mal, glaubst du, ich weiß das nicht? Warum machst du das Licht aus?«
Ich konnte nur die Wahrheit sagen: »Weil ich nicht will, daß du mich ohne Hosen siehst.«
Eine Weile saß sie stocksteif da. Es gelang mir, Schuhe und Socken abzustreifen, bevor sie ein Streichholz anriß und ihre Zigarette anzündete.
»Willst du rauchen?« Sie hielt mir die Packung hin.
»Nein, Madam, ich rauche nicht. Sportler dürfen nicht rauchen.« Die Streichholzflamme beleuchtete ihr Gesicht. Im Dunkeln sah ich ihre Augen, die mich groß und fragend anblickten. »Ich kämpfe um die Goldenen Boxhandschuhe«, fuhr ich fort, um auf ein Thema zu kommen, von dem ich etwas verstand. »Ich werde im Mittelgewicht siegen und dann ...«
»Wie nett«, unterbrach sie mich. »Fertig?«

Nach einer Party schleiche ich Sandra Hanes und Charley Heard den ganzen Weg bis nach Hause nach. Ich beobachte sie, wie sie sich stundenlang küssen. Jedenfalls kommt es mir so vor. Und wie Charley mir dann am nächsten Tag in der Schule begegnet, frage ich ihn: »Wie hast du nur Sandra Hanes dazu gekriegt, mit dir auszugehen? Mit mir geht sie nicht aus.«
Er sieht mich nur mitleidig an und sagt: »Ach, Mann, du kannst boxen, aber reden mußt du noch lernen. Aufs Reden kommt's an. Auf die richtigen Worte, Mann. Wenn du immer nur rumdruckst, schaffst du es nie. Geh aus dir raus und tu was. Rede, rede, rede, Mann! Rede mit den Leuten. Mit einer Puppe kann man nicht boxen. Frauen hören uns gern reden. Drum rede.«

Das Streichholz war ausgebrannt. Es war wieder stockfinster, und ich wollte gerade meine lange Unterhose ausziehen. Dann glaubte ich, vom Fenster her einen feinen Lichtstrahl zu erkennen. Ich ging hinüber und zog die Jalousie ein Stück tiefer herab, damit kein Licht mehr eindringen konnte.
»Warum, zum Teufel, ziehst du die Jalousie herunter? Bist du irgendwie ...?« Sie war überrascht, vielleicht sogar ein bißchen verängstigt.
Ich fragte: »Muß ich denn die Unterhose nicht ausziehen?«
Wieder blieb sie stocksteif sitzen. Ich lehnte an der Wand, und meine Augen gewöhnten sich allmählich an die Dunkelheit. Dann sah ich, daß sie sich ausgezogen hatte und auf dem Bett lag. Das Blut schoß mir in den Kopf. Es war das erstemal, daß ich eine nackte Frau sah. Was sollte ich nun tun?

Gwendolyn – das erste Mädchen, das ich küßte – wohnt in einem winzigen Fachwerkhaus mit zwei Zimmern gleich um die Ecke. Ich bin fünfzehn und

denke nur ans Boxen. Jede Woche trete ich in der Sendung *Champions von morgen* auf. Ich gehe an ihrem Haus vorbei. »Ach, Cassius Clay, ich sehe dich immer im Fernsehen.«
Sie winkt mich näher heran und hat auf der Veranda eine Schallplatte laufen. Wir hören uns die Platters an, Little Richard, die Dells und Ella Fitzgerald. Ich komme immer wieder.
Wie ich eines Abends gehen will, fragt sie mich: »Cassius?«
»Ja?«
»Küßt du eigentlich nie?«
Ich bin erschrocken und bleibe wie angewurzelt stehen.
»Dann nimm mich wenigstens in die Arme«, sagt sie.
Vorsichtig drücke ich sie an mich und bin überrascht, wie warm und angenehm sich ihr Körper anfühlt.
»Küß mich, Cassius.«
Ich weiß nicht, wie ich mich verhalten soll. Alles verschwimmt vor meinen Augen, aber schließlich lege ich meine Lippen auf ihre. Dann trete ich zurück und sage: »Also dann, bis morgen.« Ich marschiere ein ganzes Stück, bevor ich mich umdrehe. Sie steht da und winkt. Am Tag darauf soll ich wieder in der Sendung *Champions von morgen* auftreten, aber ich mache die ganze Nacht kein Auge zu.

»Was hast du eigentlich vor?« fragte mich die Frau auf dem Bett. »Möchtest du dich nicht endlich entschließen?«
Ich konnte mich nicht regen. Wie sollte ich ihr klarmachen, daß ich keine Ahnung hatte, was sie von mir erwartete?

Aretha ... meine erste große Liebe. Ich sehe sie oft in der Schule, getraue mich aber nicht, sie anzusprechen. Um ihre Aufmerksamkeit auf mich zu lenken, ziehe ich ein zu kleines T-shirt an, das über meinen Muskeln spannt. Aber sie geht einfach an mir vorbei. Dann versuche ich etwas anderes: Ich packe meinen Freund Ronald King beim Kopf und tue so, als wollte ich ihn gegen die Schranktür stoßen. Bumm, bumm! Sie soll sagen: O Gott, was macht ihr denn nur mit ihm? Aber sie kommt nicht herüber, sie geht einfach weiter.
Ich weiß nicht, was man zu Mädchen sagt und wie man sich ihnen nähert. Ich fahre sehr schnell und gewagt auf meinem Motorrad, brause wie ein Irrer um die Ecken, damit Aretha mich ansieht und mich kühn findet. Aber sie geht nur einfach weiter.
An einem warmen Sommerabend sehe ich sie dann nach einem Basketballspiel, bei dem die Central-High- die Flagg-J.-Schule geschlagen hat, allein nach Hause gehen. Ich laufe ihr bis zur Ecke nach und muß mich zwingen, sie anzusprechen: »Heißt du Aretha?«
»Ja.«
»Mein Name ist Cassius Clay.«

»Ich weiß, wir haben uns ein paarmal gesehen.«
Sie ist wirklich hübsch: schöne schwarze Augen, ein warmes dunkles Gesicht, lange Wimpern. Ich stottere: »Ich habe dieselbe Richtung. Darf ich dich ein Stück begleiten?«
»Wie du willst!«
Wir gehen nebeneinander her. Ihr Parfüm steigt mir angenehm in die Nase. Mein Herz klopft immer schneller. Noch nie habe ich ein Mädchen so gemocht wie Aretha. Sie wohnt in den Beachwood Apartments, einer Wohnsiedlung, und zwar im zweiten Stock. Wie wir dort ankommen, nehme ich all meinen Mut zusammen. Ob sie mich ohrfeigt oder nicht, ist mir egal. Ich muß sie küssen. – Das muß wohl eineinhalb Minuten gedauert haben, und wie ich wieder Luft schnappe, wird mir so schwindlig, daß ich zurücktaumle und mit dem Kopf gegen die Treppenstufen falle. Ich höre ihren Schrei. Als ich die Augen aufschlage, beugt sie sich über mich und tätschelt mein Gesicht, damit ich wieder zu mir komme.
»Was war denn los?« fragt sie. »Ist das dein Ernst? Du bist ohnmächtig geworden. Ich hab' gedacht, du tust nur so.«
Ich muß zugeben, daß ich nicht weiß, was passiert ist. Ich bin einfach weggetreten. Dann renne ich die ganze Strecke bis nach Hause am anderen Ende der Stadt, sechzehn Kilometer entfernt. Die Leute halten mich für verrückt. Aber ich mache einen Dauerlauf.
Es dauert ungefähr drei Tage, bis ich erneut den Mut aufbringe, ihr gegenüberzutreten. Aber dann verliere ich sie aus den Augen. Ich bin mit Boxen so beschäftigt und muß mich ganz auf die Goldenen Boxhandschuhe konzentrieren. Für Mädchen oder für Partys bleibt da keine Zeit, weil ich morgens so früh aufstehen und mein Lauftraining absolvieren muß. Wenn ich keine nationale Meisterschaft gewinne, dann komme ich auch nicht zu den Olympischen Spielen. Und ich muß doch Olympiasieger werden ...

»Komm schon, laß es uns machen«, sagte sie leise.
»Ja, Madam.«
Sie zog mich aufs Bett und fragte: »Willst du eine Reise rund um die Welt?«
»Eine Reise rund um die Welt?« wiederholte ich. »Was ist das?«
»Nun, ein bißchen von allem.«
»Ein bißchen von allem? Wovon redest du überhaupt?«
Sie gab mir keine Antwort, sondern beugte sich einfach herüber, biß mich in den Hals, steckte mir die Zunge ins Ohr und biß mich dann in den Rücken.
»Na los«, sagte sie, »mach schon.«
Ich stieg auf sie, wußte aber immer noch nicht, was ich machen sollte. Verzweiflung packte mich.
»Willst du nicht wenigstens ein bißchen mitmachen?« fragte sie.
Da sagte ich ihr die Wahrheit: daß ich noch nie eine Frau gehabt hatte.
Sie nahm mich mit beiden Händen und zog mich an sich. »Stoß nur einfach zu«, sagte sie. Die Panik wich von mir, und plötzlich fühlte ich mich ganz als

Mann. Ganz in der Position eines Mannes. »Nur einfach auf und ab«, sagte sie. Also wippte ich auf und ab, auf und ab, bis sie schließlich fragte: »Bist du noch nicht fertig? Beeil dich. Bist du denn nicht fertig?« Aber ich wippte weiter, auf und ab. Sie fragte: »Bist du da? Hast du den Höhepunkt erreicht?« Ich wußte gar nicht, was sie meinte. »Spürst du denn nicht so ein kitzelndes Gefühl? Gar nichts?« »Nein«, sagte ich. Was sollte ich auch sonst sagen? Sie schob mich beiseite. Ich stand sofort auf und begann, mich anzuziehen. Sie ging hinüber und schaltete das Licht ein.

Ich schrie: »Halt, halt!« Dann schaltete ich das Licht wieder aus.

»Was ist denn los?« brüllte sie.

»Ich bin noch nicht angezogen«, erklärte ich. Ich konnte sie nicht einmal ansehen.

Als ich dann angezogen unten im Flur stand und auf Donnie wartete, wurde mir wieder hundeelend. Was hatte ich falsch gemacht? Ich mußte wohl irgendwelche Schritte ausgelassen haben, denn es dauerte eine weitere halbe Stunde, bis Donnie herunterkam. Er bewegte sich, als hätte er Schmerzen.

»Was ist passiert?« fragte ich.

»Sie hat mich richtig ausgesaugt«, antwortete er vergnügt.

»Wie kann sie dich denn aussaugen?« fragte ich. »Schaffst du so etwas nicht?«

»Sie hat mich richtig hergenommen«, sagte er, als wir ins Taxi stiegen. Auf dem Rückweg schlief er ein. Bevor wir uns an diesem Abend schlafen legten, sagte er nur: »Junge, Junge, die hat mich aber hergenommen.«

Ich werde nie ganz sicher sein, ob diese Erfahrung irgend etwas mit meiner Leistung am nächsten Abend gegen Kent Green zu tun hatte, aber er besiegte mich durch technischen K.o. in der zweiten Runde. Vielleicht war es nur das Schuldgefühl, weil ich mich nicht an die Anweisungen der Trainer gehalten hatte, aber es war eine schmerzliche Niederlage. Auch Donnie, der haushohe Favorit, steckte eine furchtbare Schlappe ein.

Ich wollte unter allen Umständen die Goldenen Boxhandschuhe gewinnen. Es begann, mir Spaß zu machen, daß alle meinen Namen kannten. Als in Louisville mein Name öfters in der Zeitung erschien, lief ich zu den Nachbarn und rief: »He! Mein Name steht in der Zeitung. Mein Bild auch!«

»Welcher bist du?« fragte mich eine alte Frau einmal, als ich ihr ein Gruppenbild von Bewerbern um die Goldenen Boxhandschuhe zeigte. »Da sind ungefähr hundert drauf. Wer bist du?« Sie rückte ihre Brille zurecht.

»Können Sie das nicht sehen? Ich stehe da in der Mitte«, antwortete ich und war überrascht, daß sie mich nicht gleich erkannt hatte.

Ich war zwar nur einer von hundert, aber immerhin, ich war drauf.

In diesem Jahr hatte ich zwar die Goldenen Boxhandschuhe nicht gewonnen, aber ein neuer Stolz erfüllte mich, wenn ich durch unsere Schule ging. All die Mädchen, die ich sonst anstarrte, bei denen ich mir vorstellte, wie sie wohl nackt aussehen mochten ... Jetzt wußte ich mehr darüber. Ich dachte: »Jetzt weiß ich Bescheid. Jetzt ist mir wohler. Ich habe mit einer Frau geschlafen und weiß Bescheid.« Das genügte mir für eine Weile. Aber allmählich

wünschte ich mir doch, wieder eine nackte Frau zu sehen. Woher wollte ich wissen, ob andere Frauen genauso aussehen wie meine Prostituierte? Außerdem war diese Dirne wirklich zu alt gewesen. Die jüngeren Mädchen sahen viel besser aus. Ich hatte mir immer schon Gedanken darüber gemacht, was Männer an den Frauen so aufregte. Eiscreme, Popcorn und Hamburger waren doch weitaus wichtiger. Aber nun ging ich doch zu Partys, lernte mein Mundwerk zu gebrauchen und verlor meine Hemmungen.
Dann wurde ich eines Tages von Jimmy Ellis geschlagen. Es war der einzige Amateurkampf, den ich in Louisville verlor. Als ich am nächsten Morgen dasaß und meine Wunden pflegte, fiel mir ein, daß ich auch in der Nacht vor diesem Kampf bei einer Frau gewesen war.

Hat Sex einen Einfluß auf die Leistung eines Sportlers? Ich saß einmal mit einigen Reportern, Boxern und Betreuern zusammen, die Harry Wiley diese Frage stellten. Wiley, ein großartiger Trainer und vierundzwanzig Jahre lang mit Sugar Ray Robinson zusammen, hatte auch bei Baby Joe Gans, Kid Chocolate, Henry Armstrong und Joe Louis in der Ecke gestanden, und er kannte die Gewohnheiten von Jack Johnson, Sam Langford, Jack Dempsey und Harry Wills. Er war Betreuer der olympischen Boxstaffel und war 1970 vor meinem Kampf gegen Ellis ins Trainingslager gekommen. Es war erstaunlich, wie genau er jeden Aspekt im Leben eines Boxers kannte.
»Was Sex und Sport betrifft«, gab Wiley zu, »gehöre ich noch zur alten Schule. Gute Boxer haben meistens einen stark ausgeprägten Geschlechtstrieb. Ich hab' schon erlebt, daß man einigen von ihnen Salpeter eingeben mußte, um sie abzukühlen. Bei ihnen stauen sich Vitalität und Antrieb, und die paar Runden im Ring reichen als Ventil nicht aus.«
»Was ist mit Liston?« fragte jemand. »Wie war's bei ihm?«
»Er gehörte zu den schlimmsten«, sagte Wiley. »Liston ließ seinen Sexualtrieb immer an den Gegnern aus. Angeblich sagte man Liston, Lena Horne würde ihn besuchen, falls er Patterson schlagen könnte, und nur Floyd stünde noch zwischen ihm und Lena. In beiden Kämpfen machte er Patterson in der ersten Runde fertig. Patterson konnte von Glück sagen, daß er mit dem Leben davonkam. Sie zogen Liston manchmal auf, indem sie ihm sagten, draußen warte eine schöne Frau auf ihn, aber sie würde weggehen, wenn er seinen Gegner nicht bis zur dritten Runde geschlagen hätte. Dann setzten sie eine Frau an den Ring, und am Ende der zweiten Runde mußte sie aufstehen und den Zuschauerraum verlassen. Dann flüsterten sie Liston zu: ›Da hast du's! Du hast deine Chance verspielt.‹ Liston beeilte sich dann, den Kampf möglichst schnell hinter sich zu bekommen.«
»Ich hab' gehört, Sie hatten Ärger mit Sugar Ray«, warf ein Reporter ein.
»Glauben Sie kein Wort. In seiner besten Zeit war Sugar Ray einer der diszipliniertesten Boxer, die es je gab. Sein Aussehen war ihm so wichtig, daß er eine Verletzung im Ring nie riskierte. Wenn Schluß war, dann bewies er eine eiserne Willenskraft. Er hätte neben einer Venus schlafen können, ohne sie

anzurühren. Aber manche von den anderen ...« Wiley stöhnte. »Die konnten sich einfach nicht beherrschen.«
»Kid Chocolate?« fragte jemand.
»Kid Chocolate war ein schrecklicher Schürzenjäger. Auch Joe Gans. Aber am schlimmsten war Henry Armstrong. Wie er bei all seinen Weibergeschichten jemals gewinnen und drei Weltmeistertitel halten konnte ...« Wiley schüttelte den Kopf. »Er war fast so schlimm wie Liston. Auch Joe Louis' Niedergang schreibe ich zum guten Teil Weibergeschichten zu. Ich kenne nur einen einzigen Boxer, bei dem die Sache umgekehrt war: den Mittelgewichtsmeister John Henry Lewis. Ich weiß noch, wie mich einmal Gus Greenlee anrief, John Henry Lewis' Manager, und mir erzählte, wie bestürzt er über Lewis' Sturheit und Kälte sei. Ich nahm Lewis beiseite und fragte ihn, wann er denn zuletzt eine Frau gehabt hätte.
›Vor über einem Jahr‹, antwortete er.
Ich schrie Gus zu: ›Hör mal, der Kerl da gehört ins Bett!‹
Dann besorgten wir eine Frau. Es war die reinste Medizin: Bald ging es ihm besser. Natürlich war Lewis eine Ausnahme.« Er wandte sich an Pacheco, der mich seit meinem ersten Besuch in Miami kannte. »Schon mal von solchen Fällen gehört, Doc?« Pacheco lachte. »Ein ziemlich ähnlicher Fall war Muhammad Ali, als er sich noch Cassius Clay nannte. Seine Förderer aus Louisville quartierten ihn in einem Hotel an der 2nd Avenue ein, wo es von Zuhältern, Schleppern und Prostituierten nur so wimmelte. Die stiegen ihm jeden Tag nach. Sie gingen ihm um den Bart und fragten: ›Na, was willst du, Kleiner? Ein Mädchen oder einen Schwulen? Kannst alles haben. Was immer du willst–wir haben's.‹ Aber er ließ sie kalt abblitzen und zeigte nicht das geringste Interesse. Selbst als sie ihn überlisten und mit einer Dirne im Arm fotografieren wollten, zuckte er zurück, als hätten sie ihm zugemutet, sich neben Hitler zu stellen.« Er schüttelte den Kopf, als sei diese Zeit längst vorüber. »In der 2nd Avenue ist es so schlimm geworden, daß die Kerle jahrelang glaubten, er wäre andersherum.
›Wißt ihr was‹, sagte ein Zuhälter zu mir, ›ich glaube, der Kerl ist ein bißchen verdreht. Vielleicht weiß er's noch nicht, aber ich denke, wir könnten ihn noch zurechtbiegen.« Er zwinkerte mir zu. »›Mensch‹, sagte ich zu ihm, weil ich ihn kannte und weil er oft zu mir gekommen war, um sich eine Spritze oder ein Rezept zu holen, ›Mensch, laßt den Neuen in Ruhe, der ist in Ordnung.‹
›Aber der Kerl will nichts mit Weibern zu tun haben‹, sagt der Zuhälter. ›Er muß doch schwul sein.‹
Ali ist anders als John Henry Lewis, aber damals hatte er nur eines im Sinn: die Meisterschaft. Deshalb wurde bei den Wetten auf den jungen Cassius gesetzt. Ich kannte den besten Wettspieler in ganz Tampa, und ich wünschte, ich hätte seinen Rat angenommen. Als er sich zum erstenmal ein Bild von Cassius machte, kam er zu mir und sagte: ›Da kommt ein Junge daher, der heißt Cassius Clay. Wenn du jedesmal auf ihn setzt, wenn er in den Ring steigt, wirst du ein reicher Mann. Er wird nämlich keinen Kampf verlieren. Ich glaube, das liegt an der sexuellen Selbstbeherrschung. Und die hat er.‹

Damals galt Sonny Liston als der aufgehende Stern; Floyd Patterson besaß den Titel. Aber der Spieler sagte mir, dieser Junge werde Floyd und Liston überleben und jeden anderen Schwergewichtler, der ihm in die Quere käme. Er werde keinen Kampf verlieren. ›Ich sag' dir, ich verlass' mich auf seine sexuelle Selbstbeherrschung‹, sagte der Spieler. ›Ich glaub' dran. Jeder, der sich sexuell beherrschen kann, ist für den Titel gut. Ich glaub' daran. Verdoppel deinen Einsatz, dann gewinnst du bei Cassius und kommst als reicher Mann nach Hause.‹
Ich wollte, ich hätte auf den Kerl gehört. Dann war da noch ein anderer, ein Oberkellner in einem großen Hotel in Los Angeles, der hat's genauso gemacht. Er fing mit einer Hundert-Dollar-Wette auf Cassius an. Dann verdoppelte er bei jedem Gewinn seinen Einsatz. Heute hat er genug Geld beisammen, um sich ein Cadillac-Kabriolett zu kaufen und seiner Frau einen Mercedes – und das alles, bevor Cassius gegen Liston antrat.
Nach dem Kampf gegen Liston besuchte ich ihn und sagte: ›Mit Sonny Listons Kampf mußt du fein raus sein.‹ Er lächelte nur und meinte: ›Mann, reden wir nicht drüber. Ich glaube, ich werde für den Rest meines Lebens keinen Finger mehr rühren.‹ Er sagte: Disziplin und Selbstbeherrschung würden Cassius zum Champion machen. Ja, es liegt an der Disziplin und Selbstbeherrschung.«
»Ich bin da nicht so ganz einverstanden«, schaltete sich Bundini ein. Er hatte die ganze Zeit schweigend dagesessen und den Trainern zugehört. »So ist es nun ganz und gar nicht. Die Unberechenbarkeit ist es, die den Meister macht.«
Alle sahen ihn verdutzt an. Da saß er nun mit seinen vorstehenden Augen und dem Babygesicht, das so unschuldig aussah, obwohl er von allen Menschen, die ich im Boxgeschäft und außerhalb kennenlernte, am besten fluchen kann.
»Jeder Boxer, den ich kenne, hat Launen«, sagte er in einem Ton, als sei das ein unbestreitbarer Grundsatz. Dann zählte er die großen Boxer auf, mit denen er zu tun hatte. Die Namen erwähne ich nicht, weil sie vielleicht ob solcher Unterstellung schockiert wären. »Noch im kleinen Finger haben sie ihre Launen. Sie steckt in den Knochen, geht hinunter bis in die Zehenspitzen. Sie können nicht anders. Nur so wird man ein Champion. Ihr braucht euch nur mal Mel Turnbow dort drüben anzuschauen.«
Er deutete auf Turnbow, einen der stärksten Boxer im Ring, der es trotzdem immer wieder schwer hatte, nicht ausgeknockt zu werden.
Turnbow, der baumlange Riese aus Ohio, hörte Bundini reden und kam mit seinem seltsamen Gang herübergewatschelt. Seine Hose wirkte immer zu eng und für seine Beine nicht lang genug.
Bundini runzelte die Stirn: »Du bist so komisch gebaut, daß du keine Konfektionskleidung tragen kannst. Du solltest dir deine Sachen schneidern lassen. Über deinen Arsch paßt keine Hose aus dem Laden.«
»Ich kauf' die Sachen genau wie du von der Stange«, erwiderte Turnbow.
»Deswegen siehst du ja auch so komisch aus«, konterte Bundini. »Gut, daß

du Boxer bist und stark genug. Wie sich diese Hose über deinen Arsch spannt ... Mein Gott, hoffentlich stecken sie dich nie ins Kittchen. Mit den Formen könntest du sogar mich umdrehen.«
Turnbow ging in Verteidigungsstellung, als wollte Bundini ihn wirklich vergewaltigen.
»Was ich sagen wollte«, fuhr Bundini fort, »mit all diesen Muskeln, mit all seiner Kraft, mit seinen langen Armen, fehlt Turnbow doch eines: Er hat keine Launen. Kein Knochen in seinem ganzen Körper ist unberechenbar.« Er schüttelte traurig den Kopf, als hätte er soeben eine tiefe Weisheit zum besten gegeben.
Als Wiley ein wissenschaftliches Urteil über dieses Thema lesen wollte, zeigte man ihm eine Schrift von Dr. Warren R. Guild von der medizinischen Fakultät der Harvard-Universität, der die Auswirkungen des Geschlechtsverkehrs auf sportliche Leistungen gründlich untersucht hatte. Dr. Guild schrieb: »Wenn ich Muhammad Alis Arzt wäre (was ich natürlich nicht bin), würde ich ihm nicht nur vom Sex nicht abraten, sondern mich positiv dazu einstellen und ihn ausdrücklich ermuntern, ein oder zwei Nächte vor dem Kampf mit seiner Frau Verkehr zu haben, um einen tieferen Schlaf und mehr Kraft für die Auseinandersetzung zu garantieren. Diese Antwort ist die Zusammenfassung unserer Studien auf diesem Gebiet; ich möchte nicht in Einzelheiten gehen, weil diese zu kompliziert sind.« Dr. Guild schloß: »Geschlechtsverkehr zehrt in keiner Weise an den Kräften und macht auch nicht schlapp.«
Ein Reporter erzählte Wiley, Masters und Johnson sowie der Washingtoner Psychologe William Harper unterstützten Dr. Guilds These.
Der alte Trainer, der zwei Generationen lang in den Ecken der größten Boxer gesessen, geschlafen und gearbeitet hatte, dachte eine Weile nach, analysierte noch einmal die Fälle von Baby Joe Gans, Armstrong, Langford und Wills und meinte schließlich: »Ich glaube, daß die Ärzte nichts von dem verstehen, was sich in einem Boxer aufbaut. Für einen Durchschnittssportler ist eine kleine Nummer in Ordnung; aber mit so etwas spielen echte Boxgrößen nicht herum. Diese Leute sind nie erforscht worden. Aber ich kenne sie.«
Angelo Dundee nickte zustimmend. »Ein Boxer ohne Sex wird böse, zornig, kampflustig; ›mit‹, schnurrt er wie ein Kätzchen. Vielleicht ist die Wirkung mehr psychologisch als physisch. Hält man einen Boxer von den Weibern fern, läßt man ihn im Trainingslager nur auf den Sandsäcken herumtrommeln und tagaus, tagein mit Sparringspartnern üben, dann ist er bereit, seine ganze Wut am Gegner auszulassen, sobald er in den Ring klettert.
Aber wer will nach einer Liebesnacht schon kämpfen? Alle Kriege wurden durch Persönlichkeiten angezettelt, die nie viel von der Liebe hielten. Nehmt doch Hitler, Mussolini oder Napoleon. Was ist mit diesen Kriegstreibern? Wer gut vögelt, will seinen Frieden haben. Solche Boxer brauchen wir nicht. Ein Boxer mit regelmäßigem Geschlechtsverkehr, wie diese Ärzte ihn empfehlen, wäre ein zufriedener, freundlicher Kater ohne Antrieb, ohne Ressentiments, ohne Wut. Die Ärzte haben keine Ahnung vom Kampfsport.«

Jetzt, wo ich mich dem Ende meiner Laufbahn nähere, ist diese Kontroverse noch ebenso heftig im Gange wie damals, als ich mit zwölf Jahren in den Ring stieg. Der einzige Unterschied ist folgender: Wenn ich mich zum Kampf stelle, so hoffe ich zumindest, die Wissenschaftler wissen einigermaßen, wovon sie reden.

4

Der erste Akt

Ich weiß noch, wie ich an jenem Morgen, drei Tage vor meinem Kampf um den Weltmeistertitel im Schwergewicht, aus meinem Haus Northwest Fifteenth Court Nr. 4610 trete, um in die Sporthalle an der 5th Street hinüberzugehen. Ich habe das Gefühl, an einer entscheidenden Schwelle angelangt zu sein, die ich überschreiten muß, weil ich sonst nie wieder so weit kommen werde. In einigen Stunden werde ich wissen, worum es geht. Niemals bei einem Kampf vorher oder nachher war ich so nahe daran abzusagen.
Vor sechs Monaten habe ich in Chicago einen Bus gekauft und ihn geradewegs nach Louisville gefahren, wo ihn der beste Maler, den ich kenne, nämlich mein Vater, orange, grün, rot, gelb und blau angestrichen hat; die rote Farbe überwiegt jedoch, und auf der einen Seite steht:

DER FARBIGSTE BOXER DER WELT: CASSIUS CLAY.

Und auf der anderen Seite:

SONNY LISTON IS GREAT,	SONNY LISTON IST OHO,
BUT HE'LL FALL IN EIGHT.	DOCH IN DER ACHTEN RUNDE K.O.

Diesen Bus taufte ich »Big Red« und fuhr damit kreuz und quer über Land, trug Gedichte vor und prophezeite Listons Sturz. Für diesen Titelkampf habe ich intensiver geworben als die meisten Kandidaten für eine Präsidentschaftswahl. Mein liebstes Werbegedicht ist folgendes:

It all started twenty years past.
The greatest of them all was born at last.
The very first words from his Louisville lips,
»I'm pretty as a picture, and there's no one I can't whip.«
Then he said in a voice that sounded rough,
»I'm strong as an ox and twice as tough.«

The name of this Champion, I might as well say,
No other one than the greatest, Cassius Clay.
He predicts the round in which he's gonna win,
And that's the way his career has been.
He knocks them all out in the round he'll call,
And that's why he's called the Greatest of them all.

Heute ist's an die zwanzig Jahr',
Daß der Größte von allen geboren war.
In Louisville hörte man das Baby sagen:
»Ich bin bildhübsch, und keiner wird mich schlagen!«
Rauh wurde seine Stimme dann jäh:
»Ich bin stark wie ein Ochse und doppelt so zäh!«
Der Name des Helden, laut mag er hallen,
Ist Cassius Clay, der Größte von allen.
Er prophezeit die siegreiche Runde
Und macht so Karriere bis zur Stunde.
Dann schlägt er sie, genau nach Plan,
Drum ist er der Größte und vornedran.

In diesen letzten sechs Monaten bin ich Liston Schritt auf Schritt gefolgt, habe ihn herausgefordert, seinen Untergang vorausgesagt, ihn »einen großen, häßlichen Bären« genannt; ich habe Bärenfallen mit mir herumgeschleppt und dafür gesorgt, daß weder er noch die Zeitungen mich ignorieren konnten. Während meiner Kampagne fand ich eine Methode, bei den Promotern einen Titelkampf zu erzwingen, aber ich entdeckte dabei auch etwas Neues und für mich noch Wertvolleres als die Weltmeisterschaft im Schwergewicht.

Die erste Ahnung, daß sich dieser Tag von allen anderen Tagen meines Lebens unterscheiden wird, kommt mir schon, wie Angelo in die Garderobe stürzt und ein entsetztes Gesicht macht. »Weißt du, wer da draußen ist?« Er öffnet die Tür halb und deutet auf Malcolm X, der in der Nähe des Rings steht und sich alte Boxplakate ansieht. »Weißt du, was passieren wird, wenn die Zeitungen das aufgreifen? Sie werden dich denunzieren! Sie werden dich verdammen! Sie werden den Kampf hintertreiben. Bitte, bitte!« Aus seinen großen Augen spricht die Angst. »Wir müssen ihn von hier wegschaffen. Wenn die Zeitungen erfahren, daß du mit Moslems wie Malcolm X etwas zu tun hast, ist deine Karriere vorbei. Verstehst du?«
Angelo hat mir immer nähergestanden als irgendein anderer Weißer. Nur eines begreift er nicht: daß Malcolm in diesem Raum nicht der einzige »X« ist. Ich bin Cassius X. Auch ich bin ein Gefolgsmann von Honorable Elijah Muhammad.
Angelo merkt, daß er mich nicht beeindrucken kann. Abrupt wendet er sich ab und geht. Später erfahre ich, daß er seinen Bruder Chris angerufen hat und daß Chris diese Nachricht rasch an Bill McDonald weitergegeben hat, den

Promoter, der Hunderttausende von Dollar aufgetrieben hat, um den »größten Schwergewichtstitelkampf der Boxgeschichte« zu organisieren.
Chris kommt auf mich zu, als hätte er nur eine Kleinigkeit auf dem Herzen. »Cassius, hast du einen Augenblick Zeit? McDonald möchte dich in seinem Büro sprechen.«
»Worum geht's, alter Gangster?« frage ich. Chris und Angelo sind zwar nicht nur meine Trainer, sondern auch meine Freunde, aber im Spaß bezeichne ich Chris als »Gangster«, weil er die Höhepunkte seiner boxerischen Laufbahn in einer Zeit hatte, in der dieser Sport fast völlig von Gangstern kontrolliert wurde.
»Es dauert nicht lang«, sagt Chris sehr leise, als sollte nur ich ihn hören. Ich ziehe mich an und rufe meinen Bruder Rudy, damit er mich begleitet. Ein paar Minuten später überquere ich mit Chris und meinem Bruder die Washington Street, denn McDonald hat sein Büro drüben in der Convention Hall. Es ist ein strahlender Sonnentag, die Leute gehen mich auf offener Straße um Autogramme an, sie geben mir Tips, was Liston betrifft, oder rufen mir zu: »Viel Glück, junger Mann!« Chris sieht immer wieder auf die Uhr und murmelt: »McDonald wartet.«
Wir erreichen das Büro. Ich will meinen Bruder zuerst eintreten lassen, aber Chris hindert ihn daran. »McDonald will dich sprechen und nicht deinen Bruder«, sagt er zu mir. Ich zögere. Warum soll mein jüngerer Bruder das nicht hören? Aber Rudy tritt höflich zur Seite. Er sagt unbesorgt: »Ich warte draußen.« Chris und ich betreten das Büro des Promoters.
McDonald, ein Hüne mit braunem Haar und einem fleischigen, rötlichen Gesicht, fordert Chris auf, die Tür zu schließen, dann wendet er sich an mich. »Cassius«, beginnt er und zündet sich dabei eine dicke Zigarre an, »stimmt es, daß Sie vor einer Woche nach New York geflogen sind und dort die islamische Moschee aufgesucht haben? Daß Sie in aller Öffentlichkeit in der Gesellschaft von Black Muslims gesehen wurden? Daß Sie den ganzen Tag dort zugebracht und diese Leute auch noch gegenüber Reportern in Schutz genommen haben?«
»Das stimmt«, sage ich.
McDonald setzt sich hinter seinen Schreibtisch. Seine Miene wird grimmig, seine Stimme hart. Von diesem Augenblick an spricht er zu mir wie ein Staatsanwalt, der mir Anschuldigungen ins Gesicht schleudert. »Stimmt es auch, daß sich Malcolm X auf Ihre Einladung draußen in der Sporthalle aufhält?«
»Ja, Sir«, antworte ich. Ich blicke ihm ins Gesicht und entdecke in seinen Augen eine Andeutung von Angst.
Um diese Zeit war Malcolm ein bedeutender Prediger und ein enger Vertrauter von Elijah Muhammad. Sein Gesicht und seine Stimme waren im ganzen Land bekannt: In zahlreichen Fernsehdiskussionen hatte er die »Weißen Teufel« und die Diskriminierung der Schwarzen scharf verurteilt und Elijah Muhammads Programm verkündet. Heute kommen mir diese Vorgänge, obwohl sie erst zehn Jahre zurückliegen, fast unwirklich vor. Aber

damals war gegen die Gefolgsleute des Honorable Elijah Muhammad eine regelrechte Hexenjagd im Gange. Manche Weiße glaubten, in der »Nation of Islam« die »schwarzen Rächer« all jener Ungerechtigkeiten zu sehen, die den Farbigen angetan worden waren; nun fürchteten sich jene, die Farbige in Gettos gesteckt und die weiße Vorherrschaft verfochten hatten. Für sie war Malcolm das prominenteste Sprachrohr der »Nation«.
McDonald fährt in seinem Plädoyer fort: »Ich habe außerdem gehört, daß sich in Ihrem Trainingslager ein Captain Samuels befindet und daß Ihre Sponsors einen Leibwächter bezahlen. Außerdem soll eine Frau der Black Muslims in Ihrem Camp kochen. Stimmt das?«
»Ja«, antworte ich.
Ich erkläre ihm, daß es sich bei Captain Samuels um den mohammedanischen Geistlichen in Miami handelt, der mir am meisten geholfen hat. Captain Samuels, der kraftvolle Riese mit dem freundlichen Lächeln, war so entgegenkommend, daß sogar Chris trotz seines aufkeimenden Verdachts, ich könnte mich zu sehr mit den Black Muslims abgeben, sich ihm anvertraute: »Hör mal, du bist doch ein netter Kerl. Ich weiß, daß Cassius auf dich hört. Mach ihm doch klar, daß er sich nicht dauernd mit diesen Black Muslims abgeben darf, das ruiniert seine Karriere. Rede mit ihm. Sag ihm, daß diese Black Muslims zu umstritten sind. Bitte, tu mir den Gefallen.« So ging es ungefähr einen Monat lang, bis er eines Tages einen Jungen, von dem er wußte, daß er Moslem war, auf Samuels zugehen und ihn auf mohammedanische Art grüßen sah. Chris wäre vor Schreck fast im Boden versunken.
Ich sage zu McDonald: »Die Schwestern kochen für mich, weil ich nur koschere Sachen esse und weil sie wissen, wie man die zubereitet. Die lass' ich nicht laufen.«
McDonald versuchte es von einer anderen Seite: »Vielleicht ist Ihnen das nicht klar, daß der Weltmeistertitel im Schwergewicht das höchste Ziel eines jeden Sportlers ist. Ein Boxer wird schon berühmt, wenn er sich nur um den Titel bewirbt; selbst wenn er ihn nicht erringt. Er macht sozusagen Weltgeschichte. Alle Türen öffnen sich ihm. Jeder Mensch auf der Welt weiß, was ein Boxer und ein Champion ist, und ich gebe Ihnen diese Chance, die mich selbst Millionen Dollar kostet. Warum tun Sie mir so etwas an?«
Ich weiß genau, warum.
»Sie haben frischen Wind in den Boxsport gebracht. Sie waren schwungvoll, ja farbenfroh, frech und zuversichtlich. Wissen Sie, was Morton Sharnick, der Redakteur von *Sports Illustrated,* von Ihnen sagte, als Sie die Goldmedaille gewonnen hatten? Er nannte Sie einen ›waschechten Amerikaner‹. Sie waren ein Idol für ganz Amerika. Jeder mochte Sie. Sie waren die Hauptattraktion, ein richtiger Volksheld. Darauf habe ich diesen Kampf aufgebaut: der Gute gegen den Bösen. Jeder weiß, wo Liston herkommt. Er ist ein Gauner, ein gefährliches Ungeheuer. Sie wären so etwas wie das Rotkäppchen und er der böse Wolf. Mit dem Kampf könnten wir viel Geld machen. Aber wenn Sie als Black Muslim auftreten, werden alle darum beten, daß der böse Wolf gewinnt, und sie werden wegbleiben. Meine ganze Promotion wäre im Eimer.

Seit durchgesickert ist, daß sich Malcolm X im Trainingslager aufhält, munkelt man, daß die Black Muslims Sie in der Hand haben. Wußten Sie das? Der Kampf ist jetzt schon gefährdet. Ich muß ganz einfach versuchen, mein Geld wieder herauszukriegen. Dafür gibt's nur eine einzige Möglichkeit, und das müssen Sie heute noch veranlassen: ein richtiges Großreinemachen. Zuerst schmeißen Sie die mohammedanischen Köchinnen hinaus, dann die Leibwächter der Black Muslims, Captain Samuels und die anderen. Dann treten Sie noch heute abend im Rundfunk und Fernsehen auf. Sie dementieren, Mitglied der Black Muslims zu sein. Ich stelle Ihnen dafür einen guten Public-Relations-Mann zur Verfügung. Sie müssen erklären, man hätte Sie falsch interpretiert, das alles sei ein Mißverständnis. Sie hätten eine reine Weste. Dann können wir weitermachen.«
Er greift nach dem Telefonhörer und beginnt schon zu wählen.
»Und wenn ich das nicht tue?« frage ich.
Er dreht sich um, sieht mich an und legt den Hörer wieder auf. Seine Miene ist hart und gespannt. Er blufft nicht. »Wenn Sie es nicht tun«, sagt er leise, »ist der Kampf gestorben. Ich sage ihn ab. Sie sind erledigt. Aus und fertig. Aber ich weiß, daß Sie dafür zu klug sind. Ich weiß, daß Sie Ihr Leben lang auf dieses Ziel hingearbeitet haben. Noch ist es nicht zu spät. Ich habe Ihnen versprochen, daß Ihnen mein PR-Mann beisteht. Sie erscheinen heute abend im Fernsehen. Sie erklären der ganzen Welt, daß Sie kein Black Muslim sind, daß Sie nirgends beigetreten sind. Man hat Sie falsch zitiert. Sie sind ein loyaler, patriotischer Amerikaner. Das waren Sie immer, und das werden Sie immer sein. Vielleicht hat man Sie durch einen Trick dazu gebracht, etwas zu unterschreiben, wovon Sie wenig verstanden haben, aber das ist dann auch erledigt. Wir berufen eine Pressekonferenz ein. Das wird die Atmosphäre klären. Dann kann der Kampf stattfinden. Es ist immer noch ein Glücksspiel, aber nur unter diesen Bedingungen ist der Kampf überhaupt möglich.«
Ich stehe auf, sehe ihn an und schüttle den Kopf. »Das kann ich nicht. Ich bin Ihnen dankbar für das Angebot, mit Liston um den Titel zu kämpfen. Ich weiß, daß ich Liston schlagen kann, und ich möchte den Kampf nicht absagen, aber wenn Sie sich wegen meines Glaubens dazu gezwungen sehen, dann blasen Sie den Kampf ab.«
»Lassen wir das doch«, schaltete sich Chris nervös ein. »Das können wir doch auch nach dem Kampf klären.«
»Es wird kein Kampf stattfinden«, sagt McDonald, und es klingt endgültig. Sein Telefon läutet. Er hebt ab. »Der Titelkampf ist abgesagt, sagen Sie das der Presse. Sagen Sie allen, daß der Kampf gestorben ist.«
Er telefoniert immer noch, als ich zur Tür hinausgehe. Chris hält mich am Arm fest und will, daß ich bleibe, aber ich habe aus der Miene des Promoters herausgelesen, daß er nicht blufft, und ich tu's auch nicht. Ich habe ein so starkes Summen in den Ohren, daß ich kaum etwas sagen kann, als ich meinen Bruder abhole und geradewegs zur Sporthalle fahre. Ich packe meine Sachen und fahre über die Schnellstraße nach Miami hinüber. An dem Haus parke ich hinter »Big Red«. Ich bin zutiefst erschüttert, weil ich absolut si-

cher bin, daß McDonald den Kampf wirklich absagen will. Er meint jedes Wort ernst. Aber ich bin kaum im Haus, da läutet das Telefon. Einer meiner Förderer aus Louisville ist am Apparat: Worth Bingham. Er ist schon über die Absage unterrichtet.

»Hören Sie, Cassius«, sagt er, »ich kenne zwar Ihre Einstellung, aber was immer Sie auch tun, sorgen Sie dafür, daß der Kampf stattfindet. Was verlangt Mac von Ihnen?«

»Er will, daß ich meiner Religion abschwöre«, antworte ich. »Er verlangt eine öffentliche Erklärung.«

»Dann geben Sie ihm die Erklärung doch! Tun Sie's! Was haben Sie zu verlieren? Eine solche Chance bekommen Sie nie wieder. McDonald versucht schon seit Tagen, um diesen Kampf herumzukommen. Lassen Sie nicht lokker! Bieten Sie ihm doch keine Ausrede!«

»Ich werde meinen Glauben nicht verleugnen, auch nicht für den Meisterschaftskampf.«

»Jetzt hören Sie mir mal genau zu! Die öffentliche Meinung Ihnen gegenüber hat sich geändert. Erringen Sie erst einmal den Titel, dann wird alles wieder anders sein. Wenn ich Ihnen einen guten Rat geben darf, dann tun Sie, was McDonald von Ihnen verlangt! Ich sage Ihnen doch, daß McDonald nur nach einem Anlaß für einen Rückzieher sucht. Sie liefern ihm genau dieses Schlupfloch. Tun Sie das nicht. Sie können ihm den Boden unter den Füßen wegziehen. Ihre Religion gehört nicht zu Ihrem Image. Wer weiß denn schon, was in Ihrem Herzen wirklich vorgeht außer Gott – ich meine Allah? Sie haben erst vor ein paar Monaten konvertiert. Allah wird das verstehen.« Dann legt er auf.

Ich fühle mich einsam. Jahre später versuche ich, mich in meine damalige Situation zurückzuversetzen. Ich weiß, wie resigniert ich war. Was sie so leichthin als einen erst kürzlich erfolgten Übertritt bezeichneten, ging in Wirklichkeit viel tiefer, denn im Islam sah ich die Befreiung des schwarzen Volkes von Unterdrückung und Sklaverei, ich sah Freiheit und Gleichheit und Gerechtigkeit. Aber das konnte ich weder meinen Förderern in Louisville noch McDonald erklären.

Die meisten aus meiner Mannschaft haben das Telefongespräch mitgehört und wissen, wo ich stehe. Bundini lehnt in der Tür. »Was machen wir nun, Champion?«

»Wir fahren«, antworte ich. »Ein Meisterschaftskampf findet nicht statt. Wir packen unsere Sachen.«

»Und was heißt das genau?«

»Das heißt, daß du kein Geld kriegst«, antworte ich.

»Das heißt, daß du kein Angeber bist! Und ich bleibe bei dir, ob ich nun Geld kriege oder nicht! Koffer packen!« brüllt er. »Jetzt ziehen wir eine Show ab! ›Big Red‹, der große rote Wagen, wird weiterrollen!«

Sie packen ihre Sachen und meine Sachen und bringen alles in den rotgestrichenen Bus.

Ich rufe meine Mutter an und sage ihr, daß der Kampf abgesagt ist und ich nach Hause komme. Ich höre es ihrer Stimme an, wie traurig sie ist. Für uns alle bedeutet es das Ende eines sehr langen Weges. Ich helfe Bundini beim Einladen eines Schrankkoffers voller Boxgeräte, dann setze ich mich ans Steuer und denke daran zurück, wie alles begonnen hat und wie es hätte weitergehen können.

Noch bevor Liston Weltmeister im Schwergewicht wurde, wußte ich, daß gerade er der Boxer war, den ich schlagen mußte, wenn ich jemals meinen Anspruch wahrmachen wollte, *Der Größte* zu sein.

Ich hatte mich immer schon um die Profis herumgetrieben und versucht, mit ihnen ein paar Runden Sparring zu machen; ich hatte auch Liston beobachtet, aber seine Manager ließen nie zu, daß ich mit ihm trainierte. Ich stand nur da und beobachtete ihn. Alles, was man von ihm behauptete, stimmte: Er war ein Muskelberg, voller Kraft und Wucht.

»Er ist der King Kong des Boxsports«, schrieb einmal der Engländer John Cottrell. »Ein wilder Gorilla mit glasigen Augen und gewaltigen Muskeln, die furchtbarste Waffe, die es im Zweikampf gibt. Ein Zerstörer mit tödlichen Fäusten, die um die Knöchel herum unglaubliche vierzehn Zoll Durchmesser haben und speziell angefertigte Handschuhe brauchen. Sie nennen ihn ›Steingesicht‹, denn er ist ein Mann ohne jede Gnade in seinen harten braunen Augen.«

Verglichen mit den Dinosauriern, so pflegte der alte Trainer, Reverend Williams, zu sagen, wäre Liston der größte und schrecklichste, unter dessen Schritten die Erde je zitterte: ein Brontosaurus.

Er war schon als »ungekrönter König« angesehen worden, als Floyd Patterson noch den Titel innehatte. Nachdem meine anfängliche Ehrfurcht und Angst sich etwas gelegt hatten, sah ich ihn mir beim Training genauer an. Damals konnten ihm die Zeitungen nur vorwerfen, daß er sich mit Gangstern abgab und daß Senator Estes Kefauver einmal gesagt hatte: »Sollte Liston den Titel gewinnen, dann haben wir alle Aussicht, daß der Mob wieder die Kontrolle über den Champion gewinnt.« Aber ich mußte feststellen, daß es als noch schlimmer angesehen wurde, den Titel in der Hand eines Black Muslim zu wissen. Da war ihnen die weiße Mafia immer noch lieber als die Black Muslims.

Aber je genauer ich Liston beim Training beobachtete, um so deutlicher erkannte ich etwas, was den anderen nicht aufgefallen war – eine Kleinigkeit, die mich davon überzeugte, daß ich ihn schlagen konnte. Daß ich ihn jederzeit packen konnte.

Nun sitze ich in meinem roten Bus und bin im Begriff, Miami kampflos zu verlassen; ich weiß, daß es Jahre dauern kann, bis ich eine neue Chance zu einem Titelkampf bekomme, und daß ich wahrscheinlich den schweren Weg gehen muß, den Kampf gegen alle vor mir liegenden Bewerber um die Meisterschaft: Eddie Machen, Harold Johnson, Cleveland Williams, Zora Folley, gute Boxer, die bisweilen Superform zeigen. Es wäre pures Glück, einen von ihnen zu schlagen, wenn er felsenfest entschlossen war, nicht zu verlieren.

McDonald hatte erklärt, daß ich den Kampf durch mein Gerede überhaupt erst zustande gebracht hätte. In gewisser Weise hatte er recht. So machte ich es schon seit meinem vierzehnten Lebensjahr. Bereits als Amateur stand ich mitten im Ring und beschimpfte meinen Gegner, bis die Zuschauer ihm zuriefen: »Stopf ihm doch das Maul! Er redet zuviel! Gib's ihm!«
Ich stand sicher nicht zum erstenmal im Ring, aber nun rief die Menge meinen Namen, und sie war gegen mich. Die Zuschauer waren für mich etwas Lebendiges. Vor dem Kampf hatte ich zum erstenmal öffentlich erklärt, ich würde meinen Gegner schlagen. Ich hatte es nicht nur ihm gesagt, sondern auch allen anderen, und es sprach sich herum: Cassius prahlt. Aber als sie in die Sporthalle kamen, gewann ich dann doch ihre Aufmerksamkeit. Ich schrie immer wieder: »Ich bin der Größte! Keiner kann mich schlagen!« Ich hatte schon gute Boxer erlebt, die sich die Nasen blutig schlugen, ohne daß es jemanden interessierte, wer von den beiden gewann. Aber jetzt interessierten sie sich wenigstens für meine Kämpfe, und dieses Interesse hatte ich in der Hand, auch wenn sie sich vielleicht meine Niederlage wünschten. Vor allem wurde das Boxen dadurch attraktiver für mich und aufreizender. Zur Zeit der Olympischen Spiele war ich schon bekannter als die meisten Profis.
Die Kunst, meinen Gegner anzureden, entwickelte ich während der vorolympischen Ausscheidungskämpfe, nachdem ich gegen Allen Hudson gekämpft hatte. Er redete während des gesamten Fights auf mich ein, machte sich über meine Fehler lustig und nervte mich. Ich konnte ihn zwar schlagen, aber am Ende redeten wir alle beide.
Ich weiß jetzt, was dahintersteckt. Niemand mag einen Angeber, einen unbescheidenen Prahlhans. So ein Kerl geht einem auf die Nerven. Ich hatte von mir selbst behauptet: »Ich bin der schönste Boxer der Welt! Ich bin der stärkste Boxer der Welt! Ich bin der schnellste Boxer der Welt! Der einzige Boxer, der genau voraussagen kann, in welcher Runde der andere fällt!« Fast über Nacht kamen alle und wollten mich boxen sehen. Als ich nach Las Vegas flog, wußte ich, daß ich mich auf dem rechten Weg befand. Der Flitter, die Mädchen und die Glücksspiele beeindruckten mich sehr, am meisten jedoch Gorgeous George. Er tat genau dasselbe wie ich. Ich war fasziniert.
Gorgeous kam ins Fernsehstudio, als dort mein Gegner Duke Sabedong und ich miteinander bekanntgemacht wurden. Während er auftrat, kämmte er wie ein Filmstar sein langes blondes Haar, und zwei hübsche blonde Mädchen trugen das lange Ende seines Bademantels wie eine Schleppe. »Seht euch mal meine samtene Haut an«, lockte er. »Und mein hübsches Haar. Wenn mir dieser Kerl morgen abend die Frisur durcheinanderbringt, werde ich ihn vernichten!« Als er nach dem Mikrophon griff, wehrte der Ansager ab: »Halt, halt, Gorgeous! Das ist doch nicht deine Show!« George sagte: »Es ist meine Show!« Er trat vorn an die Bühne und sagte ins Mikrophon: »Kommt alle rechtzeitig in den Sportpalast, denn mit diesem Kerl da werde ich den Fußboden aufwischen. Sollte er mich schlagen, werde ich mein goldenes Haar abschneiden, es in den Zuschauerraum werfen und kahl nach Hause gehen.«

Anstatt mich für meinen Kampf am nächsten Tag auszuruhen, stand ich eingepfercht zwischen den anderen im Sportpalast, um zu sehen, was mit George passieren würde. Ich merkte, daß seine Strategie ebensogut funktionierte wie meine. Als George eintrat, ertönten Buhrufe. Sein Gegner wurde aufgefordert, ihm das Maul zu stopfen. Sie verfluchten ihn und warfen mit Pappbechern nach ihm, aber am Schluß gewann er.

Nach Las Vegas stand meine Marschroute Richtung Titelkampf um die Weltmeisterschaft fest. Ich mußte so weitermachen, nur noch energischer. Ich prophezeite vor jedem Kampf die Runde, in der mein Gegner zu Boden gehen würde, und zwar mit einer Präzision, die von den Zeitungen als unglaublich bezeichnet wurde. Für jeden Gegner machte ich ein Gedicht: »Ich sage, wann sie stehen und wann sie zu Boden gehen«, brüllte ich.

Mit jedem Mal wurden die Buhrufe gegen mich lauter. Aber ich siegte, und ich hatte nur den Weltmeisterschaftstitel im Auge. Je lauter die Buhrufe wurden, um so sicherer war ich, daß irgendein Promoter erkennen mußte, wieviel mehr Geld er mit mir verdienen konnte als mit irgendeinem der sogenannten Anwärter, die in der Liste vor mir rangierten.

Bis zu meinem Kampf gegen Archie Moore hatte ich noch nie einen Gegner gehabt, der die Aufmerksamkeit der ganzen Welt auf sich zu ziehen vermochte. Als ich erfuhr, daß ich gegen »den Alten« antreten sollte, wußte ich, daß bald meine Kampagne für den Titelkampf beginnen würde. Archie Moore war der erste weltberühmte Boxer, der erste Exchampion, gegen den ich antrat, und ich mußte dafür sorgen, daß meine Prophezeiung auch diesmal stimmte. Ich schrieb an die Tafel in meiner Garderobe: »Moore in der Vierten.« Im Fernsehen trug ich Gedichte vor:

When you come to the fight,	*Wenn ihr zuschauen kommt,*
Don't block the halls,	*Laßt frei den Flur,*
And don't block the door,	*Laßt frei die Tür,*
For y'all may go home,	*Denn alles ist aus*
After round four.	*Nach Runde vier.*

Das sagte ich voraus und wußte, daß Sonny Liston am Ring sitzen würde. Nach Moore sollte ich Liston in der achten Runde schlagen.

Der Kampf in Los Angeles war für Archie fast so etwas wie ein Heimspiel. Die Leute johlten und forderten Archie auf, mich aus dem Ring zu fegen. »Stopf ihm das Maul, Archie! Hau ihm die Klappe ein!« Aber Archies große Zeit war längst vorbei. Ich bin nicht sehr stolz darauf, ihn erledigt zu haben. Während seiner Laufbahn hat er über zweihundert Kämpfe hinter sich gebracht. In siebenundzwanzig Jahren hat er die meisten davon gewonnen. Nun war sein Weg zu Ende. Er ging, wie vorausgesagt, in der vierten Runde k. o.

Ich setzte meine Werbekampagne fort: »Kann jetzt noch jemand behaupten, daß ich nicht einer der Größten bin? Alles war so, wie ich's vorhergesagt habe. Ich hätte ›den Alten‹ auch in der ersten Runde packen können – aber ich tu gern alles nach Plan. Moore war besser als die meisten anderen. Es gibt

nicht viele, die gegen mich vier Runden auf den Beinen bleiben. Er ist ein guter alter Boxer. Die Zuschauer sind schuld daran, die mich gereizt haben.«
Jemand schrie: »Wie kommt man sich vor, wenn man ausgebuht wird, du Großmaul?«
»Es ist ein herrliches Gefühl, in den Ring zu steigen, wenn Tausende von Menschen buh schreien«, antwortete ich. »Besonders dann, wenn man genau weiß, daß man seine Voraussage einhalten kann. Jetzt käme mir Sonny Liston gerade recht.«

King Liston will stay, *Only until he meets Cassius Clay.* *Moore fell in four,* *Liston in eight.*	*Liston bleibt König* *Gegen Clay noch ein wenig.* *Bei Moore war's die Vierte,* *Liston fällt in der Achten.*

Dieses Gedicht sprach ich in Listons Gegenwart auf der Siegesparty. Er sah mich eiskalt an und sagte: »Hör mal, Kleiner, wenn du gegen mich nur acht Sekunden stehen bleibst, schenke ich dir den Titel.« Damit ließ er mich stehen, aber ich wußte, daß die Promoter genau hingehört hatten.

»Du kannst die Runde nicht prophezeien. Alles ist abgekartetes Spiel! Du bist ein Falschspieler!«
Am Abend vor meinem Kampf gegen Doug Jones saß ich in meinem Hotelzimmer und unterhielt mich mit einem hochgewachsenen hageren Schwarzen in rotem T-shirt und Blue jeans mit hübscher Frisur und einer langen Zigarre im Mund. Sugar Ray Robinsons Schwager Bobby Nelson hatte ihn zu mir geschickt. Angeblich hieß er »Fastblack« oder auch »Bundini«, wie Nelson gesagt hatte. Fastblack war fünf Jahre lang mit Sugar Ray zusammen gewesen, aber er bewunderte mich sehr.
»Du kannst doch nicht jedesmal die richtige Runde prophezeien«, sagte er. »Sag mir die Wahrheit. Ihr setzt euch doch zusammen und macht das alles vorher aus, nicht wahr?«
Er hatte eine seltsame Art, Dinge zu sagen, die einen erst einmal sprachlos machten. Dann stand er da und grinste über sein komisches Halbmondgesicht mit der langen Narbe an der Backe. Und man überlegte dann, wo er denn herkommen mochte und wie er es geschafft hatte. Nach seinen Papieren hatte er schon mit dreizehn bei der Handelsmarine angeheuert und war in St. Petersburg in Florida aufgewachsen. »Seit meinem neunten Lebensjahr mußte ich meine Miete selbst bezahlen«, sagte er. Und seit er elf war, stand er auf eigenen Beinen. Er hatte Matrosen, Kneipen, Besserungsanstalten und Gefängnisse kennengelernt, er war ein dutzendmal um die ganze Welt gesegelt, hatte die Aufreißer in New York aufgerissen und in den Straßen von Harlem gearbeitet, dann war er zum jüdischen Glauben übergetreten. Er hatte einen Sohn namens Drew Brown jun., den er sehr liebte. Wenn er an ein Projekt glaubte, dann vertrat er es mit Leib und Seele.
»Das muß abgesprochen gewesen sein, sonst hättest du Archie Moore nicht

sagen können, wann er k. o. gehen würde. Bei Powell wäre es auch nicht möglich gewesen. Ganz bestimmt spielst du falsch!« Er nahm die Zigarre aus dem Mund, klopfte die Asche ab und starrte mich an, als wollte er mich durchleuchten. »Entweder du spielst falsch oder Shorty steht in deiner Ecke«, sagte er schließlich. »Ich war bei Sugar Ray, ich war bei Johnny Bratton, aber ich habe noch nie gehört, daß jemand schon Wochen vorher sagen kann, in welcher Runde er siegen wird. Sag mir die Wahrheit!«
Er hockte sich im Schneidersitz auf ein Kissen und sah mich fragend an. »Sag mir die Wahrheit!«
Ich hockte mich neben ihn. »Du willst die Wahrheit wissen?« fragte ich. »Da hast du sie: Jedesmal, wenn ich in den Ring klettere, stehe ich Todesängste aus.«
Er sah mich an, als wäre er erschrocken. Tränen liefen ihm über die Wangen. »Ich hab' doch gewußt, daß Shorty dir beisteht. Es konnte nur Shorty sein.« Er packte mich und drückte mir einen Kuß auf die Backe. »Du hast da oben also wirklich Angst? Warum?«
»Ich habe Angst«, antwortete ich ihm, »weil ich nach der Angeberei, nach den Prophezeiungen und dem Wunsch der Zuschauer, mich verprügelt zu sehen, tief in der Klemme sitze. Wenn ich verliere, jagen sie mich aus dem Land. Ich hocke auf einem dünnen Ast und weiß, daß ich gewinnen muß. Da stehe ich nun im Rampenlicht und hab' Todesängste. Aber das wissen nur wir beide.«
»Wir beide und Shorty«, flüsterte Bundini. »Und wie lautet deine Prophezeiung für morgen abend? Wirst du Doug Jones schlagen?«
»In der sechsten Runde. Aber ich weiß nicht, ob ich es schaffe.«
»Du mußt diesen Kampf gewinnen«, schrie er. »Ob du ihn k. o. schlägst, weiß ich nicht, aber gewinnen mußt du. Nimm mich mit in deine Ecke.«
»Warum?« fragte ich.
»Weil du die Kraft hast und ich den Geist. Du bist ein schwergewichtiger Sugar Ray. Du mußt der nächste Champion werden. Du wirst Sonny Liston schlagen. Steh' ich nun in deiner Ecke?«
»In Ordnung«, sagte ich ihm. »Wenn du willst, bist du in meiner Ecke.«
Das war mein erstes Zusammentreffen mit Drew »Bundini« Brown, der noch heute zu meiner Mannschaft gehört.
Aber am nächsten Abend klappte meine Prophezeiung bei Doug Jones nicht. Die Wut auf mich und meine Prahlereien, meine Voraussagen und Verlautbarungen – »Ich bin der Größte! Ich bin der Schönste! Keiner kann mich schlagen!« – lockten fast zwanzigtausend Menschen in den Madison Square Garden, und als ich ins Scheinwerferlicht trat, ging die Ansage in Buhrufen unter. Sie müssen Jones Mut gemacht haben. Das sollte der härteste Kampf meines Lebens werden. Ich hatte die Sache auf die leichte Schulter genommen.
Als meine Prophezeiung, ihn in der sechsten Runde k. o. zu schlagen, danebenging, kochte die Halle. »Pack ihn, Doug! Stopf ihm das große Maul!« brüllten sie. Er setzte mir hart zu.

»Schneller, leichter! Schneller, leichter, Champion!« hörte ich Bundini rufen. In der achten Runde begann ich Jones mit geraden Linken zu bombardieren. »Mach ihn fertig, Champ! Gib's ihm!«
Als der Kampf zu Ende war, hatte ich zwar gewonnen, aber es war eine knappe Entscheidung, und die Zuschauer warfen alle möglichen Gegenstände in den Ring: Becher, Flaschen, Erdnüsse und sogar ein Schnappmesser. Sie pfiffen mich auf dem Weg zur Garderobe aus und wollten mich an meinem Bademantel festhalten. Ich hatte mir noch mehr Feinde gemacht, und jeder von ihnen wollte mich wieder kämpfen sehen.

»Wer ist dein nächster Gegner? Jetzt können wir's uns aussuchen«, sagte Faversham glücklich. »Madison Square Garden möchte, daß du gegen den schwedischen Meister kämpfst. Außerdem sind Angebote da von Doug Jones, Eddie Machen, Thad Spencer, Ernie Terrell . . .«
»Mir geht's nur um Liston«, unterbrach ich ihn. »Nur um Liston.«
»Jetzt will *ich* dir mal was prophezeien. Wenn du Henry Cooper schaffst, wird es dein letzter Kampf vor Liston sein. Du bist noch nie außerhalb Amerikas in den Ring gestiegen. Höchste Zeit, daß du die Welt kennenlernst und daß die Welt dich sieht.«
Ich flog nach London. Und ich verliebte mich in die Engländer. Noch nie war ich so herzlich, so freundlich behandelt worden, und seitdem habe ich England immer als meine zweite Heimat betrachtet. Ich war zwar gekommen, um ihren Meister zu schlagen, aber trotzdem behandelten sie mich mit einer Liebenswürdigkeit und Höflichkeit, wie ich sie in Louisville oder in irgendeiner anderen amerikanischen Stadt niemals kennengelernt hatte. Sogar die Königin wurde kritisiert, weil sie Henry Cooper empfangen hatte, nicht aber mich. Als ich Jahre später in Las Vegas gegen Joe Bugner antrat, den englischen Meister, kamen per Flugzeug Hunderte von englischen Fans. »Ein Hoch auf Bugner, denn er ist euer Landesmeister«, rief ich ihnen zu, als sie sich in meinem Trainingslager drängten. »Aber wenn ich Bugner geschlagen habe, dann steht ihr auf meiner Seite.« Sie riefen zurück: »Machen wir! Aber nur für diesen einen Kampf!« Danach war mir wesentlich wohler, denn ich machte Bugner nach Strich und Faden fertig.
Am Abend vor dem Kampf gegen Cooper hatte ich mich selbst als den ungekrönten König der Schwergewichtler bezeichnet. Jack Solomon, der altgediente englische Promoter, nahm mich mit zu einem Kostümverleih und besorgte mir eine Königskrone und eine Robe. So erschien ich zum Wiegen und erklärte allen: »Ich bin der König der Welt. Henry Cooper ist für mich nur etwas zum Aufwärmen – ein Sprungbrett auf dem Weg zur eigentlichen Krone! Ihr wißt doch, daß ich der nächste König bin, der König aller Boxer!«
Rückblickend muß ich staunen, wieviel Sinn für Humor diese Leute aufbrachten. Sie schienen meine Masche noch besser zu verstehen als meine Landsleute. Sie wußten, daß alles nur Werbung war. »Ich bin super – in der Fünften fällt Henry Cooper.« Die Zahl 5 ließ ich auf eine große Karte druk-

ken und hielt sie hoch. Dann zeigte ich ihnen meine fünf Finger. »In der Fünften fällt Henry Cooper!«
Aber am nächsten Abend kam Cooper aus seiner Ecke und feuerte aus allen Richtungen. Ich war ihm boxerisch überlegen. Als ich damit begann, ihm die Rechte an den Kopf zu schlagen und ihn mit Kombinationen auf Distanz zu halten, lief ihm das Blut aus einer Platzwunde über dem Auge.
Das war in der dritten Runde. Ich hielt mich zurück, denn ich hatte die fünfte Runde als das Ende prophezeit, und ich wollte mich danach richten. Ich ließ meine Deckung sinken und drehte mich nach einer laut schreienden Frau um, die dicht am Ring saß – Elizabeth Taylor neben ihrem Mann Richard Burton –, da explodierte plötzlich etwas an meinem Kinn. Ich lag auf dem Boden. Ich war taub und benommen. Die Halle tobte. Der Schiedsrichter zählte mich an. Aber als er bei vier war, rettete mich der Gong.
In meiner Ecke entdeckte Angelo, daß eine Naht an meinem Boxhandschuh geplatzt war. Die Polsterung kam heraus. Im Boxsport gelten sehr strenge Regeln: Die Boxhandschuhe müssen in einwandfreiem Zustand sein. Sie zu ersetzen, dauerte fast eine Minute.
Ich bin oft gefragt worden, ob ich diese eine Minute zur Erholung nicht dringend nötig gehabt hätte, aber in Wirklichkeit war ich gar nicht so stark angeschlagen. Ich glaube, die reguläre Pause von einer Minute hätte gereicht, um meinen Kopf wieder klarzubekommen, aber durch die zusätzliche Minute gewann ich natürlich neue Kraft. Danach kam ich aus meiner Ecke und schoß sofort linke und rechte harte Gerade an seinen Kopf ab. Die Verletzung über Coopers Auge öffnete sich erneut, und wenn er in den Clinch ging, sah ich, wie das Blut herausspritzte. Es war ein warmer Abend. Überall roch es nach Blut. Sein Gesicht war verschmiert, meine Brust, meine Hose. Ich sah mich nach dem Schiedsrichter um und hoffte, er würde den Kampf abbrechen.
Elizabeth Taylor und andere Frauen in Ringnähe schrien noch lauter: »Aufhören! Aufhören!« Aber einige Zuschauer hegten immer noch Hoffnungen für Cooper. »Komm schon, Henry! Vorwärts! Pack ihn!« Für mich war der Kampf gelaufen. Ich beschloß, nicht noch weiter zu gehen.
Endlich trat der Schiedsrichter herbei und machte allem ein Ende. Keinem Menschen sollte man solche Prügel zumuten, nur um eine blutdurstige Menge zu befriedigen.
Ich war noch immer damit beschäftigt, mir das Blut von der Brust zu waschen, da trat Faversham mit Jack Nilon, Sonny Listons Manager, in meine Garderobe.
»Er bringt uns eine Nachricht von Liston«, sagte Faversham.
»Ich habe mit dem Flugzeug dreitausend Meilen zurückgelegt, um Ihnen zu sagen, daß Liston Ihre Herausforderung annimmt«, sagte Nilon. »Und ich soll etwas von ihm ausrichten: Trinken Sie schön brav Orangensaft und Milch. Bleiben Sie gesund und munter. Sie haben sich den Titelkampf um die Weltmeisterschaft an den Hals geredet, nun hat Ihre Frau alle Aussicht, eine reiche Witwe zu werden.«

Ich sitze am Steuer meines roten Busses, während Bundini und meine Leute die letzten Kisten und Koffer einladen. Wenn mein Gerede mir den Titelkampf gegen Liston eingebracht hat, so werden sie auf das Gerede, das sie zur Verwirklichung ihres Plans fordern, vergebens warten. Ich drehe mich um und rufe Bundini zu: »Alles an Bord?«
»Kannst fahren, Champ.«
Draußen ertönt eine Hupe. Ein Wagen hat sich vor den Bus geschoben. Es ist Chris. Atemlos springt er heraus und hebt beide Arme. »Warte«, ruft er. »Nicht abfahren! Wir verhandeln gerade mit McDonald. Fahr nicht ab!«
Ich drehe das Fenster auf der Fahrerseite herunter.
»Bitte, fahr nicht ab. Wenn du verschwindest, ist alles vorbei. McDonald will nur, daß du abhaust. Bleib hier, während wir mit ihm reden. Wir versuchen es jedenfalls! Wir haben ein paar Leute mobilisiert, die ihm am Telefon klarmachen, daß der Kampf stattfinden muß. Fahr nicht weg!«
»Wie lang wird das dauern?«
»Laß uns eine Stunde Zeit«, bittet Chris. »Noch eine Stunde, dann wissen wir's. Ich sage ihm, daß du nicht wegfährst. Er will wissen, ob du wegen dieser Verlautbarung zu irgendeiner Konzession bereit bist.«
»Sag ihm, daß sich daran nichts ändert«, antworte ich. »Es ändert sich ganz und gar nichts.«

Als sich Liston in Chicago bei seinem ersten Kampf gegen Patterson den Titel holte, war ich zu ihm in den Ring geklettert. Ich hatte Liston meine Herausforderung ins Gesicht geschrien. Während Liston sich auf seinen zweiten Kampf gegen Patterson vorbereitete, bat ich meine Leute in Louisville, mich nach Las Vegas zu fliegen, um dort mit ihm sprechen, ihn beobachten und der ganzen Welt sagen zu können, daß der eigentliche Meisterschaftskampf noch gar nicht stattgefunden hat.
Ich erinnere mich noch an jenen Abend, an dem Liston den Spieß umdrehte. Ich hatte mich am Morgen mit Willie Reddish unterhalten, einem von Listons Trainern. Von ihm wußte ich, daß Liston zum Spiel im Thunderbird war. »Wollen Sie nicht auch hingehen und ein paar Dollar riskieren?« fragte er. Die Promoter hatten mir Taschengeld gegeben, damit ich es an den Spieltischen ausgeben und das Geschäft ein wenig ankurbeln sollte. Ich hatte nach Liston Ausschau gehalten, weil ich ihm ein neues Gedicht vorlesen wollte. »Ich bin in ungefähr einer Stunde dort«, sagte ich zu Reddish. »Aber ich komme nicht, um Geld auszugeben. Ich werde ihn aus der Kneipe hinausprügeln.«
Als ich ins Thunderbird kam, war Liston in ein Würfelspiel vertieft. Ich schrie ihn an: »Na, komm doch, du häßlicher Bär! Laß es uns ausmachen. Komm schon!« Liston würfelte weiter und hob kaum den Kopf. »Ich schlag dich jetzt an Ort und Stelle zusammen«, sagte ich. »Floyd Patterson war ein Niemand. Floyd Patterson wirst du schlagen, aber ich bin der wirkliche Champion. Ich bin zu schnell für dich, das weißt du genau! Wenn du glaubst, du kannst mich schlagen, dann setz dein ganzes Geld darauf!«

Er blieb immer noch ruhig und ließ die Würfel rollen. Aber ringsum wurde nicht mehr gespielt. Die Leute ließen Spielautomaten, Kartentische und Roulettes im Stich und drängten sich herbei.
Ich ging auf ihn zu. Er versuchte, ruhig weiter zu würfeln. Ich ahmte die Redeweise von Westernhelden nach. »Morgen bei Sonnenaufgang verläßt du die Stadt! Las Vegas ist für uns beide nicht groß genug.«
Plötzlich griff er in die Tasche, zog einen langläufigen schwarzen Revolver, richtete ihn genau auf meinen Kopf und drückte ab: Peng! Peng!
Es lief mir kalt über den Rücken. »Peng! Peng!« er zielte immer noch auf mich. Ich sprang über den Kartentisch, dann über den Würfeltisch, verstreute Chips und Karten über den Fußboden und benutzte jede Deckung, um auf die Straße hinauszugelangen. Hinter mir hörte ich den Revolver knallen: Peng! Peng!
Als ich mein Hotelzimmer erreicht hatte, ließ ich mich keuchend aufs Bett fallen. Mein Herz pochte, meine Hände zitterten. Vielleicht hätte ich Liston in Ruhe lassen sollen, dachte ich. Ich wußte ja, daß ich nur den Verrückten spielte, aber es könnte ja sein, daß er in Wirklichkeit verrückt war. Ich war immer noch ganz durcheinander, als eine Stunde später ein Reporter kam und mir erzählte, Willie Reddish lache sich halb kaputt. Ich sei die Witzfigur des Tages. Listons Revolver war nur mit Platzpatronen geladen. Willie hatte alles vorbereitet: Er hatte Liston erzählt, ich würde kommen, und hatte ihm eine Schreckschußpistole in die Hand gedrückt.
Nun mußte ich selbst lachen, aber es schadete meiner Promotion, daß Liston mir einen Streich gespielt hatte. Ich entschloß mich auf der Stelle, es ihm heimzuzahlen. Inzwischen griffen die Zeitungen jeden Konflikt zwischen uns auf und bezeichneten das Match als »Die größte Revanche der Geschichte«.
Als ich nach Chicago zurückkam, überredete ich Clay Tyson, einen befreundeten farbigen Schauspieler, mit mir zu Liston nach Denver zu fahren. Ich erklärte Clay: »Es muß so aussehen, als wäre ich furchtbar scharf darauf, Liston vor die Fäuste zu bekommen. Die ganze Welt muß auf den Kampf gespannt sein. Wenn die Öffentlichkeit es laut genug fordert, führt kein Weg mehr an dem Titelkampf vorbei.«
Clay war bereit, mir zu helfen. Zusammen mit Rudy, Ronnie und King und meinem Fotografen Howard Bingham bestiegen wir »Big Red« und fuhren nach Denver. Um zwei Uhr morgens erreichten wir die Randbezirke der Stadt. Ich hängte mich ans Telefon und rief ein paar Zeitungsleute an, deren Nummern meine Förderer in Louisville mir mitgegeben hatten. Etwas näselnd wie ein Weißer sagte ich: »Cassius Clay ist gerade in Denver angekommen. Er steht vor Sonny Listons Haus und will wahrscheinlich einbrechen.«
Ein schwarzer Tankwart erklärte mir den Weg zu Listons Haus. Sonny wohnte in einem teuren weißen Viertel. Wir fuhren hin. Das Timing stimmte genau. Als wir uns Listons Gartentor näherten, ertönten schon die Polizeisirenen. Ich schickte Howard an die Tür. Er sollte anklopfen und Liston her-

ausrufen. Howard trommelte so laut wie möglich an das Holz, während ich auf die Hupe drückte. Die ganze Nachbarschaft wurde wach.

Liston schob fluchend seinen Kopf aus dem Fenster, erkannte uns und knurrte in tiefem Baß wie ein erzürnter Löwe: »Hei! Runter von meinem Grundstück, ihr schwarzen Hunde!«

Seine weißen Nachbarn erschienen nun ebenfalls in den Fenstern und Türen. Ich hupte immer noch, und Howard trommelte an die Tür. Plötzlich kam Liston in einem gepunkteten Pyjama herausgestürzt und schwenkte ein Feuereisen. Ich konnte gerade noch die Bustüren verriegeln, da schlug er eines der Fenster ein und ging mit seinem Eisen auf die anderen los.

Ein Polizeiwagen hielt mit pfeifenden Reifen. Ein Beamter mit Hund sprang heraus. Zwei andere Polizisten packten Liston und schleppten ihn ins Haus, aber dann erkannte mich einer. »Junge, wenn du nicht innerhalb von einer Stunde die Stadt verlassen hast, sperren wir dich ein!«

Ich ließ den Motor an und fuhr los, aber erst rief ich Liston, der noch in der Haustür stand, zu: »Du großer, häßlicher Bär! Heute haben dich die Bullen und die Hunde noch einmal gerettet. Du bist kein Meister, du bist nur ein Stümper! In der achten Runde bist du k.o., denn ich bin der Größte!«

Die Reporter drängten herbei, und ich ließ den Bus anrollen.

Ich fuhr durch die kalte, neblige Nacht, aber wenn ich daran dachte, welches Gesicht Liston gemacht hatte, wurde mir innerlich warm.

Am folgenden Tag stand es in allen Zeitungen: Ich hätte um zwei Uhr morgens vor Sonny Listons Haus randaliert und alle Nachbarn geweckt, und man hätte zehn Polizisten und sechs Polizeihunde einsetzen müssen, um uns zu trennen. Dann sei ich aus der Stadt gewiesen worden. Aber ich fühlte mich wohl dabei. Ich wußte, daß die Leute jetzt darauf brannten, daß Liston mir das Maul stopfte.

Ich weiß noch genau, wie der Vertrag schließlich im November 1963 unterschrieben wurde. Mir war, als sei ein Traum Wirklichkeit geworden.

Als man Sonny fragte, wie er sich fühle, antwortete er: »Ich hab' nur eine Sorge: Daß ich meine Faust wieder aus seinem großen Maul rauskriege, wenn ich ihn erst mal im Ring habe. Ich werde sie ihm so tief in die Kehle rammen, daß ich eine Woche brauche, um sie wieder rauszuziehen. Das ist meine einzige Sorge: das Großmaul. Ansonsten bedeutet er für mich nur eine schöne Stange Geld. Ich hoffe, er bleibt gesund und tritt überhaupt zum Kampf an.«

Es wird Zeit, daß Chris wieder auftaucht. Ich sehe auf meine Uhr. Über eine Stunde ist inzwischen verstrichen. Ich bitte Bundini, im Haus nachzusehen, ob wir nichts vergessen haben, aber er kommt gleich wieder zurück. »Ein Telefonanruf.«

Ich gehe ans Telefon. Es ist Chris. Er sagt: »Der Kampf ist wieder angesetzt. McDonald muß ihn durchziehen. Alle möglichen Leute haben ihn angerufen. Du mußt deinem Glauben nicht abschwören.«

»Nur unter der Bedingung trete ich an«, sage ich.
»Der Kampf findet statt. Über die Einzelheiten sprechen wir später. Jetzt liegt's an dir. Es war immer deine Entscheidung. Du weißt, wie die Chancen stehen.«
Die Schlagzeile der *Post* von Palm Beach verkündet: LISTON 7:4 FAVORIT ÜBER CASSIUS. In der *Gazette* steht: REPORTER SETZEN 43:4 AUF LISTON.

Von all den Kontroversen um meinen ersten Kampf gegen Liston wird man wohl das Wiegezeremoniell am wenigsten begreifen. Über mich schrieb man: »Zu Tode geängstigt« oder »Hysterisch« oder »Furchtsam«. In Wirklichkeit habe ich jeden Schritt und jede Bewegung dieses Tages sorgfältig geprobt. Für gewöhnlich handelt es sich beim Wiegezeremoniell um eine langweilige Routineangelegenheit im Büro der Boxkommission. Aber Liston hatte verkündet, er werde mich in der ersten Runde erledigen. Da beschloß ich, gar nicht erst auf diese Runde zu warten. Ich wollte ihn gleich beim Wiegen angreifen. Ich nahm mir vor, verrückt zu spielen, und auch Bundini kann das ganz vorzüglich.
»Ich gehe auf ihn los, und ihr beide haltet mich zurück«, sage ich zu meinem Bruder und zu Ronnie King. Wir marschieren in den Wiegeraum und beginnen unsere Rollen zu spielen. Sugar Ray kam als mein Beistand herbeigeflogen, aber er weiß nichts von meinem Plan und ist peinlich berührt.
Wir drängen uns durch die dreihundert Fotografen und Reporter, die sich alle Mühe geben, möglichst nahe an uns heranzukommen. »Wir sind bereit! Wir sind bereit!« schreien wir. »Schweben wie ein Schmetterling, stechen wie eine Biene!« brüllen wir gemeinsam. »Jetzt bist du dran, du großer häßlicher Bär!« Ich drohe Liston mit der Faust, als er in seinem weißen Frotteemantel an die Waage herantritt. »Für dich ist es vorbei. Morgen abend gehörst du mir. Das Spiel ist aus, jetzt bin ich dran.«
Liston sieht mich mit unbewegter Miene an. Ich springe auf ihn los, aber meine Leute halten mich zurück. Ich strenge mich scheinbar mächtig an, mich loszureißen. »Fangen wir an!« brülle ich. »Fangen wir jetzt gleich an!«
Zu meiner Überraschung wirkt er ein wenig verwirrt. Er sagt so leise, daß nur ich es hören kann: »Zeig doch nicht allen Leuten, wie blöd du bist.« Das freut mich. Er hält mich tatsächlich für einen Narren.
Als ich mit Wiegen dran bin, schreie ich immer noch. Dann stehen wir einander Auge in Auge gegenüber. Zehn Sekunden lang herrscht Schweigen. Reporter und Fotografen ziehen sich zurück, als ob sie eine Keilerei erwarteten. Endlich breche ich das Schweigen: »Du bist kein Meister, sondern nur Kleister. Morgen abend schlägt dein letztes Stündchen.«
Bundini schreit genauso laut wie ich; Ronnie lacht und grölt.
Dann trete ich auf die Waage. Mein Gewicht ist einhundertfünf Kilogramm, und als der Arzt Blutdruck und Puls prüft, macht er vor Erstaunen große Augen. »Puls 120«, sagt er. »Das ist fast doppelt so hoch wie normal.«
Jimmy Cannon, ein Kolumnist des *Herald Reporter* aus Miami, tritt mit Block und Bleistift bewaffnet näher. »Soll das heißen, daß er Angst hat, Doktor?«

Der Arzt nickt. »Entweder er steht Todesängste aus, oder er ist aufgeregt. Wir werden den Kampf absagen müssen, falls sich sein Blutdruck vorher nicht normalisiert.«
Meine Leute marschieren schreiend und grölend aus dem Raum, dann fahre ich nach Hause. Ich kann mir das Lachen kaum verbeißen. Ich besitze ein Tonband mit der Stimme des Honorable Elijah Muhammad. Ich schalte es ein, lehne mich entspannt zurück und denke nach. Als Dr. Pacheco eintritt, bin ich völlig ausgeruht. Er prüft meinen Blutdruck und findet mich normal. Da sieht er mich erstaunt an. »Liston hat damit geprahlt, daß er vor keinem lebenden Menschen Angst hat«, sage ich. »Aber damit meint Liston normale Menschen. Vor einem Verrückten muß er Angst haben.« Danach schlafe ich ruhig ein.

Schon eine Stunde vor dem Kampf halten sie mich in meiner Garderobe fest. Im Lautsprecher höre ich die Ankündigung, daß Rudolph Clay jetzt antreten wird. Ich werfe mir den Bademantel um die Schultern und stürze hinaus. Angelo will mich festhalten, aber ich reiße mich los. Wenn mein Bruder boxt, muß ich das sehen. Ich mache mir immer Sorgen um Rudy, wenn er im Ring steht.
Ich dränge mich bis an die Absperrung vor und stehe neben einer Frau, die zu mir sagt: »Junger Mann, sollten Sie sich nicht in Ihrer Garderobe vorbereiten? Wir sind hergekommen, um den Kampf zwischen Ihnen und Liston zu sehen.«
Statt dessen rufe ich Rudy, so laut ich kann, ermutigende Worte zu. »Schlag zu! Die Linke vor! Beweg dich, Rudy! Immer bewegen!« Der Schweiß läuft mir übers Gesicht. Dr. Pacheco greift nach meinem Arm. »Champ, du mußt dich jetzt ausruhen. Großer Gott, in dreißig Minuten bist du dran.«
Rudy gewinnt den Kampf nach Punkten. Ich höre die Buhrufe. Sie schmähen ihn, weil er als mein Bruder angekündigt worden war. Ihre Wut auf mich lassen sie jetzt an ihm aus. Ich möchte Rudy zurufen: »Steig aus dem Ring, kleiner Bruder, du brauchst nicht mehr zu boxen, überlaß das mir!« Wie er in meine Garderobe kommt, nehme ich ihn in die Arme und sage: »Für dich ist das Boxen zu Ende. Heute abend werde ich Champion. Du mußt nicht mehr boxen.« Aber es wird noch lange dauern, bis er auf mich hört.
Dann werde ich aufgerufen. Aus der Menge steigt ein Gebrüll auf. Alle wollen sehen, ob ich meine Voraussagen und Prahlereien wahrmachen kann. Sie wollen es erleben, wie einer den Propheten schlägt. Von all meinen Boxkämpfen, all den Schwellen, die ich überschreiten mußte, war dies die entscheidendste, und noch Monate nach dem Kampf, als sich der Sturm bereits gelegt hat, versuche ich mir immer noch Klarheit zu verschaffen. Ich sitze mit Angelo und Bundini in Dr. Pachecos Wohnung. Er sagt zu mir: »Ich hab' mich immer darüber gewundert, warum du damals an jenem Abend so mißtrauisch gegenüber deinen weißen Freunden warst. Wir waren doch alle beisammen – du, ich, Angelo, Rudy, Bundini. Wir waren in einem Raum, warteten auf den Kampf, und die Türen waren verschlossen. Niemand konnte hin-

ein, niemand hinaus. Soviel Mißtrauen lag in der Luft. Alle deine Wasserflaschen waren vorschriftsmäßig plombiert. Du hast Rudy angewiesen, das Wasser nicht aus den Augen zu lassen. Dann hast du ihn gefragt: ›Hast du auch auf die Wasserflaschen aufgepaßt?‹ Und Rudy mußte zugeben, daß er sie für wenige Minuten aus den Augen gelassen hatte. Du hast gesagt: ›Mach die Plombe auf, und schütt' das Wasser weg. Gieß frisches Wasser hinein, und kleb' die Flaschen wieder zu.‹ Ich hab' mich gefragt: Wie soll überhaupt jemand hereinkommen und etwas in die Flaschen schütten? Was ist eigentlich los? Was geht da vor?«

Ich weiß noch genau, wie Pacheco und wir anderen an diesem Abend beisammensaßen. Es ist nicht nur Liston, vor dem ich mich in acht nehmen muß.

»Ich will Ihnen die Wahrheit sagen: Ich hab' Angelo damals nicht getraut. Ich hab' Ihnen nicht getraut, Dr. Pacheco. Ich vertraute nur meinem Bruder und Captain Sam, dem Moslem. Die ganze Woche über kamen zu Hause Telefonanrufe: ›Nigger, du wirst gegen Sonny Liston nicht gewinnen.‹ Am Morgen des Kampfes sagte man mir am Telefon: ›Du hast schon Glück, wenn du überhaupt bis in den Ring kommst, du großmäuliger Bastard.‹ Dann legte der Anrufer auf. Ein anderer meldete sich: ›Wenn Liston dich nicht erledigt, kriegen wir dich! Du wirst niemals Weltmeister im Schwergewicht.‹ Zuerst habe ich mich nicht darum gekümmert, aber Captain Samuels sagte: ›Die weißen Machthaber wollen dich geschlagen sehen. Ein paar Tage vor dem Kampf warst du mit Malcolm X in New York, und jetzt wissen alle, daß du ein Gefolgsmann von Elijah Muhammad bist. Ein Black Muslim. Es steht in allen Zeitungen. Wir werden Rudy einschärfen, daß er aufpaßt, besonders auf dein Wasser.‹ Nur ein paar Monate vorher hatte ich gelesen, daß der Boxer Harold Johnson von irgend jemandem eine präparierte Orange bekam und groggy in den Ring stieg. Der Kefauver-Ausschuß hat die korrupten Machenschaften des Syndikats im Boxsport enthüllt. Es war mein erster großer Kampf, und ich wußte, daß ich verhaßter war als Johnson.«

»Aber warum hast du einem Mann wie Angelo nicht getraut, der doch von Anfang an bei dir war?«

»Warum? Die Geschichte zeigt doch, wie sich Menschen ändern können. Selbst Verwandte waren auf einmal gegen mich, als ich Mohammedaner wurde. Warum soll ich einem Weißen vertrauen, nur weil er in meiner Ecke gearbeitet hat? Damals war ich zweiundzwanzig. Ich konnte nur jenen trauen, die mir am nächsten standen. An diesem Abend wollte ich nichts weiter als ungedopt in den Ring steigen. Sicherheit stand für mich an erster Stelle. Meine Absicherung bestand darin, daß mein eigener Bruder auf das Wasser aufpaßte. Er und kein anderer. Ich habe Angelo nie für einen Gauner gehalten. Ich war überzeugt, daß mir nur etwas schaden konnte, was in dem Wasser war. Und als ich in der fünften Runde nichts sehen konnte, glaubte ich zuerst, es hätte an dem Wasser gelegen.

Die erste Runde verlief genau wie geplant. Meine Strategie machte sich bezahlt. Liston ging wie ein Stier auf mich los und schlug wie wild um sich. Er wollte mich genauso erledigen wie Floyd Patterson, aber ich hab' seine

Schläge ausgependelt und bin weggetanzt. Er will mich am Seil festnageln, aber ich ducke seine Gerade ab und drehe mich weg. Erst nach der halben Runde schlage ich zurück. Dann machen ihm meine linken Geraden zu schaffen und ab und zu ein rechter Cross zum Kopf. Am Ende der Runde wußte ich, daß ich ihn da hatte, wo ich ihn haben wollte.
Ich erinnere mich noch genau an die Mitte der dritten Runde. Beim Clinch spüre ich, wie ihm das Tempo zusetzt. Sein Gesicht ist von meiner Linken angeschwollen. Ich schlage öfter den rechten Cross und füge ihm eine Verletzung unter dem rechten Auge zu. Ich sehe, daß er geschockt, verwirrt, ratlos ist. In seiner ganzen Laufbahn wurde er noch nie verletzt. Nun spritzt zum erstenmal sein eigenes Blut in den Ring. Ich sehe ihn wie ein angeschossenes Raubtier auf mich losgehen, hart nach meinem Körper schlagen, aber das meiste fange ich mit dem Ellbogen ab, und als dann der Gong ertönt, lege ich ihm den Handschuh auf die Schulter und schiebe ihn weg.
Auch in der vierten Runde bleibe ich dauernd in Bewegung und nagle ihn fest. Dann kommt die fünfte Runde. Ich bin ganz entspannt und ruhig. Bisher hat er sich genauso verhalten wie vorausgesehen. Aber was in der fünften Runde passiert, erfahre ich erst später: Er hatte Schmerzen in der Schulter und war mit einer Salbe eingerieben worden. Durch Clinch und Schlagabtausch geriet etwas von der Salbe an meine Stirn, und als Angelo mir in der Pause das Gesicht abwischte, tropfte es in meine Augen. ›Ich kann nichts sehen!‹ schreie ich, wie ich zurückkomme. ›Meine Augen brennen! Ich kann nichts sehen!‹ Ich konnte wirklich nichts sehen. Es ist, wie wenn man etwas Heißes ins Auge geträufelt bekommt, es brennt und brennt. Angelo versuchte, meine Augen mit Wasser auszuspülen, aber das half nichts. Da sage ich: ›Schneid mir die Handschuhe ab. Zeig der ganzen Welt, daß etwas faul ist.‹ Ich war Liston von der ersten Runde an überlegen. Er blutete am Auge. Ich wußte, was die Zeitungen behaupten würden: Ich hätte Angst bekommen und aufgegeben. Aber warum sollte ich Angst kriegen und aufgeben, wenn ich meinen Kampf so leicht machen konnte? Ich war nur bereit aufzugeben, weil ich nichts sehen konnte. Man hätte gern behauptet, daß ich unterlegen war, daß das Brennen in meinen Augen nur eine Ausrede war. Aber dann sagte Angelo: ›Das ist dein großer Kampf. Es geht um den Titel. Du mußt wieder in den Ring. Du wirst gewinnen.‹
Als der Gong ertönte, schob mich Angelo in den Ring. Zehn Sekunden später hätte der Schiedsrichter Liston zum Sieger erklärt. Ich hörte Bundini schreien: ›Er darf uns nicht ausknocken! Halt ihn auf Distanz! Halt ihn dir vom Leib, Champ!‹ Ich schloß das rechte Auge und ging los. Liston sprang mich an, aber seine wilden Haken verfehlten mich knapp. Ich konnte ihn kaum erkennen, aber ich duckte weg, pendelte und tanzte.
Ich wischte mir über die Augen, als Liston angriff und mich mit furchtbaren Schlägen, die nur knapp vorbeigingen, erledigen wollte. Jetzt wollte er es wissen. Sobald er in Reichweite kam, tippte ich ihm mit der ausgestreckten Hand gegen den Kopf. Meine Arme waren länger als seine, und ich wußte, daß er mich nicht treffen konnte, solange ich ihn mir auf Armeslänge vom Leib hielt.

Dann hörte ich am Ring jemanden schreien: ›Schlag den Scheißnigger, Sonny! Schlag doch den Scheißnigger!‹ Irgendwie regte mich das an und ließ mich noch entschlossener weitermarschieren. Am Ende dieser Runde wurde mein Blick allmählich wieder klar, und ich ging erneut zum Angriff über. Ich traf seinen Kopf mit harten Geraden.
In der Pause wußte ich, daß alles okay war. In der sechsten Runde marschierte ich los. Liston war wie verwandelt. Er hatte sein Bestes gegeben, aber es war ihm nicht gelungen, Schaden anzurichten. Ich spürte sein Keuchen. Er war müde, und ich fühlte mich noch frisch. Er wußte, daß er gegen meine linken und rechten Geraden kein Rezept hatte.
Als die siebente Runde eingeläutet wurde, blieb er in seiner Ecke. Er hockte schlapp auf seinem Stühlchen und starrte glasig zu uns herüber. Angelo und Bundini schrien mich an: ›Du bist der Sieger! Du bist der Sieger!‹ Ich stürzte in ihre Arme. Die lange Vorbereitung war vorüber. Nun hatte ich es geschafft. Ich hatte meine Prophezeiung wahrgemacht.«
In den folgenden Wochen sollten Dinge eintreten, die ich nie hätte voraussehen können: Ich sollte mich verlieben und die schönste Frau heiraten, die mir je begegnet war. Während meine neue Ehe noch unter ständigen religiösen Streitigkeiten litt, sollte ich mich auf die Revanche gegen Liston vorbereiten.
Ich erfuhr erst später, daß Angelo nach dem Kampf fast Prügel bezogen hätte: »Ich dachte schon, ihr wolltet mich umbringen«, sagte er und meinte Ronnie und Archie. »Sie glaubten, ich hätte etwas in das Wasser getan. Ich konnte mich nur retten, indem ich den Krug packte, etwas von dem Wasser trank, es mir selbst in die Augen rieb, um zu beweisen, daß mein Wasser in Ordnung war.«

Als alles vorbei ist, will ich noch eine Abschlußrede halten, und zwar vor der Presse. Sie drängen sich um mich, und es fällt mir schwer zu vergessen, daß beinahe alle von ihnen mich für einen Schwindler gehalten haben. Sie beginnen, mich mit Fragen zu bombardieren, aber ich unterbreche sie: »Halt! Halt! Jeder von euch hat vor dem Kampf Gelegenheit gehabt, alles zu sagen, was er denkt. Jetzt bin ich dran. Ihr habt alle gesagt, daß Sonny Liston mich umbringen wird. Ihr habt gesagt, daß er besser ist als Jack Johnson oder Jack Dempsey oder sogar Joe Louis, und die habt ihr als die besten Schwergewichtler aller Zeiten eingestuft. Ihr habt dauernd davon geschrieben, wie Liston zweimal Floyd Patterson geschlagen hat, und als ich euch sagte, ich würde Liston in der achten Runde flach legen, wolltet ihr es mir nicht glauben. Während jetzt die Kameras auf uns gerichtet sind, will ich, daß ihr der ganzen Welt sagt, daß ich der Größte bin.«
Schweigen.
»Wer ist der Größte?« fragte ich sie. Niemand antwortet. Sie senken den Blick auf ihre Blocks und Mikrophone. »Wer ist der Größte?« frage ich noch einmal. Sie sehen mich aus ernsten Gesichtern an, aber im Raum bleibt es immer noch still.

»Zum letztenmal!« schreie ich. »Die Augen der ganzen Welt sind auf uns gerichtet. Ihr seid doch nur ein Haufen von Angebern. Ich habe euch gesagt, ich werde Liston schlagen, und ich habe ihn geschlagen. Die Wetten standen acht zu eins gegen mich. Ich habe euch allen das Gegenteil bewiesen. Die ganze Welt habe ich erschüttert! Nun sagt mir, wer ist der Größte? WER IST DER GRÖSSTE?«

Sie zögern noch eine Minute, dann antworten sie unisono mit dumpfer Stimme: »Du bist es.«

In Chicopee im Bundesstaat Massachusetts trainiere ich für meinen Rückkampf gegen Sonny Liston. Anfang des Jahres ist Malcolm X in New York ermordet worden. Es gehen Gerüchte um, daß einige von Malcolms Freunden sich an mir als einem von Elijah Muhammads treuen Anhängern rächen wollen. »Überall in der Stadt wird gemunkelt, daß Sie aus Rache für das, was geschehen ist, getötet werden sollen«, sagt mir ein Reporter. »Da Sie der populärste amerikanische Anhänger des Islam sind, hat man Sie zur Zielscheibe gemacht.«

Ich ignoriere die Gerüchte und trainiere weiter, weil mir viel an dieser Revanche liegt. Der Kampf war um fünf Monate verschoben worden, weil ich mich erst von einer Bruchoperation erholen mußte.

Ich komme in die Stadt, und schon sind die Reporter in meinem Zimmer. Sie wollen meine Prophezeiung hören: Sharnik erinnert sich an meinen Traum. »Ist es immer noch derselbe wie damals im Bus?«

Ich lache. »Ich weiß es nicht genau.« Vor zwei Monaten erzählte ich Sharnik, was ich geträumt hatte: Ich saß in einer Ecke und wartete auf den Gong zur ersten Runde gegen Liston. Er ertönte, ich sprang auf, stürmte vor und traf ihn mit einer Rechten. Dann beugte ich mich zurück und wich immer wieder aus, während er etwa eine Minute lang hinter mir her war. Plötzlich sah ich ihn herankommen und traf ihn – WUMM! – mit einer Rechten voll am Kinn. Der große böse Bär ging zu Boden. Ich stand über ihm und schrie: »Steh auf und leuchte! Steh auf und leuchte!‹«

»Ich erinnere mich noch an den Traum«, sage ich zu Sharnik, »aber diesmal gibt es keine Vorhersage.«

Hartnäckig halten sich Gerüchte, daß zwei Autos voll Bewaffneter von New York aus unterwegs seien, um mich zu töten, entweder während des Trainings oder im Ring. Die ganze Woche schreiben die Zeitungen, ich schwebe in Lebensgefahr. »Revolvermann verfolgt Clay«, steht in einem Blatt. Und »Kopfprämie für Clay«, schreibt ein anderes. Dann wieder: »Kampf der Black Muslims gefährdet Muhammad Ali.«

Während meiner ersten Woche im Trainingslager kommen fünf FBI-Beamte in mein Hotel. Sie zeigen ihre Ausweise vor. Einer von ihnen erklärt: »Wir halten es für möglich, daß an den Gerüchten etwas dran ist. Deshalb werden wir Ihre Zimmertür rund um die Uhr bewachen lassen. Morgen früh bekommen Sie eine Polizeieskorte.«

Von da an folgen mir jeden Morgen zwei Polizeiautos auf meiner Laufstrek-

ke. Bevor ich starten darf, durchsuchen fünf Beamte das Gelände, um sicherzugehen, daß mir niemand einen Hinterhalt gelegt hat. Alle hundert Meter sehe ich einen Polizisten mit einem Gewehr im Gebüsch hocken.
Wenn ich in der Halle arbeite, mischen sich Kriminalbeamte in Zivil zwischen die Zuschauer. Irgendwie ist mir diese Bewachung sehr zuwider, denn ich glaube einfach nicht daran, daß mir jemand ans Leder will. Dieses Theater gefährdet mein Training.
Drei Tage vor dem Kampf bin ich beim Sparring mit Ellis. Er schießt einen harten rechten Cross an meine Rippen, so daß ich vor Schmerzen fast zusammenklappe. Ich weiß, daß irgend etwas geprellt oder gar gebrochen ist, aber ich sage mir auch: Wenn ich zu einem Arzt gehe, wird der Kampf vielleicht noch einmal verschoben und ich büße die Chance ein, meine Kritiker davon zu überzeugen, daß mein Sieg gegen Liston keine Eintagsfliege war. Also fahre ich gereizt und verärgert nach Hause und bekomme Streit mit Sonji, weil sie Zigaretten raucht und sich weigert, Kleidung zu tragen, wie sie unsere Religion vorschreibt.
»Ich bin das leid«, schreit sie mich an. »Ich hab' dir gesagt, daß ich nicht alle diese Regeln einhalten kann. Ich liebe dich, aber ich halte nichts von dieser Religion, und ich werde auch keine Mohammedanerin.« Diese Worte treffen mich genauso hart wie Ellis' Schlag in der Sporthalle.
»Also gut, mein Schatz«, sage ich schließlich, »du mußt nur ehrlich sein; wir können uns ja scheiden lassen.« Es war der Anfang vom Ende. In dieser Nacht schlafe ich mit schmerzenden Rippen und wehem Herzen und weiß, daß meine Zeit mit meiner ersten großen Liebe fast vorüber ist.
Irgendwie ist jetzt, wo ich zum erstenmal meinen Titel verteidigen muß, Liston nicht mehr das Wichtigste für mich. An den Eingängen werden sogar Damenhandtaschen nach versteckten Waffen durchsucht, und einige Reporter haben sich an der Rückseite ihrer Sitze kugelsichere Schilder befestigen lassen.
Der Gong ertönt zur Runde eins. Ruhig und sicher umkreise ich Liston. Mir ist, als wüßte ich jeden seiner Angriffszüge im voraus. Ich eröffne den Kampf mit einer kurzen Linken zum Kopf und tänzle wieder davon. Ich greife ihn an und lande eine zweite kurze Linke an seinem Kopf. Er antwortet mit einer harten Rechten zum Körper, die ich mit dem Ellbogen abfange. Dann springt er vor und will eine linke Gerade nachschlagen. Da bemerke ich die Öffnung in seiner Deckung. Er verliert das Gleichgewicht und kommt näher an mich heran. Ich knalle ihm die Rechte so hart an die Schläfe, daß es ihn förmlich aus den Schuhen hebt, bevor er auf die Dielen kracht und flach auf dem Rükken liegenbleibt. Ich stehe breitbeinig über ihm und schreie ihn an: »Steh auf, Sonny! Nun komm schon, das hat ja noch nicht einmal richtig angefangen! Steh auf und kämpfe! Du bist doch sonst so gefährlich!«
Aber Sonny rappelt sich erst auf, als er schon längst ausgezählt ist. Auch dann ist sein Blick noch glasig. Es ertönen Buhrufe und Schreie: »Schwindel, Schwindel!« Aber Tatsache ist, daß noch niemals ein Kampf weniger abgesprochen war als dieser.

Warum ist er zusammengeklappt? Ich glaube, daß sich der seelische Druck durch FBI, Mordgerüchte und bewaffnete Polizisten von mir irgendwie auf Liston übertragen hat. Er muß gespürt haben, daß irgend jemand tatsächlich schießen wollte. Ich glaube, daß er rund um den Ring die kugelsicheren Schilder sah und sich dachte: Wenn jemand auf mich schießen wollte, dann wäre ich so schnell auf den Beinen, daß der Schütze kein sicheres Ziel hätte. Die Kugel hätte ihn ebenso treffen können wie mich.
Nur eines weiß ich mit Bestimmtheit: Ich habe ihn so hart getroffen, daß auch jeder andere zu Boden gegangen wäre.
Aber nun ist alles vorbei. Sharnik, der meine Voraussagen immer ein wenig unheimlich fand, kommt zu mir herüber und fragt: »War nun der Traum der Vater des Kampfes oder umgekehrt?«
»Der Traum war der Vater des Kampfes«, antworte ich ihm.

5

Moes Prophezeiung

Von all den Gedichten, die ich schrieb, allen Worten, die ich sprach, allen Slogans, die ich hinausschrie – »Ich bin der Größte! Ich bin der Schönste! Keiner kann mich schlagen!« –, von all den Streits, die meinetwegen entbrannt sind, hat nichts mehr mein Leben verändert als jenes »Gedicht«, das ich an einem lauen Februarnachmittag des Jahres 1966 vor den Fernsehkameras in Miami las.

Ich bereitete mich gerade darauf vor, meinen Weltmeistertitel im Schwergewicht zum drittenmal zu verteidigen. Mein Gegner war der einsachtundneunzig große Ernie Terrell, genannt »die Krake«, weil er seine langen Arme wie Saugnäpfe um seine Gegner schlang, um so ihre Schläge im Keim zu ersticken und sie halb tot zu drücken.

Ich stand gerade im Vorgarten des kleinen grauen Zementhäuschens, das meine Geldgeber, die weißen, christlich-gütigen Millionäre aus den Südstaaten, für mich im Negerviertel von Miami gemietet hatten. Ein Fernsehreporter erschien und wollte von mir wissen, was ich denn davon hielte, daß mich die Musterungsbehörde von Louisville soeben kv. geschrieben hatte: Bisher war ich unter »eins-Y« eingestuft und damit vom Wehrdienst zurückgestellt, nun lief ich unter »eins-A« und konnte jeden Augenblick eingezogen werden.

Ich antwortete ihm: »Ich habe nichts gegen den Vietkong.«

Als mir dann andere Reporter eine Weile später dieselbe Frage noch einmal stellten, konnte ich ihnen auch nichts anderes sagen, nur antwortete ich ihnen in Reimen:

Keep asking me, no matter how long
On the war in Viet Nam, I sing this song
I ain't got no quarrel with the Viet Cong . . .

Und fragt ihr mich auch noch so lang,
Über den Krieg in Vietnam sing' ich den Song:
Ich habe nichts gegen den Vietkong.

Ich hatte natürlich noch mehr dazu gesagt, noch viel mehr, und das den ganzen Abend, aber genau diese Worte wollte die Welt anscheinend von mir hören. Sie machten Schlagzeilen nicht nur in Amerika, sondern auch in London, Paris, Berlin, Zürich, Madrid, Hongkong, Rom und Amsterdam. Noch Jahre später sollte mir ihr Echo in den Ohren klingen. Der Widerhall setzte sogar schon ein, bevor ich mich an jenem Abend schlafen legte.
Nachdem die Reporter gegangen waren, fuhr ich zu einem Steakhaus in Miami Beach. Als ich dann zurückkam, stand mein Bruder in der Tür. Ich verstand seine Geste: Ich sollte die Reporter abschütteln.
»Die Telefone läuten ununterbrochen«, flüsterte er mir zu, als ich an ihm vorbeirannte. »Sie spielen verrückt.«
Wir hatten drei Telefone im Haus, und alle drei läuteten. Ich griff nach dem nächstbesten Hörer.
»Augenblick.« Er wollte mich daran hindern. »Laß mich dran, die spinnen doch alle.«
Ich hörte bereits am anderen Ende der Leitung eine harte und gemeine Männerstimme. »Bist du das, Cassius?«
»Nein, Sir.« Wenigstens meinen Namen könnte er respektieren, dachte ich. »Hier Muhammad Ali.«
»Muhammad oder Cassius oder wie du dich auch nennen magst, ich hab' dich im Fernsehen gehört«, schrie er. »Du bist eine feige schwarze Ratte, die ihr Mäntelchen nach dem Wind hängt. Wenn ich eine Bombe hätte, würde ich dich zur Hölle fahren lassen. Aber laß dir gesagt sein – du und deinesgleichen ...«
Ich legte auf, da ich schon begriffen hatte. Dann griff ich nach dem Haustelefon. Ich hörte eine hysterische Frauenstimme: »Cassius Clay? Sind Sie das? Sie wollen besser sein als mein Sohn? Schwarzer Bastard! Ich bete zu Gott, daß man Sie morgen einzieht. Und daß man Sie auf der Stelle erschießt! Hören Sie zu ...«
Ich ließ sie reden und hob das Telefon im Schlafzimmer ab. Diesmal hörte ich eine vertraute Stimme. Es war ein Sheriff namens Murphy, der mich in Miami Beach oft eskortiert hatte. Er hatte eine väterliche, salbungsvolle Stimme: »Cassius, nun sind Sie wirklich zu weit gegangen. Jemand hat Ihnen was Falsches eingeblasen. Das waren die Juden und die Gelben in Ihrer Umgebung. Ein paar von meinen Jungs möchten gern mit Ihnen reden – zu Ihrem eigenen Vorteil.«
Ich legte auf und nahm den Hörer, den mir mein Sparringspartner Cody Jones reichte. Erst war da nur ein lautes Keuchen. Dann: »Nigger, du wirst sterben, bevor die Nacht rum ist! Dafür wirst du sterben!« Und wieder das Keuchen.
Am schnellsten reagierten jene, die mich schon immer von der Bühne ver-

schwinden lassen wollten. Die ersten Anrufe stammten überwiegend von der weißen Bevölkerung Miamis. Aber dann breitete sich die Neuigkeit aus. Andere Anrufer sagten: »Das war prima.« – »Ich bin froh, daß Sie das gesagt haben.« – »Höchste Zeit, daß es mal einer ausgesprochen hat.«

Während der nächsten Tage bekam ich Anrufe aus Kansas City, Omaha, St. Louis, Las Vegas, New York und Philadelphia. Hausfrauen, Akademiker und ganz einfache Leute, mit denen ich nur in Berührung kam, wenn ich einmal jemanden im Ring zerlegte, bedankten sich für meine Worte. Studenten riefen aus den Universitäten an und baten mich, Vorträge zu halten. Für mich war das ein seltsames neues Gefühl. Ganz ohne meine Absicht war ich zu einem wichtigen Bestandteil einer Bewegung geworden, von deren Existenz ich kaum etwas wußte.

Tagelang sprach ich mit Menschen aus einer völlig anderen Welt. Es waren Leute, die sich nicht einmal für Sport interessierten, schon gar nicht für den Boxsport. Einen von ihnen werde ich nie vergessen: Es war ein bemerkenswerter Mann, siebzig Jahre älter als ich, aber von einer modernen Weltanschauung, die mir gerechter erschien als die jedes Weißen, der mir je in Amerika begegnet war.

Mein Bruder Rahaman hatte mir inzwischen das Telefon gereicht und sagte: »Das Fernamt – ein Mister Bertrand Russell möchte Mr. Muhammad Ali sprechen.« Ich meldete mich und hörte seinen exakten englischen Akzent. »Spricht dort Muhammad Ali?« Als ich ihm das bestätigte, fragte er mich, ob ich korrekt zitiert worden sei.

Auch das bestätigte ich ihm, fügte aber die erstaunte Frage an: »Warum interessiert sich alle Welt dafür, wie ich über Vietnam denke? Ich bin doch kein Politiker und kein Diplomat, sondern nur Sportler.«

»Nun«, sagte er, »dieser Krieg ist viel barbarischer als alle anderen, und um jeden Boxmeister entsteht eine geheimnisvolle Aura. Deshalb finde ich es gar nicht so abwegig, wenn alle Welt wissen möchte, was so ein Weltmeister denkt. Für gewöhnlich heult er mit den Wölfen. Sie haben die Leute überrascht.«

Mir gefiel der Ton seiner Stimme. Ich sagte ihm, ich käme vielleicht bald nach England, um noch einmal gegen den Europameister Henry Cooper anzutreten.

»Auf wen würden Sie setzen, wenn ich gegen Cooper kämpfe?«

Er lachte. »Sie wissen doch, daß Henry viel kann. Aber ich würde auf Sie wetten.«

Ich gab ihm die Standardantwort, die ich für solche Gelegenheiten auf Lager hatte. »Sie sind gar nicht so dumm, wie Sie aussehen.« Und ich lud ihn zu dem Kampf in London ein.

Er konnte zwar nicht zu der Veranstaltung kommen, aber wir korrespondierten jahrelang miteinander. Ich hatte keine Ahnung, wer er war, denn in der Schule hatten wir den Namen Bertrand Russell nie gehört. Erst zwei Jahre später blätterte ich in Chicago in der Redaktion der Zeitung *Muhammad Speaks* zufällig in einem Lexikon und entdeckte dort seinen Namen und sein

Foto. Er wurde als einer der größten Mathematiker und Philosophen des zwanzigsten Jahrhunderts bezeichnet. Ich setzte mich sofort hin und entschuldigte mich schriftlich für die ungehörige Bemerkung: ›Sie sind gar nicht so dumm, wie Sie aussehen.‹ Er schrieb mir zurück, dieser Witz hätte ihm Spaß gemacht.
Als kurze Zeit nach meiner Begegnung mit Cooper ein weiterer Kampf in London angesetzt war, wollten Belinda und ich ihn eigentlich besuchen, aber ich mußte ihm mitteilen, daß mein Prozeß gegen die Einberufung zum Kriegsdienst in Vietnam mich vielleicht davon abhalten könnte. Sein Antwortbrief erreichte mich in Houston:

> Ich habe Ihren Brief mit größter Bewunderung und persönlicher Hochachtung gelesen.
> In den nächsten Monaten werden die Männer, die in Washington regieren, zweifellos versuchen, Ihnen auf jede erdenkliche Weise zu schaden. Aber Sie wissen sicher, daß Sie Ihre Stimme für Ihr Volk und für die Unterdrückten auf der ganzen Welt erhoben haben, als Sie sich mutig gegen die Mächtigen Amerikas stellten. Man wird versuchen, Ihnen das Rückgrat zu brechen, weil Sie das Symbol einer Kraft sind, die man nicht zerstören kann, nämlich des erwachten Bewußtseins eines ganzen Volkes, das entschlossen ist, sich nicht länger abschlachten und durch Angst und Unterdrückung demütigen zu lassen. Sie können mit meiner größten Unterstützung rechnen. Besuchen Sie mich, wenn Sie nach England kommen.
>
> Mit besten Grüßen
> Ihr Bertrand Russell

Als ich diesen Brief erhielt, hatte man mich bereits verurteilt und meinen Paß eingezogen, genau wie es ihm während des Ersten Weltkriegs geschehen war. Als ich vier Jahre später meinen Paß zurückbekam, war der Mann gestorben, den ich durch meine Bemerkung vor den Reportern als Freund gewonnen hatte. Ich dachte immer an ihn, wenn ich nach England kam, und trug jahrelang das Bild seines offenen Gesichts mit den großen Augen bei mir. »Er war nicht so dumm, wie er aussah.«

Als ich nach Miami kam, konzentrierte ich mich ganz auf die bevorstehende Auseinandersetzung mit der »Krake«. Ich war deshalb nicht sonderlich interessiert, als mich eines Abends der Fernsehreporter Robert Halloran besuchte und angeblich eine Neuigkeit mitbrachte, die das ganze Trainingscamp auf den Kopf stellen würde: »Es ist ein Volltreffer, der Sie Terrell vergessen lassen wird.«
Es war schon kurz vor Zapfenstreich. Ich erlaubte Halloran, sich auf meine Bettkante zu setzen, tat aber so, als würde ich gleich »schnarchen«, um ihn schneller loszuwerden.
Er beugte sich vor und flüsterte: »Ich habe Beziehungen zur Musterungsbehörde in Louisville. Sie werden wieder als ›eins-A‹ eingestuft. Morgen früh wird es bekanntgegeben.«

»Das höre ich nicht zum erstenmal.« Ich war müde. Seit mein Übertritt zum Islam bekanntgeworden war, verging kein Monat ohne Gerüchte über meine bevorstehende Einberufung. »Warum ich? Und warum ausgerechnet jetzt?«
»Sie sind gesund, alleinstehend, vierundzwanzig Jahre alt. Deshalb sind Sie voll tauglich. Man will sie einziehen, bevor Sie sechsundzwanzig werden. Danach kann man nicht mehr an Sie heran. Man sucht nach einem Weg, Sie zum Schweigen zu bringen.«
»Hören Sie.« Ich drehte mich auf die andere Seite. »Ich bin bei der Musterung zweimal durchgefallen. Siebzehn Punkte mußte man haben, und ich schaffte nur sechzehn. Seitdem wurde ich am Bruch operiert und bin nicht neu gemustert worden.«
»Ich weiß.« Er nickte. »Aber man hat die Anforderungen auf fünfzehn Punkte gesenkt, und somit sind Sie tauglich.« Er lachte leise.
»Fällt damit der Kampf ins Wasser?« Ich war plötzlich gar nicht mehr schläfrig.
Er schüttelte den Kopf. »An dem Kampf ändert es nichts. Heute haben wir den siebzehnten Februar. Ihr Kampf ist für den neunundzwanzigsten März in Chicago festgesetzt. So schnell geht das nicht. Aber danach ...«
»Warum kommen Sie eigentlich her, um mir das mitzuteilen?« Ich wurde ein wenig mißtrauisch.
»Weil ich es zufällig erfahren habe«, antwortete er. »Ich möchte Ihre Zustimmung zu einem Fernsehinterview für morgen früh haben, wenn die Sache bekannt wird. Ein Exklusivinterview. Einverstanden?«
»Ich werde es mir überlegen«, antwortete ich.
Ich hatte zwar damit gerechnet, daß man mich als tauglich einstufen würde, aber nun war ich doch überrascht. Die Formulare, die ich vor sechs Jahren ausgefüllt hatte, sollten mir nun ein Bein stellen. Ich dachte an den Tag zurück, wo ich in Joe Martins Sporthalle am Gummiball arbeitete und mich auf die Olympischen Spiele vorbereitete, die zwei Wochen später stattfinden sollten. Ein Sportkamerad erinnerte mich daran, daß ich zur Musterungsbehörde vorgeladen war. Wir rannten los, und wir ärgerten uns über die kostbare Trainingszeit, die verlorenging.
Ich wußte nur das, was ich in der Schule gelernt hatte: Jeder Krieg, den Amerika kämpfte, war ein Krieg für die »Freiheit« oder zur »Sicherung der Demokratie in der Welt« oder zur »Wahrung des Friedens«. Hätte man mich damals eingezogen, wäre ich der Einberufung wahrscheinlich ohne Murren gefolgt und hätte nur um Urlaub für die Zeit der Olympiade ersucht. Erst nach meiner Rückkehr aus Rom setzte bei mir der Wandel ein.

Soweit ich zurückdenken kann, fiel mir auf, daß die Schwarzen anders leben als die Weißen. Louisville war eine Stadt mit strenger Rassentrennung. Es roch nicht nur nach dem berühmten Whisky und den Pferden, sondern ebenso penetrant nach der alten Sklavenzeit im tiefen Süden. Auch meinen weißen steinreichen Förderern haftete dieser Geruch an. So sehr sie sich auch bemühten, zu mir »nett« zu sein, so sehr erinnerten mich manche ihrer Handlungen daran, daß sie Teil eines Systems waren, dem ich entfliehen wollte. Einmal sagte Joe Louis, sicherlich nicht gerade ein Kritiker des weißen Amerika, von meinen Förderern: »Sie leben in einer ganz anderen Welt als Clay. Sie wissen gar nicht, was sie da in der Hand haben. Sie haben keine Ahnung, wie er funktioniert. Er ist ihnen längst über den Kopf gewachsen.«

Obgleich meine Weltanschauung bereits eine andere war, so war ich in den ersten zwei Jahren nach den Olympischen Spielen doch nichts weiter als ein gut trainiertes Rennpferd, eine Kampfmaschine, die sich nur auf die Meisterschaften konzentrierte. Was den Wehrdienst betraf, versicherten mir meine Millionäre, daß ich mir deswegen keine Sorgen zu machen brauchte. Warum auch? Zurückstellungen waren bei Spitzensportlern üblich, wenn sie über mächtige und einflußreiche Mäzene verfügten, und die hatte ich ja. Baseball, Fußball und Basketball kämen ohne Zurückstellungen gar nicht zurecht. Seit meiner Musterung hatte ich von der Behörde nichts mehr gehört.

Dann wurde ich eine Woche vor meinem ersten Kampf mit Liston zu einer Untersuchung in die Musterungszentrale von Coral Gables in Florida vorgeladen. Ich fuhr mit Bundini hin. Er sang auf dem ganzen Weg bis zur Tür:

The Old Master Painter from the faraway hills
Who painted the violets and the daffodils
Say don't draft The Champ from Louisville . . .

Der Alte Meister in der Ferne,
Der malt die Wolken und die Sterne,
Sagt: Holt ihn nicht, ich seh's nicht gerne.

Ein Beamter befahl ihm zu schweigen. Ich unterzog mich dem Test und unterschrieb das Formular mit einem großen »Cassius X«. Es war das erstemal, daß ich diese Unterschrift gebrauchte.

»Was bedeutet das ›X‹?« fragte der Beamte nach Durchsicht der Ergebnisse.

Ich erklärte ihm, daß ich dem Islam angehörte und daß wir die Namen ablehnten, die uns von unseren einstigen Sklavenhaltern gegeben worden waren. Das ›X‹ stehe an der Stelle unseres richtigen, uns aber unbekannten Namens.

Darüber dachte er eine Weile nach, dann rief er mich in ein Nebenzimmer. Er zeigte mir eine lange Liste von Organisationen, die als »subversiv« eingestuft waren. Er fragte mich, zu welcher davon ich gehörte. Der Islam stand nicht auf der Liste. Also antwortete ich: »Zu keiner.«

Dann kam er auf meine Testergebnisse zu sprechen und bezeichnete sie als »wenig aufschlußreich«. »Den Teil ›Geistige Fähigkeiten‹ haben Sie nicht geschafft, und außerdem Fragen ausgelassen.«

»Ich habe mich ehrlich bemüht«, antwortete ich.

»Das wird Ihnen kein vernünftiger Mensch glauben. Sie hören wieder von uns.«

Sie hielten Wort. Vier Wochen, nachdem ich die Weltmeisterschaft im

Schwergewicht errungen und bekanntgegeben hatte, daß ich ein Gefolgsmann des Honorable Elijah Muhammad sei, wurde ich in Louisville getestet, erzielte dasselbe Ergebnis und wurde unter »eins-Y« eingestuft. Da begann ein großes Geschrei.

Ein Rechtsanwalt aus Georgia startete eine Kampagne unter dem Motto: »Beruft den Nigger Clay ein!« Er war auch die treibende Kraft hinter einer in ganz Amerika durchgeführten Kampagne, die sich an Weiße mit schwarzen Angestellten richtete und mit dem Slogan arbeitete: »Schmeiß deinen Nigger raus.« Er fuhr als erster seine Geschütze gegen mich auf. Aber es waren Knallerbsen im Vergleich zu dem Bombardement, dem die Musterungsbehörde in Louisville ausgesetzt wurde. Der verstorbene Abgeordnete L. Mendel Rivers aus South Carolina zog über Land und predigte voller Leidenschaft: »Clays Zurückstellung gleicht einer Beleidigung eines jeden Sohns einer amerikanischen Mutter, der in Vietnam dient. Da steht er nun, klug genug, um die Oberschule zu schaffen und seine Gedichte zu schreiben und für sich selbst in der ganzen Welt zu werben, eine Million im Jahr zu verdienen und in roten Cadillacs herumzufahren – aber angeblich zu dumm, um eine Knarre in die Hand zu nehmen. Ist jemand hirnlos genug, das zu glauben?«

Etwa um diese Zeit faßte Worth Bingham, der jüngste meiner Förderer aus Louisville, die Situation so zusammen: »Man will einen Senatsausschuß mit Ihrem Fall befassen. Es wird nämlich behauptet, Sie wären bei der Prüfung absichtlich durchgefallen.«

»Ich habe immer nur behauptet, der Größte zu sein und nicht der Klügste«, antwortete ich. Da lachte er und kam zur Sache.

»Sehen Sie, Cassius, wir müssen die Dinge einmal beim Namen nennen. Denen da oben geht es nicht in erster Linie darum, einen Soldaten aus Ihnen zu machen, sondern den Titel wieder in den Händen eines ›Patrioten‹ zu wissen. Wir müssen ihnen den Wind aus den Segeln nehmen. Sie können sich die Waffengattung selbst aussuchen: Armee, Marine, Luftwaffe, Marine-Infanterie – was immer Sie wollen. Melden Sie sich zu einer Grundausbildung von fünf oder sechs Wochen, dann setzen wir eine Kommission ein. Sie werden zu einer besonderen Reserveeinheit versetzt. Das bedeutet, daß Sie nie ein Schlachtfeld aus der Nähe sehen werden. Das wird oft genug gemacht.«

»Das bedeutet aber, daß ich Soldat bin?« fragte ich.

Er nickte. »Theoretisch ja.« Als er merkte, daß ich mich so nicht beeindrukken ließ, versuchte er, sich wenigstens noch eine Tür offenzuhalten. »Sie brauchen mir jetzt keine Antwort zu geben. Wir haben noch etwas Zeit, aber denken Sie darüber nach.«

Ich hatte zwei Jahre Zeit, darüber nachzudenken. Als die Frage wieder akut wurde, gab ich eine Antwort darauf, die teilweise aus den Tagesereignissen resultierte. Das war am Morgen nach meiner Unterhaltung mit Halloran. Ich wachte frisch und munter auf, warf meinen Sparringspartner aus dem Bett, ging zu Fuß über die Schnellstraße von Miami Beach zum Golfplatz und

drehte dort fünf Runden, bevor der Morgen über dem Meer anbrach. Lauftraining am frühen Morgen war eine spezielle Methode von mir, sowohl meine Gedanken zu klären als auch meinen Körper fit zu halten. Ich kam dann mit manchen Dingen besser zurecht. Während des Laufens überlegte ich, wie ich auf die Ankündigung reagieren sollte, die angeblich bevorstand. Als ich gegen sieben Uhr zu meinem Haus zurückkam, hatten die Kameraleute ihre Stative schon im Vorgarten aufgebaut, aber eine Verlautbarung war noch nicht herausgekommen.
Die einzige Nachricht bestand in einem Gedicht von Moe Fleischer, der Angies Bruder Chris in der Turnhalle drüben in der Fifth Street half. Moe und ich hatten eines gemeinsam: Wir schrieben »Prophezeiungen« in Gedichtform. Ein solches Gedicht hatte er mir herübergeschickt:

The Army may call
The heavens may fall
But it's way too late
To stop a million-dollar gate
You've had your say
That way let it stay
No matter what they hate
Keep yourself in shape . . .

Mag die Army auch schrein,
Der Himmel Feuer spein –
Jetzt ist es zu spät,
Das Millionending steht.
Du hast gesprochen,
Kein Wort wird gebrochen.
Ist der Haß auch ernorm,
Halte dich in Form!

Da ich Moe ohnehin drüben in der Sporthalle treffen würde, duschte ich, trank meinen Orangensaft, sah eine Weile fern und legte mich dann hin, bis es an der Zeit war, mich auf den Weg zu machen.
Wenn Halloran glaubte, als einziger Beziehungen zu der »undichten Stelle« in der Musterungsbehörde zu haben, so irrte er sich. Ich war noch keine sechs Straßen marschiert, da hatten mich schon drei Polizisten, zwei mexikanische Brotverkäufer, vier Taxifahrer, eine Dirne und ein Besoffener angesprochen und gefragt: »Na, Champ, schaffst du heute die Prüfung?« – »Wirst du jetzt Soldat?«
Als ich die Turnhalle erreichte, verfolgte mich ein ganzer Schwarm von Reportern, die alle wissen wollten: »Was werden Sie antworten, wenn die Armee ruft?« – »Werden Sie sich stellen?«
»Sag um Himmels willen nichts, kein Wort«, flüsterte mir Angelo zu, als mich die Reporter auch noch in die Garderobe verfolgten. Er wußte, daß sie auch an meinem Haus warteten. »Schick sie zu mir«, sagte er. »Laß mich mit ihnen reden!«
»Ich kann selbst reden, Angie«, erinnerte ich ihn ruhig. Was Angie und mich privat und auch geschäftlich verband, war sein Verständnis dafür, daß ich mein eigener Wortführer bin – und nicht nur das.
Seit ich beschlossen hatte, Boxer zu werden, lag ich in Fehde mit dem alten System, in dem Manager, Promoter oder Finanziers ihre Boxer als hirnlose Wilde betrachten. Ich hatte Boxer kennengelernt, die mehr als human und hochtalentiert waren. Aber als ich zu boxen anfing – damals war dieser Sport noch ganz unter der Kontrolle von Gangstern und lizenzierten Räubern –,

durften Boxer weder human noch intelligent sein. Sie waren nichts als Wilde, deren einziger Daseinszweck es war, die Menge zu unterhalten und ihre blutrünstigen Gelüste zu befriedigen. Zwei wilde Tiere standen einander gegenüber, um sich die Haut in Fetzen zu reißen, die Nasen einzuschlagen und aus allen Löchern zu bluten. Dann hatten sie von der Bildfläche zu verschwinden, während Manager, Rechtsanwälte und Promoter die Klappe aufrissen, Urteile verkündeten und vor allem profitierten.
Ein Boxer (das galt übrigens auch für andere Sportler) wurde zwar gesehen, aber nie gehört, wenn es um öffentliche Belange ging. Mochten sie mich auch arrogant, eingebildet, frech, unverschämt, ein Großmaul und einen Prahlhans nennen, mir war es jedenfalls bestimmt, das Image des Boxers vor der Weltöffentlichkeit zu verändern, ganz gewiß jedoch das Image des Titelträgers im Schwergewicht.
Das alles war von meiner Seite kein Zufall, sondern volle Absicht. Ich handelte innerhalb und außerhalb des Rings immer mit Vorbedacht. Ich schüttelte mich, wenn ich im Fernsehen massige, ungeschickte, hölzerne Schwergewichtler beobachtete, die wie zwei Monster aus Frankensteins Kabinett aufeinander einschlugen und sich mit mächtigen Armen umklammerten. Ich wußte, daß ich es besser konnte. Ich würde genauso schnell sein wie ein Leichtgewichtler, meine Gegner umkreisen, tanzen, zuschlagen und zurückweichen – zackzack, ruckzuck –, zuschlagen und zurückweichen, wieder tanzen und aus dem »Shuffle« eine Kunst entwickeln. Und im Gegensatz zu Leuten wie Dempsey, Tunney, Louis oder Marciano würde ich in meiner Umgebung zwar Rat und Unterstützung suchen, aber nicht um Erlaubnis fragen.
»Was du auch tust, du wirst es schon richtig machen«, sagte Angie. Er deutete auf den Ring. »Schau mal, was wir heute wieder für dich dahaben.«
Drei baumlange Sparringspartner kletterten in den Ring: Mel Turnbow aus Cincinnati, Dale Hayward aus Atlanta und Tom Jones aus Philadelphia. Sie waren alle über einsneunzig groß und wegen ihrer Ähnlichkeit mit Ernie Terrell extra ausgesucht.
Ich ging mit jedem von ihnen drei Runden. Schon seit langem begleitete mich der Ruf, es meinen Sparringspartnern leicht zu machen, weil ich in der Sporthalle hauptsächlich defensiv arbeite. Ich konnte nie so recht einsehen, warum es ein Spitzenboxer wie Joe Frazier oder Sonny Liston nötig hatte, seinen Sparringspartner in Grund und Boden zu stampfen. Was wollten sie sich beweisen, wenn sie einen armen Sportkameraden fertigmachten? Aber nun verspürte ich tief in mir eine Wut gegen etwas Unbekanntes und schlug zu, ohne es recht zu wollen. Ich behandelte Turnbow, als sei er ein Baum und ich die Axt, ich drosch auf Dale Hayward los, als wäre er der Nagel und ich der Hammer, und ich verprügelte sie, bis ich den Trainer schreien hörte: »Aus! Aus! Hör auf, Champ! Hab Mitleid!«
Nach der Trainingsarbeit legte ich mich auf die Massagebank, und Angelos geübte Finger kneteten jeden Muskel durch. Feierlich verkündete er: »Jetzt bist du in Form. Wenn heute abend der Kampf gegen Terrell wäre, würdest

du ihn auseinandernehmen. Er bliebe keine vier Runden auf den Beinen. Du bist in Topform, aber es ist ein wenig früh. Von jetzt an lassen wir es langsam gehen, du bist bereit.« Von den Trainern und Zuschauern kam es im Chor zurück: »Amen! Das kannst du laut sagen! Amen! Der Champion ist bereit! Jippi-jeh! Auf geht's! Jetzt geht's los! Paß auf, ›Krake‹, jetzt kommt ein Hai! Paß auf!«
Ich stand auf und begann, nackt vor dem großen Spiegel schattenzuboxen. Dabei beobachtete ich meine Reflexe, kontrollierte mein Gleichgewicht und wußte, daß alles stimmte. Es ist ein unbeschreibliches Gefühl, absolut fit zu sein und seine starken Muskeln, das Blut, die Knochen zu spüren. Man glüht von innen heraus, ein Schauer läuft einem über den Rücken. Selbst den Gedanken scheint dann neue Energie zu entspringen. Ich wußte, daß ich bereit war. Ich wollte die »Krake« vor die Fäuste bekommen. Und wie!
Moe brachte die neuen Plakate für den Kampf mit. Sie waren riesig: »Muhammad Ali gegen Ernie Terrell in Chicago«, verkündete er und hielt ein Plakat hoch. »Der Kampf wird größer als zwischen Dempsey und Tunney, größer als zwischen Louis und Schmeling – und ich muß das wissen.«
Moe Fleischer, der auf den Spitznamen »Ausverkauf-Moe« hörte, war wohl der erfahrenste Veranstalter und Kenner der Boxgeschichte. Er war Kid Chocolates Trainer, er hatte Kämpfe für so große Boxer wie Panama Brown, Abe Attell und Tony Canzoneri organisiert; er hatte mit dem großen Joe Gans gearbeitet, mit Harry Greb, Battling Levinsky und Benny Leonard. Doch seine hervorragendste Gabe war seine Menschenkenntnis: Er wußte immer, was Menschen kaufen und was sie verkaufen. Er hatte in ununterbrochener Reihenfolge vierzig Boxkämpfe veranstaltet, die alle im voraus ausverkauft waren. Daher stammte auch sein Spitzname. Der eine oder andere Boxer meinte zwar, es gebe dafür noch eine andere Erklärung.
Moes zuverlässige Prophezeiung lautete auf eine Börse von zwei Millionen Dollar. Er lachte in seiner unverwechselbaren Art. »Dazu werde ich dir ein Gedicht schreiben müssen.«
Ich mochte Moe. Er stand zwar nicht immer auf meiner Seite, denn ihm ging es in erster Linie um die Eintrittsgelder, aber andererseits war ich auch derjenige Boxer, der die Drehkreuze am Eingang zur Sporthalle in Bewegung hielt.
»Muhammad«, sagte er zu mir, »ich kann dich nur beglückwünschen, weil du diesen Kampf mit deinem Reden erzwungen hast. Ich kannte alle großen Promoter: Doc Kerns, Tex Rickard, Jim Norris und Mike Jacobs. Ich sage immer: Jedem das Seine, aber du bist der Beste. Du hast aller Welt eingeredet, daß Terrell eine Chance hätte.«
Moe hatte recht. Ich hatte meine Werbung auf eine »Konfrontation« mit Terrell abgestimmt, weil ich wußte, daß weite Kreise des weißen Amerika bereit waren, viel Geld dafür zu bezahlen, um mich einmal in aller Öffentlichkeit Prügel beziehen zu sehen. Was Floyd vor drei Monaten in Las Vegas nicht gelungen war, erhofften sie sich jetzt von Ernie. Schließlich verfügte »die Krake« über die besseren Waffen, über längere Arme und über Mut.

Sie hatten schwer gehofft, Patterson würde ein Wunder vollbringen; und sie hatten dabei überhaupt nicht daran gedacht, daß »das Kaninchen«, wie Patterson genannt wurde, von Sonny Liston in einer Runde *zweimal* ausgeknockt worden war, von demselben Sonny, den ich *zweimal* geschlagen hatte – und dennoch wurden sie wütend, als ich Patterson schwer strafte. Ich hatte während des ganzen Kampfes mit Patterson gesprochen, weil ich ihm klarmachen wollte, daß die Schläge eigentlich nicht für ihn, meinen schwarzen Bruder, bestimmt waren, sondern für das weiße Amerika. Aber irgendwie hatte Floyd nicht kapiert.

Billy Rose, der Broadway-Star, schien meine Absicht jedoch zu begreifen. Ich war in Jack Parres Show eingeladen worden, um meine Gedichte vorzulesen, während Liberace im Hintergrund Klavier spielte. Ich las vor:

It all started twenty years past,
The Greatest of them all was born at last.
The very first words from his Louisville lips
»I'm pretty as a picture and there's no one I can't whip.«

Then he said in a voice that sounded rough,
»I'm as strong as an ox
And twice as tough.«

The name of this Champ,
I might as well say,
No other than The Greatest,
Cassius Clay.

He predicts the round in which he's gonna win,
And that's the way his career has been.
He knocks them out in the round he calls,
And that is why he's called The Greatest of Them All.

Heute ist's an die zwanzig Jahr',
Daß der Größte von allen geboren war.
In Louisville hörte man das Baby sagen:
»Ich bin bildhübsch, und keiner wird mich schlagen!«

Rauh wurde seine Stimme dann jäh:
»Ich bin so stark wie ein Ochse
Und doppelt so zäh!«

Der Name des Helden,
Laut mag er hallen,
Ist Cassius Clay,
Der Größte von allen.

Er prophezeit die siegreiche Runde
Und macht so Karriere bis zur Stunde.
Dann schlägt er sie, genau nach Plan,
Drum ist er der Größte und vornedran.

Dann noch ein weiteres Gedicht:

This is the story about a man
With iron fists and a beautiful tan.
He talks a lot indeed,
Of a powerful punch and blinding speed.

The boxing game was slowly dying,
And fight promoters were bitterly crying
For someone somewhere to come along
With a better and different tone.

Patterson was dull, quiet and sad,
And Sonny Liston was just as bad.
Along came a kid named Cassius Clay,
Who said, »I'll take Liston's title away«.

His athletic genius cannot be denied.
In a very short time,
He spread far and wide.

There's an impression you get
Watching him fight.
He plays cat and mouse,
Then turns out the light.

This colorful fighter is something to see,
And the Greatest Heavyweight Champion
I know he will be.

Nun hört von dem braunen Mann die Geschichte.
Von seiner eisernen Faust ich berichte.
Es stimmt, daß er so manches sagt
Von Schnelligkeit und hartem Schlag.

Der Boxsport, der lag schon im Sterben,
Promoter weinten auf den Scherben
Nach einem, der das Blatt noch wendet
Und auf 'ner anderen Welle sendet.

Patterson war traurig, stumpf und still.
Von Liston hörte man auch nicht viel.
Bis Cassius Clay, der Junge, kam
Und Liston später den Titel nahm.

Ein Sportgenie in unsrer Zeit,
In kurzer Frist
Kannte man ihn weit und breit.

Wenn man ihn kämpfen sieht,
So fällt einem auf:
Er spielt Katz und Maus,
Dann erst haut er drauf.

Diesen tollen Kämpfer muß man sehen,
Als der größte Boxweltmeister
Wird er dastehen!

Ich bekam sofort eine wahre Sturzflut von Briefen. Die Hälfte der Zuschauer verstanden den Spaß, aber die andere Hälfte drückte die Hoffnung aus, mein nächster Gegner würde mich ungespitzt in den Boden stampfen. Ein honoriger Bürger aus Chicago verurteilte mich wegen meiner angeblichen »Unverschämtheit und Starrköpfigkeit«.

»Mach so weiter«, sagte Rose. »Je aufsässiger du bist, um so mehr Geld werden sie dafür bezahlen, dich gegen irgendeine Hoffnung der Weißen kämpfen zu lassen. Sie werden eine Stange Geld dafür zahlen, dich einmal untergehen zu sehen. Vergiß nicht, daß die Bigotten in diesem Land das meiste Geld in der Tasche haben.«

Immer wenn ich in den Ring stieg, war mindestens die Hälfte meiner Zuschauer scharf darauf, mich abgeschlachtet zu sehen. Sie begleiteten jeden Treffer meines Gegners mit Jubelgeschrei und Getrampel. Dann wurden sie hysterisch, wenn ich ihre Träume und Hoffnungen enttäuschte.

Am Morgen nach meinem Sieg über Patterson in Las Vegas waren die meisten Sportjournalisten aufgebracht. Wahrscheinlich hatten sie insgeheim gehofft, Floyd würde ein Wunder vollbringen.

Red Smith nannte mich einen »praktizierenden Sadisten«. Art Walden verlangte von der Boxsportkommission, »diesen Kannibalen Clay auszuschließen«. Und Jimmy Cannon dichtete mir einen »Zug von Wildheit« an. Aber ich wußte ja, daß sie all diese Eigenschaften insgeheim meinem Gegner wünschten.

Kaum hatte ich mir an jenem Novemberabend Floyds Blut von den Armen gewischt, da setzten im Zuschauerraum schon Sprechchöre ein: »Terrell! Terrell! Jetzt kommt Terrell!« Sie glaubten, Terrell könnte das vollbringen, was Floyd nicht gelungen war.

Als man mir später das Mikrophon reichte, sagte ich so bescheiden und leise, wie es unter diesen Umständen möglich war: »Also schön, wenn ihr wollt, trete ich als nächstes gegen Terrell an, wenn das werte Publikum es wünscht.«

Terrell und ich freuten uns schon seit einiger Zeit auf diese Begegnung. Als er 1965 den Weltmeisterschaftstitel der World Boxing Association gewonnen hatte – der Titel, den man mir aberkannt hatte –, war Terrell deprimiert in mein Hotelzimmer in New York gekommen. »Für den Kampf gestern abend habe ich keinen Pfennig gekriegt«, stöhnte er. »Angeblich war's keine Zugnummer. Als Schwergewichtler kann man nur Geld machen, wenn man gegen dich kämpft, Clay.«

Ich verwies ihn an meinen Manager, und er fuhr nach Chicago. Dort stellte er fest, daß Herbert bereits Pläne für einen Kampf zwischen uns schmiedete. Er ließ Terrell und mich für Werbefotos posieren, als ob wir unheimlich scharf darauf wären, uns gegenseitig in die Haare zu geraten, und ein paar Wochen

später wurde dieser Kampf unter dem Motto »Zusammenprall der Champions« an Madison Square Garden verkauft.
Terrell flog mit seinem Manager Bernie Glickman nach New York zurück. Glickman war ein Geschäftspartner des berüchtigten Frank E. Carbo, der vom Kefauver-Ausschuß als Schlüsselfigur des einstmals im Profiboxsport maßgeblichen Syndikats entlarvt worden war. Die Sportkommission des Staates New York ließ Terrells Management sofort untersuchen und wollte den Kampf in New York nicht genehmigen.
Aber es war ein guter Kampf, der einen hohen Gewinn versprach. Daher erschienen Finanziers aus Chicago und griffen ihn wieder auf.

In dem Zimmer wurde es so leise, daß man eine Stecknadel hätte fallen hören. Ich merkte, daß alle im Trainingslager nur noch eine einzige Frage beschäftigte: Was würde heute bei der Bekanntgabe der Musterungsbehörde herauskommen?
Jemand reichte Moe ein Telegramm. Er öffnete es und las es vor. Sein langes Gesicht, sonst so traurig wie das eines Bluthundes, lachte. Dann gab er mir das Telegramm mit einer Geste, als überreiche er mir einen hohen Scheck: »Habe ich dir nicht gesagt, der Kampf findet statt?«
Bei dem Telegramm handelte es sich um die erste Reaktion der Promoter aus Chicago auf meine Rückstufung in die Kategorie »eins-A«: KAMPF ALI–TERRELL IMMER NOCH AKUT. WUSSTEN DASS CLAY EINGEZOGEN WIRD WUSSTEN NUR NICHT WANN GENÜGEND ZEIT FÜR KAMPF VORVERKAUF LÄUFT PRIMA BRITISCHE RECHTE FÜR ZWOHUNDERTTAUSEND DOLLAR VERKAUFT
Ich wollte schon gehen, aber die Summe machte auf Angie einen großen Eindruck. »Muhammad, ich weiß, daß du es richtig machen wirst, aber versteh mich nicht falsch. Man will die Sache aufbauschen. Man hat noch nicht vergessen, wie du Liston und Patterson fertiggemacht hast. So wird ein Wort das andere ergeben. Man wird dir alle möglichen Fragen stellen. Ich will dir ganz gewiß keine Antwort in den Mund legen, aber wenn die Verlautbarung der Army durchkommt, würde ich an deiner Stelle nur sagen: ›Kein Kommentar.‹ Laß es dabei: ›Kein Kommentar.‹«
»Danke, Angie«, sagte ich und ging die Treppe hinunter. Ich drehte mich noch einmal um und blickte meinem Trainer in das sorgenvoll zerfurchte Gesicht. Vielleicht wäre es damals wirklich besser gewesen, »kein Kommentar« zu sagen, aber Angie wußte genau, daß dies nicht meine Art war, Fragen zu beantworten.
Ich ging den langen Weg von Miami Beach bis zum Negerviertel zu Fuß. Kinder riefen meinen Namen und rannten mir nach. Dann geschah etwas, das meine Antwort auf die entscheidende Frage mit beeinflußt hat.
Über ein Jahr sollte noch vergehen, bevor mich ein Reporter danach fragte. In einem Restaurant, hoch über dem Astrodome in Houston, wo der Kampf gegen Terrell schließlich zustande kam, erinnerte sich Milton Gross von der

New-York-*Post* an jenen Tag und erkundigte sich, wie das denn gekommen sei. »Warum haben Sie zuvor nie ein Wort über den Vietkong verloren? Ich habe Ihre öffentlichen Äußerungen genau verfolgt. Wie kam das eigentlich? Waren es vielleicht die Kinder, die auf der Straße spielten?« Er wußte von dem Zwischenfall und klopfte nur auf den Busch. Gross hatte es sich ebenso wie die meisten weißen Kolumnisten jener Zeit angewöhnt, alles zu entstellen, was mich betraf, um zu dokumentieren, wie »schlecht« ich für den Boxsport sei. Später allerdings wurde er mein treuester Paladin. Ich brach das Gespräch ab.

Aber er hatte recht. Bis zum Zeitpunkt meiner öffentlichen Äußerung hatte ich mich für den Krieg nicht mehr engagiert als jeder andere Fernsehzuschauer auch. Aber ich hatte in einer Zeitschrift eine Fotoserie mit verstümmelten Leichen toter Vietkong gesehen, die wie Holzklötze am Straßenrand ausgelegt waren. Ein weißer amerikanischer Offizier schritt zwischen ihnen hindurch und machte »Inventur«. Der einzige noch lebende Feind war ein nacktes kleines Mädchen, das mit furchtsam aufgerissenen Augen zwischen den Leichen umhersuchte. Dieses Bild schnitt ich mir aus. Das Gesicht konnte ich nie vergessen.

Kinder sind im Leben eines Schwergewichtsmeisters etwas besonders Liebes. Sie haben eine Art und Weise, ihm zu zeigen, was Liebe wirklich ist. Damals, als mein Exil noch von Dauer zu sein schien, umschwärmten mich die Kinder und riefen: »Champion! Der Champ kommt!« Sie durchstießen die Isolation, in die man mich drängen wollte. Von all den Freuden eines Weltmeisters im Schwergewicht bedeutete mir die Anerkennung und Zuneigung der Kinder, wo immer ich hinkam, am meisten. Von ihnen beim Namen genannt zu werden und ihnen meine Gegenliebe zeigen zu dürfen, das war all das Blut und die blauen Flecken wert, die Jahre der Verbannung, die schwere Zeit, in der mir ständig Gefängnis drohte, die Schmähungen und Verleumdungen von seiten derjenigen, die mich haßten, weil ich nun einmal so bin und es offen ausspreche. Kinder behandeln einen Boxchampion wie ein geschätztes Familienmitglied. So kamen zum Beispiel kleine Kinder jeden Tag an mein Zellenfenster, als ich im County Dade sieben Tage lang eingesperrt wurde, und riefen mir durch die Gitterstäbe zu: »Wann kommst du wieder raus, Champion? Wann werden sie dich freilassen?«

Oder wie an jenem Morgen in einem Hotel in Dublin, wo ich für meinen Kampf gegen Blue Louis gewogen werden sollte: Als ich von der Waage stieg, durchbrach ein hübscher kleiner Junge die Absperrung und bat mich um ein Autogramm. Ich merkte, daß er Amerikaner war, und fragte nach seinem Namen.

»Michael Reagan«, antwortete er.

Ich schrieb: »Mit besten Wünschen für Michael Reagan« und sagte: »Der einzige Reagan, den ich kenne, ist Gouverneur Ronald Reagan von Kalifornien.«

»Stimmt, das ist mein Vater.«

Ich sah ihn an, und er wurde rot. Dann hob er seine Faust zum Black-

Power-Gruß und lächelte. Kurz danach sah ich seinen Vater vor einem Aufzug stehen und hörte, wie er sich gegenüber seinen Freunden beklagte: »Ich weiß auch nicht, was heute morgen in Michael gefahren ist. Muhammad Ali war zum Wiegen da, und ich konnte ihn nicht in seinem Zimmer halten.« Vater Reagan ließ sich nicht anmerken, ob er mich erkannt hatte oder nicht. Ich erwartete es auch nicht. Er hatte in Kalifornien alles, was in seiner Macht stand, getan, um mich als »undankbar und unpatriotisch« vom Boxsport auszuschließen. Deshalb kam ich vier Jahre lang nicht mehr nach Kalifornien. Aber es gelang ihm nicht, diese Einstellung an seinen Sohn weiterzugeben.
Oder jener Abend in New York, wenige Wochen, nachdem Ken Norton mir das Kinn gebrochen hatte. Ich spazierte gerade durch das Lincoln Center, als die Zuschauer aus der Metropolitan Opera strömten. Ein paar Leute in Abendgarderobe baten mich um ein Autogramm auf ihren Programmen, darunter auch Mrs. Ethel Kennedy und ein paar Angehörige. Ihr verstorbener Ehemann, Senator Robert Kennedy, hatte mir ausdrücklich erklärt, daß er sich voll für mein Recht, zu boxen und meine eigene Meinung auszudrükken, einsetzte. Ein hübsches kleines Mädchen stellte sich auf die Zehenspitzen, gab mir einen Kuß aufs Kinn, legte mir die Ärmchen um den Hals und flüsterte mit ihrem damenhaften kleinen Stimmchen: »Schnapp dir den Kerl, der dir das Kinn gebrochen hat – tu mir den Gefallen und verhau ihn! – Reiß ihm den Kopf ab! – Schlag ihn in Stücke! – Laß ihm das nicht durchgehen!« Ich zwinkerte ihr zu, da ließ sie mich los, nahm wieder die Haltung einer kleinen Dame ein und stolzierte davon.
Wenn ich von der Sporthalle nach Hause gehe, freue ich mich darüber, daß die Kinder mir zurufen: »He, Champion! Wirst du Terrell schlagen? Mach ihn fertig! Du bist der Champion!«
Wenn ich die Schnellstraße zur anderen Seite von Miami Beach überquerte, blieben für gewöhnlich die Kinder, die mich bis dahin begleitet hatten, zurück, und andere aus meiner Nachbarschaft scharten sich um mich. Diesmal mußte ich ein ganzes Stück gehen, bevor ich die ersten zu Gesicht bekam. Ich hörte sie schreien wie bei einer wilden Rauferei. Dann bog ich um eine Ecke und sah eine ganze Bande, die Flaschen und Steine nach drei verängstigt davonlaufenden Kindern warfen. Bevor ich sie erreichte, hatten sie die kleine Gruppe eingekreist und traktierten sie mit Stöcken und Steinen. Ich packte einen Jungen beim Kragen und fragte ihn, was denn los sei. »Wir spielen nur«, antwortete er verlegen.
Sein Kumpel erklärte: »Das sind Vietkong. Wir sind die Amerikaner. Wir spielen doch nur.«
Dann erkannten mich alle, und das Spiel war aus. Ich ging auf einen der kleinen »Vietkong« zu, ein Mädchen, das offenbar am meisten Angst hatte, und hob sie auf meine Schultern. Einer der Jungen blieb stur und protestierte immer noch: »Sie ist doch ein Vietkong. Wir sind gegen diese Leute. Oder nicht, Champ?«
»Nein«, antwortete ich, »das stimmt nicht. Wir haben nichts gegen die Vietkong. Das sind Menschen wie du und ich.«

Er sah mich an, als glaubte er, nicht richtig gehört zu haben. Dann merkte er, daß es mir ernst war, und rief den anderen Kindern zu: »Wir haben nichts gegen den Vietkong.«
Ich trug das kleine Mädchen – sie hieß Patricia Ward – bis vor ihre Haustür. Von den zerlumpten Kindern sah sie am zerlumptesten aus. Zuerst staunte sie mich nur aus großen, verängstigten Augen an, und ich entdeckte eine fatale Ähnlichkeit zwischen ihr und dem kleinen vietnamesischen Mädchen aus jener Zeitschrift. Ich habe mich schon immer mehr um die scheuen Mädchen gekümmert, die sich im Hintergrund hielten, und sie wie Patricia aufgehoben und in den Arm genommen. Wenn sie trotzig versuchten, meine Küsse wegzuwischen, knurrte ich sie an: »Ein Champion läßt es sich nicht gefallen, wenn ein kleines Mädchen seine Küsse wegwischt. Da, da und da!« Ich herzte sie noch mehr, bis sie zu lachen begannen. Auf diese Weise ließ ich Patricia zumindest für eine Weile das grausame Spiel vergessen, das die anderen mit ihr getrieben hatten.
Ich wußte, daß Elijah Muhammad in seiner Zeitung den Krieg als die Privatangelegenheit der Vietnamesen und nicht der Amerikaner bezeichnet hatte. Herbert und ich hatten darüber oft diskutiert. Er hatte darauf hingewiesen, daß es sich um einen »vietnamesischen Bruderkrieg« handelte und daß unser Land nicht berechtigt sei, mit militärischer Gewalt dieser oder jener Seite seine Herrschaft aufzuzwingen. Uns schockierte alle beide das sinnlose Sterben unschuldiger Männer, Frauen und Kinder.
Zu Hause angekommen, mußte ich immer noch an das Kriegsspiel der Kinder denken und auch daran, wie bereitwillig sie damit aufhörten, als sie merkten, daß der Weltmeister nicht mitmachte. Ich hörte jemanden rufen: »He, Cassius!«
Sheriff Murphy saß mit ein paar Freunden in seinem Auto. »Bist du jetzt bereit, gegen die Gelben zu kämpfen?« rief er gut aufgelegt. »Ich hab' den Reportern gesagt: ›Wartet nur, bis der gute alte Cassius sich die Gelben vorknöpft!‹« Dann schlug er sich auf die dicken Oberschenkel und brüllte vor Lachen.
Ich ging zu meiner Tür. Drinnen wartete Halloran neben dem Telefon. Es war später Nachmittag geworden. Scharenweise waren die Reporter aus Chicago, New York und Philadelphia erschienen. Bob O'Hara, ein kleiner hakennasiger Zeitungsmann, den ich aus Louisville kannte, sah sich verstohlen um und winkte mich beiseite. »Die Aasgeier warten darauf, daß das Wild verendet. Seien Sie vorsichtig mit dem, was Sie sagen.« Dann rückte er mit seinem Wunsch heraus: »Geben Sie einem Mitbürger eine Chance. Was werden Sie sagen, wenn Sie die Einberufung bekommen?«
Da hörte ich einen Ruf an der Tür. Es war Halloran. »Die Army hat sich gerade gemeldet! Genau, was ich Ihnen gesagt habe: Sie sind von ›eins-Y‹ nach ›eins-A‹ umgestuft worden. In einem Monat sollen Sie einrücken.«
Ein Reporter aus Washington hielt mir das Mikrophon hin, aber Halloran schob ihn beiseite, und wir stellten uns im Vorgarten vor die Kameras.
Kinder, die gemerkt hatten, daß hier etwas Spannendes passierte, tanzten

überall umher. Es waren bald mehr Kinder als Reporter. Ich betrachtete ihre Gesichter und erkannte einige aus der Gruppe, deren Kriegsspiel ich vorhin unterbrochen hatte.

Ein Reporter fragte mich, ob ich die Einberufung akzeptieren würde. Die Kinder sahen mir ins Gesicht, ich ihnen. Ich schüttelte den Kopf und wiederholte das, was ich schon vorher zu den Kindern gesagt hatte. Einige der Reporter rannten davon, um ihre Berichte durchzugeben. Ihnen genügte das bereits. Andere fragten weiter: »Wie kommt man sich vor, wenn man eingezogen wird?«

»Nun, zwei Jahre lang hat mich die Army als ›Trottel‹ hingestellt«, sagte ich. »Ich war ganz ruhig und auf alles gefaßt. Ich schämte mich. Es war meinen Eltern peinlich, und sogar meiner ehemaligen Frau. Alle fragten sie, ob ich im Kopf nicht richtig wäre, weil ich die Prüfung bei der Army nicht bestanden hätte. Nun haben sie mich – keiner weiß, ob ich gescheiter oder dümmer geworden bin – auf einmal für normal erklärt. Das ist genauso, als ob ich in den zwei Jahren, in denen sie mich in Ruhe gelassen haben, einer der dreißig klügsten Männer von Louisville geworden wäre.«

Sie lachten. Es wurde später, und die Kameraleute zogen ab. Ich sprach ganz offen über meine Einstellung zum Krieg, zur Rassenintegration und die Gründe meines Übertritts zum Islam.

»Ich will nur den Frieden«, sagte ich. »Den Frieden für mich und den Frieden für die Welt. Meine Religion ist der Islam. Ich bin ein Anhänger des Honorable Elijah Muhammad. Ich glaube an Allah. Ich glaube daran, daß dies der richtige Weg zur Rettung der Welt ist. In Asien, Afrika und im Vorderen Orient gibt es fünfhundert Millionen Moslems. Ich bin einer von ihnen und sehr stolz darauf.«

Die meisten Fragen klangen so freundlich, daß ich beinahe den Haß vergaß, von dem die ersten Fragen geprägt waren. So manchen Abend hatte ich mit Anrufern gesprochen, und in anderen Nächten hatten wir das Telefon einfach ausgehängt, um ruhig schlafen zu können. Nach einer solchen Nacht hätte ich beinahe einen wichtigen Anruf verpaßt. Kurz vor dem Morgengrauen verließ ich mein Haus, um wie immer am Golfplatz meine Runden zu drehen. Rahaman hatte den Telefonhörer in der Hand und rief mir nach: »Chicago!«

»Sag ihnen, ich bin zum Lauftraining«, schrie ich zurück und ging weiter.

Aber noch bevor ich den Garten verlassen hatte, schrie er mir erschrocken nach: »Champ, du sollst das Lauftraining vergessen! Der Kampf wird abgeblasen!«

Ich rannte zurück und riß ihm den Hörer aus der Hand. Am Apparat war Wendell Smith, ein schwarzer Reporter der *Sun-Times,* der sich auch für Bürgermeister Daley's Wahlkampagne engagiert hatte. Er sagte: »Ich hab's gestern abend schon versucht, aber eure Leitungen waren besetzt.«

Ich wurde ungeduldig. »Was ist mit dem Kampf? Für Späße habe ich keine Zeit.«

»Hören Sie, Champion, Bürgermeister Daley hat Sie im Fernsehen gesehen.« Wendell meinte es todernst. »Er ging an die Decke. Auch Gouverneur Kerner. Beide haben Sie als Verräter beschimpft. Aber das ist noch nicht das schlimmste.«
»Was noch?«
»Der Bürgermeister hat den Gouverneur gebeten, Ihre Genehmigung zur Durchführung des Titelkampfes gegen Terrell in Chicago bei der Sportkommission von Illinois überprüfen zu lassen.«
Ich hatte verstanden: Ich wußte, daß die Sportkommission sich alle Mühe geben würde, dem Wunsch eines Bürgermeisters oder Gouverneurs zu entsprechen. Aber ich wollte es einfach nicht glauben. »Sind Sie ganz sicher?«
»Ich hab' die ganze Nacht versucht, Sie zu erreichen.« Smith wirkte erschöpft. »Der Empfang, den ich für Sie bei Präsident Johnson im Weißen Haus organisiert habe, findet nicht statt, wenn der Kampf abgesagt wird.«
Wendell, der über gute Beziehungen zu höchsten Kreisen der Demokratischen Partei verfügte, hatte einen Werbetrick vorbereitet: Der Sieger des Kampfes Ali–Terrell sollte als der unbestrittene Weltmeister im Schwergewicht ins Weiße Haus eingeladen werden. Ich hatte mich damals um diese Einladung weder bemüht, noch war ich sonderlich daran interessiert. Aber Wendell vertrat die Auffassung, das sei eine offizielle Auszeichnung, die vom amerikanischen Präsidenten traditionsgemäß dem amtierenden Weltmeister zuteil würde. Louis war von Truman eingeladen worden, Tunney von Hoover, Patterson von Kennedy, Marciano von Eisenhower, Braddock von Roosevelt, Foreman von Nixon. Wendell fügte hinzu: »Um ehrlich zu sein, Johnson setzt auf Terrell, aber seine Frau und seine Töchter glauben, daß Sie gewinnen werden.«
Meine erste Einladung in ein »Weißes Haus« im Westen sollte übrigens durch Irlands Premierminister John Lynch ausgesprochen werden. Als mich seine Parlamentsmitglieder umdrängten und um Autogramme baten, fragte er mich, ob es beim Besuch im Weißen Haus in Washington ebenso hektisch zugegangen sei. Ich antwortete ihm, es sei für mich eine besondere Ehre, daß ich in Irland zum erstenmal vom Staatschef eines westlichen Landes eingeladen worden sei; Einladungen von anderen Staatsoberhäuptern hätte ich schon bekommen, so von Ghana, Nigeria, Ägypten, Saudi-Arabien, Libyen, Mali, Kuwait, Somalia, Uganda, Pakistan, Indonesien, Sudan und Marokko. Der Premierminister war überrascht. Er meinte, mein Besuch in Dublin hätte ebensoviel Aufsehen erregt wie seinerzeit der von Präsident John F. Kennedy.
Erst nachdem ich Foreman in Afrika geschlagen und mir den Weltmeistertitel im Schwergewicht zurückgeholt hatte, wurde ich ins Weiße Haus eingeladen. Der Besuch wurde durch Eugene Dibble vorbereitet, einem Berater der »Nation of Islam« aus Chicago. Präsident Ford empfing mich im Oval Office. Der Präsident sah über die Tatsache hinweg, daß ich mich gegen den Krieg gestellt hatte, für den er so entschieden eintrat. Und ich ignorierte die Tatsache, daß er meinen Ausschluß vom Boxsport befürwortet hatte.

»Jetzt ist meine Sammlung von Präsidenten komplett«, witzelte ich. »Das war ein großer Fehler, daß Sie mich hierher eingeladen haben, denn wie ich die Sache so sehe, werde ich mich jetzt um Ihr Amt bewerben.«
Der Präsident lächelte. »Bei all meinen Problemen könnten Sie es manchmal geschenkt haben.«
Zum erstenmal kam ich mit Abgeordneten und Senatoren zusammen. Sie beglückwünschten mich zur Wiedererlangung des Titels, sogar Senator Gene Tunney, dessen Vater mich wegen meiner Wehrdienstverweigerung noch so heftig kritisiert hatte.
Senator Walter Huddleston aus meinem Heimatstaat Kentucky gab mir zu Ehren ein Bankett. Nach dem Dinner hob er sein Weinglas: »Ich bitte Sie alle, sich zu erheben und auf das Wohl unseres Gastes zu trinken«, sagte er. Und brachte dann seinen Toast aus: »Ein Hoch auf den verdammten besten Nigger der Welt.«
Der Senator war in heiterer Stimmung, und das sollte wohl humorvoll klingen, aber irgendwie war ich doch froh, meiner Heimat Kentucky den Rücken gekehrt zu haben.
Was dem Senator nach meiner Meinung entging, erkannte jedenfalls die neunjährige Shelley Sykes von der Vierzigsten Schule in New York, die ein Gedicht aufsagte, als ich ihre Schule besuchte.

There was once a man named Cassius Clay,
He fought for the title and came a long way.
He became a Muslim, changed his name,
As Muhammad Ali, he grew proud of his fame.

The trouble began when he refused to fight
The Vietnamese, who happened to be non-white.
The boxing commissioner tried to destroy his fame,
By taking his title and filling it with shame.

The Black people were mad because he was treated as bad,
They thought he was the greatest fighter they ever had.
So Muhammad went from place to place,
Preaching that war was a racial disgrace.

When the war was over they let him fight,
And he tried to win with all his might.

First he lost, but he didn't stop,
Until he was back on top.
Now here's the latest,
Ali is the greatest!

Cassius Clay hieß da einmal ein Mann,
Der setzte zur Jagd auf den Titel an.
Er wurde Moslem unter dem Namen
Muhammad Ali, und Siege kamen.

Es wurde erst schlimm, als er nicht wollte
Gegen Leute kämpfen, so wie er sollte:
Gegen Vietnamesen, zufällig nicht weiß,
Die Boxkommission nahm ihm Titel und Preis.

Die Schwarzen wehrten sich gegen das Spiel.
Er war ihr größter Champion, und das war viel.
So zog Muhammad durch Stadt und Land,
Weil er den Krieg als Schande empfand.

Der Krieg war vorbei, er boxte wieder.
Mal ging es aufwärts, dann wieder nieder.

Er kämpfte hart so manches Jahr,
Bis er wieder ganz oben war.
Und nun kommt das Beste:
Ali ist der Größte!

Wendell hatte sich so sehr um die Einladung ins Weiße Haus bemüht. Er tat mir leid. »Es gibt nur eine einzige Möglichkeit, die ganze Geschichte abzuwehren«, sagte er zögernd.
Ich wartete.
»Wenn Sie nach New York fliegen und sich der Kommission stellen, könnten Sie vielleicht sagen, man hätte Sie falsch zitiert. Ich gehe dann zum Bürgermeister und spreche mit ihm.«
Es entstand eine lange Pause. Schließlich sagte ich: »Vielen Dank, Wendell.«
»Denken Sie drüber nach«, sagte er ohne große Hoffnung. »Die nächste Sitzung findet erst am Wochenende statt.«
Als ich auflegte und mich umdrehte, sah ich, wie mich meine Sparringspartner, die Köchinnen und meine Helfer betroffen ansahen. Sie hatten sich aus Bruchstücken der Unterhaltung immerhin so viel zusammengereimt, daß sie erschrocken waren.
»Steht nicht mit offenem Mund herum«, fuhr ich sie an. »Jetzt wird gelaufen.«
Aber niemand rührte sich. Dann sagte mein Bruder fast entschuldigend: »Es regnet, Champ.«
Ich sah hinaus. Es nieselte, wie so oft in Miami, aber jetzt war ich nur noch entschlossener. »Wofür haben wir die Regenmäntel? Los, holt sie schon! Der Kampf findet statt. Es wird trainiert.«
Als ich den Golfplatz erreichte, goß es wie aus Kübeln. Aber der Boden war wenigstens nicht glatt. Ich legte los, und meine Sparringspartner folgten mir in kurzen Abständen. Es war stockdunkel. Ich weiß noch, wie sehr ich mich bemühte, alle Sorgen weit von mir zu schieben, um richtig laufen und klar denken zu können. Jetzt, wo ich den Titel gewonnen hatte, wollte ich beweisen, daß er sich in den richtigen Händen befand. »Der Schwergewichtsweltmeister ist der eigentliche Mister Amerika«, hat einmal ein alter Boxer gesagt.

Nicht nur alte Boxer sagen das. Eines Tages fahren Ronnie und ich nach unserem Morgenlauf am Strand von Miami die verlängerte Fifth Street entlang, die Schnellstraße, die Miami und Miami Beach verbindet.
Ich betrachte gerade die schlanken Jachten und die dicken Kreuzer der Touristen in der Bucht, da packt Ronnie meinen Arm. »Sieh dir mal den Kerl da mit den Boxhandschuhen an.«
Ich lege den Rückwärtsgang ein und parke am Straßenrand. Auf einem kurzen Fahrweg, der um ein Wiesenstück herumführt, parkt ein wuchtiger schwarzer Lincoln Continental. Davor steht steif und gerade ein weißer Chauffeur, der in der einen Hand einen Gong und in der anderen den Klöppel hält. Eine junge blonde Frau lehnt auf dem Rücksitz, und in der Nähe steht eine etwas ältere Frau mit einem Handtuch in der Hand.
Sie alle beobachten einen alten Weißen, offenbar Anfang Siebzig, der sich in der Nähe eines Blumenbeets tummelt. Er trägt eine kurze rote Hose, rotweiße Sportschuhe und weiße Socken und schlägt matt und ungeschickt auf einen stämmigen Schwarzen ein. Der Schwarze macht sich kaum die Mühe, die Schläge seines Gegners abzublocken.
Plötzlich schlägt der Chauffeur auf den Gong. Ein lautes »Boing« tönt über die Bucht. Der Alte läßt die Boxhandschuhe sinken, bittet die Frau mit einer Kopfbewegung um das Handtuch und geht hinüber zum Chauffeur.
»Mein Gott, ist das nicht Jelly?« Ronnie glaubt, den lebenden schwarzen Sandsack zu erkennen, aber die Entfernung ist einfach zu groß.
Offenbar üben sie für irgendeine Schau. Ich gehe hinüber zu dem Schwarzen, aber er sieht an mir vorbei, als existiere ich gar nicht. Dann treffen sich unsere Blicke, und in seinen Augen flackert so etwas wie Erkennen auf. Ich bin ihm beim Friseur in der Second Avenue begegnet und habe dort Gerüchte vernommen, daß er bei einem wohlhabenden Weißen angestellt sei, aber was er genau macht, schien niemand zu wissen.
»Jelly?« frage ich so leise, daß die anderen es nicht hören können. »Was in aller Welt soll das? Wird das ein Film?«
»Kümmere dich doch um deine eigenen Angelegenheiten«, erwidert er und wendet den Blick ab.
»Warum schlägst du nicht zurück?« flüstert Ronnie. »Dann hört er bestimmt auf.«
Er streift uns mit einem Blick, dann sieht er hinüber zu dem alten Mann, der mit den Boxhandschuhen an seiner Hose zupft.
»Ich trainiere mit ihm«, antwortet Jelly, während der Alte mit knackenden Knochen ein paar Kniebeugen macht und seinen Chauffeur fragend ansieht.
»Wofür?« frage ich überrascht. »Wer ist das?«
»Der Weltmeister im Schwergewicht«, antwortet Jelly, ohne die Spur eines Lächelns.
»Burns«, sagt der Alte in strengem Ton zu seinem Chauffeur.
»Ja, Sir?«
»Achten Sie auf die Zeit.« Der Alte zieht eine Stoppuhr unter seinem Stuhl hervor. »Sie müssen genauer auf die Zeit achten.«

»Jawohl, Sir«, antwortet Burns und schlägt wieder den Gong.
Ich trete zurück. Der Alte geht auf Jelly los und schlägt mit aller Kraft auf ihn ein. Jelly wäre es wohl am liebsten, wenn ich ginge, aber ich bleibe stehen, weil ich nach dieser Runde meine Unterhaltung mit ihm beenden möchte. Diesmal nimmt der Alte Notiz von mir. »Junger Mann, Sie stören mein Training«, sagt er akzentuiert. »Bitte, entfernen Sie sich.«
Ich will ihm gerade eine passende Antwort geben und sehe mich um, da bemerke ich, daß seine Helfer besorgt sind und mir bedeuten, ich möchte gehen.
»Ich weiß, daß mein Herausforderer Sie zum Ausspionieren hergeschickt hat«, sagt der Alte bissig. »Gehen Sie also zu ihm, und sagen Sie ihm, daß ich ihn in der ersten Runde k.o. schlagen werde.«
Ich halte es auch für richtiger zu gehen. Aber da ich den Weltmeistertitel erst seit so kurzer Zeit besitze, kann ich mir die Bemerkung nicht verkneifen: »Sir, wissen Sie eigentlich, wer ich bin? Ich bin der Weltmeister im Schwergewicht.«
Die anderen zucken zusammen, aber der Alte lächelt nur nachsichtig. »Es gibt nur einen Weltmeister im Schwergewicht. Es hat nie zwei gegeben – und alle Welt weiß, daß ich es bin.« Er wirft einen Blick in die Runde, dann sieht er mich fast mitleidig an. »Das Publikum läßt sich nicht an der Nase herumführen.«
Die junge Frau steigt aus dem Wagen, kommt herüber und legt zärtlich ihren Arm um ihn. Dann schlägt der Chauffeur wieder den Gong und der Alte kehrt zu seinem »Training« zurück.
»Mein Onkel ist krank«, sagt das Mädchen leise. »Sie verstehen schon. Bitte, gehen Sie.«
Während der nächsten Tage lerne ich nicht nur diesen reichen alten Mann kennen, sondern auch zwei seiner Söhne, die später meine glühendsten Verehrer werden sollen. Über das seltsame Benehmen ihres Vaters wird nie gesprochen. Ich habe dafür Verständnis.

Als ich an diesem Morgen mein Laufpensum erledigt hatte und nach Hause kam, reichte mir Captain Samuel, einer meiner engsten Vertrauten und das Oberhaupt von Muhammads Moschee in Miami, ein bereits geöffnetes Telegramm.
SIE HABEN IHREN TITEL UND DIE AMERIKANISCHE FAHNE SOWIE DIE PRINZIPIEN, DIE SIE VERKÖRPERT, ENTEHRT!
Es stammte von dem früheren Schwergewichtsweltmeister Tunney.
ENTSCHULDIGEN SIE SICH WEGEN IHRER UNPATRIOTISCHEN BEMERKUNG ODER SIE WERDEN GESPERRT.
»Soll ich eine Antwort schicken?« Sam wartete gespannt auf meine Reaktion.
Monate später lud ich Tunney zu einer öffentlichen Diskussion ein. Ein schwarzer und ein weißer Weltmeister im Schwergewicht sollten über

Gerechtigkeit, Gleichheit, Freiheit und »Patriotismus« debattieren. Es ging auch darum, was »Patriotismus« sei und was Verrat. Er antwortete nicht einmal. Das überraschte mich nicht. Denn während Tunney und Dempsey ihren Titel hielten, weigerten sie sich, auch nur mit einem einzigen schwarzen Herausforderer zu sprechen. Sie hatten es nie gewagt, ihre Stimme zu erheben, wenn in den Südstaaten Schwarze gelyncht wurden, während sie ihren Titel noch innehatten. Sie waren immer »weiße Champions«.
Das Telefon läutete. Captain Samuel wartete immer noch auf meine Antwort. Ich schüttelte den Kopf und nahm den Hörer ab. Es war Ben Bentley, der Promoter aus Chicago. Er hatte sich von Herbert die Erlaubnis geholt, sich direkt mit mir in Verbindung zu setzen, und kam gleich zur Sache. »Champion, die Sportkommission hält am Freitag Ihretwegen eine Sondersitzung ab.«
Ich antwortete, das wüßte ich bereits.
»Da ist noch etwas, worüber ich am Telefon nicht sprechen kann. Können wir uns morgen früh treffen?«
»Wo?«
»Auf dem Flugplatz. Ich lande morgen früh in Miami. Gleich nach Ihrem Lauftraining. Einverstanden? Sagen Sie keinem Menschen, daß ich komme. Okay? Nur unter vier Augen.«
»Okay.«
Ich kannte Bentley, diesen stets korrekt gekleideten Zigarrenraucher, seit meiner Amateurzeit. Er hatte sich schon immer viel mit Boxern und anderen Sportlern abgegeben und wurde von ihnen respektiert. Später sollte er Public-Relations-Chef für die »Chicago Bears«, ein berühmtes Footballteam, und die »Chicago Bulls«, eine Basketballmannschaft, werden.
Bentley war bereits gelandet, als ich am nächsten Morgen im Trainingsanzug zum Flughafen kam. Wir suchten uns einen Tisch im Café, und er kramte eine Weile in seiner Aktenmappe. Schließlich holte er einige Papiere und Zeitungsausschnitte hervor und kam trotz seiner offenkundigen Nervosität sofort zur Sache: »Muhammad, ich bin so gut wie ruiniert.«
Er breitete die Ausschnitte auf dem Tisch aus.
»Wenn die Sportkommission am Freitag zusammentritt und Sie sind nicht da, wird der Kampf abgesagt. Alles, was ich besitze, ist dann im Eimer. Sehen Sie sich das an: Die American Legion hat uns mitgeteilt, sie würde alle Drahtfernsehanschlüsse boykottieren, falls Sie sich nicht öffentlich entschuldigen. Das wissen Sie. Aber selbst wenn Sie den Leiter der Kommission zufriedenstellen, muß ich noch den Bürgermeister, den Gouverneur und die Chicago-*Tribune* dazu bekommen, umzuschwenken und uns wieder zu unterstützen.«
Eine Kellnerin brachte seinen Kaffee. Seine Hand zitterte, als er die Tasse an die Lippen hob. Ich sah die Zeitungsausschnitte durch.
Die New-York-*Post* stellte Joe Louis als Beispiel hin und forderte mich auf, ihm nachzueifern. »Joe Louis hat gesagt, Amerika werde immer siegen, weil es einen heiligen Krieg führt«, hieß es da.

Jim Kernaghan schrieb im Toronto-*Star* einen Beitrag unter der Überschrift CLAY IST BEI MILLIONEN VERHASST.
Jim Murray bezeichnete mich in der Los-Angeles-*Times* als »schwarzen Benedict Arnold« und warnte mich, »jemals in die Nähe der Statue Lincolns zu gehen; es würden dann echte Tränen sein, die über die steinernen Wangen liefen«.
Jack Dempsey: »Muhammad Ali ist als Boxer erledigt. Wie immer auch sein nächster Kampf ausgehen mag, er ist erledigt. Er sollte sich vorsehen. Jetzt darf er sich kaum noch auf die Straße wagen.«
Angie oder Chris hatten mir zwar schon die meisten dieser Artikel gezeigt. Um so mehr fühlte ich mich veranlaßt, jetzt erst recht zu erklären, warum ich diesen Krieg für ungerecht hielt und warum ich mich in keiner Weise dazu mißbrauchen lassen wollte, ihn zu unterstützen. Gerade jene, die mich jetzt so hart verurteilten, hatten niemals auch nur ein einziges Wort gegen die Ungerechtigkeiten und die Unterdrückung verloren, denen die Schwarzen in Amerika ausgesetzt sind. Sollte das etwa heißen, daß sie mich nur zu ihren Bedingungen als Weltmeister im Schwergewicht akzeptieren wollten? Nur dann, wenn ich die Rolle des hirnlosen Wilden spielte, der alles nachplapperte, was nach Auffassung des Establishment gerade richtig war – selbst dann, wenn es den Interessen meiner schwarzen Landsleute oder meines Vaterlandes zuwiderlief?
Eine Zeitung schrieb: »Ein Mitglied der Black Muslims, einer so fanatisch rassistischen Sekte, kann als Schwergewichtsweltmeister nicht geduldet werden.«
Wie konnte man nur den Islam, meine Religion, als eine »fanatisch rassistische Sekte« bezeichnen, nachdem weiße Christen im Namen der Überlegenheit der weißen Rasse meine schwarzen Landsleute ausgeplündert, versklavt und unterjocht hatten?
Es war, als hätte ich mit einem Knopfdruck bei einem großen Teil der weißen Bevölkerung Amerikas ein Ventil für den aufgestauten bitteren Haß wegen meiner Frechheiten und Prahlereien geöffnet – weil ich mich selbst als den »Größten« bezeichnet hatte, ohne sie um Erlaubnis zu fragen. Weil ich ihr Christentum als eine Farce bloßgestellt und meinen eigenen Glauben verkündet hatte, weil ich unter meinen farbigen Freunden eine Philosophie der Schwarzen verkündete, ohne mich dafür zu entschuldigen. Weil ich ihre Hoffnung enttäuscht hatte, mich »zum Wohl des Landes« schlagen zu lassen. Weil ich die Früchte des Sieges davongetragen und es ihnen überlassen hatte, einen neuen Versuch zu unternehmen. In den nun kommenden Tagen sollten dieselben Menschen, die mich einst als »frischen Wind im Boxsport« bezeichnet, die meine Gedichte »humorvoll« und meine Bemerkungen »komisch« gefunden hatten, wie Bill Gleason von der *Sun-Times*, feststellen: »Er ist nicht komisch, er ist tragisch.« Oder, wie ein anderer Autor es faßte: »Er ist eine Gefahr für die Jugend Amerikas.«
Jene, die von Anfang an gegen mich waren, hatten keine geschlossene Gruppe gebildet, sie waren sich untereinander vor allem darin uneins, wie sie

mich in Stücke reißen sollten. Nun hatte ich ihnen, ohne es zu wissen, den Kitt geliefert, der sie zusammenhielt: den Vorwand für einen heiligen Kreuzzug.
Bentley beobachtete mich. Ich hob den Kopf und sah, daß seine Augen feucht waren. »Wenn wir zulassen, daß man Sie jetzt als Sportler blockiert, werden die anderen weitermachen, bis Sie als Boxer tot sind.« Als ich mich immer noch ungerührt zeigte, fügte er hinzu: »Muhammad, ich habe alles aufs Spiel gesetzt, was ich auf dieser Welt besitze. Ich bin erledigt.«
Dieses Argument verstand ich. »Was wollen Sie von mir?«
Er schrieb mir eine Telefonnummer auf. »Rufen Sie um ein Uhr den Kommissar in Chicago an. Sagen Sie ihm, daß Sie am Freitag bei der Versammlung erscheinen werden. Sagen Sie ihm, daß Sie sich entschuldigen werden.«
Als ich schwieg, sagte er: »Sie wollen ja nichts weiter als Ihre Versicherung, daß Sie ein patriotischer Amerikaner sind. Irgend etwas, damit sie das Gesicht wahren. Wenn Sie das machen, wird der Kampf stattfinden.«
»Weiß die Sportkommission, daß Sie mit mir sprechen wollen?« fragte ich.
Er nickte. »Sie warten auf das Ergebnis, das ich mitbringe.«
Ich begleitete ihn zu seiner Maschine. Trotz meines inneren Widerstands ließ mich sein Appell nicht unberührt.
In der Sporthalle ging ich am Nachmittag drei Runden mit Jimmy Ellis. Ich war mit meinen Gedanken so weit weg, daß Ellis, einer der geschicktesten Boxer im Ring, der spätere Schwergewichtsweltmeister der WBA, ein paar harte Treffer landen konnte. Als ich den Ring verließ, hielt mich Moe fest. »Ich hab' gehört, du fliegst vielleicht nach Chicago und sprichst mit der Kommission?«
Ich antwortete ihm, daß ich das noch nicht genau wüßte.
»Wenn du hinfliegst«, sagte er, »möchte ich dir ein Gedicht mitgeben, das du in der Maschine lesen sollst.«
Ich nickte, aber in Wirklichkeit war ich mit ganz anderen Dingen beschäftigt als mit Gedichten und Prophezeiungen. Ich mußte an Bentleys Appell denken.
Nach meiner Überzeugung ist ein Boxer verpflichtet, im Ring seine beste Leistung zu bringen, genau wie ein Schauspieler weiß, daß die Vorstellung unter allen Umständen stattfinden muß. Ich kannte Boxer, darunter sogar berühmte Meister, die schon beim geringsten Anlaß einen Kampf verschoben oder absagten. Wir hatten bereits eine Tradition begründet, die es bis dahin im amerikanischen Boxsport noch nicht gab: Wir suchten uns absichtlich die härtesten Gegner heraus, die es gab, und wenn ich erst einmal zugesagt hatte, dann fand der Kampf auch unter allen Umständen statt. Ich hatte noch nie einen Rückzieher gemacht, wenn es erst einmal um Geld ging – mit einer Ausnahme: Als Bill McDonald mir klipp und klar das Ultimatum stellte, entweder in aller Öffentlichkeit meinem Glauben abzuschwören oder meine erste Begegnung mit Liston abzublasen. Hier hatte ich in Wirklichkeit gar keine Wahl, deshalb stammte die Absage auch vom Promoter, und nicht von mir.

Ich war den ganzen Tag über unruhig. Diesmal war ich nämlich nicht so sicher, ob die Verantwortung nicht doch bei mir lag.
»Die Entscheidung liegt allein bei dir, Muhammad.« Edward Jocko, mein Anwalt in New York, rief mich jetzt jede volle Stunde an. »Es liegt allein bei dir.«
Meine Finanziers beschworen mich »die Sache in Ordnung zu bringen«. Meine Förderer in Louisville verlangten von mir, »was dran zu tun«. Menschen aus meiner Umgebung, die von mir abhängig waren, wünschten, daß der Kampf stattfände.
»Was muß ich denn vor der Kommission sagen?«
»Das werde ich Ihnen genau erklären.« Jocko war darauf vorbereitet. »Hier, das Liedchen müssen Sie singen.« Jocko trug immer alles in der Brieftasche bei sich. »Greifen Sie nur nach dem Telefon, rufen Sie den Vorsitzenden Triner an, und sagen Sie ihm, die Bemerkung war etwas voreilig. Es ist mit Ihnen durchgegangen. Natürlich entschuldigen Sie sich dafür. Los, telefonieren Sie schon.«
So kam es, daß ich zur vereinbarten Stunde die Sportkommission von Illinois anrief und nach dem Vorsitzenden Triner fragte. Er erwartete den Anruf. Ich las den Text vor, den Jocko mir gegeben hatte: Es täte mir leid, anderen Ungelegenheiten bereitet zu haben. Meine Äußerung sei voreilig und unüberlegt gewesen. Ich wolle mich dafür entschuldigen.
Der Vorsitzende war erfreut und sogar ein wenig überschwenglich. Er dankte mir, erklärte jedoch, er sei nicht ermächtigt, meine Entschuldigung anzunehmen oder zurückzuweisen. Das könne nur die dreiköpfige Kommission insgesamt, und er lade mich ein, am Freitag zu der Sondersitzung zu kommen. Ob ich bereit sei, mich der Kommission zu stellen, um die Fragen zu beantworten, zu denen sie laut Abschnitt 6, Kapitel 9 der Regeln und Vorschriften der Sportkommission von Illinois ermächtigt seien; dort stand geschrieben, daß ein Berufsboxer »den Kommissar davon überzeugen muß, daß er persönlich von gutem, verläßlichem und moralischem Charakter ist, daß nicht angenommen werden muß, daß er sich an Handlungen beteiligt, die der Öffentlichkeit oder der Ehrlichkeit im Boxsport abträglich sein könnten.«
Im ersten Augenblick konnte ich nicht antworten und überlegte mir, was er denn wollte. Da alle anderen Punkte nicht auf mich zutrafen, nahm ich an, daß meine Bemerkung, ich »habe nichts gegen den Vietkong« als »der Öffentlichkeit abträglich« betrachtet wurde.
»Werden Sie erscheinen?« fragte der Kommissar ein wenig beunruhigt.
Nichts wünschte ich mir weniger. Aber ich hatte Rechtsanwälten, Freunden, Trainern, Finanziers und Mitarbeitern, kurzum allen, die etwas mit dem Terrell-Kampf zu tun hatten, versprochen, daß ich mich entschuldigen würde. Deshalb sagte ich schließlich: »Ich werde dasein.«
»Gut, wir treffen uns um zwölf Uhr mittags, Mr. Clay.« Jetzt war er wieder entgegenkommend.
Ich fühlte mich erschöpft, als ich auflegte, und mir war, als hätte ich fünfzehn

Runden gegen einen Boxer hinter mich gebracht, der überschätzt wurde und den ich in der zweiten Runde hätte schlagen können.
Meine Förderer aus Louisville riefen an und beglückwünschten mich zur »Aufklärung des Mißverständnisses«. Bentley rief erfreut und dankbar an, versprach, mich am Flugplatz abzuholen. Jocko benahm sich wie ein Fußballtrainer, der dem Star seiner Mannschaft den Rücken stärken muß. »Jetzt sind Sie auf dem richtigen Weg! Der Kampf ist zu wichtig, um ihn wegen einer Entschuldigung sausen zu lassen. Zu wichtig!«
Ich spürte die Erleichterung bei allen, fragte mich aber, ob der Telefonanruf nicht doch voreilig gewesen war.
Mit Angie, Ausverkauf-Moe und einer Wagenladung von Helfern fuhren wir zum Flugplatz. Moe wirkte traurig und niedergeschlagen. Bevor ich die Maschine bestieg, reichte er mir einen seiner kleinen Briefumschläge. »Es ist das Gedicht mit der Prophezeiung«, sagte er. »Lies es im Flugzeug.« Ich schob den Brief in die Tasche, dann starteten wir in Richtung Chicago.
Nach der Landung drängte sich Bentley zwischen den Reportern hindurch auf mich zu. Er hatte eine Packung Heftpflaster bei sich. Da ich wußte, wie ängstlich er meine Äußerungen überwachte, nahm ich ein paar Streifen und klebte sie mir über den Mund. Die Reporter nannten das meine neue Politik der »verschlossenen Lippen«, lachten laut und verschonten mich mit Fragen. Bentley war gereizt, bis er mich an meinem Hotel absetzte. Er sah auf die Uhr. »Nur noch vierundzwanzig Stunden bis zur Sitzung.« Er versicherte mir, es werde nicht mehr als fünfzehn oder zwanzig Minuten dauern. »Sagen Sie genau das, was Sie am Telefon schon gesagt haben, dann ist diese Hürde überwunden. Und ja kein Wort zu den Reportern, bis alles vorüber ist.« Dann verabschiedete er sich mit einem warmen Händedruck.
An diesem Nachmittag konferierte ich stundenlang mit Herbert Muhammad über meinen Auftritt vor der Kommission. Es war der Vorabend des höchsten Feiertags der »Nation of Islam«, des »Tags des Heilands«. Ich hatte beschlossen, übers Wochenende zu bleiben und an der Versammlung teilzunehmen. Herbert war der Meinung, daß mein Verhalten am nächsten Tag über Jahre entscheiden würde, und empfahl deshalb, ich sollte mich mit seinem Vater beraten, Messenger Muhammad. Dieser ehrwürdige Mann befaßte sich sonst so gut wie nie mit Fragen des Sports, aber es gelang Herbert, eine Verabredung eine Stunde vor der Sitzung der Kommission zustande zu bringen.
Am Abend suchte ich nach einem ruhigen Eckchen, wo ich vor den lästigen Reportern sicher war, und landete in einem kleinen Friseurladen, aber auch hier wurde nur über die morgige Sitzung gesprochen.
»Was werden Sie den Leuten sagen, Ali?« fragte der Friseur.
»Was soll ich ihnen denn sagen?«
»Sie sollen sich zum Teufel scheren. Sie haben ein Recht auf eine eigene Meinung über den Krieg, deshalb darf man doch niemanden daran hindern, seinen Beruf auszuüben. Die Weißen in unserem Land werden übermütig!«
Der Friseur, der nebenan arbeitete, war anderer Meinung. »Laßt um Him-

mels willen den Kampf nicht platzen. Ich hab' auf Sie gewettet und weiß, daß Sie es schaffen werden.«
Die Kunden lachten. Einer las mir aus der Zeitung vor, was ich nach Meinung des Kolumnisten Red Smith wohl sagen würde:

> Es ist dem Vorsitzenden Triner hoch anzurechnen, daß er Bürgermeister Daleys Forderung nach Repressalien gegen Clay noch nicht nachgegeben hat. So wurde eine Sondersitzung anberaumt. Man einigte sich darauf, ihn am Freitag persönlich zu befragen, bevor eine Entscheidung gefällt wurde. Cassius, der außerordentlich liebenswürdig sein kann, wenn er will, wird den zerknirschten, gewinnenden jungen Mann spielen. Er hat bereits eingestanden, daß seine Bemerkung vorlaut war. Er ist nicht bereit, sich von den Zeitungsleuten zu weiteren unbedachten Äußerungen hinreißen zu lassen.

»Was soll das heißen?« wollte der Friseur wissen.
Sein Kollege nebenan freute sich: »Das heißt: Setz dein Geld auf ihn, die Sache läuft. Ich an Ihrer Stelle würde mich so untertänig wie nur möglich entschuldigen. Und dann würde ich diesen Terrell in Stücke reißen.«
Mein Friseur war dagegen. »Das Dümmste, was Sie tun können. Wenn man Sie erst einmal in die Knie gezwungen hat, läßt man Sie nie wieder hochkommen. Schlimmer kann's gar nicht kommen!«
So ging der Streit hin und her, genau wie in meinen eigenen Gedanken.
Als ich ins Hotel zurückkehrte, erwartete mich Wendell in der Halle. Er brannte darauf, seine Neuigkeit aus Washington loszuwerden. »Es ist alles vorbereitet«, sagte er, während ich mich zum Schlafengehen anschickte. »Johnson hat sich bereit erklärt, den Sieger zusammen mit Fotografen ins Weiße Haus einzuladen, sobald Sie sich öffentlich entschuldigt haben.«
Plötzlich ärgerte es mich, daß er diese Entscheidung stillschweigend voraussetzte. Ich sagte: »Hoffentlich sind wir morgen nach der Sitzung immer noch Freunde.«
Wendell war immerhin der schwarze Reporter, der Jackie Robinson alle Türen geöffnet hatte, und ich wußte, daß er auch mir die Tür zum Weißen Haus öffnen wollte.
Er blinzelte verwirrt. »Aber Sie haben doch schon beschlossen, sich zu entschuldigen«, sagte er und reichte mir eine Zeitung mit der Überschrift: CLAY ZUR ENTSCHULDIGUNG BEREIT! »Haben die Muslims Ihnen nicht Bescheid gesagt? Ich dachte, Sie hätten mit dem Chef gesprochen und alles geklärt.«
Ich griff nach der Zeitung. »Der Exklusivbericht« von Jack Mabley stützte sich angeblich auf »vertrauliche Informationen aus Führungskreisen der Muslims«:

> Clay ist angewiesen, im Zweifelsfall ausweichend zu antworten. Man nimmt jedoch an, daß Clay dann, wenn es sich als notwendig erweisen sollte, zu der Erklärung bereit ist, er werde bei den Streitkräften dienen ... Sollte er sich zu dieser Erklärung gezwungen sehen, so wäre es für ihn relativ einfach, seine Meinung nach dem Kampf, jedoch vor seiner Einberufung, wieder rückgängig zu machen.

Ich las diesen Absatz zweimal. Ich traute meinen Augen nicht. Woher stammten diese »Anweisungen«?
Am Morgen traf ich mich mit Chauncey Eskridge, meinem Anwalt und dem Steuerberater der »Nation of Islam« in Muhammads Villa an der Kenwood Street. Wir nahmen gemeinsam an einem langen Eßtisch Platz und bekamen Kaffee und Kekse serviert. Die Unterhaltung drehte sich um nationale und internationale Fragen, bis wir wieder aufbrechen wollten und mein Anwalt schließlich den Grund meines Zusammentreffens mit der Kommission erläuterte.
Der weise Muhammad schwieg, während wir auf die Tür zugingen. Dann sah er mich an und sagte schlicht: »Bruder, wenn du glaubst, daß das falsch war, was du gesagt hast, dann sei ein Mann und entschuldige dich dafür. Wenn du aber glaubst, daß deine Worte richtig waren, dann sei ein Mann und steh zu ihnen.« Mehr sagte er nicht.
Während der Autofahrt über den Outer Drive zum Loop sah ich zum Fenster hinaus auf das aufgewühlte Wasser des Michigansees und hörte nur mit halbem Ohr auf Eskridge, der die verschiedenen Alternativen erläuterte. Wir hielten gegenüber vom Rathaus am Regierungsgebäude des Staates Illinois, und ich war überrascht, welche Menschenmenge sich am Eingang versammelt hatte. Ein Demonstrationszug von Männern in Uniform aus dem Zweiten Weltkrieg versperrte fast den Zugang. Sie trugen Transparente: »Clay! Entschuldige dich vor Amerika!« – »Clay! Liebe Amerika oder hau ab!« Drüben auf der anderen Seite demonstrierten junge Leute mit Transparenten: »Gebt dem Champ eine Chance!« – »Wir sind für Muhammad Ali.« – »Wir haben nichts gegen den Vietkong.« Mir fiel auf, daß Demonstranten, die für mich eintraten, von der Polizei sehr viel unsanfter behandelt wurden als die Demonstranten gegen mich.
Die Korridore und Gänge im Gebäude waren vollgestopft mit Fotografen und Reportern. Sie schrien mir zu: »Champion, was wirst du sagen?« Jemand hielt mich an der Hand fest und zerrte mich durch eine Tür. Es war Jim Brown, ein ehemaliger Footballstar aus Cleveland. Er gehörte nun zu der Firma Main Bout, die meine Boxkämpfe über Drahtfernsehen verbreitete. Jocko war per Flugzeug aus New York gekommen. Er trat auf uns zu und drückte mir eine maschinegeschriebene Erklärung in die Hand, die er vorbereitet hatte.
Wir wurden in einen Aufzug geschoben und drängten uns schließlich in den Konferenzraum in der oberen Etage. Er sah mehr wie ein Gerichtssaal aus. Ich hatte damit gerechnet, daß wir uns an einem runden Tisch zwanglos unterhalten würden, aber nun fand ich die Kommissare wie die Herren vom Hohen Gericht auf einem Podium sitzen und mich auf einem Stühlchen tief unter ihnen. Hinter dem Podium hingen zwei gewaltige Fotografien: Links Bürgermeister Daley, rechts Gouverneur Otto Kerner.
»Soviel ich weiß, haben Sie eine Erklärung abzugeben«, begann der Vorsitzende Triner.
Ich stand auf. Im Saal wurde es still.

»Haben Sie etwas zu sagen?« fragte der Vorsitzende in demselben freundlichen Ton wie am Telefon. Jocko stieß mich an und steckte mir ein Stück Papier zu, aber ich schob es beiseite.
»Ich habe keine Erklärung vorbereitet«, sagte ich. »Was ich in Miami gesagt habe, hätte ich den Beamten der Musterungsbehörde und nicht vor Reportern sagen sollen. Ich entschuldige mich dafür, daß ich mich nicht an die richtigen Leute gewandt habe.«
Triner sah mich verwirrt an, dann meinen Rechtsanwalt. Kommissar Joe Robichaux erhob sich, und ohne jeden Übergang kam er zum Kern der Sache: »Es ist nicht von Bedeutung, wem gegenüber Sie die Bemerkung gemacht haben. Es geht um die Bemerkung selbst. Entschuldigen Sie sich für Ihre unpatriotische Bemerkung, unabhängig davon, zu wem Sie das gesagt haben?« Seine Stimme klang laut und eindringlich.
Ich setzte schon zu einer Erwiderung an, spürte aber wieder einen Rippenstoß. Jocko flüsterte mir verzweifelt zu: »Sag doch, daß du dich entschuldigst, los, sag's schon!«
Der Kommissar fuhr fort: »Cassius Clay ...« Er gebrauchte meinen Sklavennamen mit ganz besonderer Betonung: »Entschuldigen Sie sich gegenüber dem amerikanischen Volk, dem Gouverneur dieses Staates und dem Bürgermeister dieser Stadt? Nehmen Sie Ihre unpatriotische Bemerkung zurück?«
Er wußte genau, daß er meine Karriere in seinen Händen hielt, und wollte es mir in diesem Augenblick auch zeigen. Ich hob den Blick zu den Fotos des Bürgermeisters und des Gouverneurs. Jocko war drauf und dran, mich beiseite zu schieben und an meiner Stelle zu antworten.
Die Stimme des Kommissars tönte wie die eines Auktionators nach dem letzten Gebot bei einer Versteigerung: »Habe ich mich klar genug ausgedrückt?«
»Nein, ich entschuldige mich nicht für das, was ich gesagt habe. Ich entschuldige mich nicht.«
Die Kommissare fuhren auf. Sie sahen meinen Rechtsanwalt an, dann den Promoter Bentley. Einer von ihnen setzte noch einmal an: »Cassius Clay ...«
Ich unterbrach und berichtigte ihn: »Mein Name ist Muhammad Ali.«
Der Handschuh war gefallen, und ich hatte ihn aufgehoben. In mir war nichts von einer Entschuldigung. Die Kommissare flüsterten miteinander, aber ich wußte, daß die Anhörung vorbei war. Ich stand auf und drängte mich zur Tür. Jocko hielt mich verzweifelt fest und zischte mir zu: »Muhammad, komm schon. Komm zurück!« Aber ich hatte die Linie, bis zu der es ein Zurück gab, schon überschritten, und dasselbe galt für die Kommissare. Entweder ich blieb auf freiem Fuß, oder sie steckten mich ins Gefängnis. Und wenn ich im Gefängnis verfaulen sollte, so war ich auch dazu bereit.
Ich weiß noch, wie mir die Reporter in den überfüllten Korridoren zuriefen: »Findet der Kampf statt? Was ist drinnen passiert? Ist alles vorbei?« Ich sah das blutleere Gesicht Bentleys – er hatte schon aufgegeben.
Aber mein Rechtsanwalt gab nicht auf. Als ich ins Hotel zurückkehrte, läu-

tete das Telefon in meinem Zimmer. Es war Jocko. »Muhammad«, sagte er, »wir können die Sache immer noch retten!«

»Lassen wir es gut sein«, sagte ich.

»Jetzt hören Sie mir um Himmels willen einmal zu. Die Abstimmung hat noch nicht stattgefunden. Sie können die Dinge noch wenden. Die Stadt will den Kampf sehen, sogar der Bürgermeister will ihn haben. Sie brauchen nur eine Möglichkeit, das Gesicht zu wahren.«

»Jocko, ich hab' noch etwas zu tun, und ich bin schon spät dran!«

»Warten Sie«, flehte er. »Hören Sie mir bitte zu. Sie müssen jetzt mitspielen, oder Sie sind erledigt. Ich will ganz offen sein. Es stimmt, was Gene Tunney und Jack Dempsey sagten. Man wird Sie aus dem Land jagen. Sie warten doch nur darauf, Ihnen einen ordentlichen Denkzettel verpassen zu können. Hören Sie auf mich, legen Sie nicht auf. Ich sage Ihnen, was Sie jetzt tun müssen. In wenigen Minuten berufe ich eine Pressekonferenz ein. Ich werde vor der Presse erklären, die Kommissare hätten Ihnen unfaire Fangfragen gestellt. Ich werde sagen, ich hätte gerade mit Ihnen am Telefon gesprochen und Sie hätten zugegeben, einige der Worte, die von den hohen Herren gebraucht wurden, nicht ganz verstanden zu haben. Zum Beispiel das Wort ›patriotisch‹. Sie erinnern sich noch an Triners Frage: ›. . . ob Sie sich gegenüber dem Volk von Illinois und dem Gouverneur für ihre unpatriotische Bemerkung entschuldigen wollten?‹ Ich werde sagen, daß Ihre Antwort so oder so bedeutungslos gewesen wäre, weil Sie den Sinn des Wortes ›unpatriotisch‹ nicht verstanden hätten. Dieses Wort hätten Sie noch nie gehört. Kapiert?«

»Herr Rechtsanwalt, ich sage Ihnen doch, ich habe etwas anderes . . .«

»Lassen Sie mich ausreden«, schrie er. »Dann spreche ich mit den Kommissaren. Ich werde sagen, diese ganze Sache sei Ihnen furchtbar peinlich. Sie seien deprimiert und niedergeschlagen und enttäuscht, weil das alles so passierte, und Sie wünschten eine weitere Gelegenheit, vor der Kommission zu erscheinen, um sich eventuell auch vor dem Gouverneur persönlich zu entschuldigen. Das ist Ihre einzige Chance: Sie haben die Worte, die gebraucht wurden, nicht verstanden.«

»Hören Sie, Jocko«, sagte ich ruhig, weil es sinnlos gewesen wäre, noch lauter zu schreien als er, »ich weiß doch, was das Wort ›unpatriotisch‹ bedeutet, und wenn es heißt, daß man gegen den Krieg ist, dann bin ich eben unpatriotisch. Ich bin nun einmal so.«

»Sind Sie nicht«, brüllte Jocko zurück. »Sie enttäuschen eine Menge Leute, die an Ihnen hängen, die bei Ihnen beschäftigt sind, die von Ihnen abhängig sind. Lassen Sie mich doch rüberkommen und in Ruhe über alles sprechen. Am Telefon hat das keinen Sinn. Ich werde Ihnen sagen, worum es geht. Das ist streng vertraulich. Ich bin gleich da.«

Als er kam, war ich schon gegangen. Das, was er als »streng vertraulich« bezeichnet hatte, war dann überhaupt kein Geheimnis. Das Telefon, das er benutzte, war angezapft, und am nächsten Morgen stand jedes seiner Worte in einer Zeitung unserer Gegner.

Als ich keinen Sinn mehr sah, in Chicago zu bleiben, packte ich meine Sachen, warf Zeitungsausschnitte und alte Notizen weg und stieß auf den immer noch versiegelten Brief, den mir Moe auf dem Flugplatz gegeben hatte. Ich riß ihn auf und fand darin eines seiner Gedichte:

Mayor Daley is king *Of the Chicago ring* *Wants the Champ's name* *In the political game* *So the Governor can show* *That the Tiger is tame*	*Mister Daley ist der King* *Im Chicagoer Ring,* *Zerrt des Champions Namen* *In den politischen Rahmen.* *So ist der Tiger gezähmt –* *Sagt der Gouverneur zu den Damen.*
We stopped his holler *With a million dollar collar* *Let him do his thing* *With his nose in a ring* *No Tiger no more* *Extraordinary whore*	*Er mußte verstummen* *Vor Millionensummen* *Nun tanzt er im Grase,* *Einen Ring durch die Nase.* *In des Tigers Kutte* *Doch nur eine Nutte.*
But that won't be it *The collar don't fit* *For in Miami that night* *The Champ was right* *He sings his song* *No quarrel with Viet Cong*	*Aber das wird nicht sein* *Denn der Maulkorb ist zu klein.* *Der Champ hatte recht* *Beim Miami-Gefecht:* *Ali singt seinen Song –* *er hat nichts gegen den Vietkong!*
And is much too wise *To apologize . . .*	*Laß ihn ruhig aufmucken.* *Er ist zu klug, sich zu ducken.*
Sell-Out Moe	Ausverkauf-Moe

Ich mußte lachen. In Gedanken sah ich, wie sich Moes langes, trauriges Hundegesicht zu einem schlauen Lächeln verzog. Er hatte für mich doch noch mehr Verständnis als für Registrierkassen und Besucher zählende Drehkreuze. Ihm war etwas an mir aufgefallen, was die anderen aus meiner Umgebung nicht bemerkt hatten; er hatte mit seiner Voraussage, wie ich reagieren würde, ins Schwarze getroffen. Moe hatte das Schild »Unverkäuflich« schon gesehen, als ich selbst noch nichts davon ahnte.

Die Kommissare fügten sich dem Wunsch von Bürgermeister und Gouverneur. Der Kampf wurde in Illinois verboten, und dann noch in sechs weiteren Städten, bis er schließlich einen Monat später in Toronto mit George Chuvalo, dem kanadischen Schwergewichtsmeister, stattfand. Terrell zog sich zurück. Weil damit zu rechnen war, daß man mich bald einsperren und mir meinen Titel aberkennen würde, vertraten seine Manager die Ansicht, er könnte seinen auf dem Papier stehenden WBA-»Titel« auch ohne das Risiko eines Kampfes gegen mich in pures Gold verwandeln. Ihre Hoffnung währte nur ein Jahr. Dann erwischte ich Terrell in Houston.

In Chicago, einst eine der Hochburgen des Profiboxsports, sollte ich nie zu einem Kampf antreten. Während meiner ganzen Jugend hatte ich mich nach der Chance eines Titelkampfs in dieser Stadt gesehnt, weil sich während meiner Amateurzeit dort alles um die Goldenen Handschuhe gedreht hatte. Aber vielleicht habe ich dort doch einen Kampf bestanden, und zwar den entscheidendsten.

Ich hatte Chicago verlassen, ohne, wie Smith es geplant hatte, Bürgermeister Daley zu sehen. Für mich war Chicago nun eine jener Städte, in der ich niemals willkommen sein würde. Doch Jahre später, als ich nach Montreal flog, nachdem ich Foreman den Weltmeistertitel abgejagt hatte, erwartete mich am Flughafen ein Telegramm:

> DER BÜRGERMEISTER VON CHICAGO MÖCHTE IHNEN BEI IHRER ANKUNFT IN AMERIKA ALS ERSTER GRATULIEREN. GANZ CHICAGO HEISST SIE WILLKOMMEN. EIN FESTZUG ZUM RATHAUS IST ZU IHREN EHREN VORBEREITET! DIE EHRENMEDAILLE DER STADT ERWARTET SIE.

Es goß zwar wie aus Kannen, als ich auf dem Midway-Flughafen in Chicago ankam, aber dennoch war eine größere Anzahl von Stadtvertretern zu meiner Begrüßung da. In einer langen Wagenkolonne ging es zum Rathaus, wo ich zum erstenmal dem Mann begegnete, der seit zwanzig Jahren Bürgermeister von Chicago war. Vielleicht erinnerte er sich daran, daß er zu meiner Verbannung aus dem Boxring beigetragen hatte; das hielt ihn jedenfalls nicht davon ab, mir eine Medaille um den Hals zu hängen und zu der versammelten Menge zu sagen: »Dies ist ein großer, ein historischer Tag im Leben unserer großartigen Stadt. Alle von uns haben Ihnen zugesehen. Sie haben damit vielen Leuten gezeigt, daß sie unrecht haben.«

Dann las er sein Gedicht vor:

Back to the city where it's pronounced »Zair«
(As in »fair,«–»blare« and »His Honor, the Mare«),
Returned the champion, Muhammad Ali,
The self-proclaimed wonder, butterfly-bee.

Encircled by bodyguards, fans, pols and dolls,
Leaving no one to doubt that his presence enthralls,
From Midway, Ali sped to see Mayor Daley,
But the throng that awaited touched off a near melee.

Into City Hall, Ali strode with four hundred,
And even the »greatest« of champs may have wondered
If his fight against Foreman was really the test,
Or would getting to Daley be a tougher conquest?

But his phalanx protected, the crowd was deflected,
And he rose to the fifth floor, where Daley elected
To have Ali praised in his best poetry.
What follows was penned by »Spike« Hennessey:

Whereas, Ali always knew what the outcome would be.
He would move like a butterfly, sting like a bee.

He would outpoint his rival, but slug if he must
To put him away in the resiny dust...«

Now, therefore, I, Richard J. Daley, Mayor of the City,
Do proclaim for this champion, clever and witty,
Muhammad Ali his own special day
For receiving the honors he won the hard way.

Er kommt in die Stadt, da sagt man »Zair«
(Genau wie in »Meer« oder »Bär« oder »fair«).
Muhammad Ali, der große Meister,
Ein Schmetterling oder eine Biene, so heißt er.

Umringt von den Wächtern, den Fans, den Puppen,
Ist er beliebt bei allen Gruppen.
So eilt Ali vom Flugplatz zum Bürgermeister,
Unterwegs die Menge, die jubelt begeistert.

Mit vierhundert zog er im Rathaus ein.
Wird Daley nicht eine harte Prüfung sein?
Härter noch als der Foreman-Fight,
Doch »Der Größte« ist auch dazu bereit.

Das Gefolge war gegen die Menge eine Wand,
Oben im 5. Stock, wo Daley stand,
Sprach der Bürgermeister ein Gedicht,
Das folgende steht in Hennesseys Bericht.

Doch Ali braucht nicht viel zu sprechen,
Wie ein Schmetterling flattern, wie eine Biene stechen,
Punkte sammeln und, notfalls mit Schlägen,
Ihn auf den staubigen Teppich legen.

Ich, Richard Daley, Bürgermeister der Stadt,
Verkünde, was Ali verdient sich hat:
Einen besonderen Tag nur ihm zu Ehren,
Und keiner soll seinen Witz ihm wehren.

Ich dankte dem Bürgermeister und bemerkte, daß ich froh darüber sei, daß er einen Reim auf »witzig« gefunden hätte. (Anm.: Eine Wortspielerei, denn auf »whittey« reimt sich auch »shittey – beschissen«). Alle Leute lachten, denn ein Sieger ist immer beliebt.
Der Bürgermeister sagte: »Versprechen Sie mir, daß Sie hier in Chicago um die Schwergewichtsmeisterschaft kämpfen werden. Für einen Titelkampf ist Chicago genau der richtige Ort.«
Ich erklärte mich unter der Voraussetzung damit einverstanden, daß der Ertrag des Kampfes zum Bau des islamischen Krankenhauses verwendet werden sollte, von dem Elijah Muhammad träumte.
Der Bürgermeister kommandierte Pat Patterson, einen Polizeibeamten, als meine ständige Leibwache ab.
Die offizielle Meinung in Chicago hatte sich geändert, aber viele Leute waren

dieselben geblieben. Zwei Tage später bekam ich einen Brief von einem Fernsehzuschauer: »Du wirst als Drückeberger und Nigger wie ein Held empfangen, während Tausende von Vietnamkämpfern erblindet oder verkrüppelt sind. Wenn es einen Gott im Himmel gibt, wird man dich eines Tages an die Wand stellen und erschießen. An deiner Stelle wäre ich nicht sicher, daß es nicht jemand noch vor deinem nächsten Kampf tut, du schwarzer Schweinehund!«

Neun Jahre zuvor hatte ich solche Briefe haufenweise bekommen – nur fürchteten sich damals die Verfasser noch nicht, ihren Namen darunter zu schreiben.

6

Die Einberufung

Ich hielt den Brief für gestorben und begraben, vor sieben Jahren irgendwo in Houston zurückgeblieben. Aber er fiel mir wieder in die Hände, als ich aus der alten Villa im spanischen Stil am Cherry Hill in New Jersey auszog, aus dem Haus, das ich mit der Börse aus meinem ersten Kampf nach dem Exil gekauft hatte. Ich sah das Zeug durch, das sich in meinen letzten drei Wohnungen angesammelt hatte: In meinem Elternhaus in Louisville, dann in Chicago und in Philadelphia. Ich sortierte aus, was ich wegwerfen wollte.
Ich fand eine ausgebleichte, rotweißblaue Jacke, auf der Rückseite in hübschen goldenen Buchstaben die Inschrift: »KENTUCKY – GOLDEN GLOVES CHAMPION«. In dieser Jacke war ich durch ganz Louisville gelaufen. Damals war ich vierzehn, und ich hatte meinen ersten großen Preis gewonnen. Ich warf die Jacke in einen Karton und öffnete die alte Kommode, in der Belinda meine Papiere aufbewahrte. Ich zog einen blauen Karton heraus, und ein Stapel Briefe fiel auf den Boden.
Ich kniete nieder und las sie einzeln auf. Da war der gold-grün gerandete Brief von Präsident Kwame Nkrumah aus Ghana, das blaue Briefpapier Ministerpräsident Achmed Ben Bellas von Algerien, die Glückwünsche des französischen Präsidenten Charles de Gaulle, eine Einladung nach Ägypten von Präsident Gamal Abd el Nasser, Grüße von Präsident François Duvalier von Haiti, von König Faisal Abd el Asis aus Saudi-Arabien, von Präsident Zulfikar Ali Khan Bhutto von Pakistan, vom irischen Premierminister John Lynch – und die schlichte weiße Langhülle, von der ich glaubte, ich hätte sie weggeworfen. Zunächst hatte ich fast Angst, danach zu greifen. Ich wußte, was es war und welche Erinnerungen es wachrufen würde. Eine Gänsehaut lief mir über den Rücken, und irgendwie kam es mir vor, als hätte der Postbote den Brief gerade erst gebracht. Der Abschnitt in meinem Leben, den er verkörperte, rollte noch einmal vor mir ab.

Ich fragte Belinda, warum sie den Brief da aufbewahrt habe. »Wo sonst«, antwortete sie. »Hier verwahre ich alle Briefe von Staatsoberhäuptern.« Nach Erringung der Siegerkrone im Schwergewicht hatte ich zwar Glückwünsche aus aller Welt erhalten, aber ich war damals einer von zwei amerikanischen Schwergewichtsmeistern, die niemals ins Weiße Haus eingeladen worden waren. Der andere hieß Jack Johnson. Mein einziger Kontakt mit dem amerikanischen Präsidenten war eben dieser Brief. Er kam am 1. April 1967, zehn Tage nach meiner Titelverteidigung gegen Zora Folley.
Der Brief lautete:

EINBERUFUNGSBEFEHL FÜR VERZOGENEN WEHRPFLICHTIGEN

Absender: Der Präsident der Vereinigten Staaten

An Mr. Cassius Marcellus Clay, jr.
alias Muhammad Ali
5962 Ardmore Street
Houston, Texas, 77021

Sehr geehrter Herr Clay!
Nachdem bislang die Örtliche Musterungsbehörde Nr. 47 in Louisville im Bundesstaat Kentucky als die Behörde Ihres Geburtsortes für Sie zuständig war und Sie auf Ihren eigenen Wunsch an die Örtliche Musterungsbehörde Nr. 61 in Houston im Staat Texas als der nach Ihrer Übersiedlung zuständigen neuen Behörde überwiesen wurden, haben Sie sich am 28. April 1967 um 8.30 Uhr bei der genannten Behörde zu melden, und zwar im dritten Stock in der San Yacinto Street Nr. 701 in Houston, Texas, 77022.

Kurz nachdem der Brief angekommen ist, schlendere ich durch die Innenstadt von Chicago und stelle fest, daß auch noch andere darüber Bescheid wissen.
»He! Ist das nicht Cassius Clay? Er sieht wie Cassius Clay aus!«
Eine Gruppe von Mitgliedern der American Legion kommt aus einer Kneipe in der Michigan Avenue. Der vorderste Mann betrachtet mich.
»Ja, das ist Cassius.«
Ein Mann mit einer Baskenmütze springt vor, um mich besser zu sehen. Seine Kameraden schreien: »Jetzt haben sie dich! Sie haben dich! Du Schweinehund! Gott sei Dank haben sie dich!« Einer wedelt mit einem amerikanischen Fähnchen. Ein anderer hält mir eine Zeitung mit der dicken Schlagzeile unter die Nase: ARMY AN CLAY – STELLEN ODER KLAPPE HALTEN!
Sie verfolgen mich eine Weile, dann komme ich an einem Universitätsgebäude vorbei, aus dem Studenten strömen. Sie rufen im Sprechchor: »Geh nicht! Geh nicht!« Bald darauf bilden Studenten und Passanten ein Verkehrshindernis. Sie schreien: »Halt die Ohren steif! Wehr dich!« Die alten Soldaten sind noch eine Weile am Rand der Menschenmenge zu sehen, dann verschwinden sie.
Bei meiner Abreise nach Houston, am 27. April, muß ich mir auf dem Flug-

platz einen Weg durch eine Mauer von Journalisten und Mitreisenden bahnen. Einer meiner Rechtsanwälte, Chauncey Eskridge, der mich begleitet, geht in dem Durcheinander fast verloren. Die Leute bedrängen mich, bis ich über die Treppe zum Flugzeug hinaufsteige.
»Sie wollen noch etwas von dir hören, Champion«, ruft Al Monroe, ein Redakteur der Chicagoer Zeitung *Defender*, und von anderen Zeitungsleuten höre ich fragen:
»Werden Sie den Schritt tun?«
»Werden Sie den Titel abgeben?«
»Ist es nicht Ihre Pflicht, Ihr Heimatland zu verteidigen?«
Ich winke ihnen zu, gebe aber keine Antwort.
Ich erinnere mich an die Farbe des Flugzeugs, eine leuchtend orangerote Braniff. Alle Mitreisenden erkennen mich, und ich gebe Autogramme, bevor ich Platz nehme. Nach dem Start verkündet der Kapitän: »Meine Damen und Herren, der Weltmeister im Schwergewicht befindet sich unter unseren Fluggästen. Wir wünschen Ihnen einen angenehmen Flug.«
Die erste Stunde geht glatt. Ich unterhalte mich mit Eskridge und verteile weitere Autogramme. Dann geraten wir plötzlich in schwere Turbulenzen. Die Maschine stampft und rollt so heftig, daß die Tabletts mit dem Abendessen durch die Kabine sausen. Die Befürchtung drängt sich auf, daß das Flugzeug außer Kontrolle geraten ist. Selbst die Stewardessen machen ängstliche Gesichter. Der Kapitän versucht, uns über Lautsprecher mit ein paar Scherzworten zu beruhigen, aber seine Stimme klingt dabei nicht gerade humorvoll. Eskridge hat den Kopf gesenkt und betet. Das hätte ich ihm nie zugetraut.
Eine Frau auf der anderen Seite des Mittelgangs hält eine Bibel in der Hand und betet laut. Als sich unsere Blicke begegnen, kreischt sie: »Gott straft uns, weil er in dieser Maschine sitzt!« Sie bäumt sich trotz des Sicherheitsgurts auf und zeigt mit zittrigem Finger auf mich. »Gott straft uns, weil wir seinem Feind helfen!« schrillt ihre Stimme. »Cassius Clay, du hast dich gegen den wahren, christlichen Gott gewandt! Gott will nicht, daß du in dieser Maschine bist. Verzeih uns, o Herr!« Sie umklammert ihre Bibel. »Verzeih uns, Jesus! Gott bestraft uns, Gott will nicht, daß du in dieser Maschine sitzt!«
Die Stewardeß wirft mir einen verständnisvollen Blick zu und beruhigt dann die völlig erregte Frau. Aber ich gebe ihr vollkommen recht: Wenn Gott schon nicht will, daß ich in dieser Maschine sitze, ich jedenfalls will es noch viel weniger.
Um sieben Uhr abends betrete ich das Hotel in Houston. Ich erinnere mich deshalb so genau an die Zeit, weil der Portier zu mir sagt: »Ich hatte Dienst, als Sie bei Ihren Kämpfen gegen Ernie Terrell und Cleveland Williams hier wohnten. In beiden Fällen sind Sie um sieben Uhr eingetroffen. Das muß ein Vorzeichen sein«, fügt er hinzu und schüttelt den Kopf, als sei irgend etwas daran verwunderlich.
Wie ich durch die Halle gehe, nähert sich mir eine kurzsichtige alte Frau. Sie blinzelt durch die dickste Brille, die ich je gesehen habe. »Sind Sie es wirklich

oder nur ein Doppelgänger?« Ich nicke. Da strahlt sie, als sei sie stolz auf ihre guten Augen. »Ich war im Astrodome, als Sie das letztemal gegen Army Terror geboxt haben ...«
»Sie meinen Ernie Terrell«, berichtige ich freundlich.
»Army Terror«, wiederholt sie, als hätte sie nichts gehört. »Gegen wen kämpfen Sie jetzt?« Bevor ich ihr antworten kann, fährt sie fort: »Wo bleibt Ihr Gedicht für diesen Kampf? Das letztemal war es schwer, Eintrittskarten zu bekommen. Wo ist Ihr Gedicht für diesen Kampf? Helfen Sie mir diesmal.«
Ich sage ihr, für diesen Kampf brauche sie keine Eintrittskarte, aber sie folgt mir doch, wie ich mit dem Boy zum Aufzug gehe, und hofft vermutlich, daß ich ihr eine schenke.
Es ist ein seltsames Gefühl, wieder hier zu sein. Dieselben Hotelangestellten, dieselben Serviererinnen im Café, dieselben Reporter, Fotografen und Zeitungsleute in der Halle. Alles wirkt genauso gespannt und ungewiß wie vor einem großen Kampf. Ich spüre ein Schwindelgefühl, das ich seit dem unruhigen Flug nicht los werde.
»Vielen Dank für die Eintrittskarten zum Terrell-Kampf«, sagt der Boy in meinem Zimmer. »Was werden Sie morgen machen?« flüstert er und reicht mir den Schlüssel zu derselben Suite, die ich bei meinem Kampf gegen Terrell hatte. »Die Army ist gar nicht so übel. Sie glauben's vielleicht nicht, aber ich habe gerade abgemustert. Mir ging's dort gar nicht so schlecht, falls Sie mich verstehen.«
Er hält mir seine Entlassungspapiere für ein Autogramm hin. Ich gebe es ihm und schreibe dann in großen Buchstaben PEACE – FRIEDEN darunter.
Nachdem er gegangen ist, ziehe ich mich aus, liege eine Weile auf dem Bett und starre nur zur Decke hin. Ich weiß noch genau, wie ich das erstemal in Houston kämpfte. Mir zu Ehren veranlaßte der Bürgermeister, daß die Thomas Jefferson Street in Muhammad Ali Street umbenannt wurde.
Nach einer Weile sehe ich auf die Uhr und stelle fest, daß es bereits acht ist. Noch zwölf Stunden, dann stehe ich im Musterungsbüro, und danach werden sie in aller Stille wieder das Straßenschild »Thomas Jefferson Street« aufhängen und es dort lassen.
Ich ziehe T-shirt und Jeans an, denn ich fühle mich in der bequemen Kleidung, die ich beim Training vor großen Kämpfen trage, wohler; so gehe ich hinunter in den Speisesaal. Ich bestelle dasselbe Abendessen wie vor einem großen Kampf: Ein mageres Steak, gemischten Salat und eine gebackene Kartoffel. Erst nach dem Essen fallen mir die anderen Gäste auf. Manche werfen mir versteckt Blicke zu und flüstern, andere starren mich offen an. Sobald sich unsere Blicke begegnen, antworten sie mit einem verlegenen Lächeln, als hätte ich versucht herauszubekommen, auf wessen Seite sie stehen.
Ein Reporter der Lokalpresse erscheint, als ich gehen will. »Ist das nicht der entscheidendste Tag in Ihrem Leben? Haben Sie Ihre Entscheidung schon getroffen?«
»Ich hab's doch schon gesagt«, antworte ich. »Glauben Sie mir nicht?«

Seine Antwort soll ich später im Musterungsbüro wieder zu hören bekommen. »Ja«, sagt er, »aber das waren doch nur Worte. Worte sind nicht überzeugend. Taten überzeugen. Wie werden Sie handeln?«
Ich wende mich ab, weil gerade ein Ferngespräch von meiner Mutter angekündigt wird. Sie sagt: »Die Leute drängen mich, ich soll dich anrufen.« Ich höre ihr zu und weiß, unter welchem Druck sie zu Hause in Louisville steht. »G. G.«, sagt sie, »mach das richtig. An deiner Stelle würde ich diesen Schritt tun. An deiner Stelle würde ich zur Army gehen. Verstehst du mich, mein Sohn?«
Ich versichere ihr, daß ich sie gut verstehe, und sage: »Bird, ich lieb' dich. Was ich auch mache, Bird, vergiß nicht, daß ich dich liebhabe.« Sie beginnt zu weinen. Ich verabschiede mich und lege auf.
Ich gehe hinauf in mein Zimmer und schalte den Fernseher ein, kann mich aber nicht auf das Programm konzentrieren. Mit meinem Recorder spiele ich mir Sam Cooke vor, mit dem ich früher zusammen war. Seine Musik beruhigt mich ein wenig, aber es genügt nicht. Ich muß mit Menschen sprechen. Es ist elf Uhr abends. Ich gehe hinunter und nehme ein Taxi. »Wohin?«
»Bringen Sie mich irgendwohin, wo Menschen sind.«
Der Fahrer setzt mich vor dem Cinder Club ab, aber ich gehe nicht hinein. Ich bleibe auf dem Bürgersteig stehen und unterhalte mich mit den Gästen, die erfahren haben, daß ich hier draußen stehe, und zusammenlaufen.
»Champion, sind Sie bereit, Soldat zu werden?«
»Tu's nicht, Mann, tu's nicht.«
Ich stehe da und rede und verteile Autogramme, bis der Eigentümer des Clubs heraustritt und mich bittet: »Die Band hat aufgehört zu spielen, und alle laufen auf die Straße hinaus, Champion. Kommen Sie herein, oder gehen Sie weiter.«
Ich entscheide mich fürs Gehen. Der Fahrer fährt mich ins Hotel.
»Ich weiß, Sie haben gründlich darüber nachgedacht, Champ«, sagt er unterwegs. »Aber es wäre wirklich nicht so schlimm, wenn Sie zur Army gingen. Dort kann man Ihnen vieles erleichtern. Sehen Sie sich Joe Louis an. Er war auch Soldat, er hat's gut gehabt.«
Ich nicke. Ich bin Louis einmal begegnet, als er durch Chicago kam und für fünfhundert Dollar eine Vortragsreise durch Deutschland machen sollte. Es war fast schon Winter, und er konnte sich keine warmen Sachen leisten. Also kaufte ich ihm ein paar Anzüge und Mäntel. Ich gab ihm tausend Dollar und ließ ihn anstelle der Europareise ein paar Tage bei mir wohnen.
Am nächsten Morgen wache ich um sechs Uhr auf. Unten im Speisesaal bestelle ich dasselbe wie vor einem Kampf. Die Serviererin hat mich auch vor meiner Begegnung mit Terrell bedient.
»Dasselbe wie immer?« fragt sie.
»Sie haben ein gutes Gedächtnis«, sage ich zu ihr.
»Wie viele Gäste verlangen schon fünf Rühreier, zwei Scheiben getoastetes Vollkornbrot, zwei Gläser Orangensaft und ein Glas Eiswasser?« Lachend holt sie, was ich bestellt habe.

Mir gegenüber sitzt eine Gruppe Geschäftsleute. Auf ihren Namensschildern lese ich, daß sie aus Kentucky kommen. Sie fahren hoch, wie ich eintrete, aber dann vergraben sie ihre Nasen in der Morgenzeitung. Sie sind nervöser als ich.
Ein hagerer, mickriger Mann bringt es nicht fertig, sich wie die anderen mit dem Essen zu beschäftigen. Er streicht in seiner Zeitung einen Artikel an, geht naserümpfend an mir vorbei, und läßt die Zeitung auf meinen Tisch fallen. Ich lese, was er angestrichen hat: »Am Mittwoch abend stimmte der Senat des Bundesstaates Kentucky einer Resolution zu, die den Schwergewichtsmeister Cassius Clay auffordert, sich sofort zum Wehrdienst zu melden. Nach dieser Resolution bedeutet Clays plötzliche Abneigung gegen das Kämpfen eine Verunglimpfung aller loyalen Bürger Kentuckys und des Namens Tausender von Männern, die zu seinen Lebzeiten ihr Leben für ihr Vaterland opferten.«
Ich sitze noch beim Frühstück, als Eskridge zusammen mit Quinnon Hodges, meinem Rechtsanwalt aus Houston, und Hayden Covington aus New York zu mir herüberkommt. Covington wurde von Robert Arum, dem Rechtsanwalt von Main Bout, bei Herbert eingeführt. Arum wußte, daß Covington sich um einige Adventisten gekümmert hatte und daß Herbert nach Anwälten suchte, die über Erfahrung mit Wehrdienstverweigerern verfügten. Herbert hatte uns alle bei seinem Vater angemeldet.
Ich hatte in meinem Antrag auf Anerkennung als Kriegsdienstverweigerer aus Gewissensgründen erklärt, es sei für mich als Prediger der »Nation of Islam« gegen meine religiöse Überzeugung, Waffen zu tragen oder zu töten. »Und ich bin aus Gewissensgründen gegen jeglichen Kriegsdienst mit der Waffe, der die Beteiligung an einem Krieg verlangt, in dem Menschenleben ausgelöscht werden.« Mein Antrag wurde in Louisville abgelehnt, und Covington legte ihn der Berufungsbehörde des Bundesstaates Kentucky vor. Er stützte meine Beschwerde auf religiöse Gründe und auf die Tatsache, daß in dem Musterungsgremium, vor dem ich erscheinen mußte, keine Schwarzen vertreten waren. In einer Sonderverhandlung verkündete Bezirksrichter Lawrence Grauman den Beschluß, meine religiöse Überzeugung sei aufrichtig, und empfahl, meiner Beschwerde stattzugeben.
Ein paar Tage später sprach L. Mendel Rivers, demokratischer Abgeordneter von Südkarolina, vor Kriegsveteranen: »Falls der Theologe der Black-Muslim-Bewegung, Cassius Clay, durch die Behörde in Louisville zurückgestellt wird, sollt ihr mal sehen, was in Washington passiert ... Wir werden einiges in Bewegung setzen, wenn diese Behörde eure Jungen einzieht und ihn (Clay) zum Schwätzen nach Hause entläßt.«
Covington überredete mich zur Übersiedlung nach Houston. Er sagte, seine Schwester sei mit Generaldirektor Lewis B. Hershey vom Selective Service verheiratet, und wir hofften, ich könnte dort in Texas mehr erreichen. Aber falls ich in Houston wirklich besser dran war, weil die Schwester meines Rechtsanwalts mit dem Musterungsboß verheiratet war, so möchte ich nicht wissen, was mir anderswo geschehen wäre.

Nach zwei Wochen lehnte die Behörde von Houston meinen Antrag ab. Covington rief mich in Chicago an. »Sieht nach Ärger aus, Champ«, sagte er zu mir. »Direktor Hershey hat gerade bekanntgegeben, daß man Sie nicht zurückstellen wird. So etwas ist mir noch nie passiert. Man läßt Joe Namath laufen, damit er Football spielen kann, und George Hamilton, weil er mit der Tochter des Präsidenten poussiert, aber bei Ihnen ist das etwas anderes. An Ihnen will man ein Exempel statuieren.«

Eskridge sieht auf die Uhr. »Wieviel Zeit haben wir noch?«
»Es ist sieben Uhr fünfundvierzig«, sagt Hodges. »Um acht Uhr dreißig müssen wir dort sein.«
»Dann laßt uns von hier verschwinden. Wenn Sie nur eine halbe Stunde zu spät kommen, wird man Sie sofort einsperren.«
Ich lasse die anderen vorgehen und bezahle noch die Rechnung. Die Kellnerin hat alle meine Boxkämpfe gesehen.
»Ich bin so froh, daß Sie sich nicht vor dem Wehrdienst drücken wollen«, sagt sie dankbar.
»Woher wissen Sie das?« frage ich leicht überrascht.
»Ich seh's an Ihrer Kleidung«, antwortet sie. »Sie tragen Freizeitkleidung. Wer mitmacht, ist immer so angezogen, weil gleich nach der Prüfung ein Bus wartet und weil man seinen guten Anzug nicht im Bus ruinieren will. Sie machen das richtig. Ich bin froh darüber. Das Leben in der Kaserne wird Ihnen gefallen.«
Ich bedanke mich und gehe auf den Lift zu. »Wo wollen Sie hin?« Die Rechtsanwälte wollen mich festhalten, aber ich laufe hinauf. Ich ziehe meinen besten schwarzen Moháranzug an, dazu ein weißes Hemd, schwarze Krawatte und frisch geputzte dunkle Schuhe. Ein Blick in den Spiegel: Alles paßt gut zusammen. Ich sehe aus, als sei ich auf dem Weg irgendwohin, nur nicht nach Vietnam.
Unten suche ich nach einem Taxi mit einem schwarzen Fahrer und winke es herbei. Auf dem Rücksitz drängen sich die Rechtsanwälte, während ich vorn beim Fahrer einsteige.
»Zum Gericht«, schreit Covington. »Wir müssen um acht Uhr dreißig dort sein.«
»Welches Gericht?« fragt der Fahrer höflich. »Wir haben zwei hier.«
»Da wo sie Männer einziehen. Versuchen Sie's gleich um die Ecke.«
Aber als das Taxi vor einem alten Gerichtsgebäude hält, ist keine Menschenseele zu sehen.
»Falls hier wirklich jemand eingezogen wird, so ist heute niemand gekommen«, sagt der Fahrer und schüttelt sich vor Lachen. »Wir haben Krieg und keiner kommt.«
Covingtons Stimme überschlägt sich. »Dann muß es das andere Gebäude sein. Beeilen Sie sich!«
Der Fahrer tritt aufs Gas, lacht aber immer noch. »Niemand kommt zum Krieg, ist das nicht witzig?«

Er hält vor einem großen, steinernen Gebäude, dem US-Zollgebäude der Yacinto Street 701, wo tatsächlich alle zum Krieg erschienen sind. Leute, die auf meine Ankunft warten, blockieren den Bürgersteig. Als sie unser Taxi sehen, heben sie ihre Transparente hoch und schreien: »Muhammad Ali, geh nicht! Muhammad Ali!«
Die Stufen der Nachbargebäude sind schwarz vor Menschen, und Gesichter drängen sich in den Fenstern.
Einige Studenten aus der Southern University von Texas marschieren mit Spruchbändern vorbei: MUHAMMAD ALI, BLEIB ZU HAUSE! Drüben auf der anderen Straßenseite steht in blauer Drillichjacke und Jeans H. Rap Brown, schüttelt die geballte Faust und ruft, umgeben von einer Gruppe junger Schwarzer: »Eins, zwei – laß das sein! Eins zwei – laß das sein!«
Eine ältere Frau drängt sich durch die Menge, ergreift meine Hand und flüstert mir zu: »Bleib standhaft, Bruder! Wir stehen hinter dir. Bleib standhaft! Kämpf für uns! Enttäusch uns nicht!«
Eine Bande langhaariger Hippies beginnt zu brüllen: »Wir sind nicht gegangen! Du wirst nicht gehen! Wir sind nicht gegangen! Du wirst nicht gehen!« Jemand ergreift meinen Arm. Mein Rechtsanwalt raunt mir zu: »FBI, gehen Sie mit.« Einige Polizisten drängen die Menschen am Eingangstor beiseite, und ich erwidere Browns Gruß. Dann steige ich die Treppe empor. Die Leute klatschen und rufen. Reporter und Fotografen drängen sich vor und schreien: »Muhammad, gib uns eine Antwort! Machst du mit? War das dein letztes Wort? Wie werden Sie sich verhalten?«
Auf der obersten Treppe bleibe ich stehen und sehe mich noch einmal nach all den Menschen um, die gekommen sind, um mir ihre Unterstützung kundzutun. Bundini ist soeben eingetroffen und entdeckt »Miß Samtgrün«. »Dort steht sie!« Er zeigt hinüber zur anderen Straßenseite auf einen Chrysler, der in der Nähe eines Hydranten parkt. Eine weiße Frau in grüner Kleidung steht zwischen zwei Männern. Einer davon ist ihr Begleiter. Der andere der Chauffeur. »So etwas läßt sie sich nicht entgehen.« Bundini schüttelt den Kopf. »Für nichts auf der Welt würde sie sich so etwas entgehen lassen.« Er hat sie »Miß Samtgrün« getauft, denn wann immer er sie gesehen hat, trug sie ein grünes Kostüm, zumeist aus Samt.
Sie stellt sich auf die Zehenspitzen, um besser sehen zu können. Ihr Begleiter, ein großer, stämmiger Kerl, entdeckt mich zuerst, stößt sie an und deutet in meine Richtung. Mir fällt der Ausdruck in ihren Augen auf. Sie will, daß ich sie erkenne. Dann ist sie erst zufrieden.

Miss Velvet Green, *The evilest bitch I ever seen . . .*	*»Miß Samtgrün da –* *ist schlimmer als alle . . .«*

Sie bleibt nur einen Augenblick, dann öffnet ihr Chauffeur den Wagenschlag.

Zum erstenmal habe ich Miß Samtgrün im Astrodome gesehen. Das ist genau der richtige Ort, um unser Blut zu vergießen und uns gegenseitig dämlich zu prügeln. Golden gepolsterte Stühle. Reihen von orangefarbenen, grünen, braunen, purpurfarbenen und gelben Sitzen bis hinauf zum Dach, wo ich die Theatergläser blitzen sah. Die sonst weißen Seile um den Ring waren blau umwickelt. Ich kam mir vor wie beim Besuch des Kolosseums in Rom. Ich stand mitten in der Arena, als der Fremdenführer erzählte, daß sich hier Tausende von Sklaven zum Vergnügen der Massen gegenseitig in Stücke hackten. Ich hatte gesiegt in diesem Fight und kletterte nach diesem blutigen Fünfzehn-Runden-Kampf gegen Terrell aus dem Ring. »Miß Samtgrün« war eine von dreißigtausend Zuschauern, die den Kampf sehen wollten, in dem ich die Behauptung der World Boxing Authority zunichte machte, daß es außer mir noch einen anderen Weltmeister im Schwergewicht geben könnte. An diesen Abend erinnere ich mich besonders gut, weil die Hälfte der Menge laut johlend meine Niederlage verlangte. Einige waren auch dann noch laut, als wir im Ring standen und nur noch darauf warteten, daß der Ringrichter bei den Schiedsrichtern die Zettel einsammelte.

Angelo und Bundini wollten mir gerade den Weg in die Garderobe bahnen, da hielt ich sie davon ab, eine elegant gekleidete Frau mit Block und Bleistift wegzudrängen. Ich nahm ihr den Block aus der Hand und kritzelte meinen Namen darauf. Dabei kam mir ihr Gesicht irgendwie bekannt vor.

»Waren Sie auch hier, als ich gegen Cleveland Williams kämpfte?« fragte ich.

»Ich sehe alle Ihre Kämpfe«, antwortete sie ruhig.

»Danke, Madam«, entgegnete ich, »beehren Sie mich bald wieder.«

»Ich werde kommen«, sie faltete den Zettel mit dem Autogramm sorgfältig, »bis man Sie einmal auf einer Bahre hinaustragen wird.«

Das sagte sie so ruhig und sachlich, daß ich meinen Ohren nicht traute. »Warum wollen Sie mich geschlagen sehen?«

»Weil Gott nicht immer das Böse gewinnen lassen kann.« Sie erhob ihre Stimme. »Ich werde dabei sein, wenn einer Ihnen die Fresse poliert und reintritt.« Ihre Stimme überschlug sich. »Falls es einen Gott gibt, wird das einmal passieren, und dann möchte ich da sein«, sagte sie, während ihr Begleiter sie wegzog.

Von allen Eindrücken jenes Abends im Astrodome ist mir »Miß Samtgrüns« Haß am deutlichsten in Erinnerung geblieben – vielleicht deshalb, weil ich mit ihr sprechen und erfahren wollte, warum sie so verbittert war.

Nach dem Kampf lauteten die Schlagzeilen: CASSIUS ENTHÜLLT SEINE BÖSARTIGKEIT. IST MUHAMMAD DER GEMEINSTE, RÜCKSICHTSLOSESTE, DÜMMSTE UND UNSPORTLICHSTE FIGHTER, DER JE IN DEN RING TRAT? JA!!! Milton Gross von der New-York-*Post*, mir bisher als einziger einigermaßen wohlgesonnen, schrieb: »Boxen ist ein brutales Geschäft ... Aber bevor Clay einen sadistischen Zug hineinbrachte, gab es doch wenigstens noch etwas Gemeinsames zwischen den Boxern.«

Sie tun gerade so, als wären dreißigtausend Menschen ins Astrodome gekommen, um mich von meiner weichen, liebevollen Seite kennenzulernen und zu sehen, wie ich mit Frauen und Kindern umgehe.

»Was sie eigentlich verbittert«, erklärte mir ein prominenter Psychologe,

»das ist Ihr Sieg. Sie haben den Gegner daran gehindert, seine bösartige Seite zu zeigen.«
Es ist gänzlich unmöglich, einen Gegner zu schlagen und es gleichzeitig dem weißen Amerika recht zu machen. Wenn ich jemanden »vorsichtig« schlage und nur zwei- oder dreimal hintippe, dann heulen sie: »Ali hat seine Schlagkraft eingebüßt.« Pulverisiere ich meinen Gegner, brüllen sie: »Ali ist gemein!«
Ich habe mit Ernie geboxt, bis ich wußte, daß er stehend ausgeknockt war. Seine Augen waren verschwollen, die Nase blutete, die Lippen waren aufgerissen und bluteten, aber der Ringrichter ließ uns weitermachen. Ich wußte, daß ich mich zurückhalten mußte, weil er sonst fürs ganze Leben einen Schaden davontragen würde. Es ist zwar gegen die Vorschrift, aber ich begann in die Luft zu schlagen. Die Menge wollte mehr Blut sehen, und alle, die gegen mich waren, hofften auf eine wunderbare Gegenattacke. Aber er war ein geschlagener Mann, und es hatte keinen Sinn, ihn noch weiter zu strafen. Er hatte Angehörige, Geschwister und Eltern, genau wie ich. Warum sollte ich ihn zum Krüppel schlagen, nur um die Schreihälse zu befriedigen?
Ich habe immer wieder versucht, die Organisation des Boxsports auf der ganzen Welt zu bewegen, bei den Kämpfen einen Kopfschutz zu verlangen. Bei Footballspielern ist das Vorschrift und auch beim Eishockey. Brauchen die Boxer keinen Schutz? Es kommen zu viele Todesfälle, zu viele Verletzungen vor. Da Promoter und Finanziers nicht mitmachen wollen, bleibt nur eine Sicherheitsmaßnahme: Derjenige, der die Schläge austeilt, muß zurückstekken, wenn er merkt, daß die Lage seines Gegners kritisch wird. Ich habe mir alle Mühe gegeben, Terrell nicht weh zu tun, aber trotzdem wurde ich als brutaler Sadist bezeichnet.
»Warum haben Sie ihn den ganzen Abend gestichelt, indem Sie ihn fragten: ›Wie ist mein Name?‹« fragte mich ein Methodistenpfarrer. »Das war unchristlich, unfreundlich und grausam.«
»Ich habe nicht nur mit Terrell gesprochen«, antwortete ich. »Ich habe mich an all die Leute gewandt, die mich immer noch Cassius Clay nennen. Sie kämen nicht darauf, Sugar Ray Robinson, Jack Benney, Howard Cosell oder Edward G. Robinson bei den alten Namen zu rufen, die sie abgelegt haben. Warum dann mich?«
Ich war nicht wütend auf Ernie, ich war wütend auf die Leute, die ihn zu dem mißbrauchten, was sie selbst gern getan hätten. Ich schlug nicht Ernie, sondern die dicken, satten WBA-Bonzen, die mir meinen Titel abgenommen hatten. Ich mußte ihnen zeigen, daß jede »weiße Hoffnung«, die sie gegen mich vorschickten, Prügel beziehen würde, auch wenn der Mann schwarz aussah. Und wenn ich auch nichts mehr zu erwarten hatte, als eine Zukunft hinter Gittern, weil ich nicht nach Vietnam wollte, so war ich dazu bereit.

»Hier entlang, Mr. Clay«, sagte ein Mann in der Uniform eines Marineoffiziers.

Ich folge ihm in einen Raum, der etwa halb so groß ist wie ein Basketballfeld, in dem die Rekruten in einer Reihe angetreten sind. Der Offizier schiebt mich zwischen einen schwarzen und einen hochgewachsenen weißen Jungen. Es sind dreißig Wehrpflichtige da, aber alle Augen sind auf mich gerichtet, während ich mich einreihe. Ich erwidere diese Blicke und stelle fest, daß sich die meisten beunruhigt fühlen. Der Weiße neben mir zittert. Er macht einen sehr jungen Eindruck, und seine Zähne klappern. Ich spreche ihn an, aber er nickt nur nervös und hat Angst, mich anzusehen.
Ich weiß noch, wie ich schweigend dastehe, während vor uns eine Gruppe von Offizieren in Papieren blättert, Listen überprüft und sich gedämpft unterhält. Nach einer endlos langen Zeit tritt einer vor und erklärt, wie es weitergeht: »Zuerst kommt ein schriftlicher Test, dann eine ärztliche Untersuchung, danach die eigentliche Musterung. Anschließend treten Sie draußen an und fahren mit dem Bus in die Kaserne.« Mit bebender Stimme liest er die Namen vor und macht sich Notizen, wenn jemand nicht antwortet.
Drei Soldaten mit Armbinden stehen in den Ecken und kümmern sich nicht um den Namensaufruf. Ihre Aufmerksamkeit ist nur auf mich gerichtet.
Ein Mann mit rundem Gesicht und schlecht sitzender Uniform verteilt Formulare für den schriftlichen Test, während der kommandierende Offizier uns sagt: »Also, Jungs, für die ersten zehn Fragen haben Sie fünf Minuten Zeit.«
Wir werden in Gruppen aufgeteilt. Während ich mein erstes Blatt ausfülle, spüre ich, daß mir jemand über die Schulter blickt. Aber wenn ich den Kopf hebe, sieht der Offizier weg.
»Also gut«, ruft der Kommandant, »jetzt vier Minuten für die acht Fragen auf dem nächsten Blatt.« Als auch das erledigt ist, schreit er wieder: »Gut, Jungs, einsammeln! Jetzt die fünfundzwanzig Fragen auf der dritten Seite. Seite drei – das ist die mit dem roten X oben drauf. Fünfzehn Minuten Zeit.«
Wir beenden den schriftlichen Test und werden dann in ein anderes Zimmer geschoben, um auf die ärztliche Untersuchung zu warten.
»Ich werde Sie in Gruppen von zehn Mann aufrufen«, bellt der Offizier. »Sobald Sie Ihren Namen hören, folgen Sie dem Offizier dort zu Ihrer Rechten. Er bringt Sie ins Untersuchungszimmer.«
Als meine Gruppe aufgerufen wird, folgen wir einem anderen Offizier in einen großen Raum mit acht abgetrennten Kabinen. In jeder Kabine sitzt ein Arzt.
»Bis auf die Unterhose ausziehen«, befiehlt der Offizier.
Ich ziehe mich automatisch aus. Ich bin es gewohnt, nur in Shorts zu arbeiten, aber ein paar andere machen einen verlegenen Eindruck und zögern.
Einzeln nähern wir uns der ersten Kabine, wo einer der Ärzte neben einem Tisch steht. In seinem Auge leuchtet es auf, als er mich erblickt, als sei er heute nur deshalb hergekommen.
»Ihr Name?« fragt er.
»Muhammad Ali«, antworte ich.
Er runzelt die Stirn. »Cassius Clay.« Sein Kinn wird eckig, er macht die Lippen schmal, als hätte er mir etwas energisch klargemacht.

Ich schweige. »Cassius Clay«, wiederholt er. »Oder?«
»Nun, früher einmal, aber ...«
»Ihr Name ist immer noch Cassius Clay«, unterbricht er mich. »Unter diesem Namen sind Sie registriert.« Er wendet sich an seinen Assistenten: »Notieren Sie ›Cassius Clay‹.«
Sein Assistent, ein kleiner Mann mit Hornbrille, notiert etwas auf seinem Block und nimmt mich beiseite, um meine Mandeln zu untersuchen. Ich habe das komische Gefühl, als sollte mir etwas Böses zustoßen, genau wie in Boston, wo der Kampf gegen Sonny Liston angesetzt war.

Ein paar Tage vor meinem zweiten Kampf gegen Liston in Lewiston im Bundesstaat Maine saß ich beim Essen, als ich auf einmal furchtbare Schmerzen bekam und schnell ins Krankenhaus gebracht werden mußte. Mir war, als würde man mir die Gedärme herausreißen.
Im Krankenhaus erklärten mir die Ärzte nach einer oberflächlichen Untersuchung, ich hätte einen Leistenbruch und müßte sofort operiert werden. Die Schmerzen waren schlimmer als alles, was ich bis dahin erlebt hatte.
»Wie ist Ihr Name?« fragte mich einer von ihnen.
»Ich heiße Muhammad Ali.«
»Nein, das ist nicht Ihr richtiger Name«, sagte er leicht irritiert. »Wie ist Ihr richtiger Name.«
»Muhammad Ali ist mein richtiger Name.«
»Hören Sie mal«, fauchte er, »ich werde Sie erst in den Operationssaal hinaufschicken, wenn Sie mir Ihren richtigen Namen gesagt haben.«
»Mir ist es egal, was Sie machen«, sagte ich. »Mein Name ist Muhammad Ali, und ich will lieber tot umfallen, als auf einen anderen Namen hören.« Mir war, als schnitten glühende Messer durch meine Nerven, und ich schwitzte am ganzen Körper.
Er ging weg, um sich mit einem anderen Arzt zu beraten, der ebenfalls im Zimmer war.
»Er besteht darauf, daß ich ihn Muhammad Ali nenne. ›Cassius Clay‹ will er nicht sagen. Was soll ich tun?«
Der andere Arzt rieb sich das Kinn und überlegte eine Weile. Sie berieten sich, bis mich ein älterer Arzt erblickte, der vorüberkam.
»Was ist los?« fragte er. Als ich es ihm sagte, rief er eine Krankenschwester und schaffte mich schleunigst in den Operationssaal.

Ich werde durch die Routinekontrollen geschleust und warte auf die entscheidende Untersuchung.
»Springen Sie zehnmal auf und ab«, sagt ein Arzt. Ich gehorche, dann drückt er mir ein kaltes Stethoskop auf die Brust und lauscht eine Weile. »Alles in Ordnung«, sagt er und winkt mich weiter.
Ein anderer Arzt wickelt mir eine Manschette um den Arm, bläst sie auf, kontrolliert Puls und Blutdruck und macht sich eine Notiz. »In Ordnung.«

Grinsend betastet er meine Muskeln. »Tolle Schultern haben Sie da. Gegen wen werden Sie antreten, wenn Sie bei der Army abmustern?«
Es geht weiter zur nächsten Kabine. Ein Facharzt überprüft Augen und Ohren. Er hebt mein Augenlid hoch und leuchtet mir mit einer kleinen Taschenlampe in die Augen. »Hm«, macht er und inspiziert Nase und Ohren. »Auch alles in Ordnung. Das Trompetensignal vor dem Angriff werden Sie jedenfalls hören«, witzelt er. Ich sehe ihn, ohne zu lächeln, an und gehe weiter.
»Geben Sie mir Ihre Papiere«, fährt mich der nächste Arzt an. Er ist gereizt und hat einen ausgeprägten südlichen Akzent. »Hose runter – ganz runter.« Er rückt seine Brille zurecht und begutachtet mich, als wollte er mich als Zuchtbullen für seine Herde kaufen. »Näher ran«, schnaubt er und beugt sich vor, um meinen Penis zu untersuchen. Von all den Ärzten hier ist er der ekelhafteste. »Hier geht es um Geschlechtskrankheiten oder Leistenbruch«, sagt mir eine Ordonnanz. Der Arzt fährt mir mit der Hand zwischen die Hoden. Er tastet mit dem Daumen herum, bis er die richtige Stelle gefunden hat, dann befiehlt er mir zu husten. »Noch einmal«, sagt er. »Sie wollen also nicht für Ihr Vaterland kämpfen?« Seine Faust spannt sich hart um meine Testikel. Ich schweige. Eine Gänsehaut läuft mir über den Körper, und ich muß an die Zeiten denken, wo in den Südstaaten Kastration und Lynchjustiz noch an der Tagesordnung waren.
»Na schön«, sagt die Ordonnanz, »jetzt brauchen wir etwas Urin. Wenn alles in Ordnung ist, hören Sie nichts. Stimmt etwas nicht, sagen wir Ihnen Bescheid.« Er kichert.
Ich gebe ihnen den Urin.
»Sie können sich jetzt anziehen und zum Essen in den Empfangsraum gehen«, sagt er zu mir. »Wenn Sie fertig sind, werden Sie zur eigentlichen Musterung aufgerufen.«
Ich gehe zurück, greife mir einen der weißen Kartons auf der Theke und suche nach einem Sitzplatz. Ich habe keinen Hunger, esse aber trotzdem alles, bis auf das Schinkensandwich. Nach dem Imbiß sind einige der übrigen Rekruten nicht mehr so verkrampft. Sie wollen mit mir sprechen.
»Glaubst du wirklich, du kannst Joe Louis schlagen?«
»Louis? Der verkraftet meine Linke nicht. Zu langsam«, sage ich, schlage Gerade, tanze und pendle.
Dann sieht mich ein Junge aus Nord-Houston mit strähnigem Haar ernsthaft an. »Es ist eine Ehre, zusammen mit dir eingezogen zu werden, Muhammad. Ich meine – äh – hoffentlich kommen wir in dieselbe Kaserne.«
Ich verstehe, was er meint, und schlage in seine Richtung.
Ein Junge, der angeblich aus Philadelphia kommt, fragt: »Wenn du ins Gefängnis wanderst, wer wird dann neuer Weltmeister?«
Ich sehe ihn todernst an. »Sie werden sich irgendeinen Knaben heraussuchen und ihn zum Champion machen. Sie werden irgendeine Figur aufstellen, aber das werden sich die Leute nicht gefallen lassen.«
Zwei andere treten näher und flüstern mir zu: »Gehst du?« – »Wie komme

ich drumherum?« – »Was halten deine Anwälte davon?« – »Was sagen deine religiösen Führer dazu?« – »Hast du dann noch genug Zeit zum Boxen?« Einige Fragen beantworte ich gar nicht. Andere klingen hinterhältig.
Ein Junge sitzt in der Ecke und hat Tränen in den Augen. Er sieht sich gezwungen, seine Frau und vier Kinder zu verlassen. Er will nicht mitmachen, hat aber Angst, sich zu wehren. Von mir will er nichts weiter als ein Autogramm.
Ein kleiner rothaariger Junge kommt herüber. »Toll, dich einmal so kennenzulernen. Ich habe in der Zeitung schon so viel gelesen.«
»Was zum Beispiel?« frage ich.
»Nun, über deine Religion. Du haßt doch die Weißen, oder?«
Ich schüttele den Kopf. »Benehme ich mich denn so, als ob ich jemanden hasse?«
»Nein.« Mehr sagt er nicht dazu.
Ein Offizier tritt ein. Es gibt einiges Hin und Her, weil jeder versucht, Haltung anzunehmen. Mein Name ist der dritte. Jemand flüstert: »Jetzt kommt's, jetzt kommt's!«
»Erst nach links, dann den Flur entlang bis Zimmer 1B«, sagt der Offizier. »Sie werden zur Wehrmacht der Vereinigten Staaten eingezogen. Weitere Anweisungen erhalten Sie drüben.«
Das Musterungszimmer war früher einmal als Gerichtssaal verwendet worden. Auf dem Fußboden lag immer noch der alte goldfarbene Teppich. Ein blonder Offizier mit grünen Augen, ein wenig jünger als ich, steht hinter einem Pult aus Eichenholz mit einer amerikanischen Flagge auf beiden Seiten. Am nächsten Morgen lese ich seinen Namen in den Zeitungen: Leutnant S. Steven Dunkley.
Außer Dunkley sehen mich alle an.
Ohne von seinen Papieren aufzublicken, befiehlt er: »Die ersten vier treten vor mir an, die nächsten vier dahinter.«
Wir nehmen unsere Plätze ein. Ich bin der dritte von links in der zweiten Reihe. Ich weiß also, daß ich als vorletzter aufgerufen werde.
Ein höherer Offizier tritt auf den jungen Leutnant zu und flüstert ihm etwas ins Ohr. Er hebt automatisch den Kopf, und als sich unsere Blicke begegnen, spüre ich einen Kloß im Hals.
Vorhin haben sich die Offiziere und Unteroffiziere miteinander unterhalten, aber seit ich eingetreten bin, ist alles still geworden. Ein paar Leute, deren Funktion ich mir nicht erklären kann, sind hereingekommen, darunter auch mehrere in Zivil. Der junge Offizier am Pult räuspert sich.
»Achtung!«
Wir nehmen alle irgendwie Haltung an, aber besonders stramm stehen die vier Mann in der ersten Reihe. Meine Handflächen werden feucht.
Dunkley sieht sich rasch um im Raum, dann liest er die vorbereitete Erklärung ab. Wahrscheinlich hat er sie schon hundertemal vorgelesen, aber heute liegt ein besonderer Nachdruck in seiner Stimme. Er spricht jedes Wort klar und deutlich aus: »Sie werden jetzt zu den bewaffneten Streitkräften der

Vereinigten Staaten eingezogen, nämlich zum Heer, zur Marine, zur Luftwaffe oder zum Marinecorps, wie Ihnen nach dem Aufruf Ihres Namens mitgeteilt wird. Sobald Ihr Name und Ihre Waffengattung verlesen werden, treten Sie einen Schritt vor. Dieser Schritt bedeutet Ihren Eintritt in die Army.«

Er macht eine Pause. Obgleich mich alle anderen beobachten, sieht es so aus, als seien er und ich die einzigen in dem Raum.

»Jason Adams – Armee.«

Der erste Mann überquert die Linie.

»John Allen – Marine.«

Auch er tritt vor.

Als die erste Reihe fertig ist, habe ich einen trockenen Hals und ein leichtes Schwindelgefühl im Kopf.

»Leroy Bradlow – Armee.«

Kalter Schweiß steht auf meiner Stirn, und ich komme mir sehr einsam vor.

»Louis Cerrato – Armee.«

Die Augen des höheren Offiziers sind auf mich gerichtet. Ein Wirrwarr von Gedanken überfällt mich. Ich fühle mich zurückversetzt nach Chicago in die elegant möblierte Wohnung eines Lokalpolitikers aus Illinois am Michigansee.

Ein Promoter in Flanellhemd und weißer Hose erklärte, dem Weltmeister im Schwergewicht seien für die nächsten drei Jahre Börsen von mindestens achtzehn Millionen Dollar sicher.

Ich hörte nicht mehr zu, sondern ging hinüber zum Fenster und sah hinaus auf das Wasser.

An einem klaren Tag hat man das Gefühl, ganz Amerika zu sehen. »In einer Uniform können wir Sie noch berühmter machen als ohne. Warum melden Sie sich nicht freiwillig?«

»Der Champion überlegt es sich«, sagte der Promoter und legte mir den Arm um die Schulter. »Ich weiß, daß Sie sich Sorgen machen, Champ, aber der Oberst wird jeden Augenblick hier sein. Ein Federstrich, und Sie sind alle Ihre Sorgen los.«

»Und wenn der Oberst kommt – Sie haben doch nichts dagegen, daß ich ihn vorläufig Oberst X nenne?« fragte der Politiker. »Ich habe gesehen, daß das X auch in Ihrer Religion verwendet wird. Sie müßten es also verstehen. Wir möchten die Sache nicht gerade an die große Glocke hängen.«

»Das weiß der Champ«, versicherte ihm der Promoter.

»Innerhalb einer knappen Stunde wird der Oberst Sie zu einem Angehörigen der Garde machen«, fuhr der Politiker fort. »Dann sind Sie frei. Genau wie tausend andere berühmte Sportler im Baseball, Football und Basketball.«

»Sie kommen für einige Tage im Jahr in die Kaserne und werden ein paar Stunden am Tag gedrillt. Sie werden dem Oberst zugeteilt, brauchen sich also wegen des Kämpfens keine Sorgen zu machen. Sie behalten den Titel, und die ganze Scheiße mit der Einberufung ist eine reine Formsache.«

»Ein Gewehr bekommen Sie kaum in die Hand. Hier oder da treten Sie einmal an, das ist alles.«
»Die einzige Ausnahme ist ein echter Notfall wie zum Beispiel eine Invasion. Sind Sie einverstanden?«
Ich lehnte mich auf der samtenen Couch zurück, sagte aber nichts.
Der Politiker wirkte verstört. »Es hat Wochen gedauert, um das zu arrangieren. Sie haben keine andere Wahl. Nehmen Sie den Vorschlag an, dann können Sie Ihr Leben genießen. Wenn nicht, kehren Sie nach Louisville zurück, bis man Ihre Zelle hergerichtet hat.«
»Ach, so kann man das auch nicht sagen«, griff der Promoter ein.
»Es wird Zeit, die Dinge beim Namen zu nennen«, sagte der Politiker zornig. »Seien wir offen, Champion. Jeder Abgeordnete, den ich kenne, brennt darauf, Sie beim Schlafittchen zu nehmen und ins Gefängnis zu werfen. In allen fünfzig Staaten gibt es keinen einzigen Gouverneur oder Senator, der für Sie eintreten wird. Ich biete Ihnen einen Ausweg an. Der zieht den anderen den Boden unter den Füßen weg. Sie müssen nur diese Bewerbung unterschreiben.«
Ich wurde immer wütender, aber bevor ich antworten konnte, ging die Tür auf – ein großer, grauhaariger Mann, schlank und stramm, kam herein. Er war höflich, aber sehr in Eile. Er trat sofort an den Schreibtisch. »Die Papiere sind bereit. Ich nehme an, Sie sind einverstanden?«
»Der Champion braucht noch etwas Bedenkzeit«, sagte der Promoter matt.
»Er ist jetzt bereit«, konterte der Politiker. »Sonst wären wir ja nicht hier beisammen.«
»Sind Sie bereit, Mr. Ali?« fragte der Oberst.
Ich schüttelte den Kopf.
»Aber Sie haben sich doch dazu bereit erklärt, bevor Sie herkamen.« Der Politiker schlug mit der Faust auf den Tisch.
»Ich habe mich bereit erklärt, herzukommen und Sie anzuhören«, sagte ich. »Ich war dazu bereit, weil mich Freunde, Leute, denen ich vertraue und die ich achte, veranlaßt haben, mir Ihren Vorschlag erklären zu lassen. Aber ich halte es nicht für richtig, eine Uniform anzuziehen, um diesen Krieg zu unterstützen. Nein! Die Leute sollen nicht glauben, daß ich mich für so etwas hergebe. Das widerspricht meinen religiösen Grundsätzen.«
»Es widerspricht nicht Ihrer Religion«, jammerte der Politiker und hob beide Hände. »Sie sind doch nicht der erste Black Muslim, der Soldat wird. Ich kenne viele Anhänger von Honorable Elijah Muhammad, von denen einige in der Army dienen. Sie wissen das auch. Oder wollen Sie darüber urteilen, ob der Krieg gerecht ist oder nicht?«
Der Oberst stand da und sah mich gekränkt an, als sei meine Weigerung eine persönliche Zurückweisung für ihn. »Ist Ihre Antwort endgültig?«
Ich wollte etwas sagen, aber der Promoter kam mir zuvor. »Seine Antwort ist nicht endgültig. Wenn er wieder in Houston ist und man ihn auffordert, den entscheidenden Schritt über die Linie zu tun, wird er es begreifen. Cassius ist ein vernünftiger Junge. Halten Sie uns die Tür offen, Oberst. Das ist noch

nicht ausgestanden.« Er streckte die Hand aus, aber der Oberst musterte ihn nur mit einem kalten Blick. »Wenn das herauskommt ...« Er wandte sich grimmig an den Politiker und dann an mich. »Nun, sollte ich Sie wiedersehen, wird es entweder in Vietnam oder im Gefängnis sein!«

Ich schwitze. Ich sehe mich um. Alle Leute aus der ganzen Musterungszentrale scheinen sich in einen Raum zu drängen. Seit Monaten habe ich mich auf diesen Augenblick vorbereitet, aber trotzdem bin ich nervös. Hoffentlich merkt niemand, daß meine Schultern zittern.

Meine Gedanken fliegen zurück zu jenem Tag, als ich bei meinem ersten Wettbewerb um die Goldenen Boxhandschuhe auf einer Bank saß und darauf wartete, in den Ring zu steigen. Ich war erstaunt, wie groß Chicago im Vergleich zu Louisville war, und das Bewußtsein, auf unbekannte Gegner aus fremden Orten zu stoßen, drückte mich. Ein ehemaliger Sträfling mit zerknittertem Gesicht, der sich »Punch-Don« nannte, fegte hinter mir den Fußboden und sah, wie meine Knie zitterten. Er beugte sich vor und flüsterte mir ins linke Ohr: »Junge, sieh immer den Dingen ins Auge, vor denen du dich fürchtest.«

Aber was fürchte ich jetzt? Was ich verlieren werde, wenn man mir den Titel wegnimmt? Daß ich verhaftet oder für den Sport gesperrt werde? Ist es die Angst davor, das ruhmreiche Leben eines Weltmeisters einzubüßen?

Bevor ich die Maschine bestiegen hatte, waren Herbert und ich diese Frage durchgegangen. Mir ging es immer noch um Elijah Muhammads Ansichten zu diesem Thema und um die Bedeutung seiner Lehren.

»Seine Lehren symbolisieren das Leben in dieser dunklen, unwissenden und verworrenen Welt«, erklärte Herbert. »Jetzt, wo deine Augen dem Licht geöffnet wurden, wird von dir erwartet, daß du deinen Weg selbst siehst. Du allein bestimmst die Richtung, kein anderer. Wie immer du dich entscheidest, wir müssen deinen Entschluß akzeptieren. Lob und Tadel werden nur dich treffen. Ich werde nicht körperlich neben dir stehen, weil man mich zu sehr mit meinem Vater identifiziert, aber ich werde wie immer mit meinem Herzen und meinem Geist bei dir sein. Diese Entscheidung, die du triffst, wird dein künftiges Leben festlegen, und weder mein Vater noch ich kann sie dir abnehmen. Du allein mußt sie treffen. Ich kann nur sagen: Allah möge bei dir sein, und wenn Allah bei dir ist, kann niemand dich besiegen.«

Warum stemme ich mich dagegen? Natürlich ist meine Religion ein Grund, aber es stimmt schon, was mir der Politiker in Chicago sagte. Wenn ich Soldat werde, wird niemand mich aus der »Nation of Islam« ausschließen. »Liegt es an Ihnen, zu urteilen?« hat er mich gefragt. Mein Leben lang habe ich beobachtet, wie alle Urteile vom weißen Amerika ausgehen. Aber wer soll nun urteilen? Wer soll sagen, ob der Schritt, den ich zu tun im Begriffe bin, richtig oder falsch ist? Wer soll das entscheiden – wenn nicht ich selbst? Elijah Muhammads Worte fallen mir ein: »Wenn du glaubst, daß deine Entscheidung richtig ist, dann sei ein Mann und steh dafür ein ... Verkünde die Wahrheit, und stirb für sie.«

Der Leutnant ist mit dem Mann links neben mir fertig. Alle scheinen den Atem anzuhalten. Im Zimmer ist es still geworden, und der Leutnant sieht mich eindringlich an. Er weiß, daß sein General, sein Bürgermeister und jeder Mann im Musterungszentrum von Houston auf diesen Augenblick gespannt sind. Er richtet sich hoch auf.
Irgend etwas geht in mir vor. Es ist, als würde mein Blut ausgewechselt. Ich spüre, wie die Angst aus mir hinausfließt und durch Wut ersetzt wird.
Wieder höre ich den Politiker fragen: »Wollen Sie das beurteilen?« Aber wie will dieser weiße Mann, der nicht älter ist als ich und der von einem anderen weißen Mann ernannt wurde – bis hinauf zum Weißen Haus –, urteilen? Hat er das Recht, mich irgendwohin nach Asien, Afrika oder sonstwo in der Welt zu schicken, um gegen Leute zu kämpfen, die niemals einen Stein gegen mich oder gegen Amerika geworfen haben? Wer ist denn dieser Abkömmling von Sklaventreibern, daß er einem Abkömmling von Sklaven befehlen kann, gegen andere Menschen im eigenen Land zu kämpfen?
Gespannt warte ich darauf, daß er mich aufruft. »Beeil dich«, sage ich zu mir selbst. Ich sehe ihm gerade in die Augen. Es raschelt im Zimmer, als würden einige der Leute gespannt nähertreten.
»Cassius Clay – Armee!«
Es ist immer noch still im Zimmer. Ich stehe stramm und rühre mich nicht. Aus den Augenwinkeln sehe ich, wie einer der weißen Jungs mir zunickt und wie ein dünnes Lächeln über einige schwarze Gesichter huscht. Es ist, als seien sie insgeheim froh darüber, daß jemand der Macht die Stirn bietet, die alle Soldaten von ihren Heimen und Familien trennt.
Der Leutnant starrt mich eine ganze Weile an, dann senkt er den Blick. Einer der Rekruten kichert. Plötzlich hebt er den Kopf, läuft dunkelrot an und schickt alle anderen Wehrpflichtigen aus dem Raum. Eilig entfernen sie sich, und ich bleibe allein zurück.
Er ruft noch einmal: »Cassius Clay! Würden Sie bitte vortreten, um in die bewaffneten Streitkräfte der Vereinigten Staaten aufgenommen zu werden?«
Alles ist still. Er sieht sich hilflos um. Schließlich kommt ein höherer Offizier mit einer Mappe voller Papiere zu dem Pult und bespricht sich ein paar Sekunden lang mit dem Leutnant, bevor er vor mich hintritt. Er muß Ende Vierzig sein. Sein Haar ist graumeliert, und er hat eine sehr würdevolle Art.
»Hm, Mr. Clay ...«, beginnt er. Dann verbessert er sich: »Oder, Mr. Ali, falls Sie das vorziehen.«
»Ja, Sir?«
»Würden Sie mir bitte in mein Büro folgen? Falls Sie nichts dagegen haben, möchte ich mich gern ein paar Minuten lang unter vier Augen mit Ihnen unterhalten.«
Das ist eher ein Befehl als eine Bitte, aber seine Stimme klingt sanft, und er bleibt höflich. Ich folge ihm in ein blaßgrünes Zimmer mit Fotos von Armeegenerälen an den Wänden. Er deutet auf einen Stuhl, aber ich bleibe lieber

stehen. Er zieht einige Papiere aus einer Aktenmappe, läßt plötzlich alle Höflichkeit außer acht und kommt sofort zur Sache.

»Vielleicht ist Ihnen die Reichweite Ihrer Handlung von vorhin nicht bewußt. Oder vielleicht doch? Aber es ist meine Pflicht, Sie darauf hinzuweisen, daß man Sie anklagen wird, falls Sie bei dieser Entscheidung bleiben. Es droht Ihnen eine Strafe von fünf Jahren Gefängnis und zehntausend Dollar Geldstrafe. Es ist die Strafe, die in einem ähnlichen Fall auch gegen jeden anderen verhängt würde. Ich weiß nicht, was Sie zu dieser Handlungsweise veranlaßt hat, aber ich bin ermächtigt, Ihnen Gelegenheit zu geben, Ihre Position noch einmal zu überdenken. Nach den Vorschriften haben wir Ihnen eine zweite Chance zu bieten.«

»Vielen Dank, Sir, aber ich brauche sie nicht.«

Er redet einfach weiter und sieht in seine Notizen: »Es ist Vorschrift, daß Sie sich in den Musterungsraum zurückbegeben, vor dem Pult Aufstellung nehmen und noch einmal aufgerufen werden.«

»Sir, warum sollte ich noch einmal dorthin gehen und meine und Ihre Zeit verschwenden ...«

»Es ist so Vorschrift«, unterbricht er mich. »Ich kann Ihnen nicht befehlen, was Sie tun sollen und was nicht, aber der Vorschrift müssen wir Genüge tun.«

Er begleitet mich in das andere Zimmer. Ich stelle fest, daß ein paar neue Gesichter aufgetaucht sind: Weitere Militärs, ein Stenograph und einige Männer in Zivil, von denen ich später erfahre, daß es FBI-Agenten sind.

Ein Soldat reicht mir eine Notiz. »Von Ihrem Anwalt.«

Es ist die Kopie eines Briefes von US-Staatsanwalt Morton Sussman:

> »Ich bin bevollmächtigt, Ihnen mitzuteilen, daß wir zu einer Vereinbarung bereit sind. Falls Ihr Mandant sich der Musterung stellt, sind wir bereit, ihn hier im Raum Houston zu belassen, bis Sie Ihre Rechtsmittel ausgeschöpft haben. Ansonsten wird gegen ihn Anklage erhoben ...«

Ich zerknittere den Wisch und schiebe ihn in die Tasche. Einer der Zivilisten, die mich beobachtet haben, macht kehrt und marschiert zur Tür hinaus. Der Offizier mit den grünen Augen steht immer noch hinter dem Pult, bereit, seinen Text abermals zu verlesen. Diesmal stehe ich dichter vor ihm, fast in Reichweite. Ich sehe die Schweißtropfen auf seiner Stirn.

»Mr. Cassius Clay«, setzt er noch einmal an. »Bitte, treten Sie vor, um in die Armee der Vereinigten Staaten aufgenommen zu werden.«

Wieder rühre ich mich nicht. »Cassius Clay – Armee«, wiederholt er. Er steht schweigend da, als erwarte er von mir eine Meinungsänderung in letzter Sekunde. Schließlich reicht er mir mit zitternden Fingern ein Formular. »Würden Sie bitte diese Erklärung unterschreiben und Ihre Gründe für die Wehrdienstverweigerung angeben?« Auch seine Stimme bebt.

Ich unterzeichne rasch und gehe hinaus auf den Flur. Der Hauptmann, der mich vorhin hier hereinbefohlen hat, tritt auf mich zu. »Mr. Clay«, sagt er mit einem Unterton der Hochachtung, der mich überrascht, »ich werde Sie hinunterbegleiten.«

Am unteren Ende der Treppe richten die Fernsehreporter, die von den Wachen zurückgedrängt worden waren, ihre Lampen auf uns, während eine Einheit Militärpolizei die Zeitungsleute am Ende des Korridors hinter eine Absperrung drängt.

»Muhammad«, ruft ein Reporter, »hast du den Schritt getan? Bist du Soldat?«

»Nur eine Minute, Champion«, schreit ein anderer. »Was haben Sie gemacht? Können Sie uns ›ja‹ oder ›nein‹ sagen?«

Der Hauptmann führt mich in ein Zimmer, in dem meine Rechtsanwälte warten. »Sie dürfen jetzt gehen«, sagt er uns. »Sie hören wieder von der Staatsanwaltschaft.«

Ich trete ins Freie. Eine riesige Anzahl von Presseleuten umdrängt mich und schiebt sich gegenseitig beiseite, um einen Schnappschuß von mir zu bekommen. Die Korrespondenten zweier französischer Zeitungen und einer Londoner Zeitung überfallen mich mit Fragen, aber ich bin noch so erfüllt von den Ereignissen, daß ich nichts sagen kann. Covington verteilt Exemplare einer Erklärung, die ich vor der Abreise aus Chicago vorbereitet habe. Ich erwähne darin meinen geistlichen Stand und meine persönliche Überzeugung als Gründe für die Wehrdienstverweigerung und füge hinzu: »Ich wehre mich entschieden gegen die Tatsache, daß so viele Zeitungen gegenüber der amerikanischen Öffentlichkeit und dem Ausland den Eindruck erweckt haben, als gebe es für mich bei dieser Einstellung nur zwei Alternativen: Das Gefängnis oder die Armee. Es gibt noch eine dritte Alternative, und das ist die Gerechtigkeit.«

Als ich unten an der Treppe ankomme, hat es sich bereits herumgesprochen. Alle schreien und jubeln. Ein paar Mädchen der Southern University von Texas kommen herbeigelaufen: »Wir sind froh, daß du's nicht getan hast!« Ein schwarzer Junge, der neben H. Rap Brown steht, ruft herüber: »Wenn du nicht gehst, gehe ich auch nicht.«

Ich fühle mich erleichtert und befreit. Zum erstenmal seit Wochen kann ich mich wieder entspannen. Mir fallen die Worte des Reporters im Hotel ein: »Wie werden Sie handeln?« Nun ist es vorbei, und ich habe es geschafft. Mir ist wohler als damals, als ich trotz der Wetten von 8 : 10 gegen mich Liston den Weltmeistertitel im Schwergewicht abnahm.

Eskridge schiebt mich in ein Taxi, das an der Ecke wartet.

»Du kommst ins Gefängnis. Du kommst direkt ins Gefängnis.« Ich drehe mich um und sehe hinter mir eine alte weiße Frau stehen, die ein amerikanisches Fähnchen schwenkt. »Du kommst direkt ins Gefängnis. Du bist kein Meister mehr. Du hättest nie Meister werden dürfen. Nieder auf die Knie, und bitte Gott um Verzeihung!« schreit sie immer wieder mit ihrer rauhen Stimme.

Ich will ihr etwas antworten, aber Covington zieht mich ins Taxi.

Sie kommt ans Fenster. »Mein Sohn ist in Vietnam, du bist nicht besser als er.

Er kämpft dort, und du bist hier in Sicherheit. Hoffentlich verfaulst du im Gefängnis. Sie sollen dich hineinstecken und den Schlüssel wegwerfen.«
Der Richter, der später meinen Fall verhandelt, vertritt dieselbe Einstellung. Ich bekomme die Höchststrafe von fünf Jahren Gefängnis und zehntausend Dollar Geldbuße. Der Staatsanwalt argumentiert: »Hohes Gericht, wir können diesen Mann nicht ungestraft lassen, denn wenn er mit diesen Argumenten durchkommt, werden alle Schwarzen den Wunsch haben, aus denselben Gründen Muslims zu werden.«
Vier Jahre später, im Juni 1970, hebt der Oberste Gerichtshof dieses Urteil in einer einstimmigen Entscheidung von 8 : 0 Stimmen wieder auf. Aber jetzt empfinde ich es als den größten Sieg meines Lebens. Ich habe etwas gewonnen, das auch den höchsten Preis wert ist.
So sehe ich, während unser Taxi abfährt, der Menge mit ruhigem Gefühl ins Auge. Ich sehe sie lächeln und weiß, daß ich nicht nur für mich, sondern auch für sie gesprochen habe. Tief in ihrem Herzen wollten sie gar nicht, daß der Weltmeister im Schwergewicht klein beigibt, und ihre Kraft und ihr Geist werden mir in den nun folgenden Tagen weiterhelfen. Auch dann, wenn es so aussieht, als ob ich ins Gefängnis müßte und nie wieder boxen dürfte.
»Sie können Scheinwerferlicht und Fernsehkameras von dir fernhalten, sie können dir den Geldhahn abdrehen und dich aus dem Ring verbannen«, sagt mir ein alter Mann nach meiner Rückkehr nach Chicago, »aber deinen Sieg, den können sie dir nicht nehmen. Du hast vor der ganzen Welt Mut bewiesen und bist jetzt der Champion des Volkes.«
Bertrand Russell versichert mir schriftlich: »Die Stimmung wird umschlagen, das spüre ich.«
Die World Boxing Authority braucht bei weitem nicht so lang wie die staatlichen Behörden, um ein Urteil über mich zu fällen. Ich bin kaum wieder in meinem Hotelzimmer, da höre ich im Radio, daß mir die WBA den Titel aberkannt hat und daß im Rahmen eines Ausscheidungsturniers mein Nachfolger bestimmt werden soll. Die WBA ist schon 1965 gegen mich aktiv geworden. Am 28. April 1967 hat mir dann die Boxkommission des Bundesstaates New York als erste die Lizenz entzogen. Diesmal soll es länger als sieben Jahre dauern, bis ich sie wieder bekomme.
Am Morgen ist die Hotelhalle überfüllt von Menschen, die sich von mir verabschieden wollen. In der Flughafenhalle laufen Leute von den Schaltern weg und schütteln mir die Hand. Ein hagerer weißer Südstaatler tritt auf mich zu, als ich gerade die Maschine betreten will. Er hat seine drei kleinen Söhne bei sich und möchte, daß sie mich kennenlernen.
»Ich komme aus Mississippi«, sagt er und schiebt die Jungen nach vorn, damit sie ein Autogramm bekommen. »Ich mag einen Mann, der seine Meinung sagt. Um ehrlich zu sein: Ich kenne nicht viele Neger. Ich habe Neger nie gemocht. Ich will Ihnen auch sagen, daß ich für Eastland gestimmt habe und für Maddox bin, aber ich bewundere Sie. Wenn meine Jungen groß sind, sollen sie genauso werden wie Sie.«
Ich sehe ihn überrascht an, dann berichtigt er sich schnell.

»Nein, ich glaube nicht an Ihre Religion. Aber ob Sie jetzt zum Klan gehören oder Baptist, Katholik oder Republikaner sind, Sie sollen immer für das eintreten, woran Sie glauben – wie Sie es auch getan haben.«
Ich gebe den Kindern ihre Autogramme und schüttle ihre Hände, aber seine ausgestreckte Hand übersehe ich. Einem Gegner drücke ich immer erst dann die Hand, wenn ich ihn geschlagen habe.

Meine Maschine verläßt Houston und fliegt mich in ein Exil, das mich nach Meinung von Boxfachleuten »die besten Jahre meines Lebens kosten« soll. Meine Ersparnisse werden schnell aufgebraucht sein. Dennoch bleiben mir die Belastungen des Unterhalts meiner Familie, die Alimentezahlungen und vor allen Dingen die gewaltigen Kosten der Beschwerde beim Obersten Bundesgericht.
Während dieser ganzen Zeit arbeiten Herbert und ich noch enger zusammen als bisher. Er wendet fast seine ganze Kraft dafür auf, mir neue Einkünfte zu erschließen und meinen Prozeß zu steuern. Wann immer ein Promoter die Möglichkeit sieht, einen Kampf für mich zu organisieren, ziehe ich mit. Aber aus den seltsamsten Gründen scheitert das Geschäft dann stets in letzter Minute. Später erfahre ich, daß jeder meiner Schritte und auch meine Telefongespräche vom FBI überwacht werden. Das rechtswidrige Abhören meiner Telefonate wird von meinen Anwälten zum Anlaß für eine Beschwerde genommen, aber sie dringen damit nicht durch.
Wie die meisten meiner Exiljahre aussehen, faßt Bill Gleason, Kolumnist der Chicagoer *Sun-Times,* so zusammen: »Ab 1967, in den Tagen Lyndon B. Johnsons und auch in der ersten Zeit der Nixon-Administration, hatte die weiße Rasse endlich eine Sache, die sie als gerecht hinstellen konnte. Da stand ein erklärter schwarzer Rassist und weigerte sich aus privaten Gründen, in den Krieg zu ziehen. Die Massen verlangten lautstark Alis Kopf.«
»Unter der weißen Bevölkerung Amerikas herrscht die einmütige Meinung vor, daß er ins Kittchen gehört«, sagte Robert Marcus von der Chicago-*Tribune.* Laut Steve Caddy von der *New York Times* war ich »für einen großen Teil des Weißen Amerika untragbar«.
Aber ich erinnere mich auch an das, was wenige Tage nach der Musterung in Houston geschah. Florence Beaumont, eine Hausfrau aus Texas, die meine Wehrdienstverweigerung unterstützt hatte, übergoß sich mit Benzin und zündete sich auf den Stufen des Regierungsgebäudes von La Puente in Kalifornien selbst an – genau wie die Nonne, die in Saigon gegen den Krieg protestiert hatte. Ihr Ehemann George schrieb mir: »Florence und ich haben oft über Sie gesprochen. Ihr Opfermut hat ihr Mut gegeben. Sie ist Ihnen im Geiste gefolgt.«
Ich war gleichzeitig schockiert und tief bewegt. Ich dachte nie daran, andere zu beeinflussen. Ich wollte nichts weiter als meinen eigenen Überzeugungen folgen.
Aber nun treffen bei *Muhammad Speaks,* wo ich zusammen mit Herbert ein Büro habe, Briefe aus aller Welt ein. Eines Morgens erhalte ich ein Tele-

gramm von Jim Brown, dem Football-Star der Cleveland Browns: Ich soll mich mit einer Gruppe bekannter schwarzer Sportler treffen und ihre Fragen wegen meiner Haltung zum Wehrdienst beantworten. Man hat mich oft genug bedrängt und aufgefordert, konform zu gehen. Aber solche Forderungen kamen niemals von schwarzer Seite – sie waren meist dagegen, daß ich mich nach Vietnam einziehen ließ. Nach Presseberichten waren die schwarzen Sportler aufgefordert worden, mich zu einer »regierungsfreundlichen Haltung« zu überreden.

Ich fliege nach Cleveland und frage mich, warum mich schwarze Sportler, die sich sonst doch nur um sportliche Belange gekümmert haben, sprechen wollen. Vor dem Gebäude, in dem wir uns verabredet haben, drängen sich Tausende von Menschen, die erfahren haben, daß ich kommen würde. Sie schreien: »Muhammad Ali ist frei! Muhammad Ali ist frei! – Geh nicht!« Dann versuchen sie, sich ins Haus zu drängen.

Drin erwarten mich einige der führenden Sportler Amerikas, darunter auch Kareem Abdul Jabbar, Lew Alcindor aus Los Angeles, Bill Russell, damals Coach der Boston Celtics, Sid Williams und Walter Beach von den Cleveland Browns, Curtis McClinton von den Kansas City Chiefs, Bobby Mitchell und Jim Shorter von den Redskins aus Washington, Willie Davis von den Green Bay Packers, Gale Sayers von den Chicago Bears. Aber nur wenige von ihnen haben wirklich etwas zu sagen. Ich rede, und sie hören mir zu. Als alles vorüber ist, wissen die meisten von ihnen nicht so recht, warum sie überhaupt hier sind. Brown erklärt vor der Presse, man habe schließlich festgestellt, daß ich »von aufrichtiger Überzeugung« sei.

Meinen Lebensunterhalt verdiene ich hauptsächlich mit Vorträgen in schwarzen und weißen Colleges. In gewisser Hinsicht lohnt es sich auch wieder, nicht boxen zu dürfen; wie hätte ich sonst einige der nettesten, wachsten und intelligentesten Gruppen kennengelernt, mit denen ich je zu tun hatte. In den Universitäten werde ich meist unterstützt. Ich besuche auch ein College, in dem der Ausschuß für unamerikanische Umtriebe eine Liste »unerwünschter Subversiver« auf dem Schwarzen Brett angeschlagen hat. Ein Student hat meinen Namen unterstrichen und erklärt mir stolz: »Siehst du – da stehst du als Nummer eins auf der Liste!« Ich stehe zwar wirklich ganz vorn, weil mein Name mit »A« beginnt, aber die Studenten behandeln mich so freundschaftlich, daß es mir nichts ausmacht.

Doch die Frage kommt auf mich zu: Ist es mir wirklich ernst damit, das Risiko einer Gefängnisstrafe auf mich zu nehmen? Werde ich nicht klein beigeben, wenn alle Rechtsmittel nichts genützt haben? Werde ich meine Gefängnisstrafe tatsächlich absitzen?

Selbst im Exil bin ich noch von Menschen umgeben. Ich habe noch nie eine Nacht im Gefängnis verbracht. Könnte ich die Enge überhaupt ertragen? Diese Überlegungen sind es, die mich veranlassen, auf eigene Faust einen Test zu wagen, wenn auch nur in kleinem Rahmen. Die Gelegenheit dazu bietet sich, als mir in Miami ein Polizeibeamter auf einem Motorrad nachfährt und mich an die Seite winkt.

»Sind Sie Muhammad Ali?«
»Ja, Sir, der bin ich.«
»Gegen Sie liegt ein Haftbefehl vor.« Angeblich sucht er mich wegen eines alten Verkehrsvergehens schon seit einem Jahr. »Folgen Sie mir«, ordnet er an.
Ich folge ihm. Daraus wird eine zehntägige Haftstrafe im County-Gefängnis von Miami Dade. In zwei Wochen sollen meine »Champburger Restaurants« in Miami eröffnet werden. Dieses Geschäft hat Herbert angekurbelt, damit ich in der Zeit meines Exils vom Boxsport eine Verdienstmöglichkeit habe.
In Begleitung meines Anwalts Chauncey Eskridge begebe ich mich zu Fuß zur Verbüßung meiner Strafe ins Gefängnis. Man ist überrascht, mich hier zu sehen. Dann nimmt man meine Fingerabdrücke, verpaßt mir Gefängniskleidung und weist mir eine Zelle zu. Vorher sagt ein kleiner, rotgesichtiger Beamter zu mir: »Da Sie sich freiwillig gestellt haben, werden wir Sie nicht wie einen gewöhnlichen Kriminellen behandeln. Sie dürfen sich selbst eine Arbeit aussuchen: Wäscherei, Bauhof, Werkstatt oder Café.«
Ich entschied mich fürs Café, weil mir ein alter Knastbruder in Chicago einmal erzählt hatte, das Café sei für einen Neuen in einer Strafanstalt der beste Platz. Dann folge ich dem Wärter in meine Zelle. Sie hat die Größe von vier normalen Schlafzimmern, nur ist sie unmöbliert – bis auf eiserne Pritschen mit Plastikmatratzen, dünnen Laken und alten Wehrmachtsdecken. In der Ecke stehen Waschtisch und Toilette. Ich trete ein, hinter mir fällt die Tür ins Schloß. Der Schlüssel wird umgedreht. Ich umfasse die Gitterstäbe und sehe den Flur entlang. Ein sehr seltsames Gefühl überkommt mich. Ich muß mich selbst daran erinnern, daß es ja nur für wenige Tage ist.
»He, das ist doch Muhammad Ali, der Champion!« Die Insassen meiner Zelle und der Zelle gegenüber springen von ihren Pritschen und rufen: »Champ, was machst du denn hier? Willkommen zu Hause, Muhammad Ali!« Meine Zellengenossen umdrängen mich und fragen mich nach den zurückliegenden und den hoffentlich bevorstehenden Kämpfen. Einer sagt: »Ich wette, wenn du Jack Dempsey oder Gene Fullmer oder Rocky Marciano wärst, würde man dich wegen einer solchen Bagatelle nicht einsperren.« Ein anderer schreit: »Wenn er nicht schwarz wäre, dann wäre er nicht hier!« Ich erkläre ihnen nie genau, weshalb ich hier bin.
Das Licht wird gelöscht. Ich liege auf meiner Pritsche, kann aber nicht einschlafen. Die halbe Nacht denke ich nach über Menschen draußen, über Orte, die ich besucht habe. Aber am meisten vermisse ich meine Frau und meine Tochter Maryum. Was würde wohl geschehen, wenn meine Revision verworfen wird und ich fünf Jahre in einer solchen Zelle zubringen muß? Dieser Gedanke quält mich, bis ich schließlich doch einschlafe.
Ich werde davon wach, daß ein Wärter mit einem Stock gegen die Gitterstäbe schlägt: »Aufstehen! Zur Arbeit melden!« Da ich neu bin, erklärt er mir: »Holen Sie in der Wäscherei Ihre Klamotten ab, und melden Sie sich in der Küche zur Arbeit.«
Ich gehe in die Küche und tue, was man mir befiehlt. Einer der Köche, ein ha-

gerer schwarzer Häftling Mitte Dreißig, begrüßt mich in arabischer Sprache. Ich erwidere seinen Gruß, da entschuldigt er sich: »Ich bin kein Moslem, aber ich habe mich viel damit beschäftigt. Kannst du das fünf Jahre lang aushalten, Bruder?«
»Wenn's sein muß«, antworte ich.
Er schüttelt den Kopf. »Aber es muß ja nicht sein. Das ist das schwerste daran: Du mußt nicht! Du brauchst es dir nur anders zu überlegen, und schon bist du fein raus.« Er zwinkert mir zu.
Ein Geschirrspüler kommt zu mir und sagt: »Jetzt bekommst du einen Vorgeschmack auf die fünf Jahre. Ich wette, da kommt dir die Armee wie der Siebente Himmel vor. Ich wäre jeden Tag lieber beim Barras als im Kittchen.«
In der Ecke steht ein magerer Vierzigjähriger und starrt mich die ganze Zeit nur an. Wie ich ihn bemerke, nickt er mir zu und fragt in leisem, vertraulichem Ton: »Na, wie geht's?«
»Alles okay«, antworte ich und gehe wieder an meine Arbeit.
Zehn Minuten später sehe ich zufällig auf. Er starrt mich immer noch an. »Bist du verheiratet?« fragt er. Ich bejahe. »Ich wette, du vermißt deine Frau«, sagt er und kommt näher. »Besonders nachts. Aber wenn du reden willst, kannst du in meine Zelle kommen.« Er sieht mein Stirnrunzeln und fügt hastig hinzu: »Den Schwergewichtsweltmeister wird doch wohl keiner überrumpeln!« Er lacht leise. »Wenn du dich einsam fühlst, dann komm zu mir in die Zelle, das meine ich nur.« Aber die Kälte in meinem Blick schreckt ihn ab. Achselzuckend zieht er sich zurück.
Bevor die Arbeit beendet ist, stößt mich der Mann an, der mich arabisch begrüßt hat. »Wenn du schon in der Küche bist, dann nutz es auch aus. So macht man das, wenn die Wärter gerade nicht hinsehen.« Er nimmt vier Hühnerschenkel, wickelt sie in eine Serviette und stopft sie mir so geschickt in die Tasche, daß sich diese nicht ausbeult. »Nimm sie mit in deine Zelle, und versteck sie unter dem Kopfkissen«, sagt er. »So wird uns die Zeit bis morgen früh nicht so lang. Bis später.«
Nach dem Abendessen sitzen wir in den Zellen und unterhalten uns. Im Rundfunk ist eine Diskussion darüber im Gange, ob man die Gefangenen im County Miami Dade zu Weihnachten beurlauben solle. »Zu Weihnachten soll jeder nach Hause können, bis auf diesen Drückeberger«, sagte eine Frau zu dem Moderator. »Man soll ihn nur rauslassen, um ihn nach Vietnam zu schicken.« Ein Mann ruft dazwischen: »Moslems feiern doch nicht Weihnachten! Behaltet ihn dort!« In ganz Miami weiß man, daß ich im Gefängnis sitze.
Am sechsten Tag kommt ein neuer Wärter ins Café und nimmt uns beiseite. »Wir brauchen ein paar Mann, die Essen in den zweiten Stock und in die Todeszellen bringen«, sagt er. Ohne auf Freiwillige zu warten, streckte er den Zeigefinger aus. »Du kommst mit und du und du.« Er läßt mich zwischen dem zweiten Stock und den Todeszellen wählen.
»Todeszellen«, sage ich.

Er drückt mir ein Tablett mit Essen in die Hand und zeigt auf einen Block mit besonderen Sicherheitszellen, im Jargon der Häftlinge »Todeszellen« genannt. Ich gehorche und betrete einen Zellentrakt, in dem es so penetrant nach Kot und Urin stinkt, daß ich mir am liebsten die Nase zuhalten möchte. Ich bücke mich und schiebe das Essen durch eine Klappe unten in der Tür. Die Zellen sind klein und dreckig. Schlimmer als Käfige für Tiere, und ohne Fenster. Ich versuche, mit den Gefangenen zu sprechen. Die meisten machen einen matten, lustlosen Eindruck. Ihre Haut ist bleich und schlaff. Mir schießen die Tränen in die Augen.

Der erste erkennt mich. »Da hol' mich doch gleich der Teufel! Der Weltmeister im Schwergewicht serviert mir mein Essen! Das Ende der Welt muß nahe sein.« Er klopft an die Tür und alarmiert seinen Nachbarn in der nächsten »Todeszelle«. »Muhammad Ali, der Champion, ist jetzt als Kellner hier!«

»Herr im Himmel, warum lachst du da«, knurrt der Mann in der nächsten Zelle. »Was ist daran so komisch?«

»Daß ich noch nicht tot bin«, antwortet der andere. »Wer nichts mehr komisch findet, ist schon gestorben. Stimmt's, Muhammad?«

Andere Häftlinge rufen jetzt: »He, Champ! Komm mal hierher, Champ!« Ich mache mich auf den Weg und hole für die anderen das Essen. Ein alter Mann, der schon seit zweieinhalb Jahren in den »Todeszellen« auf seinen Prozeß wartet, sagt: »Wenn ich jemals hier rauskomme, will ich eine Eintrittskarte zu deinem nächsten Kampf gegen Frazier. Glaubst du, daß du Frazier schlagen kannst?«

Ich verspreche es ihm.

»Ich hab' einen Fehler gemacht und muß dafür bezahlen«, sagt er. »Ich habe versehentlich einen Menschen getötet. Aber wenn der Staat mich umbringt, dann wird es kein Versehen sein. Dann ist es vorsätzlicher Mord.«

Er erzählt, wie er aus Frustration einen Menschen getötet hat, aus einem Gefühl heraus, wie jeder es bekommen kann. Irgendwie macht ihn das menschlicher. Ich verspreche ihm, daß ich seinetwegen Frazier schlagen werde, falls er jemals freikommen sollte.

Am Morgen klopft der Wärter gegen die Gitter. »Das Gericht hat eine Weihnachtsamnestie erlassen! Eine Weihnachtsamnestie!« Im ganzen Zellentrakt geht das Geschrei los. Jemand stimmt ein Weihnachtslied an.

»Bezieht sich das auch auf mich?« frage ich.

Er schaut auf sein Blatt Papier und feixt. »Du stehst auch drauf, Champ. Für den Richter war's nicht einfach, dich loszueisen. Er hat Morddrohungen gekriegt, und seine Familie wurde bedroht, weil alle wollten, daß du im Gefängnis bleibst.«

Er sperrt mir die Zellentür auf und führt mich in einen Raum, wo der kleine Rotgesichtige mir aus einer Kasse zwei Dollar überreicht. »Sie sind jetzt frei«, sagt der Mann. Ich habe den Korridor und das Gefängnisgebäude schon halb hinter mir, da kommt mir ein Häftling nachgelaufen. »Du hast dein Geld fallen lassen.« Ich schenke ihm die zwei Dollar.

Ich merke jetzt, wie herrlich frische Luft riecht. Ich gehe und gehe und

möchte nie wieder stehenbleiben. Ich sehe mir die Gesichter der Leute auf der Straße an und kann nicht genug davon kriegen. Ich betrachte die vorbeifahrenden Autos, das Gras, die Bäume, die Vögel. Ich sehe die Kinder und höre ihre Stimmen: »He, Champ! Das ist doch Muhammad Ali.« Sie kommen zu mir und bitten um Autogramme. Ich gebe sie ihnen. Im Hotel ziehe ich mich aus und lege mich aufs Bett. Zum erstenmal seit einer Woche habe ich wieder ein richtiges Kissen unter dem Kopf. Ich möchte schlafen.
Mir ist, als sei ich eine lange Zeit fort gewesen. Da läutet das Telefon. Es ist ein Rechtsanwalt aus Philadelphia, der meinen Prozeß verfolgt hat. »Die Tür ist immer noch offen«, sagt er. »Für Sie gibt es immer noch die Möglichkeit einer Einigung.«
»Nein«, antworte ich und höre mich im Geiste das wiederholen, was ich vor Gericht einmal gesagt habe:
»Ich weiß, daß Sie mir keinerlei Schwierigkeiten machen würden, wenn ich ein Kriegsdienstverweigerer von der Sorte wäre, die in Kasernen Boxvorstellungen gibt oder auf Kosten des Staates durch Vietnam und durch Amerika reist und sich ein schönes Leben macht. Ich weiß, daß ich nie im Dreck liegen und niemals schießen müßte. Aber wenn ich das könnte, dann hätte ich vor Gericht und in den Straßen nicht so viel Krach geschlagen. Ich hätte nicht auf die Millionen verzichtet, die ich nun sicher nicht bekommen werde, weil ich nicht nach Vietnam gehe.
Ich weiß, daß mein Image in der amerikanischen Öffentlichkeit wegen meiner derzeitigen Einstellung vollkommen ruiniert ist. Wenn ich anders handeln könnte, würde ich auch nicht mein Leben riskieren, indem ich ohne Leibwache durch amerikanische Straßen gehe, insbesondere im Süden.
Ich mache das nur, weil es mir ernst ist. Ich werde an diesem Krieg nicht teilnehmen.«

7

God Bless the Child

Ich erwachte, als im Radiowecker Billie Holiday »God Bless the Child That's Got His Own« sang. Ich drehte mich auf den Rücken und dachte, welch ein Zufall – sicher ein Omen. Gerade heute habe ich eine Verabredung mit Sonji, der einzigen Frau, die dieses Lied wie Billie singt. Sonji, meine geschiedene Frau – ich hatte sie seit unserem Scheidungstermin vor Gericht vier Jahre zuvor nicht mehr gesehen, und da hatten wir einander angeblickt wie zwei Fremde, deren Wagen bei einem Unfall zusammengestoßen sind. Aber irgend etwas von ihr muß in mir geblieben sein, und vermutlich war auch irgend etwas von mir noch immer in ihr.

Dichter Schneeregen fiel auf den Michigansee, als ich die vierzehn Meilen vom South Shore Country Club zu ihrer Wohnung zu Fuß zurücklegte. Ich wollte meine Muskeln geschmeidig halten. Ich lebte jetzt seit drei Jahren im Exil und wartete immer noch auf den Tag, da man mir erlauben würde, wieder in den Ring zu steigen. Der größte Teil der Gelder, die ich jetzt einnahm, stammte aus College-Vorträgen und dem Verkauf der Dinge, die – wie mein erstes Haus in South Shore – mit jenen »Millionen« erworben worden waren, die ich, wie die Zeitungen behaupteten, mit meinen neununddreißig Profikämpfen verdient haben sollte. Tatsächlich hatte ich jedoch ein Haus auf der South Side übernommen, das Herbert gekauft und verschwenderisch eingerichtet hatte. In jenem Haus waren Belinda und ich getraut worden, und alle Einnahmen, die ich während meines Exils erzielte und die meinen Lebensunterhalt darstellten, stammten aus Unternehmungen, die eine Idee Herberts gewesen waren.

Sonji hatte sich einverstanden erklärt, mich zu empfangen und einige jener kleinen Fragen zu klären, die uns noch aneinanderbanden. Auch das Problem, was mit dem Rest der Abfindung von 150 000 Dollar werden sollte, deren Raten ich nun nicht mehr zahlen konnte. Anscheinend hatte die Verbannung aus dem Ring auch ihre guten Seiten. Bereits jetzt hatte sie mich nachdenklicher und im Hinblick auf die Vergangenheit hellhöriger gemacht. Seit der Olympiade von 1960 hatte ich das schwindelerregende Tempo, in dem ich lebte, ein wenig gedrosselt, vor allem, nachdem ich in Houston vor der Einberufungskommission gestanden und mich geweigert hatte, den »Schritt nach vorn« zu tun. Jetzt erwartete ich das Gerichtsurteil, das mich, wie man mir immer wieder prophezeite, auf fünf Jahre hinter Gitter bringen würde. Auf diese Nachricht war ich jeden Morgen gefaßt. Aber war ich auch darauf gefaßt, von der Frau, die als erste mit mir zusammengelebt hatte, einiges über mein Leben zu hören?

Trotz aller Beschuldigungen und Gegenbeschuldigungen, die wir einander via Presse ins Gesicht geschleudert hatten, war sie immer noch die erste Frau, die ich geliebt und die meine religiöse Überzeugung und meinen Glauben auf die Probe gestellt hatte. Und seit unserer Scheidung hatte ich ihr nicht mehr gegenübergestanden. Wie sah das Leben aus, das wir geführt hatten? Was war wirklich mit uns geschehen? Wer hatte recht, wer unrecht gehabt? Wie hatte das Zusammenleben mit mir für sie ausgesehen? Wieviel war ungesagt geblieben? Vielleicht konnte sie jetzt aussprechen, was sie zuvor nie über die Lippen gebracht hatte ... Und vielleicht konnte ich ihr zuhören, wie es mir früher nie möglich gewesen war. Vielleicht konnte ich auch die Wahrheit aussprechen. Ich werde ihr sagen, daß ihre Version dieser Geschichte haargenau so in meine Autobiographie aufgenommen wird, wie sie sie sieht.

Als ich aus dem Fahrstuhl trat, klopfte mein Herz, als sollte ich im Ring gegen einen unberechenbaren Gegner antreten. Als sie jedoch die Tür öffnete, strahlten ihre Augen, und sie zeigte ein bereitwilliges, freundliches Lächeln. Nachdem wir alle möglichen Dinge besprochen hatten, fragte ich sie, ob wir jetzt von unserem gemeinsamen Leben sprechen könnten. Wir nahmen an einem Fenster Platz, das Ausblick auf den Michigansee bot.

»Weißt du«, schlug ich vor, »laß uns anfangen, als wir uns kennenlernten. Laß uns feststellen, was wir beide damals von der Liebe erwarteten, und dann machen wir aus dem Stegreif weiter.«

Sie überlegte eine Weile und ging dann eine Packung Zigaretten holen (eine Gewohnheit, mit der sie brach, als sie mich damals kennenlernte). Sie trug ein flammend rotes Kordtrikot, und ihr zierlicher Körper bot, wenn man die Hüften beobachtete, einige Überraschungen. Alles perfekt proportioniert. Falls sie ein Pfund zugenommen hatte, konnte ich es nicht erkennen.

»Also«, sagte ich, mich bequem zurechtsetzend, »wenn ich mich recht erinnere, begann unsere Bekanntschaft folgendermaßen ... Nach meiner ersten Afrikareise, als ich nach Chicago zurückkam, wohnte ich im Roberts Motel an der 67th Street und South Park. Meine Zimmernummer war 101, und es war ungefähr halb neun Uhr abends, als Herbert Muhammad mich von einem nahegelegenen Restaurant anrief. Er sagte, dort sei ein junges Mädchen, das mich kennenlernen wolle, und er werde mit ihr in ungefähr zehn Minuten herüberkommen. Zehn Minuten später klopfte es auch tatsächlich an meine Tür, aber dich hatte er nicht mitgebracht. Ich fragte ihn: ›Wo ist das

junge Mädchen, das mich kennenlernen will?‹ Er antwortete: ›Sie wartet drüben, in dem Lokal.‹ Also zog ich mir schnell Schuhe an und ging über die Straße in das Restaurant. Dort saßen ungefähr neunundzwanzig bis dreißig Gäste herum, aber ich erkannte dich sofort, als ich dich sah. In diesem Augenblick warst du für mich das hübscheste Mädchen, das ich jemals gesehen hatte. In deinen großen, schönen schwarzen Augen stand ein besonderer Glanz. Die Haare hattest du kurz geschnitten, deine Haut hatte einen wunderschönen kaffeebraunen Ton. Du warst ungefähr ein Meter sechzig groß und wogst etwa einhundertfünfundzwanzig Pfund ...«
»Soviel habe ich nicht gewogen!«
Ich beachtete ihren Einwurf nicht, sondern fuhr fort: »Normalerweise ist das zu klein für mich, ich bin fast ein Meter neunzig groß und liebe große, robuste Frauen; aber du hattest etwas an dir, das mich das alles vergessen ließ. Weißt du noch, wie Herbert dich mir als Sonji Roi vorstellte? Du seist eine gute Bekannte von Dixon, dem Schneider, erklärte er. Und dir sagte er, mein Name sei Muhammad Ali, und ich schlug vor: ›Gehen wir ein Eis essen.‹«
»Du erzählst es nicht ganz richtig.«
»Was ist nicht richtig?«
»Weil ... Es war ein bißchen anders.«
»Na schön, dann erzähl du jetzt. Fang noch mal an. Wie haben wir uns kennengelernt?«
»Na ja ...« Sie hielt inne, um nachzudenken. »Du warst in diesem Motelzimmer, das stimmt. Aber Herbert hatte mich *doch* mitgenommen, um uns miteinander bekannt zu machen. Sobald du mich sahst, sprangst du auf und sagtest: ›Bei Gott, Herbert, weißt du, was ich gerade getan habe? Ich habe auf dem Bett gelegen und zu Allah um eine Frau gebetet, und da kommt sie mit dir zur Tür herein! Hier kommt sie mit dem Sohn des Messenger, also muß sie wohl die Richtige sein.‹ Genauso hast du es gesagt. Und dann bist du auf mich zugekommen und hast mich gefragt: ›Mädchen, willst du meine Frau werden?‹«
»So schnell? Habe ich das wirklich so schnell gesagt?«
»Ja, so schnell.«
»Und was haben wir dann gemacht? Nur zu – es ist besser, wenn du erzählst; du erinnerst dich auch an die Kleinigkeiten.«
»Einen Heiratsantrag nennst du eine Kleinigkeit? Na ja, egal, du hast gesagt: ›Wartet einen Moment, ich werde mir schnell etwas anziehen, und dann gehen wir rüber und essen ein Eis.‹ Ich sagte: ›Na schön, aber allzu lange kann ich nicht bleiben.‹ Ich wollte noch ein Picknick vorbereiten.«
»Ja, stimmt. Am nächsten Tag war der vierte Juli.«
»Und dann hast du mir was vom vierten Juli erzählt, weil du nicht wußtest, daß ich meinem Sohn versprochen hatte, ich würde ihn zu diesem Picknick mitnehmen.«
»Ja, ich erinnere mich noch genau – ich überredete dich, das Picknick abzusagen.«
»Ja. Du sagtest: ›Was wird denn bei so einem Picknick gegessen? Schweine-

fleisch?‹ Und dann hast du sofort über das Barbecue geschimpft und mir erklärt, wie schlecht das für meine Gesundheit sei, so lange, bis ich keine Lust mehr zu dieser Verabredung hatte. Deshalb habe ich dann auch gesagt: ›Na ja, vielleicht gehe ich doch nicht hin.‹ Und als ich mir eine Zigarette anstekken wollte, hast du mir das Päckchen weggenommen. Du hast mir erklärt, wenn ich das ganze Nikotin aus den Zigaretten in ein Glas pressen und es austrinken würde, müßte ich auf der Stelle sterben, und ob mir klar wäre, was ich mir über eine gewisse Zeitspanne hinweg damit antäte. Deswegen habe ich noch am selben Tag mit dem Rauchen aufgehört. Und dann gingen wir über die Straße in das kleine Restaurant und tranken Tee. Da hast du mir wieder was über Zigaretten und Schweinefleisch erzählt, und ... Weißt du das denn nicht mehr?«

»Yeah, jetzt fällt es mir wieder ein. Warte mal ... Und dann ... mußte Herbert fort. Er sagte: ›Ali, könntest du einen Augenblick mitkommen?‹ Wir entschuldigten uns und gingen in den Waschraum. Dort erzählte er mir, daß du mich schon kennenlernen wolltest, seit du auf dem Titelblatt von *Sports Illustrated* mein Bild gesehen hättest. Das Bild in England mit der London Bridge oder dem Tower im Hintergrund. Stimmt's?«

»Hm – ja.«

»Und du sagtest, du hättest gehört, daß ich mich selbst immer als den ›Größten‹ bezeichnete, und daß du dich selbst auch für ›die Größte‹ hieltest. Darum sagte Herbert zu mir: ›Sei lieber vorsichtig, mit der.‹ Ich sagte ihm, du wärst eine Frau, wie ich sie gern heiraten würde. Er machte große Augen, sah mich an und antwortete: ›Mann, bitte, mach, was du willst, aber heirate sie nicht! Denk nicht mal im Traum dran, sie zu heiraten! Das klappt nicht, auf gar keinen Fall. Sie ist nicht dein Typ. Viel zu modern. Viel zu schnell. Ich hab' sie nur mitgebracht, damit du sie kennenlernst. Nicht, damit du sie heiratest. Behandle sie wie eine Dame. Macht's euch schön, aber mach nichts Ernsthaftes draus!‹ Ich antwortete ihm, okay; aber im Herzen hatte ich schon beschlossen, dich so schnell wie möglich zu heiraten. Vom ersten Augenblick an wußte ich, daß ich dich heiraten würde. Als er weg war, sagtest du: ›Ich habe Hunger. Sie nicht?‹ Ich hatte keinen Hunger, aber ich sagte trotzdem: ›Ja, ich habe auch ein bißchen Hunger.‹ Du sagtest: ›Ich kenne ein nettes chinesisches Restaurant ... Wollen wir da nicht essen?‹ Ich sagte, also los, und wir fuhren hin. Es war ein schöner, warmer Abend. Ich sehe dich noch genau vor mir. Du trugst ganz enge Blue jeans mit einer rot gestreiften, langärmeligen Strickjacke. Und als du aufstandest, entdeckte ich, daß du eine sehr schöne, zierliche Figur hattest, und einen ganz leichten Schwung in den Hüften, als du an mir vorbeigingst. Da war ich noch fester entschlossen, dich zu heiraten.«

»Ich wollte es nicht glauben. Daß du tatsächlich soviel für mich empfandest. Das hielt ich einfach für unmöglich.«

»Weißt du noch? Wir gingen zum Parkplatz auf der anderen Straßenseite und stiegen in meinen Wagen, eine lange, schwarze Limousine. Er gefiel dir, denn du sagtest: ›Oh, der ist aber schön!‹ Und ich antwortete: ›Vielen Dank.‹ Wir fuhren zu dem kleinen chinesischen Restaurant, und du bestelltest dir Chop

Suey. Ich aß ein Roastbeef-Sandwich. Und du fragtest mich: ›Mögen Sie kein Chop Suey?‹ Ich sagte, yeah, aber ich wolle keins, weil ich Diät essen müsse, um mich für meinen zweiten Kampf gegen Sonny Liston vorzubereiten. Und du sagtest: ›Okay, das verstehe ich.‹ In Wirklichkeit wollte ich aber kein Chop Suey, weil ich gehört hatte, daß da Schweinefleisch druntergemischt wird. Gegen elf Uhr waren wir schließlich mit dem Essen fertig und verließen das Restaurant. Ich dachte bei mir: Und wohin fahren wir jetzt? Ich möchte, daß sie in mein Motel mitkommt ... Also sagte ich zu dir: ›Um zwölf erwarte ich einen Anruf.‹ Das war gelogen, aber ich wollte ein bißchen mit dir allein sein. Und ich war freudig überrascht, als du sagtest: ›Wenn der Anruf nicht allzu wichtig ist, könnten wir ja auch in meine Wohnung fahren.‹ Als ich das hörte, war der Anruf natürlich nicht mehr wichtig. Hat es sich nicht so abgespielt?«

»Na ja, schon, aber nicht ganz ... Als wir mit dem Essen fertig waren, hatten wir noch den Chauffeur in der Limousine sitzen, und du befahlst ihm, uns einfach rumzufahren, überall in der Stadt herum, und als er uns dann für deinen sogenannten Anruf ins Hotel zurückbrachte, sagtest du ihm, daß du ihn nicht mehr brauchst, und schicktest ihn nach Hause, und wir ließen die Limousine stehen und nahmen statt dessen den roten Cadillac.«

»Ach ja!«

»Und sind damit rumgefahren und haben Schallplatten gehört.«

»Stimmt! Richtig!«

»Und dann hast du mich da vorbeigefahren, wo ich meine Verabredung absagen konnte.«

»Du hast deine Verabredung abgesagt, und dann sind wir im roten Cadillac rumgefahren, bevor wir in deine Wohnung gingen. Du wohntest an der 71st Street und Cregier, auf der South Side. Ein großes Gebäude, einen halben Block lang und einen halben Block breit. Du wohntest im zweiten Stock. Ohne Lift. Deswegen mußten wir zu Fuß hinaufsteigen. Als wir in die Wohnung kamen, fiel mir auf, wie sauber und ordentlich alles war. Die Wände waren schneeweiß. Der Fußboden war überall mit roten Spannteppichen bedeckt. Aber es gab fast gar keine Möbel.«

»Meine Möbel waren noch nicht gekommen.«

»Keine Möbel zu haben ist nicht weiter schlimm.«

»Aber du mußt es richtig erzählen. Sonst sieht es aus, als hätte ich überhaupt nichts besessen ... als wäre es mir schlechtgegangen und ich hätte kaum etwas zu beißen gehabt. Hör auf, so etwas ...«

»Warte doch ab, laß mich zu Ende erzählen! Ich weiß noch, daß du mir sagtest, du hättest dir Möbel anfertigen lassen. Jedenfalls, der Teppich war dick und rot und weich. Du hattest ein Schlafzimmer, ein großes Wohnzimmer und eine hübsche, kleine Küche. Ich hab' mal zum Schlafzimmer hineingeschaut, es war sehr groß. Elegant. Mit einem breiten, französischen Bett und einer schwarzen chinesischen Frisiertoilette. Ich habe die Frisiertoilette angestarrt, weil ich noch nie soviel Hautcreme, Eau de Cologne, Puder und Parfüm gesehen hatte ... Und dann verschwandest du im Badezimmer. Du hast deinen Kopf zur Tür rausgesteckt und zu mir gesagt: ›Setzen Sie sich doch.‹ Und ich fragte: ›Wohin denn?‹ Es gab keine Sessel, also dachte ich mir, daß ich mich entweder auf das Bett oder auf den Fußboden setzen sollte. Ich wählte das Bett. Du bist so lange im Bad geblieben, daß ich mir sagte: ›Was in aller Welt macht sie da drinnen?‹ Dann kamst du raus. Mann! Du warst zu allem bereit. Das hat mich wirklich umgehauen.«

»Mußt du das alles wieder ausgraben?«

»Ich sehe dich noch deutlich vor mir. Als du herauskamst, hattest du ein Negligé an. Ein rotes, durchsichtiges Negligé. Es war ungefähr halb eins. Dann hast du leise Musik angestellt. Wir lagen da auf dem Bett und haben uns ungefähr eine Stunde lang unterhalten, und du hast mich dazu überredet, die ganze Nacht bei dir zu bleiben. Also machte ich es mir bequem und verließ deine Wohnung erst am nächsten Morgen um acht Uhr.«

»Das war vor Jahren. Warum schnippst du immer noch mit den Fingern? Aber du hast mir damals erklärt, du wünschtest, daß ich dich nie mehr verlassen würde. Und als wir aufwachten, hast du mich sofort zu deinem Motel mitgenommen und mich im Zimmer neben dir untergebracht, Zimmer 102. Du sagtest, wir würden uns nie mehr trennen, keinen einzigen Tag.«

»Und ich habe mein Wort vom selben Moment an gehalten. An jenem Nachmittag bestellte ich uns Lunch und habe in meinem Zimmer herumgelegen und ferngesehen. Und dabei an dich gedacht.«

»Das war an dem Nachmittag, als du zu mir ins Zimmer kamst und mir die Haare gewaschen hast.«

»Ich? Ich habe dir die Haare gewaschen?«

»Allerdings. Es war ein Feiertag. Alle waren zum Picknick gefahren, und wir waren verliebt. So, wie du meinen Kopf massiert hast – ich hätte nie gedacht, daß ein Preisboxer so zarte Hände haben kann. Warum hast du das damals getan?«

»Na ja, ich hatte unter deiner Perücke wunderschönes schwarzes Haar gesehen, das offensichtlich schon eine ganze Zeitlang nicht mehr gekämmt worden war. Du hast dir immer wieder den Kopf gekratzt, deswegen sagte ich zu dir: ›Komm, ich wasch' dir die Schuppen raus.‹ Also habe ich dir die Haare gewaschen und so. Und gegen sechs Uhr abends habe ich zu dir gesagt, daß ich dich mitnehmen wollte nach Louisville, damit du Mama und Daddy kennenlernst.«

»Ich konnte es immer noch nicht fassen. Es kam so plötzlich ... so unglaublich schnell ...«

»Ich sagte dir, daß wir zwei Wochen später heiraten wollten und daß ich dich bis dahin auf meine eigene Art und Weise zu meiner Frau machen würde. Ich sah nicht ein, warum ich dazu die Erlaubnis eines weißen Mannes brauchte. Deswegen sagte ich ganz einfach: ›Du bist meine Frau.‹ Und dann, nach fünf bis sechs Tagen hier in Chicago, haben wir einige von meinen Verwandten besucht.«

»Aber an jenem Sonntag sagtest du, daß du mit mir in den Tempel gehen wolltest. Es war das erstemal, daß ich eine Moschee der ›Nation of Islam‹ betreten sollte. Du mußtest schon vorausfahren, weil du noch zum Messenger wolltest. Deswegen hast du mich von einem Enkel des Messenger in den Tempel begleiten lassen.«

»Yeah, daran erinnere ich mich.«

»Ich wußte nicht, was ich anziehen sollte. Ich trug einen großen, pinkfarbenen Hut und ein dazu passendes pinkfarbenes Kleid. Ich wußte nicht, daß ich ein Kopftuch tragen mußte, aber irgend jemand hat mir eins geliehen.«

»Du solltest dich auf die Predigt konzentrieren, anstatt über deine Kleidung nachzudenken.«

»Und dann habe ich mich hinterher mit dir getroffen, und du wolltest, daß wir sofort abreisen, aber ich hatte einen Job in der Redaktion von *Muhammad Speaks,* und du mußtest warten, bis ich gekündigt hatte.«

»Yeah, weil du zwei Monate mit der Miete im Rückstand warst.«

»War ich nicht!«

»Mit der Miete im Rückstand sein, ist keine Schande.«

»Nicht in der Wohnung! Ich schuldete einer Freundin Geld, das war alles.«

»Aber mir hast du gesagt, daß du mit der Miete im Rückstand wärst.«

»Habe ich nicht!«

»Und ich habe gesagt: ›Dann bezahlen wir die Miete eben.‹ Ich habe gesagt: ›Wir bezahlen die Miete, weil wir abreisen werden.‹ Und dann habe ich die Miete für dich bezahlt.«

»Ich war nicht im Rückstand, also behaupte jetzt bitte nichts, was nicht stimmt, denn es ist einfach nicht wahr. Ich hatte nicht ... Es war nur so, daß ich diesem Mädchen Geld schuldete, und der habe ich es dann auch gegeben.«

»Mach weiter, erzähl die Story. Reg dich nicht auf.«

»Von da an hast du mir den ganzen Tag lang erzählt, warum du keine Bars, Kneipen und Shows besuchen kannst, und mir erklärt, was ich alles nicht machen darf. Mir war's egal, ich brauchte das alles im Grunde nicht. Und so sind wir einfach zusammengeblieben. Die meiste Zeit waren wir im Freien. Und dann gingen wir nach Hause und setzten uns vors Fernsehen oder so, und an jenem Montag kamst du zu mir in die Redaktion und wolltest wissen, wer mir mein Gehalt auszahlen würde, weil ich am selben Tag noch aufhören wollte. An welchem Tag war das eigentlich?«

»Das muß so am zehnten Juli gewesen sein. Stimmt's?«

»Kann sein. Und ich hab' unsere Sachen geholt, die noch in der Reinigung waren, und sie in deinen Wagen gelegt.«

»Wir haben alles in den Kofferraum der Limousine gepackt.«

»Und dann sind wir nach Louisville gefahren.«

»Nur du und ich ...«

»Und Big Jim, dein Chauffeur. Das war der, der auch den Sänger Lloyd Price gefahren hatte.«

»Nein. Big Jim war auf und davon, weißt du nicht mehr? Ungefähr am fünften Juli hatte ich dreitausend Dollar Bargeld im Kofferraum, und als ich am nächsten Morgen aufwachte, war Big Jim weg, und die dreitausend aus dem

Kofferraum auch, und ich habe bis heute nichts mehr von ihm gehört. Nein, da ist jemand anders mit uns gefahren ... Howard Bingham! Der Fotograf! Er war dabei, als ich dich zu deiner Wohnung brachte. Und dann nahm Bingham den Jet nach Los Angeles, und wir nahmen den Highway nach Louisville. Am selben Abend noch sind wir angekommen, und ich habe dich nach Hause mitgenommen, damit du meine Eltern kennenlerntest. ›Hier, das ist meine zukünftige Frau‹, habe ich ihnen gesagt. Und meine Mutter hat dich umarmt. Sie war sofort von dir begeistert.«

»Dein Vater auch. Sie waren sehr nett. Und sie überließ mir ihr kleines Zimmer mit dem Himmelbett.«

»Yeah, du hast im Zimmer meiner Mutter geschlafen. Ich war den ganzen Tag sehr glücklich.«

»Wir hatten Brathähnchen. Und dann sind wir in den Keller gegangen und haben uns deine Alben mit den Zeitungsausschnitten angesehen. Und am nächsten Morgen mußten wir weiter, nach Florida.«

»Wir fuhren von Louisville nach Miami, und ich brachte dich im Hampton House unter und fuhr dann zu dem Haus, das mir die Louisville Sponsoring Group für die Trainingszeit gemietet hatte. Und jeden Tag fuhr ich zum Hampton House. Die Leute in Florida wußten nicht, daß ich mich entschlossen hatte zu heiraten. Ich wollte das alles geheimhalten, bis wir auch nach dem Gesetz der Weißen verheiratet waren. Deswegen habe ich dich jeden Tag besucht, und du bist ein paarmal heimlich zu den Versammlungen in den Tempel gegangen und hast getan, als würdest du mich gar nicht kennen, und hast dir die Lehren des Messenger angehört. Aber so wie du dich kleidetest und ewig davon redetest, daß du am Abend ausgehen möchtest, konnte ich merken, daß seine Lehren dich nicht beeindruckten. Und dann sagte ich zu dir: ›Du wirst bald meine Frau sein. Deswegen mußt du lange Kleider tragen, die mindestens die Knie bedecken. Und du mußt auf das Make-up verzichten, auf das Trinken, auf das Tanzen, auf dein ganzes Party- und Vergnügungsleben. Du mußt mit all dem endgültig aufhören.‹ Du sagtest: ›Ja, das kann ich vielleicht allmählich lernen. Aber es wird einige Zeit dauern.‹ Jedenfalls blieben wir ein paar Wochen in Florida, und dann hatte die ›Nation of Islam‹ eine Tagung in Los Angeles. Ich hatte Sam Saxon, dem Muslim Captain in Miami, erzählt, daß ich dich eigentlich schon geheiratet hätte, und er glaubte es mir sofort. Er sagte nur: ›Aber sie ist keine Muslim.‹ Ich antwortete: ›Sie wird eine werden.‹ Er sagte: ›Na ja, wenn sie bei uns Mitglied wird, ist alles in Ordnung. Warum fährst du nicht mit ihr nach Los Angeles, um den Messenger predigen zu hören?‹ Also stiegen wir drei, Sam Saxon, ich und du, vier Tage vor der Tagung in den Wagen, verließen Miami und fuhren tatsächlich nach Los Angeles. In den Motels trugen wir uns als Ehepaar ein, und als wir zu der Tagung kamen, brachten sie dich mit den anderen Muslim-Schwestern zusammen. Ich stellte dich als meine Frau vor, und du mußtest ein Kopftuch tragen. An jenem Abend hattest du ein hübsches, langes gelbes Kleid an, weißt du das noch?«

»Sicher. Du wolltest ja, daß ich ein langes Kleid trug.«

»Na ja, so lang war es nun auch wieder nicht, aber es ging wenigstens über die Knie.«
»Mit Kapuze.«
»Wie ein Engel sahst du aus! Ich war sehr stolz auf dich. Du bist zur Tagung gegangen und hast alles getan, was die anderen Schwestern getan haben. Und hinterher fuhren wir ins Motel zurück, kutschierten ein bißchen in der Stadt herum und machten uns dann wieder auf den Weg nach Chicago.«
»Und dann wurde es langsam schlechter.«
»Yeah, dann fing es mit dem Streiten an. Worüber haben wir uns eigentlich gestritten?«
»Über Religion.«
»Nein, wir stritten uns über ... den Rock, den du nach der Tagung angezogen hattest. Warum mußtest du auch sofort hingehen und einen von deinen Miniröcken anziehen? Ich hatte dir immer wieder gesagt: ›Du kannst nicht mit diesen kurzen Röcken rumlaufen. Röcke müssen bis auf die Knöchel gehen!«
»Ich wollte nicht wie eine Oma aussehen.«
»Aber du hättest sie wenigstens bis über die Knie tragen können. Du sagtest: ›Ich kann mir das einfach noch nicht vorstellen, und ich werde es auch nicht von heute auf morgen tun.‹ Erinnerst du dich, daß du das gesagt hast?«
»Ja, so ähnlich.«
»Wir stritten uns, und ich sagte: ›Wenn du meine Frau und eine Muslim werden willst, und das wirst du, dann kannst du nicht in kurzen Kleidern rumlaufen! Die Frauen der anderen Muslim-Brüder werden sagen, wenn Muhammad Alis Frau keine langen Röcke trägt, warum sollen wir sie dann tragen?‹ Und du hast gesagt: ›Ach, geh zum Teufel! Dann werde ich dich eben nicht heiraten. Ich werde diese Röcke nicht tragen, bis ich selber den Wunsch habe, sie zu tragen.‹ Und als wir nach Chicago kamen, warst du so aufgebracht und wütend, daß du dich nach hinten gesetzt und mich auf dem Vordersitz allein gelassen hast. Wir haben nicht mehr miteinander gesprochen, ich habe dich nach Hause gebracht, dich abgesetzt und bin in mein Motel gefahren. Aber dann habe ich nachgedacht und immer wieder nachgedacht. Ich sagte mir: ›Nun ja, schließlich liebe ich sie, und vielen Leuten habe ich schon gesagt, daß wir verheiratet sind.‹ Auch in der Presse war schon berichtet worden, daß meine Frau bei mir sei.«
»Angefangen, uns als Ehepaar zu fotografieren, haben sie bei dieser Tagung.«
»Yeah, die Leute sagten: ›Ich habe ihn mit seiner Frau gesehen; aber wo sind die beiden getraut worden?‹ Ich wollte nicht sagen: ›Nirgends‹, also sagte ich nur: ›Ich bin verheiratet.‹ Aber ich dachte, jetzt ist es heraus, daß du verheiratet bist, und tief im Herzen war ich es auch, und du warst es ebenfalls. Ich werde ihr Zeit lassen, dachte ich. Ich weiß, daß sie mich liebt, und ich liebe sie auch. Warum soll ich mich jetzt von ihr trennen? Es hat eine Weile gedauert, bis ich bekehrt war. Sie kann die Wahrheit nicht über Nacht erkennen. Das habe ich selber auch nicht gekonnt. Also fuhr ich zum Haus zurück. Du warst

am Putzen, machtest gerade die Holzverkleidung sauber. Du hast immer alles in Ordnung gehalten. Immer hast du was geputzt. Ich sagte, wir fahren nach Indiana und lassen uns trauen. Der Kampf gegen Liston stand bevor. Wir heirateten vor dem zweiten Liston-Kampf. Anschließend ging ich ins Training. Deswegen mußten wir ja nach Florida fahren.«
»Wenn ich jetzt zurückdenke, hat unser Eheleben fast ausschließlich stattgefunden, während du für Liston trainiertest. Wieviel Zeit hatten wir denn für uns allein? Nicht mal eine Hochzeitsreise, du mußtest sofort mit dem Training anfangen. Wir sind wieder nach Florida gefahren, zu dem Haus, das die Louisville-Gruppe für dich gemietet hatte. Aber ich konnte wenigstens für dich kochen; vorher hatten nämlich immer die Schwestern für dich gekocht, und das wollte ich nicht mehr. Dann sind wir zum Kampf nach Boston raufgeflogen.«
»Ja, das erstemal sind wir geflogen, das zweitemal habe ich aber den Bus genommen. Den roten Bus mit Bundini und den Presseleuten. Weißt du noch, wie wir mit meinem großen, roten Bus nach Chicopee gefahren sind? Vorher, na ja, da haben wir genauso gelebt wie alle anderen. Du weißt schon, aufstehen, dann hast du Frühstück gemacht, und ich Lauftraining. Zuerst gefiel dir das nicht sehr, weil ich dich am Anfang meines Trainings in Hampton House untergebracht hatte ...«
»Die anderen Boxer durften mich nicht mal ansehen. Chris Dundee hast du einen Mordsschreck eingejagt, nur weil er mir einmal freundschaftlich die Hand auf die Schulter gelegt hatte.«
»Als Boxer hat man es nicht gern, wenn die Frau dauernd beim Training dabei ist. Meine Männer wohnten alle dort, und ich besuchte dich ja tagsüber. Aber du mußtest allein sein, und das paßte dir nicht. Mir dagegen fiel es schwer, in deiner Nähe zu sein und trotzdem in Form zu bleiben. Ein paar Nächte lang hab' ich's probiert, das weißt du ja. Du hast im Schlafzimmer geschlafen, und ich im Wohnzimmer. Aber zwei Nächte darauf schlich ich dann heimlich zu dir ins Zimmer. Es war sehr schwierig, richtig in Form zu kommen. Und für dich war die Isolation zuviel. Das sage ich, weil du von Natur aus ein Herdentier bist. Wir hatten am 14. August 1964 geheiratet. Von der Hochzeit bis zum nächsten Kampf waren es also elf Monate. Die einzige Unterbrechung war mein Leistenbruch.«
»Na ja, dem Kampf mag er wohl geschadet haben, aber uns hat er zu einigen Wochen normalem Eheleben verholfen.«
»Yeah, wir sind wieder in deine Wohnung gezogen und haben sie ganz neu eingerichtet.«
»Das war schön.«
»Es war das erstemal, daß ich ein richtiges ›Eheleben‹ führte. Du machtest Frühstück. Ich lümmelte im Haus herum. Der Messenger hatte Herbert die Leitung von *Muhammad Speaks* übertragen, und ich bin jeden Tag in die Redaktion gefahren, um mich mit ihm zu besprechen. Oder ich bin woanders hingefahren oder habe was anderes gemacht, und dann bin ich wieder nach Hause gekommen und habe mich vor den Fernseher gesetzt oder dir beim

Kochen zugeschaut. Oder wir sind zusammen ausgegangen. Hatten wir jemals Streit? Warst du zum Beispiel böse mit mir, weil ich dauernd ausgegangen bin?«

»Nein, weil du nie ausgegangen bist, jedenfalls nicht ohne mich. Von der Frau, die du jetzt hast, kann ich nichts sagen, aber damals wolltest du immer, daß ich mitgehe. Nicht, daß du darauf bestanden hättest, aber du wolltest es einfach gern. Und ich hatte auch nie Schwierigkeiten mit all deinen Fans und Bewunderern, die dich dauernd umschwärmten. Ich stand dabei und ließ sie ruhig hinter dir herlaufen. Und dann strecktest du die Hand aus, zogst mich an dich und sagtest: ›Das ist meine Frau.‹ So war es immer, bis zu dem Brand.«

»Das war ein seltsamer Brand. Sehr sonderbar.«

»An einem Sonntagabend, weißt du noch? Wir waren zum Dinner in ein Motel gefahren.«

»Ich glaube heute noch, daß jemand den Brand gelegt hat.«

»Das habe ich dir gleich gesagt.«

»In den anderen Wohnungen gab es keinen schweren Brandschaden. Nur in unserer, und wir wohnten im ersten Stock. Das Feuer war bei uns ausgebrochen – im mittleren Stockwerk.«

»Ich weiß. Wir saßen im Arabian Sands Motel beim Dinner, und da bekamst du diesen Anruf ...«

»Von John Ali, dem Sekretär der Moschee.«

»Ja, und er sagte, eure Wohnung brennt. Du hieltest es zuerst für einen Scherz. Ich wollte es auch nicht so recht glauben. Aber wir fuhren sofort nach Hause und sahen, daß unsere Wohnung tatsächlich brannte–Löschzüge und Wasserschläuche, ganze Häuserblocks lang, überall auf der Straße. Wir stellten den Wagen in einer Nebenstraße ab und liefen zu Fuß hinüber. Weißt du noch, was wir auf dem Pflaster fanden?«

»Was denn?«

»Zwei Puppen, die du mir zum Valentinstag geschenkt hattest. Einen Jungen und ein Mädchen. Der Junge war groß und kräftig wie du, das Mädchen war so klein wie ich. Irgend jemand war in unsere Wohnung eingedrungen und hatte sie auf die Straße geworfen – nichts anderes, nur diese Puppen hatte er hinausgeworfen.«

»Yeah, Bundini war an dem Abend bei uns. Er ist hineingelaufen und hat meinen Meisterschaftsgürtel gerettet. Ich konnte ihn nicht zurückhalten. Setzt sein Leben aufs Spiel für einen Blechgürtel! Die Schachtel, in der er lag, war ziemlich verbrannt, aber der Gürtel selbst war in Ordnung. Dann gingen wir in die Wohnung hinauf und balancierten auf den Balken herum, der Fußboden war weggebrannt. Du stelltest fest, daß ein paar Sachen fehlten, und fingst an zu weinen. Ich sagte, das seien doch bloß materielle Dinge, die könnten wir alle wieder kaufen. Aber du wolltest möglichst viel retten und verpacken lassen. Ich wurde böse und sagte zu dir: ›Das lohnt sich doch nicht, das alte Zeug aufzuheben! Wir kaufen Neues.‹ Aber du sagtest: ›Ich möchte nichts wegwerfen.‹ Doch es war zu spät. Daß alles so furchtbar plötzlich kam, das hat dir, glaube ich, richtig Angst gemacht. Noch nie hatte ich dich so verschreckt gesehen.«

»Aber nur weil das Feuer ausgerechnet am Abend des Tages ausbrach, an dem Malcolm X ermordet wurde. Wir waren an jenem Sonntag im Tempel gewesen, und da war die Versammlung mit der Nachricht unterbrochen worden, daß Malcolm X umgebracht worden sei. Ich hatte Angst um dich.«

»Um mich? Warum?«

»Ich war ganz durcheinander. Malcolm X war zu jener Zeit der Muslim, über den am meisten gesprochen wurde. Der Brand in unserer Wohnung war ein zu unwahrscheinlicher Zufall. Niemand wußte, wo wir zu Abend essen wollten, und dann kriegtest du plötzlich diesen Anruf, daß unsere Wohnung in Flammen steht. Wer konnte denn wissen, wo wir waren? Doch nur jemand, der uns gefolgt war. Deshalb hatte ich Angst. Wirklich. Und dann kamen die Reporter und fragten dich: ›Na, haben Sie Angst?‹ Als wollten sie auf etwas Bestimmtes hinaus ... Du weißt schon. Ich dachte an all diese fremden Leute, die vielleicht kommen würden ... Leute, die Malcolm wirklich gemocht und nun möglicherweise das Gefühl hatten, wenn sie dem Weltmeister im Schwergewichtsboxen schaden könnten, wäre das eine Revanche für das, was ihm zugestoßen war. Ich stand Todesängste aus. Und dann ging es los bei uns mit den wirklich ernsthaften Auseinandersetzungen.«

»Aber wir hatten keine wirklich ernsthaften Auseinandersetzungen – nur kleine Debatten, mehr war es nicht.«

»Von mir aus nenn es kleine Debatten. Aber es gab da gewisse Dinge, mit denen ich nicht ganz einverstanden war. Da war es doch ganz natürlich, daß ich mit meinem Mann darüber sprach und ...«

»Du hast mir alle möglichen Fragen über meine Religion gestellt.«

»Na ja, da passierten gewisse Dinge, und über die wollte ich mit dir diskutieren. Ich bin kein Mensch, der einfach blind an etwas glauben kann, nicht mal an Gott. Diese Auseinandersetzungen erfolgten immer dann, wenn ich etwas über die religiösen Vorschriften oder über den weißen Teufel sagte, oder so ... Und du gingst damit dann zu den Oberhäuptern der Tempel. ›Warum zweifelt meine Frau an diesem oder jenem?‹ Nie hast du mir selbst eine Antwort gegeben. Du fandest, der Mann sollte der einzige im Haus sein, der wirklich weiß, wovon er spricht, deswegen bist du hingegangen und hast die Muslim-Oberen gefragt. ›Warum denkt meine Frau so, warum ist sie nicht so?‹ Du konntest nicht begreifen, wieso ich, der kleine, unbedeutende Niemand, nicht einfach nach den Vorschriften leben wollte, sondern immer wieder Fragen stellte.«

»Du weigertest dich, mir zu geben, was ich von einer Muslim-Frau erwartete. Ständig bereit zu sein, abends einfach nur Sport und Spiel zu treiben, statt zu Vergnügungen auszugehen. Wie zum Beispiel an jenem Abend in Miami, als wir uns stritten, weil du die Jackie-Gleason-Show sehen wolltest.«

»Nicht Jackie Gleason. Du dachtest doch immer, Gleason wäre ein so guter Freund von dir, weil er dauernd mit dir Poolbillard spielte; aber ich wußte es besser.«

»Yeah, er kam zu mir ins Training, und ich nahm ihn mit in den schwarzen Teil von Miami, und da haben wir Poolbillard gespielt. Gleason war nett, aber er wollte mir unbedingt die Black Muslims ausreden. Warte mal ... Jerry Lewis?«
»Nein, Jerry Lewis auch nicht.«
»Irgendeine weiße Show-Größe.«
»Johnny Mathis.«
»Jedenfalls paßte mir das nicht.«
»Du vergißt, daß du mir schon gesagt hattest, ich könnte hingehen. Aber dann wurdest du wütend, weil ich anfing, Lidschatten aufzulegen.«
»Daran erinnere ich mich nicht mehr.«
»Du wolltest mich plötzlich doch nicht allein gehen lassen. Du hast ein nasses Handtuch genommen und mir damit sehr grob das Gesicht abgewischt.«
»Habe ich das wirklich getan? Tut mir leid. Wenn ich gewußt hätte, was ich jetzt weiß, wären wir beide noch verheiratet. Weißt du, anfangs war ich richtig fanatisch mit meiner Religion. Ich war erst vierundsechzig zum Glauben übergetreten und wußte nicht, daß man die Menschen behutsam anfassen muß und sie nicht zum Glauben zwingen darf. Damals hatte ich noch nicht begriffen, daß man die Menschen richtig behandeln und für sie ein Vorbild sein muß, damit sie nach und nach einsehen, daß man recht hat. Ich habe mich aufgeführt, als hielte ich jede abweichende Meinung für eine immense Gefahr ...«
»Draußen vielleicht, in der Öffentlichkeit – das mag sein. Aber wenn niemand zusah, wenn alle Türen fest verschlossen waren, was haben wir beiden dann gemacht?«
»Na ja, zu Hause habe ich dir manchmal erlaubt, Lippenstift zu benutzen und Miniröcke anzuziehen und so rumzulaufen. Weil du es unbedingt wolltest. Auf diese Weise ging es ja dann eine Zeitlang gut mit uns. Bis wir nach Jamaica fuhren.«
»Als du Sugar Ray bei einem Kampf in Kingston schiedsrichtern halfst, oder so was ähnliches?«
»Ja, wo du nicht richtig angezogen warst. Das war kurz nach dem Brand.«
»Die einzigen Kleider, die ich besaß, waren ein paar neue Sachen, die du selbst für mich ausgesucht hattest. Und dann kam diese große, phantastische Party für Ray Robinson auf diesem riesigen Besitz. Alle waren so elegant. Die ganze Prominenz der Insel war da – alles. Es fing so nett und freundlich an. Alle waren fröhlich und amüsierten sich.«
»Ich auch. Bis mir dein Kleid auffiel.«
»Es mußte dir ja auffallen! Es war das orangefarbene Strickkleid. Nach all den Jahren hängt es immer noch in meinem Schrank. Als Erinnerungsstück. Möchtest du's sehen?«
»Nein, danke. Laß nur.«
»Na ja, du hattest dieses verdammte Kleid gekauft. Du hast es mir sogar anziehen geholfen. Und dann, auf der Party, hast du es jedesmal, wenn ich aufstand, runtergezogen. ›Zieh's weiter runter!‹ hast du mir befohlen. Die Leute

fingen an zu lachen. Sie dachten, du machst Spaß. Aber ich wußte es besser. Ich schämte mich und fühlte mich gedemütigt. Ich hatte gedacht, da wir ja nicht mit religiösen Leuten zusammen sein würden, wäre es bestimmt okay. Wenn du mit mir zu den Muslims gingst, trug ich meine religiösen Kleider. Aber du hast ja nie einsehen wollen, daß ich ein Doppelleben führen mußte. Du hast mich die ganze Zeit in zwei verschiedenen Gesellschaftskreisen herumgeschleift. Wenn ich bei den Muslims war, trug ich nur Kleider, gegen die du nichts hattest. Die langen, die bis auf den Boden gehen. Dann senkte ich auch bescheiden den Kopf und sagte nur etwas, wenn ich angesprochen wurde. Der andere Kreis, das war die große Welt der Prominenz, der Berühmtheiten, und wenn ich dort war, wäre ich mir komisch vorgekommen, wenn ich mich so verhalten hätte. Ich fand, wenn ich mich in der Welt des Schwergewichtschampions bewegen muß, dann muß ich auch entsprechend aussehen. Statt dessen hast du dich fast mit Ray geschlagen.«

»Das hattest du herausgefordert. Du hättest mich beinahe dazu gebracht, daß ich mein Idol verprügelte. Ein einziges Wort fehlte, und Ray Robinson und ich wären uns gegenseitig an die Kehle gefahren …«

»Und dann sitze ich da, mit diesem Kleid, und jedesmal, wenn ich aufstehe, ziehst du es runter. Filmschauspieler, Bankpräsidenten, der Gouverneur, Ray Robinson und all die anderen Leute essen, trinken, lachen, und nur ich war fürchterlich verlegen. Deswegen stand ich auf und ging auf den Balkon. Ich hab' ganz still dagesessen und geweint. Dann kamst du raus. Du sahst, daß auch ein Weißer dort saß, und das hat dich richtig auf die Palme gebracht. Du hast mich hochgerissen und gesagt, so, wie ich angezogen wäre, das wäre ›Wollust für die Augen des Teufels‹. Und dann hast du den Mann angefaucht und mich vom Balkon gezerrt, obwohl ich ihn überhaupt nicht beachtet hatte. Du sagtest, der Mann hätte meine Beine mit den Augen verschlungen.«

»Ich hatte mich über das Kleid aufgeregt.«

»Aber du hattest es doch selbst gekauft! Du hattest es ausgesucht! Und dann zerrst du mich vom Balkon und schleppst mich quer durch das Wohnzimmer, an den Gästen vorbei, an den Filmschauspielern vorbei, an den Bankpräsidenten, dem Opernstar, an Ray Robinson und an allen anderen. Und ich weine und will mich losreißen, aber du zerrst mich weiter und schreist mich an und hast völlig vergessen, daß alle Leute zusehen. Wie du geschrien hast! Du stößt mich ins Badezimmer, kommst hinterher und knallst die Tür zu. Ich schreie und weine, und du versuchst, mein Kleid runterzuziehen. Und dabei, bei all diesem Ziehen und Zerren, hast du es dann völlig zerrissen – daß ich fast nackt war. Ich versuche dir zu entkommen, aber du hältst mich fest, hältst mich an meinen Kleidern fest und ohrfeigst mich. Sugar Ray kommt an die Badezimmertür und hämmert dagegen. ›Laß mich rein, Mann! Laß mich rein …‹ Er schreit durch die Tür, als wäre er überzeugt, du wolltest mich umbringen. ›Hör endlich auf, Cassius! Laß sie in Ruhe!‹ Aber du schreist zurück: ›Weg von der Tür, Ray – sofort!‹«

»Wirklich?«

»Wortwörtlich. Und Sugar Ray fragte: ›Verdammt noch mal, was macht ihr da drinnen?‹ Und du antwortetest: ›Sie ist meine Frau, und dies ist meine Angelegenheit. Also verschwinde von der Tür. Verstanden?‹ Ich weiß noch, daß Ray daraufhin sagte: ›Ich gehe nicht weg, bevor ich nicht weiß, was da drinnen vorgeht.‹ Und du sagtest: ›In einer Sekunde werde ich diese Tür aufmachen, und wenn du dann nicht verschwunden bist, mache ich dich fertig. Du bist bloß ein Mittelgewicht, also zieh ab und kümmere dich um deinen eigenen Dreck. Verstanden?‹ Ich hörte, wie die anderen Leute Sugar Ray aufforderten, die Tür aufzubrechen und mir zu helfen, aber Ray war eine Weile ganz still. Dann hörte ich ihn weggehen, und ein paar von den anderen Leuten folgten ihm. Ray hatte nachgegeben! Und als du mich schließlich gehen ließest, konnte ich keiner Menschenseele da im Zimmer in die Augen sehen, sondern ging schnurstracks zum Auto hinaus. Du stiegst auch ein und brachtest mich ins Hotel zurück. Ich fühlte mich so gedemütigt, so beschämt, daß ich immer nur weinte und dir sagte, zwischen uns sei alles aus. ›Wenn ich wieder nach Miami komme, gehe ich sofort nach Hause‹, sagte ich. ›Und dich will ich nie im Leben wiedersehen. Ich halte es nicht mehr aus. Ich kann nicht mehr!‹ Als wir nach Hause kamen, war ich so müde, daß ich auf der Stelle einschlief und bis zum anderen Mittag durchschlief. Als ich aufstand, hattest du dich beruhigt und warst wieder lieb und nett und aufmerksam. Aber ich war immer noch so verschreckt, daß ich mich fortschlich, als du zum Training gefahren warst, und die nächste Maschine nahm.«

»Ja, das hatte ich kommen sehen. Ich spürte, daß dir etwas im Kopf herumging. Du warst auf einmal so merkwürdig still. Schon beim Training hatte ich das beunruhigende Gefühl, daß du fort sein würdest, wenn ich nach Hause kam. Und tatsächlich, da lag nur ein Brief auf dem Kopfkissen. Wohin bist du damals geflogen?«

»Nach Chicago. Als du herausfandst, wo ich war, riefst du mich an und redetest für achtundachtzig Dollar. Es stand in allen Zeitungen von Miami. Walter Winchell schrieb in seiner Kolumne, daß sich die Clays zerstritten hätten oder so ähnlich. Immer wieder riefst du mich an und machtest enorme Telefonrechnungen. Na ja, aber ich liebte dich, darum bin ich zu dir zurückgekehrt. Leider passierte so was jedoch immer wieder, und jedesmal, wenn ich zurückkam, versprachst du mir, dich zu bessern.«

»Und du versprachst mir, daß du ernsthaft versuchen würdest, nach meiner Religion zu leben. Aber statt mir entgegenzukommen, verlangtest du, daß ich dir entgegenkam. Nach einem Streit fragtest du am Telefon jedesmal: ›Darf ich nicht wenigstens ein bißchen Lippenstift nehmen?‹ Und um dich wieder zu haben, antwortete ich: ›Na ja, ein bißchen.‹ Und wenn du dann wieder zu Hause warst, fragtest du: ›Kann ich meinen roten Minirock behalten? Nur den einen?‹ Und ich antwortete: ›Na schön, von mir aus.‹ Nur weil ich dich unbedingt behalten wollte. Deine Schwester Lintoy wohnte bei uns. Ich hatte gehofft, sie würde mir sagen, wo du dich versteckt hieltst, wenn du mir davongelaufen warst. Aber Lintoy hat nie etwas verraten. Ich weiß noch, wie du einmal drei Tage weg warst und ich in jedem Hotel von Miami und

Miami Beach nach dir gesucht habe. Mir war jämmerlich zumute. Warum konntest du dich nicht anpassen? Warum nicht?«

»Ich weiß es nicht. Ich habe dich, weiß Gott, geliebt und dich gebraucht und war stolz, die Frau des Weltmeisters im Schwergewicht zu sein. Ich hatte es gern, wie du der ganzen Welt sagtest, wie schön ich sei – ›sogar noch schöner als ich‹, behauptetest du. Die Frauen hielten dich für eine erstklassige Partie.«

»Du brauchtest doch nur die richtigen Kleider zu tragen und dich an die Regeln zu halten ...«

»Ich weiß, ich weiß! Aus der ganzen Welt bekam ich Briefe von Frauen. Einige ergriffen meine Partei. Andere waren entsetzt und erstaunt, daß ich diese Kleider nicht tragen wollte. Ein paar von meinen besten Freundinnen kamen an und sagten: ›Baby, wenn ich einen so reichen, schönen und berühmten Mann hätte, würde ich ein Fischernetz mit einem Taucheranzug drüber tragen oder eine Ku-Klux-Klan-Robe oder eine Mönchskutte – alles, was er von mir verlangen würde.«

»Ein guter Rat.«

»Aber die hatten ja keine Ahnung. Es war nicht die Sache an sich. Aber mir einfach zu sagen, du *mußt* glauben, oder mir zu befehlen, was ich tun und lassen soll – das ist etwas ganz anderes, auch wenn ich meinem Ehemann immer gehorchen und alles tun will, um ihn glücklich zu machen. Einen Messenger, einen Abgesandten Gottes, über ihm zu wissen ... jemanden, der als Führer und Lehrer über meinem eigenen Mann steht ... Nie hätte ich mich dazu bereit finden können, einen anderen als meinen eigenen Mann glücklich zu machen. Ich wollte nicht, daß ein anderer Mann meinem Mann sagt, was er tun soll. Ich wollte, daß ausschließlich mein Mann das letzte Wort hatte. Verstehst du mich?«

»Und genau da bist du im Unrecht. Der Messenger hat mir niemals etwas befohlen, das weißt du. Er befiehlt überhaupt niemandem etwas, nicht einmal seinen Kindern ... So groß ist kein Mensch.«

»Aber, siehst du, ich wußte nicht, woher die Befehle kamen. Einerseits erklärst du mir, was Elijah Muhammad nicht mag, und dann gehst du wieder mit mir in die Geschäfte und suchst mir kurze Kleider aus, wie Cassius Clay sie gerne sieht. Und dann sagst du zu mir: ›Zieh das nicht an, der Messenger will es nicht.‹ Aber *du* hattest sie ausgesucht, bezahlt und sogar noch mehr davon bestellt. Das hat mich immer wieder so verwirrt. In der Nacht weinte ich und fragte mich: ›Wessen Frau bin ich nun eigentlich?‹ Und das ist der Grund, warum ich mich bei dir ständig so elend gefühlt habe. Ich wollte die Frau eines einzigen Mannes sein. Du solltest mein Held sein, mein Gott. Du solltest anbeten können, wen du wolltest. Aber du solltest der einzige Mann sein, den ich anbetete. Und das hast du mir genommen, indem du mich ständig zwangst, zu einem anderen aufzublicken, zu einem, der höher stand als du. Ich wollte dich ja nur ebenso groß sehen. Ich wollte keinen anderen anbeten, weil eine Frau ihrem Mann alles gibt, was sie hat. Von keinem Führer, keinem König, keinem Gott, keinem anderen Menschen hält sie mehr als von

ihrem eigenen Mann. Und du wolltest mir diese Art Liebe nehmen und sie einem anderen Mann geben. Ja, und dagegen habe ich rebelliert.«
»Du hättest dir nichts vergeben, wenn du mir auf meinem Weg gefolgt wärst.«
»Mag sein, aber ich tat mein Bestes, um dich zufriedenzustellen. Und ich sage es dir noch einmal: Wenn du mir Sachen kauftest, die ich im Tempel anziehen sollte, trug ich sie mit Stolz, weil du sie ausgesucht hattest. Ich tat es für dich. Aber ich konnte es nicht ertragen, daß du mir ständig vorgehalten hast, was dein Führer von mir verlangte. Warum? Weil du der einzige Führer warst, den ich in unserem Haus anzuerkennen bereit war. In unserem Leben. Deswegen wollte ich ja so gern, daß wir allein eine Reise machten. Eine Weltreise–wie wir sie nach dem zweiten Liston-Kampf geplant hatten. Du hattest all diese Briefe von Gamal Abdel Nasser, von Kwame Nkrumah in Ghana, vom Aga Khan in Pakistan, von Sukarno in Indonesien – alle luden sie dich ein, und du sagtest, ja, du würdest kommen. Es mußte ja nicht unbedingt das sein, aber einfach irgendwohin fahren, zusammen sein, Neues kennenlernen, einander kennenlernen. Verstehst du? In jenem Jahr brauchtest du nicht mehr zu boxen. Darum wollten wir diese Weltreise machen.«
»Und wenn es geklappt hätte damit, wären wir vielleicht heute noch verheiratet.«
»Ich weiß es nicht. Wir träumten davon und machten Pläne, aber irgendwie hatte ich das Gefühl, daß wir niemals allein sein würden. Irgendwie würde das verhindert werden. Im Trainingscamp für den Liston-Fight war ich, obwohl ich so völlig isoliert war, beinahe glücklich, weil ich wußte, es würde vorüber sein, sobald du Liston besiegt hattest.«
»Aber du warst nervös, als ich für Liston trainierte. Hattest du Angst, er würde mich schlagen?«
»Ich hatte Angst, weil ich diesen Liston gesehen hatte, und auch die Art, wie er dich anblickte. Einmal bemerkte ich, wie er mich ansah, nachdem ihm jemand gesagt hatte, daß ich deine Frau sei. Als wäre ich ein Beutestück. Der Sieger bekommt alles. Die Blicke, die er für Männer hat ... Die Blicke, die er für Frauen hat, die sind ganz anders, viel beängstigender. Im Boxring habe ich ihn nie gesehen, aber ich sah, was in ihm ist. Im Camp redeten sie alle davon, daß er so riesige Pranken hätte, und ich wußte, daß du dich schon beim Sparring verletzt hattest. Wenn wir allein im Zimmer waren, hast du dir die Rippen gehalten.«
»Das war Jimmy Ellis gewesen. Ich war mit meinen Gedanken bei dir, und da hat Ellis mich mit einer Rechten an den Rippen erwischt. Ich hatte an meinem letzten Trainingstag acht Runden geboxt. Als Ellis mich traf, hörte ich sofort auf, und er fragte: ›Was ist los, Champion?‹ Ich tat so, als wäre ich nur gelangweilt. ›Ach‹, sagte ich, ›mir reicht es jetzt. Wenn ich noch mehr boxe, bin ich übertrainiert. Schluß für heute.‹ Ich nahm eine Dusche und versuchte die Schmerzen wegzumassieren. Dann ging ich in mein Zimmer und massierte mich mit Alkohol und Wintergrünöl. Das tat höllisch weh, und meine linke Brustseite war furchtbar empfindlich. Wenn ich dranstieß, mußte ich

aufschreien. Also ließ ich es darauf ankommen und hoffte, daß die Schmerzen nach drei bis vier Tagen nachlassen würden. Aber meine Rippen blieben empfindlich und wurden immer empfindlicher. Und in der Nacht vor dem Kampf hatte ich genau an jener Stelle wieder Schmerzen.«

»Es heißt, du hättest den Kampf aufschieben können.«

»Nein. Ich hatte ihn schon einmal aufgeschoben, wegen des Leistenbruchs. Jetzt waren alle Karten verkauft. Die Weltpresse war da. Liston in Form, ich in Form. Terminverschiebung – eine zu große Enttäuschung für zu viele Menschen. Niemand außer dir, Herbert und Angelo wußte etwas von meinen Rippen. Nicht mal Ellis.«

»Du hattest dir zu sehr Gedanken um diesen Liston-Kampf gemacht.«

»Ja, all die Gerüchte über die Rache für Malcolm X. Und die einzige Revanche, die Malcolms Leute zufriedenstellen würde, war, wenn sie mich erwischten. Wie sollte ich unter diesen Umständen kämpfen können? Die Reporter waren mit kugelsicherem Panzerglas geschützt. Die Handtaschen der weiblichen Zuschauer wurden nach Waffen durchsucht. Und als ich mir diese Menschenmenge um den Ring herum ansah, diese riesige, dunkle Menge, da mußte ich daran denken, daß da unten vielleicht jemand ein Gewehr auf mich richtete. Vor allem aber war mir bewußt geworden, daß wir beide uns trennen würden. Und das drückte mich.«

»Wie bitte? Was sagst du da? Ich hatte keine Ahnung, daß wir uns trennen würden. *Ich* war nicht schuld an diesem Druck, unter dem du damals gestanden hast.«

»Der Streit, den wir am Abend vor dem Kampf hatten. Ich sagte dir, nach Liston müßtest du entweder meine religiösen Vorschriften beachten, oder ich müßte dich fortschicken.«

»Das hast du nicht gesagt.«

»Nicht? Nun, aber gedacht habe ich es. Nach diesem Kampf ist es soweit, sagte ich mir. Und: ›Ich liebe sie. Wir lieben einander sehr, körperlich und seelisch. Alles ist wunderbar. Da wir uns aber in Glaubensdingen nicht einigen können, da ein so großer Unterschied zwischen uns besteht, sollten wir uns lieber trennen.‹«

»Davon hast du nie etwas gesagt.«

»Ich wußte genau, wenn du fort wärst, würde ich einige Zeit brauchen, um darüber hinwegzukommen. Deswegen dachte ich mir, ich werde nichts unternehmen, bevor ich Liston geschlagen habe, denn sonst würde ich mich furchtbar nach dir sehnen und bestimmt nicht richtig trainieren können.«

»Das hast du alles mit dir herumgeschleppt?«

»Zuerst mußte ich Sonny Liston schlagen. Ich wollte nicht Liston unterliegen *und* auch noch dich verlieren. Das wäre ein zu großer Verlust gewesen. Ich sagte mir: Ich muß diesen Kampf gut hinter mich bringen. Ich muß meinen Schwergewichtsmeistertitel behalten, damit ich immer noch der Champion bin, wenn ich mir eine andere Frau suchen muß.«

»So eiskalt hast du dir das überlegt?«

»Das war nötig. Denn wenn die gesamte Boxsportwelt mich auslachen würde, weil Liston mich besiegt hatte, und ich dazu noch mit der Tatsache konfrontiert würde, daß ich meine Frau verlassen müßte, obwohl ich sie liebte, wäre ich zuletzt vielleicht noch aus dem Fenster gesprungen. Aber wenn ich die Meisterschaft behalten konnte, so daß mir die Welt zu Füßen lag und die Leute sagten: ›Donnerwetter, er hat Liston geschlagen‹, wenn alle hinter mir her sein würden, die Frauen, die Kameras ... na ja, ich dachte eben, das würde vielleicht einen Teil des Kummers ausgleichen, mit dem ich mich herumzuschlagen hätte, wenn ich mit dir Schluß machen mußte. Weil *du* mich niemals verlassen hättest und auch niemals die Absicht gehabt hast. Weißt du noch, was du immer gesagt hast? ›Ich will bei dir bleiben und ein Baby haben, einen Jungen.‹ Aber ich sagte mir: ›Du mußt diesen Schritt jetzt wagen, sonst tust du es nie.‹ Und gleich nach dem Kampf, obwohl ich gewonnen hatte, obwohl ich bejubelt und gefeiert wurde, war ich wirklich zutiefst unglücklich, weil ich wußte, am nächsten Morgen ... weil ich wußte, daß ich mit dir brechen mußte. Es ging nicht anders. Ich wachte auf, am nächsten Morgen, und war mehr in Schweiß gebadet als während des ganzen Kampfes. Ich betrachtete dich, wie du neben mir lagst und schliefst. Kein Filmstar, den ich im Kino oder im Fernsehen gesehen hatte, war jemals so schön gewesen wie du. Dein Anblick nahm mir den Atem. Auch wenn du, wie mir die Leute sagten, fast ein Leben geführt hattest wie Billie Holiday, du hattest das Gesicht, den Körper und die Augen – und manchmal das Wesen – eines Engels. Aber ich wußte, daß du dich nie ernsthaft für meinen Glauben entscheiden würdest. Und wenn ich bei dir blieb, würde ich dich immer wieder zurückholen müssen, weil du immer wieder in deine eigene Welt flüchten würdest, und jedesmal würdest du mir das Zurückholen schwerer machen. Also hielt ich dich die ganze Nacht in den Armen, du schliefst ganz fest, und bei dem Gedanken an das, was ich tun mußte, zitterte ich wie Espenlaub, als hätte ich vor, einen Mord zu begehen. Ich fragte mich, ob ich meinen Vorsatz am nächsten Morgen, wenn ich aufwachte, auch würde durchführen können. Ich betete zu Gott, er möge mir Kraft geben – und bei deinem Anblick, wie du so dalagst und schliefst, hätte ich es beinahe nicht fertiggebracht.«

»Ich wußte nicht, daß du so überlegt vorgegangen warst. Ich erinnere mich, als ich an jenem Morgen aufwachte, hast du mich besonders zärtlich geküßt. Aber ich hätte es wissen müssen, obwohl du behauptet hast, es sei alles in Ordnung.«

»Hättest du denn von mir erwartet, daß ich meine Überzeugung aufgeben könnte, nur um mir die Liebe einer Frau zu erhalten?«

»Warum denn nicht? Eine Frau gibt für den Mann, den sie liebt, viel mehr auf als das.«

»Und wenn die Frau ihr Versprechen, nach meinem Glauben zu leben, nicht hält? Das hieße Gott aufgeben für eine Frau, die ihr Versprechen bricht, die ...«

»Du bist der Weltmeister im Schwergewicht. Weißt du denn nicht, daß Gott mehr Versprechen bricht, als eine Frau jemals zu halten vermag? Welches

Versprechen hat Gott denn überhaupt je gehalten? Vor allem einem armen Nigger gegenüber wie dir?«
»Halt, Moment mal! Genau solche Reden waren es, die bei uns jedesmal zum Streit geführt haben. Immer noch ein Gesicht wie ein Engel, aber eine Zunge wie der Teufel. Wenn du mich unbedingt hättest haben wollen, hättest du dir ja mehr Mühe geben können. Aber du warst ein hübsches, verwöhntes Mädchen. Zu früh und viel zu sehr verwöhnt.«
»Verwöhnt? Du weißt genau, daß ich niemals das Leben eines behüteten Engels geführt habe. Alle haben dir das gesagt. Mit dreizehn hatte ich schon ein Kind ...«
»Einen Jungen, den ich adoptieren wollte.«
»... und mußte deswegen die Schule verlassen. Meine Eltern hatten sich früh getrennt, und meine Mutter mußte sich ihren Lebensunterhalt als Sängerin und Tänzerin in Nachtclubs verdienen. Aber sie hat mir Liebe gegeben. Von meinem Vater wußte ich nur, daß er Koch war, sehr viel spielte und beim Kartenspiel umgebracht wurde. Wir hatten ihn so selten gesehen, daß meine Schwester und ich nicht mal eine Träne vergossen, als wir die Nachricht erhielten. Meine Mutter hat uns Liebe gegeben. Willst du das etwa verwöhnen nennen?«
»Und wie nennst du das, was ich dir gegeben habe?«
»Ich leugne ja nicht, daß du mir auf deine Art auch Liebe gegeben hast. Manche Leute konnten auch nicht verstehen, warum ich nicht mitgemacht habe. ›Warum machst du dir Gedanken? Nimm das Geld und mach einfach mit‹, rieten sie mir. ›Nimm die Nerzmäntel, die Cadillacs, das schöne Leben. Warum machst du dir Gedanken über ihn?‹ Warum konnte ich das nicht? Ich weiß es nicht ... Als meine Mutter starb, war sie sechsunddreißig und ich fünfzehn. Ich war nicht sicher, ob sie eines natürlichen Todes gestorben oder umgebracht worden war, aber von da an mußte ich auf eigenen Füßen stehen. Ich hab' in Bunny-Clubs gearbeitet, Schönheitswettbewerbe gewonnen, bin Fotomodell gewesen ...«
»Das wußte ich. Das hat man mir alles haarklein erzählt.«
»Haben sie dir auch erzählt, daß ich von einem Ritter in schimmernder Rüstung geträumt habe, von einem starken, unbestechlichen Mann, der kommen und mich aus allem herausholen würde? Stark würde er sein, und anständig – und ausschließlich sein eigener Herr. Und trotzdem wollte ich dich unbedingt haben.«
»Ich sagte ja schon, wenn du mich unbedingt haben wolltest, hättest du dir mehr Mühe geben können.«
»Ich hab's ja versucht. Aber wie sollte ich mitansehen können, daß du dich im Ring wie ein Tiger aufführst, aber draußen wegen eines religiösen Aberglaubens das Kniezittern kriegst, wie ein Mann, der an Gespenster glaubt?«
»Was bezeichnest du als Aberglauben?«
»Ich nenne es Aberglauben. Du kannst doch nichts davon beweisen, du Weltmeister im Schwergewichtsboxen! Und ich bat dich, dir ein paar Fragen stellen zu dürfen. Weißt du noch – ich sagte: Du brauchst mir keine Fragen

zu beantworten, aber stelle dir diese Fragen selber. Stelle sie dir, und gib dir in der Stille der Nacht dann die Antwort darauf. Du brauchst die Antwort nicht mal zu flüstern. Antworte nur dir selbst, in Gedanken. Du Weltmeister im Schwergewichtsboxen M. F. ...«

»Na ja ... gestritten haben wir uns immer nur über Religion ... Das machte die Differenzen zwischen uns aus ...«

»Ich weiß nicht recht ... Vielleicht lag der Unterschied viel tiefer.«

Wir saßen noch eine Weile und betrachteten den Regen, der auf den Michigansee hinabfiel. Die ganzen elf Monate tauchten in meiner Erinnerung auf, so intensiv, daß das Boxen, das Laufen, das Training, die Pressekonferenzen, die Auftritte im Fernsehen, die Einberufungskommission, ja sogar die Aberkennung meines Titels, daß mir das alles gegen das, was sich in unserem Leben abgespielt hatte, klein und unbedeutend erschien. Dies war die erste Frau, die ich geliebt und begehrt hatte, und ich sah sie zum letztenmal. Ich war gekommen, um dieses Kapitel meines Lebens abzuschließen und wahrheitsgetreu so aufzuzeichnen, wie sie und ich es gemeinsam sahen. Ihre Version zusammen mit meiner.

»Wirst du das alles in deinem Buch bringen?« fragte sie mich.

»Yeah. Genau wie du es erzählt hast. Hast du es wirklich so gesehen?«

»Es *war* so, Schwergewichtschampion.«

Wir schwiegen, bis das Tonbandgerät auslief, und dann sprachen wir von anderen Dingen, von meinen Aussichten auf einen weiteren Kampf, von meinem langen Exil, von den fälligen Unterhaltszahlungen, von allen möglichen Dingen, sprachen mit einer unverhohlenen Offenheit, die uns bisher fremd gewesen war, von meinem Glück mit Belinda, meiner Frau, und Maryum, meiner Tochter ... Und dann begannen ihre Freunde, ihr eigener Kreis die Wohnung zu füllen, ihre Aufmerksamkeit zu beanspruchen. Sie sollte ein neues Engagement als Sängerin in einem Night Club der South Side antreten und sagte, als erstes würde sie dort das Lied singen: »God Bless the Child That's Got His Own.«

8

Die Botschaft ist nicht für Feiglinge

Vielleicht lag der Unterschied, wie Sonji gesagt hatte, tatsächlich »viel tiefer« – nicht nur bei meiner Trennung von ihr, sondern auch bei der vom weißen, christlichen Amerika. Vielleicht hatte ich das Ausmaß der Feindseligkeit und der Vorurteile gegen die Anhänger des Honorable Elijah Muhammad weit unterschätzt. Jedenfalls hatte ich das Gefühl, daß daran etwas nicht stimmte. Es wurde nicht die Wahrheit berichtet, wie ich sie persönlich kannte.

Wenn die arbeitenden Menschen, der »kleine Mann auf der Straße«, tatsächlich so tief empört war, wie es ein großer Teil der Presse behauptete, dann hätte ich nicht ungefährdet leben können, trotz der Leibwächter nicht.

Obwohl ich glaubte, allen persönlichen Angriffen gewachsen zu sein, wollte ich nicht der »Jack Johnson« meiner Zeit werden. Doch die Empörung darüber, daß ich ein Muslim wurde, löste einen Aufruhr in der Öffentlichkeit aus, der weit über den Kreis der Sportler und Boxpromoter hinausreichte.

Al Monroe vom *Defender* erklärte: »Der Skandal ist sogar noch größer als der um Jack Johnson. Damals endete es damit, daß Jack Johnson Amerika verließ; diesmal nun hatte es zur Folge, daß der Weltmeister im Schwergewicht nicht mehr in seinem Heimatland boxen, es aber auch nicht verlassen durfte.«

William F. Buckley jun. wünschte, daß es »jemandem gelingen möge, Cassius Clay Vernunft einzubleuen, bevor er dem Sport noch mehr Schaden zufügt«.

Jimmy Breslin bezeichnete mich als »Muslim und Wanze«.

Jimmy Cannon behauptete, unter der Kontrolle der Mafia wäre der Boxsport wohl noch besser dran als unter der Kontrolle der Black Muslims.

»Ein Schwergewichtschampion ist für Amerika das Symbol der Jugend und der Männlichkeit«, schrieb ein Kolumnist. »Wenn dem so ist, dann ist dieses

Symbol jetzt in die finstersten Abgründe der Hölle hinabgesunken, in die übelsten Niederungen des Rassenhasses und der Entwürdigung, übler noch als zu der Zeit, da es ... von Gangstern beherrscht wurde ... (die) wahre Engel sind im Vergleich zu den Elementen, die Muhammad Ali beherrschen.« Nichts entsprach weniger der Wahrheit, und in der Folge mußten viele dieser Journalisten ihre Ansicht revidieren–obwohl viele der von ihnen geweckten Vorurteile auch heute noch bestehen.

»Wenn mein Vater die Weißen als ›Teufel‹ bezeichnet«, so hatte Herbert mir vor Jahren einmal erklärt, »dann meint er damit diejenigen, die uns unterdrückt, gelyncht, in abgeschlossenen Gettos eingepfercht haben. Mein Vater wollte damit ausdrücken, daß sich die Weißen selber zu Teufeln gemacht haben, indem sie die Schwarzen versklavten und unterdrückten und die Farbigen überall auf der Welt unterjochten und ausbeuteten. Aber es ist nicht die Hautfarbe, die einen Menschen zum ›Teufel‹ macht: Ein Mensch mit weißer Haut ist um nichts besser oder schlechter als jeder andere.«

Ich hatte in meinem Camp und in meiner Umgebung immer weißes und schwarzes Personal, und nie wurde von irgendeiner Seite Druck auf mich ausgeübt, jemanden zu entlassen, weil er schwarz oder weiß war.

»Was ist denn ein Teufel?« fragte ich Herbert.

»Ein Teufel ist jemand, der die Menschen wirklich von Allah entfernt. Ein Teufel, das ist eine aus falschem Stolz und überheblichen Lügen geborene geistige Einstellung ... eine Einstellung, die gegen die natürliche Ordnung der Schöpfung verstößt und in den Menschen einen Widersacher gegen den Schöpfer und seine Gesetze schafft und den Menschen anstelle der Wahrheit und der Ehrfurcht vor dem Schöpfer, dem Erhalter des Universums, falsche Ideen eingibt. Der Heilige Koran lehrt uns: ›*Er* hat nicht seinesgleichen.‹

Die Geschichte der Weißen in Europa und Amerika zeigt, daß ihr Verstand vom Teufel regiert wird; man erkennt es an ihren Taten, an ihrem Verhalten anderen Menschen und sogar ihnen selbst gegenüber. Aber Gott besitzt die Macht, den Teufel zu vernichten, ohne die Menschen zu vernichten.

Um den Teufel zu vernichten, müssen wir alles vernichten, womit wir uns Allah gleichstellen wollen ... sei es nun Reichtum, Macht, Ruhm oder etwas anderes. Darum sagen die Moslems ständig: Allah ist der Größte. Auch Selbstbeweihräucherung oder das stolze Gefühl, ein großer Boxer zu sein ... wenn du glaubst, diese Größe käme aus dir allein, vergleichst du dich in Gedanken mit Allah. Darum vergiß niemals, Allah für deine Größe zu danken, und denke immer daran, daß Allah allein der Größte ist. Das ist besser für dich, wenn du es nur verstehen kannst.«

Und den Vorwurf, die »Nation of Islam« sei eine »Haßsekte«, hatte Herbert mit dem Hinweis beantwortet, daß »die Muslims in Amerika niemanden hassen. Doch die Geschichte der unterdrückten Völker lehrt, daß diese endlich lernen müssen, sich selbst zu achten, sich selbst zu vertrauen, sich selbst zu lieben. Das weiße Establishment hat uns stets nur gelehrt, uns selbst zu hassen. Das Image alles Positiven in diesem Land hat immer nur der Weiße re-

präsentiert, während man die Schwarzen dazu erzogen hat, sich ihrer selbst zu schämen und sich für minderwertig zu halten. Alles an uns Schwarzen galt als schlecht: unser Haar, unsere Erscheinung, unsere Lippen, überhaupt alles.
Mein Vater lehrt, daß wir uns selbst mit Stolz und Selbstachtung betrachten müssen. Nicht gegen die Hautfarbe kämpfen wir, sondern gegen die schlechteren Lebensbedingungen, gegen die geringeren Chancen. Diejenigen Weißen, die uns mit Respekt behandeln, werden von uns nicht als Teufel bezeichnet, jedenfalls nicht von meinem Vater.«
Jahre später wurde mir klar, daß Herbert damit die zukünftige Politik der »Nation of Islam« in Amerika vorgezeichnet hatte. Als Supreme Minister Wallace D. Muhammad seinem Vater in dessen Amt als geistlicher Führer folgte, gehörte es zu seinen ersten Entscheidungen, die »Nation of Islam« auch den Weißen zu öffnen, solange sie nur bereit waren, nach den Vorschriften des Heiligen Korans zu leben. Meine anfänglichen Kontakte mit Minister Wallace hatten mich zu der Überzeugung gebracht, daß er ein besonders begnadeter Mensch war, der sich intensiv um die Verbesserung der miserablen Stellung der Schwarzen in unserem Land bemühte. Erst als er die Führung der »Nation« übernommen hatte, erkannte ich, wie sehr er Teil seines Volkes geblieben war und daß ihm die Förderung und das Wohlergehen seines Volkes vor allem anderen am Herzen lagen. Minister Wallace, der sehr viel von Körperertüchtigung hielt, hatte, genau wie sein Bruder Herbert, früher einmal geboxt; er hatte es nie ganz aufgegeben und absolvierte täglich ein hartes, sportliches Trainingsprogramm.
Nachdem ich meinen Meisterschaftstitel im Schwergewicht von George Foreman zurückerobert hatte, wurde mir das unvergeßliche Erlebnis zuteil, mit diesem großen Religionsführer in den Ring steigen und ihm bei seinem Fitneßtraining helfen zu dürfen, genau wie er mir bei meinem religiösen »Fitneßtraining« geholfen hatte. Wir sparrten mehrere temperamentvolle Runden zusammen, und er zeigte sich zu meiner größten Überraschung schnell, geschickt und so aggressiv wie Henry Armstrong, mit einem überaus kraftvollen linken Haken, der mich an Joe Frazier erinnerte.

Viele, die über mich schreiben, sind der Ansicht, meine Mitgliedschaft bei der »Nation of Islam« bestehe seit dem dritten Tag nach meinem Titelkampf gegen Sonny Liston; in Wahrheit war meine Bekanntmachung in Miami nach meinem Meisterschaftssieg nur noch eine reine Formalität. Ich war schon Jahre zuvor Anhänger des Honorable Elijah Muhammad geworden. Und genau, wie ich meine Enttäuschung über die Goldmedaille für mich behalten hatte, wollte ich auch kein Wort über meine Absage an das Christentum verlauten lassen, bis ich selber den Zeitpunkt für gekommen hielt. Trotzdem versuchte man – wegen meiner Verbindung zu Malcolm X, zu Captain Samuels von der Florida-Moschee und anderen Muslims – immer wieder herauszufinden, wo ich stand. Als ich schließlich nach Chicago fuhr, um mit Herbert Muhammad zu sprechen und an meiner ersten großen Muslim-Versammlung

teilzunehmen, wurde ich quer durch die Stadt von den Autos der Reporter verfolgt. Auf dem Outer Drive lieferte ich ihnen ein schönes Rennen.
Es war das Jahr 1959, als ich zum erstenmal erfuhr, daß es in Amerika Muslims unter der Führung von Elijah Muhammad gab. Ich hatte es damals äußerst eilig, zu einer Eisbahn an der 13th Street und Broadway in Louisville zu kommen, unterwegs aber fiel mir trotzdem ein junger Schwarzer auf, der eine Zeitschrift schwenkte und dazu rief: »*Muhammad Speaks*! Lesen Sie *Muhammad Speaks*!« Normalerweise lasse ich Zeitungsverkäufer links liegen, aus irgendeinem Grund aber kaufte ich diesem ein Exemplar ab, steckte es in die hintere Hosentasche und ging anschließend zur Eisbahn. Erst als ich am nächsten Tag eine andere Hose anzog, fiel mir wieder ein, daß ich das Blatt ja mal ansehen wollte.
An die Einzelheiten, die ich damals las, erinnere ich mich heute nicht mehr, aber den starken Eindruck, den die Lektüre auf mich machte, habe ich nicht vergessen. Die Zeitschrift äußerte sich mutig gegen die Ungerechtigkeit und Unterdrückung, unter denen die Schwarzen zu leiden hatten, und sprach Dinge aus, die ich bis dahin nur gedacht oder empfunden hatte, über die ich aber mit niemandem reden konnte.
Auch eine Zeichnung war darin, von einem Mann, den ich später persönlich kennenlernen sollte, von Eugene Majied, einem der besten Illustratoren Amerikas. Es war die Karikatur eines Sklaven, der sich zum Islam bekennt und in der moslemischen Gebetsstellung mit ausgebreiteten Händen betet: »O Allah! O Allah!« Ein weißer Sklavenhalter tritt mit erhobener Peitsche auf ihn zu: »Zu wem betest du, Boy?« Hastig kaschiert der Sklave seine mohammedanische Geste, senkt demütig den Kopf und antwortet: »Ich bete zu Jesus, Boß. Zu Jesus Christus, unserem Herrn und Heiland.« Der Sklavenhalter läßt die Peitsche sinken, wendet sich zum Gehen und sagt zufrieden: »Nun gut, dann bete nur schön weiter zu Jesus!«
Diese Karikatur erregte meine Neugier in einem Maße, wie es bisher keine religiöse Aussage fertiggebracht hatte. Warum wollte der Sklavenhalter nicht, daß sein Sklave zu Allah betete? Warum mußte er zu Jesus beten?
Bis dahin war ich immer der Meinung gewesen, die einzig wahre Religion der Welt sei die christliche. Ich war mit neun Jahren im baptistischen Glauben getauft worden, hatte die Zehn Gebote auswendig gelernt und wußte auch, was Nächstenliebe ist; da ich dies alles jedoch nie praktiziert gesehen hatte, fiel es mir durchaus nicht schwer, auch einmal etwas anderem nachzuspüren.
Am nächsten Morgen zeigte ich meiner Lehrerin Miss Lake die Zeitschrift. »Was bedeutet das?« fragte ich sie. »Was halten Sie davon?«
Sie nahm das Blatt mit spitzen Fingern und antwortete: »Ich werde es später lesen und dir dann sagen, was ich davon halte.«
Ich habe die Zeitschrift nie wiedergesehen und hatte sie nach einigen Tagen auch völlig vergessen. Ich war viel zu sehr mit dem Boxen beschäftigt, mit Eislaufen, Rad- und Motorrollerfahren, ich mußte den Mädchen nachschauen und mit meiner Clique durch die Straßen flanieren. Tatsächlich kam ich erst in meiner Profizeit, als ich 1961 in Miami für einen Kampf gegen

Donnie Fleeman trainierte, wieder an einem Muslim-Tempel vorbei, in dem gerade eine Versammlung stattfand. Auf dem Gehsteig draußen stand ein Muslim-Bruder, der, wie sie es nannten, neue Mitglieder ›angeln‹ sollte. Ein ganzes Stück folgte er mir die Straße entlang und versuchte mich zum Eintreten zu überreden, »wenigstens für einen Augenblick«.
Inzwischen hatte ich schon durch einige Boxerkollegen von den Muslims gehört: von ihrer harten Disziplin, ihren Verboten, ihrem Glauben, und das alles erschien mir für mich zu streng. Ich war ungeduldig, wollte weiter, aber der Bruder war sehr hartnäckig, und um ihn endlich loszuwerden, sagte ich schließlich: »Na schön, ich werde hineingehen – für eine Minute. Allerhöchstens für eine Minute.«
Als ich die Moschee betrat, befand ich mich unter lauter Schwarzen, die alle hörten, was der Geistliche über die Befreiung der Schwarzen, über den einen, gottgesandten Führer, der alle Schwarzen einen könne, und über die Tatsache zu sagen hatte, daß die Schwarzen zu ihrer Identität zurückfinden müßten. Ich blieb bis zum Ende des Vortrags.
Was ich gehört hatte, entsprach genau meinen Gefühlen, meinen Wünschen und meinem Streben nach Freiheit und Gleichberechtigung für mein Volk, einem sehr starken Trieb, der mich immer schon beseelt hatte. Mein Bruder Rudy sah den Islam ebenso klar wie ich und wurde sogar noch vor mir eingetragener Anhänger des Honorable Elijah Muhammad. Kurz nach meinem Übertritt zum Islam gab mir Elijah Muhammad den Namen Muhammad Ali, das heißt: »Einer, der des Lobes wert ist.«
Als ich dann bekanntgab, daß ich Muslim geworden sei, zeigten sich nahezu alle meine gebildeten Freunde, Geschäftspartner und Prominente, die ich kannte, schwarze und weiße, zutiefst entsetzt. Sugar Ray Robinson warnte mich, ich werde meine Karriere ruinieren, wenn ich den Black Muslims beiträte. Jackie Gleason drängte mich, den Schritt, den ich, wie er gehört habe, zu unternehmen gedächte, noch einmal gründlich zu überlegen. »Laß dich nicht ausnutzen«, sagte er. Ich bedankte mich für seinen Rat, erklärte ihm aber, die Leute, von denen ich mich vor allem nicht ausnutzen lassen wolle, seien die Feinde der Schwarzen, diejenigen, die sie unterdrücken und unterjochen hülfen.
Für einige dieser Warnungen habe ich Verständnis, denn wenn ich jetzt auf jene Zeit, 1959 und Anfang der sechziger Jahre, zurückblicke, erkenne ich, daß das ganze Land von Hysterie und Feindseligkeit gegen die Black Muslims, die Anhänger Elijah Muhammads, erfüllt war. Die Muslims wurden als »Rassenhaß-Sekte« hingestellt und – obwohl sie eindeutig friedliebende Menschen waren, die keine Waffen trugen und sich bescheiden abseits hielten – als der gefährlichste Feind der Weißen auf der ganzen Welt betrachtet, als Schwarze, die Vergeltung planten für die Lynchjustiz, für all die Morde, für die ständige Diskriminierung, mit denen die Weißen sie jahrhundertelang gequält hatten.
Es war leicht, in jenen Tagen, Vorurteile gegen die Black Muslims zu wekken, und leicht ist es bis zu einem gewissen Grad auch heute noch. In einer

Stadt nach der anderen, vor allem im amerikanischen Süden, wurden Muhammads Moscheen von der Polizei überfallen. In Monroe, Louisiana, wurden Muslims geschlagen und aus den Moscheen in Gefängnisse geschleppt; in Los Angeles wurde die Moschee von Polizisten unter dem Vorwand angegriffen, sie müßten nach Waffen und Munition suchen, und unbewaffnete Muslims wurden kaltblütig ermordet. Diejenigen Muslim-Brüder, die auf der Straße *Muhammad Speaks* verkauften, riskierten vielerorts ihr Leben.

Die meisten Schwarzen der Mittelschicht hatten sich uneingeschränkt gegen uns gewandt. »Warum wollen Sie bei so etwas mitmachen?« fragte mich der schwarze Präsident eines Colleges für Schwarze. »Sie sind liebenswert und attraktiv. Sie können Millionen Dollar verdienen. Dies aber wird Sie nur behindern und Ihnen schaden, und eines Tages werden Sie es bereuen.«

Man erklärte mir, die orthodoxen Moslems der ganzen Welt, in Pakistan, Saudi-Arabien, Indonesien, der Türkei, Tunesien, wollten mit den Anhängern des Honorable Elijah Muhammad nichts zu tun haben und würden sie auf gar keinen Fall akzeptieren. Als ich dann später beinahe jedes Moslem-Land besuchte und überall begeistert willkommen geheißen wurde und sah, daß andere amerikanische Muslims ebenso empfangen wurden, fragte ich mich, warum diejenigen, die dagegen waren, daß ich Muslim wurde, wohl eine so eklatante Lüge verbreitet hatten.

Je mehr ich über die Lehren und Programme Elijah Muhammads erfuhr, desto überzeugter wurde ich, daß ich mich auf dem richtigen Weg befand. Was ich lernte, lernte ich zumeist von Herbert Muhammad, dessen Führung ich mich, wie mir sein Vater erklärte, in dem beruhigenden Bewußtsein anvertrauen konnte, daß er mir Elijahs Gedanken weitergeben würde. Herbert war seinem Vater zutiefst verbunden, die Liebe und das Vertrauen zwischen den beiden waren unerschütterlich und unauflöslich. Auf unseren gemeinsamen Reisen, während wir zusammen wohnten und wenn wir beide am Tisch seines Vaters saßen, lehrte mich Herbert die Grundlagen des islamischen Glaubens.

In jenen Tagen las ich regelmäßig Muhammads Lehren, und ich erinnere mich an eine Passage, die mir speziell für mich geschrieben schien:

> »Dieses Leid müßt ihr und muß ich tragen, all diese Last müssen wir auf uns nehmen. Es ist unbegreiflich, daß die amerikanische Regierung – Herrin der Meere, Gebieter der Luft, Eroberer des Weltraums, Beherrscher des Landes, Erforscher der Tiefen des Ozeans – nicht in der Lage ist, uns vor Überfällen und Mord in den Straßen dieser Asphaltdschungel zu schützen …
>
> Die uns lynchen, wohnen gleich nebenan, um die Ecke, in der nächsten Straße, und dennoch werden sie nicht ihrer gerechten Strafe zugeführt. Welcher vernünftige Mensch kann bestreiten, daß es jetzt an der Zeit ist, daß wir uns zusammensetzen und überlegen, wie wir uns Gerechtigkeit verschaffen können?
>
> Wenn ihr aufsteht und eure Stimme für euer Volk erhebt, werdet ihr als

Unruhestifter gebrandmarkt, werdet ihr als Kommunisten, als Rassisten, als alles, was schlecht ist, gebrandmarkt.
Wenn Gott mir die Wahrheit über diese Rasse und über euch selbst offenbart hat und ich euch davon berichte, und wenn ich euch die Wahrheit berichte, dann sagt nicht, daß ich Rassenhaß predige, sondern sagt einfach, daß ich die Wahrheit predige.
Die Botschaft, die ich euch bringe, ist nicht für Feiglinge. Diejenigen von euch, die mir folgen, müssen bereit sein, dem Stachel und den Beleidigungen jener standzuhalten, die da kommen, um zu ermitteln, zu schnüffeln und zu behaupten, unser Ziel sei es letztlich, die amerikanische Lebensweise zu untergraben. Eine derartige Absicht liegt uns fern, und unsere Kritiker wissen das auch.
Welch eine Ironie ist es doch, daß dieselben Menschen, die uns vorwerfen, den Status quo zu zerstören, selber vergewaltigen, lynchen, Bürgern das Stimmrecht streitig machen und im Kongreß das Wort ergreifen, um euch und mich mit allen möglichen Schimpfnamen zu belegen, die von ›Ungeheuer‹ bis ›amoralische Gruppe‹ reichen.
Mir bleibt keine Wahl, ich muß euch sagen, daß es kein Leben nach dem Tode gibt. Es gibt keine Gerechtigkeit in einem späteren Leben. Die Unsterblichkeit ist JETZT und HIER. Wir sind die Auserwählten Gottes und müssen alle Mittel zu unserem Schutz einsetzen.«

»Mit dem ›Leben nach dem Tod‹«, sagte Herbert, der als einer der besten Interpreten von Elijah Muhammads Lehren gilt, »meinte mein Vater, daß ihr nicht hoffen sollt, das wirkliche Leben nach dem Tod zu beginnen. Nein, ihr müßt dieses wirkliche Leben hier, in Allahs Wahrheit, beginnen. Das Leben in Allahs Wahrheit ist der Beginn des ewigen Lebens. Die Fortschritte, die wir in diesem Leben machen, werden unseren Status im Jenseits bestimmen. Ein Gläubiger muß seine Hoffnung auf das Leben hier unten setzen. Wenn das Leben über das Grab hinaus fortdauern soll, muß es hier und jetzt entstehen. Allah vergibt viel, Allah ist gnädig«, zitierte Herbert den Koran.
Über uralte Weissagungen und Prophezeiungen sagte Herbert: »Wir müssen begreifen, daß wir die Weissagungen der Reformer und Diener Gottes, die zukünftige Ereignisse, Schicksalsschläge und Katastrophen prophezeiten, welche über die Menschen kommen sollten, daß wir diese Weissagungen, falls wir das Gefühl haben, sie seien längst überfällig, nicht etwa als unrichtig bezeichnen. Was die Warner sahen, waren Gottes Vorsehungen. Es waren Warnungen an die Menschen, und wenn die Menschen ihr Verhalten daraufhin änderten, dann wurde die Vorsehung aufgrund der Verhaltensänderung der Menschen abgewandt.«
Trotz aller Feindseligkeit und trotz des starken Widerstandes hat die »Nation of Islam« zahlenmäßig so zugenommen, daß es in Amerika keine größere Stadt ohne eine mohammedanische Moschee mehr gibt, und *Muhammad Speaks* kann die höchste Auflage von allen Publikationen für Farbige in aller Welt verzeichnen: über eine Million pro Ausgabe. Seit langem wußte ich, daß

Elijah Muhammad, da wir so stark und wohlhabend geworden waren, unter anderem davon träumte, in der schwarzen Gemeinde von Chicago ein großes Krankenhaus und Ärztezentrum einzurichten, und daß er außerdem einen weit größeren Gebäudekomplex für die Unterbringung einer neuen, größeren Moschee und Schule benötigte. Ich ließ ihm sagen, ich würde tun, was in meinen Kräften stehe, um ihm in dieser Angelegenheit zu helfen. Seine Leute forschten in ganz Chicago nach einem geeigneten Objekt und fanden auch schließlich eines, das zum Verkauf ausgeschrieben war.
Die griechisch-orthodoxe Kirche hatte in einem Viertel, das nur noch von Schwarzen bewohnt wurde, ein modernes Gotteshaus mit angegliederter Schule errichten lassen. Nun wollten die Griechen in ein weißes Viertel umziehen und waren bereit, dieses Objekt der »Nation of Islam« für vier Millionen Dollar zu überlassen.
Obwohl das Geschäftskapital der Muslims zu jener Zeit insgesamt mehr als fünfundsiebzig Millionen Dollar betrug und die »Nation of Islam« eine der solidesten Organisationen Amerikas ist, war keine einzige Bank bereit, die Hypothek zu übernehmen. Daraufhin wurde Herbert, als Hauptgeschäftsführer seines Vaters, sofort ins Ausland geschickt, um sich anderswo nach finanzieller Hilfe umzusehen.
Zwar leisteten eine Anzahl arabischer Länder, darunter Kuwait, Saudi-Arabien, Bahrain, Qatar, Abu Dhabi, Beiträge zum Krankenhausfonds des Messenger, aber nur Libyens Präsident Muammar el-Gaddafi erklärte sich bereit, uns ein Darlehen zum Bau einer neuen Moschee zu gewähren. Irgendwie jedoch gab es ein Mißverständnis, und Herbert mußte nach Tripolis fliegen, um mit dem Präsidenten zu sprechen und die Angelegenheit zu regeln.
Gaddafi ließ durchblicken, daß er mich gern kennenlernen würde, und ich nahm seine Einladung an. Sie kam, wie auch die Einladungen anderer Staatsoberhäupter des Nahen Ostens, kurz nachdem ich den deutschen Schwergewichtsmeister Jürgen Blin in Zürich besiegt hatte.
Dies sollte meine erste Auslandsreise sein, nachdem die Entscheidung des Supreme Court das Außenministerium gezwungen hatte, mir endlich meinen Paß zurückzugeben. Darüber hinaus war es das erstemal, daß ich Amerika verließ, seit ich gegen Frazier in jenem Kampf unterlegen war, dem mehr Menschen auf der Welt zugesehen hatten als jedem anderen sportlichen Ereignis, und wenige Wochen darauf sollte ich feststellen, was jener Kampf für viele bedeutet hatte.
Nach Tripolis flog ich mit John Ali, dem Muslim-Gelehrten und ehemaligen National Secretary von Muhammads »Mosque of Islam«, weil dieser mich über Präsident Gaddafis Pläne und Programme ins Bild setzen konnte. Gaddafi hatte 1969 von König Idris I. die Macht übernommen, und unser Flug nach Libyen fand zu einem Zeitpunkt statt, da sein Name überall Schlagzeilen machte, denn er hatte gerade die Ölrechte beansprucht, seine Pläne zur Einheit verkündet und seinen militanten Standpunkt hinsichtlich der Vereinigung der arabischen Länder erklärt. Er war einer der ersten arabischen

Herrscher, die die Kontrolle über die ausländischen Ölrechte übernahmen, und um ihm Einhalt zu gebieten, drohte man sogar mit Einmarsch in Libyen. Auf dem Flugplatz wurde unsere Maschine von Soldaten umstellt. Als wir die Gangway hinabschritten, begrüßte uns die wartende Menge mit »Ali! Ali! Muhammad Ali! Ali!« Sogar die Soldaten winkten mir zu und baten mich um Autogramme. Zur Begrüßung wurden wir nicht, wie ich vermutet hatte, zum alten Königspalast gefahren, sondern zu einem Gebäude, das eher wie eine Kaserne aussah. Dort mußten wir in einem sehr einfachen Raum warten, während eine Ordonnanz dem Präsidenten unsere Ankunft meldete.
Hier lernte ich auch Präsident Idi Amin von Uganda kennen, der ebenfalls auf eine Audienz bei Gaddafi wartete. Amin ist früher Preisboxer gewesen; lachend ließ er seine Muskeln spielen. Er lud mich nach Uganda ein und flüsterte mir vertraulich zu, Gaddafi sei der »beste von den arabischen Herrschern« und unterstütze sein, Idi Amins, neues Regime hundertprozentig. Plötzlich öffnete eine Ordonnanz die Tür, und da stand der Präsident in einer schlichten, hellbraunen Uniform mit einem breiten, schwarzen Gürtel um die Taille und einer silbernen Medaille auf der Brust. Nach Moslem-Art umarmte er mich sehr herzlich und trat dann erst einmal zurück, um mich freundlich lächelnd zu mustern. Er ist ungefähr so groß wie ich und hat ein schmales, gut proportioniertes Gesicht. Obwohl wir beide gleichaltrig sind, wirkt er wesentlich älter als ich; nicht gealtert, sondern mit dem kraftvollen Antlitz eines älteren, sehr erfahrenen Mannes. Als wir Platz genommen hatten, mußte ich ihn immer wieder ansehen, weil mir an diesem Gesicht irgend etwas vertraut vorkam.
Preisboxer sind für ihr phänomenales Personengedächtnis bekannt, das wir vermutlich vor allem deswegen entwickeln, weil unser Beruf es erforderlich macht, daß wir uns das Gesicht eines Gegners ganz genau ansehen. Ich wußte, daß ich den Präsidenten schon einmal irgendwo gesehen hatte. Aber ich erinnerte mich nicht, wo das gewesen war. Amerika hatte er noch nie besucht, und ich selbst war zum erstenmal in Libyen.
»Ich wollte Sie schon lange kennenlernen«, sagte der Präsident.
Ich sprang auf: »Ich kenne Sie aus London, Herr Präsident! In meinem Umkleideraum habe ich Sie gesehen, damals, nach dem Cooper-Fight!«
»Ich wollte ein Autogramm von Ihnen haben«, bestätigte er. »Aber es waren so viele Menschen um Sie herum, daß Sie mich baten, ein wenig zu warten.«
Jetzt fiel mir alles wieder ein. Er war jener arabische Student mit den so ungeheuer wachen Augen gewesen, der in meinen Umkleideraum gekommen war! Schon damals hatte er viel älter gewirkt als die übrigen College-Boys.
»Ich bat Sie, ein wenig zu warten«, sagte ich, »doch als ich mich nach Ihnen umsah, waren Sie bereits verschwunden.«
»Ich mußte gehen.« Der Präsident lachte. »Ich war zu jener Zeit im College und hatte abends keine Ausgeherlaubnis. Heimlich hatte ich mich fortgeschlichen, weil ich Sie unbedingt boxen sehen wollte, aber ich mußte wieder im Schlafsaal sein, ehe jemand mein Fehlen bemerkte. Ich mußte gehen, bevor mich meine Schulkameraden entdeckten, denn die älteren Jungens wa-

ren zu Ihrem Kampf gegangen, um Cooper anzufeuern. Ich habe es sehr genossen, als sie mir anschließend schilderten, wie der Kampf verlaufen war. Die ganze Nacht hindurch habe ich mich noch über Ihren Kampf gefreut.« Ein Leutnant kam mit arabisch beschrifteten Schildern herein; die beiden tauschten ein paar kurze Worte. Als er wieder hinausgegangen war, wandte sich der Präsident entschuldigend an mich: »Wir sind gerade dabei, die Namen der Straßen und der bekannten Gebäude zu ändern. Statt der Namen, die noch von den Italienern stammen, geben wir ihnen nun Bezeichnungen in unserer eigenen, der arabischen Sprache. Das hätte schon vor Jahren geschehen müssen.« Er berichtete mir, er habe alle meine Kämpfe verfolgt, und sprach von der tiefen Erschütterung innerhalb der mohammedanischen Welt, vor allem aber in Libyen, über meine Niederlage gegen Frazier. »Es war ein Trauertag für unser Land«, sagte er.

Ähnliches hörte ich, als ich nach Kuwait, Saudi-Arabien, Indonesien, Malaysia und Ägypten kam. Ich hörte es von Pakistanis, Südkoreanern, Thais, Indern, Burmesen, von arbeitenden Menschen, denen man an diesem Tag frei gegeben hatte, damit sie sich den Kampf im Rundfunk anhörten. Wo ich auch hinkam auf dieser Reise, überall sprach man von meinem Kampf gegen Frazier.

»Wenn ich noch einmal gegen ihn antrete«, versicherte ich jetzt Gaddafi, »werden jene, die das letztemal Tränen vergossen haben, in Jubel ausbrechen. Darauf gebe ich Ihnen mein Wort.«

Wir saßen und unterhielten uns bei Kuchen und Tee, und ich mußte feststellen, daß der Präsident erstaunlich gut über den Kampf der Schwarzen in Amerika informiert war. Voll Wärme sprach er über das, was die Schwarzen in Amerika erreicht hatten, trotz »amerikanischer Arroganz, trotz des weißen Überlegenheitskomplexes«.

Er erzählte mir von dem langen, blutigen Kampf seines Volkes gegen die Fremdherrschaft, die jahrhundertelang den Reichtum seines Landes abgeschöpft und das Volk in Armut gehalten hatte. Und da ihr kostbarster Bodenschatz nun einmal das Öl ist, sei es, wie er mir erklärte, notwendig, »den Profit wieder dem libyschen Volk zugute kommen zu lassen«.

Schließlich brachte ich das Darlehen zur Sprache, das er der »Nation of Islam« versprochen hatte, und er berichtete mir ganz offen von dem Widerstand seiner Regierung in dieser Sache. Aber, so sagte er auch, Herbert habe ihm eine gute Antwort auf die Frage gegeben, warum er dieses Darlehen durchbringen müsse. Es war bekannt geworden, daß der libysche Botschafter in Washington stark gegen dieses Darlehen an eine schwarze amerikanische Gruppe opponierte. Er hatte es bei der Riggs Bank blockiert und war persönlich nach Libyen geflogen, um den Präsidenten zur Zurücknahme zu überreden.

Gaddafi sagte, er sei fest entschlossen, das Darlehen trotzdem durchzubringen. Dies werde das erstemal sein, daß eine der vielen Nationen in aller Welt, die Vereinigten Staaten eingeschlossen, einer schwarzen Gruppe in Amerika ein so bedeutendes Darlehen gewähre. »Wenn die Christenheit Millionen ausgeben kann, um den Nahen Osten zu christianisieren, warum sollten wir dann nicht wenigstens so viel ausgeben können, um den Amerikanern den Islam zu bringen?« meinte er. »Ich habe von dem Geld, das wir fürs Militärbudget bestimmt hatten, einen Teil abgezweigt und es für dieses Darlehen an die amerikanischen Schwarzen zurückgestellt. Das Darlehen wird genehmigt werden!«

Ich habe mich oft gefragt, ob Herbert ihm gesagt hatte, was er so häufig anderen Moslem-Führern vorhielt: daß er nicht verstehen könne, warum die Moslems so zögerten, wenn es darum ging, die »Nation of Islam« zu unterstützen, die sein Vater als Baby-Nation bezeichnete ... Ihre Mitglieder seien Babys in der Mentalität, in der Erkenntnis von Gottes Wahrheit, Babys in der Fähigkeit, die Belange ihres Volkes zu unterstützen, Babys in der Fähigkeit, sich selber zu bilden, Babys im Wissen von ihrem Gott und ihrer Religion. Und sie waren versklavt und hatten weder Mutter- noch Vaterland, auf das sie zurückblicken konnten. Als Waisen des Ostens wurden sie im Westen unterdrückt und waren einzig durch die Lehren des Islam in der Lage, sich von den Knien zu erheben, auf denen sie ihre weißen Unterdrücker angebettelt hatten, waren in der Lage, aufrecht zu stehen und im Namen Allahs zu rufen: »Führe uns auf den richtigen Weg, auf den Weg derjenigen, denen du deine Gnade schenkst.«

Während Amerika, ein christliches Land, Israel mit Milliarden von Dollar helfen und es mit Waffen versorgen konnte, damit es inmitten arabischer Länder Kriegsherr blieb, stellen sich unsere reichen Islam-Brüder im Osten, die in uns eine Nation von Waisen im Westen sehen, eine Nation, die sich an sie als ihre Adoptiveltern um finanzielle Hilfe wendet, unseren Bitten gegenüber taub und halten die Hände fest verschlossen, weil unser Wissen von Allah und dem Propheten Muhammad ibn Abdullah (Friede und Segen sei mit ihm) in ihren Augen dem Wissen eines Säuglings gleicht. Sie fürchten, die Verbindung mit uns und die Unterstützung unserer Sache durch sie könne die Gefühle der weißen Imperialisten verletzen, der erklärten Feinde aller Moslems.

Und Herbert berichtete mir, bei einem Besuch in einem Moslem-Land habe einer der höchsten Beamten ihm und John Ali gesagt: »Wir haben gerade den Bau einer über zwei Millionen Dollar teuren Kirche für die Christen unseres Landes beendet.« Einer Kirche, in der die Christen dieses Moslem-Landes zu Jesus beten konnten. Und wir, ihre Moslem-Brüder im fernen Westen, waren nicht dorthin gekommen, um Geld für Waffen zu erbitten, baten nicht um Unterstützung für subversive Aktionen im Westen, sondern um einen Platz für eine Moschee, in der wir Gott anrufen und Zeugnis davon ablegen können, daß es keinen Gott außer Allah gibt und daß Muhammad ibn Abdullah (Friede und Segen sei mit ihm) Allahs Prophet ist. Wir baten nicht um ein Geschenk oder eine Subvention, sondern lediglich um ein Darlehen, damit wir jenes Muslim-Center bauen konnten, das aus einer Moschee, einer Schule, einem Krankenhaus und einem Heim für unsere Alten bestehen sollte. Aber wir wurden mit leeren Händen weggeschickt, nur mit dem Versprechen, daß man es sich überlegen wolle. Dies war so demütigend für Herbert, daß seine Achtung für einige Moslem-Führer mit ihren leeren Versprechungen drastisch sank und er fürchtete, er, der Sohn des geistlichen Führers der »Nation of Islam«, werde seine Zunge nicht im Zaum halten können und die »Nation« wie auch sich selber in Verlegenheit bringen. Deswegen begleitete er mich auch nicht selbst nach Libyen, sondern schickte seinen Adjutanten John Ali mit.

Ich hatte mit Herbert über meinen finanziellen Beitrag und die Summen gesprochen, die ich der »Nation« zur Verfügung stellen wollte, und Herbert fragte: »Was glaubst du wohl, wie lange das dauert, wenn du dreimal im Jahr für eine bis fünf Millionen boxt und die Regierung dir die Hälfte unseres Geldes abknöpft, bevor wir es in die Hand bekommen? Und unsere Spenden sind nicht einmal steuerfrei. Die arabischen Ölquellen würden austrocknen, bevor wir mit unserem bißchen Geld das Center bauen könnten, das Center, das eine Zierde der ›Nation of Islam‹ sein würde und auf das die Moslems in aller Welt stolz sein könnten. Es ist unbedingt erforderlich, daß wir Unterstützung bekommen. Und wenn wir sie nicht von unseren Moslem-Brüdern bekommen, werden wir uns gezwungen sehen, diese Hilfe von den Kindern unserer ehemaligen Sklavenhalter zu erbitten. Das würde in den Augen mancher Menschen aussehen, als würde Israel sich mitten im Territorium seiner erklärten Feinde um Unterstützung an Mekka wenden. Aber es ist unbedingt nötig. Der Islam muß unter allen Umständen im Westen etabliert werden. Wir werden nicht aufhören, mit allen zur Verfügung stehenden Kräften für unsere Sache zu arbeiten. Es mag drei Jahrzehnte dauern, aber mit Allahs Hilfe werden wir es schaffen.«

Herbert sagte zu mir: »Dies ist erst der Anfang, und wir beten zu Allah um Erfolg für unseren Moslem-Bruder, den Präsidenten Gaddafi von Libyen, der sich als wahrer Bruder erwiesen hat, indem er uns ein zinsloses Darlehen gab. Wir werden ihm zeigen, daß er in der ›Nation of Islam‹ einen wahren Bruder hat, indem wir ihm innerhalb der uns gesetzten Frist alles, bis auf den letzten Pfennig, zurückzahlen. Ich hoffe, daß wir eines Tages einen weiteren Bruder wie Präsident Gaddafi finden, der uns nicht nur als Starthilfe Geld leiht, sondern der darüber hinaus dafür sorgt, daß wir auch auf anderen Gebieten jährliche Subventionen bekommen, die wir ja so dringend benötigen.«

Herbert überlegte oft, ob sie uns wohl mit Aufträgen unterstützen würden, wenn wir eine Import-Export-Firma gründeten; denn zahlreiche Moslem-Länder kaufen bei anderen US-Firmen u. a. Gebrauchsgüter, Zement und Düngemittel ein.

Nun, das Darlehen wurde genehmigt, noch bevor ich nach Amerika zurückkehrte. Und der neue Gebäudekomplex wurde Muhammads »Mosque of Islam« angegliedert, der größten mohammedanischen Moschee der westlichen Hemisphäre, einem der zehn größten religiösen Gebäudekomplexe Amerikas.

Als durchsickerte, daß ich den libyschen Präsidenten besucht hatte, wurde ich von Reportern umlagert; denn wegen der negativen Einstellung der west-

lichen Presse gegenüber dem jungen Herrscher waren nur wenige von ihm zur Audienz zugelassen worden. Sie wollten, daß ich Vergleiche zwischen Gaddafi und dem verstorbenen Gamal Abdel Nasser ziehe, mit dem ich auf meiner ersten Afrikareise einige Tage verbracht hatte.
Obgleich zwischen beiden altersmäßig und was die religiösen Ansichten betraf große Unterschiede bestanden, glichen sie sich doch in der Entschlossenheit, ihrem Volk bessere Lebensbedingungen zu schaffen und die Fesseln der Fremdherrschaft abzuwerfen, wie Zwillinge. »Die Schwarzen Amerikas werden zu einem der größten Völker der westlichen Welt heranwachsen«, hatte Präsident Nasser zu mir gesagt. »Es sind hochbegabte Menschen, die gebildeter, geschulter und selbstbewußter sein werden als alle anderen Minderheiten des Westens. Genau wie euer Religionsführer Muhammad glaube auch ich, daß keine Macht der Erde die Schwarzen Amerikas daran hindern kann, die Freiheit zu erobern.«
Als ich mich Elijah Muhammad anschloß, wurde ich zu einem von achthundert Millionen Moslems auf der ganzen Welt. Ich trat nicht nur deswegen dem Islam bei, weil er eine Religion ist, an die ich glaube und die ich verstehe, sondern auch, weil ich an die Arbeit und die Programme des Honorable Elijah Muhammad und nunmehr seines Nachfolgers Wallace D. Muhammad glaube. Und ich wurde es zu einer Zeit, da die Tatsache, Muslim zu sein, schlimmer bewertet wurde als die Greueltaten eines Verbrechers, etwa eines Outlaws wie Jesse James.
Truman Gibson, ein prominenter Anwalt, ehemals Rechtsberater der mächtigen Jim-Norris-Gruppe, die in den Tagen von Joe Louis den Boxsport beherrschte, war anderer Ansicht: »Wäre Muhammad Ali damals, als er Weltmeister wurde, nicht Muslim oder Mitglied einer starken schwarzen Organisation gewesen, wäre es wohl kaum zu verhindern gewesen, daß der Schwergewichtsmeistertitel wieder in die Einfluß- und Machtsphäre der Verbrechersyndikate abgerutscht wäre. Daß die Black Muslims auf der Schwergewichtsszene erschienen, brach den Gangstern schließlich das Kreuz. Sie waren die einzige Organisation, bei der es sich die Mafia zweimal überlegen würde, ob sie versuchen soll, sie in ihre Gewalt zu bekommen.«
Jahre später wurde mir klar, wie prophetisch Gibsons Erklärung gewesen war. In der *New York Times* erschien eine schriftliche Aufzeichnung des FBI von einem Telefongespräch zwischen zwei Mafia-Führern, die überlegten, ob sie Matthew Shumate, einen Muslim-Bruder aus Newark, umbringen lassen sollten oder nicht. Matthew hatte in Notwehr den Sohn eines prominenten Mafia-Chefs so schwer zusammengeschlagen, daß dieser sechs Monate im Krankenhaus liegen mußte. Der Zwischenfall hatte sich in einem Bautrupp ereignet, bei dem Matthew Vorarbeiter war, und der Junge war auf ihn losgegangen, weil er sich von ihm nichts befehlen lassen wollte. Die Tonbandaufzeichnungen ergaben, daß die Mafia-Bosse für den Mord an Shumate, einem ruhigen und fleißigen Bruder, der zu allen meinen Kämpfen kam, verschiedene Methoden erwogen hatten: Erstechen, Erschlagen und Erschießen. Aber es war ihnen nicht gelungen, die Zustimmung des obersten

Mafia-Chefs Carlo Gambino zu bekommen. Das FBI meinte dazu, die Mafia fürchte wahrscheinlich, der Mord werde einen totalen Krieg zwischen den Black Muslims und den Syndikats-Familien des Elizabeth-Gebietes auslösen. Sie meinten, die Muslims würden dabei die Oberhand behalten.
Tatsache ist, daß mein Übertritt zur »Nation of Islam« nicht das geringste mit dem Versuch zu tun hatte, der Syndikatsherrschaft zu entgehen, die den Boxsport in den Tagen vor meiner Zeit bestimmt hatte. Er hatte ausschließlich mit meiner eigenen Überzeugung zu tun, daß das Muslim-Programm die besten Chancen zur Befreiung meines Volkes bot.
Zu dem Zeitpunkt, da ich mich der »Nation of Islam« anschloß und dies aus Furcht vor Feindseligkeiten und Diskriminierung vier Jahre lang geheimhielt, hatte ich noch keine Ahnung, daß sich die Unterdrückung der Black Muslims sowie die offizielle und inoffizielle Angst vor ihnen schon in weniger als einem Jahrzehnt in ihr Gegenteil verkehren sollte. Ich wußte zwar, daß sich die Atmosphäre verändern würde. Aber ich konnte nicht ahnen, daß zahlreiche hohe Beamte vieler Staaten, in denen die Muslims am schwersten zu leiden gehabt hatten, noch vor 1975 Tage, ja ganze Wochen zur Ehrung Elijah Muhammads und der »Nation of Islam« ansetzen würden. Zu diesen gehörten der Bürgermeister von Washington, D. C.; der Bürgermeister von Detroit und der Gouverneur von Michigan; der Bürgermeister von Kansas City und der Gouverneur von Kansas; die Bürgermeister von Inkster, Michigan, von Gary, Indiana, von Chicago, Atlanta, Berkeley, Oakland, Newark, Los Angeles; die Gouverneure von Illinois, Massachusetts, New Jersey, New York. Sogar der Präsident der Vereinigten Staaten sollte einen offiziellen Vertreter zur Beisetzung Elijah Muhammads entsenden. Die schwarzen Bürger Amerikas, von den reichsten bis zu den ärmsten, unterzeichneten Petitionen, um die Sache der Muslims zu unterstützen. Die »Nation of Islam« wurde zur größten, reichsten und stärksten schwarzen Organisation in der Geschichte der Vereinigten Staaten.
Der Honorable Elijah Muhammad hat noch erlebt, daß es ihm gelungen war, in der Einstellung Amerikas zu den »Black Muslims« einen Wandel zu bewirken, und für die Zukunft ist eine noch umfassendere Anerkennung zu erwarten. Wie oft aber habe ich mich dabei ertappt, daß ich an die großen, fetten Schlagzeilen der Presse dachte, die gedruckt wurden, nachdem ich erklärt hatte, ich sei zum Islam übergetreten – ALI GESTEHT MITGLIEDSCHAFT BEI DEN BLACK MUSLIMS, als hätte ich ein Verbrechen begangen: in einem Land, das so stolz auf seine »Glaubensfreiheit« ist! Das hat sich nun inzwischen geändert, und ich danke Allah, daß ich mit dem, was ich getan und mit dem Beispiel, das ich gegeben habe, auf meine eigene bescheidene Art und Weise dazu beitragen durfte, den Menschen meines Heimatlandes die Augen zu öffnen, damit sie meinen Glauben so sehen, wie er wirklich ist.

9

Alte Freunde und Dinosaurier

King Levinsky mußte in seiner aktiven Profilaufbahn ein gut aussehender Mann gewesen sein. Auch wenn er sich manchmal verhielt wie dieser komische Lenny, den ich in »Von Mäusen und Menschen« gesehen hatte, so war doch etwas Seelenvolles und sehr Menschliches an ihm.
Eines Morgens, als ich vom Lauftraining für meinen Kampf gegen Oscar Bonavena kam, traf ich ihn zufällig in Wolfies Restaurant, wo er versuchte, in einer Diskussion, die sich am Kuchentresen entwickelt hatte, seinen Mann zu stehen. Als er mich sah, rief er sofort: »Cash! Sag du's ihnen, Cassius. Komm, sag ihnen, daß ich recht habe!«
»Womit?« fragte ich und warf mich, seinem Blick ausweichend, auf einen Stuhl. Ein junger Boxer betrachtet nicht gern das Gesicht eines narbenentstellten, groggy geschlagenen Kollegen. Er könnte darin seine eigene Zukunft sehen.
»Sie haben gefragt, warum du immer gewinnst. Und ich habe geantwortet, weil du alles vom Verlieren weißt.« Er hielt inne und wartete auf meine Antwort. »Du verstehst es, Cassius, nicht wahr? Du verstehst, wie es ist, wenn man verliert. Und das hilft dir, immer zu gewinnen.« Seine Stimme war nur noch ein heiseres Flüstern.
Eigentlich wollte ich nichts dazu sagen, aber dann hörte ich jemanden lachen. Wir beide waren die einzigen in diesem Laden, die wußten, was es heißt, im Ring zu verlieren. Und niemand sonst hatte ein Recht zu lachen. Ich stand auf, legte den Arm um Kings breite Schultern und verkündete mit lauter Stimme: »Ladies and gentlemen. Wißt ihr, wer dies ist? Dies ist King, King Levinsky. Zu seiner Zeit einer der stärksten. Einer der größten.
Ich redete weiter in diesem Stil, bis die Gäste, die Kellnerinnen, die Pikkolos und das Küchenpersonal Beifall klatschten; erst dann sah ich ihm direkt ins Gesicht. Er strahlte, und seine Augen blickten voll Sanftmut.

»Du weißt, was es heißt, dort draußen zu verlieren, nicht wahr, Cash?« Seine Stimme war jetzt noch leiser geworden, doch einer der Gäste hatte es trotzdem gehört und schoß zurück: »Der Champion hat noch nie einen Kampf verloren! Der ist nicht so wie du!« Er sagte das und glaubte, er würde mir damit schmeicheln.

Der King sah mich an; aufkeimende Zweifel nagten an unserer neu gefundenen Vertrautheit. »Was ist das für ein Gefühl, Cash, wenn man da draußen im Ring verliert?«

»Man fühlt sich nackt«, antwortete ich. »Und kalt.«

»Nackt und kalt«, wiederholte er triumphierend. »Schlimmer kann man sich nicht fühlen. Man fühlt sich von der ganzen Welt verlassen. Niemand will was mit einem Verlierer zu tun haben.«

Er hatte einen Stuhl von meinem Tisch abgerückt, und der ganze Raum beobachtete ihn. Er legte die Hände über die Ohren, wie um den Lärm eines überfüllten Stadions nicht hören zu müssen, er bog und krümmte sich, wie von einem weit überlegenen Gegner gehetzt.

»Es sind nicht die Schläge, Cash, nicht wahr?«

Ich schüttelte den Kopf. »Nein, nicht nur die Schläge.«

»Die Schläge, die machen den Körper fertig. Die Rippen. Das Herz. Die Lunge. Den Magen. Die Nieren. Aber es sind die vielen Zuschauer. Alle beobachten sie einen. Man hat das Gefühl, daß man in tausend Stücke zerspringt wie so 'ne verdammte Fensterscheibe, die aufs Straßenpflaster knallt.« Er durchspielte noch einmal den letzten Kampf, den er in Chicago ausgetragen hatte. »Blutend sinkt man zu Boden, und die da unten brüllen *ihm* zu. Sie brüllen *ihm* zu. Er verwandelt sich in einen Löwen, und diesem Löwen *jubeln* sie zu ...«

Ich stand auf und holte ihn an den Tisch zurück, und dann tranken wir Saft und unterhielten uns leise, während er seine Brieftasche herausholte und mir Fotos von sich mit Jack Benny, Robert F. Kennedy und Jackie Gleason zeigte.

»Ich hab' nie so richtig begriffen, was das ist, verlieren«, sagte er nachdenklich. »Ich hab' verloren. Aber ich habe es nie richtig begriffen. Du schon. Du weißt ...« Er hielt inne, weil er merkte, daß einige Gäste ihn ansahen, als sei er vom Zirkus, und über seine verschwommene Artikulation grinsten. Eine Zeitlang starrte er einfach zurück. Dann leuchteten seine Augen auf. »Cash. Was ... Was hat dieser Beatle noch gesagt, als er zu dir in den Trainingssaal kam?«

Ich mußte nachdenken. Auf ihrer ersten Amerikareise waren die Beatles heruntergekommen, um mir beim Training für Liston zuzusehen. Die halbe Hippie-Welt von Miami war in ihrem Kielwasser gekommen, unter ihnen der King.

»So viele Leute. Und alle kreischten sie und spielten verrückt.« Der King lachte. »Und du fragtest diese dürre Latte ...«

»John Lennon?«

»Ja, den fragtest du –«, er schloß die Augen, um es sich besser vorstellen zu

können, »du fragtest ihn, ob die Leute so reagieren, wenn man ein ganz großer Star wird. Und was hat er geantwortet, Cash?«
Jetzt fiel es mir wieder ein. »›Champ‹, hat er geantwortet, ›je größer man wird, mit desto mehr Irrealität wird man konfrontiert. Je realer man selbst wird, desto irrealer werden die anderen.‹«
Lachend rekapitulierten der King und ich jenen Tag im Jahre 1963, als die vier jungen Burschen in salopper Kleidung, mit weißen T-shirts und langen Haaren hereingekommen waren und mich fragten, ob ich sicher sei, Liston schlagen zu können.
»Der ist in der achten Runde K.o.«, antwortete ich ihnen und zitierte eines meiner Gedichte. Alle vier stiegen sie in den Ring, und dann sparrten wir ein bißchen und taten so, als wären sie auch Boxer. Sie legten sich lang auf den Boden, als hätte ich sie k.o. geschlagen, ich stellte mich als Sieger daneben, und so posierten wir für ein Foto. Die Überschrift sollte lauten: BEATLES VON CASSIUS ÜBERWÄLTIGT.
Wir hatten von da an Kontakt gehalten, und als ich das letztemal von Lennon hörte, wollte er meine blutverschmierten Boxershorts versteigern – diejenigen, die ich beim Kampf gegen Henry Cooper getragen hatte. Ich hatte sie Michael Abdul Malik, einem mitlitanten Schwarzen aus Trinidad, geschenkt, der sie gegen alle Kopfhaare von John Lennon und seiner Frau Yoko eingetauscht hatte. Der Erlös aus der Versteigerung der Haare und der blutgetränkten Hose sollte dem Weltfrieden zugute kommen. Ich habe nie erfahren, wieviel meine Shorts eingebracht haben, aber John Lennon sagte mir, er freue sich sehr, daß Henry Coopers Blut einem so guten Zweck gedient habe.
Als wir beide, der King und ich, das Lokal verließen, wandte er sich an diejenigen unter den Gästen, die sich am rüpelhaftesten betragen hatten, und richtete sich zu seiner ganzen Grizzly-Höhe auf. »Jawohl, ich bin groggy«, erklärte er ruhig. »Jawohl, ich bin groggy.« Und als sie ihre Gespräche unterbrachen: »Aber was für eine Entschuldigung habt ihr?« Dann drehte er sich zu mir um und sagte augenzwinkernd: »Je größer man wird, mit um so mehr Irrealität kriegt man es zu tun.«
Wir trennten uns, gingen jeder unserer Wege, und ich habe ihn seitdem nicht wiedergesehen. Aber ich empfand eine Art Blutsverwandtschaft zwischen ihm und mir, ihm, dem zerschlagenen, alten Boxveteranen, und mir, dem jungen ›Unbesiegten‹. Ich schämte mich, weil ich ihm in den zehn Jahren, die ich in Miami Beach trainierte, immer aus dem Weg gegangen war, und das war ein Verlust, für mich wie für ihn. Levinsky, der Verlierer, begriff das Wesen eines Champions besser als so mancher andere Boxer, der den Titel gehabt hatte. Und als ich in mein Hotel zurückkehrte, mußte ich an einen Abend denken, den ich mit Floyd Patterson verlebt hatte.

Ich hatte Floyd seit unserem Kampf in Las Vegas nicht mehr gesehen, doch als ich auf einen Artikel stieß, den er für eine amerikanische Zeitschrift verfaßt hatte und in dem er ein paar sehr ehrliche Dinge über den »Verlierer« sagte, erwachte die alte Bewunderung wieder in mir, die ich während meiner

Amateurzeit für ihn empfunden hatte, und ich nahm seine Einladung an, ihn auf seiner Farm zu besuchen.

»Der Unterlegene in einem Boxkampf verliert in diesem Fight mehr als nur seinen Stolz«, hatte Patterson in diesem Artikel geschrieben. »Er verliert einen Teil seiner Zukunft. Er ist dem Slum, aus dem er kam, wieder um einen Schritt näher gekommen.« Und dann, über mich: »Ich bin überzeugt, daß Cassius Clay vor jedem Kampf ebenfalls seelische Qualen und Zweifel durchmacht. Er weiß, wie glücklich Tausende von Amerikanern wären, wenn er einmal schwer geschlagen würde, und vielleicht muß Clay aus diesem Grund ständig behaupten: ›Ich bin der Größte! Ich bin der Größte!‹ Er will, daß die Leute sagen: ›Das bist du nicht‹, denn in dem Moment ist er gezwungen, die Herausforderung anzunehmen. Er gerät in eine Friß-Vogel-oder-stirb-Stimmung. Schnappt vielleicht auch ein bißchen über, schnappt über vor entsetzlicher Angst. Bisher hat sich das für ihn positiv ausgewirkt. Was mit ihm wird, wenn er einmal verliert, kann ich nicht sagen.«

Floyd will also wissen, wie ich eine Niederlage verkraften würde, dachte ich, als ich zu ihm nach New York flog. Er begrüßte mich herzlich und stellte mich seiner Familie vor. Es war sehr lange her, daß ich mit einem meiner Konkurrenten ohne jenen künstlich aufgeputschten »Haß« zusammenkam, den die Veranstalter und die Presse benutzen, um die beiden Gegner aufeinanderzuhetzen, und wir begannen einander zu entdecken und zu mögen.

Wir saßen herum, sprachen von der Zukunft – von seinen Boxplänen, von meiner zu erwartenden Gefängnisstrafe –, und ich sagte, ich hätte gelesen, was er über die »Verlierer« geschrieben habe. »Ich kenne das Gefühl«, sagte ich.

Seine unvermittelte Kälte überraschte mich. »Du weißt nicht, wovon du redest.«

»Weiß ich doch«, protestierte ich.

Aber er wandte sich von mir ab. »Du hast Glück gehabt. Du hast noch keinen Kampf verloren«, sagte er in einem Ton, der, wie ich fand, eine winzige Spur Bedauern enthielt.

Ich war ehrlich erstaunt über seine ablehnende Haltung. Offenbar hatte er seine Verbitterung nach unserem Kampf in Las Vegas immer noch nicht so weit überwunden, daß wir Freunde werden konnten. »Ich habe am Rand dieses Abgrunds gestanden«, antwortete ich. »Mann, ich habe in die Hölle geblickt. Ich weiß Bescheid.«

»Aber nur als Amateur«, entgegnete er gehässig. »Bevor dich nicht einer von ganz oben runterholt, kannst du gar nicht Bescheid wissen.«

Eine Sekunde lang hatte ich den Eindruck, daß er noch immer in jenem Ring von Las Vegas stand. Wie konnte ich ihm erklären, was mich dazu veranlaßt hatte, ihn so restlos und so gnadenlos zu verprügeln? Was ich an jenem Abend in Las Vegas mit Floyd Patterson im Ring machte, das stand in unmittelbarer Verbindung mit dem, was sich außerhalb des Rings abgespielt hatte. Die Wut und Empörung über meinen Übertritt zu den Muslims war zu jener Zeit auf dem Siedepunkt angelangt.

Wenn ich mir Floyd so ansah, wie er hier ruhig und glücklich mit seiner Frau und seinen Kindern zu Hause saß, hatte ich das Gefühl, daß er immer noch nicht recht begriff, was an jenem Abend geschehen war, und ich hatte den dringenden Wunsch, es ihm ausführlich zu erklären. »Floyd«, hätte ich am liebsten gesagt, »als ich ein Muslim wurde, hast du in allen Zeitungen verkündet, du seist darauf aus, ›den Titel nach Amerika zurückzuholen‹. Das sei der Hauptgrund, warum du mich besiegen wolltest, hast du gesagt. Und ich habe darauf geantwortet: ›Was soll das heißen, den Titel nach Amerika zurückholen? Er ist doch in Amerika!‹ Ich bin der Weltmeister im Schwergewicht, Floyd, und ich bin Amerikaner. Ich vertrete das amerikanische Volk, die Schwarzen, die Armen, die Armen in den Gettos, schwarze wie weiße. Als du Champion warst, Floyd, wenn du dich damals fotografieren ließest, dann immer nur mit einem kleinen weißen Jungen oder einem kleinen weißen Mädchen auf dem Arm. Das war ja sicher schön und gut, aber ich habe niemals erlebt, daß du schwarze Kinder umarmt und dich mit ihnen den Fotografen gestellt hättest. Du kommst von den Schwarzen, von den Armen, den Unterdrückten, den Zurückgestoßenen, aber du hast immer nur den Weißen gedient, den Privilegierten. Aber selbst da war ich noch still, bis du jene Erklärung abgegeben hast, daß du den Titel nach Amerika zurückholen wolltest. Du hast dich von den Weißen zu Attacken gegen mich aufhetzen lassen, weil ich Anhänger von Honorable Elijah Muhammad geworden war, jenes Schwarzen, der Einigkeit und Fortschritt predigte, jenes Schwarzen, der Tausende von hoffnungslos Rauschgiftsüchtigen von der Straße holte und ihr Leben änderte, ihrem Leben wieder einen Sinn und ein Ziel gab. Alles, was er wollte, waren Freiheit, Gerechtigkeit und gleiches Recht für die Schwarzen. Du aber hast der weißen Presse erklärt, du würdest mich niemals bei meinem Muslim-Namen Muhammad Ali nennen. ›Ich werde ihn Cassius Clay nennen‹, sagtest du, ›denn er ist als Cassius Clay geboren.‹
Dann sagte ich, daß ich dich verprügeln würde. ›Ich werde dich verprügeln, bis du mich Muhammad Ali nennst‹, sagte ich. Ich forderte dich heraus. Ich sagte: ›Wenn du mich schlagen kannst, werde ich der katholischen Kirche beitreten, und wenn ich dich schlage, wirst du Anhänger des Honorable Elijah Muhammad und ein Muslim.‹ Darauf hast du mir nicht geantwortet. Die gesamte weiße Presse war auf deiner Seite, sämtliche Katholiken, sämtliche weißen Protestanten. Und obwohl Sonny Liston dich zweimal geschlagen hatte, bauten sie dich so weit wieder auf, daß du gegen mich antreten konntest. Der einzige Grund, warum sie dir diese Chance zu einem Titelkampf gaben, war, daß sie von dir ein Wunder erwarteten. Sie wollten sehen, wie ein braver Katholik einen Black Muslim besiegt.
Du sagtest ihnen, Elijah Muhammad nähme mir mein ganzes Geld. Aber das war nicht wahr. In Wirklichkeit lieh ich mir sogar Geld von der ›Nation of Islam‹. Nicht einen Pfennig hatten sie von mir angenommen. Du sagtest, wenn ich den Titel verlöre, würden die Muslims mich wie eine heiße Kartoffel fallen lassen. Deswegen wollte ich mich an dir rächen, aber im Grunde doch eigentlich nicht an dir persönlich, sondern an deinen weißen Förderern.

Und als der Kampf losging, da schrien die Zuschauer jedesmal, wenn du einen Treffer anbrachtest: ›Oooooohhhh! Aaaaahhhh!‹ Aber wenn ich einen Treffer landete, blieb alles still. So herrschte dreizehn Runden lang fast nur Schweigen im Stadion, weil nämlich fast immer ich es war, der die Hiebe austeilte. Ich hatte nicht das Gefühl, gegen dich zu kämpfen, Floyd. Ich hatte nicht das Gefühl, Floyd Patterson zu treffen. Ich kämpfte gegen die weißen Reporter hinter dir, die Jimmy Cannons, und die weißen Prominenten, die Frank Sinatras, die Jim Bishops, die Arch Wards, die Dick Youngs – und als es vorüber war, redeten sie davon, wie fürchterlich brutal ich doch sei. Ich bedauere nicht, was ich getan habe. Nur sie wollten eben sehen, wie *ich* solche Brutalität ausgestanden hätte.

Aber es ist einfach nicht wahr, wenn sie behaupten, daß ich den Kampf hinausgezögert hätte, daß ich dich viel eher hätte k. o. schlagen, dich von deinen Qualen erlösen können. Das ist einfach nicht wahr. Ich habe den Kampf zwar bis zum Ende der achten Runde nicht forciert, aber nur, weil ich bis dahin keinen Augenblick das Gefühl hatte, du könntest fallen. Ich traf dich so oft, daß mir die Hände weh taten und ich sie kaum noch bewegen konnte, aber du wolltest und wolltest nicht fallen. Du hast alles geschluckt. Du hast im Ring gestanden und hast meine Treffer kassiert, hast alles eingesteckt, was ich auf dich losließ, und hast trotzdem noch zurückgeschlagen. Du warst gut. Du hattest Mut. Du warst größer als die, die dich aufgehetzt hatten.

Denk an den nächsten Vormittag, als du Frank Sinatra aufsuchtest. Was machte der? Als du dich bei ihm für deine enttäuschende Leistung entschuldigen wolltest? Du bist in sein Zimmer hinaufgegangen, und er hat dir den Rücken gekehrt und kaum ein Wort mit dir gesprochen, und du bist mit Tränen in den Augen wieder rausgekommen. Aber das warst ja nicht du, den ich bestrafen und k. o. schlagen wollte. Es waren alle, die hinter dir standen. Damals gab ich ihnen die Antwort. Ich sagte: ›Ich bin Amerika. Aber ich bin der Teil, den ihr nicht anerkennen wollt. Trotzdem müßt ihr euch an mich gewöhnen. Schwarz, selbstsicher, frei; mein Name, nicht der eure; meine Religion, nicht die eure; meine ganz persönlichen Ziele – gewöhnt euch gefälligst an mich! Ich schaffe es auch ohne eure Zustimmung! Ich lasse mich nicht von euch unterkriegen, und von eurem Neger lasse ich mich auch nicht unterkriegen!‹«

Aber ich konnte es ihm nicht erklären, also versuchte ich es gar nicht erst. Der Rest des Abends verlief ruhig und friedlich, aber doch nicht ganz so wie ich ihn mir vorgestellt hatte. Als ich noch jung war und in Louisville boxte, war Floyd Patterson mein Idol. Als er 1956 Archie Moore k. o. schlug, war er der jüngste Weltmeister der Geschichte – damals kroch ich beinahe ins Radio hinein und sprang auf und schrie vor Freude und übte die halbe Nacht hindurch Schattenboxen in unserer Küche. Und als er in Rom das Olympische Dorf besuchte, ließ ich ihn keine Sekunde aus den Augen. Er war 1952 Olympiasieger gewesen, und ich folgte seinem Beispiel. Ich träumte davon, ihn eines Tages zum Freund, zum Kumpel zu haben, und da es aussah, als würde ich nie wieder boxen dürfen, schien mir der Zeitpunkt für einen Ver-

such gekommen. Aber ich glaube, es war zuviel geschehen, seit jenem Traum, damals.
Als ich abends nach Philadelphia zurückflog, mußte ich an Pattersons seltsame Stimmung und an jene Amateurkämpfe denken, die ich verloren hatte. Ein echter Champion kann eine echte Niederlage niemals vergessen. Es ist, als verlöre man eine gute und schöne Frau. Es macht einen verrückt, bis man erfährt, warum alles so gekommen war. Vielleicht hatte Patterson dieses »warum« niemals erfahren.
Bei mir war es genau umgekehrt. Ich hatte meine Feuertaufe, meine vernichtenden Niederlagen erlebt, und jede Niederlage hatte mich nur um so mehr überzeugt, daß es mir möglich sein müsse, weitere Niederlagen zu vermeiden.

Ich erinnere mich an jene kalte Winternacht 1958, im Korridor des Stadions in Chicago. Ich war allein. Ich war gerade von Kent Green, einem begabten, schwarzen Rechtsausleger, geschlagen worden. Ich konnte die Menge toben hören, als die Finalkämpfe weitergingen, aber ich gehörte nicht mehr dazu. Boxer und Trainer drängten sich an mir vorbei, manche auf dem Weg in die Arena, andere auf dem Weg in den Umkleideraum, und immer wieder mal klopfte mir einer tröstend auf die Schulter:
»War eben Pech, Cassius.«
»Du hast ihm die Hölle heiß gemacht. Wahrhaftig, du hast ihm die Hölle heiß gemacht.«
»Tapfer geschlagen, Cassius. Tapfer geschlagen.«
»Kein Grund, dich zu schämen, Kleiner. Wirklich nicht.«
Aber das machte es nur noch schlimmer. Ich ging weiter, den Korridor entlang, fühlte mich unendlich einsam und sehnte mich nach echter Kameradschaft. Ich hatte mich immer in Gesellschaft wohlgefühlt, und hier waren eine Menge Schwergewichtler aus allen möglichen Städten des Mittelwestens versammelt. Mit einigen hätte ich mich gern angefreundet.
Dann entdeckte ich Reverend Williams, einen alten Trainer aus St. Louis. (Den Titel ›Reverend‹ hatte er sich erworben, weil er hin und wieder an Sonntagen predigte.) Der Reverend trainierte ausschließlich Schwergewichtler, und das war seltsam, denn er hob ständig die Vorzüge der Leichtgewichtler gegenüber denen der Schwergewichtler hervor. Die Schwergewichtler nannte er nur »Dinosaurier«. »Steig in den Ring und versohl diesem verdammten Dinosaurier den Arsch«, pflegte er seinen Schützlingen zu sagen. Ich selbst betrachtete mich, was meine Größe anging, zwar als »Dinosaurier«, hinsichtlich der Technik und meines Stils eiferte ich jedoch den Leichtgewichtlern nach.
Als der Reverend mich sah, fragte er mich sofort, ob ich eigentlich den Witz schon gehört hätte. Er hatte da nämlich einen uralten Witz, den er stets dann erzählte, wenn er einen Schwergewichtler, von dem er meinte, er sei zu überheblich geworden, vom hohen Roß herunterholen wollte. Dann sprach er von jenem anderen Schwergewichtler, dem urzeitlichen Dinosaurier, der alle

anderen Tiere im Dschungel terrorisierte, bis er einem winzigen, hundsgroßen Vierfüßler begegnete, der sich von ihm nicht einschüchtern ließ.
»Dieser Zwerg stand einfach da und sah zu dem riesigen Dinosaurier auf«, pflegte der Reverend zu erzählen. »›Warum läufst du nicht vor mir davon, wie die anderen?‹ fragte der Dinosaurier.«
An dieser Stelle sah sich der Reverend meistens um, als erwarte er von irgend jemandem eine Antwort.
»Da erwiderte dieser kleine, vierbeinige Zwerg: ›Weil ich vor dir großem Arsch keine Angst habe.‹
›Und warum nicht?‹
›Weil du in einigen Millionen Jahren ausgestorben sein wirst‹, antwortete der Zwerg und steckte sich eine dicke Zigarre an.‹
›Was aber ist dann mit dir?‹ fragte der Dinosaurier.
›Ach, ich werde immer größer und wachse schließlich zum Pferd heran.‹«
Und der Reverend bog sich vor Lachen, und ich lachte ebenfalls, obwohl ich den Witz wohl schon fünfzigmal gehört hatte.
An jenem Abend aber konnte ich nicht lachen. Ich fragte ihn, wo sich die Schwergewichtler aufhielten.
»Die Schwergewichtler –« der Reverend hantierte mit seinen Bandagen, »die Schwergewichtler hocken nicht zusammen.«
»Was meinen Sie mit ›zusammenhocken‹?« fragte ich ihn.
»Sie verkehren nicht miteinander, leben nicht in der Herde, kümmern sich nicht umeinander ... So was tun Dinosaurier nicht.« Er schob diesen Gedanken von sich, als sei das etwas Unmoralisches.
»Aber warum denn nicht?«
»Weil es gegen ihre Natur ist«, antwortete er. Und dann, weil er sah, daß ich ärgerlich wurde, fuhr er etwas freundlicher fort: »Ich weiß, allesamt haben sie Freunde. Nur der Dinosaurier nicht. Der Dinosaurier ist anders. Er hat seine eigenen Satelliten. Seine eigenen Gefolgsleute. Wie jeder Drache seinen eigenen Schweif hat. O natürlich, dann und wann begegnet ein Dinosaurier dem anderen. Auf der Straße, in einer Hotelhalle oder sonstwo. Aber der Dinosaurier ist ein Einzelgänger.«
»Gleich und gleich gesellt sich gern«, widersprach ich hartnäckig. »Der Tiger gesellt sich zu den Tigern, der Elefant zu den Elefanten.«
Der Reverend schüttelte den Kopf. »Raubvögel schließen sich auch nicht zu einem Schwarm zusammen, und Dinosaurier sind Raubtiere, sind sogar wahre Raubdämonen.« Er widmete sich wieder seinen Bandagen.
Ich setzte mich auf eine Bank in der Nähe, während andere Boxer aus dem Umkleideraum kamen und in die Arena gingen. Die Schwergewichtler nickten nur kurz und gingen weiter. Die Welter-, Bantam- und Leichtgewichtler machten freundschaftlich gemeinte Späße.
Der Reverend betrachtete mich aus den Augenwinkeln; dann kam er herüber und setzte sich zu mir. »Du bist jetzt noch ein Halbschwergewicht«, sagte er, »doch du hast echtes Dinosaurierblut. Du wirst mal einer von den ganz Großen, du wirst ein Champ. Aber du kannst nicht mit anderen

Schwergewichtlern befreundet sein. Weißt du«, sagte er und beugte sich ganz dicht an mein Ohr, als wolle er mir ein Geheimnis verraten, »wenn Dinosaurier einander begegnen, messen sie einander mit den Blicken und überlegen, wie sie einander umbringen können. Sie sind einzig darauf aus, sich gegenseitig in Stücke zu reißen. Sie wissen, daß einmal der Tag kommen wird, da sie einander vor den Augen der ganzen Welt gegenübertreten und sich gegenseitig vernichten müssen. Sie können keine Freunde sein. König kann nur einer sein. Hast du jemals davon gehört, daß sich Joe Louis mit Ezzard Charles befreundet hätte? Oder Jim Braddock mit Buddy Baer? Mit welchem Dinosaurier war Jack Dempsey befreundet? Da kannst du zurückgehen bis zu John L. Schwergewichter bleiben allein, mein Junge. Gewiß, die großspurigen Football-, Basketball-, ja sogar die Hockeyspieler schließen Freundschaft wie die Schwulen. Nicht aber die Schwergewichtler. Die kommen höchstens in den Trainingssaal, um dir deinen Stil abzusehen – nicht als Freunde, sondern als Kannibalen.«

Jetzt kam einer seiner eigenen Dinosaurier, für die Arena bereit, aus dem Umkleideraum, und der Reverend erhob sich. Aber er beugte sich noch einmal zu mir herab und flüsterte: »Nimm dir nie einen Dinosaurier zum Freund!«

Dann ging er mit seinem Dinosaurier in die Arena. Er hatte meine Einsamkeit nur noch verschlimmert und mich in meinem Entschluß bestärkt, mich niemals wieder besiegen zu lassen.

Seit jenem Abend im Jahre 1958 habe ich oft an Williams' Worte denken müssen, daß Schwergewichtler nicht miteinander befreundet sein können. Vor allem, als ich ein knappes Jahr später wie der Revolverheld in einem Cowboyfilm von einem Trainingssaal zum anderen zog und die großen, bekannten Schwergewichtler aufsuchte, Johansson, Moore, Patterson, Johnson, um sie zu fragen, ob sie mich als Sparringspartner haben wollten. In Wirklichkeit wollte ich sie nur testen. Ich wollte sehen, ob ich mit dem Schießeisen besser und schneller umgehen konnte als sie. So konnte ich mir einen eindeutigen Vorteil vor den anderen Boxern meiner Altersklasse sichern. Viele von ihnen mußten erste eine Art Ring-Scheu überwinden, gewisse Hemmungen, sich kopfüber ins Getümmel zu stürzen. Ich fand es am besten, schnurstracks zum O.K. Corral zu reiten und meine Waffen auszuprobieren.

Aber mich trieb noch etwas anderes – etwas, das vielleicht noch stärker war als der Wunsch, mit meinen guten Waffen zu prahlen. Warum sollten sich zwei Männer, die aus dem gleichen Milieu stammten, die ähnliche Arbeitsbedingungen, die gleichen Ziele und mit Sicherheit den gleichen tagtäglichen Ärger mit Veranstaltern, Managern und dem Publikum hatten ... warum gab es bei so vielen Gemeinsamkeiten so wenige Freundschaften unter uns? Der Wunsch, einen Freund in meiner eigenen Gewichtsklasse zu haben, verließ mich keinen Augenblick.

Und er beseelte mich auch, als ich eines Vormittags im August, während meines dreieinhalbjährigen Exils, in Philadelphia vor einem Motel stand und darauf wartete, von Joe Frazier abgeholt zu werden. Ich hatte Joe angerufen und ihm erklärt, daß ich an einer Autobiographie arbeitete. Natürlich sollte er auch darin vorkommen, deswegen wollte ich seine Ansichten festhalten. Ich war überrascht, daß er so schnell und freundlich zusagte. Vielleicht tat er das nur, weil ich seit nahezu drei Jahren nicht mehr geboxt hatte und weil es so aussah, als würde ich nie wieder in den Ring steigen. Aber ich bewunderte Frazier. Er war der einzige von all meinen Kollegen, den ich wirklich gern zum Freund gehabt hätte. Er war ein Kämpfer neuen Typs. Nicht so offen heraus mit dem Mund wie ich, aber man konnte ihn auch auf keinen Fall als Onkel Tom einstufen.

Er hatte eine Verabredung in New York, die zeitlich mit der meinen zusammenfiel. Wir könnten uns während der Fahrt unterhalten, meinte er. Ich wollte das Gespräch auf Tonband aufnehmen und es in meinem Buch verwenden.

Kurz nach zwölf Uhr mittags kam er mit seinem goldfarbenen Cadillac-Kabrio vorgefahren. Der Kühlergrill und die halbe Motorhaube waren zusammengequetscht wie eine Ziehharmonika, aber der Wagen lief ausgezeichnet. Als er sah, wie ich das Resultat seines kürzlichen Unfalls begutachtete, grinste er. »Immer noch besser als die Blechkiste, die du fährst.«

Er trug sein zitronengelbes Cowboykostüm: gelbes Hemd, hellbrauner Texashut, braune Stiefel, gelbgestreifte Hose. Ich stieg ein, und wir fuhren los, Richtung New York. Es war vielleicht die längste Fahrt, die zwei unbesiegte, rivalisierende Schwergewichtler jemals miteinander unternommen haben. Er saß seitwärts auf dem Fahrersitz wie im Damensattel, so daß er mit der Linken noch leicht das Lenkrad bedienen konnte.

»Stell das Band an«, forderte er mich auf, als wir den Highway erreicht hatten. »Fangen wir an.«

Ich schaltete das Gerät ein, und dann verlief unser Gespräch an jenem Augusttag 1970 während der Fahrt nach New York folgendermaßen ...

ALI (nach ungefähr zehn Minuten Schweigen): Wie lange werden wir wohl brauchen?

FRAZIER: Wir werden gegen fünf Uhr da sein.

ALI: Na, hoffentlich. Um fünf hab' ich eine Verabredung.

FRAZIER: Du kannst dich überhaupt nicht beschweren. Ich hätte schon um drei da sein sollen. (Sauer.) Ich habe viel zuviel Zeit vertrödelt. Bloß, weil ich auf dich warten mußte.

ALI (nach langer Pause): Was macht dein Bein, das du dir in Vegas gebrochen hast?

FRAZIER: Dem geht's gut. In zwei, drei Wochen kann ich wieder im Ring stehen. Aber abnehmen muß ich, Mann! Sieh mal her!

ALI: Yeah, du bist gut beieinander.

FRAZIER: Das ist kein Fett, das kannst du mir glauben.

ALI: Aber dir geht es genauso wie mir. Du nimmst immer gleich zu, nicht wahr?

FRAZIER: Viel zu schnell. Das kommt, weil meine Frau so gut kocht.

ALI: Zuviel gutes Essen.

FRAZIER: Man sitzt zu Hause, wenn man krank ist ... da sitzt man doch fast immer zu Hause ...

ALI: Ja, man schlägt sich viel zu spät den Bauch voll, und dann geht man schlafen. Das ist es.

FRAZIER: Und davon wird man so schnell dick.

ALI: Mann, du mußt ungesüßte Grapefruit essen.

FRAZIER: Ungesüßt?

ALI: Ja. Leg dir fünf bis sechs Grapefruit in den Kühlschrank. Aber schön kalt müssen sie sein. Trägst du einen Gummianzug zum Schwitzen?

FRAZIER: Müßte ich eigentlich. Ich muß unbedingt abnehmen. Wenn ich das nicht schaffe, Mann, bringe ich bestimmt fünfundneunzig bis sechsundneunzig Kilo auf die Waage.

ALI: Wieviel wiegst du, wenn du boxt?

FRAZIER: Zweiundneunzig-fünf.

ALI: Schwitzhosen aus Gummi. Das macht die Beine schlank. Hör mal, siehst du den Cop da drüben? Der stiert ewig zu uns rüber.

FRAZIER: Ja, seh ich.

ALI: Mann, da ist ja noch einer – da hinten. Warum glotzen die bloß so? Vielleicht denken die: »Joe Frazier, Muhammad Ali? Was machen denn die beiden Nigger zusammen? Was haben die zusammen vor? Zwie Champions in einem Wagen?«

FRAZIER (lacht): Die glauben sicher, daß wir hier was aushecken.

ALI: Du hast gute Zeiten vor dir, Mann. Du hast einen Kampf gegen Bobby Foster. Das bringt dir sicher gutes Geld. Die Leute sagen: »Foster ist schnell. Er schlägt hart; er ist nicht leicht zu treffen; seine Arme sind lang; er hat eine gute Gerade.« Mit all diesen Vorschußlorbeeren schlägst du ihn leicht. Das ist leicht verdientes Geld, und der Schwergewichtsklasse schadest du nicht. Die Schwergewichtler bleiben dir immer noch.

FRAZIER: Yeah, yeah!

ALI: Dann hast du noch Mac Foster vor dir; der bringt eine Millionenbörse. Du hast George Foreman vor dir, der bringt 'ne Millionenbörse. Und zwischendurch noch 'n paar andere von der Sorte. Wenn du Ruhe bewahrst, kriegst du das hin. Und bis dahin kannst du ja noch anders aktiv werden und Geld scheffeln. Möchte wissen, warum sich Bobby Foster bloß auf so was eingelassen hat!

FRAZIER: Na ja, weißt du, Bob wird alt. Wahrscheinlich ist es ihm egal.

ALI: Der will zum letztenmal noch gut verdienen.

FRAZIER: Genau, genau.

ALI: Du hast doch nicht etwa Angst vor Bob Foster?

FRAZIER: Überhaupt nicht. Der hat gegen jeden Schwergewichtler verloren, gegen den er antreten mußte. Zora Folley, Terrell, Jones – alle haben ihn geschlagen. Ich werde Kleinholz aus ihm machen.

ALI: Aber mal ehrlich, Mann. Wenn du gegen mich antreten müßtest, hättest du doch sicher Angst.

FRAZIER: Nein, Mann – ehrlich nicht.

ALI: Du hättest wirklich keine Angst?

FRAZIER: Bestimmt nicht, ich schwör's dir.

ALI: Ich meine, mit meiner schnellen linken Geraden und so, wie ich immer tanze?

FRAZIER: Neiiiiin! Ich würd' ganz dicht an dich rangehn. Die Leute reden immer, wie schnell du bist, mit dem Ausweichen. Aber bei mir wirst du ziemlich bald merken, wie schnell ich mit dem Nachstoßen bin, wie schnell *ich* bin.

ALI: Erinnerst du dich, wie du gekommen bist, weil du sehen wolltest, wie ich gegen Zora Folley kämpfte? Damals warst du auf dem Weg nach oben. Du wolltest gern von mir was lernen.

FRAZIER: Wir haben alle eine Zeit, in der wir lernen.

ALI: Und jetzt, glaubst du, kannst du genug, um gegen mich anzutreten?

FRAZIER: Verdammt noch mal, ja! Aber selbst wenn ich nicht genug könnte, würde ich dich wahrscheinlich nicht abblitzen lassen. Ein Mann, der einen Kollegen beruflich hängen läßt, ist kein Mann.

ALI: Nicht unbedingt. Ich meine, der Mann könnte ja ganz einfach schlau sein und den richtigen Zeitpunkt abwarten. Aber – wenn du mich zum Beispiel jetzt abblitzen ließest, würdest du denken: »Ich bin kein Mann«, weil du ja der Champ bist und alle Kämpfe akzeptieren müßtest. Aber was ich sagen wollte – glaubst du wirklich, du könntest mich vor der fünfzehnten Runde ausschalten?

FRAZIER: Aber klar glaube ich das.

ALI: Wirklich?

FRAZIER: Wirklich! Mann, du weißt ja nicht, womit ich dich heutzutage eindecken würde. Mann, so was hast du noch nicht gesehn! Das haut dich um. Hast du kapiert?

ALI: Das schaffst du nie. An meiner Linken kommt keiner vorbei. Unmöglich!

FRAZIER: Hör mal, die anderen, die lassen dich machen, was du willst. Genau wie sie mich machen lassen, was ich will ...

ALI: Na schön, dann mach nur, was du willst!

FRAZIER: Ich mach', was ich will, ganz recht. Aber dich lassen sie auch machen, was du willst. Sie lassen dich im Ring rumspringen, sie lassen dich tanzen und so ...

ALI: Das wirst du auch nicht verhindern können, daß ich im Ring rumspringe und tanze. Was willst du denn dagegen machen?

FRAZIER: Ich würde direkt auf dich losgehen. Und jedesmal, wenn du nach Luft schnappst, würdest du meinen Schädel direkt unter deiner Nase haben.

ALI: Dann bist du nach fünf, sechs Runden kaputt.

FRAZIER: Aber du wärst ebenfalls kaputt, von deinem ewigen Ausweichen.

Vom Weglaufen und Abblocken und Abducken und Side-steppen ... Du wärst genauso kaputt wie ich.

ALI: Ich weiß, was los ist. Du willst einfach nicht zugeben, daß du mich nicht schlagen kannst. Weil du der Champ bist.

FRAZIER: Nein, nein, nein, nein ...

ALI: Na ja, ich bin ja abgetreten. Aber wenn ich wieder anfangen würde ...

FRAZIER: Ich werde auch abgetreten sein, bis du wieder anfängst. (Hält bei Rotlicht.)

ALI (beugt sich aus dem Fenster, um einer Gruppe Schwarzer zuzuwinken, die versuchen, in den Wagen zu sehen): He, ihr Hübschen da an der Ecke! Macht eure Augen auf!

JUNGES MÄDCHEN (erkennt ihn): He, Champ! Wie geht's denn?

ALI: Du weißt, wer ich bin?

JUNGES MÄDCHEN (späht in den Wagen): Wer ist denn das neben dir?

ALI: Das ist Joe Frazier.

MANN (kommt näher): Sagt mal, was macht denn ihr beiden zusammen?

ALI: Wir wollen uns prügeln, in der nächsten Hintergasse. Wir fahren nur noch schnell um die Ecke.

MANN: Das ist recht! Das macht man nur!

ALI (als der Wagen wieder anfährt): Also sagt den Leuten, daß ihr mich und Joe Frazier gesehen habt! Den richtigen Champ und den Ex-Champ.

FRAU: Wann boxt du mit ihm, Frazier?

FRAZIER (beugt sich aus dem Fenster): Vielleicht gerbe ich ihm gleich hier im Auto das Fell!

ALI (an keine bestimmte Person): Hier sitzen Joe Frazier und Muhammad Ali und fahren zusammen nach New York.

FRAZIER: Was hat der Mann eben gesagt? Ich hab's nicht verstanden.

ALI: Er hat gesagt: ›Au Mann, was machen *die* beiden bloß zusammen?‹ (Er lacht und wendet sich an Joe.) Nein, im Ernst, glaubst du wirklich, du könntest mich schlagen? Weißt du, einmal hat mir einer gesagt, du wärst froh, daß ich nicht mehr boxen darf. Murray Worner – weißt du, der Kerl, der den Schwindelkampf mit Marciano inszeniert hat. Der hat gesagt, du würdest es nicht wagen, mit mir in den Ring zu steigen.

FRAZIER: Quatsch, Mann! Nein! Hör zu, ich wünschte, ich könnte dir eine Lizenz ausstellen. Ich würde dir sogar meine eigene Lizenz geben, wenn sie mich gegen dich antreten ließen. Soviel liegt mir daran, dich gründlich zu schlagen.

ALI (seufzt): Vielleicht könnten wir zwei uns zusammentun und gemeinsam erreichen, daß der Kampf stattfindet. Einfach an eine Straßenecke stellen und anfangen zu streiten, bis die Leute verlangen, daß wir unseren Streit im Ring austragen dürfen. Und zum Teufel mit den Gouverneuren, der Boxkommission, den Bürgermeistern, den Politikern, der »American Legion«, den »White Citizen Councils«, dem Ku-Klux-Klan ... Das Volk will es!

FRAZIER: Das kann ich dir sagen, so was wie diesen Kampf werden die im Leben nicht mehr zu sehen kriegen! Weil du nämlich vor mir keine Angst hast, und weil ich vor dir keine Angst habe. Verstehst du?

ALI (nach langer Pause): Aber ich glaube doch, daß du Angst vor mir hast.

FRAZIER (nach langer Pause): Hab' ich nicht.

ALI: Ich glaube doch. Wenn ich wieder richtig in Form bin und ein bißchen abgenommen habe ... Bei dir haben Quarry und Ellis behauptet, sie würden nicht weglaufen, und die Presse hat das dann hochgespielt.

FRAZIER: Mit anderen Worten, du willst also auch ein bißchen laufen, eh?

ALI: Ich werde tanzen und mich bewegen wie Sugar Ray. Mit deinem Stil kannst du doch keinen Schwergewichtler wie Sugar Ray schlagen, Mann!

FRAZIER: Ich bin da draußen gegen richtige Rennpferde angetreten. Aber ich hab' ihnen Beine gemacht, bis sie nur noch 'nen langsamen Trab zustande kriegten. Ich hab' ihnen Quicksand unter die Füße gebracht.

ALI: Ich geb' ja zu, daß du gut bist, aber ich bin der Schnellste. Ich bin der schnellste Boxer der Weltgeschichte.

FRAZIER: Mag sein, beim Ausweichen. Aber ich bin der Schnellste beim Nachsetzen.

ALI: Wenn Ellis bei dir so gearbeitet hätte wie bei mir, wenn er zugeschlagen und sich bewegt und so einen richtig schönen Spitzentanz hingelegt hätte, dann hätte er auch gewonnen. Aber du hast Ellis Angst eingejagt.

FRAZIER: Mann, das kannst du doch nicht vergleichen, das war doch ein ganz anderer Kampf! Du hast dich doch ständig von Ellis jagen lassen, verstehst du? Ich aber, ich habe *ihn* gejagt. Das hatte der bis dahin noch nicht erlebt, daß ihn einer jagt. Deswegen ist das was ganz anderes. So wie bei dir; du hast ja auch noch nicht erlebt, daß dir wirklich einer die Hölle heiß macht ...

ALI: Karl Mildenberger, der hat mir die Hölle heiß gemacht; Liston, Henry Cooper, Chuvalo haben mir die Hölle heiß gemacht ...

FRAZIER: Die sind zu langsam!

ALI: Jetzt will ich dir mal sagen, wie ich dich schlagen würde, Mann. Also, zunächst mal, du hast keinen Jab.

FRAZIER (entgeistert, hält beinahe den Wagen an): Ich hab' keine linke Gerade?

ALI: Fahr doch zu! Paß auf! Nein, du hast keinen Jab.

FRAZIER: Mann, ich würde dir den Kopf abreißen, mit meinen Geraden. Wie ein Maschinengewehr würde ich mit meinen Jabs auf dich einhämmern!

ALI: Nein, Mann. Du hast keine Beinarbeit. Du tanzt nicht.

FRAZIER: Jetzt hör mal zu! Da wissen offenbar ein paar Klugscheißer nicht, was da im Ring eigentlich läuft. Wenn ich in eine linke Gerade reingehe, dann tu ich das bestimmt nicht mit dem Kopf. Dann geh ich da mit den Händen rein. Hier vorne, verstehst du? Und wenn deine Gerade mich dann treffen soll, dann habe ich die Hand hier und fang' sie ab. Und dann komm' ich mit meinem Jab und treffe dich. Nichts leichter als das.

ALI (geringschätzig): Das schaffst du nie, das mit dem Abblocken, dafür kommen meine 'n bißchen zu schnell.

FRAZIER (schüttelt deprimiert den Kopf): Ich wollte, wir könnten diesen Kampf hinkriegen.

ALI: Das wollte ich auch, das kannst du mir glauben. Denn dann hätte ich 'ne kleine Überraschung für dich, Joe. Und warum redest du eigentlich immer davon, daß du vor Wut rauchst, wenn du in den Ring steigst?

FRAZIER: Weil's stimmt. Und diesen Rauch kann keiner ausblasen. Die können zwar das Feuer 'n bißchen drücken, aber der Rauch, der bleibt.

ALI: Nie, Mann! Ich hab' ein Gedicht über dich geschrieben. Das geht so:

Joe's gonna come out smokin',	*Kommt der Joe heraus und raucht,*
And I ain't gonna be jokin'.	*Gebe ich ihm, was er braucht.*
I'll be peckin' and pokin',	*Geb' ihm Dampf, bis völlig naß er,*
Pourin' water on his smokin'.	*Und gieß' auf den Rauch ihm Wasser.*
This might shock and amaze ya,	*Freunde, ich mach' keine Witze,*
But I'll retire Joe Frazier!	*Ich kühl ab Joe Fraziers Hitze.*

FRAZIER (nach einer Pause): Ach, wirklich? Es raucht aber noch. Es raucht immer noch. (Beide lachen.) Ich hab' dich schon ziemlich lange im Visier. Weißt du noch, wie ich dich immer angerufen habe, als du zum erstenmal gegen Liston antreten solltest? Da hast du gesagt: »Na, komm schon. Trainier schön weiter. Ich werd' dich noch reich machen«, und so. Ich hab' mir das angehört. Drüber nachgedacht. Und wenn wir dann so telefonierten – du hast mich ja nie zu Wort kommen lassen –, da hab' ich mir was geschworen. »Ich werde weiterkämpfen«, hab' ich mir gesagt. »Ich werde weitertrainieren, und eines Tages werd' ich ihm das Maul stopfen.«

ALI: Hör mal, Joe, ich hab' ein bißchen zuviel Erfahrung für dich. Meinst du nicht auch?

FRAZIER: Ich muß zugeben, du bist so 'ne Art Inspiration für mich, mehr als jeder andere, mit dem ich zusammengekommen bin. Jedesmal, wenn ich sehe, wie du das Maul aufreißt, weißt du, was ich mir da sage? Ich sage mir: »Paß gut auf, Joe. Dieser Bursche da redet nicht, ohne daß was dahintersteckt. Du mußt noch ein bißchen mehr arbeiten.« Und beim Lauftraining strenge ich mich dann eben noch mehr an. Weil ich eines Tages bereit sein will, dir im Ring gegenüberzutreten. Verstehst du? Ich sage mir, die einzige Möglichkeit, gegen Cassius Clay anzutreten, besteht darin, immer wieder zu gewinnen, immer wieder die anderen zu besiegen. Ich mußte an dich rankommen. Und jetzt bin ich soweit. Die sollten dir wieder das Boxen erlauben, verstehst du? Dir so einfach die Lizenz wegzunehmen, das war nicht gerecht. Mit dem Boxen hast du doch für dich und deine Familie den Lebensunterhalt verdient. Genau wie ich. Wenn man eine Familie hat wie du, weißt du, dann muß man sie doch auch ernähren. Glauben kannst du von mir aus, an was du willst, aber in diesem Punkt bin ich hundertprozentig auf deiner Seite. Es gibt 'ne ganze Menge Leute, die glauben an viel schlimmere Sachen als du. Sobald sie dir die Lizenz wiedergeben, werde ich gegen dich antreten, egal, wo und wann. Aber es wäre mir wirklich lieber, wenn es hier in den Staaten sein könnte.

ALI: Genau. Am liebsten in einem großen Stadion oder so.

FRAZIER: Ich finde, wir sollten den Kampf nicht im Ausland austragen. Dies ist schließlich unsere Heimat.

ALI: Sieh mal, Joe. Ich will ehrlich sein. Du mußt dir klar über die Punkte sein, die dich ins Hintertreffen bringen, wenn du jemals gegen mich antrittst: Du würdest gegen einen zweifachen Champion der National Golden Gloves antreten ...

FRAZIER: Moment mal!

ALI: Laß mich ausreden!

FRAZIER: Moment mal! Na schön, du bist zweifacher Champ, und was bin ich?

ALI: Du hast nie die Goldenen Boxhandschuhe gewonnen.

FRAZIER: Machst du Witze?

ALI: Nicht die Goldenen Boxhandschuhe. Was hast du denn da gewonnen? Etwa den New Yorker Titel?

FRAZIER: Ganz recht, ich hab' den New Yorker Titel gewonnen. Und dann hab' ich 1962, 1963 und 1964 einen Titel hier im Osten gewonnen.

ALI (geringschätzig): Lokaltitel. Sicher, du bist auch Olympia-Champion gewesen, das weiß ich, aber eines mußt du dir doch klarmachen: Ich war zweimal Nationalchampion der Amateur Athletic Union.

FRAZIER: Aber ich war Schwergewichtler.

ALI: Ich hab' gewonnen gegen ...

FRAZIER: Du warst Halbschwergewicht!

ALI: Nein, Schwergewicht!

FRAZIER: Du hast in der Halbschwergewichtsklasse gewonnen, Mann. Ich dagegen war immer Schwergewicht. Ich wog schon ungefähr hundertvier Kilo, als ich erst fünfzehn, sechzehn Jahre alt war. Dann ging ich zum Training, um abzunehmen. Dabei hab' ich dann gemerkt, daß ich einen guten Schlag habe. Weißt du, damals, als ich anfing, hatten sie beim Training so ungefähr siebzehn Schwergewichtler. Die hab' ich alle rausgeboxt. Ich hab' nämlich in dem koscheren Schlachthaus, in dem ich gearbeitet habe, immer die Mastochsen schleppen müssen. Und dann kam ich in die Sportschule und hab' sie alle der Reihe nach fertiggemacht ...

ALI: Aber die Zeiten sind vorbei, Mann! Und über folgendes mußt du dir doch klar sein. Ich hab' zweimal gegen Sonny Liston gekämpft, als er beste Kondition hatte. Dann habe ich Fast Floyd Patterson geschlagen. Ich hab' den deutschen Meister Mildenberger geschlagen. Immer wieder hab' ich meinen Titel verteidigt. Henry Cooper, Brian London ...

FRAZIER: Na und?

ALI: Ich hab' gegen Zora Folley und Cleveland Williams geboxt ...

FRAZIER: Was willst du – gegen wen soll ich kämpfen?

ALI: Aber nun will ich dir mal sagen, wen du besiegt hast. Du hast zwei gute Gegner geschlagen. Ansonsten hast du nur Männer geschlagen, die sich nicht mit mir messen können. Ellis war mein Sparringspartner. Siehst du? Deinen größten Sieg hast du gegen meinen Sparringspartner erkämpft. Also wird dir doch wohl klar sein, daß ich stärker bin als mein Sparringspartner und daß du Zunder kriegst, wenn du gegen mich antrittst, oder nicht?

FRAZIER: Das seh' ich anders. Solange man zwei Hände hat und an der Spitze steht, kann man …

ALI: Und dann noch was …

FRAZIER: Laß mich ausreden! Wenn ein Boxer zu den zehn Besten gehört, muß er gut sein. Denn dahin kommt man nicht so ohne weiteres, den Weg dahin muß man sich erkämpfen. Man muß hart dafür arbeiten. Nun gut, diese Boxer, die du da genannt hast, die waren zu deiner Zeit oben, die hast du besiegt. Das ist wahr. Aber jetzt sind sie in der Versenkung verschwunden. Und ich besiege die Gegner, die jetzt gegen mich antreten.

ALI: Ist dir eigentlich klar, daß ich im Grunde viel zu schwer für dich bin? Sieh mal, wenn ich in Form bin, bringe ich achtundneunzig Kilo auf die Waage.

FRAZIER (nachdenklich): Das ist 'ne Menge für einen, der um mich rumtanzen will. Ich hab' dreiundneunzig.

ALI: Ich habe dir ja gesagt, wenn Ellis alle Runden hindurch so gekämpft hätte wie in den ersten beiden …

FRAZIER: Wie sollte er denn, unter dem Druck?

ALI: Ich kann fünfzehn Runden durchstehn.

FRAZIER: Ich auch. Ich auch. (Seufzt.) Das ist es ja grade, was die Sache so interessant macht. Siehst du, du wirst nicht müde. Ich selbst weiß gar nicht, was Müdigkeit ist. Da bin ich wie ein Hirsch. Ich hab' nicht mal 'ne richtige Gallenblase. Ich lauf den ganzen Tag ohne Pause. Hast du schon mal 'nen Hirsch gesehn?

ALI: Yeah. Du weißt doch, daß ich meinen Gegnern Namen gebe, und du bist bei mir kein »Hirsch«. Patterson ist »das Kaninchen«, Liston ist »der Bär«. Und dich nenne ich nur »die Schildkröte«.

FRAZIER: Von mir aus.

ALI: Joe Frazier, die Schildkröte.

FRAZIER: Bedächtig, aber standfest. Wenn du so schnell bist, wieso hat dich dann Marciano schlagen können?

ALI: Ach, in diesem albernen Computer-Kampf, meinst du? Daß das Betrug war, weißt du doch. Die Weißen wollten unbedingt, daß Marciano als der größte Schwergewichtler aller Zeiten in die Geschichte eingeht. Der er nicht ist. Aber mal abgesehen von uns beiden – wen hältst du denn für die beiden besten Boxer aller Zeiten?

FRAZIER: Na ja, Joe Louis und Jack Johnson.

ALI: Finde ich auch.

FRAZIER: Na ja, ich meine, wirklich, Burschen wie Dempsey, Marciano, Tunney können zwar boxen, aber das ist doch nichts im Vergleich zu den Schwarzen. Was die Kampfkraft angeht, meine ich. Weiße Boxer, die richtig kämpfen können, gibt es höchstens zwei oder drei. Ich will wirklich keinem zu nahe treten. Aber was die Kampfkraft angeht, da hält doch keiner den Vergleich mit den besten Schwarzen aus. Die haben einfach mehr drin.

ALI: Genau.

FRAZIER: Darum halten die Schwarzen ja auch schon so lange den Titel. Da kriegen die keinen Weißen dazwischen. Bei Sonny Liston haben sie's versucht, bei Floyd Patterson haben sie's versucht. Bei mir haben sie's auch versucht, aber ich schwöre dir, der nächste, der mich schlagen wird, das ist mit Sicherheit wieder ein Schwarzer...

ALI: Allerdings wird das wieder ein Schwarzer sein, und zwar ich. Wenn ich wieder anfange.

FRAZIER: Na, ich hoffe doch, daß du wieder anfängst. Aber, Mann, den Sieg, den kannst du dir abschminken. Mich kriegst du nicht unter. Aber darum hoffentlich keine Feindschaft.

ALI: Nach dem Kampf, meinst du? Wo immer der stattfindet...

FRAZIER: Würdest du mich bitte ausreden lassen – jetzt?

ALI: Also, wir sind beide Champions, und wir können nicht beide auf einmal reden. Aber wir müssen einander ebenbürtig bleiben. Deshalb kann ich jetzt nicht dulden, daß du mich beim Reden übertrumpfst. Verstehst du das?

FRAZIER: Du hast gesagt, was du denkst, jetzt laß mich sagen, was ich denke. Also, daß es keine Feindschaft zwischen uns geben soll, da hast du recht. Und die Gegner, die ich geschlagen habe, gegen die hab' ich nicht das geringste. Wenn ich dir den Arsch vertrimme, werd' ich dich sogar zum Eis einladen. (Sieht, daß Ali ihn unterbrechen will.) Laß mich ausreden! Bist du fertig? Laß mich endlich mal was sagen. Ich hab' weder hier noch sonstwo was gegen dich. Aber wenn wir in den Ring steigen, dann mußt du sehn, wie du fertig wirst.

ALI: Genau wie du.

FRAZIER: Das ist bei mir nicht anders möglich.

ALI: Und wenn wir uns nicht vertragen, werden wir uns eben schlagen.

FRAZIER: Wir werden uns schlagen. Das steht fest. Denn wenn der Gong kommt... Weißt du, du gehst dann her und versuchst deine Gegner psychisch fertigzumachen. Damit hast du bei mir kein Glück. Ich bin der größte Gemütsathlet der Welt. Houdini kannst du eher psychisch erledigen als mich...

ALI: Und für diese naseweise Bemerkung werde ich dir jetzt mal was prophezeien. Ich werde dir ganz genau sagen, was passiert, wenn ich jemals gegen dich antrete.

FRAZIER: Vorsicht, Mann! Nicht zu voreilig!

ALI: Ich will ja, daß dies aufgezeichnet wird. Ich werde jetzt genau erklären, wie die ersten fünf Runden verlaufen werden...

FRAZIER: Wer sagt denn...

ALI: Laß mich ausreden! Anschließend kannst du dann sagen, was du dagegen tun willst. Also, erste Runde – Gong! Ich komme raus, aber ich tu erst mal gar nichts. Ich tu so, als wärst du ein Amateur. Nicht einen einzigen Schlag bringe ich an. Ich tanze und nehm' die Deckung bis zu den Hüften runter. Ich tanze und bewege mich, wie ich das bei Floyd Patterson gemacht habe. Und du bringst nicht einen einzigen Schlag an. Diese Runde überlass' ich dir. Dann die zweite Runde – Gong! Ich komme sofort, aber ich arbeite ausschließlich mit linken Geraden. Und meine rechte Faust hab' ich da so unten an der Seite. Ich nehm' sie nicht mal zur Deckung hoch. Nur Jabs, nur Jabs, nur Jabs... Die dritte Runde – Gong! Ich komme. Und jetzt kommt wirklich alles auf einmal: die Beinarbeit, die Jabs, die rechten Cross-Schläge, die linken Haken...

FRAZIER (fährt hoch): Scheiße! Wenn's nach dir ginge, hättest du den Kampf schon gewonnen...

ALI: Und keine linke Gerade von mir, die nicht trifft. Mag sein, daß ein oder zwei davon dich nur streifen. Aber all diese Jabs sind schwere Jabs. Die Leute müssen an diesem Abend unbedingt das Programm an der Kasse kaufen, denn da wird, Runde um Runde, genau drinstehn, was ich tun werde. Genau wie bei einer Speisekarte für ein Menü mit acht Gängen. Wenn du in ein Restaurant gehst, oder in eine Show, oder wenn du eine von diesen Rockveranstaltungen besuchst. Da steht nichts auf der Karte, an diesem Abend, als der genaue Ablauf, wie ich dich besiege. Und nach dieser fünften Runde...

FRAZIER (hält es nicht mehr aus): Jetzt hör aber auf...

ALI: Was du zu sagen hast, kannst du sagen, wenn ich fertig bin. Jetzt laß mich zuerst mal ausreden... Und krieg bloß keine Angst.

FRAZIER: Ich – und Angst kriegen?

ALI: Allerdings. Also, in der fünften Runde...

FRAZIER (ärgerlich): Dieser Kampf *muß* einfach stattfinden. Und er *wird* stattfinden!

ALI: Hör mir doch zu! Die fünfte Runde...

FRAZIER: Was soll das? Du hast mich doch längst besiegt.

ALI: O nein, k.o. bist du noch lange nicht. In der vierten Runde lass' ich dich nicht mehr aus den Fäusten.

FRAZIER: Wer sagt denn, daß es überhaupt so lange dauert?

ALI: Und in der fünften Runde...

FRAZIER: Wie willst du das anstellen?

ALI: Mit einem rechten Cross. Und dann werd' ich dir eine Lektion erteilen und mit dir reden. Deine ganze Lebensgeschichte werd' ich dir vorhalten.

FRAZIER: Auuuu Mann, du bist doch längst Sieger!

ALI: Und nach der fünften Runde werde ich neue Schläge erfinden. Und was sagst du nun dazu?

FRAZIER (nach langem Schweigen): Du hast alles geschlagen, was im Ring ist, sogar den Ringrichter. Aber wo, glaubst du eigentlich, bin ich wohl, während du das alles machst? Glaubst du vielleicht, ich drehe so lange Däumchen?

ALI: Du wirst versuchen, mit allem, was du hast, auf mich einzudreschen, aber treffen wirst du mich kein einziges Mal.

FRAZIER: Wenn du dich da nur nicht irrst, Clay.

ALI (achselzuckend): Das zu sagen, steht dir zu. Aber mir steht ebenfalls zu, alles zu sagen, was ich will.

FRAZIER: Nun gut, dann werd' ich dir jetzt mal sagen, was ich davon halte. Du schaffst es vielleicht gut über zwei Runden. In der sechsten bist du aber am Ende...

ALI: Bestimmt nicht! Hör mal, du solltest lieber keine Voraussagen machen.

FRAZIER: Wenn ich's dir sage!

ALI: Dann sieh zu, daß du sie auch einhalten kannst. Du wirst's bereun in Runde neun!

FRAZIER: Aha, jetzt weiß ich Bescheid! Du bist also schon bei der sechsten. Aber in der vierten ist für dich Feierabend. Schluß. Aus. Ende. Du bist kaputt.

ALI: Ich weiß, wie du Ellis psychologisch fertiggemacht hast. Du warst in der Ed-Sullivan-Show, einen Tag vor dem Fight, und da branntest du vor Energie.

FRAZIER: Yeah.

ALI: Damit hast du Ellis fertiggemacht. Weißt du das? Du kamst da ganz lässig raus und hast diesen Schlager gesungen: »Oooohhhh, baby, OOOOHHHH, baby, I love you.« Das war live, nicht wahr?

FRAZIER: Yeah.

ALI: Das hat Ellis nervös gemacht. Da hat er gesehen, daß du dir überhaupt keine Sorgen machst. Du kommst eiskalt und lässig singend daher, während du doch eigentlich aufgeregt sein müßtest.

FRAZIER: Mit dem Singen, das ist für mich wie beim Training, weißt du? Ich fang' an zu schwitzen, ob ich nun singe oder ob ich trainiere. Singen ist für mich auch bloß Arbeit, genau wie das Training... So werd' ich mich auch auf dich vorbereiten, denn du bist gut. Du kannst mit beiden Händen schlagen. Aber dein Haken ist nicht allzu viel wert.

ALI: Ach, nein?

FRAZIER: Du hast überhaupt keinen richtigen Haken. Du hast zwar eine gute Rechte. Das sehe ich. Aber einen Haken hast du nicht, weil dein Arm einfach zu lang ist. Und mit einem so langen Arm kann man keinen Haken schlagen. Sieh dagegen mal mich an. Ich bin für einen Haken wie geschaffen, und zwar aus einem ganz einfachen Grund. Mein linker Arm ist wie ein »L«. Siehst du? Das hast du nicht gewußt, eh? Das ist von Natur aus so. Er läßt sich nicht geradebiegen. Weiter als so kann ich ihn nicht strecken, siehst du? Und dann mach' ich's einfach so. (Nimmt die Hand vom Lenkrad und schlägt einen Haken in die Luft.) Jeder Schlag wird automatisch zum Haken. Ich schlag' einfach drauflos. Statt daß ich mit dem Arm weit ausholen muß, schlag' ich einfach zu. (Macht es vor.)

ALI (winkt ab): Ich hab' eine gute Abwehr für deinen Haken. Ich lehn' mich zurück und weiche aus und...

FRAZIER: Aber ich schlag' zunächst nur an den Körper. Der Kopf kommt bei mir später dran.

ALI: Mann, an meinen Körper kommst du nicht ran. In dem Moment, wo du auf meinen Körper zielst, lande ich einen Treffer an deinem Kopf – blitzschnell! Und wenn du reinkommst, um meinen Körper mit deinen kurzen Armen zu bepflastern, mach' ich bei dir ganz einfach KLATSCH! KLATSCH! KLATSCH! KLATSCH! Immer drauf. An meinen Körper kommst du nicht ran, höchstens im Clinch oder wenn du versuchst zu klammern.

FRAZIER: Ich hab' noch nie bei einem Gegner geklammert, in all meinen sechsundzwanzig Kämpfen nicht.

ALI: Wenn du auf K.o. aus bist, kommst du in Druck. Dann verlierst du eine Runde nach der anderen. Die einzige Möglichkeit, wie du mich kriegst, wäre, daß du mich k.o. schlägst, doch das schaffst du nie!

FRAZIER: Du wirst dich damit abfinden müssen.

ALI: Du glaubst wohl, die drei langen Jahre, in denen ich nicht aktiv gewesen bin, haben mich ein bißchen langsamer gemacht...

FRAZIER: Hör mal, du bist nicht verletzt! Erfinde doch keine Ausreden. Dir fehlt gar nichts. Nicht das geringste. Du hast dich bloß 'n bißchen ausgeruht; das hat dir gut getan. Und jetzt komm mir nicht mit diesem: »Ich war für 'ne Weile auf Eis gelegt, das hat mich langsamer gemacht.« Diese Ruhepause hat dich höchstens gestärkt.

ALI: So was würdest du den Leuten erzählen?

FRAZIER: Das ist die Wahrheit, das weiß ich genau.

ALI: Laß uns doch mal realistisch sein. Angenommen, die lassen mich nie wieder boxen. Trotzdem will ich meinen Körper fit halten. Du brauchst doch bestimmt 'nen guten und schnellen Mann, der dich in Form hält, wo du doch so einen großen Verschleiß an Sparringspartnern hast. Wär's dir nicht recht, wenn du 'n Sparringspartner hättest, der täglich vier bis fünf schöne Runden mit dir schlägt, bis du wirklich die Nase voll hast? Ich meine, damit du nicht immer wechseln mußt, weil die das nicht mit dir durchhalten.

FRAZIER: Das ist gut...

ALI: Ich meine, willst du nicht 'n guten Sparringspartner, der dich auch mal richtig fertigmacht? Und den du fertigmachen könntest, ohne daß er dich gleich sitzen läßt? Ich brauch' 'nen Job.

FRAZIER: Verdammt noch mal, du brauchst keinen Job.

ALI: Sag's bloß keinem weiter; das muß unter uns bleiben, aber ich brauch' wirklich 'nen Job. Wieviel zahlst du?

FRAZIER: Wieviel willst du?

ALI: Zweihundert die Woche. Also achthundert am Monatsende.

FRAZIER: Scheiße! Das ist 'ne Menge.

ALI: Na ja, wenn alles so läuft, wenn ich glaube, keine Kampflizenz mehr zu kriegen, wenn es klar wird, daß es für mich mit dem Boxen aus ist, dann würd' ich ganz gern mit dir sparren. Aber wenn wir doch noch zum Kampf kommen sollten, dann würd' ich das lieber doch nicht tun, denn das würde nur der Kasse schaden. Wenn die Leute sehen, daß ich dich im Trainingssaal rumhetze oder daß du mich im Trainingssaal rumhetzt oder daß wir uns zu sehr anfreunden, das drückt die Kasse. Aber wenn es jemals so weit kommt, daß ich...

FRAZIER: Erst möcht ich mal wissen, wer der »Sparringspartner« eigentlich sein soll.

ALI: Ich! Ich werde dein Sparringspartner sein. Ich kann ja nicht kämpfen. Ich hab' nur gesagt...

FRAZIER: Klingt eigentlich eher, als wolltest du die Hauptperson sein.

ALI: Nein. Du hast doch gehört, was ich gesagt habe.

FRAZIER: Hab' ich gehört.

ALI: Wenn ich jemals...

FRAZIER: Ich hab' gehört, was du gesagt hast, aber das klang anders rum, das klang, als sollte *ich* der Sparringspartner sein...

ALI: Na ja, wir nehmen einen besonders großen Trainingssaal. Und ich bin nichts weiter als dein Sparringspartner. Wenn sie mich nicht mehr boxen lassen und mir keine Lizenz mehr geben, und wenn...

FRAZIER: Okay.

ALI: Gut. Dann veranstalten wir jeden Tag unsere eigenen Kämpfe. Und dann können uns die Leute beim Sparring zusehen und entscheiden, wer gewonnen hätte, wenn wir jemals miteinander im Ring gestanden hätten. Einverstanden?

FRAZIER: Gut. Soll mir recht sein.

ALI: Mehr will ich gar nicht.

FRAZIER: In Ordnung.

ALI: Würden die mich aus dem Trainingssaal rausschmeißen, wenn ich dich fertigmache?

FRAZIER: Die Halle gehört mir. Ich will, daß du in Form bleibst, für den Fall, daß du deine Lizenz wiederkriegst. Entschuldigungen lass' ich nicht gelten. Ich sorge dafür, daß du einen eigenen Schlüssel kriegst.

ALI: Wann fängst du mit dem Training an?

FRAZIER: Nächsten Monat.

ALI: Ich will die Presse dabei haben. Du hast doch keine Angst vor mir, wie?

FRAZIER: Bestimmt nicht, Mann. Kein bißchen Angst.

ALI: Weil ich dich nämlich auf jeden Fall kriegen will, entweder im Ring, im Yankee-Stadion, im Spectrum, im Coliseum, im Astrodome, irgendwo in einer Hintergasse oder sonstwo. Es muß bekannt werden, daß ich dich gestellt habe. Und du hast dann ja auch deine Chance, also sieh zu, was du draus machen kannst.

FRAZIER: Vergiß nicht, daß ich bis jetzt auch noch nie besiegt worden bin.

ALI (unvermittelt): He, fahr langsam! Wenn du so schnell fährst, kriegst du 'n Strafzettel. (Lacht.) Wär' das nicht 'n Witz, wenn du 'n Strafzettel kriegst, und ich sitz' daneben? Ich würde sagen, daß ich zu dir in den Wagen gesprungen bin und daß Joe Frazier dann so die Hosen voll hatte, daß er losgesaust ist wie 'n Verrückter. Das würde Schlagzeilen machen! In der ganzen Welt! Aber hör zu, Joe, ich will dir was ganz anderes sagen. Ein guter Rat. Ich hab' diese Lektion schon hinter mir. Die Boxer, wenn die zu Geld kommen, kaufen sie sich zunächst mal 'n paar schnelle Schlitten. Dagegen ist nichts einzuwenden. Ich hatte mein Leben lang alte Blechkisten, und du hattest dein Leben lang alte Blechkisten.

FRAZIER: Yeah, yeah.

ALI: Und wenn du zu Geld kommst, willst du was Neues.

FRAZIER: Yeah.

ALI: Als ich anfing, hab' ich mein Geld für Dinge rausgeworfen, die ich gar nicht brauchte: Diesel-Busse, einer davon wie ein »Greyhound«. Auf den hab' ich meinen Namen malen lassen. Und: »LISTON WILL FALL IN EIGHT« Für die Publicity. Das hat geholfen, aber im Grunde brauchte ich gar keinen Bus für zwölftausend Dollar. Dann hab' ich mir zwei Limousinen bestellt, vierzehntausend Dollar pro Stück. Die brauchte ich eigentlich auch nicht. Ich wollte nur damit angeben. Man gewöhnt sich an eine Sache, und dann sagt man sich: »Verdammt, jetzt will ich was anderes!« Man sieht so 'ne lange, silberfarbene Limousine mit zwei Telefonen im Fond, und man sagt sich: »Mann, so was muß ich auch haben!« Ich erzähl' dir das, weil's bei mir auch so war. Jeder hat so seine Schwächen. Welche hast du?

FRAZIER: Meinen Wagen. Aber den lass' ich mir gern nach meinen eigenen Wünschen bauen.

ALI: Dagegen ist nichts einzuwenden. Aber ich muß dir was anderes sagen. Noch einen Ratschlag.

FRAZIER: Yeah?

ALI: Dein Motorrad. Steig von diesem verdammten Motorrad runter. Ich weiß, du bist in das Ding verliebt, also behalt es von mir aus ruhig. Aber fahr damit nachts um zwei. Meinetwegen auch frühmorgens um fünf. Kutschier im Park damit herum. Aber geh nicht damit in den Tagesverkehr, rauf auf die Schnellstraße, runter von der Schnellstraße... ZIP-ZIP, BRRRR-BRRRR... Kavaliersstart, typisch für dich alten Angeber.

FRAZIER: Das ist die Höhe! *Du* behauptest, *ich* wäre ein Angeber?

ALI: Mann, überleg doch mal, ein einziger Sturz, ein Knie im Gips, ein Unfall, und schon sind Millionen Dollar im Eimer. Alles nur wegen so 'nem dämlichen, alten Fünfzehnhundert-Dollar-Motorrad. Mir geht's ja genauso wie dir. Ich liebe Motorräder. Aber denk doch mal an deine Tochter, an deine Kinder, deine Knochen. Und denk an die Millionen Menschen in der ganzen Welt, die deine Kämpfe sehen wollen. Zwei, drei Millionen Dollar für einen einzigen Fight!

FRAZIER: Yeah.

ALI: Du hattest auch schon einen Motorradunfall, genau wie ich. Das war 'ne Warnung, Mann. Laß das Ding lieber stehn. Motorräder sind was für ganz Wilde. Bitte, tu mir den Gefallen! Ich weiß, du bist in das Ding verliebt und wirst damit rumfahren, egal, was die anderen sagen, aber fahr bitte um zwei Uhr nachts, wenn auf der Straße kein Verkehr mehr ist. Ich hab' doch gesehn, was du an den Ampeln machst, wie du allen ein Rennen liefern willst: BRUUUUM-BRUUUUM, dann SKIII-IIIIIIII, und ab geht's, und GGGGGGGGG-GGGGGGGGG. Wenn das anfängt, dir gut zu tun, Mann, dann setzt du wirklich dein Leben aufs Spiel. Mann, hör mal, nicht mal Präsident Nixon wagt, über die Straße zu gehn, weil das viel zu gefährlich ist. Weißt du, jetzt bist du nicht mehr einfach »Joe Frazier«, nur so 'n kleiner, unbekannter Junge, der in einem Schlachthaus arbeitet. Und ich bin auch nicht mehr »Cassius Clay«, so 'n kleiner Junge, der in Louisville rumläuft und bei den katholischen Nonnen fünfzehn Dollar die Woche verdient. Den Namen »Joe Frazier« kennt heute die ganze Welt. Denk mal über das nach, was ich dir gesagt habe.

FRAZIER: Ich bin dabei.

ALI: Überleg doch mal: China, Japan, Afrika, Georgia, Alabama, Cleveland, sämtliche Fernseh- und Rundfunksprecher kennen Joe Frazier. Und womit rast du in der Gegend rum? Mit dem Motorrad kannst du dir alles versaun. Jetzt brauchst du doch nur 'nen Anzug anziehen und die Straße entlangzugehn, und einer sagt: »Joe Frazier.« Dann könnten die Hell's Angels die Straße runtergedonnert kommen, die Leute würden sie gar nicht beachten, sondern nur sagen: »Zum Teufel mit diesen Verrückten. Wo ist Joe Frazier?« Du brauchst also gar nicht so groß anzugeben.

FRAZIER: Klingt, als sprächst du aus Erfahrung.

ALI: Mann, Mann! Was glaubst du bloß, warum ich so ehrlich zu dir bin?

FRAZIER: Du versuchst dauernd, mir das Motorrad auszureden.

ALI: Nein, Mann. Wenn du dein Motorrad so sehr liebst, behalt's in Gottes Namen doch – in der Garage oder so. Hin und wieder kannst du die Maschine laufen lassen und denken: »Jetzt fahr' ich zum Geschäft.« Aber laß dir Zeit dabei. Sei vorsichtig. Fahr fünfundsiebzig Meilen pro Stunde, mehr nicht. Eine einzige Reifenpanne, ein blockiertes Rad, und du fliegst in hohem Bogen auf die Straße. Sogar vierzig ist noch zu schnell für so 'nen Sturz.

FRAZIER: Dafür ist sogar dreißig noch zu schnell. Ich bin mal bei dreißig Meilen gestürzt, Mann, das hat mir die ganze Haut vom Hintern gefetzt.

ALI: Yeah?

FRAZIER: Siehst du, da unten? Mein Bein war eingeklemmt.

ALI (schaudert): Das wär doch furchtbar, wenn jetzt so was passieren würde, bevor ich Gelegenheit hab', dich im Ring fertigzumachen. Wenn so was passieren würde, weißt du, was du dann machen kannst? Dann kannst du dir 'ne Kanone nehmen und dir 'ne Kugel durch den Kopf jagen. Stell dir mal vor, du liegst im Krankenhaus, und alles ist in den Nachrichten... »Joe Frazier bei Motorradunfall verletzt. Beinbruch. Ali–Frazier-Kampf abgesagt. Einnahmen waren auf zehn Milliarden Dollar geschätzt.« Und dann kommt der Doktor zu dir ins Zimmer und sagt: »Tut mir leid, Joe. Nie wieder.«

FRAZIER (stellt sich das vor, schüttelt den Kopf): »Wir müssen leider operieren.«

ALI: Ja. »Wir müssen dir das Bein abnehmen, Joe, und auf dem anderen wirst du dein Leben lang humpeln.« Mann, Joe, dann würdest du dich im Spiegel ansehen und dir sagen: »Ich Idiot!«

FRAZIER: Huuu-huuu, huuu-huuu...

ALI: Du nimmst mich nicht ernst. Aber ich will dir helfen.

FRAZIER: Nur zu, mach weiter!

ALI: Nimm lieber dein Motorrad, Mann, und sag: »Motorrad, du bist mein Fluch, Mann, du bist mein Fluch. Ich muß Shows auf die Bühne bringen, ich muß mich um die Mädchen kümmern, es steht viel zuviel auf dem Spiel. Und wenn ich je wieder mit dir fahren sollte, dann höchstens mal um vier Uhr früh.«

FRAZIER (seufzt): Das war 'ne gute Lektion für mich.

ALI: Und ich will dir noch was sagen... Floyd Patterson, der war 'n richtiger Champion, so wie der immer aufgetreten ist.

FRAZIER: Patterson? Der hat mir überhaupt nicht imponiert. Den könnte ich ohne Beine aufs Kreuz legen.

ALI: *Fahr langsam, Mann!* Wir sind bald in New York. *Fahr langsam!*

FRAZIER (späht nach vorn auf die Straße): Da ist 'ne Lücke, durch die komm' ich noch, mit dem Caddy. Los, Baby, die nehmen wir! Was sagtest du eben?

ALI: Fahr langsam!

FRAZIER: Nein, vorher...

ALI: Ich hab' dir 'n paar Sachen gesagt, die wahr sind. Archie Moore, der war 'n richtiger Champion. Sugar Ray auch. Und jetzt giltst du als der Weltbeste. Also, du mußt folgendes tun. Du mußt dich vor allem mal danach anziehn. Wenn einer Joe Frazier sieht, dann muß er jemanden vor sich haben, der noch bedeutender ist als der Präsident der Vereinigten Staaten. So als wärst du Präsident der Welt. Nixon regiert ja nur ein Land. Und was du da anhast, das mag für die Bühne gut sein, ist aber längst nicht so gut wie 'n schwarzer Anzug.

FRAZIER: Ich hab' mich jetzt doch nur bequem angezogen.

ALI: Aber wie du ziehn sich nur Zuhälter an. Na schön, die Leute sehen dich, und sie haben Respekt vor dir, aber nicht soviel, wie wenn du mit 'nem Zweireiher und 'ner Weste ankommst und aussiehst, als wärst du mindestens vier, fünf Millionen wert.

FRAZIER: Mann, ich bin sauberer als das Gesundheitsamt.

ALI: Aber manchmal bist du angezogen wie so Jungs, die rosa Anzüge, weiße

Schuhe und Rennjacken tragen. Du bist ein Südstaatler wie ich, und wir Südstaatler ziehn uns nun mal so an... So wie einige von deinen Freunden, die mit dir zusammen singen. Aber nun sieh doch mal die feinen Pinkel. Sieh dir an, wie die sich anziehn. Nimm dir einen, der dir die Kleider aussucht; so hab' ich das auch gemacht. Und dann frag den: »Mann, was soll ich jetzt anziehn? Was paßt am besten zu dem hier? Welches Hemd ist am modernsten? Welcher Schlips?« Und je dunkler dein Anzug ist, desto eleganter wirkst du. Distinguiert. Sieh mich an, ich bin jetzt angezogen wie 'n Senator. Und nimm mal Floyd Patterson, so, wie der sich gibt, wie der sich anzieht. So ruhig wie der möcht' ich gern sein. Ich rede 'ne Menge. Er benimmt sich wie 'n echter Champion. Hast du mal gesehn, wie Patterson redet? Richtig würdevoll.

FRAZIER: Ich hab' dir schon mal gesagt, daß ich nicht sein will wie Patterson. Kein bißchen!

ALI: Bis jetzt hast du überhaupt kein Image. Du hast noch nicht viele Fernsehinterviews gegeben, und so lange ist es auch noch nicht her, daß du Ellis den Titel abgenommen hast.

FRAZIER (sanft): Ich hab' den Titel gegen Ellis »verteidigt«.

ALI: Von mir aus kannst du's auch so ausdrücken. Du wußtest, daß du der Beste warst, und das hast du bewiesen. Nimm Terrell, der auch schon mal Champ war. Aber als ich ihn geschlagen hatte, mußte sich die WBA fragen: »Was sollen wir jetzt machen?« Sie geben mir meinen Titel zurück. Das ist es, wovon ich dauernd rede. Du überlegst, was aus dir wird. Das Beste, was du je gesagt hast, war: »Also, nun hört mal zu. Ich boxe. Ich bin nicht in der Politik.« Warum dich auf was einlassen, mit dem du nichts zu tun hast, und von was reden, wovon du nichts verstehst? Du bist zu gar nichts verpflichtet. Du sagst: »Ich bin da, um zu boxen; ich bin der Champion, und damit basta.« Aber ich konnte das nicht tun, verstehst du? Ich hab' gesehn, wie Neger gelyncht wurden, und ich hab' gesehn, wie Neger sich weiße Frauen genommen haben, wenn sie reich oder berühmt wurden, und die armen Schwarzen haben gehungert. Ich hatte den Titel, aber daß ich Autos hatte, in Wohlstand lebte, in der Johnny-Carson- und der Merv-Griffin-Show aufgetreten bin, das hat mich nicht daran gehindert, zu sehen, in welcher Hölle meine Leute da draußen leben mußten. Und ich wollte raus und mich hinstellen und zu ihnen sprechen, und wenn ich dazu auf 'nen Mülleimer klettern mußte. Ich geh' gern zu den Leuten hin und rede mit ihnen.

FRAZIER: Das tu ich auch.

ALI: Das macht mich stark, wenn ich jemandem helfen kann. Und als ich meinen Titel bekommen hatte, als ich da war, wo ich hin wollte, da hab' ich deswegen einfach gesagt: »Schluß mit dem Onkel-Tom-Image.« Wenn du genau hinsiehst, gilt George Foreman keineswegs bei den Schwarzen als Held, weil er bei den Olympischen Spielen die amerikanische Flagge geschwenkt hat. George Foreman hat diese Flagge geschwenkt, weil sie ihm eine Gehirnwäsche verpaßt hatten, weil sie ihn zum schwarzen Superpatrioten gemacht haben. Aber John Carlos und Tommie Smith, die haben ihre Fäuste zum Himmel gereckt, das Bild wird in die Geschichte eingehen! Ganz groß haben die dagestanden, mit ihrer erhobenen, schwarzen Handschuhfaust! Carlos, der ist jetzt bei mir zu Hause. Ich möchte, daß du ihn kennenlernst.

FRAZIER: Yeah? Wann denn?

ALI: Laß mich ausreden. Ich hab' noch ein paar andere Tips für dich. Wie du weißt, bin ich nicht neidisch auf dich.

FRAZIER: Weiter.

ALI: Ich war Muslim, ich bin es noch. Ich steh' zu meinem Glauben, und ich hasse niemanden. Ich habe nie Gewalt gepredigt, und ich konnte diesen einen Schritt vorwärts für die Armee nicht tun. Deswegen sitze ich jetzt in der Tinte. Und darum habe ich nur gesagt:

Clean out my cell,	*Räumt mir 'ne Zelle doch*
And take my tail to jail,	*Und steckt mich ins Loch.*
'Cause better to be in jail fed,	*Denn lieber Gefängnisbrot,*
Than to be in Viet Nam, dead.	*Als in Vietnam und tot.*

Wie dem auch sei, ich finde es richtig, was ich mache. Ich hab' mich gefreut, als Ellis Erfolg hatte, ich hab' mich gefreut, als du Erfolg hattest, und ich hab' mich gefreut, als du das Ganze gewonnen hast. Aber ich hab' mich gefreut, daß du Ellis geschlagen hast. Ich hab' Ellis zu allem verholfen, was er erreicht hat, aber er hat nie meinen Namen erwähnt.

FRAZIER (ruhig): Richtig. Genau das sind die Burschen, die wir Onkel Toms nennen. Die lassen andere das Reden für sich besorgen.

ALI: Darum war ich froh, daß du Ellis geschlagen hast.

FRAZIER (nachdenklich): Von allen Boxern, gegen die ich angetreten bin, hab' ich drei mit besonderem Vergnügen besiegt. Der eine war Ellis. Der zweite war Buster Mathis.

ALI: Buster?

FRAZIER: Das war auch so 'n Onkel-Tom-Typ, der ewig »Yes, Ma'am« sagte. Alles, was er den weißen Boß sagen hörte, mußte er nachplappern. Mathis war ein großer, dämlicher Ignorant.

ALI: Wie lange ist das her, daß du gegen ihn gekämpft hast?

FRAZIER: Das war 1968.

ALI (ebenfalls nachdenklich): Damals war ich gerade bei 'ner Muslim-Versammlung in Hartford, Connecticut, wo ich gepredigt und Vorträge gehalten habe. Irgend jemand kam da rein und sagte: »Frazier hat Mathis besiegt!« Ich hatte gerade meinen Vortrag beendet, als sie mit dieser Nachricht kamen. Eine Zeitlang hat er dir aber ganz schön zugesetzt, wie?

FRAZIER: Der hat mir gar nichts anhaben können.

ALI: Aber verletzt hat er dich doch, nicht wahr? Die ersten Runden...

FRAZIER: Clay. Ich hab' Mathis eine Runde geschenkt. Ich glaube, es war die sechste oder siebte. In den anderen Runden hat er da draußen im Ring rumgetanzt und sich selber müde gemacht. Genau wie du das auch tun wirst.

ALI: Dann will ich dir mal was verraten: So was wie mich, wenn wir uns erst im Ring gegenüberstehn, hast du bisher noch nicht kennengelernt, Joe Frazier.

FRAZIER: Da kann ich dir nur beipflichten. Hoffentlich nicht.

ALI: Joe Frazier, du bist bloß ein Olympiasieger, der eine Chance bekam, weil ich abgetreten bin.

FRAZIER: Meine Chance hätte ich mir schon genommen, auch wenn du nicht abgetreten wärst.

ALI: Genommen hättest du dir sie?

FRAZIER: Allerdings. Ich hätte dich gleich da auf deiner Mülltonne zusammengeschlagen.

ALI: Auf meiner Mülltonne?

FRAZIER: Jawohl. Und dann hättest du gefragt: »Was ist denn los?«

ALI: Ich hätte dich gefragt, wo deine Bescheidenheit hingekommen ist. Warte mal – wieviel Uhr hast du jetzt, Joe? Wann kommen wir endlich nach New York?

FRAZIER: Kurz vor vier. Halbe Stunde noch, vielleicht. Ich glaube, wir schaffen's schon.

ALI: Gut. Ich muß spätestens um fünf da sein. Also... Paß auf! Fahr langsam, hier! Im Ernst, Joe. Die Polizei ist hier schwer auf Draht. Wir sind jetzt viel zu nah bei New York, denen entwischst du nicht mehr so leicht, Joe. Im Ernst. Die schnappen dich hier im Handumdrehn.

FRAZIER: Nicht, wenn ich sie zuerst sehe...

ALI: So kommst du auch nicht schneller hin.

FRAZIER: Weiß ich, aber wenn ich sie zuerst sehe, können die sofort einpakken. Die erwischen mich doch nie.

ALI: Und wenn sie handgreiflich werden?

FRAZIER: Nein – Augenblick mal! So weit werden die doch nicht gehn, nur um mir 'n Strafzettel zu verpassen.

ALI: Was würdest du denn tun, wenn die Polizei handgreiflich wird? Würdest du 'ne richtige Straßenschlacht riskieren, wenn's drauf ankäme?

FRAZIER: *Was,* Mann?

ALI: Ob du dich richtig prügeln kannst!

FRAZIER: Mann, ich kann sogar 'n Gorilla verprügeln.

ALI: Glaubst du, daß du mich auf der Straße verprügeln kannst?

FRAZIER: Wo du willst, Mann! (Ein Flugzeug steuert den Flughafen von Newark an und schwebt beinahe parallel zum Wagen ein.) He, da drüben landet 'ne Maschine. Komm, wir sehn mal, wie schnell der Wagen ist.

ALI (kopfschüttelnd): Ich trau' den Dingern nicht, Mann. Ich fliege nicht gern. Aber wenn ich mir vorstelle, ich wär' da drin, direkt neben dem Piloten, und der würd' mir zeigen, wie der Motor funktioniert, mir alles erklären, von den Turbulenzen und so, und wenn ich den Motor selbst mal am Boden 'n bißchen laufen lassen und mir das anhören könnte, dann würd' ich mich wohl sicher fühlen. Wenn er mir erklären würde, wie weit man noch gleiten kann, wenn ein Motor aussetzt...

FRAZIER: Das hätte dir Big Otis sagen können. (Seufzt.) An dem hat die Welt einen Sänger verloren.

ALI: Otis Redding?

FRAZIER: Seine Leiche haben sie angeschnallt im Sitz gefunden. Erinnerst du dich?

ALI (verdrossen): Der ist ja auch mit allem geflogen. Otis ist sogar mit seiner kleinen Maschine rumgerutscht, wenn er genau wußte, daß die Batterie schwach ist.

FRAZIER: Ich fahr' lieber Auto.

ALI: Alle Boxer fahren gern Auto. Joe Louis fuhr gern Auto. Jack Johnson fuhr überall mit dem Auto hin. Jack Dempsey, Ezzard Charles, Sugar Ray fährt gern Auto, Emile Griffith, Eddie Machen, Terrell – Berufsboxer spüren gern das Steuer in der Faust und eine Maschine unterm Hintern. Du bist da genau wie ich.

FRAZIER: Yeah. (Lange Pause.) Der Unterschied zwischen uns ist nur, du machst ein bißchen mehr Lärm als ich, das ist alles. Während ich eher ruhig bin. Verstehst du? Du machst immer einen Riesenwind. Die Leute müssen immer gleich wissen, daß du da bist. Bei mir aber, ich geh' lieber hinten rum, daß mich keiner sieht. Ich schleich' mich rein. Wenn sie nicht wissen, daß ich da bin, wissen sie, daß ich unterwegs bin. Yessir. (Hupt.) Nun mach schon, da vorne! Bleib dran, an dem Chrysler, Mann! Also dieser Trottel mit seiner Brille!

ALI: So, wie du mit den Weißen redest, Joe – hast du unten im Süden schon mal Ärger gehabt?

FRAZIER: Bevor oder nachdem ich Champion wurde?

ALI: Vorher.

FRAZIER: Einmal hab' ich einem den Arsch versohlt – es bleibt einem ja meist nichts anderes übrig. Einer von denen hat mich Nigger genannt, und ich hab' »cracker« zu ihm gesagt, und das hat ihm nicht geschmeckt. Bis zum Abend ist er mir durch die Stadt gefolgt. Und dann, als ich an die richtige Stelle kam, da hab' ich ihn an mich rankommen lassen, habe ich auf ihn gewartet. Mann, o Mann! Da muß ich direkt an meinen alten Ziggy-Fight denken.

ALI: Ziggy? Wer ist Ziggy?

FRAZIER: Dave Zyglewicz – Texas. Weißt du nicht mehr? Der, gegen den ich antreten mußte, bevor ich gegen Folley kämpfte?

ALI: Ach ja! Wie lange hat der gedauert?

FRAZIER: Nicht ganz 'ne Minute... Nicht mal eine ganze Runde.

ALI: Hatte er Angst?

FRAZIER: Der hatte die Hosen gestrichen voll. Vier-, fünfmal hat er die Farbe gewechselt. »Was für 'ne Hautfarbe hat er nun eigentlich?« hab' ich gedacht. Zuerst war er weiß, dann orange, dann rosa, rot... »Möchte wissen, bei welcher Farbe er bleibt«, dachte ich. Als wir in den Ring stiegen, murkste er da so rum und verpaßte mir tatsächlich auch einen. Und, verdammt noch mal, da wurde ich böse. Da hab' ich's ihm heimgezahlt. Ich hab' kräftig ausgeholt und ihm 'nen richtigen Haken verpaßt...

ALI: Na ja, kein Wunder, daß du deine Sparringspartner verschleißt. (Beugt sich zum Kassierer hinaus, als Frazier an einem Zollhäuschen hält.) DAS IST JOE FRAZIER, DER NEUE CHAMPION, UND ICH BIN MUHAMMAD ALI, DER ALTE CHAMPION! DAS IST JOE FRAZIER.

STIMME: Oh, ich hab' Sie in der Mike-Douglas-Show gesehen. (Zu Joe.) Ich hab' ihn in der Mike-Douglas-Show gesehen.

JOE: Und was ist mit mir? Was ist mit *mir*?

ALI: Im Ernst, das ist Joe Frazier, der neue Champion.

FRAZIER: *Den* haben Sie gesehn? Und was ist mit mir? Ich war doch auch da!

STIMME: Ich hab' Sie in der Mike-Douglas-Show gesehen, Mr. Ali.

FRAZIER (lacht, als er weiterfährt): Der redet immer noch über dich. Hör auf, so nervös zu sein, ich fahr' ja schon langsamer. Ich hab' gehört, daß deine Frau ein Baby erwartet. Wann ist es denn soweit?

ALI: In vier bis fünf Monaten. Wann ist es bei euch soweit?

FRAZIER: Mitte August. Weißt du, was ich mache? Ich werd' unser Baby, wenn's ein Junge wird, Joseph Clay Frazier jun. nennen. Was hältst du davon?

ALI: Mann! Willst du ihm das wirklich antun?

FRAZIER: Joseph Clay Frazier jun.

ALI: Auuuuuu Mann! Das wird aber 'n schwarzer Lümmel werden! (Beide lachen.) Sieh mal hier, Joe. (Zieht sein Hemd aus der Hose und zeigt seinen Bauch.) Drei Jahre ohne Training. Sieht gar nicht so schlecht aus, Joe – wie?

FRAZIER: Nein. Überhaupt nicht. (Fängt an, einen seiner Schlager zu singen.) Na, was sagst du dazu?

ALI: Hast du mich schon mal singen hören? Wie findest du denn meine Stimme?

FRAZIER: Du? Du kannst doch überhaupt nicht singen.

ALI: Ein Hit war ich, am Broadway, Mann! Hast du noch nie meinen »Mighty Whitey« gehört?

FRAZIER: Schiiiieeeett!

ALI (singt): *When the night has come, and the land is dark, and the moon is the only light we'll see...*

FRAZIER: Hör auf, Mann! Hör bloß auf!

ALI: So gut kannst du nicht singen.

FRAZIER: Hör zu. (Singt mit kehliger, heiserer Stimme.) *When the night has come, and the land is dark, and the moon is the only light we'll see...*

ALI: Nein, Mann. Du kannst nicht singen.

FRAZIER: *I won't cry...*

ALI: *I won't cry, no, I wooonnntt...* Na los, sing weiter...

FRAZIER (bewundernd): Du bist ein Talent! (Singt mit; beide singen unisono.) *Just as long as you stand, stand by me.*

ALI: *So, darling!* (Aus dem Autoradio tönt Musik.) Wie kommst du eigentlich als Sänger an?

FRAZIER: Gut. Es macht mir Spaß. Mit dem Singen allein verdiene ich in weniger als vier, fünf Wochen ungefähr dreißigtausend. Das Latin Casino hat mir dreizehntausend gezahlt, Las Vegas – wieviel? Ich komm' jetzt ums Verrecken nicht drauf, aber es war 'ne schöne Stange. Das weiß ich. Und ich hab' noch keinen Penny davon angerührt. Hab' nicht mal Gelegenheit gehabt, es abzuholen...

ALI: O Mann, soviel Geld hast du bestimmt nicht! Mann, trägst du etwa soviel Geld in der Brieftasche rum?

FRAZIER: Vier-, fünfhundert. Brauchst du was?

ALI: Wie wär's mit 'nem Hunderter? Vielleicht muß ich über Nacht hier bleiben.

FRAZIER: Okay.

ALI: Nächste Woche kriegst du's zurück. (Betrachtet den Hundert-Dollar-Schein.) Ich schulde Joe Frazier hundert Dollar. Das hätt' ich wahrhaftig nicht gedacht, daß noch mal der Tag kommt, wo ich Joe Frazier hundert Dollar schulde. He, sieh mal da drüben!

FRAZIER (beugt sich aus dem Fenster und ruft einer Zoll-Kassiererin zu): Hallo, Süße! Wie geht's denn heute? (Die Frau mustert ihn kalt und wendet sich ab.)

ALI (leise zu Joe): Das ist 'ne Bösartige. Wenn du an solche kommst, die bösartig sind, die reagieren immer so. Sag denen bloß nie, wer du bist. Die antworten doch immer nur: »Na und?«

FRAZIER: Ich wollte nur nett sein...

ALI: Was hältst du von Sonny Hopkins? Erinnerst du dich an seinen wildesten Song?

FRAZIER: Yeah. Hast du schon mal das Band gehört, das ich draußen in Philly gemacht habe?

Every time I come to Philadelphia	*Immer, wenn ich in Philadelphia bin,*
I listen to	*Hör' ich*
Station WHAT	*Den Sender WHAT*
I dig the Mighty Burner,	*Mir gefällt der ›Mighty Burner‹,*
Make no mistake-a jake-a.	*Das kann ich euch sagen.*
Gimme Muhammad Ali!	*Gebt mir Muhammad Ali!*

ALI: Hast du gemacht?

FRAZIER: Und dann kommt einer mit deiner Stimme und sagt: »Gimme Joe Frazier.«
(Singt zur Musik im Radio):

You got to give a little,
Take a little...

ALI: Ist das deiner?

FRAZIER: Nein, das sind die Dells. Hast du den Song gehört, den wir gestern abend gesungen haben? »Truly Loving Me?« Der ist von mir, Mann.

ALI: Du hast doch nur zwei Songs geschrieben.

FRAZIER: Nein, ich hab' mehr geschrieben. Ich hab', na ja, mehrere eigene Songs. Einen hab' ich, der heißt »Knockout Drops«, Mann. Großartig! Die Mädchen sind ganz wild danach. Ich singe:

Baby, my loveeiinng is like TNT
Anything come greater 'n TNT is me.

ALI: He, hör dir diesen Song an! Ich mach' gerade 'ne Schallplatte mit dem Titel »It's All Over Now, Mighty Whitey«. Von Oscar Brown.

FRAZIER: Einen Teil davon hab' ich gehört. Du hast ja vorhin schon davon gesprochen.

ALI (singt):

We see you looking cruel with your cold blue eyes.
You think we just your fools, thinking you are wise.
We see you waddling in your greed,
While we are down here in dying need.
But it's all over now, Mighty Whitey,
It's all over now.

You had us in your lock, tight as any cage.
Mighty Whitey, Mighty Whitey!
And now you acting shocked 'cause we in a rage,
Us on the bottom, with you on top.
That's a game that we aim to stop.
'Cause it's all over now, Mighty Whitey,
It's all over now.

We can't bear no more. We don't care no more.
We won't scare no more...
Just as sure as we are black.
Till our roles are reversed, and the last are first,
And our color is no longer our curse,
You can do your worst,
We are not turning b-a-a-c-k!
Call out your National Guard,
Call your Police. POLICE...
Tell 'em to come down hard, it ain't gonna be no peace.
If you expecting us to Uncle-Tom,
You might as well go on drop your bomb.
'Cause it's all over now, Mighty Whitey,
It's all over now.

(Er wartet die Wirkung ab.)

Du blickst grausam, mit Augen kalt und blau.
Hältst uns für dumm, glaubst, du bist schlau.
Wir sehn dich suhlen in deinem Reichtum,
Und kommen selber vor Hunger um.
Doch das ist vorbei, mächtiger Weißer,
Das ist endgültig vorbei.

Du hieltest uns unter Riegel und Schloß,
Mächtiger Weißer, mächtiger Weißer!
Und bist nun entsetzt, denn jetzt gehn wir los.
Wir ganz unten, und du ganz oben,
Da werden wir für Änderung sorgen.
Denn das ist vorbei, mächtiger Weißer,
Das ist endgültig vorbei.

Wir ertragen es nicht mehr, und es kümmert uns nicht mehr.
Einschüchtern kannst du uns nicht mehr . . .
Das ist so sicher wie unsere Haut schwarz.
Bis aber die Rollen getauscht und die letzten die ersten sind,
Bis unsere Farbe kein Fluch mehr ist,
Kannst du machen, was du willst,
Wir werden nicht mehr umkehren!
Ruf nur deine National Guard,
Ruf nur die Polizei. POLIZEI . . .
Sag ihnen, daß sie zuschlagen sollen, denn mit dem Frieden ist's nun vorbei.
Wenn du glaubst, wir sind Onkel Toms,
Wirf nur weiter deine Bomben.
Denn das ist vorbei, mächtiger Weißer,
Das ist endgültig vorbei.

(Wartet die Wirkung ab.) Wenn du 'ne eigene Band hättest, könntest du's singen. Na ja, wenn du's singen könntest, würd' ich's dir schenken.

FRAZIER: Was meinst du damit, wenn ich's singen könnte? Ich find's ganz gut.

ALI: Aber du kannst es nicht singen, weil's für dich ein bißchen zu hart ist. Das wäre jetzt im Augenblick nicht gut...
Das wäre zu gewagt für dich. Für mich ist es o. k., ich hab' ja nichts mehr zu verlieren.

FRAZIER: *It's all over now, Mighty Whitey, it's all over now...*

ALI: Mach dein Verdeck auf, damit ich besser sehen kann, Joe. He, verdammt! Sieh dir die Kleine da drüben an... (Beugt sich aus dem Wagen.) HE! ICH BIN MUHAMMAD ALI. JOE FRAZIER UND MUHAMMAD ALI ... KOMM DOCH MAL HER! Mir hat New York schon immer gefallen! Das ist die richtige Stadt für uns, Joe; hier ist der Mittelpunkt der Welt.

FRAZIER: Ich werd' lieber hier anhalten und dich rauslassen.

ALI: Ja, wir sollten uns nicht zu oft zusammen sehen lassen.

FRAZIER: Genau. Sonst denken die noch, wir wären Freunde. Das wäre schlecht für die Kasse.

ALI: Yeah. Kein Mensch bezahlt, um zwei Freunde boxen zu sehen.

Ich langte hinunter und schaltete das Tonband aus.

»Das kommt alles in mein Buch«, sagte ich.

»Hauptsache, du veränderst nichts dran«, gab Joe zurück.

Wir waren auf der West 52nd Street. Frazier fuhr an den Bordstein heran und trat auf die Bremse. Ich stieg aus. Sofort kamen Autogrammjäger herbei, und ein kleiner Mann, der auf einer Zigarre herumkaute, erkannte mich. Joe blieb im Wagen sitzen und sah zu. Nach wenigen Minuten gab mir der Mann eine Karte und sagte: »Mein Neffe redet ununterbrochen von Ihnen.«

Die Leute auf dem Gehsteig blieben stehen, sahen neugierig herüber, kamen zurück, stießen einander an. Obwohl ich fast drei Jahre vom Fenster weg gewesen war, kamen ein paar Hippie-Teenager, die wohl im Kino gewesen waren, auf mich zugerannt und riefen: »He, Champ! Warten Sie doch, Champ! Warten Sie!« Ein Mann mit einer roten Sportjacke, der einen Pudel bei sich hatte, winkte ein paar Leuten zu. »Schnell, kommt her! Muhammad Ali ist hier!« Ein paar Show-Girls kamen über die Straße. »Mann, o Mann! Er ist es wirklich!« Gleich darauf war ich umringt... Sie stellten mir alle möglichen Fragen:

»Wann werden Sie wieder boxen, Champ?«

»Für mich sind Sie immer noch der Beste!«

»Wann kommen Sie wieder?«

»Was wird aus dem Kampf gegen Frazier?«

»Was ist mit Frazier... Können Sie Frazier schlagen?«

Frazier war nicht ausgestiegen. Ich deutete auf den verbeulten Cadillac. »Leute, da drüben sitzt der Weltmeister im Schwergewicht, da sitzt Joe Frazier! Im Wagen. Fragt ihn selbst. Joe Frazier!«

Ein oder zwei Leute grinsten, als ließe ich sie an einem heimlichen Scherz teilhaben.

Ich rief lauter: »JOE FRAZIER! DAS IST JOE FRAZIER!«

Der Mann mit dem Pudel zerrte seinen Hund zum Wagen und musterte Joe von allen Seiten. Dann gab er sein Sachverständigenurteil ab. »Frazier? Das ist nicht Joe Frazier.« Sogar Joe selbst mußte über so viel selbstgefällige Dummheit lachen.

Wenige Wochen zuvor war ich in der Gegend der 42nd Street herumgeschlendert und hatte jedesmal, wenn mich einer der Neugierigen, die mir nachliefen, fragte: »Was machen Sie jetzt, Champ? Was machen Sie jetzt?«, scherzhaft erwidert: »Ich suche Frazier. Hat jemand Joe Frazier gesehen? Ich will ihn zusammenschlagen, den Scheißer, ich meine, den ›Meister‹!« Und sie hatten alle gelacht. Und als ich an der Ecke stehenblieb, kamen sie aus den Geschäften, aus den Kinos über die Straße geströmt, so daß schließlich sieben Polizisten notwendig waren, um die Straßenecke zu räumen, und alle riefen:

»Du bist der richtige Champ!«
»Box gegen Frazier!«
»Laß dir deine Lizenz wiedergeben!«
Jetzt begann ich das gleiche Spiel: »Wo ist Frazier? Ich will ihn mir vornehmen, hier auf der Straße!« Die Zuschauer brüllten vor Lachen. Und das alles, während der leibhaftige Frazier nur wenige Meter von ihnen entfernt im Wagen saß. Aber sie erkannten ihn nicht.

Ich hätte sie natürlich überzeugen können. Ich wollte, daß Frazier aus dem Wagen stieg und mit mir über den Times Square ging. Dort würden ihn genügend Leute erkennen. Und es würde ihnen dämmern, daß dies ein außergewöhnlicher Anblick war. Wenn wir uns jeder an einer Ecke postieren – sagen wir mal, er an der Nordseite und ich an der Südseite – und so tun würden, als müßte man uns Zwangsjacken anlegen, um zu verhindern, daß wir einander an den Kragen gingen, wäre der ganze Times Square verstopft.

Als ich da stand, war ich trotz der Gewißheit, daß ein Titelkampf zwischen Joe und mir ungeheure Summen einbringen würde, fest überzeugt, daß es niemals so weit kommen würde.

So oft hatte ich verkündet, ich sei abgetreten, daß Herbert die Hände über dem Kopf zusammenschlug und sagte: »Hör endlich auf, zu behaupten, daß du abgetreten bist! Man hat dich gezwungen abzutreten. Deine Entscheidung war das nicht. Hör endlich auf, immer vom Abtreten zu reden!«

Frazier hatte davon gesprochen, daß er abtreten würde, wenn er nicht im Ring gegen mich antreten könnte. Damit gab er zu, daß man nur Champion werden kann, wenn man einen Champion besiegt.

Aber ich wollte eigentlich noch mehr, ich wollte nicht nur mit Frazier in den Ring steigen, damit wir uns gegenseitig zerfleischen konnten wie Williams' Dinosaurier... Gewiß, mein Leben hatte aus Boxen bestanden, doch irgend etwas in mir hatte sich immer dagegen gesträubt. Vielleicht weil diejenigen, die den größten Profit davon hatten, die Boxer nicht als Menschen und als intelligenzbegabte Wesen betrachteten. Sie waren der Meinung, wir seien für die Belustigung der Reichen da. Nur dazu da, uns gegenseitig die Nasen einzuschlagen, unser Blut zu vergießen, notdürftig zusammengeflickt und wieder in den Ring gestoßen zu werden, Runde um Runde, um uns für die Zuschauer gegenseitig kaputtzumachen. Und wenigstens die Hälfte dieser Zuschauer waren Weiße.

Und dann hatte ich immer diesen Alptraum vor Augen, diese Vorstellung von zwei Sklaven im Ring. Wie auf den Plantagen der Sklavenzeit, wenn zwei von uns großen, schwarzen Sklaven gegeneinander kämpften, stets kurz davor, uns gegenseitig umzubringen, während die weißen Herren dabeisaßen, dicke Zigarren pafften, uns laut schreiend anfeuerten, weil sie möglichst Blut sehen wollten.

Seit ich wegen meines Widerstands gegen den Vietnamkrieg für den Ring gesperrt war, hatte ich Post aus siebenundneunzig Ländern bekommen. Ich hatte Grüße und Briefe mit Prominenten wie Bertrand Russell und Jean-Paul Sartre, mit ausländischen Staatsoberhäuptern getauscht und die Anerken-

nung führender Persönlichkeiten in Amerika sowie weißer und schwarzer Studenten aus dem ganzen Land gewonnen. Und obwohl ich mir dessen nicht immer bewußt war, hatte ich mich langsam verändert. Das Boxen lag hinter mir. Jetzt wollte ich als Freiheitskämpfer anerkannt werden, aber ich wünschte mir trotzdem immer noch Kameraden – echte Freunde, die das gleiche taten wie ich, die das gleiche fühlten wie ich, Freunde, die mit der gleichen Kraft und Hingabe Seite an Seite mit mir für die Schwarzen kämpften. Ich wünschte mir einen Freund wie Joe. Wir waren zwei große Dinosaurier, die den dreißig Millionen Schwarzen etwas bedeuten konnten. Die ihnen helfen konnten. Ich und Joe Frazier, dachte ich, wir beide müssen uns zusammentun. Denn während ich in der Öffentlichkeit immer wieder auf ihm herumhackte und mich über ihn lustig machte, hegte ich im Grunde größte Bewunderung für ihn. Er hatte das Herz eines schwarzen Kämpfers. Möglicherweise würden wir nicht in allen Dingen einer Meinung sein – genau wie Präsidenten und Premierminister, Gouverneure und Bürgermeister auch nicht immer einer Meinung sind –, aber wir könnten zusammen an einem gemeinsamen Programm arbeiten. An einem Programm etwa mit dem Ziel der Freiheit, Gerechtigkeit und Gleichberechtigung für alle Schwarzen. Vielleicht war das nur ein Traum von mir, aber ich konnte nicht anders, ich mußte daran denken, wie schön es wäre, wenn Joe Frazier zu mir nach Hause käme und ich zu ihm. Was er da im Wagen gesagt hatte, daß er seinem Sohn meinen Namen geben wollte, das hatte mich zutiefst gerührt. Es zeigte mir, daß auch er im Grunde ein bißchen Bewunderung für mich hegte.
Ich wollte etwas zu ihm sagen, als er dort stand und sich die Neugierigen um uns drängten. Ich wollte sagen:
»Joe, wir könnten zusammengehn, du und ich. In die Gettos. Wir könnten zusammengehn und zusammen reden, denn wir werden unsere Leute nicht vergessen, nur weil wir beide Geld verdienen und ein halbwegs anständiges Leben führen. Wir könnten zu den alten Schwarzen gehn, die Dreckjobs haben, die sich abplacken... und die niemanden haben, der jung und stark ist und ihnen hilft. Zu Leuten, die keiner kennt, die keiner will. Zu den Schwarzen, die nicht wissen, woher sie die Miete für den nächsten Monat nehmen sollen. Wir könnten von morgens bis abends Freiheit und Gerechtigkeit predigen. Ich weiß, daß wir beide es nicht mehr mitansehen können, wie Schwarze hungern, die Hölle durchleben, beschossen oder umgebracht werden.
Du und ich, Joe, wir könnten Freunde sein. Es ist mir gleich, was sie mit mir machen, ob sie mich einlochen oder erschießen, es ist mir gleich. Ich will nur, daß ich in die Geschichte eingehe als einer, der sich nicht verkauft hat oder zum Onkel Tom geworden ist, als er berühmt wurde. Ich bin nicht hingegangen und hab' eine Weiße geheiratet, während es doch all die schönen, schwarzen Mädchen gibt... Ich hab' keine Weiße geheiratet und unsere schwarzen Mädchen darüber vergessen...«
Joe redete nie soviel wie ich, aber er war klug. Die Aktionäre seiner Cloverlay, Inc., mögen ihn für ihr Rennpferd halten, genau wie meine Förderer da-

mals in Louisville mich. Die dachten, nur weil sie einen Vertrag mit mir hatten, könnten sie auch über meine Seele verfügen. Frazier, mein Freund, der würde das verstehen. Er wußte, daß er das alles mitmachen mußte, wenn er so weit kommen wollte wie ich. Er wußte, daß er nicht gehen konnte, wohin er wollte, über Rassenfragen, Politik und Religion nicht sagen konnte, was er wollte, weil das den Box-Bossen nicht gepaßt hätte. Das wußte er alles. Er war ein Freund, wie ich ihn brauchte. Einer, der mit mir losziehen und auf die Straße gehen würde. Unsere Familien würden sich kennenlernen, unsere Kinder würden gemeinsam aufwachsen...

Dann blickte ich hoch, während ich Autogramme gab, um zu sehen, ob er noch da war. Ich wollte zu ihm hinüber, wieder zu ihm in den Wagen steigen. Er stand am Rande der Menschenmenge, den Cowboyhut schief auf dem Kopf. Doch als sich unsere Blicke trafen, beschlich mich ein frostiges Gefühl. Er hatte den Ausdruck eines umherziehenden Revolverhelden, der in die Stadt kommt, um zu sehen, wer hier wohl der Schnellste im Schießen ist. In seinem Blick lag weder Neid noch Eifersucht, nur eine Kälte, ein berechnendes Abschätzen, denn er wußte, daß ihn die Welt nur dann wirklich als Champion anerkennen würde, wenn er mich im Ring schlug. Er nickte bedächtig und stieg wieder in seinen Wagen. Falls je die Möglichkeit bestanden hatte, daß wir beide Freunde, gute, wirklich enge Freunde wurden, so war diese Gelegenheit jetzt vorbei.

10

Dinosaurier im Park

Wenn ich wirklich das »unpopuläre, unbesiegte Schwergewichtsmonster im Exil« gewesen wäre, als das mich Arch Ward, der Sportredakteur der Chicago-*Tribune* hingestellt hatte, dann hätte es aus diesem Exil nur einen Weg gegeben: den Frontalzusammenstoß mit dem »populären, unbesiegten Schwergewichtsmonster Joe Frazier«.

Beinahe vier Sommer waren vergangen, seit man mir den Weltmeistertitel im Schwergewicht abgesprochen hatte. Und ich hatte erleben müssen, daß Veranstalter, die versuchten, mein Exil zu beenden, in achtunddreißig Staaten abgewiesen wurden. Im Sommer 1970 stand ich dann vor der Tatsache, daß kein Veranstalter in ganz Amerika legal einen Kampf für mich organisieren konnte. Meine Anwälte wollten das Oberste Bundesgericht bitten, mir die Erlaubnis zum Verlassen des Landes zu erteilen, damit ich während des Berufungsverfahrens arbeiten konnte.

Eine wachsende Anzahl Prominenter und viele schwarze Organisationen sprachen sich für mein Recht aus, meinen Beruf ausüben zu dürfen, bis das endgültige Urteil ergangen war.

»Freiheit gegen Kaution«, argumentierte Michael Meltsner, Professor der Rechte an der Columbia University von New York, vor einem Bundesrichter, als er versuchte, mir die Lizenz für einen Kampf in New York zu verschaffen, »schließt das Recht des Angeklagten ein, bis zum Gerichtsurteil seiner gewohnten Beschäftigung nachzugehen.«

Aber der einzige Hebel, der stark genug gewesen wäre, den – wie es ein Sportredakteur nannte – »weitreichendsten Boykott gegen einen Künstler oder Sportler in der amerikanischen Geschichte« zu brechen, waren die Einnahmen, die man sich von einem Ali–Frazier-Fight versprach. Darin lag tatsächlich eine Chance, wenn auch nur eine winzig kleine.

Heute noch treffe ich immer wieder Leute aus Philadelphia, die Stein und

Bein schwören, sie hätten unentgeltlich miterlebt, wie Frazier und ich bei einer blutigen Straßenkeilerei versuchten, einander an die Gurgel zu gehen. Und sie schwören überdies, Tausende von Zeugen beibringen zu können, die bestätigen würden, daß bewaffnete Polizei nötig war, um uns auseinanderzuhalten und zu verhindern, daß wir uns gegenseitig zerfleischten.
Wendell Smith, der verstorbene Sportreporter der *Sun-Times* von Chicago, brachte als Erstmeldung folgende Version der Story – die »Inside-Story über ein Ereignis, welches alle Boxveranstalter der Welt aschfahl im Gesicht werden ließ, als sie hörten, was sich beinahe zwischen den beiden kampflustigen Fightern auf dem Picknickplatz eines öffentlichen Parks abgespielt hätte, den jedermann gratis und franko betreten konnte«:

> Nicht sehr viel hätte gefehlt, und Ali und Frazier hätten ihren Zehn-Millionen-Kampf kostenlos, ganz ohne jedes Eintrittsgeld, in einem Park von Philadelphia über die Bühne gehen lassen.
> Anscheinend hatte sich Muhammad, der ewige Stichler, über Fraziers Redegewandtheit bei einer Talkshow in Philadelphia mokiert ... Prompt und wütend forderte Frazier, Ali möge ihm doch diese Bemerkungen in einer Sportschule von Philadelphia, in der beide gelegentlich trainieren, persönlich ins Gesicht sagen ... Muhammad akzeptierte diese Einladung sofort ... Ebenso aber auch Tausende von Leuten, die an einem Kampf zwischen dem Champion und dem Exchampion interessiert waren ... Die Trainingshalle war zu klein für die vielen potentiellen Zuschauer, so daß die Polizei den beiden Streithähnen riet, ihren Disput in den nahen Fairmount Park zu verlegen. Frazier machte auf Anraten seines Managers einen Rückzieher ...

Wie ein Lauffeuer verbreitete sich die Story im ganzen Land, ja in der Welt, und gilt bis heute noch als authentische Version jener Auseinandersetzung, die ich mit Frazier in dessen Sportschule gehabt haben soll. Ich aber weiß besser, wie es dazu kam, denn schließlich war ich es, der das alles erst in Gang gesetzt hatte.
Es war in jener Zeit, als mir ein weiteres Jahr Exil drohte, als meine Hoffnung, jemals wieder boxen zu dürfen, auf dem Nullpunkt angelangt war und sämtliche Veranstalter ihre Versuche, mir eine Lizenz zu verschaffen, entmutigt aufgegeben hatten.
Die »American Legion«, die »Veterans of Foreign Wars« und die »White Citizens Councils« hatten verkündet, sie würden jede Arena, die es wagen sollte, mir einen Auftritt zu ermöglichen, boykottieren und schließen lassen. Und nun kursierte unter den Promotern die Story, daß, »selbst wenn dieser unpatriotische Drückeberger die Chance bekommen sollte, seinen Beruf wieder auszuüben, kein einziger Zuschauer erscheinen« würde.
Mein Geld verdiente ich mir damals hauptsächlich mit College-Vorträgen, die mir zumeist Richard Fulton aus New York vermittelte. Bei diesen Reisen kreuz und quer durch das Land lernte ich alle möglichen Menschen kennen und spürte, daß sie, im Gegensatz zu dem, was die Presse schrieb, alle auf meiner Seite waren. Ich glaubte ihnen, wenn sie erklärten, sie seien, was mein

Recht auf Berufsausübung angehe, für mich und gegen die Gefängnisstrafe, die wie ein Damoklesschwert über meinem Kopf hing.
Um zu erreichen, daß die Veranstalter weiterhin für mich auf die Barrikaden stiegen, mußte ich ihnen beweisen, daß die Leute durchaus bereit waren, Geld auszugeben, um sehen zu können, wie der »großmäulige, unpatriotische Aufschneider« im Ring eins auf die Nase bekam. Denn nur dann bestand die Möglichkeit, daß es einem der Veranstalter gelang, die Phalanx gegen mich zu durchbrechen.

Jetzt wird meine Zeit knapp. Die Entscheidung des Obersten Bundesgerichts über meine Gefängnisstrafe muß jeden Tag eintreffen. Meine Anwälte glauben, daß ich kaum eine Chance habe, dem Gefängnis zu entgehen. Und wenn ich in der Öffentlichkeit auch behaupte, es sei mir gleich, ob ich jemals wieder boxen dürfe, so wünsche ich mir tief im Herzen doch, daß ich in die Arena zurückkehren kann, um die Prätendenten vom Thron zu stoßen und zu beweisen, daß ich kann, was Joe Louis, Rocky Marciano, Ezzard Charles, Jack Dempsey und all den anderen großen Boxern nicht gelungen ist: nach einer langen Pause wieder in den Ring zu steigen und die besten Gegner zu schlagen, die die Welt gegen mich aufzubieten hat.
Ich erinnere mich, daß ich eines Abends beim Einschlafen an eine andere Boxveranstaltung in Seattle dachte, die uns dort abgelehnt worden war, weil die »American Legion« mit Boykott gedroht hatte. Ich möchte wissen, ob es wohl einen Verband gibt, der noch mehr Macht ausübt als diese Organisation, die immer mein erbittertster Gegner gewesen ist. Und ich denke an die Leute auf der Straße, die mich siegen, wie auch an diejenigen, die mich besiegt sehen wollen. Alle zusammen aber wollen dasselbe: daß ich im Ring gegen einen starken Gegner antrete. Und der stärkste ist augenblicklich nun mal der Weltmeister im Schwergewicht Joe Frazier.
Arthur C. Kaufmann, eines der mächtigsten Mitglieder von Joes Gruppe, der Cloverlay, Inc., jener Gesellschaft, bei der Frazier in Philadelphia unter Vertrag ist, und ehemals geschäftsführender Direktor des Kaufhauses Gimbel, hat erklärt, lieber werde er zurücktreten als zulassen, daß Joe gegen mich boxt: »Es wird Zeit, daß alle guten Amerikaner aufstehen und ihre Stimme erheben«, soll er laut *Evening Bulletin,* Philadelphia, gesagt haben. »Wenn Clay unbedingt kämpfen will, soll er gegen den Vietkong kämpfen. Die Söhne vieler meiner Freunde sind dort drüben. Bis Clay seinen Wehrdienst abgeleistet hat, wünsche ich nicht, daß Joe Frazier mit ihm in den Ring steigt. Joe Louis und Gene Tunney haben auch Wehrdienst geleistet. Jetzt hat Clay ›den Schleier‹ eines Black-Muslim-Ministers ›genommen‹. Doch Frazier ist für Amerika ein Symbol, und ich möchte nicht, daß er gefährdet wird.«
Am nächsten Morgen stehe ich auf und laufe, als hätte ich einen Kampf vor mir, beinahe drei Meilen durch den Organdy Park. Da habe ich eine Idee. Als ich nach Hause komme, ruhe ich mich nur eben so lange aus, bis ich sicher sein kann, daß Joe zu Hause bei Yank Durham ist, wo er, wie ich weiß, den Vormittag verbringen will.

Ich wähle, und Yank meldet sich.
»Yank, sag mal ehrlich«, verlange ich. »Versucht ihr beiden, du und Joe, euch vor einem Kampf mit mir zu drücken? Sei ehrlich!«
»Bist du verrückt?«
»Warum kündigt ihr dann den Kampf gegen mich nicht einfach an? Warum nicht?«
»Das weißt du doch, du Idiot! Weil du keine Lizenz kriegst. Weil sie dich jetzt bald ins Gefängnis stecken, und im Kittchen gibt's nun mal keinen Titelkampf um die Schwergewichtsmeisterschaft. Das ist der Grund.«
»Aber wenn die Leute mich und Joe unbedingt boxen sehen wollen, wenn wir beweisen, daß die Leute das wirklich wollen ...«
»Cassius, was hast du vor?«
»Wo ist Joe? Hol mir Joe ans Telefon.«
»Joe, komm mal her! Cassius will mit dir sprechen.«
»Joe? Um wieviel Uhr trainierst du heute?«
»Um vier – warum?«
»Wo?«
»In meiner eigenen Sportschule, 22nd Street, Ecke Columbia Avenue. Warum?«
»Weil wir beide heute nachmittag um vier gegeneinander boxen werden. Wir beide, Joe – du und ich.«
Joe bleibt eine Weile stumm, aber dann spüre ich durchs Telefon, daß er kapiert hat, worauf ich hinaus will. »Du meinst, so aus Spaß? Um die Sache anzuheizen? So 'ne Art Show? Yeah! Deine Leute halten dich fest, meine halten mich fest, und wir tun so, als ob wir aufeinander losgehen wollen?«
»Genau das. Paß auf, Joe. Ich rufe alle Diskjockeys an, und alle Fernsehsprecher, alle Zeitungen. Ich sage ihnen, du hättest mich zu einem Besuch in deinem Trainingssaal herausgefordert, kapiert?«
»Nur weiter.«
»Ich sage allen, du hättest geschworen, mich k.o. zu schlagen, wenn ich es wagen sollte, in deinen Trainingssaal zu kommen. Ich sage allen, daß ich um vier Uhr in deinem Trainingssaal sein, in den Ring steigen und unseren Streit dort mit dir austragen werde. Ich will, daß die Leute hinkommen und zusehen, wie ich dich fertigmache, als wäre es ein richtiger Kampf, verstehst du?«
»Wenn du das so sagst, wird dir das doch keiner abnehmen, der auch nur einen Funken Verstand hat. Vor allem ich nicht.«
»Spielt keine Rolle, Joe. Die halten uns für zwei beschränkte, verrückte Nigger, die sich gegenseitig so hassen, daß sie zu allem fähig sind. Die glauben doch, daß wir Feinde sind. Die ganze Welt will uns boxen sehen. Nicht nur hier, in der ganzen Welt wollen sie das! Dies ist der Fight, nach dem sie sich die Finger abschlecken, und den kann keiner verhindern, Joe. Ich kriege Post von überall her. Und alle wollen sie immer wissen, wer von uns beiden der Bessere ist.«
»Yeah, solche Briefe kriege ich auch.«

»Na also! Wie wollen die dann etwas verhindern, was die ganze Welt verlangt?«
»Indem sie dich ins Gefängnis stecken.«
»Das will ich ja gerade der Presse klarmachen. Daß ich dich heute um vier in deinem Trainingssaal treffen will, bevor sie mich ins Kittchen stecken. Daß ich dich erledigen will, bevor ich ins Gefängnis muß. ›Ich schickte sie zur Hölle, und sie reservierten mir 'ne Zelle. Das geht aber nicht einfach so. Vorher erwisch' ich noch Smokin' Joe.‹ Mein neuestes Gedicht.«
»Ich habe auch 'n Gedicht für dich, das geht aber anders.«
»Hör mal, Joe, was das Dichten angeht, da kommst du doch nicht an mich ran. Das mußt du zugeben.«
»Schiiieeett! Bud Collins sagt, Robert Frost ist grinsend ins Grab gefahren. So wenig hast du ihm mit deinen Gedichten imponiert.«
»Jetzt hör mir mal zu, Joe. Mit meiner Karriere ist es vorbei. Kein Promoter kann mir einen Kampf vermitteln. Aber ich werd' im Gefängnis weder essen noch schlafen können, wenn ich weiß, du läufst hier draußen unbesiegt rum. Geld hin, Geld her. Ich werde allen Diskjockeys und Fernsehsprechern dasselbe sagen: ›Kommt um vier in den Trainingssaal, da könnt ihr sehen, wie ich Joe Frazier verdresche.‹ Verstanden?«
Jetzt hat es bei Joe richtig gefunkt. »Yeah!« schreit er in den Apparat. »Scheiß auf die Kasse von zehn Millionen! Scheiß auf den Kampf des Jahrhunderts! Scheiß auf den Titel! Diese Stadt ist nicht groß genug für zwei böse Nigger wie uns. Einer von uns beiden muß weichen, und dieser eine wird Clay sein! Einer von uns muß die Stadt verlassen, und zwar sofort, noch heute abend!«
»So ist es richtig, Joe! Wir werden der Presse erzählen, daß wir diesen Kampf austragen *müssen.* Und daß es uns egal ist, daß er nicht im Madison Square Garden stattfindet. Es ist uns egal, daß wir nicht im Houston Astrodome oder auf den Polo Grounds boxen dürfen. Wir tragen den Kampf hier aus, in deinem Trainingssaal, um vier Uhr.«
»Sag ihnen, sie sollen mich anrufen, ich werd's ihnen bestätigen.« Joe beginnt Feuer zu fangen. »Ich werd' ihnen sagen: ›Clay hat in Philadelphia nichts zu suchen. Dieser Nigger wäre besser in Louisville geblieben, wo er geboren ist. Wir können nicht mehr länger warten!‹ Ich werde pünktlich in der Halle sein. Vielleicht brauchen wir nicht mal Handschuhe. Vielleicht boxen wir mit den bloßen Fäusten, wie damals, in den alten Zeiten. Ohne Kopfschutz. Schonungslos, Auge um Auge, Zahn um Zahn! Wiedersehn, Idiot!«
Ich rufe jeden Rundfunksprecher und Diskjockey in Philadelphia und einige überdies in New Jersey an. Ich alarmiere den *Inquirer* von Philadelphia und die Fernsehstationen. Ich vergesse auch den populären schwarzen Diskjockey Sonny Hopkins nicht, den »Mighty Burner«, der mir verspricht, seinerseits bei allen Ansagern in der Umgebung herumzutelefonieren, die er kennt. Inzwischen schreie ich ihnen beinahe durchs Telefon zu: »Joe hat mich herausgefordert. Ich soll in seiner Sportschule gegen ihn kämpfen. Heute nachmittag um vier werde ich dort sein, und dann boxen wir, bis einer von uns zu

Boden geht! Ich habe es satt, zu warten, bis die Veranstalter den Kampf arrangieren. Ich kann nicht mehr warten. Wenn ihr's nicht glaubt, ruft doch bei Joe an! Kommt alle hin! Sagt euren Hörern, daß sie auch hinkommen sollen! Damit sie gratis sehen können, wie ich Joe Frazier fertigmache!«
Minuten später klingelt mein eigener Apparat. Journalisten fragen, ob es wirklich stimmt. Zuerst die ortsansässigen Reporter, dann aus Los Angeles, Washington und, bevor ich zur Trainingshalle aufbreche, aus Paris und London.
»Wer hat das ausgeheckt?« fragt mich ein AP-Mann. »Wer ist verantwortlich dafür?«
»Sie treten in Fraziers Sportschule gegen Frazier an?« will UPI wissen.
»Ja!« antworte ich. »Sie haben mich gerade noch erwischt. Ich bin schon beinahe aus der Tür. Also bis später – in der Sportschule!«
»Sind Sie in Form?« fragt ein anderer.
»Auf meine Form kommt's jetzt nicht an. Hier geht's ums Ganze, um Leben und Tod!«
Es ist beinahe halb vier. Ein paar Freunde sind vorbeigekommen; sie sind nicht weniger aufgeregt als ich. Ich ziehe meinen »Freiheitsanzug« an, Blue jeans mit rot-weiß kariertem Hemd und meine dicken, schweren Treter. Dann gehen wir alle zusammen hinaus. Die Diskjockeys haben die Nachricht sofort durch den Äther gejagt. Eine Meute von Fotografen hat sich versammelt, und vor meinem Haus stehen fünfzig Autos.
Meine Nachbarn springen in ihre Wagen und folgen uns. Der Apotheker aus dem Drugstore an der Ecke kommt mit ein paar Pillen an, die mir, wie er behauptet, »Sprengkraft« verleihen. Seinen Laden macht er für den Rest des Tages zu. Der Tankstellenpächter hat seine Zapfsäulen abgeschlossen und kommt mit seiner ganzen Belegschaft.
Als wir in meinem Wagen sitzen, stellen wir das Radio an, und sofort können wir auf allen Stationen die Nachricht hören.
»Muhammad Ali und Joe Frazier – die große Abrechnung um vier Uhr in Joes Sportschule!«
»Joe hat Muhammad endlich zum Kampf in seiner Sportschule herausgefordert!«
»Joe sagt, er schlägt Muhammad in vier Runden k.o.!«
»Die große Abrechnung von Philadelphia, Leute! Der große Kampf findet in Philly statt! Gratis! Kostenlos, wenn ihr nur früh genug da seid!«
Bevor wir losfahren, kommen Polizisten auf Motorrädern an. Ein schwarzer Polizist sagt, er bäte um die Ehre, mich zu Joes Sportschule »eskortieren« zu dürfen, damit ich nicht verlorengehe. Vor uns Streifenwagen mit heulenden Sirenen, hinter uns eine Karawane von fünfzig Wagen – so fahren wir zu Fraziers Sportschule. Leute rennen hinter dem Wagen her, klopfen ans Fenster und machen mit den Fingern das Siegeszeichen: V für Victory.
Zwei Reporter hocken mit Walkie-Talkies auf dem Dach eines Lastwagens und berichten ihren Sendern in allen Einzelheiten über die Fahrt. Es klingt, als sei eine Armee zur Invasion unterwegs.

Ich stecke den Kopf zum Fenster hinaus und rufe der begeisterten Menge draußen zu:

I don't need no Coliseum,
I'm whippin' Joe in his own gym!
Come on, come all,
See Frazier fall!

Ich brauch' kein Coliseum,
Ich schlag' Joe auf seinem eigenen Territorium!
Kommt, Leute, und sagt es allen:
Kommt und seht Joe Frazier fallen!

Aber ungefähr zehn Blocks von Joes Trainingshalle entfernt geht's auf einmal nicht mehr weiter. Die Polizisten aus den vorderen Wagen kommen nach hinten zu meinem und sagen: »Es hat keinen Zweck mehr. Die Straße ist blockiert.«
Ich spähe nach vorn, und soweit ich sehen kann, stehen die Wagen bis hin zu Fraziers Sportschule Stoßstange an Stoßstange.
»Sie müssen aussteigen und zu Fuß gehen«, erklärt der schwarze Polizist. »Die Autos verkeilen sich hier schon seit zwei Stunden.«
Falls ich je Angst hatte, Joe Frazier würde nicht mitspielen, so ist sie nun endgültig verschwunden. Joe hat den Reportern anscheinend genau das gesagt, was ich mit ihm verabredet hatte – nur daß nach seiner Version natürlich er selbst gewinnen wird.
Dadurch, daß wir zu Fuß gehen müssen, wird der Menschenauflauf noch größer, und die allgemeine Erregung wächst. Die Neugierigen sehen aus dem Fenster und rufen sich zu:
»Ali tritt gegen Frazier an!«
»Da ist Ali! Er geht zu Fraziers Sportschule!«
»Jetzt kommt die große Abrechnung!«
»Ein Fight! Ein Fight!«
Jetzt weiß ich, wie Wyatt Earp zumute war, als er in Dodge City die Hauptstraße hinunterging, um seinen Mann zu stellen. Und mit jedem Meter sammle ich mehr Menschen um mich. An einem Schlachter komme ich vorbei, der gerade seinen Laden dichtmacht und mir zuruft: »Warte auf mich! Warte auf mich!« Er bahnt sich einen Weg durch die Menge, um an mich herankommen und mich um ein Autogramm bitten zu können.
Seit ich damals aus der Einberufungsstelle herauskam, habe ich nicht mehr soviel Hoffnung und Kraft in mir gespürt.
Obwohl das hier ja gar kein richtiger Kampf werden soll, habe ich mich noch nie so von den Menschen getragen gefühlt, nicht mal bei meinen größten Kämpfen gegen Liston, Terrell und Patterson.
Wir kommen zum Eingang der Sportschule. Die Menge schiebt sich so dicht gedrängt hinter mir her, daß Polizisten mit Schäferhunden eingreifen müssen.

Die Hunde schnappen nach den Leuten, um sie ein Stückchen zurückzutreiben.
»Wo ist Joe Frazier? Ich will Joe Frazier!« Mit beiden Fäusten hämmere ich an die Tür. »Aufmachen, Joe! Ich weiß, daß du da bist! Mach auf, und stell dich wie ein Mann! Du bist kein Champ! Der richtige Champ bin ich! Aufmachen, Joe!«
Die Menge nimmt meinen Ruf auf und brüllt ebenfalls: »Aufmachen, Joe!« »Stell dich ihm, Joe! Stell dich!«
Irgend jemand öffnet die Tür – ich glaube, es war Yank Durham – und zieht sich sofort wieder zurück, weil die nachdrängenden Menschen einfach durch die Tür und sogar an mir vorbei hineinströmen. Die Polizisten helfen uns, hineinzukommen, indem sie ihre Schlagstöcke heben und den Neugierigen drohen: »Platz da! Laßt ihn rein! Alles zurück!«
Joe ist drüben, am Ring. Er sitzt auf einem Hocker und testet einen Handschuh an seiner linken Faust, als wolle er ihn gegen mich einsetzen. Ich fühle mich großartig. Joe macht also mit. Dafür werde ich ihn ewig lieben. Denn er hätte es gar nicht nötig. Er ist oben, und ich bin unten. Er ist der anerkannte Champion; ich bin ein Geächteter.
Vielleicht ist es sein verbissener Stolz, der ihn dazu treibt. Was immer Joe sein mag, er ist ein anständiger Kerl. Er wird sich nie mit einem Titel zufriedengeben, der ihm nach seiner Ansicht vom Establishment verliehen worden ist.
Ich ziehe meine Jacke aus und brülle so laut, daß man mich draußen verstehen kann: »Ich hab' es satt, immer wieder hören zu müssen, daß die Leute Frazier als den Champion bezeichnen! Es kann keine zwei Champions geben! Wer ist der richtige Champion?« frage ich die Menge, die sich vor dem Fenster drängt.
Einige antworten: »Du bist der Champion! Du, Ali!« Andere rufen: »Joe Frazier! Joe Frazier ist der Champ!«
Joe steht auf und kommt auf mich zu. »Ich werd' dir ein für allemal dein großes Maul stopfen! Du kommst hier nach Philadelphia und nimmst mir meine Stadt! Jetzt willst du auch noch meine Trainingshalle! Wenn ich dich nicht bremse, wirst du nächstens noch versuchen, mir meine eigene Frau auszuspannen! Komm, fangen wir an! Ich brauch' keine Handschuhe!«
Er wirft den Handschuh hin.
Yank macht ein finsteres Gesicht. Er schüttelte den Kopf, als bereue er schon, sich auf diese Sache eingelassen zu haben.
»Ich bin bereit!« rufe ich laut.
Ich mache eine Bewegung, als wolle ich mich auf Joe stürzen, doch meine Freunde halten mich fest. Joes Leute halten ihn ebenfalls – es sieht aus, als mache er größte Anstrengungen, auf mich loszugehen.
Plötzlich durchbricht die Menschenmenge draußen den Polizeikordon, strömt in die Halle und droht alles zu zertrümmern. Drei schwarze Polizisten bahnen sich einen Weg zu mir. Der größte von ihnen legt mir die Hände auf die Schultern. Er atmet schwer und flüstert mir zu, als habe er einen beson-

ders heiklen Auftrag auszuführen: »Sie sind verhaftet, Muhammad.« Mit dem Ärmel wischt er sich den Schweiß von der Stirn. »Sie sind verhaftet.« Joe steht so nahe, daß er alles gehört hat, er ruft: »Warum, zum Teufel, wollen Sie ihn verhaften?«
»Wenn er die Halle nicht verläßt, müssen wir ihn einsperren.«
»Mit welcher Begründung?« frage ich ihn.
Frazier schiebt dem Polizisten seine Stumpfnase ins Gesicht. »Ich hab' ihn eingeladen. Er ist mein Gast, bis ich ihn verdroschen habe!«
»Er hält den Verkehr auf«, erklärt ihm der Polizist so höflich wie unter den gegebenen Umständen möglich. »Zehn Häuserblocks weit ist der Verkehr blockiert. Niemand kann rein oder raus. Der Chef sagt, wir sollen aufräumen oder Sie einliefern.«
Inzwischen haben auch die Zuschauer einiges mitgekriegt und rufen drohend: »Laßt ihn in Ruhe! Laßt ihn in Ruhe! Ihr könnt Ali doch nicht verhaften!«
Ich kann sehen, wie in den Augen des Polizisten tatsächlich Angst aufsteigt. Immer wieder wischt er sich die Stirn und sagt: »Wir wollen keinen Ärger, Leute, aber Ihretwegen sind die Straßen blockiert. Es wird immer schlimmer. Wenn ihr beide unbedingt kämpfen müßt, warum geht ihr nicht auf einen öffentlich zugänglichen Platz? Ihr seid beide Berufsboxer, und wenn ihr sparren wollt, so gibt es nirgends ein Gesetz dagegen. Aber macht es irgendwo draußen.«
Ich sehe Joe an und raune ihm im Bühnenflüsterton zu: »Wär' gar nicht so schlecht, wenn wir in den Park gingen! Was meinst du?«
»Hier in der Halle wär's zwar besser, aber im Park kann ich dich genausogut schlagen.«
Die Polizisten sind erleichtert. Sie setzen ihre Mützen auf, machen kehrt und schieben sich wieder hinaus.
Joe und ich fahren fort, uns anzuschreien, uns, noch immer von unseren Freunden festgehalten, mit den Fäusten zu drohen, und als wir einmal aufeinanderstoßen, sage ich schnell zu ihm: »Joe, wenn es jemals zu diesem Kampf kommen sollte, werden wir einen Haufen Geld machen. Wir werden die Weißen blechen lassen, aber gewaltig! Wir haben sie hinters Licht geführt. Die denken wirklich, daß wir uns gegenseitig umbringen wollen.«
Joe zeigt sich der Lage vollkommen gewachsen. »Ich denke gar nicht daran, zu warten, bis wir in irgendeinem Park sind«, ruft er. »Ich will ihn hier fertigmachen, an Ort und Stelle!«
Er stampft mit den Füßen und tut, als wolle er nach seinen Handschuhen angeln. Da drängen sich drei Weiße, Mitglieder einer Firma, die mit Yank Geld für zukünftige Fights zusammenträgt, in die Halle – die Kleider zerknautscht, die Haare zerzaust und mit schweißüberströmten Gesichtern. Der erste ist ein schwerer Mann in braunem Straßenanzug, dem das weiße Hemd aus der Hose hängt. Sofort wirft er sich zwischen uns. Er ist einer der Hauptinvestoren.
»Bitte, Joe«, fleht ihn der Mann an, »er will Sie doch nur in Rage bringen! Er

will Publicity für sich machen. Begreifen Sie denn nicht? Er will sich bloß vor dem Gefängnis drücken und nutzt Sie für seine Zwecke aus. Bitte, gehen Sie nicht mit ihm in den Park!«
Joe stößt ihn weg. »Sie können reden, was Sie wollen! Die Leute erkennen mich erst als Champion an, wenn ich ihn geschlagen habe. Da können Sie sagen, was Sie wollen.«
Ein anderes Firmenmitglied zeigt mehr Selbstbeherrschung. »Wenn Sie mit Muhammad kämpfen wollen, werden wir Ihnen einen Fight im Spectrum verschaffen. Wir besorgen Ihnen das beste Stadion von Amerika, aber gehen Sie nicht mit ihm in den Park. Bitte, Joe! Wir arrangieren einen Kampf in der besten Arena von Philadelphia.«
»Er hat keine Lizenz«, wirft Joe ein.
»Wir werden ihm eine verschaffen!«
»Hören Sie, Joe! Wir können ein Gesetz durchboxen, das Muhammad eine Lizenz sichert«, erklärt der andere. »Wir werden ein Sondergesetz durchbringen, nur für Ali, aber gehen Sie nicht mit ihm in den Park! Bitte, Joe, tun Sie nur das nicht!«
»Die wollen doch bloß verhindern, daß wir kämpfen«, rufe ich.
Joe schiebt seine Berater beiseite.
Der schwarze Polizist ist wieder da und beginnt auf mich einzureden. »Verlassen Sie die Halle! Wenn Sie boxen wollen, lassen Sie uns um Himmels willen von hier verschwinden! Da draußen demolieren sie die Geschäfte und Büros. Das ganze Viertel macht Krawall. Überall stehen Autos. Bitte! Lassen Sie uns in den Park gehen.«
»Kommst du mit, Joe?« rufe ich laut. »Was ist denn nun?«
Aber die Firmenmitglieder klammern sich an seinen Arm. »Kämpfen Sie nicht umsonst gegen ihn, Joe! Nur gegen Geld! Nur gegen Kasse!« Dann flüstern sie ihm etwas zu, was ich nicht verstehen kann, und Joe wendet die Augen ab.
Ich fürchte, daß er allmählich weich wird, und rufe ihm zu: »Joe! Benimm dich nicht wie 'n Onkel Tom! Laß dir von diesen Weißen nicht erzählen, was du zu tun hast! Wir haben schon viel zu lange gewartet. Die glauben ja selbst nicht, was sie sagen! Nie werden die ein Gesetz durchkriegen, das mir erlaubt, wieder zu boxen. Die meinen's nicht ernst! Die machen dir doch bloß was vor. Wenn wir kämpfen wollen, brauchen wir die Weißen nicht um Erlaubnis zu bitten! Da draußen wartet halb Philadelphia auf uns! Zum Teufel mit dem Geld! Sei doch jetzt kein Onkel Tom!«
»Ich bin kein Onkel Tom!« fährt Joe auf mich los.
Seine Augen funkeln, und ich weiß plötzlich, daß dies kein Theater mehr ist, daß er dies ernst meint. Bei Joe hat es schon immer ein bißchen länger gedauert, bis er merkte, ob es mir ernst ist oder ob ich ihn hochnehme, ob ein Scherz auf seine oder auf anderer Leute Kosten geht.
»Ich bin kein Onkel Tom!« wiederholt er.
Ich zwinkere ihm zu und will ihm zeigen, daß ich ihn verstehe und seiner Meinung bin. Dann: »Komm, wir gehen in den Park. Ich bin bereit. Du auch?«

Für Sekunden macht er ein grimmiges Gesicht, doch irgendwas liegt in der Luft, und er brüllt: »Los, auf!« Er reißt sich los. »Kommt mit! Ich will's euch zeigen!«
Abermals greifen sie nach ihm, aber er stößt sie heftig beiseite. Ein anderer ruft: »Joe! Du kannst Millionen machen, wenn du gegen Muhammad antrittst! Ihr werdet euch beide verletzen! Ihr werdet alles kaputtmachen! Wenn ihr erst mal anfangt, könnt ihr nicht mehr aufhören! Er ist verrückt! Clay ist doch verrückt!«
»Laßt ihn los!« schreie ich laut. »Zum letztenmal, Joe – willst du dir von diesem Weißen erzählen lassen, was du zu tun hast?«
Joe drängt sich davon, um seine Shorts und seine Boxtasche zu holen. Er hält zu mir. Jetzt kann ihn nur noch Yank aufhalten, und der ist plötzlich spurlos verschwunden.
Sobald wir draußen sind, bahnt sich ein weißer Polizist einen Weg durch die Menge. Er begleitet einen hochgewachsenen, knochigen katholischen Priester, der mit erhobenen Händen ruft: »Laßt es nicht zu, daß sie es tun! Sie sind nicht bei Sinnen! Sie wissen nicht, was sie tun!« Die Menge wird tatsächlich ruhiger, und er fährt in vorwurfsvollem Ton fort: »Ihr solltet ihn lieber zurückhalten, statt ihn noch anzufeuern! Wenn die beiden einander umbringen, dann kommt ihr Blut über euch. Wollt ihr mit ihrem Blut an den Händen dastehen?«
Das will niemand. Eine Pause entsteht. Ich sehe, daß seine Worte ihre Wirkung auf die Menschen nicht verfehlen, und dann fängt er an, von Brüderlichkeit und Nächstenliebe zu reden.
Ich unterbreche ihn. »Reverend«, sage ich, »das einzige Blut, das hier vergossen wird, ist das von Joe Frazier. Ich werde ihm nichts weiter tun. Ich werde ihm nur eine Tracht Prügel verpassen wie ein Vater seinem Sohn!«
Die Leute lachen, und die Polizisten schieben mich an dem Priester vorbei. Ein schwarzer Polizeibeamter mit Captain-Streifen und ein anderer in Sergeant-Uniform nehmen mich in die Mitte und halten mir die Menschen vom Leib.
Eine Frau ruft: »Muhammad! Wo gehst du hin? Wohin wollen sie dich bringen?«
»In den Park!« antworte ich. »Wir werden uns im Park schlagen! Wir werden unseren Kampf im Park austragen!«
Die Leute in der Menge brüllen einander zu: »Ali und Frazier gehen in den Park! In den Park!« Sie schieben, sie rennen, sie springen, sie drängen sich an uns vorbei, sie werfen sich in ihre Autos, suchen vorwärts oder rückwärts diesem Chaos zu entrinnen, und schaffen es nicht. Auch ich selber stecke fest, bin eingekeilt, in der Menge gefangen.
Dann sehe ich ein großes, schwarzes Pferd mit einem weißen Polizisten im Sattel auf mich zukommen. Der Polizist ruft mir zu: »Springen Sie auf! Schnell, springen Sie auf!«
Er langt herunter und zieht mich aufs Perd, das mühelos seinen Weg durch die Menschen und die Straßen findet.

Ich blicke hinab. Ein alter Mann hält einen verkrüppelten Jungen im Arm und deutet zu mir herauf. »Das ist er, da oben auf dem Pferd«, erklärt er. »Da oben auf dem Pferd sitzt er.« Ich lange hinunter, hebe den Jungen zu mir herauf, gebe ihm einen Kuß und lasse ihn ein paar Meter mitreiten, bevor ich ihn dem Alten zurückreiche. Die Menge brüllt vor Begeisterung.

Es ist einer der heißesten Tage des Jahres. Alle Menschen sind schweißüberströmt. Autos hupen. Ein zweiter Hubschrauber hat sich zu demjenigen gesellt, der mich bis hierher begleitet hat, und ich kann sehen, daß mich der Copilot durch einen Feldstecher beobachtet.

Inzwischen ist die Schule aus, und die Kinder kommen, ihre Bücher unter dem Arm, die Straßen entlanggelaufen, um zu sehen, was da los ist. Sie winken und johlen und schließen sich dem langsamen Marsch zum Park an. Die Leute auf den Veranden der Häuser winken, als wir vorbeikommen.

Es ist wie an einem Feiertag. Wie am vierten Juli beim Picknick. Alles lacht, ruft, schreit, klopft einander auf den Rücken, redet von dem Schauspiel, das gleich geboten werden soll. Ein Ali–Frazier-Kampf! Hart, bis aufs Messer.

Als wir in den Park einbiegen, sehe ich einen riesigen Kreis von Wagen um einen kleinen, freien Platz herumstehen. Ich springe vom Pferd, gehe in den Kinder-Spielraum der Blockhütte und ziehe meinen Box-Dreß an. Ich will, daß bis zuletzt alles ganz echt aussieht.

Durch die Menge gehe ich wieder nach draußen und klettere auf das Dach eines Wagens. Ein Polizist reicht mir ein Megaphon, und ich sage: »Dies ist meine Heimat, und hier werde ich wieder kämpfen. Ich werde mir den Titel zurückholen! Wer ist der richtige Champion?«

Alle schreien: »Du, Ali!«

»Wo ist Joe Frazier? Wo ist Joe?«

»Er wird gleich kommen! Er wird gleich kommen!« antworte ich ihnen.

Aber Joe kam nicht. Später hörte ich, daß Yank ihn angefleht hatte, dem Spuk ein Ende zu machen, weil wir ja erreicht hatten, was wir wollten. Innerhalb von einer Stunde waren über zwanzigtausend Menschen zusammengekommen, um den Entscheidungskampf zwischen Joe Frazier und Muhammad Ali zu sehen. Ich fragte mich, was eine richtige Veranstaltung in einem richtigen Stadion wohl eingebracht hätte, wäre uns die Erlaubnis zum Kampf erteilt worden.

Yank hatte Joe überredet, in ein Polizeiauto zu steigen und abzufahren. Wenn ich jetzt zurückblicke, verstehe ich auch, warum. Wir hätten den Plan nicht durchführen können. Joe und ich hätten ebensowenig einen Scheinkampf hinlegen können, wie zwei ausgehungerte Löwen so tun könnten, als würde einer dem anderen das ganze Fleisch überlassen. Wir besaßen beide einen zu großen Stolz und eine zu ausgeprägte Selbstsicherheit, um dem anderen einen einzigen Schlag zu gestatten, ohne mit einem besseren zu kontern.

Die Menge hatte sich geweigert, nach Hause zu gehen, hatte gewartet, daß Joe erschien. Dann hatte sie sich langsam im Park verteilt, bis die Anlage wieder leer war. Aber die Storys von meiner »blutigen Straßenkeilerei« mit

Joe waren nicht verstummt, sondern immer weiter ausgeschmückt worden und bis an Stellen gelangt, wo ich sie niemals vermutet hätte. Am selben Abend noch bekam ich den ersten Anruf aus Georgia: »Die Leute hier würden alles tun, um Sie mit Frazier in den Ring zu bringen«, berichtete mir Leroy Johnson, Staatssenator von Georgia. »Ich werde versuchen, Ihnen eine Kampflizenz für Atlanta zu besorgen. Mit Herbert habe ich bereits gesprochen. Sie hören von uns.«

Immerhin hatte dieser Zirkus die einzige Gruppe von Veranstaltern aufgerüttelt, die mir den Zugang zum Ring wieder ermöglichen konnte. Obwohl ich schließlich doch zuerst gegen Quarry und dann gegen Bonavena antreten mußte, war es allein dieser verrückte Einfall gewesen, der das ganz große Ereignis erzwungen hatte: den Kampf zwischen Joe Frazier und Muhammad Ali.

11

Erste Regungen im Grab

Wir sollten also zwei Dinosaurier sein, wie Reverend Williams, der alte Golden-Gloves-Trainer, die Schwergewichtler nannte, und einander vor den Augen einer halben Milliarde am Fernseher hockender Tiere zerfleischen, während überall die Registrierkassen klingelten.
Joe Fraziers Camp fand, dies sei der allerbeste Zeitpunkt für einen Kampf gegen mich. »Pack den Tiger, wenn er aus dem Käfig kommt.« So schilderte Don Warner, einer von Fraziers Sparringspartnern, die im Frazier-Camp vorherrschende Meinung. »Das ist der Rat, den Frazier von seinen Anwälten und Trainern bekommt. Nimm dir Clay vor, solange seine Beine noch steif und seine Reflexe noch rostig sind.«
Die verlockende Aussicht auf Einnahmen in Höhe von vierzig Millionen Dollar machten es Claude Kirk, dem Gouverneur von Florida, leichter, öffentlich seine Zustimmung zu einem Ali–Frazier-Kampf in Tampa zu verkünden. Mein Manager war ständig in Kontakt mit den Verhandlungspartnern geblieben, und so flog ich denn nach Miami hinunter. Noch bevor meine Maschine landete, machte Gouverneur Kirk jedoch einen Rückzieher. »Clay ist bei uns nicht willkommen«, sagte er.
Chris versuchte mir das Verhalten des Gouverneurs zu erklären. »Kein Politiker vollzieht in der Öffentlichkeit gern eine Kehrtwendung, es sei denn, seine politische Existenz steht auf dem Spiel. Also muß von irgendwoher ein furchtbarer Druck auf ihn ausgeübt worden sein.«
Er las mir einen Auszug aus einem Artikel von Joe Falls in der Detroiter *Free Press* vor:

> Die Befürwortung eines Clay-Kampfes wäre in den Augen der Öffentlichkeit gleichzusetzen mit der Befürwortung seiner Lebensart, zu der unter anderem die Wehrdienstverweigerung gehört, und das ist für jeden Menschen ein schwerwie-

> gender Entschluß, vor allem aber für eine Persönlichkeit des öffentlichen Lebens ... Die Empörung des ganzen Volkes über Clay ist anscheinend so groß, daß niemand die Verantwortung übernehmen mag, ihm die Genehmigung für einen Kampf zu erteilen ...

»Das schreibt er über den Fight, der in Detroit angesetzt war und dem Gouverneur Milliken dann seine Zustimmung verweigerte«, sagte Chris. »Alle glaubten, nun werde endlich Ernst daraus, bis dann auf einmal die Öffentlichkeit ...«

»Nein, nicht die Öffentlichkeit«, entgegnete ich. »An der Öffentlichkeit hat es noch nie gelegen, jedenfalls nicht, soweit damit die Mehrheit des Volkes gemeint ist. Ich bin ununterbrochen auf Reisen. Wohin ich auch komme, sei es im tiefen Süden wie in Alabama oder Louisiana oder sei es in Maine oder in Kalifornien, überall heißen mich seit dem Tag, an dem ich die Einberufungsstelle verlassen habe, die Menschen – Schwarze, Weiße, Katholiken, Protestanten und Juden – immer wieder willkommen, drängen sich um mich und bestätigen mir, daß sie auf meiner Seite stehen. Das ist in all diesen Jahren so gewesen. Auf Flughäfen, Bahnhöfen, Busstationen, in Kleinstädten und in winzigen Tankstellen erkennen mich die Leute, kommen herausgelaufen und bringen mir ihre Kinder. Und erzählen mir, wie sehr sie sich schämen über das, was man mir antut.

Ich habe in neunzig Colleges gesprochen, in Yale, Harvard, dem MIT, in Princeton, Columbia, Purdue, Colgate und kleinen, unbekannten Colleges wie Alcorn, Bethune-Cookman oder Miles, und immer haben sie mich gefragt, wer mir eigentlich das Boxen verbietet. Auf jedem Campus, in jeder Straße kommen sie mir nachgelaufen, als wäre ich der Rattenfänger von Hameln. Man bittet mich um mehr Vorträge, als ich überhaupt halten kann. O nein, an der Öffentlichkeit liegt es nicht ...«

»Dann ist es eine politische Sache, eine ganz große, von ganz weit oben«, antwortete er. »Und um die zu übertrumpfen, braucht man eben was noch Größeres. Wie dieses Angebot vom Astrodome.«

Er bezog sich auf das einzige Angebot, das mein Exil, oberflächlich betrachtet, hätte beenden können – das ich aber unmöglich annehmen konnte. Jenes Angebot war von Richter Fred Hofheinz, dem Besitzer und Erbauer des Astrodome von Houston, gekommen und war niemals an die Presse gelangt. Ich hatte den Richter anläßlich meiner Kämpfe in Houston gegen Cleveland Williams und Ernie Terrell sowie bei einem Rundgang kennengelernt, auf dem er mir seine berühmten Astrodome-Apartments zeigte, vor allem seine eigene, ganz in Gold und Grün gehaltene und mit kostbaren Kunstgegenständen ausgestattete Wohnung und die Apartments seines Busenfreundes, des Präsidenten Lyndon B. Johnson.

Nach meiner Verurteilung wegen Wehrdienstverweigerung hatte der Richter zu mir gesagt, er sei erstaunt – nicht nur über den Schuldspruch an sich, sondern auch über das, was er als meine »schwache Verteidigung« bezeichnete. Er erbot sich, mit seinem ganzen immensen politischen und finanziellen Einfluß für meinen Freispruch einzutreten, und war überzeugt, dieses Ziel damit auch erreichen zu können. Als Gegenleistung für seine Hilfe verlangte er einen fünfjährigen Exklusivvertrag mit mir, vor allem für Kämpfe mit Gegnern, die von einem noch zu bildenden Team ausgesucht werden sollten, und einen Prozentsatz meiner Einnahmen, der mich an meine Louisville-Millionäre erinnerte.

Ob ich mir durch einen Vertrag mit dem Eigentümer des Astrodome drei Jahre meines Exils erspart hätte, kann ich nicht sagen. Niemals jedoch hätte ich es fertiggebracht, mich wieder unter die nur allzu bekannte Fuchtel von Weißen zu begeben, und Herberts religiöse, geschäftliche und moralische Ansichten deckten sich mit den meinen aufs Haar. Denn gerade meine Unabhängigkeit war ja ein Teil dessen, wofür ich kämpfte.

Als ich an jenem Vormittag Dundees Büro verließ, fuhr ich zum Flughafen, um Chauncey Eskridge abzuholen, meinen Rechtsvertreter bei einer gegen mich erhobenen Klage. Er kam so früh, daß wir noch Zeit hatten, Dr. Pacheco einen Besuch abzustatten. Ich wollte mir die Ergebnisse einer gründlichen ärztlichen Untersuchung durch seine Mitarbeiter abholen. Als wir kamen, studierte Pacheco gerade die Röntgenaufnahmen.

»Wie lange wird es Ihrer Meinung nach dauern, bis in Alis Wehrdienstverweigerungsprozeß eine Entscheidung fällt?« fragte er Eskridge.

»Mindestens ein weiteres Jahr, schätze ich«, antwortete Eskridge, wie ich mich erinnere – eine Schätzung, die sich als ziemlich exakt erweisen sollte.

Pacheco blickte von den Röntgenaufnahmen hoch und gab seinem Erstaunen darüber Ausdruck, daß Richter Hugo L. Black vom Supreme Court soeben meinen von Eskridge eingereichten Antrag auf Genehmigung eines achtzehnstündigen Grenzübertritts zum Zweck eines Kampfes gegen Frazier in Toronto abgelehnt hatte. »Was haben Sie geschrieben?« erkundigte er sich.

Eskridge erklärte, er habe darauf hingewiesen, daß mein Einkommen aufgrund beträchtlicher Prozeßkosten stark reduziert sei; daß ich vor der Abreise eine Kaution von 100 000 Dollar in bar hinterlegen werde; daß ich mit dem Wagen nach Toronto fahren werde und das Gericht so viele Beamte in diesen Wagen setzen könne, wie man zur Sicherung meiner Rückkehr für erforderlich halte; daß wir achtzig Prozent der Gesamteinnahmen von über einer Million auf ein Sperrkonto einzahlen würden; und daß ich seit der Anklageerhebung kein einzigesmal versäumt habe, vor einem Bundesgericht zu erscheinen.

Eskridge verwandelte die Arztpraxis in eine Anwaltskanzlei. Er zitierte Fälle, in denen verurteilte weiße Sportler die Genehmigung erhalten hatten, in der ganzen Welt herumzureisen und ihrer gewohnten Tätigkeit nachzugehen, solange die Berufung lief. Er zitierte den Fall Abbie Hoffman, dem ein Bundesrichter vor kurzem das Recht zuerkannt hatte, für sechsundzwanzig Tage nach Kuba zu reisen, obwohl er sich in einer ganz ähnlichen Situation befand wie ich und gegen eine fünfjährige Gefängnisstrafe Berufung eingelegt hatte.

»Merkwürdig. Wovor haben die bloß Angst?« sinnierte Dr. Pacheco laut. »Das sieht ja fast aus wie eine Verschwörung, als wollten sie ihn zur Untätigkeit verurteilen, bis es endgültig für ihn zu spät ist.«
»Wie ist sein Gesundheitszustand?« erkundigte sich mein Anwalt.
»Ausgezeichnet«, antwortete Pacheco, den Bericht zusammenfaltend. »Aber die besten Jahre eines Sportlers sind kurz. Sehr kurz.«
»Wieviel Zeit, glauben Sie, hat er noch?« fragte Eskridge. Und als er sah, daß Pacheco zögerte, ergänzte er: »Bitte, seien Sie ganz offen.«
»Ich weiß nicht recht.« Pacheco wandte sich an mich. »Ich bin nun fast bei all Ihren Profikämpfen dabeigewesen, seit Sie neunzehn Jahre alt waren. Ich habe mit Hunderten von anderen Boxern zusammengearbeitet, mit Willie Pastrano, Luis Rodriquez, Florentino Fernandez, Sugar Ramos und José Napoles. Aber für Sie habe ich weniger tun müssen als für alle anderen. Der Grund dafür ist sehr einfach: Sie haben selten Verletzungen. Medizinisch gesehen, haben Sie eine hervorragende Konstitution, den gesündesten Körper, den ich bei einem Boxer jemals erlebt habe. Niemand käme auf die Idee, daß Sie ein Boxer sind. Wenn man Sie sieht, hält man Sie wegen Ihres Körperbaus zwar für einen Sportler, aber eher für einen Schwimmer, Basketballspieler oder Turner. Als ich Sie zum erstenmal im Trainingssaal sah, dachte ich mir, dieser Mann ist einfach phantastisch! Er macht immer genau das Gegenteil von dem, was ihm die Profis sagen. Er läßt die Fäuste sinken, er lehnt sich mit dem Oberkörper zurück. Ich sah sofort, daß Sie ganz großartig werden würden. Sie waren von allen, die ich beim Training beobachtet hatte, der einzige, dessen Hingabe an den Sport stärker war als sein Sexualtrieb.
Und jetzt, 1970, nach einhundertfünfzig Amateur- und Profikämpfen, stehen Sie da, und man hat Ihnen nicht mal einen Zahn ausgeschlagen. Aber die Zeit fordert einen viel unerbittlicheren Tribut als die Prügel im Ring. Der Körper nutzt sich ab, verändert sich, und zwar um so mehr, je weniger aktiv er ist. Er altert. Die Reflexe werden langsamer und verschwinden schließlich ganz. Niemand kann sagen, wieviel Zeit ein Boxer hat, vor allem nicht, wenn er ein Superathlet ist. Den Körper selbst können wir untersuchen, nicht aber die Psyche, und darin liegt des Pudels Kern.«
»Wie lange, meinen Sie?«
»Nun ja, er hat fast vier Jahre nicht mehr im Ring gestanden«, antwortete der Doktor. »Wenn er jetzt plötzlich in zwei Monaten kämpfen sollte, wäre es ein Wunder, wenn er seine schnellen Reflexe noch besäße. Doch wenn sie ihn noch länger exilieren … Nun gut, ich werde offen sein. Daß ein Sportler drei Jahre ausgesetzt hat und beim Comeback noch immer die alte Form besitzt – das hat es noch nie gegeben. Und schon gar nicht bei einem Boxer. Sollte es jedoch noch ein weiteres Jahr dauern, brauchen Sie's gar nicht erst zu versuchen. Sehen Sie sich nach einem anderen Beruf um. Es ist hart, in Kondition zu kommen. Man muß viel einstecken dabei, von den Sparringspartnern, von den Sandsäcken, vom Lauftraining. Und in einem richtigen Kampf kann kein Boxer vermeiden, daß er auch einige Schläge einsteckt.«
Ich hielt ein paar Röntgenaufnahmen ans Licht und hatte eigentlich kaum

zugehört, doch es bedurfte all meiner Selbstbeherrschung, um Dr. Pacheco mit einem fröhlichen Gedicht zu antworten, ungefähr so:

In the ring I can stay	*In den Ring steig' ich,*
Until I'm old and gray	*Bis alt und grau ich,*
Because I know how to hit	*Denn ich kann schlagen,*
And dance away ...	*Und was vertragen ...*

Sie lachten, und wir scherzten herum, bis ich zusammen mit meinem Anwalt die Arztpraxis verließ, weil wir die gegen mich anhängige Klage besprechen wollten, ein Vorhaben, an dem ich jegliches Interesse verloren hatte. Mein Kopf dröhnte, als hätte ihn jemand als Gong benutzt. Das einzige, woran ich denken konnte, war die Tatsache, daß ich mich vor ein paar Minuten noch vollkommen mit meiner Gefängnisstrafe und dem Bewußtsein, nie wieder in den Ring steigen zu dürfen, abgefunden hatte. Jetzt aber zu hören, daß ich vor etwas Unwiderruflichem stand, war wahrhaftig ein Schock für mich. Ein anderer Beruf? Ehrlich gesagt, ich hatte seit dem Tag, an dem ich zum erstenmal ein Paar Boxhandschuhe anzog, keinen Gedanken an einen anderen Beruf verschwendet. Ich hatte das Leben gefunden, das ich führen wollte.

Ich sah ein Taxi und hielt es an. Chauncey bat ich, sich ein anderes zu nehmen: Ich hätte etwas Eiliges zu erledigen, an das ich vorhin nicht mehr gedacht hatte; über die juristische Angelegenheit könnten wir ja ein andermal sprechen, ich würde ihn anrufen.

Blitzartig war mir eingefallen, daß Bundini und Angelo drüben in Angelos Sportschule an der Fifth Street einen vielversprechenden neuen Schwergewichtler namens Jeff Merritt trainierten.

Als ich dort ankam, lief ich die lange Treppe von der Straße bis zur Trainingshalle über dem Drugstore empor und traf Bundini gleich an der Tür. Völlig überrascht trat er mit aufgerissenen Augen einen Schritt zurück, dann grinste er, als käme ich wie auf Bestellung.

»Wo ist Angelo?« fragte ich ihn.

»Unten. Soll ich ihn holen?«

»Hol lieber die Taschen, die ich hier gelassen habe. Meine Stiefel, die Shorts, die Trainingshose.«

Er folgte mir in den Umkleideraum. Unterwegs konnte ich einen Blick auf Merritt werfen, der, hochgewachsen und langgliedrig, schattenboxend im Ring trainierte. Seine Jabs kamen kurz und hart.

»Mein neues Baby«, erklärte Bundini, der meinen Blick bemerkt hatte. »Da du weg bist, mußte ich mir 'n neues Baby zulegen, und er ist gut. Er ist ein lebender Alligator, frißt alles, was sich bewegt. Ein halb verhungerter Alligator soll garantiert Löwen, Tiger, Elefanten und fette, übergewichtige Ex-Schwergewichts-Champions verschlingen.«

Ich stieg eilig in meine Boxklamotten und schnürte mir die hohen Stiefel. Bundini holte mein Springseil heraus.

»Nicht nötig«, wehrte ich ab. »Jeff braucht einen Sparringspartner. Ich werd' ein paar Runden mit ihm boxen, damit er fit wird.«
Bundini ließ die Taschen fallen und kam herüber. »Jetzt hör mal zu, Champ. Du und ich, wir sind alte Freunde. Ich mache alles, was du sagst. Aber Jeff ist topfit, du dagegen nicht. Ich dachte, du wolltest dich nur 'n bißchen auflokkern, so wie jeder normale Mensch. Es ist schwer für einen halb verhungerten Alligator, nicht allzu fest zuzubeißen.«
Jetzt war ich angezogen. Als ich begann, mir die Bandagen anzulegen, wußte Bundini, daß er mich nicht zurückhalten konnte.
»Aber Jeff will vielleicht gar nicht«, wandte er ein. »Er hat großen Respekt vor dir.«
»Klar«, sagte ich. In meiner Tasche steckten zweitausend Dollar, das Honorar für einen Vortrag, den ich in Yale gehalten hatte. Ich gab Bundini die Hälfte davon. »Sag ihm, hier sind tausend Dollar für ihn, falls es ihm gelingt, Muhammad Ali fertigzumachen.«
Bundini begriff. »Verdammt, du willst 'n Showdown Marke ›High Noon‹ – Wyatt Earp gegen Jessie James, eh?« Er ging davon und nahm Jeff beiseite.
Angelo kam. Stirnrunzelnd. »Du bist ja verrückt! Das ist doch sinnlos. Hast du den Verstand verloren?«
Während er sprach, wurde ich mit dem Anlegen der Bandagen fertig.
»Hör mal, mach doch zuerst wenigstens 'n bißchen Lauftraining. Sei ein Mensch! Walk deine Knochen 'n bißchen durch. Seit einem Jahr hast du nicht mehr trainiert. Nicht ein einzigesmal hast du geboxt. Kein Mensch kommt einfach von der Straße rein und steigt mir nichts, dir nichts in den Ring.« Er hielt inne. »Du hörst nicht zu.«
Ich lauschte auf etwas in meinem Kopf. Ich wußte, daß ich seit Jahren nicht ernsthaft geboxt und außerdem fast zwanzig Pfund Übergewicht hatte. Aber ich mußte mich jetzt testen. Was hatte ich inzwischen verlernt? Konnte ich ein Comeback wagen? Ich mußte es ausprobieren, und wenn ich dabei zu Brei geschlagen werden sollte.
Bundini kam zu uns herüber. »Der einzige, der Muhammad Ali schlagen kann, ist Cassius Clay.«
»Hast du getan, was ich gesagt habe?« fragte ich ihn.
Bundini nickte. »Er ist einverstanden.«
Dann griff er weit in die Vergangenheit zurück und ließ seinen alten Kriegsruf aus unserer ersten gemeinsamen Zeit hören:

Float like a butterfly
Sting like a bee
Rumble young man, rumble
W–a–a–a–a–a–a–a–a–a–a!

Schwirren wie ein Schmetterling,
Zustechen wie eine Biene,
Tummle dich, junger Mann, schlag zu!
W–a–a–a–a–a–a–a–a–a–a!

Ich ging zum Ring. Vier an Merritt interessierte potentielle »Box-Bankiers« waren gekommen, um ihn zu beobachten. Erstaunlicherweise hatte sich der Trainingssaal fast ganz mit Neugierigen gefüllt, als hätten sie über ASW-Leitungen erfahren, Muhammad Ali sei wieder da und trete gegen Merritt an, der hier in Miami seine letzten sechs Kämpfe durch Knockout gewonnen hatte.
Der Gong ertönte, und Merritt kam mir direkt entgegen; jedoch weder mit einer schnellen Attacke noch mit einem voreiligen Ausfall, sondern mit einer geschmeidigen Bewegung, einer flinken, geschickten Finte. Seine Linke zuckte vor, und ich sah, daß er über eine lange Reichweite und eine gute Abwehr verfügte.
Ich wich zurück, tanzte ein wenig, versuchte es mit ein paar Finten gegen seinen Körper, auf die er aber nicht hereinfiel. Und immer wieder zuckte seine Linke vor. Er war ein hochbegabter Profi, größer als ich und vier Jahre jünger.
Ich beobachte meine Gegner immer genau, ihre Bewegungen, ihre Reichweite, ihr Tempo – erst dann mache ich mir eventuelle Deckungslücken zunutze. Mein einziger Knockout in der ersten Runde war der im Kampf gegen Sonny Liston, und den schreibe ich der Tatsache zu, daß ich Listons Bewegungen bereits in einem früheren Kampf studiert und berechnet hatte.
Kurz vor dem Ende der ersten Runde hatte sich Merritt anscheinend überlegt, wie er den Angriff auf mich gestalten wollte. Aus der Distanz begann er mich mit seiner Linken einzudecken, der jeweils ein harter rechter Cross folgte. Innerhalb einer Sekunde hatte er mich an die Seile gedrängt und ließ eine furiose Kombination von Linken und Rechten los, die ich bis ins Mark hinein spürte, obwohl ich sie zum größten Teil mit den Armen abfangen und mit den Schlägen rückwärtspendeln konnte. Kein Wunder, daß nicht ein einziger Boxer mit ihm über die ganze Distanz zu gehen vermochte!
Doch als der Gong kam, hatte ich ihm Maß genommen. Wenn meine Koordinationsfähigkeit und meine Reflexe stimmten, mußte es mir möglich sein, die Nadel einzufädeln und ihm einen Anzug zu schneidern, der ihm paßte.
Angelo kam und flüsterte mir zu: »Hast du noch nicht genug? Hier brauchst du doch nichts zu beweisen, doch nicht hier im Trainingssaal!«
Ich rief Bundini zu mir und wies ihn an: »Sag deinem Mann, daß er zweitausend Dollar kriegt, wenn er mich fertigmachen kann. Zweitausend, bar auf die Hand. Das Geld hast du.«
Bundini zuckte zurück, als hätte er sich das Ohr verbrannt, verneigte sich fast bis zum Erdboden, als nehme er den Befehl eines japanischen Generals entgegen, ging hinüber und flüsterte mit seinem Mann. Merritt nickte, ging zum Kolophoniumkasten, scharrte mit den Füßen, um die Rutschfestigkeit seiner Sohlen zu prüfen, und kehrte in seine Ecke zurück. Er wirkte so ruhig wie ein erfahrener Henker, der gelassen seinen Strick prüft. Ein echter Profi. Ich mußte an damals denken, als Floyd Patterson jedem Sparringspartner, der ihn fertigmachen konnte, eintausend Dollar geboten hatte, und Angelo ihm

Turnbow schickte; Turnbow ließ Patterson eiskalt zu Boden gehen und strich die tausend Dollar ein. Jeff dachte jetzt auch daran, das wußte ich.
Als der Gong zur zweiten Runde ertönte, kam er sofort mit seinen Bomben heraus. Hatte er vorher Handgranaten geworfen, schoß er jetzt mit Fünfzigmillimeterkanonen, und ich wußte, daß er damit nicht aufhören würde. Er hatte mich auch analysiert und war zu der Erkenntnis gekommen, daß seine größte Chance für einen Sieg in einem permanenten Trommelfeuer bestand. Die nötige Munition stand ihm zur Verfügung. Er hatte das Kinn zwischen die mächtigen Schultern gezogen und ging unbarmherzig auf mich los. Der würde nicht müde werden, das merkte ich.
In einem solchen Trommelfeuer kann man als Boxer das Zeitgefühl verlieren, unterliegt der Illusion, die Zeit bleibe stehen, und ein Sekundenbruchteil wirkt wie eine Minute. Wenn man seinen Muskeln befiehlt, Entscheidungen zu treffen, automatische Entscheidungen, die jahrelangem Training und reicher Erfahrung entspringen, dann schafft man das innerhalb dieses Sekundenbruchteils – wenn alle Reflexe stimmen. Sind jedoch Hirn und Muskeln langsamer geworden, ergreift die Illusion Besitz von einem, und die Entscheidung kommt zu spät.
Ich verließ mich zum Kontern seiner schnellen Linken auf meine Rechte und setzte sie beinahe wie linke Gerade ein, aber noch ein bißchen schneller. Genau wie ein Baseballspieler Punkte schinden kann, indem er alle verräterischen Bewegungen des Werfers beobachtet, hatte ich seine Bewegungen so katalogisiert und berechnet, daß mir auch die Bedeutung jenes leichten, unwillkürlichen Zuckens nicht entging, das an seiner Kehle auftrat, kurz bevor er seine Bomben losließ. So gelang es mir, seine Schläge stets abzublocken. Immer wieder kam ich seinen Schlägen zuvor, so lange, bis ihm das Blut aus dem Mund zu laufen begann. Eine Serie von Kombinationen machte ihn so groggy, daß er schwankte. Seine zukünftigen Förderer sprangen von ihren Stühlen hoch. »Aufhören!« riefen sie. »Aufhören!« Der Zeitnehmer hämmerte auf den Gong, und Merritt sank langsam in Bundinis Arme.
Bundini schleppte ihn davon. Ich schattenboxte noch eine Runde, dann kehrte ich in den Umkleideraum zurück, zog mich an und machte mich auf den Weg zum Flughafen.
Bundini stand an der Eingangstür, lächelte sein geheimnisvolles Lächeln und sagte leise: »Der einzige, der Muhammad Ali schlagen kann, ist Cassius Clay.«
Als ich die Maschine nach Philadelphia bestieg, hatte ich meine zweitausend Dollar noch in der Tasche.
Jetzt wußte ich, was ich hatte wissen wollen. Und doch traf das, was Dr. Pacheco über ein weiteres Jahr Zwangspause gesagt hatte, wahrscheinlich zu. Ich konnte den deprimierenden Gedanken nicht abschütteln, daß mir trotz der Aufregung, die Frazier und ich in Philly gestiftet hatten, noch immer kein Promoter die Kampflizenz für Amerika oder die Genehmigung, über die Grenze zu gehen und im Ausland zu boxen, verschaffen konnte.
Nach außen hin tat ich, als hätte ich mich mit dem Exil abgefunden. »Es ist

Cassius völlig gleichgültig, ob er je wieder boxen darf oder nicht«, schrieb ein Interviewer vom *Courier* in Chicago. »Er wartet geduldig auf die Entscheidung des Gerichts.« In aller Stille und weit ab von den Schlagzeilen der Presse untersuchte Herbert jedoch jede Möglichkeit und forschte eifrig nach einer Chance, dem Boykott ein Ende zu machen. Hätte er damit Erfolg gehabt, hätte der erste Ali–Frazier-Kampf in Tokio und nicht in New York stattgefunden. Er war nach Japan geflogen, um sich mit Akira Jin, einem alten Boxveranstalter, zu treffen, der einen Ali–Frazier-Kampf vorgeschlagen hatte. Doch Yank hielt Frazier damals für »noch zu grün«, um gegen mich anzutreten; er brauchte sehr lange, um zu einem Entschluß zu kommen, und als sie endlich doch zusagten, hatte man meinen Paß eingezogen.
Aber Herbert hatte dadurch wertvolle Kontakte für die Zukunft geknüpft, vor allem durch die Bekanntschaft mit Yoshio Kou, Jins Assistenten, der bald zu einem der einfallsreichsten Promoter Japans werden sollte. Als mein Exil beendet war, besprach Herbert mit Kou und dem jungen Akri Hida in Tokio Pläne für einen Kampf gegen MacArthur Foster, einen Mann mit sehr harten Fäusten, dessen einziges Handikap – abgesehen davon, daß er gegen mich antreten mußte – darin bestand, daß er nach General Douglas MacArthur getauft worden war und keine Menschenseele in Tokio zu ihm hielt. Immerhin führte dieser Kampf dazu, daß man Weltmeisterschaftskämpfe im Schwergewicht in den Fernen Osten verlegte.
Während ich früher jeder neuen Möglichkeit mit einem nicht zu erschütternden Optimismus gegenübergetreten war, hegte ich nunmehr die Überzeugung, daß ich mich Allahs Willen anvertrauen müsse und, wenn alles gut ging, Geistlicher des Honorable Elijah Muhammad werden konnte. Und als ein Ferngespräch von jemandem kam, der tatsächlich über die Möglichkeiten verfügte, mein Exil zu beenden, hätte ich diese Chance beinahe verpaßt.
Eines Vormittags Ende Juli nahm Belinda, die ich gerade von ihrer allmonatlichen Schwangerschaftsuntersuchung abgeholt hatte, das Telefon ab und sagte: »Der Mann aus Georgia ist am Apparat.«
Es war Senator Johnson. Er hatte bereits mit Herbert gesprochen und überfiel mich mit einer Nachricht, von der er annahm, sie müsse mich zu Begeisterungsstürmen hinreißen: »Champ, wir können Ihnen eine Lizenz für Atlanta verschaffen!«
Ich unterbrach ihn. »Das hat man in Georgia schon mal versucht.«
»In Georgia, aber nicht in Atlanta.« Johnson spricht schleppend wie ein typischer Südstaatler und tut immer so, als wären Georgia und Atlanta zwei verschiedene Staaten.
An meinen Manager war eine Gruppe schwarzer und weißer Politiker und »Box-Finanziers« unter der Bezeichnung »House of Sports, Inc.« herangetreten, die behauptete, die Zustimmung von Fraziers Camp zu einem Kampf gegen mich zu haben, falls ich eine Lizenz bekäme. Johnson war der Chef dieser Gruppe.
»Eine Lizenz ist noch keine Garantie«, antwortete ich.
Der Gouverneur von Mississippi hatte mir eine Boxlizenz für Jackson gege-

ben und sie dann wieder zurückgezogen. Herbert hatte Major Coxon, einen Freund von mir aus Camden, New Jersey, und Kilroy hinuntergeschickt – Mississippi war einer der wenigen Staaten, die nicht der World Boxing Association angehörten –, um zu erreichen, was die Promoter nicht einmal bei freizügigeren Staaten erreicht hatten. Zu meiner Überraschung kamen sie mit einer Bona-Fide-Boxlizenz zurück, unterschrieben vom Gouverneur des Staates Mississippi und dem Bürgermeister von Jackson.

Herbert hatte den Vorschlag gemacht, als Gegenleistung für die Lizenz die Einnahmen der siebzehntausend Menschen fassenden Arena von Jackson der Heilsarmee zur Verfügung zu stellen.

Ich dachte nun, es wäre alles in Ordnung, bis ich im Rundfunk die Nachricht hörte, die Beamten von Mississippi hätten abgestritten, jemals eine solche Lizenz ausgestellt zu haben, obwohl das Papier in unseren Händen war. Ich erhielt Anrufe von Anwälten, die mir zuredeten, den Staat zu verklagen, aber ich lehnte das ab. Denn wenn ich jeden Staat verklagen wollte, der mir eine Kampfgenehmigung erteilt und wieder entzogen hatte, hätte ich es mit den gesamten Vereinigten Staaten aufnehmen müssen.

Andere versuchten ihr Glück ebenfalls. Howard Cosell, der sich zusammen mit einer Anzahl prominenter Amerikaner an führende Beamte gewandt hatte, um zu erreichen, daß der Bann gegen mich aufgehoben würde, hatte Vizepräsident Spiro Agnew die Angelegenheit vorgetragen. Cosell berichtete, er sei erstaunt von Agnews erbitterter Opposition gegen alles, was dazu beitragen könnte, daß mir mein Recht auf Berufsausübung wieder zuerkannt würde.

Colonel Hubert Julian, der »Schwarze Adler« von Harlem, hatte einen Termin für einen Besuch des Nationalsekretärs der Muslims John Ali und des New Yorker Geistlichen Louis Farrakan bei einem Pentagon-Beamten namens L. Howard Bennett arrangiert, bei dem geklärt werden sollte, was in meiner Angelegenheit zu erreichen sei. »Wir halten es für falsch, daß er leiden und seinen Beruf aufgeben muß«, sagte Bennett. »In meinen Augen ist er wirklich Kriegsdienstverweigerer aus Gewissensgründen und sollte dementsprechend behandelt werden. Davon abgesehen können wir nichts weiter tun als ihm einen Garnisonsposten verschaffen, wo er als moralischer Aufrüster für die anderen arbeiten könnte. Aber das hat er ja schon abgelehnt.«

Jetzt fuhr Johnson, der ganz unbesorgt klang, ohne jegliche Eile fort: »Wir haben das Geld, wir haben die Arena, und jetzt möchte der Bürgermeister Sie empfangen.«

»Vergessen Sie's«, antwortete ich. Doch als ich seine tiefe Enttäuschung spürte, versuchte ich ihm meine Einstellung zu erklären. »Dieses ist Ihr erster Versuch, und den machen Sie gleich am schwierigsten Objekt. Es ist nicht Ihre Schuld. Geben Sie's auf.«

»Ja, aber wir können es nicht mitansehen, daß Sie da oben in Philly sitzen und rosten, bis man Sie ins Gefängnis steckt«, sagte er leise. »Vielleicht können meine Partner Ihnen das besser erklären. Ich werde veranlassen, daß sie Sie anrufen.«

Doch seine Partner hatten schon angerufen, und ich hatte sie abgewiesen. Ich konnte mir nicht vorstellen, daß man in Georgia verhindern konnte, was in South Carolina geschehen war.
Eine Woche zuvor war ich nach Charleston geflogen, um bei einem Wohltätigkeits-Schaukampf aufzutreten, der von Reggie Barrett, einem jungen Schwarzen aus South Carolina, veranstaltet wurde. Erst als man mir die Verträge für die County Hall, die Genehmigung des Stadtrats, die Lizenz und die Quittung für die Miete gezeigt hatte, flog ich an dem Tag, an dem das Ereignis stattfinden sollte, hinunter.
Als ich zur County Hall kam und die langen Reihen der Zuschauer vor dem Kassenfenster sah – und das, obwohl es sich nur um einen Schaukampf handelte –, wurden meine Füße auf einmal leichter. Als ich jedoch näher kam, entdeckte ich, daß der Kassierer keine Karten verkaufte, sondern den Kunden ihr Geld zurückgab. Auch mich winkte er, ohne mich zu erkennen, weiter: »Gehn Sie nach Hause! Der Stadtrat hat den Kampf abgeblasen. Geht alle schön nach Hause, Leute!«
Als ich Reggie fand, war er in Tränen aufgelöst. »Der Stadtrat hat Wort gehalten, bis ein Anruf von L. Mendel Rivers kam. Das ist ›Mr. South Carolina‹, Mitglied des Kongresses und Leiter des Komitees für Rüstungswesen. Er behauptet, sie machten ihn in ganz Washington lächerlich, weil sie in seiner Heimatstadt einen schwarzen Scheißkerl von Drückeberger boxen ließen. Selbst als ihnen meine Anwälte bewiesen, daß ich ausreichend Gründe für eine Schadenersatzklage über einhunderttausend Dollar hätte, wenn sie von ihrer Zusage zurückträten, ließen sich die Stadträte nicht umstimmen.
Rivers ist der Mann im Kongreß, auf den sich das Pentagon stützt, und er war empört, daß es überhaupt so weit gekommen ist. Aber bleiben Sie doch, solange Sie wollen. Ehrlich, die meisten Leute hier würden sich freuen, wenn Sie noch hierblieben, Ali.«
Er hatte offenbar recht damit, denn ich übernachtete in Charleston und wurde auf Schritt und Tritt von ganzen Schwärmen schwarzer und weißer Jugendlicher begleitet. Trotzdem war ich erschöpft, als ich am nächsten Morgen nach Hause flog. Tagelang weigerte ich mich, ans Telefon zu gehen. Ich hatte entschieden, daß es nach Charleston und Jackson keine Abfuhr mehr geben sollte. Und wenn mir nun nichts weiter übrigblieb, als meine fünfjährige Gefängnisstrafe abzusitzen und dem Boxen ade zu sagen, so war ich auch darauf vorbereitet.
Aber täglich kamen Anrufe von Atlanta, und jedesmal sagte Belinda: »Der Mann aus Georgia ist am Apparat.« Herbert hatte mich überredet, mir die Sache noch einmal durch den Kopf gehen zu lassen, und ich wurde schwankend in meinem Entschluß. Dann, an einem Montagvormittag, fragte ich Belinda, ob sie denn auch der Ansicht sei, ich solle in den Süden fliegen, um mir anzusehen, wie die Aktien ständen. Als sie daraufhin zu strahlen anfing, wußte ich, wie sehr sie sich wünschte, daß ich flog.
Herbert wollte nicht mitkommen, weil er meinte, seine Anwesenheit würde

die Aufmerksamkeit zu sehr auf meine Religionsangehörigkeit lenken und Anlaß zum Aufflackern alter Feindseligkeiten bieten.
Am nächsten Tag gab mir Belinda auf dem Weg zum Flughafen den Untersuchungsbericht ihres Arztes: in drei Monaten war eine normale Entbindung zu erwarten. Unser letztes Baby war zu früh gekommen und hatte nur einige Stunden gelebt. Bei dieser Schwangerschaft waren wir sehr vorsichtig gewesen und hatten den Rat des Arztes bis in alle Einzelheiten befolgt. Ich wollte ihr alle Spannungen und Aufregungen fernhalten, die möglicherweise den Verlust meines ersten Sohnes ausgelöst hatten.
Ich küßte die Stelle, wo das Kind in Belindas Leib heranwuchs, und bestieg meine Maschine. Neues Leben sollte in meinem Haus einziehen, und auf jenem Flug nach Atlanta war es der Gedanke an mein ungeborenes Kind, der mich veranlaßte, zu überlegen, welche Aktiva ich noch zu verzeichnen hatte, nachdem meine Karriere als Boxer zu enden schien. Sie bestanden aus einer Altersversicherung von 80000 Dollar, deren Prämien ich während der ersten sechs Jahre als Profiboxer aus meinen Einnahmen bezahlt hatte und die fällig wurde, sobald ich abtrat oder das fünfunddreißigste Lebensjahr erreichte. Falls man mich jetzt zum Abtreten zwang, würden die Schulden diesen Notgroschen aufzehren: 250000 Dollar Prozeßkosten, das Ergebnis jahrelanger Kämpfe vor Gericht; nahezu 40000 Dollar Steuernachzahlungen; 100000 Dollar Unterhaltszahlungen, die ich meiner ersten Frau schuldete (eine Schuld, die ich bis zum letzten Cent zu begleichen gedachte), und ein Haufen Alltagsschulden, die sich stets auf geheimnisvolle Weise zu vervielfältigen scheinen, vor allem, wenn man ein komfortables Leben gewohnt ist, aber kein Einkommen mehr hat, mit dem man es finanzieren kann.
Pachecos Worte fielen mir wieder ein. Obwohl mir das Sparring mit Jeff Merritt ein gewisses Gefühl der Befriedigung verschafft hatte, wußte ich, wenn mein Exil nicht bald ein Ende hatte, würde mein »Handwerkszeug« rosten.
In dieser Stimmung trat ich Johnsons Ausschuß von potentiellen Promotern und Boxkampfförderern entgegen, die mich am Flughafen begrüßten. Meine Gefühle, die tiefe Hoffnungslosigkeit, mußten mir am Gesicht abzulesen gewesen sein, denn Johnson nahm mich in die Arme und flüsterte mir mit seinem weichen Südstaatenakzent zu: »Geben Sie uns eine Chance, Champ! Wir werden's schon schaffen. Kopf hoch!«
»Wo ist der Bürgermeister?« fragte ich. Von Dutzenden vergangener Konferenzen mit optimistischen Veranstaltern wußte ich, daß das Projekt recht kurzlebig sein würde, wenn der Bürgermeister es nicht offiziell befürwortete.
»Er erwartet uns im Hotel«, erklärte ein hochgewachsener, gewichtiger Schwarzer, der mir als Maynard Jackson, Vizebürgermeister von Atlanta, vorgestellt wurde.
Sie fuhren mit mir nach Atlanta hinein, brachten mich in einer luxuriösen, lavendelfarbenen Motel-Suite unter und machten mich mit den anderen Mitgliedern des Ausschusses bekannt: Mike Malitz, ein Closed-Circuit-Genie der dritten Generation, der bei der Gründung von Main Bout, der Fernsehgesellschaft, die meine früheren Kämpfe übertragen hatte, mitgewirkt hatte;

Harry Pepp, ein weißer Millionär aus Atlanta, und sein kluger New Yorker Schwiegersohn Robert Kassel, ein Jurist; Harold Conrad, der als Malitz' Public-Relations-Mann arbeiten sollte; und Jesse Hill, ein schwarzer Verleger und Versicherungsbeamter, dem das Verdienst gebührt, mit meiner Lizenz an Gouverneur Maddox' schlafenden Hunden vorbeigeschlichen zu sein.
Für eine Zeit, die mir wie Stunden vorkam, pflegte ich nun der Geselligkeit mit diesen sonderbaren Leuten, die ständig Champagner, Martinis oder Hors d'œuvres anboten und sich gegenseitig auf die Schulter klopften, als hätten sie den Coup des Jahrhunderts gelandet. Aber ich sah auch, wie einige von ihnen immer wieder auf die Uhr blickten, und ich erkundigte mich noch einmal: »Wo ist der Bürgermeister?«
»Schon unterwegs«, antwortete Maynard.
Johnson zog mich in eine Ecke und versuchte mich zu beruhigen. »Der Bürgermeister kommt bestimmt«, versicherte er mir. »Er kommt zwar nicht ausgesprochen gern, Champ, aber er wird aufkreuzen. Beruhigen Sie sich. Hier in Atlanta verstehen wir von Politik ebensoviel wie Sie vom Boxen. Fragen Sie Pepp.«
Pepp, der magere, kleine Kaufmann mit den sandfarbenen Haaren, der aussieht, als hätte er in seiner Kindheit trotz des Reichtums seiner Familie an Unterernährung leiden müssen, zog mich am Ärmel von Johnson fort und setzte sich mit mir auf ein Sofa. »Ich weiß, es sieht aus, als würde hier das gleiche passieren, was Sie früher schon erleben mußten«, begann er. »Aber hier bei uns gibt es einen Faktor, der in den Angeboten aller anderen Veranstalter fehlte. Hier in Atlanta haben die Schwarzen politischen Einfluß. Sie sind der größte organisierte politische Machtfaktor der Stadt.«
Jesse Hill, ein properer, drahtiger kleiner Mann und Gründer so mancher schwarzen Firma im tiefen Süden, nahm auf meiner anderen Seite Platz. »Wir haben dem Bürgermeister einen Gefallen getan, darum ist es jetzt an ihm, uns auch einen Gefallen zu tun. Wir haben ihm den Bürgermeisterposten verschafft. Und dafür verlangen wir jetzt, daß der Kampf zwischen Muhammad Ali und Joe Frazier in Atlanta stattfindet.«
»Und was sagt der Gouverneur dazu?« fragte ich.
»Der tanzt ebenfalls nach der jeweiligen politischen Pfeife, obwohl er auch nach einigen Weisen tanzt, nach denen wir nicht tanzen«, erklärte Pepp. »Johnson ist nicht umsonst der erste schwarze Staatssenator im Süden seit der Rekonstruktion, der es versteht, politische Macht zu nutzen. Seine Aufgabe ist die Zusammenarbeit mit Maddox. Er hat seine Sache gut gemacht, sonst säßen Sie jetzt nicht in diesem Raum.«
Pepp zeigte mir später einen Artikel im *Time*-Magazin über Johnson, in dem es hieß: »Er gab die Stimme ab, mit der Sam Massell zum Bürgermeister von Atlanta gewählt wurde. Er verfügt sogar über genügend Stimmen, um Lester Maddox einzuschüchtern.«
»Seine Ehren, der Bürgermeister«, verkündete jemand, und alle erhoben sich von den Plätzen.
Ein kleiner, sonnengebräunter Mann mit dunklem, öligem Haar kam herein,

zögerte einen Moment und sah sich um, als wolle er sich vergewissern, daß nur die richtigen Leute anwesend waren. Dann kam er direkt und ohne auf das Vorgestelltwerden zu warten auf mich zu, und wir schüttelten uns die Hand.
»Es ist mir eine Ehre und ein Vergnügen, Ihre Bekanntschaft machen zu dürfen«, sagte ich. Und mußte verwundert feststellen, daß ich noch nie eine so schweißnasse Hand gehalten hatte, die feuchteste, mit der ich jemals in Berührung gekommen war. Ich verstand, warum er so lange für den Weg hierher gebraucht hatte. Ich konnte mir vorstellen, wie er die Stimmen seiner KKK-Wähler hörte: »Herr Bürgermeister, wollen Sie diesem unamerikanischen Nigger, diesem Wehrdienstverweigerer und Drückeberger etwa die Hand schütteln? Der Bürgermeister von Atlanta macht diesem ›Black Muslim‹ seine Aufwartung? Was für ein Bürgermeister sind Sie eigentlich?«
Doch die Ausschußmitglieder umringten ihn lachend, rissen ein paar Witze, und nach mehreren Drinks legte Johnson den einen Arm um den Bürgermeister, den anderen um dessen Vize.
»Selbstverständlich, Sam«, hörte ich Johnson sagen, »House of Sports wird der Antidrogenkampagne des Bürgermeisters einen anständigen Anteil der Einnahmen aus diesem Kampf stiften. Und Sie setzen den Prozentsatz persönlich fest.«
Bürgermeister Massell wandte sich an mich. »Sehen Sie, ich habe Ihnen ja gesagt, daß ich den Kampf begrüßen würde. Es ist ein sauberer, legaler Kampf, und solange es dabei bleibt, bin ich dafür.«
Einer von Johnsons Assistenten kam an die Tür und verkündete: »Die Presse wartet im großen Bankettsaal!«
Langsam bewegten wir uns zur Tür – alle, bis auf den Bürgermeister. Dieser wandte sich an Johnson. »Tja, Leroy, ich habe einen dringenden Termin. Wenn Sie mich brauchen – ich bin in meinem Büro.«
Seine Worte waren für sie wie ein Donnerschlag. Im Raum wurde es totenstill. Der junge Kassel trat, als reiße er sich mit größter Mühe zusammen, mit aufeinandergepreßten Lippen auf den Bürgermeister zu. »Euer Ehren, wie Sie sich sicher erinnern werden, haben Sie uns Ihr Wort gegeben, daß Sie eine öffentliche Erklärung zugunsten dieses Kampfes abgeben würden. Die Presse wartet jetzt darauf.«
»Ich bin in meinem Büro, wenn Sie mich brauchen.« Der Bürgermeister wandte sich zum Gehen.
»Hören Sie«, fuhr Kassel fort, »Sie wissen, was Maddox' Leute sagen werden, wenn Sie jetzt nicht erscheinen. Sie werden noch unverschämter auftreten. Dann findet der Kampf möglicherweise niemals statt. Die gesamte Karriere dieses Mannes steht hier auf dem Spiel. Es hat ein Jahr gedauert, bis wir die Investoren überreden konnten, das Risiko einzugehen. All diese Mühe wäre umsonst gewesen. Sie haben uns Ihr Wort gegeben.«
Andere unterbrachen ihn, der Raum hallte wider von Vorwürfen, Meinungsverschiedenheiten und lauten Rufen, und ich sah, wie das Gesicht des Bürgermeisters immer finsterer wurde.

Meine ganze Zukunft im Ring stand hier zur Debatte. Und trotzdem hatte ich mit dem Bürgermeister mehr Mitleid als mit meinen Promotern. Ich wurde von derselben Resignation und Erschöpfung gepackt, wie ich sie auf dem Rückflug von Charleston erlebt hatte. Warum diesen einsamen Dixie-Bürgermeister bestürmen und mit Vorwürfen bombardieren, wenn die Bürgermeister von New York, Chicago, Los Angeles und Detroit ebenso große Angst hatten? Soweit ich feststellen konnte, waren die Veranstalter auf das aus, was ihnen Profit bringen konnte: den Kampf. Doch der Bürgermeister war ebenfalls auf das aus, was ihm Profit bringen konnte, und er sah nun einmal keinen Profit darin, mit Muhammad Ali in Atlanta, Georgia, öffentlich fotografiert zu werden.

Ich blieb still, solange es ging, dann trat ich zwischen die Streithähne. »Moment mal, Ruhe! Laßt mich was sagen!« Aber sie redeten immer weiter, deswegen schrie ich sie an: »Oder will jemand mit mir ums Wort boxen?« Sie beruhigten sich ein bißchen und begannen sogar zu lachen. »Wenn der Bürgermeister nicht auf der Pressekonferenz erscheinen will, dann laßt ihn! Ich bin nur vorübergehend in dieser Stadt, er aber muß sein Leben hier verbringen. Was mich betrifft«, ich sah ihm offen ins Gesicht, »so genügt mir sein Wort. Er hat gesagt, daß er den Kampf befürworten will. Aber darum braucht er nicht unbedingt an der Pressekonferenz teilnehmen.«

Ein Ausdruck der Erleichterung erschien auf dem Gesicht des Bürgermeisters. »Sie kennen das Rathaus anscheinend gut.« Dann wandte er sich wieder zur Tür. »Mein Vize wird mich hier vertreten«, sagte er noch. »Und wenn die Presse eine Bestätigung wünscht – wie gesagt, ich bin in meinem Büro.« An der Tür drehte er sich noch einmal um. »Ich habe nichts gegen den Kampf, solange er legal ist und ein annehmbarer Prozentsatz der Einnahmen an meine Antidrogenkampagne geht«, sagte er. »Einverstanden?«

Johnson zog eine seiner langen, dünnen Zigarren heraus und steckte sie dem Bürgermeister in die Brusttasche. Und jetzt machten sich die Veranstalter auf den Weg zur Pressekonferenz – bis sie entdeckten, daß ich in Richtung auf mein Zimmer davonging.

»He, Champ! Sie wollen doch nicht etwa fort?«

Ich schüttelte den Kopf. »Wenn der Bürgermeister nicht dabei ist, meinen Sie wirklich, daß ich dann dabei sein sollte?« fragte ich Johnson.

Ich hegte den tiefen Argwohn, daß dieses Unternehmen im Sande verlaufen würde und daß die Südstaaten-Journalisten, die mich zum erstenmal vor die Mikrophone kriegten, mich hauptsächlich mit Fragen über meine Einstellung zum Militärdienst, zur Flagge und zu den Muslims bombardieren und mich als Bettler hinstellen würden, der demütig von einer Stadt zur anderen zieht, nur um überall wieder hinausgeworfen zu werden.

»Ich verstehe Sie ja«, antwortete Johnson leise. »Aber bleiben Sie bitte wenigstens so lange, bis ich Sie von unten anrufe.«

Als der Anruf kam, saß ich in meinem Zimmer und studierte die Flugpläne nach Philadelphia. »Champ«, sagte er, »das Telefon ist direkt neben dem Podium. Wir fangen jetzt an. Sie brauchen nur mitzuhören.«

Den Telefonhörer in der Hand, legte ich mich aufs Bett. Johnson schien sich an eine riesige Menschenmenge zu wenden. Er stellte die Leute vor, die den Kampf unterstützten, nannte einen Namen nach dem anderen – eine Liste, zu der jeder prominente Schwarze aus dem politischen, gesellschaftlichen und wirtschaftlichen Leben Atlantas zu gehören schien, unter anderem Coretta King, Julian Bond und alle Präsidenten der Schwarzen-Colleges in der Umgebung. Als er dann fortfuhr, auch diejenigen aufzuzählen, die offenbar ganz gewöhnliche Menschen ohne besonderen Titel waren, legte ich den Hörer auf und fuhr mit dem Lift hinunter.
Ich schämte mich, daß ich mich in meinem Zimmer versteckt hatte, während die Menschen da unten für mich geradestanden. Ob dieser Kampf nun stattfand oder nicht, ich wollte ihnen wenigstens zeigen, daß ich für ihre Hilfe dankbar war.
Als ich den Saal betrat, fingen sie an zu klatschen und zu rufen: »Freiheit für den Champ! Freiheit für den Champ! Laßt den Champ in Atlanta boxen!« Innerhalb von Minuten verwandelte sich die Pressekonferenz in eine Art Erweckungsversammlung, und die Reporter vergaßen ihre Fragen über meine Religion und die Einberufung und fragten das, was die Leute hören wollten.
»Sind Sie bereit, hier in Atlanta gegen Frazier anzutreten?«
»Kann ein Boxer innerhalb von sechs Wochen in Form kommen, nachdem er fast vier Jahre ausgesetzt hat?«
»Was haben Sie empfunden, als Sie eine Lizenz für Atlanta erhielten?«
»Was halten Sie von den Südstaaten?«
Dann ging ein Reporter der *Constitution* von Atlanta ans Telefon und rief den Bürgermeister an. Im Saal herrschte Stille, bis er zurückkam.
»Was hat Massell gesagt?« fragte ihn, Block und Bleistift gezückt, ein anderer Reporter.
»Er ist dafür. Er sagt, wir können ihn zitieren. Er begrüßt diesen Kampf.«
Jubelgeschrei erhob sich im Saal, und ein New Yorker Reporter, der wohl von den Veranstaltern einen Tip bekommen hatte, meldete ein Gespräch mit Fraziers Manager in Philadelphia an. Wieder wurde es still im Saal. Nach dem Austausch von Begrüßungsfloskeln mit Yank erkundigte sich der Reporter: »Mr. Durham, wird Ihr Mann gegen Muhammad Ali in Atlanta antreten? Mr. Ali hat eine legale Lizenz.« Dann wandte er sich an die Zuhörer und berichtete: »Yank sagt, daß das gelogen sei. Er glaubt nicht, daß Ali eine Lizenz hat.«
Jesse Hill erhob sich und schwenkte meine Lizenz.
»Die Lizenz ist vorhanden«, erklärte der Reporter Yank, »ich habe sie vor mir.« Dann lauschte er eine Weile und drehte sich schließlich wieder um. »Fraziers Manager behauptet, das sei ein Trick«, berichtete er. »Aber wenn die Lizenz echt ist, wenn alles legal ist, wird Joe mit Ali hier in Atlanta boxen.«
Jemand brüllte: »Wir haben den Frazier–Ali-Kampf in Atlanta!« Sie jubelten, während die Reporter hinauseilten, um ihre Berichte durchzugeben.

Für mich war es wie der Beginn eines neuen Jahres. Und wenn es schließlich doch nicht der Frazier–Ali-Kampf war, den Atlanta zu sehen bekam, so wurde es immerhin ein Ali–Quarry-Kampf. Solange es mir verboten war, in den Ring zu steigen, hatte mir das Frazier-Camp versprochen, jederzeit, wenn ich die Lizenz bekäme, einen Vertrag mit mir zu unterzeichnen; jetzt, da diese Möglichkeit bestand, machten sie einen Rückzieher, angeblich, um die Lage zu sondieren, und schoben dann eine »mündliche Abmachung« für einen Kampf gegen Bob Foster vor, die zu bindend sei, um davon zurückzutreten.
Doch die Mäzene, die mich aus dem Exil erlöst hatten, klammerten sich an ihre Lizenz und machten sich auf die Suche nach einem Ersatz. Sie brauchten einen erstklassigen, allgemein beliebten Gegner für mich. Und wer konnte in Georgia beliebter sein als jene große Hoffnung der Weißen, der Spitzenboxer der Schwergewichtsklasse Jerry Quarry? Ire war er überdies.
Ich erinnere mich, daß ich einen Reporter vom Atlanta-*Journal* bei einem Interview fragte: »Wie reagiert Gouverneur Maddox auf dies alles?«
»Das werden wir in einer Minute hören«, antwortete der Reporter. »Wir fahren gleich zu ihm hinüber. In zwei Stunden kommt seine Antwort im Fernsehen.«
Als es soweit war, saß ich in Paschals Motel vor dem Bildschirm und wartete. Das letzte, was ich von Maddox gehört hatte, war damals in Macon gewesen, als er meine Promoter abwies: »Clay werde ich eine Lizenz geben, wenn er seine Zeit bei der Army abgedient oder seine Zeit im Gefängnis abgesessen hat. Dann werde ich mir überlegen, ob ich ihn in Georgia zulassen kann.«
Jetzt erschien er auf der Mattscheibe. Kühl und ruhig beantwortete er die Fragen des Reporters: »Um diesen Clay hat es große Meinungsverschiedenheiten gegeben. Als er den Wehrdienst verweigerte, hat ihm das, weiß Gott, sehr geschadet. Jetzt muß er dafür bezahlen. Nun, wir alle machen einmal Fehler. Das muß man jedem zugestehen. Jedenfalls sehe ich das so. Ich habe nichts dagegen einzuwenden, daß er hier in Atlanta boxt.«
Ich hatte mich immer wieder gegen trügerische Hoffnungen gewehrt, jetzt aber empfand ich eine Erregung, die auch noch anhielt, als ich in der Maschine nach Philadelphia saß, und sogar noch, als ich den Artikel eines Kolumnisten aus Chicago namens John Carmichael las: »Ich würde Muhammad Ali raten, jetzt das Handtuch zu werfen. Er ist ein Ausgestoßener, ein Box-Paria. Maddox wird niemals zulassen, daß er in Georgia boxt.«
Aber ich hatte die Worte des Gouverneurs mit eigenen Ohren vernommen, und ich glaubte ihm – vielleicht, weil ich ihm glauben wollte, vielleicht auch, weil mich die Macht und der Zusammenhalt jener Schwarzen und Weißen beeindruckte, die mich unbedingt wollten.
Ich hatte das letzte Wort des Gouverneurs zu diesem Thema noch nicht gehört, aber die einzige Frage, die mir auf dem Heimflug unablässig durch den Kopf ging, war diejenige, die mir einer der Reporter gestellt hatte: Kann ein Boxer innerhalb von sechs Wochen in Form kommen, wenn er fast vier Jahre ausgesetzt hat?

12

Auferstehung

Der Gouverneur hat also sein Wort gegeben. Bevor die »Finanziers« jedoch die halbe Million auf den Tisch legen, will ich testen, ob er sein Wort auch hält, und zwar mit einem öffentlichen Schaukampf mitten im Herzen von Atlanta. Ich will in einen Ring steigen und meine *capa* vor den Stieren schwenken, vor den Maddox', den White Citizens Councils, den Befürwortern des Krieges.

Nun habe ich die *capa* geschwenkt, und die Stiere haben stillgehalten. Der Schaukampf ist vorüber, ich fahre mit Rahaman und Bundini auf dem U.S. Highway 85 nach Hause, nach Philadelphia. Ich habe mich auf dem Rücksitz ausgestreckt und versuche zu schlafen. Ich bin müde und spüre jeden Knochen, jeden Nerv in meinem Körper. Die letzten Runden habe ich nur noch mit Hilfe des Instinkts, der Gewohnheit und der Willenskraft überstanden. Ich bin still, und Bundini weiß, warum.

»Wie war's denn?« erkundigt sich Rahaman, der zu spät gekommen war, um noch etwas von dem Schaukampf zu sehen, bei Bundini.

»Dein Bruder hat gekocht«, antwortet Bundini. »Dein Bruder hat den Topf aufs Feuer gestellt und gekocht.«

Er weiß genau, daß Rahaman alles ganz genau hören will, wartet aber noch einige Minuten, bis er mit dem Bericht beginnt: »So etwas hab' ich im Leben noch nicht gesehn. Ich hab' in der Menge gestanden, als sie Elvis Presley und den Beatles zugejubelt haben. Aber als dein Bruder da zwischen den Sitzreihen durchging und in den Ring stieg – noch nie hab' ich einen von Menschen erzeugten Lärm gehört wie den, mit dem sie deinen Bruder empfangen haben.«

»Wie groß ist die Halle?« fragte Rahaman.

»Die Sporthalle des Morehouse College faßt nicht mehr als zweitausend, aber sie stopfen fünftausend rein. Jede Sorte Mensch, die in Georgia vor-

kommt: Studenten und Farmer, Overalls und Straßenanzüge, Kirchenleute und langhaarige Hippies. Sogar Klan-Kutten hab' ich eigentlich erwartet. Es ist fast vierzig Grad heiß da drinnen. Als sie Ali in den Ring klettern sehn, rufen sie: ›Der Champ! Der Champ!‹ Nicht nur so wie das übliche ›Ra-ra‹-Geschrei, sondern fast schon im Spiritualrhythmus. Senator Johnson versucht sich Gehör zu verschaffen: ›Ein historisches Ereignis ...‹ Und: ›Demokratie im tiefen Süden ...‹ Aber alles, was die sehn wollen, das ist, wie der Champion kocht.«
»Sie haben ihn sehr, sehr lange nicht mehr gesehen«, wirft Rahaman ein.
»Und ich war in seiner Ecke, als er das letztemal im Madison Square Garden war«, fährt Bundini fort, »als die meisten Leute sehen wollten, wie er geschlagen wurde, weil er entdeckt hatte, wer er war und wohin er ging.«
»Ich weiß. Ich war dabei«, antwortet Rahaman.
»Nein, das, woran du denkst, das war nicht das letztemal im Madison Square«, korrigiert ihn Bundini. »Ich meine damals, als er im Exil war und am Ring saß, um sich den Ellis–Frazier-Kampf anzusehen. Da stellten sie die Boxer unter den Zuschauern vor, und einige Zuschauer verlangten laut, daß er auch vorgestellt werden sollte. Aber Harry Markson wollte ihn als Cassius Clay vorstellen, nicht als Muhammad Ali, und er ging raus, und ein paar Leute buhten. Erinnerst du dich, Champ?«
Ich erinnerte mich, aber ich antwortete nicht.
»Und von so tief unten sind wir so hoch raufgekommen«, sagt Bundini, »daß es sich anhört, als ob die Menschen ihn wirklich lieben. Heute abend haben sie aus ganzem Herzen nach ihm gerufen. Wir stehn in der Ecke, und sie donnern los, wie wir's noch nie vorher gehört haben. Er sieht mich an, und ich sehe ihn an, und wir fangen beide an zu weinen.«
»Hast du geweint, Bruder?« Rahaman wendet sich an mich. »Hast du geweint?«
»Wir haben alle beide geweint«, fährt Bundini fort. »Dem Champ laufen die Tränen über die Wangen. Angelo sieht uns weinen; er zieht mich aus der Ecke raus und sagt: ›Mach doch keinen Unsinn! Das schwächt ihn doch nur!‹
Das tut mir weh. Ich sage: ›Mann, das verstehst du nicht. Wir brauchen Blut. Das Blut muß fließen.‹ Damit kann der Champ dann hingehen und mit Mann, Tier und Untier fertig werden. Weil Blut nach Blut schreit.
Ich sage: ›Er wird wiedergeboren, Angelo. Laß das Blut der Menschen in ihn einströmen. Laß ihn weinen. Wenn ein Baby aus dem Mutterleib gerissen wird, muß es auch weinen.‹ Und ich sage zu ihm: ›So zu weinen, das macht ihn stärker, nicht schwächer. Die da draußen jubeln, weil ihr Blut in einen einströmt, den sie lieben. Transfusion. Da muß man weinen.‹
Viele Leute haben keine Ahnung von Champions. Zuerst hab' ich auch keine gehabt – bis ich anfing, mit einem zu arbeiten. Mit einem der Größten in unserem Sport! Als er ein Comeback versuchte, haben ihn all seine alten Trainer im Stich gelassen. Da ist er zu mir gekommen und hat gesagt: ›Fastblack.‹ So haben sie mich damals genannt.« Bundini lacht. »Ich war schnell, und ich

war schwarz, und das haben sie dann zusammengesetzt. Fastblack. Er sagte, er würde gern mit mir arbeiten.
Ich war noch nicht lange im Boxgeschäft, aber mit Menschen, da kannte ich mich aus, und dieser hier, dem ging es dreckig. Die miesesten Stümper machten Hackfleisch aus ihm. Seine Arme waren wie Bananenschalen, seine Schläge weich wei Bubblegum, das vier Tage lang gekaut worden ist. Und er sagte: ›Ich hab's noch nicht ganz wieder, Fastblack, aber ich werd's schon noch zusammenkriegen.‹
Und als er's dann zusammengekriegt hatte, da ist es schon der Abend des großen Rückkampfs, und es ist Zeit, daß er sich hinlegt, um sich vor dem Kampf noch ein bißchen auszuruhn. Weißt du, Champ, genauso, wie du's auch immer machst. Der letzte, lange Schlaf.«
Ich lächle vor mich hin, antworte aber nicht.
Bundini fährt fort: »Und ich bin bei ihm zu Hause, und seine Frau sagt allen, sie sollen gehn, damit der Champ etwas Ruhe kriegt. Doch als sie mich sieht, leuchten ihre Augen auf, und sie sagt: ›Du nicht, Fastblack. Komm mal her.‹ Sie zieht mich rüber zur Schlafzimmertür, wo ihr Mann sich hingelegt hat. Er schläft nackt, wie du, Champ, und sie sagt: ›Geh da rein, und leg dich zu ihm.‹«
»Das hat sie gesagt?« fragt Rahaman.
»Ich war noch grün«, berichtet Bundini. »Es war das erstemal, daß ich mit einem Champ arbeitete. Noch nie hatte mir 'ne Frau gesagt, daß ich mit ihrem Mann ins Bett gehn soll, und ich wußte nicht, was ich davon halten sollte. ›Leg dich zu ihm ins Bett‹, sagt sie und schiebt 'ne große Kommode vor die Tür, damit niemand zu uns rein kann.
Er liegt im Bett, und ich gehe hin und lege mich neben ihn, und er rollt sich in meinen Armen zusammen und schläft ein. Und seine Frau späht zur Tür herein und sieht ihren Mann in meinen Armen und sagt: ›So ist es gut.‹ Ich lerne. Ich geh zur Schule.
Dieses In-den-Krieg-Ziehen, Mann gegen Mann, während die ganze Welt zuschaut, ist etwas, woran man sich nie gewöhnt. Das ist immer wieder neu, jedesmal. Wie ein Raketenstart in den Weltraum. Wie die Entdeckung Amerikas. Wie eine Geburt. Als kommt man aus dem Mutterleib.
Da lieg' ich im Bett mit diesem Kerl in den Armen, der Pfund um Pfund der wildeste, härteste Schwarze von der Welt ist, der Nägel fressen könnte und bei seiner Geburt so stark gewesen sein muß, daß er bestimmt aufgestanden und zu Fuß aus dem Mutterleib herausmarschiert ist. Und jetzt, vor dem Kampf, ist er wie ein Kind. Saugt sich voll mit Liebe. Liebe, die verleiht ihm Kraft. Und das weiß seine Frau. Und wenn ich es nicht auch wüßte, dann würd' ich hingehn und hoch auf seinen Gegner setzen. Ich würd' sagen: ›Was ist der? Der ist doch 'n Schwuler! Diesem Feigling wird heute der Arsch aufgerissen!‹ Aber ich weiß, daß das nicht so ist.
Kurz vor dem Kampf, als wir in den Umkleideraum kommen, sagt er: ›Fastblack, wie sind die Leute draußen?‹ Als ich wiederkomme, berichte ich ihm: ›Die hängen praktisch von der Decke.‹ Und dann geht er zum Ring runter,

aber ich weiß noch nicht, daß er sich verändert hat. Und als ich ihm die Stufen raufhelfen will, dreht er sich um und sagt: ›Fastblack, was soll das? Ich brauch' deine dämliche Hilfe nicht! Ich bin der Champ, Mann!‹ Da erst verstehe ich. Er ist raus aus dem Mutterleib. Er mußte wiedergeboren werden, mußte vor einem Kampf noch einmal Kind sein. Und wenn er dann rauskommt, aus dem Mutterleib, kann einem der Kerl, gegen den er antritt, verdammt leid tun.
Genauso ist es mit Ali. Auch für ihn bedeutet Liebe Energie. Er muß weinen, wenn er sieht, wie sehr ihn die Menschen lieben. Das muß Angelo verstehen lernen.
Na, und dann ließen sie die Löwen los, drei hungrige Profis. Wie die halb verhungerten Löwen, die die Römer auf die Christen gehetzt haben. Nur daß hier das Opfer ein Black Muslim war. Drei starke Profis in Topkondition, jeder von ihnen mit Kopfschutz. Aber der Champ wollte keinen Kopfschutz. Ich konnte ihn nicht dazu überreden, daß er sich einen aufsetzt.«
»Das Risiko hättest du nicht eingehen dürfen«, ruft Rahaman mir nach hinten zu.
»Mit Pech und Feuer kommen die auf ihn zu, schmeißen ihm ihre Bomben entgegen. Weil alle Fernsehsender und Zeitungen zuschauen und sie zu schnellem Ruhm kommen wollen, indem sie den Größten k. o. schlagen.
Und der Champ läßt's langsam angehen, versucht, niemandem weh zu tun, sparrt nur 'n bißchen, kühl, systematisch, weil er weiß, wenn er in Form wäre, könnt' er sie alle hoppnehmen.
Aber er ist seit drei Jahren nicht mehr im Ring gewesen, und als die Runden vorübergehn und die neuen, ausgeruhten Profis reinkommen, wird er allmählich müde und langsam. Er schleift die Füße und hängt in den Seilen und quält sich ab, schlimmer, als ich es je bei ihm gesehen habe.
Und jetzt fangen dieselben Leute, die ihm vorher zugejubelt haben, an zu buhen, leise zuerst, dann wie tausend Nebelhörner. Sie buhen, weil er ihnen nichts zeigt.
Und einer von den Promotern, die das Geld für den Atlanta-Fight geben sollen, kommt beunruhigt zu mir. Er denkt: ›Vielleicht ist es rausgeschmissenes Geld, wenn wir den Champ aus dem Exil holen, vielleicht ist er zu weit hinüber.‹ Das sehe ich, daß er das denkt.
Und als der Champ in seine Ecke kommt, sehe ich ihn an und frage ihn: ›Was ist denn los?‹ Und er antwortet: ›Ich bin müde! Ich bin müde, Bundini.‹ Ich packe ihn, presse meine Stirn an seine Stirn und sehe ihm ganz tief in die Augen.
›Du bist müde? Du bist müde? Wir haben nicht dreieinhalb Jahre auf diesen Abend gewartet, damit du müde bist! Das sind dieselben Leute da draußen, die dich vor einer Minute zum Weinen gebracht, die dir zugejubelt haben, als wärst du der verlorene Sohn, der heimkehrt.‹
›Was erwarten die denn von mir?‹ fragt er mich. ›Dies ist doch nur ein Schaukampf.‹
Ich gehe mit meinem Mund ganz dicht an sein Ohr und sage: ›Verdammt noch

mal, dies ist kein Schaukampf, Nigger! Dies ist die Auferstehung! Shorty hat eine Auferstehung befohlen! Die Leute da draußen holen dich ins Leben zurück. Die Regierung ist drauf aus, dich im Gefängnis zu begraben. Die hier aber holen dich aus dem Grab. Müde bist du? Müde wirst du, wenn du fünf Jahre im Kittchen sitzt. Aber nicht jetzt, Champ, nicht jetzt! Jetzt ist deine Auferstehung. Kopf hoch!
Angenommen, Shorty hätte Jesus auferweckt und die Leute hätten ihn schwach und müde und mit weichen Knien da rumstehn sehen, ohne Saft, ohne Kraft? Dann hätte Shorty sicher gesagt: ‚Schickt diesen Tölpel wieder ins Grab!' Wenn die Menschen dich auferwecken, dann lassen sie ihr eigenes Blut, ihr eigenes Fleisch und ihre eigenen Knochen in deinen Körper übergehen. Und du darfst nicht schwach sein, weil sie nicht schwach sind.‹
Jetzt stehen wieder Tränen in seinen Augen. Ganz tief innen ist er müde, das weiß ich, aber ich weiß auch, daß die Transfusion beginnt. Sie beginnt, und Shorty fängt an, die Gene zu schütteln!
Die Leute buhen, weil sie meinen, wenn er sie liebt, wie sie ihn lieben, würde er ihnen was zeigen. Wie eine Frau, deren Mann im Bett müde ist, und sie denkt, wenn seine Liebe genauso groß ist wie meine, dann rappelt er sich auf und bewegt seinen Arsch, ob er nun müde ist oder nicht.
Dann kommt Harold Conrad rüber, der mit dem Team von ABC-TV da ist, um den Kampf zu filmen, und sagt zu Angelo, daß ABC-TV mit dem Drehen aufhören will, weil der Champ 'ne schlechte Figur macht. Die werden diesen Film bestimmt nicht für *Wide World of Sports* nehmen, wenn er nichts weiter zeigt als einen müden, alten, übergewichtigen Boxer.
›Was erwarten die denn von mir?‹ fragt mich der Champ.
›Sie erwarten, daß du dich bewegst!‹ antworte ich. ›Sie erwarten, daß du drauflosgehst. Deinen Shuffle zeigst. Ihnen die Knochen polierst! Sie wollen, daß du in den Ring rausgehst und diese Scheißkerle erledigst! Sie wollen dir sagen, daß es ihnen egal ist, wenn du nicht nach Vietnam gehst, nicht in die Army gehst, kein Christ bist, kein Onkel Tom. Sie wollen dir sagen, reiß dich zusammen. Dies ist kein Schaukampf. Dies ist eine Auferstehung!‹
Dann geht er raus und steht in diesen letzten Runden dem schnellsten, hungrigsten, härtesten der drei Profis gegenüber, und siehe da, er ist genauso, wie Shorty ihn haben wollte. Er tanzt und zeigt seinen Shuffle. Er poliert ihm die Schnauze. Seine Jabs zucken vor wie Schlangenzungen. Er umkreist den Gegner, schneidet ihn vom Ring ab. Und die Leute springen auf, und die Halle bebt, und ich schreie ihm zu:
›Tanzen, Champ, tanzen! Tanzen!‹
Er drischt Kombinationen, als hätte ihm Shorty einen Motor eingebaut, Uppercuts, Linke, Rechte, und treibt den Kerl quer durch den Ring.
Ich rufe ihm zu: ›Tanzen, Champ! Tanz für die Kinder in den Waisenhäusern, die keiner haben will! Box für sie, Champ! Du bist der Boß! Tanz für die Arbeitslosen, die ihre Miete zahlen müssen! Tanz für sie, Champ! Hol dir diesen Scheißkerl! Tanz für die Wermutbrüder in der Gosse! Für die Leute im Krankenhaus, die Tuberkulose, die Krebs haben, für die Häftlinge im Gefängnis,

die keine Kaution zahlen können! Tanz für sie, Champ! Tanz für die Rauschgiftsüchtigen, die von allen aufgegeben werden! Tanz für die schwangeren jungen Mädchen, die keinen Ehemann haben! Tanz für sie, Champ! Kämpfe für sie!

Gib's diesen Scheißkerlen! Polier ihnen die Schnauze, bis sie fertig sind! Kämpfe für die Leute, die von der Wohlfahrt leben, für die Alten, die keine Rente kriegen! Tanz für sie! Los, reiß diesem Scheißkerl doch den Arsch auf! Sei hart! Tanz für die müden, alten Huren, die sich da draußen ihre Freier suchen! Für alle Einsamen, die in den Kneipen sitzen und trinken! In den Billardsalons! An den Straßenecken! Tanz für die Straßenkehrer, für die kleinen Leute, die in Flughafenhallen, Bahnhöfen, Busstationen, Tankstellen den Fußboden wischen! Kämpfe für sie, Champ! Für die Zimmermädchen im Hotel, die Betten machen und Toiletten putzen! Gib's ihm, dem Scheißkerl! Shorty hat ihnen gesagt, daß sie dich wieder zum Leben erwecken sollen. Shorty hat ihnen gesagt, daß sie dich aus dem Grab holen sollen! Das waren keine Senatoren, die dich gerettet haben, keine Gouverneure und kein Präsident! Das waren auch keine Bankiers! Das waren die Leute da draußen, die allein haben dich gerettet. Die Leute da draußen lassen neues Blut in deine Adern fließen! Gib's ihm, dem Scheißkerl vor dir im Ring! Gib's ihm den ganzen Abend lang! Keiner kann Muhammad Ali schlagen! Keiner, nur Cassius Clay, und der ist heute abend nicht hier! Tanzen, Champ, los doch, tanzen!‹«

»Auuu Mann, ich kann mir vorstellen, wie der jetzt kocht!« Rahaman lacht.

»Und als der Gong kommt, brüllen sie in der Halle so lange, daß der Zeitnehmer vierzigmal auf den Gong hämmern muß, bevor wir den Champ in den Umkleideraum bringen können.

Aber das ist noch nicht das Beste«, fährt Bundini fort. »Das Beste kam erst im Umkleideraum. Ich höre, wie sich der Champ mit Teddy und Pal, meinen alten Straßenkumpels aus New York, unterhält. Und er sagt: ›Angelo hat die Kontakte und die Hautfarbe, aber Bundini macht, daß ich kämpfen kann.‹ Das war alles, was er gesagt hat.

Aber für mich war es genug. Zum erstenmal hat er mir mein *mojo,* meine Kraftpille, zurückgegeben. Ich hab's ihm gegeben, und er hat's mir zurückgegeben. Ich spüre, wie sich mein Körper verjüngt. Der Mensch wird schnell alt, wenn er keine Liebe bekommt. Ein ungeliebter Mensch ist ein gefährdeter Mensch. Der Mensch kriegt Magengeschwüre und Hirnschäden, wenn er nicht von Liebe umgeben ist. Was er da sagte, das hat die Runzeln aus meinem Körper gebügelt. Ein Mensch ohne Liebe ist ein runzliger Mensch, jedoch ein Mensch, der geliebt wird, ist glatt.

Menschen, die einen lieben, verlangen mehr von einem als Menschen, denen man egal ist. Darum hat Sugar Ray keinem seiner Freunde in die Augen gesehn, wenn er zwischen den Sitzreihen hindurch zum Ring runterging, sondern die Kapuze so tief über den Kopf gezogen wie ein Pferd mit Scheuklappen. Er wollte niemanden sehen als seinen Gegner.

Man muß schon wirklich gut in Form sein, um der Liebe gewachsen zu sein. Der Champ war nicht in Form, aber Shorty hat seine Auferstehung befohlen, und die Menschen haben ihm die Transfusion gegeben ...«
Bundini dreht sich um und schaut mich an, wie ich ausgestreckt auf dem Rücksitz liege. Rahaman hat keine Fragen mehr. Den Rest der Fahrt nach Philadelphia legen wir schweigend zurück.

13

Training fürs Jüngste Gericht

Herbert hatte den Quarry-Kontrakt bis ins kleinste Detail ausgearbeitet. Dann wurde er unterschrieben und versiegelt. Die 200 000 Dollar Kampfbörse sind bei der Bank deponiert, und meine neue Boxlizenz hat den Test in der Halle des Atlanta's Morehouse College bestanden. Jetzt hoffen die Promoter auf Gebete, Beziehungen und Profitgier – vor allem darauf –, um alles zu einem glücklichen Ende zu bringen. Doch ich werde das Gefühl nicht los, daß mich noch immer jener Unstern verfolgt, der seit dem Tag meiner Wehrdienstverweigerung jeden meiner Schritte begleitet; jeden Augenblick kann er wieder erscheinen und alles zunichte machen.

Noch immer höre ich in diesen Tagen die Stimme jener zornigen weißen alten Frau, die vor dem Gebäude der Musterungsbehörde auf mich wartete. Als ich das Gebäude verließ, schwenkte sie ihre amerikanische Flagge und rief mir zu: »Wenn du für diese Flagge nicht kämpfen kannst, wirst du nirgends mehr kämpfen. Bevor du nicht auf die Knie fällst, um diese Flagge zu küssen und Jesus Christus und das Weiße Haus um Vergebung zu bitten, bist du nicht mehr der Champ, wirst du nie mehr der Champ sein!«

Und jetzt, da endlich der Tag gekommen ist, meine Rückkehr in den Ring bekanntzugeben, schlafe ich im New York Hilton und versuche, Bundinis Trommeln gegen meine Tür zu überhören: »Champ! Champ, wach auf!«

»Hör auf zu schreien«, sage ich.

»Wach auf, Champ. Sie schicken mich, um sicherzustellen, daß du rechtzeitig dort bist.« Er zieht mir die Decke weg.

»Was soll das heißen, rechtzeitig?« frage ich und drehe mich um.

»Die Pressekonferenz ist um zehn.«

»Wieviel Uhr ist es jetzt?«

»Zehn.«

Ich krieche zurück unter die Decke. »Wir gehen um elf. Laß sie warten.«

Bundini reißt die Augen auf wie Mantan Moreland, dann fängt er an zu lachen. Solche Antworten machen ihm Spaß. »Schau dir das an, schau dir das bloß an! Du bist noch immer der Champ! Allmächtiger Gott, der wirkliche gottverdammte Champ! Wir sind wieder im Geschäft! Waren miese, magere Jahre, in denen wir es uns nicht einmal leisten konnten, jemand warten zu lassen. Der Champ sagt: Laß sie warten!«
Dann öffnet er die Tür und geht den Flur hinunter. Mit einer Stimme, die Tote auferwecken könnte, schreit er: »Wir sind wieder im Geschäft! Die zweite Auferstehung des Muhammad! Das Lamm kommt in sein Reich. Der Champ sagt: Laß sie warten!«
Wie ich in die Lobby hinunterkomme, überreicht mir der Portier eine Nachricht. Sie ist von Jackie Robinson. Ich gehe in die Kabine, um ihn anzurufen. Seitdem er bei meinem ersten Kampf im Madison Square Garden in meine Umkleidekabine kam, um mich zu begrüßen, sind wir Freunde. Ich mag seine direkte, unverblümte, schwarze Art, sich auszudrücken.
Da Jackie seit Jahren als der Gouverneur Rockefeller »am nächsten stehende Farbige« galt, wandte sich mein Anwalt Chauncey Eskridge an ihn, um die Unterstützung des Gouverneurs bei der Wiedererlangung meiner Lizenz für New York zu erhalten. Später stellte ein Bundesgerichtshof fest, daß sie mir ohne Rechtsgrundlage entzogen worden war.
»Champ«, Jackies Stimme ist ziemlich laut, »du bist noch immer der Größte, nach mir«, wir lachen. »Ich habe mit dem Gouverneur gesprochen«, sagt er, »und nicht nur einmal, sondern immer wieder. Das ganze Jahr über!«
Ich weiß, wie hartnäckig Jackie sein kann, wenn er etwas erreichen will. Ich sehe ihn, wie er Rockefeller Auge in Auge an dessen Schreibtisch gegenübersitzt.
»Gestern zeigte ich ihm, daß sie selbst im tiefen Süden, in Georgia, wo sie um die Aufrechterhaltung der weißen Herrschaft einen Krieg führten und Leute lynchten, weil sie die Flagge nicht grüßten, im Begriff sind, Muhammad Alis Recht anzuerkennen. Und auch die Leute in New York seien dieser Ansicht, erklärte ich ihm.«
»Was sagte er dazu?« frage ich neugierig.
»Er sagte, daß ihn viele Leute nach dir gefragt haben. Aber er hat Angst, sich mit dem Weißen Haus anzulegen. Er sagt: ›Jackie, du weißt, daß Cassius Clay Nixons Lieblingssündenbock ist. Nixon haßt seine Aufsässigkeit.‹ Ich erklärte ihm, daß er in New York viel Unterstützung finden würde, wenn er Alis Recht zu kämpfen anerkennen würde. Doch er reagierte nicht darauf. Er wird nichts tun, was Nixon verärgern könnte.«
»Ich war der Ansicht, ein so mächtiger und reicher Mann wäre unabhängig.«
»Nicht wenn du feige bist«, antwortet Jackie. »Ein paar von den Jungs seiner Umgebung meinten, daß er vielleicht etwas für dich tun würde, wenn du Reden für den Gouverneur halten und in Versammlungen auftreten würdest.«
»Das könnte ich nie.«
»Ich würde es dir auch nicht wünschen. Ein Sklave auf Rockefellers Plantage ist genug. Ich würde mir nicht wünschen, daß sie dir auch noch Handschellen

anlegen. Ich bin gerade dabei, mich langsam aus dieser Scheiße wieder zu befreien.«
Obwohl Jackie und ich in vielem völlig verschiedener Ansicht sind, kann ich mich bei manchen Problemen auf eine Weise mit ihm identifizieren, wie es mir bei meinem frühen Boxidol Sugar Ray nur selten gelang. Außerhalb des Rings hatte ich mich meilenweit von Sugar Ray entfernt, nicht aber von Jackie. Bis in die letzte Woche seines Lebens führte er seinen Kampf, ohne jemals aus dem Gleichgewicht zu kommen oder die Verbindung zu jenen Menschen zu verlieren, aus deren Kreisen auch ich stamme.
»Du kannst deinen Prozeß aber trotzdem gewinnen«, sagt er. »Was du auch vor hast, sorge dafür, daß der Kampf in Atlanta stattfindet. Bist du erst einmal im Ring, mache ich mir keine Sorgen mehr. Sage Eskridge, daß ich alles versucht habe.« Ich danke ihm, wobei ich ein äußerst flaues Gefühl in der Magengegend habe.

Monate danach wandte sich einer der Helfer des Gouverneurs an meinen Anwalt und verlangte, daß ich einen offenen Brief schreiben sollte, in dem ich mich bei Gouverneur Rockefeller dafür bedankte, daß New York mir schließlich doch meine Lizenz zurückgegeben habe. Dieser Brief war für Rockefellers Wahlkampagne bestimmt.
»Wie können wir uns bei ihm bedanken, obwohl er sich weigerte, auch nur einmal den Mund aufzumachen?« fragte Eskridge.
Die Leute des Gouverneurs wußten nicht, daß Jackie uns über alles unterrichtet hatte.
Die einzigen Leute, die eine solche öffentliche Erklärung wirklich verdient hätten, waren mein Anwalt, die Rechtsprofessoren der Columbia University und Ann Wagner, eine Anwältin des Legal Defense Fund der NAACP. Sie hatte das ganze Jahr über Beweise dafür zusammengetragen, daß die New York State Athletic Commission an neunzig Boxer Lizenzen vergeben hatte, die wegen Unterschlagung, Vergewaltigung oder Mord verurteilt worden waren; weitere fünfzehn erhielten eine Lizenz, obwohl sie während ihrer Militärzeit schwerer Delikte überführt werden konnten. Es war also ein grausamer und unüblicher Akt der Bestrafung, wenn mir, obwohl mein Fall noch in der Berufung war, die Boxlizenz verweigert wurde. Dadurch wurde die Argumentation des Staates durchlöchert; seine Anwälte hatten sich nämlich hinter der Behauptung verschanzt, es wäre ein lang geübtes Verfahren, straffällig gewordenen und überführten Boxern so lange keine Lizenz zu gewähren, bis sie ihre Strafe abgebüßt hätten.

Aber jetzt klopfen Bundini und Angelo gegen die Telefonkabine. Bundini klingt verärgert: »Champ, noch nicht einmal Jesus Christus würde sich mit seiner ›Zweiten Auferstehung‹ soviel Zeit lassen wie du. Seine verdammten Jünger bräuchten nicht so lange auf ihn zu warten. Beeil dich ein bißchen. Shorty gibt keinem die Chance eines dritten Comeback.«

Angelo konnte sich mit Bundinis Respektlosigkeiten noch nie abfinden: »Zumindest könntest du deinen lieben Herrgott bei seinem richtigen Namen nennen«, sagt er.
Das Gespräch mit Jackie hat mich an zwei Dinge erinnert, die noch zu erledigen sind. Zuerst muß ich zur NBC, um meinen Auftritt in der Johnny Carson Show abzusagen. Außerdem muß ich mit Whitney Young von der National Urban League sprechen.
Ich erkläre Carson, daß die Promoter es besser finden, keine schlafenden Hunde aufzuwecken. Sie sind der Ansicht, daß eine bundesweit ausgestrahlte Fernsehshow einen Kreuzzug gegen den Kampf auslösen könnte. Doch ihre Vorsicht erwies sich als nutzlos, wie sich später herausstellte, denn die Kampagne gegen mich fand trotzdem statt.
»Aber wenn der Fight steigt«, fragt Carson, »würden Sie und Quarry mir versprechen, dann zuerst bei mir aufzutreten?«
»Ich schon, aber Quarry wird dann nicht mehr in der Lage dazu sein.« Er lacht, und ich habe den Eindruck, daß auch er an die Möglichkeit dieses Kampfes zu glauben beginnt.
Ich habe die Adresse der Urban League verloren, doch Bundini ist Jude und erinnert sich, daß sie direkt neben der Women's Zionist Organization ihre Büros hat. Wir machen uns auf den Weg.
Ich werde dort sofort von allen umdrängt und herzlich begrüßt. Eigentlich hatte ich gedacht, es würde hier eher steif und betont intellektuell zugehen. Whitney Young kommt hinter seinem Schreibtisch hervor, umarmt mich brüderlich und bietet mir einen Platz auf einer Couch an. Ich danke ihm für die Unterstützung der League, und Whitney spricht von weiteren Möglichkeiten der Zusammenarbeit. Er ist schon seit Jahren in Atlanta tätig und erklärt sich bereit, die schwarzen und weißen Bürgerschaftsvertreter zu meiner Unterstützung zu organisieren.
»Wir würden beide davon profitieren«, meint er.
»Wie das?«
»Nun, wenn wir zusammenhalten, wird möglicherweise ein Teil unseres öffentlichen Ansehens auf Sie übertragen werden, wie wir umgekehrt von Ihrer Popularität und Ihrem öffentlich bewiesenen Mut gewinnen können. Ist das nicht ein fairer Handel?«
Danach gehen wir langsam zur Sixth Avenue hinüber, wo in einer engen Hotelhalle mehrere hundert Journalisten, Reporter, Fotografen, Boxfachleute und Fernsehteams auf das warten, was Bundini als »Die zweite Auferstehung« des Muhammad Ali bezeichnet hat: »Großer Gott, das Lamm kommt in sein Reich!«
Diese Pressekonferenz vor dem Kampf ist die erste, die ich seit meiner Begegnung mit Zora Folley im Madison Square Garden gebe. Damals machte sich das Gerücht breit, daß ich einberufen werden sollte. Und noch bevor ich mich den Einberufungsbehörden stellte, erschienen Schlagzeilen wie: CLAY ZIEHT GEFÄNGNIS DER ARMEE VOR. CLAY BELEIDIGT UNCLE SAM.
Fast alle Kolumnisten griffen mich wegen meiner Wehrdienstverweigerung

heftig an. Und von dem Tag an, an dem ich mich als Anhänger der Black Muslims zu erkennen gab, war ich in ihren Augen nicht mehr wert, die Krone des Schwergewichtsweltmeisters zu tragen. Eifrig hielten sie nach einem »wirklichen Amerikaner« Ausschau, der diesem »großmäuligen Drückeberger« den Titel entreißen konnte.

Doch als ich jetzt durch die Halle nach vorn geschubst werde, spüre ich keine Aversionen mehr in mir, irgendwie fühle ich mich hier zu Hause. So etwas wie Sympathie schlägt mir entgegen, sogar teilweise von jenen, deren Angriffe mich wirklich verletzt haben. Die meisten von ihnen werden mich von nun an nicht mehr dafür brandmarken, daß ich mich weigerte, in Vietnam zu kämpfen, sie werden mich auch nicht mehr wegen meiner Religion beleidigen. Allerdings werden sie mich auch nie so behandeln wie einen schwarzen Katholiken oder einen Christian Scientist. Die Einstellung der Öffentlichkeit gegenüber dem Krieg wird sich ändern, und die große Mehrheit wird sich ihm noch heftiger widersetzen, als ich es tat.

Aber ich habe sie vermißt, und ihnen schien es ebenso zu gehen. Ich vermißte selbst die Wortgefechte vor dem Kampf, in die ich mich vor allem mit jenen einließ, die mich in ihren Kolumnen dauernd angriffen: Gene Ward und Dick Young von der *New York Daily News* sowie Jimmy Bishop, Jimmy Cannon und Arch Ward von der *Chicago Tribune.* Sie alle beachten jetzt auch kaum Jerry Quarry, sondern konzentrieren sich voll auf mich.

Mein Paß ist noch immer eingezogen, und mein Fall wird noch vor dem Obersten Bundesgericht verhandelt. Noch immer darf ich in New York nicht kämpfen. Aber es ist ganz offensichtlich, daß die Dinge nach einem Kampf in Atlanta in Bewegung geraten würden. Von all dem Geschrei und der Erregung dieser Pressekonferenz, die Dave Anderson von der *New York Times* später als »wild und hektisch« beschreibt, erstaunt mich Quarrys ruhig geäußerte Bitte am meisten.

Nachdem wir für die Presse den unterzeichneten Vertrag noch einmal signiert haben, versuchen wir uns durch die Menge wieder hinauszudrängen. In diesem Moment beugt sich Quarry zu mir herüber und bittet höflich: »Champ, bevor Sie gehen, hätte meine Frau Sie noch gern kennengelernt.« Ich folge ihm durch die Menge, bis wir vor einer hübschen, zart gebauten Frau in modischem braunem Wildleder stehen. Sie macht einen Schritt auf mich zu und streckt mir die Hand hin. »Ich dachte schon, Jerry würde es vergessen«, sagt sie. »Wie schön. Ich wollte Sie schon so lange einmal kennenlernen.«

»Ich verstehe nicht, wie es Jerry bei einer so hübschen Frau überhaupt noch gelingt zu trainieren. Ich hoffe, Sie besuchen ihn oft in seinem Trainingslager.« Meine Worte lassen sie rot werden.

»Und das ist mein Sohn Jerry Lynn«, sagt Quarry.

Er ist ein gut gewachsener Junge, der mehr seiner Mutter ähnlich sieht. Er legt seine Hand in meine, und ich lege die Arme um ihn.

Wir gehen zur Seite, und obwohl die Reporter und Fotografen noch immer Fragen stellen, interessiert mich im Augenblick nur noch dieser kleine Junge,

der zu mir aufsieht, als ob sein Vater und ich die besten Freunde wären, die sich auf ein paar harmlose Übungsrunden vorbereiten. Seine Hände fühlen sich sehr warm an, und ein seltsames Gefühl steigt in mir hoch, für das ich keine Erklärung finde. Dann wird mir klar, daß ich zu lange nicht mehr geboxt habe.
Jerry wird keineswegs der erste Vater sein, den ich vor den Augen seiner Familie pulverisiere. Da waren bereits die Söhne von Cleveland Williams, George Chuvalo, Brian London, Zora Folley – und vieler anderer.
Ein Ausspruch Floyd Pattersons kommt mir in den Sinn: »Gewalttätigkeit und Haß gehören zur Welt des Preisboxers. Wir kämpfen aber, ohne den andern letztlich wirklich zu hassen; doch die drohende Niederlage vor Augen, tun wir so, als ob wir hassen würden.«
Ich habe immer versucht, mich gegenüber der Persönlichkeit meines Gegners immun zu machen, zumindest bis ich ihn besiegt hatte. Ich erfinde eine für meine Zwecke passende Persönlichkeit und damit zugleich auch die Motive für meine Angriffe. Auf diese Weise kämpfe ich besser und kann es manchmal sogar genießen.
Aber wie soll ich einen Mann hassen, dessen kleiner Junge meine Hand in seine nimmt, der die Faust umklammert, die das Gesicht, vielleicht auch das Ansehen und die Zukunft seines Vaters zerschlagen wird?
Irgend jemand reicht mir einen Filzstift, und ich schreibe ihm wie eine Tätowierung meinen Namen auf die Hand. Er denkt, der Kampf wäre nicht mehr als ein bißchen Schaustellerei.

Als ich dann nichts lieber getan hätte, als ihn wieder in den Arm zu nehmen, ist es völlig unmöglich. Es ist der Augenblick, in dem ich Jerry voll erwischt habe. Aus den Augenwinkeln sehe ich, wie der Kleine sich die Seele aus dem Leib brüllt. Sein »Freund« hat gerade seinem Vater eine so tiefe Wunde über dem Auge verpaßt, daß das Blut über den Ring hinausspritzt. Im folgenden Durcheinander war es mir unmöglich, ihn irgendwie zu trösten, wie ich es bei den Kindern anderer Boxer getan habe. So beispielsweise beim Sohn Brian Londons, der zusammen mit seiner Mutter am Ring saß, als ich seinen Vater so zu Boden schickte, daß er ihnen fast in den Schoß gefallen wäre. Als ich aus dem Ring stieg, war es mir unmöglich, einfach in den Umkleideraum zu gehen. Ich hatte in den Londoner Zeitungen gelesen, welche Sorgen sich die Frau über die Karriere ihres Mannes machte; also ging ich hinüber zu ihr und freute mich, daß sie meine tröstenden Worte akzeptierte. Und damit der Kleine nicht vergaß, wer sein Vater wirklich war, hob ich ihn hoch und sagte: »Dein Vater ist ein sehr mutiger Mann, und die meisten seiner Kämpfe gewinnt er auch, und er wird noch mehr gewinnen. Doch was viel wichtiger ist, er liebt dich. Das darfst du nie vergessen.« Er nickte und lächelte. Bei Zora Folley wußte ich, daß seine Frau und seine süßen Kinder den Kampf zu Hause in Arizona vor dem Fernseher verfolgten. Nachdem er ausgezählt war, hielt mir Howard Cosell sein Mikro hin, und ich beruhigte Folleys Frau: »Ihr Mann ist in Ordnung. Es ist ihm nichts geschehen.« Später erfuhr ich, daß sie sehr froh über meine Worte war, da sie nur sehen konnte, wie sich die Leute um ihren Mann drängten und einer ihm Riechsalz unter die Nase hielt. Ich weiß, was es bedeutet, wenn vor den Augen von Frau und Kindern der Mann auseinandergenommen wird. Deshalb stelle ich meine Frau und meine Kinder nie einem Gegner vor, bevor ich ihn geschlagen habe.

Wie ich so dastehe, fühle ich mich recht sicher. Ich weiß, daß ich nie einen Profikampf verloren habe. Aber Quarry.
»Was ist das für ein Gefühl, Champ, nach drei Jahren?« Zwei Deutsche, die auf ihr Interview warten, mischen sich in unsere Unterhaltung. »Glauben Sie, daß Sie wieder in Form kommen?«
»Natürlich kann er das!« sagt Quarrys Sohn stolz, bevor ich reagieren kann.
Dann stößt Bundini zu uns. »Wir sind wieder im Geschäft! Wie in alten Zeiten! Wir fliegen nach Miami. Alles fertig?« Ich bin bereit – in vielfacher Hinsicht. Ich habe meinen Kokon verlassen, und auch innerlich hat sich einiges verändert. Das, was jetzt kommt, wird nicht mehr wie in »alten Zeiten« sein. Der Kontrakt verlangt von Quarry und mir, daß wir die zwei letzten Wochen vor dem Kampf in Atlanta trainieren. Aber zunächst einmal fliegt er nach Kalifornien und ich nach Miami.
»Auf Wiedersehn in Atlanta«, sagen die Quarrys und halten mir die Hand hin.
Ich nehme nur die von Jerry Lynn, ich sehe die Bestürzung in Quarrys Augen. Aber wie ich bereits sagte, gebe ich einem Gegner erst die Hand, wenn ich ihn besiegt habe.
»Macht euch fertig für die Schlacht!« dröhnt Bundinis Stimme, als wir auf die Straße hinaustreten, um zum Flugplatz zu fahren:»USURPATOREN, MACHT EUCH DAVON! DAS LAMM KOMMT IN SEIN REICH UND STÖSST EUCH VOM THRON!«
In dieser Nacht träume ich von Quarry und seinem Sohn; ich erwache schweißgebadet.

Wir fliegen nach Miami hinunter und landen in der Sea Gull, einem kleinen jüdisch-orthodoxen Hotel, das am Ende einer abgelegenen Seitenstraße fast schon im Ozean hockt. Angelo erklärt: »Du brauchst ein ruhiges, abgeschirmtes Hotel, wo die Leute nachts schlafen, das Essen koscher ist und sich in der Lobby weder Nutten noch Zuhälter und Spieler herumtreiben.« Hier finde ich jene Intimität, die den Luxushotels an der Beach völlig abgeht. Nicht nur für den Quarry-Fight, sondern auch für den Kampf gegen Bonavena und teilweise noch während des Trainings für den Fight gegen Frazier schlage ich hier mein Hauptquartier auf.
Ich bekomme Zimmer Nr. 222, das ich ohne Aufzug erreichen kann. Der ist nämlich nur zu Zeiten in Betrieb, in denen er die Gäste nicht stört, wie der Manager erklärt. Es sind zumeist ältere Leute und Pensionisten, nur manch-

mal tauchen auch Gruppen jüngerer Leute auf, die von jüdischen Organisationen geschickt werden.
Ich verteile meine Sparringspartner, Bundini, meinen Vater und Rahaman auf die umliegenden Zimmer. Den Neffen des Sängers Arthur Prysock verpflichte ich als Koch. Paul hat vor allem die Aufgabe, Karotten, Kohl und Erbsen zu kochen und in den Metzgerläden die größten koscheren Steaks der Beach aufzutreiben – Steaks, die wir häufig mit hungrigen Rabbis teilen, die nach ihren Versammlungen einen kleinen Besuch auf Zimmer 222 machen. Zusammen sehen wir uns dann Filme von früheren Kämpfen oder die zahllosen Schnappschüsse an, die Bundini bei der Bar-Mizwa seines Sohnes schoß. Zwischen diesem und den Rabbis entbrennen auch immer wieder heiße Diskussionen, weil seine religiösen Überzeugungen einen nicht eben orthodoxen Charakter haben.
Der Besitzer des Hotels, ein freundlicher älterer Mann, entschuldigt sich mehrmals für die Bescheidenheit meines Quartiers; anscheinend kann er sich nicht vorstellen, daß ich keinerlei Verlangen nach dem Luxus der Superhotels habe. Später bieten mir die protzigsten und renommiertesten von ihnen zehntausend Dollar die Woche, wenn ich während der Vorbereitungen für einen Kampf mein Hauptquartier bei ihnen aufschlage. Doch ich kann mich auch noch an jene Zeiten erinnern, als ich in Miami zu trainieren begann; sie liegen gar nicht so lange zurück. Damals nahm kein Hotel an der Beach Schwarze als Gäste auf, hießen sie nun Cassius Clay oder Sarah Vaughn, geschweige denn einen jener zahllosen schwarzen Reisenden. Für sie gab es lediglich das George Washington Carver Hotel in Miami selbst. Wollte ich an die Beach, mußte ich den Zug nehmen. Und ganz zu Beginn duldete der Drugstore unterhalb der Fifth Street Gym Schwarze noch nicht einmal an der Theke.

Am Tag vor dem Abflug nach Atlanta, dem letzten echten Trainingstag vor dem Kampf gegen Quarry, bin ich in der Halle, und mein Sparringspartner Blue Lewis bearbeitet meinen Bauch, als ob er einen Medizinball vor sich hätte. Ich habe zweiundvierzig Monate lang keine Trainingshalle mehr von innen gesehen, und wir wissen, daß Quarry vor allem auf Körperschläge spezialisiert ist. Blue zeigt an, daß er einen Vorschlaghammer losläßt; er telegraphiert es mir herüber, aber ich bin zu keiner Reaktion fähig.
Ich hörte einmal zu, wie sich Jersey Joe Walcott und Joe Louis, der ein Maultier niederschlagen konnte, über Treffer unterhielten, die sie zu Boden gestreckt hatten. Jersey Joe sagte: »Wenn dich einer überraschend aus dem Blauen, so aus heiterem Himmel, trifft, kommst du schnell darüber hinweg. Ohne böse Folgen. Aber wenn du ihn kommen siehst, und es gelingt dir nicht, ihm auszuweichen, dann hast du ihn auf Band und wirst ihn zu den unmöglichsten Zeiten ablaufen lassen. Vielleicht im Traum, oder wenn du einfach so die Straße hinabschlenderst.«
Und jetzt sehe ich einen solchen Hammer auf mich zukommen. Im Ansatz scheint er es auf meine Magengrube abgesehen zu haben, doch dann be-

schreibt er plötzlich einen Bogen und rammt mir in die Rippen. Es ist, wie wenn ein schrecklicher Zahnschmerz durch alle Knochen zuckt, das Rückgrat hinaufläuft und sich im Hinterkopf festbeißt. Ich hänge mit dem Rücken in den Seilen, während Blue mir laufend weitere Schläge dieses Kalibers versetzt. Dann rutsche ich in den Seilen langsam zu Boden. Dabei sehe ich aus den Augenwinkeln ringsum erschrockene Gesichter und weit aufgerissene Augen. Die Zuschauer drängen sich an den Ring: »Ist er verletzt?« ... »Macht er Theater?« ... »Hast du das gesehen?«

Ich liege ausgestreckt auf dem Boden und fühle, wie Bundini mich an den Schultern hochhebt, sein Mund ist an meinem Ohr: »Das sieht ungeheuer echt aus, Champ.« Er versucht zu lachen. »Alles in Ordnung?«

Er war mehr als ein dutzendmal dabei, wenn ich mit solchen Mätzchen die Sparringsrunden etwas anzuheizen versuchte – aber jetzt weiß er nicht, was er davon halten soll. Ich weiß es. Ich erinnere mich daran, daß ich mich langsam an den Seilen hochzog und der Menge zuwinkte. Einige von ihnen winken zurück, als ob sie den Witz verstanden hätten; sie lachen. Irgendwie stehe ich das Sparring durch, wobei ich sogar noch eine Runde Schattenboxen vorführe. Dann drängt Angelo die Zuschauer vom Ring weg, und ich gehe hinter ihm her in den Umkleideraum. Unter den Zuschauern ist auch Arthur Burke, ein Anwalt, der darauf wartet, mit mir zusammen nach Miami hineinzufahren, weil ich dort in Zusammenhang mit dem gegen mich laufenden Verfahren unter Eid aussagen soll. Burke hatte noch nie mit Preisboxern zu tun gehabt und will mir in die Garderobe folgen, doch Angelo weist alle zurück. Nur die engsten meiner Mitarbeiter und Helfer werden eingelassen. Nachdem die Tür geschlossen ist, drängen sich alle um mich. Draußen haben sie sich wegen der Presseleute zurückgehalten, doch jetzt bricht es aus ihnen heraus:

»Warum hast du das getan? Warum hast du dich von einem Sparringspartner so niederschlagen lassen?«

»Mein Gott! Jemand soll den Arzt holen!«

»Wenn die Rippe gebrochen ist ...«

»Das macht er immer so, ein Champ macht das eben«, Bundini ist resigniert. »Das ist die Art, wie er sich in Form bringt. Das ist seine Art des Trainings.«

Ich sehe, daß Blue sein langes Gesicht durch die Tür steckt – wie ein Pferd, das in die Scheune schaut. Es ist genauso von Schmerz gezeichnet wie das meine. »Ich wußte nicht, daß du noch nicht soweit bist. Du sagtest, ich solle hart schlagen.«

Ich winke mit der Faust in Richtung seines Kopfes. »Wenn du es nicht getan hättest, würde ich mir einen anderen Sparringspartner suchen.«

Blue. Ich kenne ihn seit den »Golden Gloves«. Er ist kein gewöhnlicher Sparringspartner, er ist einer der härtesten Schläger, einer jener kaum bekannten Boxer, die so gut wie keine Chance haben, jemals berühmt zu werden, weil kein Manager ihnen einen Boxer »mit Namen« in den Ring schickt. Außer es macht einer einen Fehler. So wie der südamerikanische Schwergewichtsmeister Oscar Bonavena, der Blue für einen »leichten Fall« hielt und

in Buenos Aires gegen ihn kämpfte. Er wurde in vier Runden dreimal zu Boden geschlagen, bevor der Ringrichter Blue »disqualifizierte« – weil Oscar in Amerika noch ein bißchen abkassieren will.
Nachdem Blue verschwunden ist, gehe ich in die Duschkabine, doch der Schmerz überfällt mich wieder so heftig, daß ich taumle und Dundee mich zum Ankleidetisch bugsiert. »Der Arzt ist unterwegs. Leg dich hin, streck dich aus.«
Ich versuche mich aufzurichten, aber der Schmerz läßt mich die Augen schließen. Als ich sie öffne, beugt sich Dr. Pacheco über mich und betastet meine Rippen.
Chris schüttelt den Kopf. »Wenn wir den Kampf verschieben, weiß Gott allein, ob wir jemals wieder so weit kommen. Wir müssen es unbedingt aus den Zeitungen heraushalten.«
»Du nimmst das Ganze viel zu ernst«, sage ich.
Der Arzt richtet sich wieder auf. »Bevor wir die Röntgenaufnahmen gesehen haben, läßt sich nichts sagen. Die Zeitungen brauchen davon nichts zu erfahren. Ihr seid nicht gezwungen, es ihnen zu sagen. Aber der Champ muß es wissen.«
»Quarry wird es noch vor morgen früh erfahren«, sagt Bundini. Mit Geheimnissen ist das so eine Sache in einem Trainingslager. Es ist relativ leicht, der Presse etwas vorzumachen, aber die Spionage zwischen den gegnerischen Lagern funktioniert so gut wie immer. Lange bevor wir uns im Ring gegenüberstehen, wird Quarry alles über meine Rippe wissen. Er bestätigte mir später, daß er sie in seine Taktik einkalkuliert hatte.
»Warum die ganze Aufregung?« Angelo geht umher und schüttelt den Kopf. »Dasselbe geschah doch auch vor dem zweiten Kampf gegen Liston. Du hast dich zwei Tage vor dem Kampf von Jimmy Ellis genau an derselben Stelle sehr hart treffen lassen, und wir alle waren zu Tode erschrocken. Und heute kannst du dich nicht einmal mehr daran erinnern.«

Ich erinnere mich sehr gut daran. Erst vor wenigen Monaten sprach ich mit Liston über diesen Schlag. Ich traf Sonny zufällig im State Building von Sacramento. Ein Promoter aus Oakland, Henry Winston, hatte mich hingebracht, weil er meinte, mit Gouverneur Regan so gut zu stehen, daß er mir eine Boxlizenz verschaffen könnte. Seit ich in jener Nacht in Lewiston, Maine, gegen Liston gekämpft hatte, war das unsere erste Begegnung. Und es sollte auch unsere letzte sein, was ich damals allerdings nicht wußte.
Wir saßen nebeneinander auf einer Bank, zwei »ehemalige« Champions. Beide waren wir in Kalifornien geächtet, beide versuchten wir, den Bann aufzuheben, um wieder unseren Lebensunterhalt verdienen zu können, und beide wurden wir vom Gouverneur abgewiesen. Ich fühlte mich nicht besonders wohl in meiner Haut und suchte krampfhaft nach einem Gesprächsthema. Es war das einzige Mal, daß wir uns friedlich begegneten. Im übrigen verkehrten wir nur durch schwere Treffer, über Gewalt, Haß, Feindseligkeiten und Beleidigungen miteinander, die für einen »Großen Fight« unerläßlich

sind. Und obwohl wir wußten, daß die Feindschaft und der Haß künstlich erzeugt waren, saßen sie tief unter unserer Haut, und es dauerte eine ganze Weile, bis wir sie herausgewaschen hatten.

Schließlich fing ich das Gespräch damit an, daß ich ihm erzählte, wie Jimmy Ellis mir nur ein paar Tage vor unserem Kampf in Lewiston fast die Rippen gebrochen hätte. Sonny hörte aufmerksam zu, wobei seine Augen aufleuchteten, als ob er plötzlich die Lösung eines alten Rätsels habe, das ihn lange beunruhigt hatte.

»Sie kamen zu mir und berichteten davon«, sagte er bedächtig. »Wie ein heißer Pferdetip war es plötzlich da. Doch ich konnte es nicht glauben. Ich hatte nie gehört, daß Ellis so hart schlagen konnte. Wenn sie gesagt hätten Blue Lewis, Cody Jones oder Mel Turnbow, dann hätte ich es geglaubt. Ich dachte, es wäre einer deiner Tricks.« Traurig schüttelte er den Kopf, wie ein Glücksspieler, der den richtigen Augenblick für den Einsatz seines eigenen »geladenen« Würfels verpaßt hat. »Hätte ich es doch nur geglaubt! Dann würde ich heute nicht hier sitzen und diese Bastards um eine Lizenz anbetteln müssen.« Er schaute mich mit seinem kalten, starren Blick an, der schwächeren Gegnern eine Gänsehaut einjagte. »Hätte ich dich damals erledigt, wärst auch du heute nicht hier. Dann könntest du dir in Louisville gemütlich deinen Hintern wärmen. Damit hätte ich dir ein für allemal dein Großmaul gestopft.«

Als wir uns verabschiedeten, versprachen wir, uns bald wieder zu treffen. Doch knapp ein Jahr später fand man Sonny allein auf einem Sofa in seiner Wohnung in Las Vegas sitzen – er war bereits seit einer Woche tot. Polizeiberichte behaupteten, er sei an einer Überdosis Heroin gestorben, aber Joe Louis, sein engster Freund, erklärte mir gegenüber, daß dies eine Lüge sei. Seiner Ansicht nach war Sonny ermordet worden. »Wenn tatsächlich Heroin in seinen Adern war, dann stammte der Schuß von einem andern. Sonny hat mit Heroin nichts zu tun gehabt«, meinte Joe.

Ob unser letzter Kampf, falls Sonny meine angeknackste Rippe ernst genommen hätte, tatsächlich in seinem Sinn verlaufen wäre, bezweifle ich. Aber in der Aufzeichnung tänzle und wirble ich mit dem Gong aus meiner Ecke, wobei die Rechte immer in der Nähe der rechten Rippenpartie bleibt, um sie abzudecken.

Der von Ellis angerichtete Schaden kam nicht in die Blätter. Trotzdem hat er mehr mit dem raschen Knockout Listons zu tun als alles andere, was sogenannte Insiderkreise darüber behaupteten. Damit meine ich vor allem die hysterischen »Schieber«-Rufe. Diese Gerüchte kamen entweder von Leuten, die über meinen Sieg so verzweifelt waren, daß sie stärker darunter litten als Liston selbst, oder sie kamen aus Kreisen, die vom Boxen so gut wie keine, von Liston noch weniger und von mir überhaupt keine Ahnung haben.

Listons Manager wollten den Titel unter allen Umständen zurückhaben. Dort, wo der Schwergewichtstitel ist, ist auch das große Geld – nirgendwo sonst. Keine Schiebung der Welt würde Liston und seinen Managern so viel Geld einbringen wie die Wiedererlangung des Titels. Und welcher Narr würde einen Weltmeisterschaftskampf, der auf Schiebung basiert, bereits nach weniger als zwei Minuten enden lassen? Gerade bei einer Schiebung würde man alles so arrangieren, daß es für das Publikum wie ein echter Kampf aussieht.

In dieser Nacht ging ich mit dem Wissen in den Ring, daß ich Listons mächtiger Faust keine Chance geben durfte, auf die verletzte Rippe zu treffen. Und als ich sah, wie er zu seinem ersten Ausfall ansetzte, stoppte ich ihn auf halbem Weg mit einem kurzen rechten Cross, dem ich meine ganze Kraft und Schnelligkeit mit auf den Weg gab. Er traf sein Kinn wie ein Hochspannungsblitz. Selbst meine heftigsten Kritiker geben zu, daß ich der schnellste Schwergewichtler bin, der jemals einen Ring betrat. Man sagt, meine Schläge schlagen ein, bevor selbst Gott davon erfährt.

Einige schrien »Schiebung«, weil sie diesen Schlag einfach nicht gesehen haben. Selbst wenn man direkt am Ring saß, konnte man ihn verpassen, wenn man gerade mit den Augen blinzelte. Der Streit um diesen »unsichtbaren« Schlag kam nie zu einem Ende. Doch einige Kameras haben ihn eingefangen. Beispielsweise zeigte das *Life-Magazin* Fotos, auf denen er Liston von den Füßen riß, bevor er endgültig zu Boden ging.

Ich liege auf dem Ankleidetisch und schaue zur Decke hinauf. Der in meinen Rippen pochende Schmerz machte mich schläfrig und benommen. Ich sehe bekannte Gesichter; sie beugen sich über mich – Reporter, Studenten, Fotografen, Kellnerinnen, Mütter, Stewardessen, Taxifahrer, Hotelportiers, Touristen, Tankwarte, Prostituierte, Zuhälter, Polizisten, Autogrammjäger, und sie fragen sich gegenseitig Dinge, die sie mich nicht zu fragen wagen:

»Wie alt ist er jetzt?«

»Wird er ein Comeback schaffen?«

»Wird er jemals wieder seine alte Form erreichen?«

»Boxer altern rasch, nicht wahr?«

Ich erinnere mich, daß ich mühsam aufstand, mich umkleidete und Pacheco zu ignorieren versuchte. Er hatte Bundini mit einem Rezept für ein schmerzlinderndes Mittel in den Drugstore geschickt und redete immer noch vom Röntgen. »Ich kenne einen Radiologen, der alles für sich behalten wird. Es ist ein kubanischer Arzt, der den Zeitungen bestimmt keinen Wink geben wird. Ich könnte es heute nacht noch arrangieren, mindestens bis Mitternacht.«

»Wenn ich später noch Schmerzen habe, werde ich Sie anrufen«, sage ich. Ich weiß, daß ich mich schließlich doch röntgen lassen werde, aber im Augenblick versuche ich mit allen Mitteln, die Agonie zu verlängern. Denn es könnte leicht sein, daß das Untersuchungsergebnis das Ende meiner Karriere bedeutet – warum sollte ich mich also beeilen? Ich stopfe mir ein heißes Handtuch unters Hemd und dränge mich durch die noch immer herumlungernden Reporter in der Halle. Ich muß jetzt meine Erklärung abgeben. Murray Worner hat Anzeige gegen mich erstattet, weil ich öffentlich den von ihm arrangierten und geförderten »Computer Fight« als Schwindel bezeichnet hatte. Auf dem Weg zum Wagen denke ich an jene wilde Fahrt nach Fort

Lauderdale, um jenen Mann noch einmal zu sehen, der zusammen mit mir diesen Schwindel erst ermöglicht hat – Rocky Marciano.

Ich saß hinter dem Steuer des größten Wagens, den wir auftreiben konnten. Jimmy Ellis, Angelo und Dr. Pacheco begleiteten mich nach Fort Lauderdale. Ich überfuhr Rotlichter, mißachtete die Vorfahrt, brach Geschwindigkeitsbegrenzungen, nur um zu Rocco Francis Marchingianos Begräbnis nicht zu spät zu kommen.
Ich war nicht sicher, wo die Trauerfeier stattfinden sollte. Deshalb fuhr ich, bis ich eine große Menschenansammlung sah. Es war ein recht gemischtes Publikum. Einige trugen dunkle Anzüge und Abendkleider, andere waren in Badeanzügen, Shorts, Sandalen, Freizeithemden oder Strandkleidung erschienen. Die Ordner erkannten mich und geleiteten mich nach vorn zu einem Stuhl. In diesem Augenblick begann der Priester mit der Totenmesse.
Ich sah den Sarg auf seinem Katafalk, wobei mich dasselbe unwirkliche Frösteln überlief wie in jener Nacht in Louisville, als der Vierzehnjährige auf seinem Motorroller durch den Regen fuhr und aus irgendeinem Autoradio über dem Geschrei der Menge die Stimme des Reporters hören konnte: »Sieger und damit alter und neuer Boxweltmeister – Rocky Marciano!« Zwischen dieser Stimme und der des Priesters, der jetzt die Messe las, zwischen der schreienden Menge und diesem Publikum, dem ruhigsten, vor dem Rocky jemals aufgetreten war, schien nicht mehr als ein Augenblick zu liegen.
Sie hatten den Bronzedeckel bereits auf den Sarg geschraubt, doch ich konnte durch ihn hindurchsehen, als ob er aus Glas wäre. Ich sah sein ausdrucksloses Gesicht, das so aussah wie alle toten Gesichter, die sie präpariert haben, feierlich und steif und wächsern. Nicht wie jenes, das Rocky und ich erst vor wenigen Wochen zurechtgemacht hatten. Damals hatten wir ihm ein Gesicht verpaßt, das voller Leben und Aktion war, das Gesicht eines Mitglieds unseres Gewerbes nach einem furchtbaren Kampf. Ich denke, er hätte es vorgezogen, mit diesem Gesicht abzutreten.

Wir täuschten offene Wunden und Schwellungen vor und versahen das Gesicht mit allen Zeichen des Schmerzes und der totalen Erschöpfung. Die Stirn verschmierten wir mit Ketchup, das wie Blut aus einer aufgeschlitzten Augenbraue aussehen sollte, Ketchup über der Oberlippe sollte eine blutende Nase markieren. Das alles für einen Film, zu dem uns ein Promoter aus Süd-Miami überredet hatte. In ihm sollen wir den sogenannten »Muhammad-Ali–Rocky-Marciano-Kampf des Jahrhunderts« mimen, so auch der Titel. Er war der Höhepunkt einer Serie von »Computer-Kämpfen«, wobei Boxer verschiedener Generationen, die in keiner Weise miteinander vergleichbar waren, im Rahmen eines sogenannten Ausscheidungswettbewerbs gegeneinander »antraten«.
»Alles Scheiße!« Rocky streift sich schwer atmend die Handschuhe ab, um sich nach einem weiteren Als-ob-Knockout für den Computer ein wenig

Ruhe zu gönnen. »Der Computer ist Scheiße! Das wird keineswegs nach seinen Angaben arrangiert. Dieser Kampf wird so ausgehen, daß die Promoter das meiste Geld damit verdienen können – nicht wir. Du wirst sehen, Champ. Wie sind wir nur in diese Scheiße hineingeraten?«
Wegen des Geldes natürlich. Für mich sind das 999, 99 Dollar, die einzige Kampfbörse, die sie mir nach dem Entzug des Titels zu verdienen gestatten. Und dazu haben sie auch Rocky wieder vom Altenteil geholt, auf das er sich bereits vor vierzehn Jahren zurückgezogen hatte. Es sollte der letzte »Kampf« seines Lebens werden.
Rocky ist zu diesem Zeitpunkt fast sechsundvierzig Jahre alt, und ich stehe kurz vor meinem sechsundzwanzigsten Geburtstag. Er hat wieder angefangen zu trainieren, um so vierzig Pfund zu verlieren und wieder etwas in »Form« zu kommen. Sie verpassen ihm ein Toupet, errichten im Studio einen Ring mit schwarzem Hintergrund und umkreisen uns mit fünf Kameras. Jede Runde dauert eine Minute. Insgesamt absolvieren wir siebzig dieser einminütigen Runden, in denen wir nichts anderes tun als Schläge andeuten und Treffer markieren. Mein Handschuh berührt nie sein Gesicht, genausowenig wie er meines. Ich lasse schlangenzüngige Jabs ein paar Millimeter vor seinen Augen vorbeisausen, und er schlägt Haken, die nie ihr Ziel erreichen. Grunzen und Knurren, Schnaufen und Stöhnen. Sie unterlegen jeden Punch mit Toneffekten und synchronisieren außerdem einen Reporter hinein, der einen Schlag-auf-Schlag-Kommentar zu diesem unwahrscheinlich wilden Kampf liefert.
Der Promoter fragt mich, wie ich mir den Ausgang des Kampfes vorstelle. Mein Vorschlag wird am Ende auch verwendet: Ich zeige Rocky, wie er mich treffen muß, und gehe dann auf höchst realistische Weise zu Boden. Insgesamt haben wir sieben Kampfausgänge – in einigen gewinne ich, in den anderen Rocky. Einige Sequenzen markieren wir so gut, daß selbst die »Veranstalter« nichts mehr daran ändern lassen. Und kein Computer hat uns dazu Ratschläge geben müssen.
Bei aller Schwindelei kommt zwischen uns so etwas wie ein echtes Gefühl auf. Ich komme ihm näher, als ich je einem anderen weißen Boxer kam. Wir führen Boxergespräche, wie sie nur Freunde führen können, todernste und völlig belanglose. Unsere Arbeit mag Schwindel sein, aber unsere Freundschaft ist echt.

Die Messe war zu Ende, und die Träger hoben den Sarg vom Katafalk. Ich folgte ihm nach draußen. Hunderte von Touristen warteten hier, um noch einen Blick auf Rocky, vor allem aber auf die »Großen Tiere« zu werfen, die zu seinem Begräbnis herbeigeflogen waren. Alles in allem war es kein sehr trauriges Begräbnis.
Ich erinnere mich an eine gutaussehende Frau mittleren Alters, die ich für einen der Trauergäste hielt. Als sie mich sah, leuchtete ihr Gesicht auf, wobei sie aus ihrem kleinen Adreßbuch ein Foto ihres Gatten in Uniform zog. »Mein Mann ist Oberst bei der Luftwaffe in Vietnam«, sagte sie. »Jack wird

außer sich sein, wenn er hört, daß ich Sie getroffen und Ihr Autogramm bekommen habe.« Ich zweifelte etwas an Jacks Gefühlsüberschwang. Dann traten die jungen Ordner an mich heran und baten mich, die Traueranzeigen zu signieren, und zwei sonnengebräunte Mädchen, die aussahen, als ob sie direkt vom Strand kämen, liehen sich bei den Trauergästen Kulis, um sich ebenfalls Autogramme zu holen.
Normalerweise gebe ich jedem ein Autogramm, ausgenommen während der letzten Stunden vor einem Kampf. Doch jetzt hatte ich das Gefühl, daß ich es nicht dürfte. Es wäre mir vorgekommen, als ob der Tote nicht nur von uns gegangen, sondern, schlimmer noch, bereits vergessen sei, bevor er noch unter der Erde lag.
Ich schüttelte sie ab und kreuzte die Hände hinter dem Rücken. Sie wandten sich sofort an die andere Prominenz, die ihnen ohne große Skrupel ihre Wünsche erfüllte. Ich sah ihnen zu, wie sie neben dem Toten ihre Unterschriften verteilten, und ich hoffte, daß auch Rocky sie sehen und sich ihre Namen merken konnte. Würden sie ihn dann dereinst besuchen, konnte er sich auf seine Weise bei ihnen dafür bedanken, daß sie ihm selbst noch bei seinem Begräbnis die Schau gestohlen hatten.

Sportfachleute, die Rocky gekannt haben, fragen mich häufig nach meiner Einschätzung dieses größten weißen Boxers unserer Zeit. Was für ein Kerl war dieser Rocky? Früher gehörte er zu den treuen Bewunderern Sonny Listons, dem er auch zugetraut hatte, mich zu schlagen. Nachdem ich aber Liston zweimal am Boden zerstört hatte, wurde er zu einem meiner beständigsten Anhänger.
Rocky war ein ruhiger, friedlicher und bescheidener Mensch; er wollte in keiner Weise auffallen. Ich kann Schwergewichtler nicht ausstehen, die zuviel reden. Wenn man ihm auf der Straße begegnete, konnte man ihn leicht übersehen. Am liebsten trug er ganz einfache Kleidung: T-shirts, eine Golfmütze, Blue jeans und Tennisschuhe; keineswegs jenes Zeug, mit dem sie ihn für seinen letzten Auftritt ausstaffiert hatten. Schwergewichtler können sich wie Dänische Doggen am Geruch erkennen, auch wenn sie sich nie zuvor gesehen haben. Und während jener Wochen, in denen wir unsere Schaukämpfe absolvierten, nahm Marciano Maß an mir, wie ich es umgekehrt auch tat. Ich erkannte, daß in diesem alternden Körper noch immer jener Geist lebte, der ihn einst beseelt haben mußte.
Nur sehr wenige junge Leute haben Rocky je in Aktion gesehen. Während der vier Jahre, in denen er den Weltmeistertitel hielt, mußte er ihn nur sechsmal verteidigen. Und sein Ruhm basierte in der Hauptsache auf seinen Siegen über den siebenunddreißigjährigen Joe Louis, der bereits einmal, und den achtunddreißigjährigen Joe Walcott, der bereits zweimal seinen Rücktritt vom Boxgeschäft verkündet hatte; dazu kamen noch Siege über den zweiundvierzigjährigen Archie Moore und den ausgelaugten vierunddreißigjährigen Ezzard Charles. Alles große Namen, doch zur Zeit ihrer Kämpfe mit Marciano zehrten sie nur noch von ihrem Ruhm. Wie es Marciano gelang,

Kämpfen mit den jungen schwarzen Schwergewichtlern seiner Zeit auszuweichen, ist ebenso ein Geheimnis wie bei den anderen weißen Hoffnungen der Vergangenheit, beispielsweise Dempsey, Tunney und Sharkey. Marcianos Ruhm soll dadurch nicht geschmälert werden, denn er hat sich seinen Platz unter den besten Boxern aller Zeiten verdient, und er gehört ganz sicher zu den größten der großen Schwergewichtler. Aber ich glaube nicht, daß er den Titel hätte so lange halten können, wenn er ebensohäufig angetreten wäre wie ich zu meiner Zeit als Weltmeister – ich stellte mich mit wenigen Monaten Abstand den besten Herausforderern der Welt. Ich bin keinem ausgewichen.

Ich mache ihm keine Vorwürfe wegen des Ausgangs unseres Computerkampfes; wahrscheinlich wußte auch er nicht, wie sich die »Veranstalter« schließlich entscheiden würden. Doch als sich der ganze Schwindel seinem Ende näherte und klar wurde, daß keiner von uns beiden – immerhin beide ungeschlagene Weltmeister im Schwergewicht – bereit war, sich als der »Unterlegene« präsentieren zu lassen, wuchs die Nervosität. Die Spannungen wurden noch größer, als wir merkten, daß wir auf den Kampfausgang keinen Einfluß hatten. Als ich eines Nachmittags bei einer Probe eine Serie blitzschneller Jabs losließ, und das fast eine ganze Runde lang, meinte Rocky erstaunt:

»Ich habe noch nie einen Fighter mit so schnellen Fäusten gesehen.«

Später meinte er noch: »Wenn es bei diesem ganzen Mist nicht mit rechten Dingen zugeht, jage ich alles in die Luft. Wir ziehen am selben Strick.«

Ich war mir nicht sicher, was er damit meinte; oder hatte er vielleicht doch eine Ahnung vom Ausgang des Kampfes? Die Veranstalter des Unternehmens hatten die ganze Welt wissen lassen, daß die »Ergebnisse« ein großes Geheimnis seien – »schärfer bewacht als das Gold in Fort Knox«, wie das *Time*-Magazin berichtete. Unser Kampf sollte in einer bestimmten Nacht und nur einmal »in 850 Kinos und Sportarenen Amerikas und rund um die Welt vorgeführt werden; danach wurden alle Kopien vernichtet und nur das Original der Library of Congress in Verwahrung gegeben«.

Doch zwei Wochen vor dieser Premiere barg man Rockys Leiche aus einem bei Newton, Iowa, abgestürzten Flugzeug. Er sollte nicht mehr erleben, wie »dieser ganze Mist« endete.

»Das ist ganz und gar kein Geheimnis«, lachte Arnold Davis und goß sich einen großen Drink ein.

Davis ist ein im Dienst ergrauter Reporter des Philadelphia-*Inquirer*. Ich kenne ihn, seit ich dort wohne. Ab und zu gehe ich bei ihm vorbei und hole mir die Zeitungsausschnitte, die er für mich sammelt.

»Dieser Computer ist schließlich kein Idiot. Er weiß ganz genau, wer auf welcher Seite der Gleichung steht. Sieh dich doch an, diesen großmäuligen schwarzen Rassisten, der dauernd tönt ›Ich bin der Größte! Ich bin der King!‹ Du willst dich weder Amerikas Vorstellung von einem schwarzen Boxer noch Amerikas Armee beugen. Du bist aus dem Ring verbannt, und man hat dir den Titel entzogen. Und auf der anderen Seite steht die große weiße Hoffnung, der unbesiegte Weltmeister im Schwergewicht der Nach-Joe-Louis-Ära.« Überwältigt von seiner Einsicht lehnte er sich zurück. »Jeder in Amerika geborene Computer mit ein bißchen Selbstrespekt weiß, wie in einem solchen Fall das Ergebnis auszusehen hat. Sie haben dich kaltgestellt, aber es ist ihnen nicht gelungen, auch deinen Geist zu verscheuchen. Und weit und breit kein weißer Boxer, der es mit dir aufnehmen könnte.

Weißt du, was sie wollen?« Er beugte sich zu mir herüber, als ob uns jemand belauschen würde. »Sie wollen, daß dir öffentlich der Hintern verprügelt wird, daß du niedergeschlagen, zerschmettert, zerstampft, pulverisiert wirst, und das nicht von irgend jemand, sondern von einer wirklich großen weißen Hoffnung. Nicht von einer schokoladenbraunen weißen Hoffnung wie beispielsweise Frazier, sondern von einer echten Weiß-bis-in-die-Knochen-Hoffnung, doch keine ist zu sehen.« Er machte ein bekümmertes Gesicht, aber plötzlich strahlte er.

»Und hier tritt der Computer in Aktion. Sie brauchen Marciano, um dich in die Unterwerfung hineinzuprügeln. Sie graben die alten Helden aus, um endlich rotblütige weiße Männer zu haben, die mit einem Nigger wie dir kurzen Prozeß machen. Ein weißer Geist gegen einen schwarzen, die halbnackt und im Fleisch miteinander ringen. Phantasie? Aber es gibt viele Menschen, die in der Phantasie leben. Der Ausgang ein Geheimnis? Für wen? Marciano wird dich zu Brei schlagen.

Und das wird sich in Südafrika wie heiße Semmeln verkaufen, ganz zu schweigen von Indiana und Alabama.« Er kippte seinen Drink hinunter und bot mir einen »für den Heimweg« an, wobei er genau wußte, daß ich ihn ablehnen würde. Ich bedankte mich für die Ausschnitte und ging.

Zu Hause habe ich sie mir dann näher angesehen. Dabei stieß ich auf eine Zusammenfassung der computergesteuerten Ausscheidungskämpfe unter den »sechzehn Größten« – veranstaltet vom selben Promoter wie der »Superfight« zwischen mir und Marciano. Darin werde ich von Jim Jeffries geschlagen, dem plumpsten und langsamsten Schwergewichtler der Geschichte. Es ist derselbe Jim Jeffries, der in Wirklichkeit von Jack Johnson bezwungen wurde. Der Computer läßt dann Jack Johnson gegenüber John L. Sullivan unterliegen und Gene Tunney Joe Walcott besiegen. Selbst Joe Louis hätte dem Computer zufolge keine Chance gegenüber den weißen Hoffnungen der guten alten Zeit. Die Maschine kennt nun einmal kein Erbarmen.

Danach schäme ich mich für das, was ich getan habe. Überall habe ich diese Computerausscheidung als fair und realistisch angepriesen – insbesondere die Marciano-Ali-Show.

Bei der Premiere saß ich in einem überfüllten Kino in Philadelphia und sah, wie ich von Marciano in den Seilen vernichtet wurde. Es war eine jener hoch »artistischen« Schlußphasen, die ein Profischauspieler kaum hätte besser gestalten können. Doch die Leute um mich herum hielten alles für echt. Einige saßen starr vor Schreck, andere buhten und schrien, einige weinten.

In England, wo sie meine Qualitäten ganz offensichtlich höher einschätzten,

verlangten die Verleiher eine andere Schlußversion des Kampfes, eine, die mit der Realität eher in Einklang zu bringen war.
»Sie können sich in diesem Stadium jetzt nicht mehr dagegen äußern oder alles für Schwindel erklären«, warnte mich mein Rechtsanwalt in Washington, als ich ihm erklärte, was ich vorhatte. »Sie werden Sie für alles haftbar machen, was Sie dagegen vorbringen. Und sie werden sagen, daß Sie zu lamentieren anfangen, weil Sie verloren haben.«
Doch diese »Niederlage« war nicht das Entscheidende – es sollten Zeiten kommen, in denen ich wirkliche Niederlagen, ohne mich darüber zu schämen und ohne Schuldgefühle zu entwickeln, einstecken konnte. Schlimmer waren die dadurch ausgelösten Reaktionen.
Das Ganze fiel in die absolute Eiszeit meines Exils – weit und breit war kein Tauwetter in Sicht. Ich fühlte, daß ich Millionen von Menschen in der ganzen Welt enttäuscht hatte, Menschen, die seither in dem begründeten Glauben gelebt hatten, daß es bei allen meinen Kämpfen mit rechten Dingen zugegangen war, daß nichts auf Absprache oder Schiebung beruhte. Ihr Vertrauen in meine Ehrlichkeit war ein gutes Gefühl für mich. Deshalb suchte ich jetzt nach einer Chance, um die Hintergründe des »Superfights« und meine Rolle dabei zu erklären.
Diese Chance kam schneller, als ich erwartet hatte. Ich war in der Dick Cavett Show, und dort kamen wir auch auf diese Computerkämpfe zu sprechen. Dazu erklärte ich ungefähr das folgende:
»Ich möchte in diesem überregional ausgestrahlten Programm und in aller Öffentlichkeit erklären, daß ich diesen Computerkampf als fair, realistisch und wissenschaftlich exakt angepriesen habe, doch das war nicht richtig, und ich möchte mich dafür entschuldigen. Ich hätte mir alles genauer ansehen müssen, bevor ich mich darauf einließ. Das Ganze ist ein beschämender Schwindel. Es dient zu nichts anderem, als Ihnen das Geld aus der Tasche zu ziehen und in der ganzen Welt die Kinos zu füllen und Ihnen vorzumachen, Sie hätten einen echten Kampf gesehen, was nicht stimmt. Es ist alles getürkt. Es gibt keine Maschine, die die Leistungen von Joe Louis und Jack Dempsey gegeneinander abwägen und Ihnen dann erklären kann, welcher von beiden gewonnen hätte, wenn sie tatsächlich im Vollbesitz ihrer Kräfte gegeneinander angetreten wären. Es ist nichts als ein Hollywood-Schwindel.«
Cavett hatte keine Ahnung von dem, was ich sagen wollte. Der »Superfight« war von seinem Sender gerade für *Wide World of Sports* angekauft worden. Nachdem wir ausgeblendet waren, meinte Cavett mit schiefem Lächeln: »Diese Sache wird Ihnen noch zu schaffen machen.«
Sie tat es. Murray Worner, der Promoter des ganzen Unternehmens, verklagte mich auf zwei Millionen Dollar Schadenersatz. Dieser Verlust rührte angeblich aus meiner öffentlichen Distanzierung von dem Kampf. Außerdem hatte sich Sugar Ray plötzlich geweigert, einen lukrativen Filmvertrag für einen Computerkampf gegen den großen französischen Fighter Marcel Cerdan – auch er aus einer früheren Generation – zu unterschreiben. Sugar Ray hatte seinen Glauben an den Computer verloren.

Es ist fast halb vier, als wir die Straße erreichen, in der sich das Büro der Rechtsanwälte des Promoters befindet. Doch bevor wir Whitman, Wolfe & Glick aufsuchen, werden meine Schmerzen so stark, daß ich eine Minute Ruhe brauche. Ich gehe hinüber zu einem mexikanischen Tamale-Stand und kaufe mir eine Limonade. Der Besitzer und seine Freunde umringen mich sofort. Sie begrüßen mich »He, Champ« und suchen nach irgend etwas für ein Autogramm. Ich signiere Hüte, Mützen, Kragen, Hemdenzipfel, wobei ich mich gegen den Wagen lehne, das Handtuch unter meinem Hemd naß von Schweiß.

Dieser Termin ist für mich im Augenblick ohne jede Bedeutung. Ich fühle, daß der Kampf in meinem Körper sehr viel ernster ist als alles, was mich bei den Rechtsanwälten erwartet. Ich verstehe kaum die Fragen, die sie mir stellen. Als wir fertig sind, wird der Rechtsanwalt des Promoters sehr freundlich, geleitet mich zur Tür und sagt: »Ich weiß, Sie halten nichts von Wetten, ganz im Gegensatz zu mir. Ich setze ein Jahreseinkommen darauf, daß Sie Quarry schlagen, aber ich würde keine zehn Cents darauf setzen, daß dieser Kampf tatsächlich stattfindet.« Und in diesem Augenblick würde ich das auch nicht.

Überall war bekanntgegeben worden, daß ich an diesem Abend ein ABC-Basketballspiel zwischen Florida und Virginia im Miami Beach's Civic Auditorium besuchen würde. Und Dr. Pacheco meint, es würde mir guttun und mich von meinen Schmerzen ablenken. Im Stadion versuchen Rahaman und ich uns so zu setzen, daß ich unbemerkt bleibe. Der Platzanweiser bringt mich außerhalb der Überdachung unter. Doch die Leute erkennen mich sofort, und ein Strom schmalgesichtiger, blonder Südstaatenstudenten umdrängt mich, bis der Platzanweiser meint, es wäre doch besser, wenn ich mich zum Sponsor der Mannschaft setzen würde, da es dort leichter wäre, mich abzuschirmen.

Unten ist die Flaggenwache zum Absingen der Nationalhymne aufgezogen. Die Gesichter drehen sich mir zu. Ich kann darin die Frage lesen: Wird dieser Black Muslim die Flagge grüßen? Muslim weigern sich doch, die Nationalhymne zu singen, habe ich nicht recht?

Ich stehe auf und singe mit. Wie das »Star-Spangled-Banner« ausklingt, drängen zwei weiße Jungen mit gezückten Notizbüchern heran. Der eine fragt: »Mr. Clay, wie kommt es, daß Sie nicht ins Gefängnis müssen?«

Ich mustere ihn. Sein Gesicht ist ohne jede Feindschaft, ich sehe nichts als Neugier. »Nun«, sage ich und lehne mich ein wenig zurück, »ich habe 300000 Dollar auf der Bank, die ausschließlich für meine Rechtsanwälte bestimmt sind. Wenn ihr in den Geschichtsbüchern nachlest, dann seht ihr, daß nur höchst selten einer ins Gefängnis kommt, der Geld hat. Fragt mal die Leute, die drin sind. Versucht herauszufinden, wie viele von ihnen 50000 oder 20000 oder auch nur 10000 Dollar haben. In diesem Land ist es schwer, Geld ins Gefängnis zu stecken.«

Sie schauen nicht einmal auf, sondern schreiben eifrig mit. Dann ist es elf, und ich gebe Rahaman einen Wink, auf den er schon den ganzen Abend gewartet hat. Wir verlassen das Stadion und fahren mit dem Wagen über den

Fluß, um Pacheco abzuholen. Er bringt uns in die Praxis von Dr. Carlos Llanes, dem Radiologen und Orthopäden der Miami Dolphins.
»Wieviel verlangen Sie?« frage ich, als ob das das wichtigste wäre.
»Nun«, meint er gutgelaunt, »wenn die Rippe in Ordnung ist, könnten Sie mir eine Ringkarte für den Fight besorgen.« Er lächelt: »Wenn nicht, kein Honorar, denn dann werden Sie sehr lange Zeit arbeitslos sein.«
Ein kubanischer Assistent röntgt mich sorgfältig, dann bringt er uns ins Wartezimmer zurück.
»Wie lange dauert es noch?« will ich von Llanes wissen.
»Nicht mehr lange.«
Ich sitze da und versuche die Gedanken daran zu verscheuchen, daß ich vielleicht nie mehr einen Fight bestreiten kann – oder daß jedesmal, wenn ich kurz vor dem Ziel zu stehen scheine, etwas geschieht, das alles zunichte macht.
Ich hatte sogar schon Dr. Rex Hillman, der seit zwanzig Jahren mit Preisboxern zu tun hat und sich in ihrer Psychologie einigermaßen auskennt, gefragt, ob ich langsam abergläubisch werde. »Immerhin«, meinte er, »hat man Sie bereits zweiundsiebzigmal zurückgewiesen, obwohl Sie jedesmal einen guten Vertrag vorweisen konnten. Wenn eine Braut zweiundsiebzigmal in der Kirche erscheint und der Bräutigam fehlt jedesmal von neuem, wäre es kaum erstaunlich, wenn sie abergläubisch würde. Auch ich selbst würde dann wahrscheinlich an irgendwelche dunklen Mächte glauben. Trotzdem würde ich es mit dem Heiraten noch ein dreiundsiebzigstesmal versuchen.«
Der Assistent kommt herein und bringt uns zu Dr. Llanes, der meine Röntgenbilder studiert. Eine Zeitlang fällt kein Wort. Dann fragt mich der Arzt, wie lange ich noch zu trainieren habe.
»Morgen fliege ich nach Atlanta«, erkläre ich ihm.
»Was könnte Sie dazu bringen, den Kampf zu verschieben?«
Kälte kriecht durch meinen Körper. »Eine gebrochene Rippe, die sich durch die Haut zu bohren droht. Sonst nichts.«
Er schaut noch immer auf die Bilder. »Könnten Sie nicht noch ein paar Wochen warten?«
»Nein, das ist meine Chance.«
»Nun gut, hier ist eine üble Quetschung« – er nimmt die Brille ab und legt den Finger auf das Röntgenbild, dort, wo mein Brustkorb ist – »aber zumindest ist nichts gebrochen. Wenn Sie sehr vorsichtig sind ... Lassen Sie sich hier nicht mehr treffen – und vergessen Sie meine Karte nicht.«
Als ich ins Hotel zurückkomme, überraschen mich einige der Rabbis, die von meinem Abflug gehört haben, mit Geschenken und einer Abschiedsparty in der Lobby. Sie singen alte Lieder und scheinen froh zu sein, daß ich meine Arbeit wieder aufnehme. Einer von ihnen hat in der Morgenzeitung gelesen, daß Quarry bereits in Atlanta angekommen ist. Auf dem Titelbild schüttelt ihm Audie Murphy, ein gefeierter Held aus dem Zweiten Weltkrieg, die Hand. Um das Gleichgewicht wiederherzustellen, mache ich einige Schnappschüsse von den Rabbis, die mir Glück wünschen.

In dieser Nacht schlafe ich tief und fest. Noch vor dem Klingeln des Weckers wache ich auf und beginne sofort mit dem Lauftraining auf dem Golfplatz. Jimmy Ellis war noch früher aufgestanden und hat sein Pensum schon fast erledigt. Meine Rippen schmerzen noch immer; nachdem ich aber weiß, daß nichts gebrochen ist, läßt es sich ertragen.
Laufen ist die Quelle meiner Ausdauer. Schon früh in meiner Karriere lernte ich so lange zu laufen, bis ich völlig erschöpft war – um dann erst richtig loszulegen. Alles, was vor der Erschöpfung und dem Schmerz geschieht, ist lediglich die Einleitung. Das eigentliche Konditionstraining beginnt erst, wenn der Schmerz einsetzt; dann ist es Zeit, alle Kräfte zusammenzunehmen. Danach zähle ich jede Meile als zusätzliches Reservoir. Das ist mein Reservetank. Im Ring zählt nur, was du nach völliger Erschöpfung noch zu bieten hast.
Vor mir wird Ellis jetzt langsamer. Er hat seine fünf Meilen absolviert. Bundini fährt zu ihm hin, springt aus dem Wagen und packt ihn am Arm. »Hör her!« schreit er. »Lauf rüber zum Champ, und renn mit ihm noch eine Runde! Renn Schulter an Schulter mit ihm, wie ihr es als kleine Jungs getan habt. Tu's für die alten Zeiten! Für euch zwei, die ihr zusammen aufgewachsen seid! Tu's für den Champ! Er kommt von einer langen Reise zurück. Sie hatten ihn schon fast im Gefängnis. Lauf rüber und renn Schulter an Schulter mit ihm. Mach ihm Mut. Gib ihm den Zuspruch. Mach's wie in alten Zeiten!«
Ellis ist ziemlich ausgepumpt, aber er zieht gleich mit mir und begleitet mich nun Schritt für Schritt. Er ist noch immer der hagere Junge, den ich zwölf Jahre zuvor in den Straßen von Louisville getroffen habe. Mein Mannschaftskamerad in hundert Turnieren. Mein Sparringspartner vor allen wichtigen Kämpfen. Wir rennen Schulter an Schulter, und es macht mir Mut. An einer Weggabelung wünscht er mir Glück und läßt mich allein weiterlaufen.
Wir gehen ins Hotel zurück, packen rasch unsere Sachen zusammen und bereiten alles für den Flug nach Atlanta vor. Ich telefoniere gerade mit Philadelphia, als C. B. Atkins, einer von Herberts Helfern, und Blue Lewis, mein Sparringspartner, auf ein Klopfen an der Tür antworten.
»Hier ist jemand mit Päckchen für den Champ!« schreit Blue über die Schulter. »Geschenkpäckchen!«
Er kommt mit zwei Päckchen zurück; sie sind sorgfältig in weißes Seidenpapier eingeschlagen und mit roten und grünen Bändern verschnürt. Eines davon schiebt er C. B. hinüber. Dann liest er vor, was auf der Karte steht, die an seinem Päckchen befestigt ist.
»Hier steht ›Für Cassius Clay von Georgia‹.« Er beginnt es zu öffnen.
»Wer wußte, daß ich heute Kuchen zum Frühstück will? Hol das Messer.«
Plötzlich läßt er mit einem Schreckensschrei das Päckchen fallen. Blut tropft von seinen Händen. Aus dem Päckchen ist ein kleiner schwarzer Chihuahua herausgerollt, dessen Kopf vom Rumpf getrennt ist. In der Schachtel ist ein Zettel: »Wir hier in Georgia wissen, wie man mit schwarzen Hunden umgeht, die den Wehrdienst verweigern. Halt dich fern von Atlanta!« Die einzige Unterschrift ist eine Konföderiertenflagge.

In der anderen Schachtel findet sich eine Stoffpuppe in gelben Boxershorts und mit winzigen Boxhandschuhen. Um den Hals trägt sie einen Strick, und der Kopf ist zur Seite gedreht, um zu zeigen, daß das Genick gebrochen ist. C. B. und Blue rennen auf den Flur hinaus, um den Überbringer noch zu fassen, aber sie kommen allein zurück.

Der Körper des kleinen Hundes ist noch warm; wir machen ihm die Schachtel als Sarg zurecht. Die Puppe will ich behalten. Ohne den Strick ist sie ein hübsches Spielzeug für meine dreijährige Tochter. Sie ist sehr geschickt und sorgfältig gemacht, und sie sieht mir sogar ein bißchen ähnlich. Nicht so hübsch natürlich, aber eine Ähnlichkeit ist immerhin vorhanden.

Als wir in Atlanta landen, liegt sie in meinem Schoß.

14

Die zweite Auferstehung

Wir befinden uns am Rand eines kleinen Sees. In den Bäumen sammeln sich die Vögel, Tausende von dunklen, kreischenden Vögeln. Senator Johnson hat meinem Team sein Landhaus angeboten; es liegt noch innerhalb der Stadtgrenzen, aber Meilen vom Zentrum entfernt. Wir verlassen den Highway, biegen dann von einem Feldweg scharf ab und sind plötzlich auf einer Lichtung, wo an einem kleinen künstlichen See Johnsons Haus liegt. Es ist von hohen Bäumen umgeben, die es auch gegenüber den weiter unten am Weg liegenden Häusern abschirmen. Dadurch entsteht der Eindruck völliger Abgeschlossenheit. Es gleicht in nichts den anderen Orten, an denen ich mich sonst auf meine Kämpfe vorbereitet habe, und das macht es mir sympathisch. Der Senator ist stolz auf diesen Besitz. Er führt uns durch das Haus, das wie ein komfortables privates Jagdhaus wirkt. In seinen Räumen und Betten findet allerdings nur die Hälfte meines Teams Platz. Dann gehen wir hinaus und hinüber zu der Wand aus Fichten und Kiefern.
»Jetzt ist die Zeit, in der die Vögel abends zu Tausenden hier zum Schlaf einfallen. Sie haben einen festen Schlaf. Der Lärm muß schon sehr groß sein, der sie aufwecken kann. Dann fliegen sie in so dichten Schwärmen auf und umkreisen das Haus, daß man bisweilen nicht mehr aus den Fenstern sieht.« Er lacht. »Es erinnert einen an Alfred Hitchcocks *Die Vögel.* Gefällt es Ihnen?«
Angelo möchte, daß ich das Angebot ablehne. »Wir sind nicht hier, um Vögel und Bäume zu studieren. Der Champ braucht Leute um sich. Nur in Gesellschaft lebt er auf. Es reicht völlig, wenn er sich ab und zu etwas zurückziehen kann, sofern ihm gerade danach ist.«
Johnson läßt nicht locker. »Kaum jemand weiß, wie man hierherfindet, wenn man ihm nicht den Weg beschreibt. Wenn ihr bei der Abbiegung am Highway eine Wache aufstellt, könnt ihr jeden Wagen überprüfen, bevor er hier ankommt.«

»Das Hyatt House will uns dafür bezahlen, wenn wir dort wohnen«, beharrt Angelo. »Wir können eine ganze Etage haben.«
Bundini unterstützt ihn. »An einem solchen Ort kann man dir leicht auflauern. Wir brauchen die Stadt.«
Aber ich weiß, daß ich eine Veränderung brauche. Es ist wahr, normalerweise bekommt mir das Training in der Stadtatmosphäre gut, aber ich erinnere mich jetzt an das Gefühl totaler Erschöpfung während des Schaukampfes. Ich muß mich jetzt voll auf mein Geschicklichkeits- und Ausdauertraining konzentrieren können.
Wir stehen am Rand des kleinen Sees.
»Was halten Sie davon, Champ?« Johnson wartet auf die Entscheidung.
»Und wie steht es mit dem Essen hier draußen?« fragt Angelo. »Wir können doch keinen Unbekannten Muhammads Essen zubereiten lassen.«
»Ich werde meine Schwester schicken«, sagt Johnson, »meine eigene Schwester.«
So übernehmen also Lydian, die Schwester Senator Johnsons, und ihre vier Kinder die Haushaltspflichten. Tagsüber sorgen sie während der ganzen Zeit unseres Aufenthalts für die Verpflegung des Teams.
Es dauert zwanzig Minuten, bis man von unserem Schlupfwinkel zu einem verbaut wirkenden und mit Stuck verzierten Gebäude aus der Zeit der Depression kommt. Aus einer ehemaligen Ringer- und Rollschuhhalle haben sie hier für uns eine Trainingshalle improvisiert, in der sich Jerry und ich zu verschiedenen Zeiten auf den Kampf vorbereiten. Der Ringboden besteht aus losen Stahlplatten, bedeckt mit dickem Kanevas, und anstelle der Seile haben sie Gummischläuche verwendet. Die Platten klappern bei jedem Schritt, was einige meiner Sparringspartner gar nicht mögen, weil so jede Bewegung dem Gegner signalisiert wird. Aber ich war so lange fern von Trainingshallen, Seilen und Kanevas, daß ich selbst dieses Klappern noch liebe.

Genau wie ich auch die öffentliche ärztliche Untersuchung und das Wiegen vor dem Kampf liebe – teils, weil es mich dem Ende meines Exils einen weiteren Schritt näherbringt, vor allem aber, weil sich dabei wichtige Beobachtungen machen lassen. Die meisten Boxer betrachten diese Routine als Belästigung. Ihre körperliche Kondition wurde zuvor schon bis ins kleinste untersucht; und sollte es noch irgendwelche Zweifel geben, lassen die sich in der Abgeschlossenheit des Umkleideraums sehr viel leichter klären als vor den Augen einer Zuschauermenge, die häufig kaum kleiner ist als am Kampftag. Man weiß natürlich, daß es hierbei nicht um die Gesundheit des Boxers, sondern um die Gesundheit der Veranstalterkasse geht. Man will den Fotografen noch einmal Möglichkeiten zu guten Fotos und den Reportern Anlaß für spannende Hintergrundstorys geben.
Die Ärzte sind bei dieser Gelegenheit auf der Suche nach irgendwelchen Herzgeräuschen, Anzeichen überhöhten Blutdrucks oder sonstigen Unregelmäßigkeiten. Aber auch ich bin auf der Suche, wobei ich noch sorgfältiger als die Ärzte zu Werke gehe.

Bei diesem Wiegen sind die Zuschauerreihen mit einer bunten Versammlung von Leuten aus dem tiefen Süden gefüllt: Farmer, die vom flachen Land hereingekommen sind, kleine Angestellte, Studenten der zahlreichen schwarzen und weißen Colleges der Stadt, aber auch Leute, die aus New York oder Miami herbeigeflogen sind. Sie verlassen ihre Plätze, blockieren die Gänge und drängen sich um die Waage, so daß die Polizisten und Ordner alle Hände voll zu tun haben.
Ich ziehe mich als erster aus, und Murray Goodman, unser Pressesekretär, bahnt mir einen Weg zur Waage. Ich werde gerade gewogen, als Quarry sich in seiner grünweißen Robe zusammen mit seinem Vater, der auch sein Manager ist, durch die Menge drängt. Plötzlich entsteht ein Tumult, und ich schaue zu Jerry hinüber. Sein Gesicht ist rot angelaufen, und er schreit den Promotern irgend etwas zu. Rund um mich ist so viel Lärm, daß ich es nicht verstehen kann, aber ich sehe, daß er wütend ist.
»Geh rüber und schau, was los ist«, sage ich zu Angelo. Doch noch bevor er zurückkommt, höre ich, was es ist. Quarry schreit: »Ich werde den Ring nicht betreten, solange sich in meiner Ecke schwarze Ärzte befinden!« Jetzt schreit er auch auf seinen Vater ein, der ihn zu beruhigen versucht. »Wenn man das von mir verlangt, ist der Kampf geplatzt!«
Erst jetzt sehe ich die beiden Ärzte, die von der Atlanta State Commission geschickt wurden. Beide sind schwarz.
In meiner vierzehnjährigen Kampfzeit vom Stadion in Chicago zum Madison Square Garden, vom Houston Astrodome bis zum Felt Forum haben die Promoter immer weiße Ärzte verpflichtet – obwohl die meisten Boxer schwarz sind oder aus Lateinamerika oder Asien stammen. Und als Quarry jetzt erstmals auf schwarze Ärzte trifft, will er sie feuern oder den Kampf platzen lassen.
»Well, well, well!« übertöne ich den Lärm. »Endlich haben wir auch einmal Ärzte nach unserem Geschmack! Willkommen, Brüder, willkommen!« Ich klatsche in die Hände, und die Menge macht mit.
Einer der Promoter, es ist Harry Pepp, flüstert mit Quarry, der sich daraufhin beruhigt.
»Was hat das zu bedeuten?« frage ich Angelo.
»Sie erklärten ihm, daß er die schwarzen Ärzte nicht zu akzeptieren braucht«, antwortet er. »Quarry denkt, daß ein schwarzer Arzt irgendeinen Grund finden könnte, den Kampf abzubrechen und zu deinen Gunsten zu entscheiden.«
Ich erinnere mich, daß ich Quarry in diesem Augenblick ansah, als ob es das erstemal wäre. Ich nehme mir vor, falls der Kampf wirklich steigt, ihm so zuzusetzen, daß er für jeden Arzt dankbar ist. Einige Zeitungsleute machten mir heftige Vorwürfe, weil ich Quarry als »weiße Hoffnung« bezeichnet hatte, womit angeblich die »Rassenfrage« ins Boxgeschäft gekommen sei. Natürlich wußten sie genau, daß sie dort schon lange vor meiner Geburt eine wichtige Rolle gespielt hat. Keine Frage, wer sie wirklich reinbrachte und dafür sorgt, daß sie immer akut bleibt. Zuvor hatte ich Quarry wie jeden ande-

ren Boxer betrachtet, ich hielt ihn für anständig und fair, vor allem, nachdem ich seine nette Familie kennengelernt hatte. Aber jetzt kommt er mir mehr als arrogant vor, wenn er meint, ich bräuchte einen Arzt, um mit ihm fertig zu werden.

Die Ärzte erklären unseren Puls und die Herzschläge für »normal«. Die Fotografen, TV-Leute und der Pressesekretär bestehen darauf, daß wir uns zusammen an einen kleinen Tisch vor dem Ring setzen und ein bißchen posieren.

Wir sitzen auf derselben Tischseite in einigem Abstand nebeneinander. Immer wieder fordern uns die Fotografen auf: »Näher zusammen! Rückt näher zusammen!« Sie schubsen uns so lange, bis Jerrys Ohr fast meine Wange berührt. Und während die Kameraverschlüsse klicken, flüstere ich in Jerrys Ohr: »Das bleibt unter uns, Jerry. Ich möchte, daß es niemand erfährt.«

Er zuckt zurück und starrt mich an. Seine Augen sind nur wenige Zentimeter von meinen entfernt.

»Sie sehen, daß wir miteinander reden, aber sie können nichts von den Lippen ablesen.« Dann gebe ich's ihm: »Du gehst den schlimmsten Prügeln deines Lebens entgegen. Ich werde dich verdreschen, bis du kirschrot glühst. Du hast diese schwarzen Ärzte beleidigt.«

Sein Gesicht läuft rot an, und er versucht, von mir abzurücken, aber die Fotografen schreien: »Köpfe zusammen! Noch enger!«

»Ich bin der, der die Prügel verteilt«, murmelt er.

»Jerry, ich dachte, du wärst smart. Ich hielt dich für einen intelligenten und raffinierten Boxer. Wenn du schon die schwarzen Ärzte nicht magst, die nur dazu da sind, um dir zu helfen, wie mußt du dann erst meine Schwärze hassen, die nichts Gutes mit dir im Sinn hat – das kann ich dir versichern!«

Der Pressesekretär schreit: »Laßt den Boxern doch ein wenig Platz zum Atmen!« Die TV-Leute bilden einen Sprechchor: »Aufstehn! Aufstehn! Sie sollen aufstehn!«

Wir stehen uns gegenüber für die altbekannte Faust-am-Kinn-Pose. Jerry streckt den Arm aus, um mein Kinn zu berühren, und ich mache dasselbe. Allerdings berühre ich sein Kinn auch, während er bei seiner Reichweite nur bis zu meiner Schulter kommt.

Die Fotografen sind noch immer nicht zufrieden: »Köpfe zusammen! Noch enger!« Und wieder sind wir nur Zentimeter auseinander.

Ich konnte feststellen, daß sich Quarry durch Kleinigkeiten leicht aus der Ruhe bringen läßt. Jetzt flüstere ich ihm ins Ohr: »Du hast die falschen Schuhe erwischt, das ist Pech, schau sie dir an!«

Er schaut, ohne es eigentlich zu wollen, an sich hinunter. Er trägt normale Boxstiefel.

»Schau dir meine an«, sage ich, »›Brogans‹, die wiegen noch nicht mal acht Pfund. Machen meine Füße leichter, wenn ich in den Ring steige. Machen mich stark und schnell. Ich wollte dir einen Rat geben für deinen nächsten Kampf. Den mit mir kannst du sowieso vergessen. Deine Prügel werden schrecklich sein. Auch wenn Präsident Richard Nixon für dich betet, Spiro

Agnew auf dich wettet und Gouverneur Wallace nebenan dir zuschaut. Trotz allem wirst du – mitten im Herzen des weißen Südens und vor einem internationalen TV-Publikum – schreckliche Prügel beziehen. Ich möchte nicht in deinen Schuhen stecken.«
»Wart's ab«, preßt Jerry hervor. »Wart's ab, bis wir in den Ring kommen. Auch auf deinen Hintern wartet eine Tracht Prügel.«
»Lauter!« schreit die Presse. »Wovon sprecht ihr Jungs denn? Jemand soll ein Mikro hinhalten!«
Aber die Routineuntersuchung ist jetzt beendet. Die Ärzte stecken ihre Stethoskope weg und halten auf kleinen blauen Blättern die Ergebnisse fest. Aber ich weiß mehr über Quarry als sie. Quarry kann man nicht nur mit Handschuhen, sondern auch mit Worten erreichen. Und ich habe beides.

Wie ich mich zusammen mit meinem Team in den großen Kombiwagen zwänge, um zum Landhaus zurückzufahren, nehme ich die kleine Stoffpuppe vom Sitz und halte sie wieder im Schoß. Wieder beschleicht mich ein unbehagliches Gefühl. Während ich in Quarrys Augen Unsicherheit über den Ausgang des Kampfes lesen konnte, machte ich mir ganz andere und sehr viel ernstere Sorgen – ob der Kampf überhaupt stattfinden würde.
Es sind nicht die gelegentlichen Drohungen, die schriftlich oder telefonisch bei uns eingehen, und auch nicht die Bombenandrohungen, denen die Polizei nachgeht. Es sind vielmehr die Gesichter der Neugierigen, Gesichter, die irgendwie verwirrt und ratlos erscheinen, die nicht wissen, ob sie applaudieren oder mich ausbuhen sollen. Diskussionen über mich und meinen Fall werden vor den Mikros der Sender geführt, und man kann die Hysterie aus vielen Stimmen heraushören. Angelo ist der Ansicht, daß sich die Spannungen vor jedem großen Kampf auf diese Weise Luft machen. Aber ich denke, daß in diesem Fall mehr dahintersteckt.
Ich habe vorerst keine Ahnung, wie sehr auch meine nächste Umgebung unter dieser Situation leidet, bis dann eines Tages einer meiner Sparringspartner zufällig Bundinis Koffer öffnet und darin zwei Fünfundvierziger-Colts entdeckt.
Angelo ist entsetzt: »Wenn sie annehmen müssen, daß wir bewaffnet sind, werden sie auch gegen uns Waffen verwenden.«
»Ist doch nur zum Schutz des Champs«, verteidigt sich Bundini.
»Ich sehe die Augen einiger dieser Leute. Euch fällt das nicht auf, weil sie sich häufig in der Menge verbergen.«
»Niemand wird auf irgend jemand schießen«, schreit Angelo.
Reggie Barrett gibt zurück: »Sie haben John Kennedy erschossen – oder etwa nicht? Sie haben Martin Luther King erschossen und Medgar Evers. Sie haben mehr Grund, diesen Muhammad Ali zu hassen als King. Zumindest war der Christ.«
»Was können zwei Revolver schon helfen?« gibt Angelo zu bedenken, und ich gebe ihm recht.

Die zu unserem Schutz abgestellten Polizisten sind ebenfalls wütend und warnen uns: »Waffen ziehen Waffen an.«
Bundini erklärt sich schließlich bereit, die beiden Fünfundvierziger verschwinden zu lassen. Er verspricht, sie nie wieder mit in die Trainingshalle oder überhaupt in meine Nähe zu bringen.

Nach der Aufregung um die Revolver liege ich auf der Bank und lasse mir von Louis Sarria, einem ehemaligen Boxer aus Kuba, den ich als Chefmasseur verpflichtet habe, etwas von den Extrapfunden wegmassieren. Es ist der Tag, den Angelo für Interviews mit der Auslandspresse reserviert hat. Mario Widmar, ein Journalist des *Blick*, der größten Tageszeitung der Schweiz, will wissen: »Was läßt Sie weitermachen. Sie stehen um fünf Uhr auf und gehen um 22 Uhr wieder ins Bett. Sie müssen doch häufig den Wunsch verspüren, endlich ein normales Leben führen zu können. Was läßt Sie weitermachen?«
»Dieser kurze Gang von der Garderobe in den Ring«, sage ich, »und alle diese Gesichter da draußen, die gespannt sind, ob ich ins Leben zurückkehre oder für immer tot bin. Wenn ich meinen Umhang ablege und mit dem Gong aus meiner Ecke komme, schaut mir die ganze Welt zu. Darunter Menschen, die mich noch nie kämpfen sahen, die aber hörten, was ich sage, was ich tue und wer ich bin. Sie fragen sich: ›Ist das dieses Großmaul, das sich als den Größten bezeichnet? Ist das alles nur Angabe, oder steckt tatsächlich etwas dahinter?‹«
Peter Wilson, ein englischer Reporter, den ich aus London kenne, hält mir eine AP-Meldung hin und fragt, ob ich sie schon gelesen habe.
»Worum geht's?« Ich liege auf dem Bauch und möchte mich nicht umdrehen.
»Sie wird in der Morgenpresse veröffentlicht, aber ich möchte gern jetzt schon Ihren Kommentar dazu für die englischen Leser.«
»Worüber?«
»Nun, Gouverneur Maddox hat erklärt, er werde alles, was in seiner Macht liegt, tun, um den Kampf zu verhindern.«
In der Garderobe wird es ganz still. Der Reporter zitiert aus der Meldung: »›Gouverneur Maddox fordert alle Einwohner Atlantas auf, den Kampf Clay gegen Quarry zu boykottieren. Außerdem fordert er alle patriotischen Gruppen der Stadt auf, den Promotern ihre Einstellung dazu klarzumachen. Wir sollten ihn nicht für Geld boxen lassen, nachdem er es abgelehnt hat, für sein Land zu kämpfen.‹«
Ich greife nach der Meldung. Sie berichtet, daß der Gouverneur überall »überwältigende« Unterstützung für seine Haltung findet. Ronnie Thompson, der Bürgermeister von Macon, lobte Maddox ebenfalls und sagte ihm in einem Telegramm seine hundertprozentige Unterstützung bei seinem Versuch zu, meinen Kampf zu unterbinden: DEM WEHRDIENSTVERWEIGERER CLAY SOLLTE NICHT GESTATTET WERDEN, VON DEN ERRUNGENSCHAFTEN ZU PROFITIEREN, FÜR DIE AMERIKANISCHE PATRIOTEN BLUT UND LEBEN GEGEBEN HABEN.
Lange bleibt es noch still im Umkleideraum, während die Reporter rein und

raus huschen. Mein erster Gedanke ist, daß ich bei einer Absetzung des Kampfes sofort Belinda anrufen und ihr sagen werde, daß ich heimkomme, um endlich meine bereits fünf Wochen alten Zwillingstöchter wiederzusehen.
Dann sagt eine Stimme: »Senator Johnson für Muhammad«, und ich greife nach dem Hörer.
»Ali«, Johnsons Stimme ist ruhig und gefaßt, »ich weiß, daß Sie inzwischen von der Sache mit Maddox gehört haben. Regen Sie sich darüber nicht auf. Kommen Sie bitte auf dem Heimweg bei mir im Büro vorbei.«
Draußen treten die schwarzen Polizisten, die zu unserem Schutz abgestellt sind, auf mich zu und umarmen mich: »Champ, wenn es Ihnen recht ist, werden wir die Wachen verdoppeln.«
Angelo ist nervös. Er sieht, wie einige Polizisten junge Leute zurückstoßen, die Autogramme von mir wollen. Daraus entsteht fast ein Handgemenge.
»Es gibt keinen Zaun um Ali«, sagt er, »keine Schranken. Er geht zu den Leuten, und die Leute können zu ihm.«
Wir stehen auf dem Gehsteig, und die Leute, die vor der Halle warteten, drängen sich um uns. Einer hält eine Zeitung aus Atlanta hoch. Ihre Überschrift lautet: »GOUVERNEUR MADDOX ERKLÄRT DEN 26. OKTOBER ZU EINEM TRAUERTAG. FORDERT PATRIOTEN DER STADT ZUM PROTEST AUF.«
Die Menge folgt uns zum Wagen, einige beugen sich zu den Fenstern herab und schreien: »Was haben Sie vor, wenn der Kampf abgesetzt wird?«
»Ich gehe heim«, sage ich.
»Wenn Sie hier nicht zugelassen werden, wo möchten Sie dann kämpfen?«
»Im Gouverneurswohnsitz«, schreie ich zurück.
Wir fahren in die Black Community zu den Rechtsanwaltsbüros von Senator Johnson, der uns zusammen mit seinen Partnern erwartet. Johnson steht neben einer Tafel und zündet sich so gelassen seine lange Zigarre an, als ob er keine der Schlagzeilen gelesen hätte.
»Wie geht der Kartenverkauf?« fragt jemand.
»Ausverkauft«, sagt Johnson. Er schreibt eine Zahl auf die Tafel. »Auch die Karten für die Fernsehübertragungen an der Ostküste verkaufen sich gut. Alles will den Kampf sehen, auch die, die gegen ihn sind.«
»Deswegen sind wir nicht hergekommen«, sagt Angelo, »wir haben ein Recht zu erfahren, was los ist. Es hat sich einiges getan. Plötzlich ist der Gouverneur anderer Ansicht. Es gibt Proteste, die den Kampf unterbinden wollen.«
Johnson versucht Angelos Einwand zu ignorieren. Er fährt fort über die großartige Organisation und das internationale Interesse für den Kampf zu sprechen. Erstmals wird er auch über Satellit nach Moskau übertragen. Auch England, Deutschland und Japan sind angeschlossen. Die Lobbys jener Hotels, in die er direkt übertragen werden soll, sind jetzt schon zu klein.
»Sie haben die entscheidende Frage noch immer nicht beantwortet«, sagt Angelo. »Wie groß ist die Gefahr, daß der Kampf noch abgesetzt wird, beispielsweise durch gerichtliche Verfügung? Gerüchte behaupten, Maddox wolle vor Gericht gehen, da es rechtliche Bedenken gebe.«

Johnson und seine Partner tauschen Blicke aus, dann rückt Johnson mit seinem Stuhl näher an den Tisch heran. »Wir waren nahe dran. Aber ich denke, es ist überstanden.«
»Wie nahe?« frage ich.
»So nahe.« Johnson hält Daumen und Zeigefinger in Millimeterabstand. »Hätte Maddox die Rechtsvorschriften bereits vor vier Wochen studiert, hätte er den Kampf untersagen lassen können. Der Kampf war illegal. Es gibt eine alte Stadtverordnung in Atlanta, die aus der Zeit nach dem Bürgerkrieg stammt. Sie besagt, daß öffentliche Boxkämpfe zwischen einem Weißen und einem Schwarzen ungesetzlich sind; ein Überbleibsel der Nachbürgerkriegszeit.«
»Und Sie wußten das nicht?« fragt Angelo.
»Der Vorsitzende der City Athletic Commission entdeckte diese Vorschrift und erzählte Jesse Hill davon. Wir mußten sehr rasch etwas unternehmen, und zwar durfte Maddox nicht erfahren, was wir vorhatten. Wir kontrollieren die meisten Stimmen des City Council, und so verabschiedeten wir einfach eine Verordnung, die der Building and Athletic Commission das Recht gibt, Statuten für die Athletic Commission aufzustellen. Wir machten keinerlei nähere Angaben über die Art dieser Statuten, denn dann wären die Zeitungen aufmerksam geworden. Wir würden dann heute alle nicht hier sein.«
Er zog ein kleines Buch heraus mit dem Titel *Rules and Regulations Governing All Boxing Contests in the City of Atlanta.* »Abschnitt 28 sagt, daß in der Stadt Atlanta keine Wettkämpfe zwischen schwarzen und weißen Boxern stattfinden dürfen und daß diese Vorschriften für alle Veranstalter und Promoter bindend sind und in die Vereinbarungen aufgenommen werden müssen.
Wir verschafften also der Kommission das Recht, diesen Paragraphen zu streichen, was sie prompt tat. Damit ist der Kampf legal.«
Harry Pepp, der kleine Gewürzhändler, der ein Vermögen in die Promotion des Kampfs gesteckt hat, sieht jetzt noch ganz krank aus, wie er von diesen Dingen hört. Anscheinend hat er dasselbe schreckliche Gefühl wie ich: die Ahnung, daß trotz allem noch irgend etwas geschehen wird, das mir den Zugang zum Ring verwehrt.
Doch Johnson ist zuversichtlich. »Wenn Maddox versuchen sollte, irgendeine legale Einspruchsmöglichkeit auszugraben, wird er feststellen müssen, daß der Knochen verschwunden ist.«
»Und etwas Illegales?« frage ich.
»Es gibt alle möglichen Gerüchte«, sagt Jesse Hill, der Versicherungsmann. »Einige beziehen sich darauf.«
Er zeigt mir einen Artikel der Chicago-*Tribune* von deren Sportredakteur Gene Ward:

> Cassius Clay ... ist für immer abgetreten. Es gibt nichts, wodurch er die Vergangenheit wiedergewinnen oder zu seinen früheren Erfolgen zurückkehren könnte. Jene Sportjournalisten, die in seinem Gefolge Loblieder auf ihn anstimmten,

begrüßen sein angekündigtes Comeback gegen Jerry Quarry in Atlanta, als ob es sich um einen religiösen Akt der Wiederauferstehung handeln würde.
Ich schreibe hier in der Vergangenheitsform, weil ich nicht glaube, daß der Quarry-Kampf am 26. Oktober stattfinden wird – und auch nicht an einem anderen Tag ... Ich denke, daß aber nicht irgendeine Veteranenvereinigung den Clay-Quarry-Fight verhindern wird ... Vielmehr wird es eine breite amerikanische Öffentlichkeit sein, die diesem Kampf und damit Clay den Todeskuß aufdrückt.

»Es gibt hier Leute, die vor nichts zurückschrecken, aber sie werden nicht gewinnen«, sagt Hill. »Sie wollen die alten Ku-Klux-Klan-Leute gegen uns mobilisieren, so daß sie behaupten können, der Kampf würde den öffentlichen Frieden stören und zu Ausschreitungen führen. Die nächsten drei Tage werden zeigen, womit wir zu rechnen haben.«

Beispielsweise mit einem gestörten Telefon.
Es ist halb eins nachts. Wir haben uns im Kino *Blue Soldier* angesehen. Dadurch mußte ich die Sperrstunde überschreiten, die ich mir für die Zeit des Trainings immer setze, doch ich wollte diesen Film unbedingt sehen. Auf dem Heimweg zu unserem Schlupfwinkel sprechen Reggie Barrett, Bundini, mein Bruder und ich darüber.
Wir haben die Schlüssel vergessen, und es gelingt uns auch nicht, die Wache aufzuwecken. Wir wissen, daß sie im Haus ist, denn ihr Wagen steht davor. Doch unser Klopfen und Rufen bleibt erfolglos. Schließlich gehe ich ums Haus herum zum Zimmer meines Vaters. Ich klopfe gegen die Scheibe, und er läßt uns ein.
In meinen Brogans stapfe ich durch das Wohnzimmer. Unser walgroßer »Sicherheitsposten« schläft fest auf seiner Liege. Sein Gürtel zerschneidet den Körper in zwei Hälften wie ein Strick einen Kartoffelsack; bei jedem Schnarcher fährt ein Zittern durch seinen Leib. Eigentlich wäre es für ihn Zeit zum Gehen gewesen, doch er will einfach nicht aufwachen.
»Träumt wohl von Dämonen«, meinte Bundini mitfühlend. »Laß mich bitte mal telefonieren, wenn du fertig bist.«
Bundini wollte seinen Sohn in Tel Aviv anrufen. Seine Brooklyner Synagoge hatte ihn dorthin gesandt. Bundini meinte nicht schlafen zu können, bevor er nicht die Stimme »meines Bluts« aus dem Heiligen Land gehört hätte.
Ich nehme den Hörer ab und wähle Philadelphia. Dann erst merke ich, daß es nicht funktioniert. Die Klinik wollte Belinda heute mitteilen, ob man es wagen konnte, unsere neugeborenen Zwillinge nach Hause zu nehmen. Ich versuche es erneut. Kein Amtszeichen. Ich habe die Babys seit fünf Wochen nicht gesehen. Sollte irgend etwas mit ihnen nicht in Ordnung sein, würde ich sofort nach Philadelphia fahren. Das ist die einzige Sache der Welt, die mich vom Kampf abhalten könnte.
»Es ist tot – versuch du es mal.«
»Wann beginnt unser Lauftraining morgen früh?« fragt Bundini.
»Stell den Wecker auf vier. Sie holen uns um fünf Uhr ab.«
Ich mache mir weiter keine Gedanken darüber, denn das Telefon hat auch

zuvor schon gestreikt. Manchmal kommen Anrufe herein, doch wir selbst können nicht hinauswählen. Normalerweise dauert das aber immer nur ein paar Minuten.
Mein Wecksystem arbeitet auf folgende Weise: Um vier Uhr beginnen neben Belindas Bett in Philadelphia zwei Wecker zu rasseln. Darauf ruft sie mich hier an. Auf diese Weise komme ich rechtzeitig zu meinem Lauftraining und erfahre gleichzeitig das Neueste von zu Hause. Ich bin sicher, daß das Telefon bis vier Uhr wieder funktioniert. So lange hat es noch nie gestreikt.
Ich ziehe meine Jacke und meine schweren Schuhe aus und lege mich bei geöffneter Tür quer übers Bett. In den anderen Räumen gibt es Auseinandersetzungen zwischen Bundini und meinem Vater, Rahaman sowie C. B. und Reggie Barrett. Sie werden immer heftiger und bitterer, je näher wir dem Kampf kommen. Für einen Außenstehenden klingt das furchtbar, doch am nächsten Morgen ist alles vergessen, und alle haben wieder nur ein Ziel vor Augen – den Sieg.
Ich kann nicht einschlafen und gehe zum Spiegel hinüber, um mich zu vergewissern, daß ich seit der Wiederaufnahme des Trainings eine ganze Menge Pfunde verloren habe. Ich werfe dem Gesicht im Spiegel Jabs zu, bis Bundini plötzlich grinsend in der Tür steht. »Quarrys Hintern wartet auf Prügel, sein ganzer Körper schreit danach! Überlaßt ihn jetzt ruhig dem Champ!«
Ich lasse mich wieder aufs Bett fallen und greife nach dem Hörer.
»Vergiß das Telefon«, sagt Bundini. »Shorty möchte, daß du dich ausruhst. Schlaf ist die beste Medizin für einen Boxer. Sugar Ray hat mir das beigebracht.«
Er schließt leise die Tür hinter sich. Ich lege mich hin, aber ich weiß, daß ich nur Schlaf finden kann, wenn ich erfahre, wie es meinen beiden Kleinen in der Klinik geht. Ich sehe sie wieder vor mir, so wie ich sie das erstemal im Women's Medical Hospital in Philadelphia sah.

Mein Gesicht preßte sich gegen die Scheibe. Sie sahen so winzig aus. Nadeln in den Adern, Schläuche für die Ernährung, Masken über den Mündern. Sie sahen nicht wie Babys aus; sie wirkten unreal.
»Wieviel wiegen sie?« fragte ich den Arzt, wobei ich Angst vor der Antwort hatte.
»Ungefähr zwei Pfund«, sagte er.
»Sie atmen überhaupt nicht«, sagte ich zu ihm, als ob ich etwas entdeckt hätte, was er übersehen hatte.
»Nicht regelmäßig, aber Sie können sehen, daß sie in bestimmten Abständen tief einatmen. Sehen Sie?«
Ich war bestürzt. Wie sollten sie auf diese Weise am Leben bleiben? Kein Wunder, daß sie auf der Liste der »kritischen Fälle« standen. Ich drehte mich dem Arzt zu: »Ich möchte die Wahrheit wissen, Doktor. Haben sie eine Chance?«
Seine Augen zuckten etwas, wodurch meine Sorge wuchs. »Sie haben eine Chance. Ja, eine Chance.«

»Mein letztes Kind war ein Junge. Er war ebenso winzig und starb nach einer halben Stunde.«
Der Arzt verstand: »Aber das sind Mädchen. Mädchen sind lebensfähiger und zäher. Jungen sind viel anfälliger. Mädchen haben eine bessere Überlebenschance.«
Ich fühlte mich irgendwie schuldig: Ich hatte so heftig auf einen Jungen gehofft. Glücklicherweise waren es Mädchen geworden. Jungen hätten es wahrscheinlich nicht geschafft.
Sie wurden geboren, während ich in der Nähe von Atlantic City in Don Braggs Boys Camp Boxunterricht gab. Ich hatte Bragg in Rom kennengelernt, wo er 1960 bei den Olympischen Spielen den Stabhochsprung gewann.
Sie hatten denselben Herzrhythmus, so daß die Ärzte nicht mit Zwillingen gerechnet hatten. Und dann waren sie auch noch drei Monate zu früh dran.
Belinda nannte sie Jamillah und Rasheda nach zwei Kindern, denen ich in Ägypten begegnet war.
»Wie lang wird es dauern, bis man weiß, ob sie durchkommen?« fragte ich den Arzt.
»Wenn sie die nächsten 48 Stunden überstehen, wäre das ein sehr ermutigendes Zeichen«, sagte er. »Jeden Tag werden sie ein bißchen stärker. Aber es kann Wochen dauern.«
Ich erklärte ihm, daß ich den Vertrag mit Quarry unterschrieben hatte, und der Arzt, ein Boxfan, gratulierte mir zur Beendigung meines Exils. Doch als ich ihm dann sagte, daß der Kampf bereits in sechs Wochen stattfinden sollte und ich dreißig Pfund Übergewicht hatte, änderte er seine Meinung.
»Sie sollten sich über Ihre Gesundheit genausoviel Sorgen machen wie über Ihre Zwillinge. Die Zeit ist zu kurz, Sie werden sich ruinieren.«
Jeden Tag riefen die Promoter und Trainer aus Miami an, um nach meinem Verbleib zu fragen. Doch Tag für Tag legte ich meine Gesichtsmaske und den weißen Umhang an, um nach meinen Zwillingen zu sehen; nichts hätte mich davon abhalten können.
Senator Johnson rief an: »Es wird behauptet, Sie hätten Angst, sich in einer Stadt des Südens einem weißen Boxer zu stellen und sich dem Zorn eines patriotischen Publikums auszusetzen, das Sie haßt, weil Sie sich weigerten, in Vietnam zu kämpfen.«
Angelo rief ebenfalls an: »Die Zeitungen machen Anspielungen, daß der Kampf überhaupt nicht stattfinden wird. Wo bleibst du denn?«
Ich blieb bis zu jenem Morgen, an dem sie ihnen die Sauerstoffmasken abnahmen. Sie mußten wohl noch im Inkubator bleiben, doch sie atmeten jetzt regelmäßiger, und eines machte sogar eine Bewegung. Ihre Gesichter bekamen etwas Farbe, und der Arzt lächelte und sagte, das wäre ein gutes Zeichen.

Ich schlummere ein, während meine Gedanken noch immer bei den Zwillingen sind. Als ich wieder aufwache, ist das Haus ruhig, und in meinem Zimmer brennt noch das Licht. Irgendein Geräusch von draußen hat mich geweckt.

Ohne mir dessen so recht bewußt zu werden, gehe ich zum Fenster und blicke hinaus. Die Lampe über dem Eingang beleuchtet ein großes Rasenstück, rundherum herrscht tiefe Nacht.
Ich gehe in die Küche, um mir den Krug mit Karottensaft zu holen, den der Koch für mich vorbereitet hat. Ich nehme einen großen Schluck und gehe dann mit dem Krug ins Wohnzimmer, wo ich im Dunkeln über Schuhe und irgendwelche Ausrüstungsgegenstände stolpere. Ich versuche die verschiedenen Schnarchtöne zu identifizieren. Mein Vater am Ende des Flurs – ein tiefes Brummen. Mein Bruder im Nebenzimmer – wie eine Dampfpfeife. Bundini, der mit offenem Mund schläft, schnarcht, als ob er gurgeln würde. Nur von unserer Wache ist nichts mehr zu hören; sie hat inzwischen das Haus verlassen.
Ich kann der Versuchung nicht widerstehen und gieße Bundini etwas von dem Karottensaft in den offenen Mund. Hustend und fluchend schreckt er hoch. Es dauert eine Weile, bis sich seine Augen an die Dunkelheit gewöhnt haben und er mich lachend gegen die Wand gelehnt sieht. »Was ist denn los?«
»Zeit zum Auftanken!« rufe ich ihm zu. »Steh endlich auf, damit wir auftanken können!«
Und er springt aus dem Bett und sucht nach seiner Hose und den Schuhen. »Auftanken« ist unser Codewort für das Lauftraining. Dann sieht er, daß ich noch immer lache. »Warum zum Teufel bist du schon auf? Warum schläfst du nicht mehr?« fragt er mich.
»Und wie soll ich's Quarry zeigen?«
»Zeig ihm diesen Jab, bis er um Gnade winselt! Durchbohr ihn, Champ, spieß ihn damit auf!« Er schreit, als ob Quarry leibhaftig im Zimmer wäre.
Ich gehe auf die Veranda hinaus und fange an schattenzuboxen. Ich tanze über die hölzernen Bohlen, verteile Jabs, wirble Schlagkombinationen durch die Luft und genieße dieses Gefühl, das ich drei Jahre lang vermißt habe. Ich möchte das dicke Gras unter den Füßen spüren und verlasse die Veranda. Immer noch Jabs und Haken austeilend, tänzle ich den Weg zu den Bäumen hinauf.
Ich sehe Bundinis Gesicht hinter dem Windschutz. Sein Ärger hat einem Grinsen Platz gemacht. »Zeig's ihm, Champ!« schreit er von der Tür herüber. »Verpaß ihm was zu Ehren der guten alten Zeiten! Du bist der Boß! Das ist Atlanta, Georgia, aber du bist noch immer der Boß! Zeig's ihnen! Prügel's ihnen ein! Champ –«
Da fällt der erste Schuß: Peng!
Ich habe den See im Rücken und höre, wie etwas durch die Bäume zischt. Ich bleibe stehen und wirble herum. Gerade rechtzeitig, um den zweiten Schuß zu hören – Peng! – und das Mündungsfeuer zu sehen. Ich höre Bundini schreien: »Wirf dich hin, Champ! Wirf dich hin!« Er ist halb aus der Tür, als zwei weitere Schüsse fallen. Als er mich erreicht, liege ich am Boden. Zusammen kriechen wir über die Veranda ins Haus zurück.
Aus dem Dunkel kommen Stimmen:

»Du schwarzer Hurensohn!«
»Hau ab aus Georgia!«
»Du feiger Wehrdienstdrücker!«
Ich kann drei Stimmen unterscheiden: eine ziemlich hohe, eine nasale und eine tiefe und heisere.
Dann fallen weitere Schüsse, und bei ihrem Aufblitzen lassen sich drei Gestalten ausmachen, die sich am Ufer des Sees zu bewegen scheinen.
Bundini hat meinen Kopf in einer Art Nelson, als ob er mich mit seinen Armen schützen wolle. Ich höre die Stimme meines Vaters: »Was ist los? Was geht da vor?«
»Sie schießen, sie haben's auf deinen Sohn abgesehen!« sagt Bundini.
»Sie wollen den Kampf stoppen«, erkläre ich meinem Vater.
»Ich habe immer gesagt, daß wir besser beschützt werden müssen!« schreit Bundini. »Ich hab's euch gesagt!«
»Ruft die Polizei an«, meint mein Vater, und ich greife zum Hörer. Es funktioniert noch immer nicht.
Reggie ist inzwischen ebenfalls wach geworden: »Sie wissen, daß wir nichts haben, um zurückschießen zu können«, flucht er, knipst das Licht über der Veranda aus und schaut aus dem Fenster. »Sie wissen, daß wir keine Waffen haben. Sie würden nicht kommen, wenn wir welche hätten.«
Er sieht sich im Haus nach Gegenständen um, mit denen wir uns verteidigen können. Aber es findet sich nichts außer einem alten Säbel aus dem Bürgerkrieg, den Senator Johnson an die Wand gehängt hat.
»Was machen sie jetzt?« fragt Bundini. »Siehst du irgend etwas?«
Reggie mahnt uns zur Ruhe, während er aus dem Fenster späht. »Kann nichts sehen. Aber sie werden versuchen, näher heranzukommen, ich kenn' sie.«
Er spricht aus Erfahrung. Reggie stammt aus einer schwarzen Familie, die vier Generationen lang in Südkarolina wohnte und während der schlimmsten Zeiten des Klan-Terrors, als es um die Eigentumsrechte der schwarzen Bevölkerung ging, immer wieder belästigt und angegriffen wurde. Er ist unsere Autorität in bezug auf Mob und Lyncher.
Plötzlich verläßt Bundini seinen Posten als mein ganz persönlicher Leibwächter, geht auf die Knie und zieht unter seinem Sofa eine Schachtel mit zwei Revolvern und Patronen hervor – es sind dieselben, von denen er uns drei Tage zuvor erzählte, er habe sich ihrer entledigt.
»Was, zum Teufel, willst du tun?« Reggie schaut ihm zu, wie er die Haustür öffnet. »Was, zum Teufel, hast du vor?«
Mein Vater und mein Bruder wollen ihn zurückhalten. Bundini hat Tränen in den Augen, er sieht aus, als ob er Amok laufen würde. Er tritt auf die Veranda hinaus und zielt mit seinem Revolver auf die Büsche am See. Während er abdrückt, schreit er immer wieder: »Hier sind wir! Stellt euch, ihr Hurensöhne!«
Er feuert wild in die Gegend, und mein Vater schreit: »Holt diesen Narren herein, sie werden ihn erschießen! Holt ihn herein!« Doch Reggie geht hinaus und kommt mit einem Revolver zurück. Er lädt ihn und bringt ihn dann

wieder Bundini, der ihn noch einmal leerfeuert. Die ganze Zeit über schreit er wie von Sinnen: »Kommt doch her, wenn ihr sterben wollt! Kommt her, wir warten auf euch!«
Ich weiß nicht, ob es das Schießen oder Bundinis laute Stimme ist, wodurch die Schwärme schlafender Vögel aufgeschreckt werden, von denen uns Senator Johnson erzählte. Plötzlich ist die Luft voll von flatternden und kreischenden Vögeln, und einige von ihnen prallen in der Aufregung auch gegen unsere Fenster.
Reggie zieht Bundini ins Haus zurück. Wir sitzen lange Zeit eng aneinander gedrängt, wobei nichts als unser Atmen zu hören ist.
Ab und zu nimmt jemand den Hörer auf und versucht zu wählen. Doch die meiste Zeit sitzen wir nur da und lauschen nach draußen. Die Nacht ist voller Geräusche: Grillen und andere Insekten und gelegentlich der Flügelschlag eines Vogels, der seinem Ruheplatz zustrebt.
Dann läutet plötzlich das Telefon. Reggie nimmt den Hörer ab.
Er sieht mich an: »Sie fragen nach dir, Champ.«
Ich bin gespannt. Vielleicht ist es Belinda, die mich früher als gewohnt anruft. Vielleicht kommt der Anruf aber auch von jenseits des Sees. Vielleicht wollen sie wissen, was hier los ist und ob sie uns helfen können.
Als ich den Hörer am Ohr habe, höre ich eine ziemlich hohe nasale Stimme: »Nigger – wenn du Atlanta nicht morgen verläßt, wirst du sterben.«
»Was ist los?«
»Du Vietkong-Bastard! Du Pazifistenschwein! Das nächstemal werden wir nicht danebenschießen. Wir werden dich kriegen!«
Bundini liest in meinen Augen, er entreißt mir den Hörer: »Du wirst mit uns draufgehn, du Bastard! Du wirst ebenfalls krepieren!«
Ich nehme ihm den Hörer aus der Hand und lege auf. Fünfzehn Sekunden später klingelt es wieder.
»Hör zu, Nigger, wenn du Montag abend in den Ring steigst, wirst du ihn nie mehr verlassen. Ich bin bereit zu sterben, um dich krepieren zu sehen. Es wird keinen Kampf in Atlanta geben.«
Ich höre zu, ohne ein Wort zu sagen. Ich versuche immer, eine Person mit Hilfe ihrer Stimme zu charakterisieren. Ist alles nur Bluff? Ist es ein Betrunkener? Ist es ernst zu nehmen? Dann sage ich: »Wovon sprechen Sie? Ich verstehe Sie so schlecht.«
»Du verstehst mich gut, du Niggerbastard! Wart's nur ab, dann wirst du schon sehen! Wir warten hier draußen auf dich. Du brauchst nur den Kopf aus der Tür zu strecken, dann wirst du schon sehen!«
Er hängt auf, keiner von uns sagt etwas, bis Rahaman meint: »Ruf die Polizei an.«
Doch als wir es versuchen, ist der Apparat wieder tot. »Ich werde nicht hier herumsitzen«, sagt Bundini, »ich werde nicht hier herumsitzen und warten, bis sie uns holen.«
»Sie wissen, daß wir bewaffnet sind«, sagt Reggie, »sie werden draußen warten.«

»Was willst du tun, Champ?«
Ich erinnere mich, daß ich aufstand und den Raum verließ. Mein Herz schlug, als ob ich auf einer Klippe ausgerutscht wäre und mich jemand im letzten Augenblick zurückgerissen hätte. Ich gehe in die Küche und gieße mir noch ein Glas Karottensaft ein.
Rahaman sagt: »Sie wollen uns töten.«
Ich weiß, daß sie mich wahrscheinlich lieber abschrecken als töten wollen. Sie wollen, daß ich aus der Stadt fliehe. Sie wollen, daß der Kampf abgesetzt wird, so wie zuvor mehr als zweiundsiebzig Kämpfe kurz vor dem festgelegten Termin während der vergangenen drei Jahre gestoppt wurden, in einer Stadt nach der anderen. Diesmal bin ich näher dran als jemals zuvor. Wieder befällt mich die alte Vorahnung, daß mich irgend etwas daran hindern wird, jemals wieder den Ring zu betreten, doch ich bin fest entschlossen, mich nicht unterkriegen zu lassen.
»Laßt mich eine Weile allein«, sage ich zu meinem Team. »Laßt mich über alles nachdenken.«
Ich gehe zum Küchenschrank. Dort finde ich einige Löffel mit langen Griffen, die Johnson sich aus Siam schicken ließ. Damit trommle ich auf der Plastiktheke herum. Ich werde ruhiger. Was auch immer im Ring geschehen mag – hier und jetzt muß ich den Kampf gewinnen.
»Was wirst du tun, Champ?« Bundini steht plötzlich vor mir und hat Tränen in den Augen. Wir lachten oft darüber, daß Bundini so leicht zu weinen beginnt. Aber jetzt lache ich nicht darüber.
Ein alter Anwalt in Louisville, der junge schwarze Militante gegen Kaution aus dem Gefängnis holte, sagte einmal: »Ich trage keine Waffe bei mir, aber oft schon hat mich die Waffe im Halfter meines Bruders gerettet.« Es war erst vor einem Jahr, da fuhr mich ein Freund nach einer College-Diskussion, an der ich zusammen mit Floyd McKissick von CORE und Whitney Young von der Urban League teilgenommen hatte, von Fayetteville, Arkansas, nach Hause. Wir wurden von einer Bande Weißer verfolgt, die fluchend nach dem Kopf »dieses schwarzen Bastards Cassius Clay, dieses feigen Pazifistenschweins«, verlangten. Sie versuchten, uns mit ihren Wagen von der Straße abzudrängen und in eine Schlucht zu stürzen. Mein Freund zog seinen Fünfundvierziger Colt und gab einige Schüsse auf sie ab, während er ihnen zuschrie: »Kommt ruhig näher, wenn ihr sterben wollt, ihr Hurensöhne! Kommt ruhig, wenn ihr sterben wollt!« Ganz plötzlich hatten sie aber kein Verlangen mehr danach, traten das Gaspedal durch und ließen uns leben.
Bundini sitzt auf einem Küchenstuhl und starrt zur Decke hinauf, als ob er durch sie hindurch direkt in den Himmel sehen könnte. »Shorty«, sagt er, »was ist meine Mission? Ich habe keine Angst vor dem Sterben, aber ich will nicht sterben, bevor ich meine Mission kenne.« Er macht eine Pause, um »Shorty« Zeit für die Antwort zu geben. Dann erklärt er allen, die es wissen wollen: »Shorty läßt mich nie im Stich.«
Rahaman kommt herein und sagt: »Wir sollten die Polizei holen. Um welche Zeit wollten sie hiersein?«

Barrett taucht hinter ihm auf. »Was, zum Teufel, ist mit diesem Polizisten los? Erklär ihm, daß wir Waffen brauchen.«
Der »Polizist« ist Leutnant Hudson; er ist für unsere Sicherheit verantwortlich. Er wird in einer knappen halben Stunde erwartet. Es geht auf fünf Uhr zu.
Immer wieder kommt mir derselbe Gedanke. Um gewinnen zu können, muß ich zuerst bis in den Ring gelangen, den Kampf aufnehmen und bis zu seinem Ende durchstehen. Ich werde niemandem die Möglichkeit in die Hand geben, den Fight unter irgendeinem Vorwand absetzen zu können. »Ihr unternehmt nichts, wenn ich nicht Anweisungen dazu gebe«, sage ich zu Barrett. »Und ihr werdet niemandem etwas von heute nacht erzählen. Wenn es in die Zeitungen kommt, werden noch mehr dieser Idioten auf dumme Gedanken kommen, und Maddox wird behaupten, meine Gegenwart würde den Frieden stören. Ihr würdet schlafende Hunde wecken, die nichts Besseres zu tun wüßten, als euch an die Kehle zu springen. Ihr werdet alles für euch behalten, bis der Kampf vorüber ist.«
»Wir brauchen einige Waffen«, Bundini ist hartnäckig.
»Was wäre der größte Triumph, den wir in Georgia erringen könnten?« frage ich ihn.
»In den Ring zu gehen und diesem Affen die Seele aus dem Leib zu prügeln. Ihn vor den Augen der ganzen Welt am Boden zu zerstören!« Dann beginnt er zu grinsen, weil er merkt, daß er genau die Antwort gegeben hat, die ich hören wollte.
Draußen hupt es, und Reggie öffnet die Tür.
»Alles fertig, Champ? Wir haben einen Kombi mitgebracht.« Es ist Leutnant Hudson vom Atlanta Police Department. Diesmal hat er zwei bis an die Zähne bewaffnete Leute mitgebracht.
»Nur noch eine Minute«, sage ich, »welchen Weg werden wir nehmen?«
Er holt eine Karte hervor. »Wir können es Ihnen genausogut auch sagen, Champ. Ich weiß, daß ihr nicht gern so viele Polizisten in eurer Umgebung habt. Aber wir haben im Hauptquartier einige Hinweise bekommen, daß es jemand auf Ihr Leben abgesehen hat.« Er hebt rasch die Hand, als ob er damit meine Befürchtungen besänftigen wolle. »Wir haben Informationen, daß einige Elemente – die keineswegs charakteristisch für Atlanta sind, wie Sie wissen müssen – den Kampf abbrechen wollen, indem sie den Champ mit Feuerwaffen unter Beschuß nehmen. Deshalb gibt es sowohl in der Trainingshalle wie auch hier draußen und überall, wo Sie sich aufhalten, von jetzt an verstärkte Schutzmaßnahmen. Wir hoffen, Sie sind damit einverstanden.«
Bundini und ich schauen uns an.
»Jetzt zum Lauftraining«, fährt der Leutnant fort. »Wir wissen, daß Sie vorhatten, den Highway 85 entlang zu laufen. So stand es auch in den Zeitungen. Das Police Department will, daß die Route geändert wird. Wir werden Highway 20 nehmen und die Route jeden Tag ändern, sofern Sie nichts dagegen haben.«
Das Telefon klingelt, und mein Vater ruft: »Es ist für dich.« Belinda ist am

Apparat. »Die Zwillinge sind zu Hause, und die Ärzte denken, sie werden es schaffen.«

Ich liege ausgestreckt auf dem Bett. Es ist die letzte Ruhepause vor dem Kampf, der in vier Stunden beginnen soll. Das Telefon steht nicht still. Dauernd erreichen mich neue Glückwünsche: darunter von Whitney Young, der Mutter Martin Luther Kings und seiner Witwe Coretta, Jack Lemmon, Anthony Quinn, Bill Cosby, Sidney Poitier, Marlon Brando, Henry Fonda ... Ich versuche, ein wenig zu schlafen, doch es gelingt mir nicht, weil ich in der Küche Reverend Jesse Jacksons Stimme höre, der Bundini zu erklären versucht, worum es bei diesem Kampf geht.
Obwohl Jesse und ich verschiedene religiöse Überzeugungen haben, gibt es doch auch Übereinstimmungen, weil wir derselben Generation angehören.
»Allerhand hat unsere Generation erreicht«, höre ich ihn sagen. »Doch auch die schwarze Generation vor uns hat viel geleistet.«
»Viele von ihnen waren Onkel Toms«, meint Bundini.
»Das war doch Zirkus«, sagt Jesse. »Die Toms versuchten lediglich, den Weißen eine winzige Chance zu geben. Ohne sie würden wir heute nicht vor diesem Kampf stehen. Das ist auch kein Boxkampf. Das ist ein Krieg zwischen zwei Weltanschauungen. Ob er es will oder nicht, Quarry ist der Vertreter des Establishments. Nichts spiegelt die Krankheiten der amerikanischen Gesellschaft deutlicher wider als ein Weltmeisterschaftskampf zwischen einer weißen Hoffnung und einem Schwarzen. In diesem Kampf geht es um die Demokratie und darum, wie sie von Leuten wie Maddox, Agnew, Wallace, Nixon für ihre Zwecke benützt wird, während auf der anderen Seite die gewöhnlichen Sterblichen stehen, schwarze und weiße. Ich freue mich, daß dieser Kampf in Martin Luther Kings Heimatstadt stattfindet. Er wäre sehr froh darüber gewesen.«

15

Der goldene Traum

Ursprünglich hatte ich vor, Quarry Jack Johnson zu widmen. Ich wollte mich dafür wie Johnson zurechtmachen, also mit perlgrauem Derbyhut und einem schwarzgestreiften Mantel über den Boxshorts in den Ring steigen, um dann dem Georgia-Publikum zu erklären, daß ich meinen ersten Kampf nach dem Exil zu Ehren dieses großen schwarzen Boxers absolvieren wolle. Diese Ankündigung sollte mit den Worten schließen: »Wo du in diesem Augenblick auch sein magst, du brauchst dir in deinem Grab keine Sorgen zu machen. Diese weiße Hoffnung hat keine Chance.«

Diese Idee kam mir beim Betrachten alter Johnson-Filme. Joe Jacobs, der eine der umfangreichsten Box-Bibliotheken Amerikas besitzt, hatte uns die Filme ins Trainingslager gebracht. Dabei wurde mir erstmals klar, welch bemerkenswerter Boxer Jack gewesen war – und wie sehr ihn die Weißen gehaßt hatten. Ich mochte, wie er kämpfte und sprach – intelligent, klar, entschieden, in keiner Weise kriecherisch.

Zuvor wußte ich von ihm nur, daß er weiße Frauen geheiratet und daß er sich auf den Rücken gelegt hatte und die Augen geschlossen hielt, um die Sonne nicht sehen zu müssen, als sie ihn in einem abgesprochenen Kampf gegen Jess Willard auszählten.

Erst nachdem ich das Stück *Die Große Weiße Hoffnung* gesehen hatte, verstand ich sein Leben etwas besser. James Earl Jones, der ihn darin verkörpert, nahm mich mit in seine Garderobe. »Johnson war zu seiner Zeit ein ebenso großer Rebell wie Sie heute«, erklärte er mir dort.

Jones erzählte mir auch, wie sie Johnson mit gefälschten Anklagen wie einen Hund aus Amerika verjagt hatten. Und das alles nur aus jener Feindseligkeit heraus, die jedem schwarzen Schwergewichtsweltmeister entgegenschlägt, der sich in den Augen weißer Rassisten zu arrogant und aufsässig benimmt und damit die von ihnen aufgestellten Tabus verletzt. Sie wollten unbedingt

einen »echten Mr. Amerika« an seiner Stelle sehen. Deshalb konnte er erst wieder, ohne Angst vor Strafe haben zu müssen, in die Vereinigten Staaten zurückkehren, als er sich bereit erklärte, seinen Titel abzugeben. Und zu diesem Zweck wurde die Schiebung mit Willard arrangiert.
Ich wurde häufig gefragt, ob ich nicht während meines Exils daran gedacht hätte, Amerika zu verlassen, um in anderen Ländern zu kämpfen, die mich mit offenen Armen empfangen hätten. Ich gebe zu, daß ich es mir überlegt hatte. Tausende junger Leute, die sich dem Einsatz in Vietnam widersetzten, gingen ins Ausland und gründeten eine neue Existenz. Die Untergrundrouten machten es einem leicht. Doch es hätte für mich bedeutet, daß ich mich von meiner Familie, meinem Volk und der schwarzen Kultur, in der ich aufgewachsen war, hätte trennen müssen. Dieses Opfer schien mir zu groß. Außerdem schien es mir richtiger, diesen Kampf zu Hause auszutragen.
Jones erzählte mir, daß er seine Jack-Johnson-Konzeption an mir und meinem Leben orientiert hatte. Doch ich mußte ihm sagen, daß man mir noch während meines Exils vierhunderttausend Dollar angeboten hatte, um Jack Johnson in einem Film zu verkörpern. Ich hatte damals kein Einkommen, trotzdem lehnte ich das Angebot ab. Ich wollte keinen schwarzen Helden glorifizieren, der vor allem weißen Mädchen nachstellte. Ich war der Ansicht, daß schwarze Männer sowohl im Leben wie auf der Leinwand allen Grund hatten, jene schwarzen Frauen zu glorifizieren, die sie und ihre Brüder auf die Welt gebracht haben.
Nicht daß ich nicht auch einer ganzen Reihe weißer Frauen begegnet wäre, die ich sehr hoch einschätze. Doch ich habe den Eindruck, daß sich weiße Frauen gern als Symbol der Überlegenheit der Weißen benützen lassen. Und deshalb halte ich es für besser, meine ganze Aufmerksamkeit Frauen dunklerer Rassen zu schenken, vor allem denen meiner eigenen Farbe.
Wilt Chamberlain, der meine Haltung in dieser Frage nicht teilte, schrieb in seinem Buch: »Muhammad Ali ist ein guter Freund von mir«, doch dann fährt er fort und behauptet, ich hätte »nicht genug Intelligenz, um drei aufeinanderfolgende Sätze zu formulieren«. Das Publikum verwechsle meine »Geschwätzigkeit offensichtlich mit Intelligenz«. Er würde vor allem deshalb weiße Mädchen bevorzugen, weil sie ihm intellektuell besser entsprächen als schwarze.
Ich fragte Wilt, wie es sein könnte, da ja nun einmal seine Mutter, seine Groß- und Urgroßmutter sowie alle seine Schwestern Schwarze waren, daß er sich plötzlich von schwarzen Frauen nicht mehr verstanden fühlte. (Allerdings habe ich nie ein schwarzes Mädchen über sein Desinteresse klagen hören.) Ich bekam nie eine Antwort, was mich auch keineswegs verwunderte. Denn es war schon lange bekannt, daß sich Wilt für das Schicksal seiner Rassengenossen kaum interessierte. Dafür rühmte er sich seines engen Kontakts zu Richard Nixon, der ihn bei seiner Wahlkampagne als eine Art Bannerträger verwendet hatte.
Der auffallendste Zug an Wilt dürfte der sein, daß man ihn als der Welt größten Onkel Tom bezeichnen könnte. Meiner Ansicht nach ist das der Grund

dafür, daß er weder auf noch außerhalb des Basketballfelds mit Bill Russell verglichen werden kann. Wilt hätte sehr leicht der größte Athlet sein können, dem ich Auge in Auge meine Meinung zu dieser Sache deutlich machte. Doch dies tat ich dann bei einem anderen. Ich war nach Albuquerque, Neu-Mexiko, geflogen, um dort bei einem Bankett zu Ehren des scheidenden Weltmeisters im Halbschwergewicht, Bobby Foster, zu sprechen. Die gesamte Staatsspitze Neu-Mexikos vom Gouverneur bis zu den Bürgermeistern war versammelt, um Bobby zu verabschieden. Sie hatten auch einige der führenden Unterhaltungskünstler, darunter Charlie Pride sowie Sly and the Family Stone, einfliegen lassen. Alles ging gut, bis Foster hörte, wie ich mich mit einer Gruppe von Indianern unterhielt, die ihre Lage in Neu-Mexiko mit der der Schwarzen in den Gettos verglichen. Er mischte sich in die Unterhaltung ein und schrie: »Du hast dich in meiner Heimatstadt nicht auf diese Weise zu äußern! Du kannst nicht einfach herkommen und so etwas behaupten! Du wirst das in meiner Gegenwart gefälligst unterlassen!«
»Was bist du doch für ein Onkel Tom«, gab ich ihm zurück. »Ich bin hierhergekommen, um dich zu feiern, aber wenn du dich wie ein Idiot aufführst, kann ich dir auch ein wenig Verstand in den Leib prügeln.«
Bobby wollte auf mich losgehen und setzte zum Schlag an, aber dann wurde er zurückgehalten. »Ich will dich hier nicht mehr sehen!« brüllte er noch, während sie ihn wegzogen.
Abends gelang es mir dann doch noch, sehr viel Ehrenvolles über ihn zu sagen. Er hat wahrscheinlich keine Ahnung davon, wie nah er damals einer Tracht Prügel war, einer schlimmeren als damals, als ich ihn in Lake Tahoe vermöbelt hatte.
Ich habe nie jene schwarzen Prominenten verstehen können, die ihrem Volk sofort den Rücken kehren, wenn sie es ihrer Meinung nach »geschafft« haben. Das ist auch der Grund dafür, daß ich mich trotz aller Verliebtheit sehr rasch wieder von Leslie Uggums absetzte. Ich hatte sie kurz nach meinem ersten Kampf gegen Sonny Liston kennengelernt und war mit ihr und ihrer Mutter beim Dinner. Ihr Aussehen, ihre Energie und ihr Humor hatten es mir angetan. Aber als wir auf der Heimfahrt im Taxi durch Harlem kamen, verriegelte sie die Türen und begann voller Ablehnung und Haß von den hier wohnenden Leuten zu sprechen; ich sah sie plötzlich mit völlig anderen Augen.
»Warum sprechen Sie so?« fragte ich.
»Weil sie so schmutzig und schmierig und gefährlich sind«, sagte sie. »Ich kann es kaum erwarten, von hier fortzukommen.« Diese Worte machten ihre Schönheit zunichte. Plötzlich kam sie mir wie eine recht ordinäre, häßliche Frau vor. Ihre Mutter lud mich immer wieder ein, aber ich ging nie mehr zu ihnen.

Als ich Angelo davon erzählte, daß ich als Jack Johnson in den Ring steigen wollte, meinte er mißbilligend: »Du bist aber nicht Jack Johnson. Warum mußt du dich immer mit anderen vergleichen? Du bist weder wie Sugar Ray noch wie Joe Louis.«

»Wem gleiche ich dann?«
»Du bist etwas Neues, du bist anders, du bist du. Sie lassen sich mit dir nicht vergleichen.«
Ich drehte mich nach Bundini um, und es war einer der wenigen Fälle, in denen er Angelo zustimmte. Ich wollte es trotzdem tun, doch am Ende blieb einfach nicht mehr genug Zeit für die notwendigen Vorbereitungen.
Angelo erklärte mir immer wieder: »Du gleichst keinem dieser früheren Boxer.«
Doch das weiß ich besser. Denn was ich heute bin, verdanke ich denen, die dazu erst die Voraussetzungen geschaffen haben. Meine direkten Vorgänger waren einige der besten Boxer, die die Welt je erlebt hat: Joe Louis, Sugar Ray Robinson, Henry Armstrong, Archie Moore, Johnny Bratton, Kid Gavilan, Sandy Saddler, Jersey Joe Walcott, Ezzard Charles, Floyd Patterson, Chalky Wright, Jimmy Charter und andere mit neuen Kampftechniken und besonders kraftvollen Schlägen.
Ich hing in den Trainingshallen herum und hörte die Profis über die großen Boxer und ihre Taten sprechen. Das war für mich aufregender als jede Wildweststory. So hörte ich von Black Panther Harry Wills, Tiger Jack Fox, Panama Al Brown, Gorilla Jones, Deacon Tiger Flowers, Boston Tar Baby, Kid Chocolate, Joe Gans, Battling Siki und anderen ebenso guten, die sich quer durchs Land schlugen, und das fast immer vor einem Publikum, das sie am liebsten am Boden liegen sah. In jenen Tagen war allein schon das Betreten des Rings für einen schwarzen Boxer eine ungeheure Mutprobe – man braucht sich nur die Filme über Jack Johnson ansehen, in denen der Pöbel verlangt, daß er gelyncht wird.
Jersey Joe sagte mir einmal: »Manchmal hatte ich das Gefühl, in einer Ku-Klux-Klan-Versammlung zu sein und den ›Großen Magier‹ zwischen den Fäusten zu haben, während sie rundum Tafeln hochhielten, auf denen ›Weiße Vorherrschaft für alle Zeiten‹ zu lesen war.«
Ich stellte Harry Wyle einige Monate vor seinem Tod bei mir ein. Er hatte sie fast alle gekannt, seit den Tagen von Joe Gans. Er fuhr die schwarzen Boxer von Stadt zu Stadt. Sie mußten im Wagen schlafen, da die Hotels sich weigerten, sie aufzunehmen. Wollten sie sich ein Restaurant-Essen leisten, wurde ein weißer Helfer vorgeschickt, der es für sie besorgte. In keinem Restaurant wären sie damals bedient worden. Trainieren konnten sie häufig höchstens in Kellern von Negerkirchen. Und wenn sie am Kampftag die Halle betraten, mußten sie ihre Wassereimer abdecken, da man ihnen sonst hineingespuckt hätte! Ihr Gang zum Ring wurde von den Schreien der Menge begleitet: »Killt den Nigger! Killt den Nigger!«
»Deacon Tiger Flowers wurde einmal in Ohio-Stadt von einer Abordnung erklärt, er solle sich auf keinen Fall unterstehen, seinen weißen Gegner zu schlagen, er käme sonst nicht lebend davon«, erzählte mir Wyle. »Als er sich weigerte, in dieser Hinsicht ein Versprechen abzugeben, begannen sie ihn zu beschimpfen und zu provozieren. Doch der Deacon – er diente tatsächlich sonntags in einer Baptistengemeinde als Diakon – blieb völlig gelassen und

ließ sich durch nichts beleidigen, so daß sie ihn schließlich ohne Versprechen in den Ring lassen mußten. Er machte den Weißen in der dritten Runde fertig und ging unter den Drohungen der Zuschauer in seinen Umkleideraum zurück, gefolgt von den Mitgliedern der Abordnung. Noch in seinen Boxshorts kletterte er aus einem Waschraumfenster, sprang auf einen Frachtzug und entkam so.«

McClure »Kit« Carson, der im Weltergewicht kämpfte und Trainer von Joe Louis, Eddie Perkins und anderer Champions war, erklärte mir, warum seiner Meinung nach so viele schwarze Fighter als »Knockout-Künstler« bekannt wurden: »Weil es so gut wie ausgeschlossen war, durch eine Punkteentscheidung zu gewinnen.

Ich kämpfte gegen Bud Hammer in Harvey, Illinois, und verdrosch ihn so jämmerlich, daß ein weißer Polizist unter den Zuschauern zu schreien begann: ›Snowball!‹ – sie nannten mich ›Snowball‹, weil ich schwarz bin – ›Schlag ihn nicht k.o.! Schlag ihn nicht k.o., Snowball!‹

Ich lehnte mich aus dem Ring und schrie zurück: ›Wenn ich ihn nicht ausknocke, kann ich nicht gewinnen!‹

Darauf nahm das gesamte Publikum den Ruf auf: ›Knock ihn nicht aus! Knock ihn nicht aus!‹

Aber ich brauchte diesen Sieg und sorgte dafür, daß er ausgezählt wurde.«

»Jede Gegend war gleich mies«, meinte Dick Sadler, der George Foreman aufgebaut hatte und früher selbst ein brillanter Boxer gewesen war. »Im Süden ließen sie Schwarze überhaupt nicht gegen Weiße in den Ring. Der Norden war schlecht, der Westen schrecklich und der Osten schändlich.

Ich erinnere mich, daß ich in einem Ort meinem Mann einen Weidenkorb über den Kopf stülpen mußte, um ihn während der Pausen vor Bierbüchsen und Flaschen zu schützen, weil er dem weißen Lokalmatador überlegen war. Damals war es für einen schwarzen Athleten verdammt schwer, einen Dollar zu verdienen. Die großen populären Sportarten, beispielsweise Baseball, Football oder Basketball, waren uns verwehrt. Es blieb nur das Boxen.«

Die Veranstalter benützten überall dieselbe Ausrede, wenn es darum ging, einen weißen Titelverteidiger gegenüber einem aussichtsreichen schwarzen Herausforderer abzuschirmen: »Das Haus wäre wohl ausverkauft, aber es würde zu einem Aufruhr kommen.« Genau das meinte auch Tex Rickard, als er Jack Dempsey dabei half, den Kampf gegen den schwarzen Herausforderer Harry Wills zu umgehen, und diesem fünfzigtausend Dollar zusteckte. Erst als die Veranstalter die Vorzüge eines vollen Hauses höher einzuschätzen begannen als die öffentliche Sicherheit, bekamen auch schwarze Boxer häufiger Gelegenheit zu Titelkämpfen. Es gab eine Zeit, in der sie im Boxsport absolut dominierten. Das änderte sich allerdings wieder etwas, als Schwarze dann auch zu den organisierten Sportarten zugelassen wurden. Viele sahen nun auf den Basketball-, Baseball- und Footballfeldern die größeren Chancen.

Vielleicht dachte ich deshalb so häufig an die schwarzen Boxer vor meiner Zeit, weil ich selbst jahrelang aus dem Ring verbannt war und gegen die

Feindschaft und den Haß meiner Umwelt anzukämpfen hatte. Immer wieder sah ich mir abends vor dem Schlafengehen ihre alten Filme an und malte mir aus, wie sie gelebt haben mochten und was sie alles durchgemacht hatten.
Ihr Beispiel gab mir neuen Mut. Immerhin hatten sie zu einer Zeit gelebt, in der Schwarze im Süden schon dafür ins Gefängnis geworfen oder gelyncht wurden, weil sie auf der Straße einen Weißen angerempelt oder einem Polizisten zu widersprechen gewagt hatten. Sie stiegen immer wieder in Städten in den Ring, in denen sie weder ein Hotelzimmer noch ein Essen bekamen und in denen sie kein Kino besuchen durften. Trotz der vielen Schikanen gingen sie jedoch in der Mehrzahl der Fälle als Sieger aus den Kämpfen hervor.
Die Einschüchterungsversuche von Gouverneur Maddox nahmen sich relativ bescheiden aus, wenn man bedachte, was sie damals durchzustehen hatten, als Leute wie Maddox noch die Oberhand hatten. Je mehr ich über sie nachdachte, desto lieber hätte ich jeden meiner Kämpfe jeweils einem von ihnen gewidmet.
Während des gesamten Kampfes gegen Quarry schrie Bundini aus der Ecke: »Jack Johnsons Geist schaut dir zu! Zeig's dem Geist!«
Ich wünschte, ich hätte Jacks Geist ein bißchen mehr zeigen können. Als ich Quarry erledigt hatte, schrieben die Blätter in aller Welt, daß ich dort wieder begonnen hätte, wo ich zuvor aufgehört hatte. Doch das wußte ich besser. Vor dem Exil konnte ich sechs Runden mit voller Kraft durchtanzen, ohne irgendwelche Wirkung zu zeigen. Ich hatte nur drei Runden gebraucht, um mit Quarry fertigzuwerden, doch ich war gegen Ende des Kampfes erschöpft. Mein Jab kam nicht mehr ins Ziel, meine Uppercuts trafen ins Blaue. Ich sah Verteidigungslücken und konnte sie nicht ausnützen. Ich traf ihn dann wohl mit zwei soliden Rechten, die ihn bis ins Mark erschütterten und seine Augenbraue öffneten, aber ich war auch erschrocken darüber, wie müde ich mich fühlte, und fragte mich, was wohl geschehen wäre, wenn er zehn Runden überstanden hätte.
Als ich später mit ihm zusammen in *Wide World of Sports* auftrat, behauptete er, daß ihn nur diese Verletzung daran gehindert hätte zu zeigen, wie man mit mir umspringen konnte. Ich erklärte mich bereit, ihm jederzeit für eine Revanche zur Verfügung zu stehen. Jeder meiner Gegner soll das Gefühl haben, von mir wirklich gut bedient worden zu sein.

Quarry mußte fast zwei Jahre warten, bis er aller Welt zeigen durfte, »wie man mit mir umspringen konnte«. Die Revanche sollte in Las Vegas stattfinden, »dem übelsten Ort der Welt, um zu trainieren«, wie Herbert gemeint hatte. »Wenn du nicht schon in Form bist, bevor du dort ankommst, wird es dir nicht mehr gelingen.«
Am Abend vor dem Kampf entdeckte ich eine Gruppe von TV-Leuten in meinem Umkleideraum, die Kameras schußbereit. Es war Howard Cosells Team.
Angelo wurde wütend: »Niemand hat bei uns was zu suchen, den wir nicht eingeladen haben, und wir haben niemand eingeladen!«

Sie entschuldigten sich und wollten ihre Sachen wieder zusammenpacken, aber ich sagte: »Wenn sie dort drüben bleiben, wird es vielleicht gehen.« Sie versuchten so wenig wie möglich zu stören. Immerhin waren fast zwanzig Leute im Raum – mein Team, Funktionäre und die Reporter.
Ich zog gerade meine Siebeneinhalbpfünder aus und pellte meine drei Paar dicken Wollsocken von den Füßen, als Bundini plötzlich aufschrie: »Guter Gott! Wo sind denn seine Hosen? Und die Schuhe? Der Zahnschutz? Der Umhang? Sollen wir den Champ nackt in die Schlacht schicken?«
Niemand hatte an meine Ausrüstung gedacht.
Zwischen Angelo und Bundini bestand eine ständige Spannung, die sich jetzt in der schlimmsten Auseinandersetzung des Jahres Luft machte. Schließlich griff ich ein: »Beruhigt euch doch! Wir haben noch genug Zeit. Zuerst kämpfen Mike Quarry und Foster. Die haben noch nicht 'mal angefangen. Das Hotel ist doch nur einige Straßen entfernt, und wir haben Fahrer.«
Die großen Polizisten ließen Bundini hinaus- und Howard Cosell für sein Interview hereinschlüpfen.
Cosell, den ich seit meinem ersten Sieg über Liston kenne, bezeichnen viele meiner Freunde als meinen »Fernseh-Widersacher«. Doch als man mich aus dem Ring verbannt hatte, gehörte er zu meinen heftigsten Fürsprechern. In einem seiner Werbespots hieß es beispielsweise: »Wer nicht glaubt, daß Muhammad Ali der Champ ist, braucht nur mit ihm in den Ring zu steigen.«
Während er seinem Team letzte Anweisungen gab, traten die Türsteher zur Seite und ließen Otis Taylor, den hünenhaften Catcher der Kansas City Chiefs, herein. Ich stellte ihn allen im Raum als »den größten Footballspieler der Welt« vor.
Cosell sagte darauf: »Taylor, erklär ihm, daß ich dich gemacht habe. Sag ihm, daß ich dich entdeckte.«
Das Mikrophon war noch nicht eingeschaltet, als Cosell mich vertraulich fragte: »Falls Quarry wider Erwarten heute gewinnen sollte, was wird dann aus Ihrer Revanche gegen Frazier?« Und noch bevor ich antworten konnte, fuhr er fort: »Haben Sie sich nicht in eine Ecke geboxt, in der Sie es sich nicht leisten können, auch nur einen einzigen Kampf zu verlieren? Was ist, wenn Sie völlig unerwartet doch verlieren sollten?«
Ich sah, daß die Fernsehleute aufhorchten und gespannt auf die Antwort warteten. Ich wollte dem Gespräch eine etwas andere Wendung geben: »Wenn ich verlieren sollte, würdet ihr Reporter einen historischen Tag erleben, für mich wäre es natürlich schlimm. Wer annimmt, daß Quarry gewinnt, darf auf ein historisches Ereignis hoffen. Werde ich tatsächlich geschlagen, könnt ihr noch euern Enkeln erzählen, ihr wärt dabei gewesen. Ihr habt tatsächlich gesehen, wie die weiße Hoffnung Jerry Quarry Muhammad Ali geschlagen hat.«
Wieder gab es ein Geschiebe an der Tür, und ich sah, wie sich die beiden großen Wächter verbeugten und ehrfürchtig einen Schritt zurücktraten. Joe Louis trat ein, der Boxpatriarch. Louis mit flammendroter Sportjacke und einer flotten Golfmütze auf dem Kopf. Er arbeitete im Caesars Palace als

Touristenattraktion und hatte zusammen mit Billy Conn bei der Schaffung der »Big Fight«-Atmosphäre für meinen Kampf mitgewirkt. Jedesmal wenn er mich beim Training besuchte, hatten ihm die Leute stehend Ovationen dargebracht.

»Joe, eines würde ich gern wissen«, rief ich ihm zu. »Wen siehst du als Sieger des kommenden Kampfes?«

Joe wußte, weshalb ich fragte, und zierte sich vor der Antwort. Er kam herüber und versetzte mir einen freundschaftlichen linken Haken auf die Kinnbacke.

»Solltest du auf mich setzen«, fuhr ich fort, »würde ich Todesängste ausstehen. Denn deine Favoriten sind immer die Verlierer.«

Er grinste und verpaßte mir noch einen linken Haken.

»Als ich das erstemal gegen Liston boxte, hast du auf ihn gesetzt; als ich das zweitemal gegen ihn antrat, hast du wieder auf ihn gesetzt; und als ich gegen Patterson kämpfte, hast du auf Patterson gesetzt; als ich dann gegen Chuvalo boxte, war er dein Favorit; und als ich gegen Terrell, Cleveland Williams und Bonavena kämpfte, waren sie deine Favoriten.«

»Gut«, meinte Joe, »wenn es danach gehen soll, dann ist Quarry der neue Champion. Denn diesmal setze ich auf dich.« Er lachte vor sich hin und setzte sich neben mich auf die Bank.

Ich war schon oft mit Joe zusammengetroffen, doch nur diesmal hatte ich das Gefühl, wir könnten vielleicht einmal gute Freunde werden. Wir sprachen nie übers Boxen – über Frauen, Kleider, Geschäfte und Geld ja, aber nicht übers Boxen. Nun saßen wir hier nebeneinander auf dieser langen Bank, den Rücken gegen die Wand gepreßt, und warteten auf einen sogenannten »leichten Kampf«. Ich war recht nervös und freute mich über Joes Anwesenheit. Ich fühlte mich ihm in diesem Augenblick eng verbunden und gestand ihm etwas, wovon kein Reporter je erfahren durfte: »Joe, ich bin nervös.« Er sah mich von der Seite an und warf einen weiteren linken Haken herüber, doch diesmal führte er seinen Arm über meine Schultern hinweg und ließ ihn dort liegen.

»Was hat das zu bedeuten?« fragte ich. »Warst du je nervös vor einem Kampf?«

Joe ließ sich mit der Antwort Zeit. Ich sah, daß sich seine Augen verengt hatten, als ob er die Millionen von Jabs und Crosses, Körperpunches und Blocks, die vielen Tage in der Trainingshalle, seine ganze Boxerkarriere überdachte. Dann sagte er langsam: »Nur wenn ich das Gefühl hatte, daß irgend etwas nicht stimmte. Du mußt herausfinden, was nicht in Ordnung ist, wo das Zentrum dieser Nervosität sein könnte.«

»Haben dir die Zuschauer zu schaffen gemacht, wenn sie gegen dich waren?« fragte ich ihn.

»Als ich ganz oben war und Schmeling geschlagen hatte, waren sie immer für mich«, sagte er, »bis ich dann alt war und ein Comeback versuchte.«

»Ich weiß, aber zuvor?«

»Am Anfang war es wie bei dir. Damals waren die Schwarzen für und die

Weißen gegen mich. Als sie dann sahen, daß ich unschlagbar war, hatte ich sie plötzlich alle auf meiner Seite. Das wird auch bei dir so gehen.«
Wir sprachen sehr leise miteinander. Die Kameraleute und die Reporter machten alle Anstrengungen, um etwas zu verstehen. Einige von ihnen waren überrascht, Muhammad Ali und Joe Louis, zwei Generationen schwarzer Schwergewichtsweltmeister, in solch freundschaftlicher Atmosphäre miteinander verkehren zu sehen. Immerhin galt der eine als ausgesprochen ruhig und unengagiert, weshalb man ihn seinen Rassegenossen als »Modellathlet« und »Muster« vorhielt, während der andere als großmäulig und aggressiv verschrien war, weswegen man ihn auch als den »unwürdigsten Repräsentanten« des Schwergewichtsweltmeistertitels denunzierte. Ich konnte in den Gesichtern der Journalisten sehen, daß sie zu gern gewußt hätten, worüber wir uns unterhielten.
Joe hatte angeblich schon öfter sehr Bitteres über mich geäußert, wovon ich natürlich erfahren hatte. Vielleicht würde er das in Zukunft auch wieder tun. Doch in diesem Augenblick liebte ich ihn sehr und war froh, seinen Arm auf meiner Schulter zu spüren. »Das wird es nie für mich geben«, sagte ich, »nie werden sie alle hinter mir stehen. Gab es eine Zeit, in der sich deine Gegner wirklich vor dir fürchteten?« wollte ich wissen.
Er nickte. »Eine Zeitlang hatten sie alle Angst vor mir. Auch du kommst an den Punkt, wo sie alle vor dir zurückschrecken, wie der Fuchs vor dem Löwen in jener Geschichte, die mir meine Mutter erzählte.«
»Erzähl sie mir«, bat ich.
»Der Löwe sagt zum Fuchs: ›Bruder Fuchs, die meisten Tiere des Dschungels – die Rehe, die Antilopen, die Kaninchen – besuchen mich von Zeit zu Zeit. Wie kommt es, daß du mir nie einen Besuch machst? Warum hältst du dich so ängstlich zurück?‹ Darauf sagt der schlaue Fuchs: ›Ich sehe wohl die Fußspuren, die in deine Höhle führen, aber ich sehe nie welche, die herausführen.‹«
Joe lachte. »Keiner der Boxer, die mit dir in den Ring stiegen, kam je mit einem Sieg heraus. Keiner außer Frazier.«
»Frazier hat mich nicht geschlagen. Das waren die Punktrichter.«
»Boxer können Angst haben. Und ein ängstlicher Boxer ist ein gefährlicher Boxer, manchmal der gefährlichste.«
Bundini kam jetzt mit meinen Sachen, und plötzlich schien der ganze Raum in Aufruhr. Der TV-Monitor auf dem Tisch wurde eingeschaltet; der Lärm der Menge draußen war ohrenbetäubend, als Foster in den Ring stieg.
»Wieviel Zeit haben wir noch?« rief ich Angelo zu.
»Wir haben noch genug, wir haben noch genug«, antwortete er und griff in die Tasche nach meinen Stiefeln.
In diesem Augenblick ließen die Türsteher Joe DiMaggio herein. Er trat auf mich zu und gab mir die Hand. »Nimm etwas Rücksicht auf unsere letzte weiße Hoffnung«, sagte er.
Ich konnte nicht erkennen, ob er es ernst meinte.
Mike Kaplin, der Ringrichter, stürzte in den Raum und stieß einen Schrei aus, als er sah, daß ich gerade erst mit dem Umkleiden begann: »Wir haben

nicht mehr viel Zeit«, meinte er dann nach einem Blick auf die Uhr. »Du bist sofort nach Foster dran. Falls es ein rascher Knockout wird ...« Er ging zu Angelo hinüber. »Hör zu, Quarry will eine Münze werfen, um über die Ecke zu entscheiden.«
»Was, zum Teufel, soll das?« ereiferte sich Angelo, der gerade mit den Schnürsenkeln beschäftigt war. »Muhammad ist mit jeder Ecke einverstanden.«
»Aber Quarry geht zuerst in den Ring.«
»Dann werden wir eben die Ecke nehmen, in der sich Quarry nicht befindet, wenn wir in den Ring kommen«, erwiderte Angelo betont geduldig.
Mike war vor Überraschung eine ganze Weile still. Er suchte nach einem Vorwand, um seine Routinepflichten irgendwie wichtig erscheinen zu lassen. Er wandte sich an mich: »Also gut, lassen Sie mich Ihnen nun die speziellen Boxregeln von Las Vegas erläutern, Muhammad«, sagte er beschwörend.
»Ich war schon öfter hier, Mike«, erwiderte ich.
Doch er ließ sich nicht davon abhalten, mir die Regeln vorzulesen. Auf dem Weg zur Tür drehte er sich dann plötzlich noch einmal um: »Muhammad, sind Sie sicher, daß Sie nicht doch eine Ecke wählen wollen? Sie wissen, daß Sie die erste Wahl haben.«
»Ecken entscheiden keinen Kampf, Mike«, sagte ich und drehte mich wieder zum Monitor. Foster und Mike Quarry waren in der dritten Runde.
»Auf wen setzen Sie?« fragte jemand.
»Wenn es über fünf Runden geht, hat Mike eine Chance«, meinte Angelo.
Ich schaute dem jungen Mike beim Tänzeln zu; seine Hände hingen herab, womit er mich wohl zu imitieren glaubte. Ich fühlte so etwas wie Sympathie für ihn.
»Aus für die erste weiße Hoffnung«, sagte eine Stimme.
Ich dachte gerade, daß Mike, eben zwanzig geworden, ein kraftvoller, starker und begabter Junge, vielleicht einen Punktsieg erringen könnte, als Foster ihm einen Knockoutschlag versetzte. Mike lag wie tot am Boden.
»Du bist dran! Du bist dran!« schrie jemand unter der Tür.
Angelo machte mir die Schuhe zu, doch ich fühlte mich noch immer nervös und verkrampft. Irgend etwas schien nicht zu stimmen – alle standen sich gegenseitig im Weg.
Ich dachte an das, was Louis gesagt hatte: »Versuche herauszufinden, wo das Zentrum deiner Nervosität liegt, woher das Gefühl kommt.« Ich dachte kurz an mein Lauf- und Hallentraining. Ich war jetzt froh darüber, daß ich mich zu Extrarunden im Freien und bei der Arbeit am Sandsack gezwungen hatte; außerdem hatte ich immer gegen schnelle und frische Sparringspartner gekämpft. Das war gut so.
Dann konzentrierte ich mich auf das, was im Ring wichtig war. Dabei ging es vor allem um das Verhalten meiner Helfer. Ich hatte Angelo und Bundini schon hundertmal genau erklärt, was ich von ihnen erwartete, doch ich gehe nie in den Ring, ohne alles noch einmal zu wiederholen. So ruhig, wie ich nur konnte, sagte ich: »Angelo, ich sage es dir immer wieder: Wenn ich zwischen

den Runden in meine Ecke komme, möchte ich, daß du mir zuerst den Hosenbund lockerst, damit ich durchatmen kann.«
»Geht in Ordnung«, Angelo nickte mit dem Kopf, als ob er es zum erstenmal hörte.
Bundini stand nun hinter mir mit dem Umhang und den Handtüchern.
»Dann nimmst du mir den Zahnschutz heraus und wäschst ihn aus. Das Gesicht wischst du mir nur ab, wenn es wirklich nötig ist. Der Zahnschutz muß wieder an seinem Platz sein, bevor der Gong ertönt.«
»Weiß ich, weiß ich«, sagte Angelo.
»Und bleib auf Abstand von meinem Gesicht; atme mir nicht ins Gesicht. Ich möchte deinen Atem nicht in meinem Gesicht spüren.«
»Natürlich«, sagte Angelo, »natürlich.«
Ich hatte schon vor langer Zeit die Erfahrung gemacht, daß Menschen – auch wenn sie über das nötige Wissen verfügen – jene Dinge, an denen sie nicht direkt beteiligt sind, wie einen Film ansehen, sie nicht als real empfinden. Das wollte ich den Leuten in meiner Ecke erklären. Die Menge da draußen, die war real, ebenso real wie die Gewinnprämien. Und auch die Schläge und der Schmerz waren real. Ich schlage, und ich werde geschlagen, und die Schläge verletzen, und es gibt Blut. Mein Blut.
Jetzt erkannte ich auch, was mich so nervös gemacht hatte: Meine Ecke nahm Quarry leicht. Als ob er ein unbegabter Amateur wäre. Und ich weiß aus Erfahrung, daß kein Profiboxer einen anderen leichtnehmen sollte. Das einzige, womit man bei einem Kampf sicher rechnen kann, ist, daß man mit allem rechnen muß. Ich habe einmal den Fehler gemacht und einen Kampf leichtgenommen. Ich hoffe, weder ich noch meine Ecke begeht jemals einen zweiten Fehler dieser Art. Denn draußen im Ring bedeutet das Schädelfrakturen, gebrochene Rippen, verletzte Augen, zerschnittene Gesichter oder gar den Tod.
»Wenn ich nach der Runde in die Ecke komme«, erkläre ich ihnen, »will ich nur eines: wissen, ob ich die Runde gewonnen oder verloren habe. Sagt mir nichts, was nicht stimmt. Sagt mir nicht, ich läge in Führung, wenn es nicht stimmt. Wenn ihr das tut, feuere ich euch beide. Dann werden andere das nächstemal in meiner Ecke sitzen. Und schrei' da draußen nicht wieder so laut rum, Bundini!«
Angelo zuckte mit dem Kopf hoch; er war beleidigt. Sie waren sich nicht sicher, ob es mir ernst war oder ob ich scherzte. Sie hatten das alles schon oft gehört, aber dieses Gefühl in mir war zu stark, um es unterdrücken zu können. Angelo maulte zurück: »Wenn du mich feuern willst, jederzeit.« Beide schienen irgendwie betroffen.
»Es ist Zeit! Du bist dran! Es ist Zeit! Du bist dran!«
Ich hüllte mich in den Umhang, der von Bundini gehalten wurde, und ging zu meinem Rendezvous mit Quarry. Jetzt war ich nicht mehr nervös.

Nach einer Stunde ist alles vorüber. In der siebten Runde sehe ich Quarry benommen und hilflos gegen die Seile gelehnt. Ich treffe ihn mit jedem

Schlag, seine Verteidigung ist völlig durcheinander. Ich gebe Mike Kaplin zu verstehen, er solle eingreifen – tu was!
Mike, der normalerweise an den Würfeltischen von Caesars Palace die Aufsicht führt, entschuldigt sich später für sein Zögern. »Kein Schwergewichtler der Boxgeschichte hat je den Ringrichter aufgefordert, seinen Gegner dem Strafgericht zu entziehen«, meinte er dabei. »Ich war völlig überrascht von deiner Reaktion.«
Sie bringen Quarry aus dem Ring und in seinen Umkleideraum, lange bevor ich meinen erreiche. Diesmal machen die Türsteher und die knüppelwirbelnden Polizisten keinen Versuch, die Menge draußen zu halten. Sie stürmt herein und preßt mich gegen die Wand.
Dick Young, der Reporter der New-York-*Daily News,* steht mir am nächsten. Immer wieder stellt er mir dieselbe Frage, bis ich ihn endlich verstehe: »Champ, waren Sie nicht sehr überrascht, als Quarry Sie in der ersten Runde wie einen Footballspieler anging, wobei Sie sogar den Bodenkontakt verloren?«
Ich sagte nein, aber es hatte mich tatsächlich nicht weiter beunruhigt. Ich hatte daran lediglich erkennen können, wie ängstlich und verzweifelt er war. Mein Atem ist völlig ruhig. Ich fühle mich überhaupt nicht müde.
»War das einer Ihrer leichtesten Kämpfe?« fragt Young.
»Ich denke schon«, sage ich. »Ich muß besser in Form sein, als ich dachte.«
»Für wie gut hielten Sie sich?« will er wissen.
»Für den Größten!« schreit Bundini. »Der Boß ist wieder da!«
Ich gehe nicht weiter darauf ein, aber zum erstenmal seit meiner »Zweiten Auferstehung« weiß ich, daß ich meine frühere Kampfkraft wiedergefunden habe. Auch mein Gefühl für die Ringdimensionen hat sich wieder eingestellt. Sugar Ray hatte recht, als er sagte: »Ein Boxer hat nur eine Möglichkeit wieder in Form zu kommen – sie sich zurückzukämpfen.«
»Das war die letzte weiße Hoffnung«, meint ein britischer Reporter. »Haben Sie nicht langsam von ihnen genug?«
»Nein«, antworte ich, »wir nehmen alle, die wir finden können. Sie sollten versuchen, noch ein paar aufzutreiben.«
Ein Reporter kommt aus Quarrys Umkleideraum herüber. »Quarry sagt, sein Fight wäre im Umkleideraum zurückgeblieben. Als er seinen Bruder Mike am Boden sah und nicht wußte, ob er überhaupt noch lebte, habe er gespürt, daß irgend etwas ihn verlassen habe.«
Nachdem es mir dann endlich gelungen ist, mich umzuziehen, und ich gerade den Raum verlassen will, tritt eine junge Frau an mich heran und zupft mich am Ärmel. Wir treten ein wenig zur Seite. »Einer von uns muß Ihnen zumindest gratulieren«, sagt sie. »Armer Jerry! Wir hatten ihm den Sieg so sehr gewünscht.«
»Die Quarrys haben keinen Grund, sich über irgend etwas zu schämen«, sage ich. »Jerry ist ein großer Boxer.«
»Sie hatten Glück heute abend«, sagt sie. »Sie hatten viele Hindernisse zu überwinden.«

»Jerry war heute allerdings nicht gerade in Höchstform. Sein Widerstand war viel leichter zu brechen, als ich gedacht hatte.«
»Ich meine auch nicht Jerry. Ich spreche von mir und meinem Traum. Ich stehe den Quarrys sehr nahe, und ich habe jede Nacht vor dem Kampf von Ihnen geträumt.«
»Worüber?«
»Ich träumte von Ihnen neun Nächte hintereinander.« Sie spricht langsam, wobei sie mir voll in die Augen schaut. »Ich träumte, daß ich Sie in Ihrem Zimmer besuchte und Sie die ganze Nacht hindurch liebte, jede Nacht, auch in der Nacht vor dem Kampf. Als Sie dann in den Ring kamen, waren Sie so erschöpft, daß er Sie in der dritten Runde k.o. schlagen konnte.« Sie überlegt eine Minute lang. »Hätte ich meinen Traum Wirklichkeit werden lassen, würde Jerry jetzt nicht weinend in seinem Umkleideraum sitzen.«
Ihre Augen fließen nun über von Tränen. Ich nehme ihren Arm und schiebe sie zum Aufzug.
Sie träumte den goldenen Traum. Hätte Quarry mich wirklich besiegt, wäre er als die größte weiße Hoffnung aller Zeiten in die Boxgeschichte eingegangen. Er wäre an der Schwelle zu Millionen von Dollar gestanden, überhäuft von Filmangeboten und mit der sicheren Aussicht auf einen Kampf mit Frazier. Er hätte sogar Gouverneur werden können, unterstützt von den Veterans of Foreign Wars, der American Legion, den White Citizens Councils und all den dankbaren Seelen, die so lange darauf gewartet hatten, daß endlich eine edle weiße Hoffnung den »unpatriotischen großmäuligen schwarzen Angeber« auf seinen Platz verweist.
Was nun seine Verehrerin betrifft, so bin ich der Ansicht, daß eine Frau ihre Liebe durch nichts besser beweisen kann als durch die Bereitschaft, ihr Schamgefühl zu überwinden, um dem Freund zu helfen. Ob dieses Mittel im Falle Quarrys allerdings Erfolg gehabt hätte, werde ich nie erfahren. Doch ich bin froh, daß ich mich diesem Test nicht zu unterziehen brauchte.
Ich gehe durch den Gang an Quarrys Raum vorbei. Die Tür ist halb geöffnet, und ich kann einen Blick auf Mike und Jerry werfen, die mit gesenkten Köpfen dasitzen. Ich habe gerade den Entschluß gefaßt, hineinzugehen und sie etwas aufzumuntern, als eine Frau an die Tür tritt, mich erkennt und sie schließt.

16

Für die Opfer

Für die Nacht meines ersten Kampfes gegen Quarry waren auf mein Haus in Philadelphia Bombenanschläge angekündigt worden. Die Polizei hatte wohl Wachen aufgestellt, doch Belinda quartierte sich vorübergehend bei Freunden ein. Bevor ich in den Ring ging, führte ich noch ein Ferngespräch mit dem Polizeihauptmann. »Ein paar Wirrköpfe«, meinte er, »die noch einen letzten verzweifelten Versuch unternehmen, Sie zu stoppen, nachdem dieser Kampf für rechtmäßig erklärt worden ist. Gewinnen Sie Ihren Kampf, und Sie werden alles bekommen, was Sie sich wünschen.«

Am meisten wünschte ich mir, mich endlich unseren Zwillingen widmen zu können. Ich hatte sie außerhalb eines Inkubators noch nicht atmen sehen. Deshalb blieb ich die ganze Woche nach dem Kampf gegen Quarry zu Hause, las Telegramme und sichtete die Angebote für neue Begegnungen, die haufenweise eingingen. Die meiste Zeit jedoch verbrachte ich mit meinen drei Töchtern.

»Ich bin jetzt von vier Frauen umgeben«, erklärte ich ihnen. »Das ganze Haus ist voll von hübschen kleinen Füchsinnen.«

Tag für Tag hielt ich sie in meinen Armen und beobachtete, welche Fortschritte sie machten: der Ausdruck in ihren Augen, ein neuer Laut, eine Veränderung an ihren Händchen oder Füßchen. Einmal, als ich Jamillah gerade im Arm hatte und ihre sanften Bäckchen küßte, streckte ich die Zunge heraus, die sie offensichtlich für eine Brust hielt, weil sie sofort daran zu saugen begann. Erstaunt rief ich Belinda: »Ist das nicht seltsam? Sie denkt, es wäre die Brust ihrer Mutter!« Ich küßte sie ab und rieb meine Nase gegen die ihre. In Zukunft würde ich weniger Zeit für meine Familie haben, deshalb weiß ich solch kostbare Momente besonders zu schätzen. Ich danke Allah dafür, daß er mich mit einer so wunderbaren Familie und einer liebenden Frau gesegnet hat. Wie sieht aber Belinda ihr Leben an meiner Seite? Ich hörte einmal zu,

als sie dem Reporter einer Frauenzeitschrift ein Telefoninterview gab: »Als ich Muhammad in Chicago das erstemal sah, war ich dreizehn Jahre alt. Doch ich lernte ihn erst drei Jahre später richtig kennen; damals arbeitete ich in der Muslim-Bäckerei ... Was mich zu ihm hinzog? Nun, daß er Muslim wurde. Meine Mutter und mein Vater waren vor meiner Geburt aus Jackson, Mississippi, hierher gezogen und der ›Nation of Islam‹ beigetreten. Meine beiden Schwestern, mein Bruder und ich waren also von Geburt an Muslim ...
Nein. Er hat mir keinen richtigen Antrag gemacht. Er kam eines Tags an und sagte: ›Du wirst meine Frau.‹ Was sollte ich dagegen einwenden? Er ist der Schwergewichtsweltmeister. Mit einem solchen Mann diskutiert man einfach nicht. Wenn ich allerdings das Gefühl gehabt hätte, ich könnte ihn nicht glücklich machen, würde ich ihn nicht geheiratet haben.
Ich nahm an, daß die Zeit der Kämpfe vorüber wäre. Ich war überzeugt, daß er niemals wieder in den Ring steigen würde. Ich war bereit, mit ihm die Zeit im Gefängnis durchzustehen. Doch jetzt, da er wieder kämpft, hat sich mein Leben verändert. Er hat weniger Zeit für die Familie. Aber ich weiß, daß er mich und die Kinder wirklich liebt und daß es sein größter Wunsch ist, daß wir alle zusammenbleiben ... Was ich tue, wenn er nicht zu Hause ist? Die Kinder machen viel Arbeit. Ich gehe mit ihnen in den Zoo, ins Museum, bringe sie zur Schule und hole sie auch wieder ab, und ich koche jeden Tag für sie.
Ich beschäftigte mich mit Karate, und ich reite auch sehr viel. Ich habe eine ganze Menge Auszeichnungen und Trophäen gewonnen, und ich will auch den Kindern das Reiten beibringen ...
Ich möchte, daß meine Kinder eine gute Erziehung erhalten, daß sie sich und andere verstehen lernen und den Wunsch in sich fühlen, ihrem Volk zu helfen. Ich wünsche mir, daß meine Mädchen perfekte Muslim-Frauen werden, bessere als ich. Maryum möchte gern Ärztin werden, wogegen ich nichts habe. Doch sie soll auch eine richtige Frau werden. Ich möchte nicht, daß meine Töchter unverheiratet bleiben. Ich möchte, daß sie jung heiraten, einen Beruf ausüben, aber auch für ihre Männer sorgen ...
Ich freue mich sehr für Ali. Ich weiß, wie hart er gearbeitet hat, um dorthin zu kommen, wo er jetzt ist. Und ich weiß, wieviel es für ihn bedeutet, wieder kämpfen zu können. Es gibt aber auch einiges, was ich gar nicht mag. Zuerst einmal ist es eine gefährliche Arbeit. Ich hoffe, daß er eines Tages wirklich unter unserem geistlichen Oberhaupt Wallace D. Muhammad ein Amt übernimmt und unseren Brüdern und Schwestern die Wahrheiten des Islam predigt.
Das allerschlimmste sind aber die vielen Parasiten, die ihn dauernd umschwirren. Sie nützen ihn aus, weil er viel zu gutmütig ist. Das hasse ich wirklich. Ich würde ihn gern davor schützen, doch er läßt es nicht zu. Das ist wirklich das schlimmste ...
Das Beste, was ich von ihm gelernt habe, ist, wie man mit Druck fertig wird. Wie man im und außerhalb des Rings unter Druck leben kann. Darin ist er ein Genie ...«

Das Telefon klingelt, Belinda nimmt den Hörer ab. »Der Feind ist dran«, ruft sie mir zu.
Es ist Yank Durhams volle schwere Stimme: »Stimmt das, was ich gehört habe? Du weißt schon, wovon ich spreche!«
Ich wußte es genau. Es war durchgesickert, daß Herbert einen Kontrakt für einen Kampf gegen den südamerikanischen Meister Oscar Bonavena ausgearbeitet hatte – noch bevor das Blut über Quarrys Augen getrocknet war. Und ich hatte unterschrieben.
»Laß Bonavena sausen!« schrie Yank. »Du wirst alles ruinieren! Ich bin dabei, für dich und Joe den absoluten Big Fight auszuhandeln. Sie sprechen von vierzig Millionen Einnahmen. Davon fünf Millionen für die Boxer. Die höchste Börse der Boxgeschichte, das alles setzt du mit Bonavena aufs Spiel!«
»Wenn ich Bonavena nicht schaffe, bin ich für Joe noch nicht bereit.«
»Bist du bereit für fünf Millionen? Darum geht's doch jetzt! Geh aus dem Vertrag mit Bonavena raus!«
»Ich kämpfe nicht nur fürs Geld, Yank. Ich bin jetzt seit siebzehn Jahren dabei. Ein echter Champion weicht keinem aus.«
»Hör doch endlich mit dieser Pfadfinderscheiße auf! Hör zu: Bonavena wird's dir mit den Ellbogen geben! Er wird dir seinen Kopf reinrammen! Wird unter den Gürtel schlagen! Dir auf den Hinterkopf hämmern! Ihm macht es nicht viel aus, wenn er verliert! Ihm geht es vor allem darum, dich so schlimm wie möglich zuzurichten!«
Ich wußte, daß Yank an die beiden Kämpfe Bonavenas gegen Frazier dachte, bei denen Joe zweimal zu Boden mußte. Nach dem letzten Kampf war er so erschöpft, daß er in seinem Umkleideraum zusammenbrach.
Yank gab auf. »Ich rufe Herbert an. Es hat doch keinen Sinn, mit dir zu reden!«
Herbert wußte genau, daß ich diesen Kampf gegen Bonavena brauchte, um einiges von dem wiederzuerlangen, was ich während meines Exils verloren hatte. Er und Yank hatten sich geeinigt, den absoluten Big Fight gemeinsam zu arrangieren, wobei Yank meinem Manager Verhandlungsvollmacht eingeräumt hatte. Er konnte die ganz große Börse verlangen, weil die Leute unbedingt sehen wollten, ob ich jetzt endlich einmal Prügel bezog oder wieder als Sieger aus dem Kampf hervorging. Außerdem war Herbert geschickter im Umgang mit den zur Auswahl stehenden Veranstaltern, dem Madison Square Garden, dem Houston Astrodome, General Electric, den Sponsors der Dallas Cowboys und der New York Jets. Er würde bestimmt mit einem guten Kontrakt zurückkommen. Inzwischen verkündete Frazier überall im Land, daß er nicht antreten werde, sollte ihm nicht der Löwenanteil der Börse zugesprochen werden. Hinter den Kulissen waren sich unsere Manager aber längst darüber einig, die Börse fifty-fifty zu splitten. Es schien ganz so, als ob Yank mich nicht länger hinhalten wollte und der Weg zum Titel für mich offen war.
»Das einzige Hindernis, das jetzt noch den Kampf gegen Frazier blockieren könnte, ist die Entscheidung des Supreme Court«, erklärten mir meine An-

wälte. »Sie ist jeden Tag zu erwarten.« Doch es gab auch noch das Hindernis Bonavena. Aber ich war fest entschlossen, es aus dem Weg zu räumen.
»Wann soll der Kampf stattfinden?« hatte Yank gefragt.
»Irgendwann im Dezember, mehr weiß ich im Augenblick nicht.«

Ich hatte vergessen, daß es der 7. Dezember war – ganz im Gegensatz zu jenen, die noch immer Rache für meine Kriegsdienstverweigerung verlangten. Als das Datum in den Zeitungen bekanntgegeben wurde, machten sie mir deutlich, daß sie mich keineswegs vergessen hatten. Ihre Anrufe erinnerten mich daran: »Du schwarzer feiger Verräter! Wenn du am Pearl-Harbor-Tag kämpfst, wirst du nicht mehr lange genug leben, um dein Geld kassieren zu können!« – »Sie sollten dich am 7. Dezember ins Gefängnis und nicht in den Ring schicken!« – »Du verhöhnst diesen Tag, den zu entehren du mitgeholfen hast!«
Als ich dann zum Kampf gegen Bonavena nach New York kam, las mir einer der Funktionäre des Madison Square Garden aus den eingegangenen Schreiben vor: »Wenn ihr diesem Niggerfeigling erlaubt, am 7. Dezember Geld zu scheffeln, werden sich die zusammen mit dem U. S. S. *Arizona* untergegangenen tapferen Jungs in ihrem Grab umdrehen. Dann ist nicht mehr nur der 7. Dezember 1941, sondern auch der 7. Dezember 1970 ein Tag der Schande.«
Harry Markson, der für Boxen zuständige Direktor des Garden, schien sich Sorgen zu machen. »Sie wollen uns boykottieren, wenn wir den Fight nicht abblasen.« Ein Mitglied der New Yorker Stadtversammlung hatte sich gegen den Kampf erklärt und Bürgermeister Lindsay zum Eingreifen aufgefordert, da es »eine Verunglimpfung der Bürger von New York« bedeute, wenn man einem »Wehrdienstverweigerer gestatten würde, am Jahrestag des japanischen Angriffs auf Pearl Harbor aufzutreten«.
In einem Feature des *Scrantonian* hieß es: »Die Kriegsveteranen sollten das Werk der Zerstörung des Garden fortführen. Jeder Platz, der auf diese Weise die Toten von Pearl Harbor beleidigt, hat seine Existenzberechtigung verloren.« Dabei wurde auch die Frage erwogen, ob der »gierige Garden« es wagen würde, vor dem Hauptkampf die Nationalhymne zu spielen.
Joe Aquafreda, der Sicherheitschef des Garden, sagte mir, daß seine Organisation die größte Sicherheitsstreitmacht in der Geschichte des Garden aufgeboten hätte. »Wir haben hundert Polizisten rund um die Anlage postiert, und eine Spezialeinheit von hundertfünfzig Mann wird sich in der Arena aufhalten. Dazu kommen noch zwanzig berittene Beamte am vorderen und hinteren Eingang. Es sind bereits fünfzehn Bombendrohungen bei uns eingegangen. Jeder einzelne Sitz wird noch einmal genau untersucht.«
»Alle Plätze sind ausverkauft«, berichtete Teddy Brenner strahlend. »Und es sind noch zwei Wochen bis zum Kampf. Trotzdem ist keine Karte mehr zu haben.«
Aus irgendeinem seltsamen Grund hielten die Verantwortlichen des Garden es dann doch für besser, das Abspielen der Nationalhymne zu »vergessen«.

Training, öffentliches Wiegen und der ganze Reklamerummel liegen jetzt hinter mir. Es sind noch fünf Stunden, bis ich mein Hotelzimmer verlasse und zum Garden hinüberfahre, um dort zum zweiten Kampf nach meinem Exil anzutreten.

»Champ, wem wollen wir den heutigen Kampf widmen?« fragt mich Bundini, der sich daran erinnert, daß ich mir nach dem Quarry-Kampf vornahm, jeden der kommenden Fights einem meiner Vorgänger zu widmen. »Wie wär's mit Bratton?«

Ich nicke, und Bundini nimmt seine Mütze ab, hält sie über das Herz und deklamiert: »Für den kleinen Johnny Bratton mit dem Herz des Löwen und den Knochen eines Lamms, zu seiner Zeit der schönste aller Boxer, der Fighter aller Fighter, heute jedoch ein arbeitsloses, kraftloses Wrack in den Straßen von Chicago.« Bratton gehört zu Bundinis Lieblingen. »Kann ich also die Tafel bestellen?« fragt er.

Er telefoniert mit dem Graphiker und gibt die leuchtendrote Tafel in Auftrag, die im Ring herumgetragen werden soll, um allen zu zeigen, daß ich meinen Bonavena-Kampf Bratton widmen will.

»Wir wollen ihm diesen Triumph verschaffen«, meint Bundini, als sie geliefert wird. »Das hat er nach all den Schmerzen und Demütigungen verdient. Es ist für all das, was er im Ring gab und außerhalb wieder verlor.«

Ich sehe es mir an und finde es gut. Doch wenige Stunden später werde ich meine Meinung ändern und diese Nacht jemandem widmen, der mehr Schmerzen und Demütigungen über sich ergehen lassen mußte als irgendein Preisboxer. Diese Schmerzen und Demütigungen waren eigentlich für Leute wie mich gedacht. Doch niemand auf der Welt schien sich dafür zu interessieren, man ging einfach über ihn und sein Schicksal hinweg.

Es sind nur noch drei Stunden bis zum Kampf, und noch immer ist mein Raum voller Leute. Ich brauche aber jetzt meine Ruhe und möchte allein sein. Allerdings warte ich noch auf einen Besucher; doch er wird nur kommen, wenn wir unter uns sind. Seit dem frühen Morgen strömten alte und neue Freunde ein und aus, Menschen, die drei Jahre auf meine Rückkehr gewartet hatten, und Nachbarn aus Louisville, in deren Mitte ich aufgewachsen war. Ich muß an den Fehler denken, den ich in Atlanta gemacht hatte. Noch vierzig Minuten vor dem Kampf gegen Quarry stand ich vor dem Regency Hyatt, um Freunden in den Bus zu helfen und Passierscheine an die zu verteilen, die keine Karten mehr bekommen hatten. Ich mußte mit so vielen sprechen, die gekommen waren, um mich bei meiner Rückkehr aus dem Exil zu begrüßen. Sie wünschten sich nicht viel: einen Händedruck, eine Berührung, ein Wort, ein Nicken als Zeichen des Wiedererkennens, ein Autogramm, eine Umarmung. Und ich wollte keinen enttäuschen, vor allem nicht die Menschen aus Atlanta, die für mich die Schranken niedergerissen hatten. Ich versuchte jedem, dem ich es versprochen hatte, eine Karte zu besorgen. So sagte ich einem neunjährigen Jungen, er solle vor dem Vordereingang der Arena warten, ich würde ihn dort abholen und mit hineinnehmen. Ich war schon fast in meinem Umkleideraum, als ich mich wieder daran erinnerte. Ich

ging noch einmal hinaus, und da stand er und wartete auf mich. »Du bist ein gewaltiges Risiko eingegangen«, meinte Herbert nach dem Kampf. »Dieser ganze Rummel mußte dir einfach schaden.«
Deshalb wäre ich jetzt wirklich gern allein, um mich auf den Kampf gegen Bonavena konzentrieren zu können. Doch knapp drei Stunden vor dem Kampf ist der Raum noch immer voller Leute. Ich schaue mich nach Angelo um. Er hatte mir gerade eine UPI-Story vorgelesen, in der es hieß: »Bonavena ist der beste Gegner für Ali, wenn er herausfinden will, welche Chance er gegen Frazier hat. Jeder, der dem Quarry-Fight beiwohnte, wußte, daß Muhammad drei Runden ohne Schwierigkeiten gehen kann. Was wir gern gewußt hätten, ist, ob er auch länger durchhält ...«
Ich gebe Angie ein Zeichen, den Raum zu räumen. Langsam bewegen sich die Besucher zur Tür.
Als Dustin Hoffman an mir vorbeikommt, halte ich ihn kurz fest und umarme ihn. Er ist jeden Tag zu meinem Training gekommen. Wir sind auch zusammen gelaufen. Seine Verkörperung des hinkenden Klumpfußes »Rizzo« in *Midnight Cowboy* hatte mich so beeindruckt, daß ich jetzt erstaunt darüber war, ihn mit mir Schritt halten zu sehen.
»Ruh dich ein wenig aus«, meint er. »Ich werde am Ring auf dich warten.«
Bud Collins vom Boston-*Globe* ist einer der letzten, die den Raum verlassen. Er bleibt vor meinen Wasserfarbenbildern stehen, die ich gegen einen Lampenschirm gelehnt habe. Bei den Vorbereitungen zu meinen früheren Kämpfen verbrachte ich die Stunden nach dem Lauftraining sowie die zwischen Hallentraining und Zubettgehen häufig mit Malen. Mein Vater hat sehr viel mehr Talent. Aber es machte mir Spaß, eine ganze Serie von Öl- und Wasserfarbenbildern anzufertigen, die ich »Fight-Prognosen« nenne. Nach dem jeweiligen Kampf überließ ich sie dem Maler Leroy Neiman. Collins hätte gern mein neuestes Werk gehabt, das mich mit zum Sieg erhobenen Armen, das Blut Bonavenas auf den weißen Shorts, in der Ringmitte zeigt, während mein Gegner flach am Boden liegt. Auf einer Tafel über uns steht: Runde neun. Wie ich es ihm schenken will, fällt mir ein, daß mich heute morgen Robert Lipsyte von der *New York Times* geweckt und mir zweihundert Dollar dafür geboten hatte. Er ist einer der fairsten Journalisten, die ich kenne, und Honorable Elijah Muhammad hatte ihm einst ein dreistündiges Interview gewährt. Ich hatte sein Angebot abgelehnt. Doch nicht, weil es mir zu gering schien, sondern weil ich ihm das Bild gern schenken wollte. Deshalb muß ich Collins jetzt auch vertrösten:
»Ich gebe Ihnen dafür mein neuestes Gedicht, das die Voraussage ebenfalls enthält.«
Ich überreiche ihm das einzige Exemplar meines Gedichts über Bonavena:

It's been a long time since I put my predictions in rhythm and rhyme,
But it was Bonavena who started it all by getting out of line.
He has asked the Commission to waive the three-knockdown rule.
He must be crazy or maybe a fool.

He couldn't have been talking to some angel from heaven,
Now he has the nerve to predict I'll fall in eleven.
If this is his joke, it's at a bad time,
For being so rash, he'll fall in Round Nine.

I understand in Argentina, the officials plainly said,
They wanted little Oscar to shave his shaggy head.
When I start going upside his heavy mop,
Bonavena will yell »STOP!«

I'd rather go to the nearest barbershop.
Before Round Nine is out,
The referee will jump and shout,
»THAT'S ALL, FOLKS, this turkey is out!«

Lang, lang ist's her, daß ich voraussagend reimte,
Welch hartes Los schon harrt meiner Feinde.
Doch der Narr Bonavena bat frech und vermessen,
Für diesen Kampf die Drei-Knockdown-Regel zu vergessen.

Ganz bestimmt war dies kein Wink von oben,
Wenn er prahlt, ich wäre Runde elf am Boden.
Ich bin mir nicht sicher, ob's ein Spaß nur soll sein,
Doch er soll sich merken: er fällt Runde neun.

In Argentinien, so konnte man hören,
Rieten sie ihm, seine Mähne zu scheren.
Hab' ich ihn erst vor meinen Fäusten, den Mop,
Wird's nicht lange dauern, bis er schreit: »Stop!«

Ich bin ganz sicher: so gegen Runde neun
Wird der Ringrichter zählen und dann schließlich schrein:
»Das war's, ihr Leut, und nun gute Nacht,
Dieser Prahlhans ist jetzt auf Null gebracht!«

Bud verläßt lachend den Raum, während Angie sich bemüht, auch die übrigen langsam hinauszudrängen. In diesem Augenblick tritt der Muslim-Geistliche Jeremiah Shabazz durch die Tür. Angie schaut mich fragend an. Doch Jeremiah bringt jenen Gast mit sich, den ich unbedingt noch sehen will.
»Er will nicht hereinkommen, solange noch so viele Leute im Raum sind«, erklärt Jeremiah ganz ruhig. Shabazz ist der Vorsteher der Moschee in Philadelphia und hat mehr als zwanzig Jahre mit Honorable Elijah Muhammad zusammengearbeitet. Er wird bald zu einer der Schlüsselfiguren der »Nation of Islam« ernannt werden.
Schließlich sind nur noch Bundini, Reggie, Durham und ein paar sehr enge Freunde im Raum. Ich bringe Angelo zur Tür. Er scheint ein wenig gekränkt zu sein, daß er als mein Freund und Cheftrainer diesmal nicht zugelassen ist. Doch Jeremiah hat mir erklärt, daß der von mir erwartete Besucher in Gegenwart eines Weißen nicht sprechen würde.

»Wir müssen in weniger als einer Stunde im Garden sein«, ermahnt mich Angie.
»Ruf mich, wenn es soweit ist«, bitte ich ihn und wende mich dann wieder Jeremiah zu: »Bring ihn jetzt herauf.«
Wenige Minuten später kommt Jeremiah mit einem dünnen Schwarzen zurück. Er ist mittelgroß, Ende Dreißig und trägt graue Hosen sowie eine alte Armeejacke aus der Zeit des Koreakriegs, an dem er teilgenommen hat. Sein Gesicht wirkt seltsam starr und verbissen. Man hat den Eindruck, daß dieser Mensch einmal unendlich gedemütigt und terrorisiert worden ist und daß sich dieser Schreck für immer in seinem Gesicht festgefroren hat.
»Das ist Bruder Judge Aaron«, sagt Jeremiah. »Er erzählte mir, daß er dir ein Dutzend Briefe geschrieben hat.«
Ich erinnere mich an den Namen »Judge«, weil er wie ein Titel klingt, und ich erinnere mich auch an die Briefe in dieser zittrigen Schrift, die ich nicht entziffern konnte.
»Ich bekomme so viele Briefe, Bruder«, erwidere ich.
»Erklär ihm, wer dir aufgetragen hat, hierher zu kommen«, sagt Jeremiah zu Aaron.
Er setzt sich auf mein Bett. »Ich sah Martin Luther King eine Woche vor seinem Tod. Er sagte, ich solle mich an Muhammad Ali wenden, der würde dafür sorgen, daß die Welt mich nicht vergißt.«
»Verkünde ihm die Botschaft«, sagt Jeremiah.
»Ich bin die Botschaft. Ich bin die lebendige Botschaft.« Die Falten um seine Augen vertiefen sich, der Blick wirkt verwirrt und verstört.
Und noch bevor Jeremiah den Satz ausgesprochen hat, geht ein Schauer durch meinen Körper: »Sie haben ihm die Hoden abgeschnitten. Er sollte eine Warnung für uns alle sein.«
Bundini springt auf und starrt den dünnen, in sich gekehrten Mann an. Er schreit mit seiner tiefen, heiseren Stimme: »Wer ist zu so etwas imstande? Das kann doch nicht wahr sein! Ich kann das nicht glauben! Niemand könnte so etwas tun!«
Aaron schaut ihn für eine Sekunde starr an, dann knöpft er langsam die Armeejacke auf und entblößt den Oberkörper. Quer über die Brust trägt er die Buchstaben KKK ins Fleisch geschnitten. Dann öffnet er den Gürtel, läßt die Hose zu Boden fallen und streift den Slip ab.
»Allmächtiger Gott! Großer Gott!« wiederholt Bundini immer wieder.
Über Aarons Leistengegend verlaufen tiefe Narben, und wo einmal die Hoden waren, sieht man nur noch dicke Narbengeschwulste im Schritt, Ausläufer davon überziehen auch den Penis.
Bundini sinkt langsam auf seinen Stuhl zurück, Tränen laufen ihm übers Gesicht.
Jetzt fällt mir auch die Geschichte dieses Mannes wieder ein. Das ist jener Judge Aaron, von dem ich erstmals in der Muslim-Zeitung *Muhammad Speaks* gelesen hatte. Doch ich hatte nicht geglaubt, daß er noch am Leben sei. Ich gehe zu ihm hinüber und setze mich neben ihn. Seine dünnen Hände

zittern, und Bundini, der ebenfalls die Hände nicht mehr ruhig halten kann, zündet eine Zigarette an und schiebt sie ihm zwischen die trockenen Lippen.
»Warum du?« frage ich. »Warum haben sie dich ausgesucht?«
Aaron inhaliert tief, wobei wieder der starre Blick in seinen Augen ist. »Ich nehme an, daß es in jener Nacht auch jeder andere Schwarze hätte sein können«, meint er. »Sie wollten sich irgendeinen greifen. Es war zur Zeit der großen Bürgerrechtsbewegungen. Martin Luther King war in Alabama. Überall wurde marschiert und protestiert. An jenem Abend brauchte ich einen Laib Brot, um mir Brote für die Arbeit zu machen. Ich ging zusammen mit meiner Freundin die Tarron City Road hinunter zu einem Laden. Plötzlich war dieser Wagen neben uns mit sieben Weißen, und sie begannen zu mir herüberzuschreien, doch ich ging weiter.
Dann forderte mich einer auf: ›Nigger, komm mal her!‹
›Wer sind Sie?‹ wollte ich wissen. Ich konnte sie nur undeutlich sehen, bis sie aus dem Wagen sprangen und auf mich zukamen.
›Nigger, wir sind von der Polizei! Du kommst jetzt mit uns!‹«
Aaron inhaliert tief; er hält den Rauch so lange in der Lunge, daß man meint, er würde nie mehr herauskommen.
»Hör zu«, sage ich zu ihm, »du kannst jederzeit aufhören, wenn es dir lieber ist.«
Er schüttelt den Kopf. »Ich habe lange Zeit nicht mehr Gelegenheit gehabt, darüber zu reden. Ich sagte zu meinem Mädchen, sie solle Hilfe holen. Sie reißt sich los und rennt davon. Mich aber schleppen sie zum Wagen. Sie legen mich hinter den Vordersitzen auf den Boden und schlagen so lange mit einem Schraubenschlüssel auf mich ein, bis ich fast ohnmächtig bin.«
Er nimmt wieder einen tiefen Zug und läßt den Rauch langsam aus der Lunge entweichen.
»Sie verbinden mir die Augen und fahren eine Zeitlang kreuz und quer durch die Gegend. Dann verlassen sie den Highway, wie ich am Rütteln des Wagens feststellen kann. Sie fahren eine Seitenstraße hinauf, ungefähr eine halbe Stunde. Dann hält der Wagen, und ich höre den Fahrer sagen: ›Das ist der Platz. Bringt den Nigger dort hoch.‹ Sie zerren mich heraus und zwingen mich unter Fußtritten und Flüchen, auf Händen und Knien in eine bestimmte Richtung zu kriechen. Dann reißt mir einer die Binde von den Augen. Ich bin in einer alten Scheune, und der Mann, der den Wagen fuhr, sagt zu mir: ›Sag mal, Nigger, bist du einer von diesen neunmalklugen College-Niggern?‹ Ich sage: ›Oh, nein, Sir.‹ Und ein anderer sagt: ›Bist du einer dieser großmäuligen Martin-Luther-King-Nigger?‹ Ich sage: ›Oh, nein Sir, wirklich nicht, Sir.‹ Ich fühlte mich schrecklich. Ich dachte, es wäre ein Alptraum.«
Draußen hämmert jemand gegen die Tür: »Ali, Ali, mach auf!« Bundini öffnet und schreit hinaus: »Der Champ ist noch nicht fertig! Er ruht sich noch aus! Er ist noch nicht soweit!« Er kommt zurück und setzt sich neben Aaron.
»Erzähl weiter«, sagt er.
»Ich bin mir noch immer nicht klar darüber, was sie vorhaben. Einer von ih-

nen, den sie Joe Pritchett nennen, tritt mich in die Seite und sagt: ›Nigger, zieh die Hose aus, und leg dich auf den Rücken.‹ – ›Sicher ist er einer dieser überklugen Bürgerrechts-Nigger‹, sagt der Fahrer. ›Das seh' ich.‹
Ich erklärte ihnen, daß ich mit den Bürgerrechtlern nichts zu tun hatte, daß ich überhaupt keine aufsässigen Neger kennen würde, ich würde noch nicht einmal wählen und hätte auch noch nie an einer Demonstration teilgenommen. Doch sie lachen nur.«
»Hast du denn nicht versucht abzuhauen?« fragt Bundini mit belegter Stimme.
Aaron scheint über diese Frage überrascht zu sein. »Ich versuchte hochzukommen und zur Tür zu laufen, aber sie schlugen mir mit irgend etwas auf den Kopf, das sich wie ein Hammer anfühlte. Es war ein Revolverknauf. Ich komme wieder hoch, und sie schlagen wieder zu. Dann höre ich ihren Anführer schreien: ›Beeilt euch! Wir verschwenden unsere Zeit! Macht endlich weiter! Wir wollen uns schließlich heut' nacht noch fünf andere Nigger schnappen! Beeilt euch!‹«
Draußen schreit jemand: »Ali, Ali, Zeit für den Garden! Zeit zu gehen!« Ich mache Bundini ein Zeichen, er verriegelt die Tür.
»Sie schlagen mich zu Boden und werfen sich auf mich. Sie spreizen meine Beine auseinander. Einer hält das eine Bein, der andere das zweite. Zwei weitere halten meine Arme. ›Du weißt, wie man es auf dem Land bei den Kühen und Schweinen macht?‹ fragt der Anführer. ›Genau das werden wir auch bei dir machen. So geht es großmäuligen unverschämten Niggern. Wir senden dich mit dieser Botschaft an alle diese verdammten jungen Nigger zurück. Wir möchten, daß du ihnen zeigst, was dir geschehen ist.‹
Ich versuchte zu schreien, aber der schwerste von ihnen kniete sich neben mich und preßte mir ein Stemmeisen gegen die Kehle. Ich begann zu röcheln und warf den Kopf hin und her, um mehr Luft zu bekommen. Dann höre ich den Mann hinter meinem Kopf sagen: ›Wenn der Nigger loskommt, nimmst du diese Kanone und bläst ihm das Hirn aus dem Kopf.‹
›Verpaßt ihm jetzt unser Markenzeichen‹, sagt ein anderer, ›verpaßt ihm jetzt unser Zeichen.‹ Darauf nimmt der schwere Mann sein Messer und schneidet mir quer über meine Brust die drei großen Ks ins Fleisch.«
Schweiß rinnt ihm übers Gesicht, obwohl es ziemlich kalt im Zimmer ist. Seine Augen zeigen, daß er in Gedanken ganz woanders ist.
»Ali, Ali! Es ist Zeit zu gehen! Ali, mach die Tür auf!« Es sind mehrere Stimmen, aber ich nicke Aaron zu weiterzuerzählen.
»Dann öffnete der Anführer ein Päckchen mit Rasierklingen. Er gibt ein paar davon dem neben mir, der sich zwischen meinen Beinen plaziert und den Anführer fragt: ›Soll ich nur eines oder beide wegmachen?‹
Der Anführer schreit: ›Schneid sie beide ab! Ist doch egal! Hack sie ihm ab!‹
Ich spanne jeden Muskel im Körper, um mich loszureißen. Ich versuche zu schreien, aber Blut ist in meiner Kehle, und ich drohe zu ersticken. Ich fühle, wie heiße Hände meine Hoden halten, und dann fühle ich den Schnitt und den Schmerz …«

Aaron steht auf und geht im Raum umher, Schweiß läuft ihm übers Gesicht, als ob er alles noch einmal erleben müßte.
»Ali! Ali!« Jetzt erkenne ich Angelos Stimme. »Ali, bist du drin? Wir haben nur noch ein paar Minuten! Ali!«
Selbst wenn dadurch der Kampf abgesetzt werden müßte – ich kann in diesem Augenblick nicht antworten. Ich habe so gut wie alles um mich vergessen und sehe nur noch diesen gemarterten schwarzen Mann, der in meinem Zimmer erregt auf und ab geht.
»Sie hatten mir die Hände auf den Mund gepreßt, aber der Schmerz war so groß, daß man mein Schreien trotzdem hörte. Nachdem sie ihr Werk verrichtet hatten, standen sie auf. Sie lachten und gossen einen Kanister Terpentin über meinen Unterleib. Ich schrie und betete: ›O Gott! O Gott! Erbarm dich meiner, o Gott!‹
Das muß für sie irgendwie lustig geklungen haben. Der Mann, der auf meiner Brust saß, lachte, und der andere, der eines meiner Beine hielt, lachte ebenfalls und sagte: ›Nigger, magst du weiße Frauen?‹ Ich sagte: ›Nein, Sir, ich mag sie nicht besonders.‹
Er drehte sich dem andern zu und sagte: ›Hast du diesen Nigger gehört? Er sagt, er mag weiße Frauen nicht.‹ Der andere beugt sich über mich und spuckt mir ins Gesicht. Dann sagt er: ›Was haben dir weiße Frauen getan, daß du sagen kannst, du magst sie nicht, Nigger?‹ Ich dachte, ich hätte etwas Falsches gesagt, und versuchte mich herauszureden: ›Sie haben mir nichts getan, Sir. Nein, Sir, ich mag weiße Frauen.‹
Darauf versetzte mir der erste wieder einen Schlag mit dem Revolverknauf. ›Nigger, was meinst du damit, daß du weiße Frauen magst!? Was willst du damit sagen?‹
Dann höre ich Pritchell rufen: ›Beeilt euch! Wir haben nicht die ganze Nacht Zeit! Beeilt euch, werdet endlich mit ihm fertig!‹
›Nigger, du weißt, was wir dir weggeschnitten haben?‹ schreit mir einer ins Ohr. Ich konnte es nicht sehen, aber der Schmerz sagte es mir deutlich. ›Er kann's nicht sehen‹, sagte der Mann, der mir das Stemmeisen unter die Kehle hielt.
›Gut, dann sag's ihm‹, meinte ein anderer. ›Wir haben dir deine schwarzen Eier abgeschnitten!‹
Ich stöhnte: ›O Gott! O Gott! O Gott, wo bist du?‹
Ich erinnere mich, daß ich aufschaute und einen Mann sah, dessen Hände von Blut tropften, meinem Blut. Er hält meine Hoden wie eine Trophäe. Sie schreien und lachen alle durcheinander und schlagen sich gegenseitig auf den Rücken, bis ihr Anführer eingreift: ›Gentlemen! Gentlemen! Wir wollen uns aufstellen und die Masken abnehmen.‹
Sie stellen sich nebeneinander und nehmen die Kapuzen ab. Jetzt kann ich ihre Gesichter das erstemal sehen. Sie formieren sich für eine Art Ritual. Jeder von ihnen tupft sich mit meinem Hodensack gegen die Stirn und reicht ihn dann weiter. Der letzte in der Reihe schmeißt ihn in den Schmutz. Sie tanzen darauf herum, schreien und fluchen. Pritchett sagt: ›Dieser Nigger wird

auf keinen Fall neue Nigger in die Welt setzen.‹ Sie schreien und toben und scheinen mich fast vergessen zu haben, bis dann einer zu mir herübersieht und sagt: ›Schaut euch diesen weinenden Nigger an!‹ Sie kommen alle herüber, und Pritchett sagt: ›Steh auf, Nigger. Zieh dir deine Hose an!‹
Ich versuche es, aber alles in mir schien zerfetzt und zerschnitten. ›O Gott, ich kann mich nicht bewegen! O Gott, hilf mir doch!‹ Ich konnte mich einfach nicht allein aufrichten.
Dann sagt der Anführer: ›Hier, nimm diesen Dixiebecher, und tu seine Eier rein.‹ Einer von ihnen kniet sich in den Schmutz, kratzt meine Hoden heraus und wirft sie in den Papierbecher. Dann tragen sie mich hinaus und werfen mich wieder auf den Wagenboden. Wir fahren runter zu dem kleinen Flüßchen, und dort ziehen sie mich wie einen Sack mit Düngemitteln aus dem Wagen. Der Anführer sagt zu mir: ›Zeig diesen Dixiebecher jedem dieser neunmalklugen Nigger, der dir über den Weg läuft. Niggern wie Martin Luther King und Reverend Shuttleworth. Wart, da ist noch etwas. Wir haben noch eine andere Botschaft, die wir in diesen Becher tun könnten, nicht Jungs?‹
Einer von ihnen kramte einen Fetzen Papier heraus, und sie schrieben irgend etwas darauf. Als Pritchett sie dann aufforderte zu unterschreiben, weigerten sie sich jedoch. Schließlich zerriß Pritchett das Papier und zeigte auf mich: ›Dieser Nigger und der Inhalt des Dixiebechers sind unsere Botschaft.‹ Er drehte sich zu mir um: ›Du wirst ihnen zeigen, was dir geschehen ist! Hörst du? Wenn die anderen jungen Nigger das sehen, wissen sie, daß wir es ernst meinen!‹
Dann versetzen sie mir noch einige Fußtritte, und ich rolle die Uferböschung hinab ins seichte Wasser des Flüßchens. Ich höre, wie der Wagen abfährt, doch plötzlich hält er an, wendet und kommt zurück. Ich denke, daß sie es sich anders überlegt haben und mich jetzt endgültig erledigen wollen. Ich rolle weiter ins Wasser hinein und tauche unter, als ob ich ertrunken wäre. Dann halte ich den Atem an, bis ich den Wagen wieder anfahren höre.«
»Ali! Ali! Ali! Du kommst zu spät! Bundini, ist Ali da drin?«
Bundini streckt den Kopf aus der Tür und ruft: »Wir sind gleich soweit.« Er kommt zurück und fragt Aaron: »Und wie bist du davongekommen?«
»Ich weiß nicht genau. Ich kroch ziellos durch die Gegend, bis ich den Highway fand. Personen- und Lastwagen fuhren an mir vorbei. Einige wurden langsamer, sahen mich und fuhren weiter. Das war das schlimmste. Du liegst am Straßenrand wie ein krepierender Hund, und alle fahren an dir vorbei. Irgendeiner hielt dann, und ein Mann brachte mich ins Hospital. Der Arzt verständigte die Polizei ...«
»Haben sie diese Burschen gefaßt?« fragt Bundini.
Aaron nickt. »Ich konnte sie identifizieren. Sie kamen vor Gericht, die meisten mußten eine Zeitlang hinter Gitter. Doch sie sind schon lange wieder frei. Wir lebten alle in derselben Stadt. Erst vor wenigen Monaten bin ich von dort weggezogen, weil ich keine Arbeit mehr fand.«
»Wurdest du medizinisch richtig versorgt?« wird er von Jeremiah gefragt.

»Nun, ich bin Koreakriegsveteran. Ich geh' jeden Monat ins Veterans Hospital, wo sie mir etwas verschreiben. Die Ärzte sagen, ich könnte ohne das nicht mehr leben.«

Eine Zeitlang ist es im Raum ganz still. Selbst das Klopfen an der Tür hat aufgehört.

»Und was willst du nun von mir?« frage ich ihn schließlich.

»Ich weiß nicht«, sagt er ruhig. »Ich wollte dich kennenlernen. Ich wollte einfach alle diese netten Leute kennenlernen, für die meine Botschaft bestimmt ist.«

»Ali! Ali! Es ist Zeit, Ali! Zeit zu gehen, Ali! Wir müssen gehen!«

Ich trete auf ihn zu und umarme ihn.

»Ich wollte einfach nicht am Straßenrand krepieren ...«

Ich presse ihn an mich, und sein Gesicht leuchtet plötzlich wundervoll warm auf. Einen Augenblick lang wirkt er nicht mehr so verstört, und ich erkenne, wie er in all seiner Unschuld ausgesehen haben mußte, bevor sie ihn kaputtmachten.

Er war weniger als eine Stunde bei mir. Aber ich habe in dieser Zeit sehr viel besser verstehen gelernt, wogegen und wofür ich kämpfe und was ich jenen bedeute, die mich am tiefsten hassen, und jenen, die verstanden haben, worum es geht. In diesem Augenblick entscheide ich mich, diesen und alle kommenden Kämpfe »den Hilfslosen und den Opfern dieser Welt« zu widmen.

Ich sage es Bundini; er lächelt: »Das würde selbst Johnny Bratton gefallen«, meint er. »Er war ein Opfer.«

Judge möchte mit uns in den Garden gehen. Ich bringe ihn zur Tür und stelle ihm dabei eine Frage, die mich schon lange beschäftigt: »Wer hat dir den Namen ›Judge‹ gegeben?«

»Meine Mutter«, antwortet er.

»Hat sie dir je erklärt, warum?«

Er nickt langsam. »Sie sagte, sie möchte, daß ich zu allen Menschen korrekt bin. Sei gerecht, sagte sie, wie ein guter Richter. Gerechtigkeit.«

»Gerechtigkeit«, sagt Jeremiah. »Das ist das größte Wort, das es gibt, Gerechtigkeit.«

»Nein«, erwidert Judge langsam. »Meine Mutter war anderer Ansicht. Sie sagte, es gäbe noch etwas Größeres.«

»Was?« fragt Jeremiah.

Die Verspannungen und Falten kehren in sein Gesicht zurück, und seine Augen zeigen wieder diesen starren und verstörten Ausdruck. Er lauscht starr auf die Geräusche vor der Tür.

»Was?« insistiert Jeremiah.

»Gnade«, kommt es langsam von Judges Lippen.

Aaron erinnerte mich an all jene Menschen, die mich unterstützen. Ich verlasse das Hotel und bin auf halbem Weg zum Garden, als ich mich plötzlich entschließe, das Taxi zu verlassen und den Rest des Wegs mit der U-Bahn zu-

rückzulegen. Eine Menschenmenge begleitet mich zum Angestellteneingang, und ich lade sie alle als meine Gäste zum Kampf ein.
Im Umkleideraum höre ich, daß der Garden an diesem Abend die größten Einnahmen seiner Geschichte verbuchen konnte. Tausende mußten abgewiesen werden. Doch es gelingt Bundini, Aaron einen Platz in der Nähe meiner Ecke zu verschaffen. Dort kann ich ihn während des ganzen Kampfes sitzen sehen.
Als der Gong ertönt, komme ich mit dem festen Entschluß aus meiner Ecke, Bonavena noch schneller zu erledigen, als ich vorausgesagt hatte. Doch ich muß sehr rasch erkennen, daß ich ihn unterschätzt habe. Er schien mir nicht mehr als eine Art Witzfigur zu sein, doch dann machen mir seine unbeholfene Technik und seine plumpe Kraft ziemlich zu schaffen. Mein Timing stimmt nicht mehr. Ich verpasse Schläge, so daß meine Kombinationen durcheinander geraten. Meine rechten Cross-Schläge gehen über seinen abgeduckten Kopf hinweg, und meinen Jabs gelingt es nicht, ihn abzustoppen. In der neunten Runde gehe ich ganz aus mir heraus, um die Entscheidung zu erzwingen. Doch er läßt einen Sturm los, der mich fast umgeworfen hätte.
Die restlichen Runden boxe ich mit größter Konzentration. Ich sammle Punkt um Punkt. Wie ich später erfahre, schickte ihn sein Manager Gil Clancey mit dem Auftrag in die fünfzehnte und letzte Runde, auf einen Knockout aus zu sein, da er sonst keine Chance mehr habe. Oscar kommt mit erhobenem Kopf aus seiner Ecke und setzt alles auf eine Karte. Fast instinktiv erwische ich ihn mit einem linken Haken, in den er voll hineinläuft. Es ist ein Schlag, der selbst noch meine Knochen erzittern läßt. Bonavena geht zu Boden, rappelt sich aber wieder auf. Trotzdem weiß ich, daß er genug hat. Seine Helfer werfen ein weißes Handtuch in den Ring.
»Gib ihm den Rest für Judge Aaron!« schreit Bundini. »Laß die Falten aus seinem Gesicht verschwinden!«
Er kommt mühsam zum drittenmal auf die Füße. Ich treffe ihn erneut und mache der Sache ein Ende. Zum erstenmal in seiner Karriere wird er ausgezählt.

Von all den Situationen dieser Nacht, den schweren Schlägen, die ich verteilte, und den Treffern, die ich einstecken mußte, so daß sich meine Voraussage fast in ihr Gegenteil verkehrt hätte, den Beifalls- und Buhrufen der Menge, dem ganzen Trubel um mich – nichts habe ich so fest in Erinnerung behalten wie das Gesicht dieses zutiefst versehrten Mannes, der Runde um Runde aus meiner Ecke zu mir aufschaute.
Drei kampflose Jahre mochten mich geschwächt haben, doch ich wußte, daß meine eigentliche Stärke von den vielen Judge Aarons und ihrem Glauben an mich stammt. Und deshalb wußte ich auch, daß ich bald stärker als je zuvor sein würde.

17

Begegnung der Dinosaurier

Das Jahr 1970 ist fast vorbei, und allmählich erscheint mir nun alles real. Anfang des Jahres noch hatte ich nicht geglaubt, daß ich jemals wieder boxen würde. Jetzt sind meine Zwillinge geboren, ich habe eine Lizenz für Georgia und New York, ich habe Quarry und Bonavena besiegt und bin wieder in Kondition. Jetzt steht dem »Großen Fight« nichts mehr im Wege – mein Kampf gegen Joe Frazier findet endgültig statt.

Den ganzen Dezember 1970 hindurch sichtet Herbert Offerten von Veranstaltern und informiert mich allabendlich über die letzten Angebote: 400 000 Dollar aus London; 600 000 Dollar von einem Promoter aus Tokio; eine Million Dollar vom Houston Astrodome. Der Madison Square Garden gab auf, als die Angebote die 1,5-Millionen-Grenze erreichten; NBC hatte zwei Millionen Dollar geboten. Wir diskutieren alle Angebote, und Herbert sagt jedesmal: »Wir kriegen was Besseres.«

Und dann ruft er mich eines Tages an und sagt: »Wir stehn jetzt bei fünf Millionen Dollar, die zwischen dir und Joe geteilt werden sollen. Ich weiß, daß ich eine noch höhere Börse kriegen könnte, aber das kann Wochen dauern. Wenn dich das Oberste Bundesgericht nicht ins Gefängnis schickt ...«

»Nimm die zweieinhalb Millionen«, falle ich ihm ins Wort.

»Du weißt aber doch, daß du dann nicht mit zweieinhalb Millionen nach Hause gehn wirst, nicht wahr? Das ist zwar die Zahl, die von der Presse hochgespielt werden wird, aber bevor du das Geld überhaupt zu sehen kriegst, sahnt der Bund erst mal anderthalb Millionen ab. Und wenn dann die Stadt und der Staat New York ihre Steuern abgezogen haben, bleiben dir höchstens noch ungefähr sechshunderttausend.« Herbert erklärt mir alles genau. Ich war erstaunt über die Summe und konnte ihm das alles nur schwer glauben.

Herbert hat recht gehabt. Die Zeitungen im ganzen Land, die Titelseiten von

Time und *Life,* die Sportberichte in Fernsehen und Rundfunk – alle sprechen sie von den »Fünf-Millionen-Dollar-Boxern«.
Immerhin, zu jener Zeit ist eine so hohe Börse schlechthin unvorstellbar. Und die Größenordnung für meine Boxverträge ist damit unwiderruflich festgelegt.
»Dies ist offenbar das Zeitalter des Unsinnigen, des Unglaublichen, wenn nicht gar des Wahnsinnigen«, schreibt Milton Gross, als er davon hört. »Diese Summe paßt besser in einen Hollywood-Film. Noch nie in der Geschichte des Entertainments ... sind zwei Darstellern für ein einmaliges Auftreten über fünf Millionen Dollar geboten worden.«
Niemand will glauben, daß es Herbert gelungen ist, ein so phantastisches Geschäft abzuschließen, bis in der Presse Fotokopien der beiden 2,5-Millionen-Schecks erscheinen.
»Wir mußten eine so hohe Summe haben«, erklärt mir Herbert. »Schließlich ist dies ein einmaliges Ereignis in der Geschichte des Sports. Niemals zuvor sind zwei unbesiegte Weltmeister im Schwergewichtsboxen gegeneinander angetreten, und vielleicht wird es so etwas auch nie wieder geben. Du bist der populärste Sportstar der Welt; kein Präsident, kein König und kein Filmstar kann so viele Menschen an die Kassen holen wie du. Außerdem, du weißt ja nicht, wieviel du in den vergangenen drei Jahren verdient hättest. Das Leben eines Boxers ist kurz. Ich muß versuchen, dir wenigstens einen Teil davon wieder hereinzuholen, und dies ist die einzige Möglichkeit.«
Die Verhandlungsmethode, die Herbert seit meinem Comeback bei jedem Kampf anwendet, besteht darin, daß er ganz einfach den Preis nennt, den er haben will, und dieser basiert auf seiner persönlichen Einschätzung der voraussichtlichen Einnahmen aus dem Kampf sowie auf der Vorgeschichte der beiden Kontrahenten. »Der erste, der dann Bargeld vorzeigt und es auf Muhammad Alis Konto einzahlt, mit dem schließen wir den Vertrag«, sagt er. »Zusagen und Versprechungen zählen nicht. Irgendwann muß man aufhören, an Versprechen zu glauben. Wir haben höhere Angebote bekommen als fünf Millionen, aber Jack Kent Cooke und Jerry Perenchio haben das Geld sofort auf deinen und Fraziers Namen eingezahlt.«
Vier Jahre später, als die Boxing Writers Association Herbert endlich zum Manager des Jahres 1974 wählt, hat er andere Boxmanager als Promoter und im Erzielen hoher Börsen so weit ausgestochen, daß Murray Goodman, der größte aller Boxjournalisten, von ihm sagt: »Für Manager wie Herbert Muhammad muß die Boxwelt erst eine neue Kategorie schaffen. Er hat mehr Millionenbörsen erzielt als alle anderen Manager zusammen. Er kennt den Wert seiner Boxer. Er hat aus den bekanntesten die bestbezahlten Boxer der Welt gemacht. Er hat es seinem Boxer ermöglicht, nach dem Comeback aus dem Exil ein durchschnittliches Jahreseinkommen von fünf Millionen Dollar zu erzielen.«
»Wenn man seinen Boxer schützen will«, sagt Herbert, »darf man die Geschichte des Berufsboxens nicht außer acht lassen. Die Methoden, mit denen die Leute sich Geld aneignen, das von Rechts wegen den Boxern gehört, sind

so kompliziert und knifflig, daß ich meinem Boxer nur einen gerechten Anteil sichern kann, wenn ich eine so hohe Garantie verlange, daß selbst die Tatsache, daß sie ihn bestehlen, die Börse des Boxers nicht spürbar beeinträchtigt. Am besten kann ich meinen Boxer – nach meinen Erfahrungen – schützen, wenn ich mir von den Promotern eine Bestätigung unterschreiben lasse, daß es nur die Einnahmen gibt, die im Vertrag aufgezählt sind, und daß der Boxer von allen eventuell darüber hinausgehenden Einnahmen einen festgesetzten Anteil bekommt.«

Jack Kent Cooke, dem das Lakers-Basketballteam und das Felt Forum gehören, kenne ich schon, Jerry Perenchio aber lerne ich erst kennen, als ich zum Garden fahre, um den Vertrag zu unterzeichnen. Jerry wirkt wie ein übermütiger kleiner Junge; er ist aufgeregt, weil er sämtliche Veteranen der Boxpromoter-Kreise aus dem Feld geschlagen hat. Bisher hat er noch nie eine Boxveranstaltung organisiert und ist offenbar sehr stolz darauf, daß sein erster Versuch gleich so erfolgreich ist. Zuvor hat er ausschließlich mit dem Showbusineß zu tun gehabt.

»Dies ist das größte Ereignis, seit wir geboren sind«, sagt er immer wieder. »Es ist mehr als ein Boxkampf. Es ist phänomenal! Ich werde es größer rausbringen als die Invasion in der Normandie. Es wird die höchsten Bruttoeinnahmen erzielen, die ein einzelnes Ereignis der Weltgeschichte jemals eingebracht hat. Das *Wall Street Journal* prophezeit Bruttoeinnahmen von vierzig Millionen Dollar.«

Während er mit seinen Bruttoeinnahmen prahlt, bekomme ich allmählich das Gefühl, daß Joe und ich uns vielleicht mit zuwenig zufriedengegeben haben, und bei Toots Shors Pressekonferenz rufe ich Frazier zu: »Joe, die haben uns reingelegt!« Ich möchte mich mit ihm zusammentun und das Ganze noch mal aufrollen. Aber Joe und ich, wir sind jetzt Dinosaurier, und die Zeit, da wir – von der Tatsache abgesehen, daß wir uns beim Kampf um den unumstrittenen Weltmeistertitel im Schwergewicht zerfleischen werden – noch irgend etwas gemeinsam tun könnten, ist vorbei. Wir sehen uns nicht einmal mehr in die Augen. Auch dafür ist die Zeit vorbei.

Ich mache es Jerry leicht, zu managen, was Red Smith als »die aufdringlichste PR-Kampagne aller Zeiten« bezeichnet. Er vermarktet jeden Aspekt des Fights. Filme sollen gedreht, Bücher geschrieben, Millionen von Andenken in aller Welt verkauft werden. Der Vertrag sichert Jerry sogar die Shorts, Stiefel und Handschuhe der beiden Boxer. »Wenn eine Filmgesellschaft Judy Garlands Schuhe, Gary Coopers Gürtel und Marilyn Monroes Kleid versteigern kann, sollten Muhammads und Fraziers Sachen doch wohl erst recht was wert sein«, erklärt Perenchio mit breitem Lächeln. Und eines Abends, als ich meinen Boxdreß ausgewählt habe, kommt einer von Jerrys Assistenten zu mir in den Umkleideraum, um mich an die entsprechende Klausel zu erinnern: »Nach dem Kampf gehen alle Kleidungsstücke der Boxer in den Besitz der Veranstalter über. Handschuhe, Shorts und Stiefel. Wie es im Vertrag festgelegt ist.«

Der Vertrag schreibt mir vor, die letzten zehn Tage vor dem Kampf in New York zu verbringen und für unseren Fight zu werben. Ich liebe Menschenmassen und bin gern von Menschen umgeben, aber die Halle meines Hotels ist so vollgestopft und die Masse schwillt so unheimlich schnell an, daß ich gezwungen bin, für die letzten sieben Tage nach Miami auszuweichen. Auf der Fahrt zum Flughafen laufen Scharen von schwarzen, weißen und puertorikanischen Jugendlichen quer durch Manhattan hinter unserer Limousine her, holen uns bei Rotlicht ein, hämmern an die Fenster und versuchen die Tür aufzureißen, bis ich einem, der zwanzig Häuserblocks weit gesprintet ist, Eintrittskarten für den Kampf verspreche.
Angelo ist erschüttert. »So hab' ich New York noch nie gesehn!« sagt er zu mir.

Erst zum offiziellen Wiegen kommen wir wieder nach New York, und bis wir das hinter uns haben, hat sich die Menge an den Wachtposten vorbeigedrängt und belagert die Ausgänge in so dichten Massen, daß meine Leute Angst haben, mich in mein Hotelzimmer fahren zu lassen. Teddy Brenner und Harry Markson, zwei Offizielle vom Madison Square Garden, nehmen uns mit ins Restaurant des Garden hinauf. »Keine Polizei kann eine solche Menge in Schach halten«, sagen sie. »Sie könnten niedergetrampelt werden. Nicht mit Absicht, sondern einfach, weil die Menschen Sie berühren, Sie sehen, Sie hören wollen. Da kann alles mögliche geschehen.«
»Sie müssen hier im Garden bleiben. Wir haben eine Unterkunft für Sie vorbereitet«, sagt Markson und führt mich zu einem Zimmer, in dem ein Fernseher und ein Feldbett stehen.
Angelo hat Angst. »Wir haben noch neun Stunden. Die letzten fünf bis sechs Stunden vor dem Kampf liegt Ali immer ganz ruhig im Bett. Nur so kann er sich richtig entspannen.«
Aber der Garden hat noch größere Angst vor dem, was passieren könnte, wenn ich versuche, das Gebäude zu verlassen, und so erkläre ich mich einverstanden und bleibe da. Den ganzen Tag bin ich im Garden eingesperrt. Aber ich finde keine Ruhe auf dem Feldbett. Ich liege wach, bis es Zeit wird, mit dem Lift in den Umkleideraum hinunterzufahren und die Shorts, die Stiefel und den Mantel anzuziehen, die ich mir extra für diesen Kampf habe anfertigen lassen.
Wie ich in den Umkleideraum komme, hat sich dort schon Burt Lancaster häuslich niedergelassen; er will einen Dokumentarfilm drehen und sich meine Voraussagen geben lassen. Ich höre mir einige Gedichte an, die man ihm zugeschickt hat und die mich anfeuern sollen, bis auf einmal jemand ruft: »Rahaman ist im Ring! Rahaman ist im Ring!« Ich laufe hinaus und bleibe hinter der Menge an der Brüstung stehen, um mir meinen Bruder anzusehen, der im Ring gegen einen englischen Schwergewichtler namens Dan McAlinden antritt. Aber sie holen mich zurück, um den Dokumentarfilm zu Ende zu drehen.
Mein Bruder ist ein wunderbarer Maler und Bildhauer; er hat sogar noch

mehr Talent als mein Vater. Aber das Boxen zählt nicht zu seinen Begabungen.
Ich kehre in den Umkleideraum zurück. Unterwegs begegne ich Joe Louis.
»Joe! Vielen Dank für deine Voraussage. Wirklich, ich danke dir sehr dafür.«
Louis hat, wie üblich, auf meinen Gegner als Sieger getippt.
»Um zu gewinnen, bleibt Clay nur eine Möglichkeit: Er muß die dreieinhalb Jahre einholen«, hat Louis erklärt. »Und das kann er nicht. Vor vier Jahren hätte er Joe schlagen können, heute wird er das nicht mehr schaffen.«
»Komm zu meiner Siegesparty«, rate ich ihm. »Von heute an wirst du für mich Siege voraussagen. Ich war beunruhigt – bis ich hörte, daß du auf Frazier gewettet hast.«
»Nicht nur Joe Louis wettet auf Frazier«, sagt einer meiner Trainer, als wir in den Umkleideraum gehen. »Alle alten Profis setzen auf Joe – Archie Moore, Floyd Patterson, Jack Dempsey, Billy Conn, Jersey Joe Walcott. Und die Journalisten glauben ebenfalls, daß Frazier gewinnt.«
Jetzt fühle ich mich noch besser. Ich habe noch nie einen Kampf verloren, bei dem die Wetten gegen mich standen.
Teddy Brenner schreit: »Du bist gleich dran!« In einer stillen Ecke des Umkleideraums sprechen Herbert und ich ein Gebet an Allah. Dann gehen wir zum letztenmal unseren Schlachtplan durch.
Und schon beginnt der lange Marsch hinter meiner Crew durch die Menge, die jubelnd aufbrüllt, wie sie mich erblickt.
Ich klettere in den Ring und beginne mit dem Aufwärmen, tanze in immer größeren Kreisen. Zufällig-absichtlich stoße ich gegen Joe Fraziers Schulter, während dieser in seiner Ecke steht. Einen Sekundenbruchteil lang sehen wir einander in die Augen. Ich bin erschüttert und fechte, als der Gong ertönt, eigentlich zwei Kämpfe aus: den Kampf in meinem Kopf – den Kampf, von dem ich immer gesprochen hatte – und den Kampf, den ich jetzt fünfzehn Runden lang durchzustehen habe. Und sie sind sich nicht sehr ähnlich.

»Kein Gegner«, sage ich zu Bundini. »Laß ein Schild malen mit der Aufschrift ›Kein Gegner‹. Das trägst du vor mir her in den Ring, und zwar zusammen mit einem Schild, auf dem steht ›Rauchen verboten‹. Und ich bring' dann einen Feuerlöscher mit, weil Joe doch immer behauptet, daß er raucht, wenn er aus seiner Ecke rauskommt.«
Ich hatte über Joe mehr Gedichte geschrieben als über jeden anderen Boxer, gegen den ich angetreten war:

Joe's gonna come out smokin',
And I won't be jokin'.
I'm gonna be a peckin' and a pokin',
Pouring water on his smokin'.
It might shock you and amaze ya,
But I'm gonna destroy Joe Frazier!

Kommt der Joe heraus und raucht,
Gebe ich ihm, was er braucht.
Geb' ihm Dampf, bis völlig naß er,
Und gieß' auf den Rauch ihm Wasser.
Freunde, ich mach' keine Witze,
Ich kühl' ab Joe Fraziers Hitze.

Der Kampf hat begonnen ... Ich höre jenen vertrauten Lärm, der von den Zuschauern kommt, sobald ein Boxkampf beginnt, jenes gierige Geschrei der Masse, die Blut sehen will. Ich höre es seit meinem zwölften Lebensjahr, und jedesmal, wenn ich es höre, läuft es mir eiskalt über den Rücken. Jetzt höre ich es abermals und weiß, daß Joe Frazier es auch hört. Es wird ihm ins Blut gehen, es wird mir ins Blut gehen und uns beide so aufheizen, daß wir, wenn es sein muß, im Ring krepieren.
Frazier geht sofort auf mich los. Ich bin darauf gefaßt und umkreise ihn, doch er dringt immer wieder auf mich ein, das Kinn auf der Brust, hin- und herfedernd. Ein kurzer Jab, den ich nicht erwartet hatte. Er trifft mich.
Ich kontere mit einer schnellen Linken und Rechten, und wir gehen in den Clinch. Ich spüre seine Kraft. Ich weiche zurück. Ich feuere Linke und Rechte an seinen Kopf. Ich schlage linke Gerade, doch diese Jabs verfehlen ihr Ziel. Er taucht unter meiner Rechten hinweg. Er bohrt sich in meine Dekkung hinein, erbarmungslos und voll Energie. Ich bin auf der Hut vor seinem Haken, seiner ganz schweren Waffe. Ich feuere mit Rechten; die meisten treffen, einige gehen aber auch über seinen Kopf.
Er greift abermals an, mit ein paar Schwingern, und die Leute brüllen ihm zu: »Joe! Joe! Gib's ihm, Joe!« Seine Arme sind wie Stahl, als er sich löst und einen Haken an meinen Rippen explodieren läßt. Im Clinch fange ich ihn ab. Er zielt immer wieder auf meinen Körper, aber ich lasse seine Schläge nicht durch. Ich knalle Linke und Rechte an seinen Kopf. Gegen Ende der ersten Runde versuche ich sein Abducken und Wegtauchen auszukalkulieren und die Überlegenheit zu gewinnen, die ich eingeplant hatte.

In meiner Trainingshalle spreche ich mit der Presse: Ich bin der wirkliche Champion, sage ich. Drei Jahre lang habe ich gewartet und mir dieses Gerede angehört, wer denn nun der richtige Champ sei! Hört mich an, ihr Schreiberlinge, alle, die ihr da seid! Wenn es vorbei ist, werde ich euch allesamt an die Front rufen und fragen: Wer ist der wirkliche Champ? Ihr habt mich wieder mal unterschätzt! Von sechsundvierzig eurer Sorte haben sich dreiundvierzig für Frazier entschieden. Ich sagte euch doch, daß er ein selbstgestrickter Champion ist. Ich werd's mir vier, fünf Runden lang gemütlich machen, ehe ich richtig loslege. Darauf habe ich ja gewartet. Und diesmal werdet ihr die Wahrheit schreiben! Ihr habt alle gute Plätze am Ring. Erzählt den Leuten, was passiert! Erzählt es genauso, wie es ist, und nicht, wie ihr es wohl gerne hättet, nämlich, daß ich k.o. geschlagen werde. Beschreibt ihnen genau, wie ich in diesem Kampf boxe.

Die Runden zwei und drei hab' ich überstanden – beide gewonnen – und bin nun mitten in der vierten, als plötzlich der erste knallharte Haken an meiner Kinnlade explodiert. So hart, daß ich das Gefühl habe, es kann nur Zufall gewesen sein. Ich höre die Engel im Himmel singen. Ich feuere zurück, aber er dringt wieder auf mich ein, duckt, taucht, kommt von unten.

Ich versuche ihn im Clinch zu halten, aber er bricht aus, sein linker Haken knallt an meine Rippen, peitscht hinunter an meine Hüfte. Ich bin noch nie an der Hüfte verletzt worden, aber wenn Joe Frazier zulangt, dann spürt man das. Er zwingt mich in die Seile, dann schnellt er unvermittelt los, und ein Haken sprengt mir fast den Schädel. Ich wehre ihn ab, bis der Gong die vierte Runde beendet.
Als der Gong zur fünften Runde kommt, umkreise ich ihn. Frazier kommt auf mich zu, immer noch unermüdlich, und jetzt außerdem noch härter, noch schneller. Wie lange wird er das durchhalten können? Ich schieße einen linken Uppercut, der ihn eigentlich bremsen müßte. Sein Kopf schnappt in den Nacken, aber er duckt, taucht, federt und nagelt mich wieder an den Seilen fest.
Meine Jabs prallen an seinen Kopf, aber er kommt herein wie ein Panzerwagen. Warum ist er so selbstsicher? Ich spüre es. So selbstsicher, daß er gegen Ende der fünften Runde die Fäuste herunternimmt und mich hämisch angrinst, mich herausfordert. Ich nehme die Herausforderung an. Ich feuere ein paar rechte Gerade an seinen Kopf, scharfe Rechte, die das Grinsen von seinem Gesicht wischen.
Nach dem Gong geht er mit weichen Knien davon. Ich hab' ihn durchgeschüttelt. Aber auch ich spüre die Wirkung seiner Schläge, die er mir in die Rippen gesetzt hat. Noch nie habe ich gegen einen Mann mit so viel Elan gekämpft. Ich bekomme neuen Respekt vor Joe. Zuweilen ist sein Timing, sein Rhythmus beinahe unheimlich. Er geht vor, steckt zwei ein und kommt dann raus. Obwohl ich ihn vier zu eins mit Schlägen eindecke, machen sich seine Haken bei mir immer stärker bemerkbar. Dagegen muß ich was unternehmen. Die sechste Runde kommt, ich weiß, daß ich einen Punktvorsprung habe, aber ich weiß auch jetzt schon, daß ein Wunder geschehen muß, wenn ich den Kampf in der sechsten beenden will.

Ich hatte meine Voraussage vor der Fernsehkamera gemacht. Sie filmten mich für das Closed-Circuit-Publikum. Und ich sagte ihnen, was ich tun, wie der Kampf enden würde. Ich prophezeite k. o. in der sechsten Runde, schrieb es auf und steckte es in einen verschlossenen Umschlag, den sie erst fünf Minuten vor dem Kampf öffnen sollten. Das verlangte ich, damit nicht noch jemand in letzter Minute Wetten abschließen konnte. »Hier stehe ich, fünf Minuten vor dem Kampf, und sage voraus, wie er ausgehen wird. Wäre ich Patterson oder Terrell oder Chuvalo oder irgendein anderer Boxer, würde ich jetzt beten oder schattenboxen, ich aber schreibe meine Voraussage auf. Ich schreibe sie auf, damit alle es sehen können.« Der Umschlag enthielt, was ich gesagt hatte:

Es wird nicht mal knapp!
Joe wird dastehen wie ein Amateur!
Und ich bin der Profi!
Ich werde Shuffle und Jab und Clinch zeigen

Und es mir vier oder fünf Runden gemütlich machen,
Bevor ich dann im Ernst anfange.
Frazier wird in Runde sechs fallen!

Joe weiß, was ich vorausgesagt habe, und kommt schnell, entschlossen, hart aus seiner Ecke. Mit dem Kopf duckt er ab, weicht er aus, als säße sein Hals auf einem Kugelgelenk. Ich setze Jabs und rechte Gerade ein. Ich bearbeite ihn mit Haken, und er drängt mich in die Ecke. Ich liege wieder in den Seilen, und seine Linke explodiert an meinen Hüften, meinen Rippen. Dann landet er eine an meinem Kopf, und ich bin wie gelähmt. Ich kann nicht zurückschlagen. Ich hänge in den Seilen, und die Menge buht ... Joe hat die Runde mit einem Haken an meine Kinnlade eröffnet, der mich benommen macht. Jetzt versucht er in die richtige Position für einen Uppercut zu kommen. Ich schieße knallharte Jabs an seinen Kopf und versuche ihn zurückzutreiben, aber er drischt und greift an wie ein Panzerwagen. Unbarmherzig hämmert er an den Seilen auf mich ein. Seine Arme sind kurz, stämmig, und auf geringe Entfernung trifft er mich mit ungeheurer Wucht. Ich versuche auszuweichen, aber er nagelt mich an den Seilen fest und setzt weiterhin seine Bomben. Die Menschen springen auf und brüllen: »Joe! Joe! Gib's ihm, Joe!« Sie glauben, daß er kurz vor dem Sieg steht, denn noch nie haben sie mich so sehr in Bedrängnis gesehen. Sie schreien: »Joe! Joe! Joe! Joe!« Er läßt seine Schläge los, und sie treffen. Ich weiß nicht, was mit mir los ist; ich bin müde, und der Kampf ist noch nicht mal zur Hälfte vorbei. Eines weiß ich allerdings aus Erfahrung: Wenn ich jetzt durchhalte, werde ich neue Kraft gewinnen. Aber die Luft in meinen Lungen ist glühend, meine Arme sind bleischwer. Ich blicke in die Menge hinaus. Ich weiß, daß die ganze Welt zuschaut. Ich muß tun, was ich vorausgesagt habe.

Ich hatte vorausgesagt: Ich werde zu Smokin' Joe sagen: »Los doch, Joe – komm! Laß uns rauchen!« Ich werd' ihn erwischen, weil ich längere Arme habe. Außerdem bin ich schneller als er, und wo ich zuschlage, da wächst kein Gras mehr. Ein Schlachtfest wird das. Seine Körpertreffer sind gar nicht so schlimm. Körpertreffer bringen niemanden um. Ich werde sagen: »Los doch, Joe – komm! Du bist schon mal viel besser gewesen. Du rauchst ja gar nicht!«

Aber er raucht doch. Die siebente Runde geht, glaube ich, an mich, in der achten aber fängt Joe an zu marschieren, geht vor, greift an, dringt auf mich ein, immer wieder, immer wieder. Ich teile Jabs aus, scharfe, schnelle Jabs. Er drängt mich an die Seile. Ich kontere mit leichten, scharfen Jabs. Meine Müdigkeit wird jetzt spürbar größer. Möglicherweise hatte Joe Louis doch recht mit den dreieinhalb Jahren. Wenn ich in den Seilen liege, buht mich die Menge aus und verlangt, Joe soll mich wegputzen.
Der Gong. Ich kehre in meine Ecke zurück. Ich muß das Blatt nun endlich wenden.

Die neunte Runde kommt. Ich spüre, wie meine Kraft zurückkehrt. Als Joe angreift, erwische ich ihn mit einer schweren Rechten. Er bringt mich zwar mit einem Haken aus dem Gleichgewicht, aber ich jage ihm ein paar rechte Gerade an den Kopf, und die sitzen. Plötzlich sehe ich wieder ganz klar. Meine Schläge verpassen ihr Ziel nicht mehr. Er blutet aus dem linken Nasenloch. Er torkelt. Allmählich krieg' ich's wieder zusammen! Er weicht zurück! Ich lande sechs, sieben, acht solide rechte Gerade an seinem Kopf. Über seinem Auge sitzt jetzt eine Beule so groß wie eine Kaffeetasse und wird mit jedem Treffer, den ich lande, größer. Aber er greift immer wieder an, greift immer wieder an, nur daß ich ihn jetzt wirksam abwehren kann. Jeder Schlag von mir sitzt! Am Ende der Runde blutet er über dem Auge, aus der Nase und aus dem Mund. Aber er geht nicht zu Boden. Er will nicht zu Boden gehn. Jetzt ist mir klar, daß er lieber draufgehen will als aufgeben.

Ich sagte den Fans, den Zuschauern, die jeden Tag in den Trainingssaal kamen: »Ich werd' auf ihn losgehen und ihm die Faust auf die Nase pflanzen.« Ich stehe im Ring und mache vor, wie ich seinen Kopf auf Distanz halten will. Ich werd' ihm sagen: »Komm, Joe, fangen wir an! Ich werd' dich verdreschen, dich und die Weißen, die hinter dir stehn. Junge, heut' abend geht's dir schlecht! Nicht *einen* Treffer wirst du landen! Ach so, du hast 'ne Siegesparty angesetzt, Joe? Duke Ellington will auf deiner Party spielen? NEIN! Nein! Nein! Nicht heute abend, Joe! Heute abend wirst du keinen Sieg feiern. Du wirst zu meiner Siegesparty kommen. Wenn alles vorbei ist, werd' ich für dich 'ne Party geben, Joe. Wenn du in der zehnten Runde noch im Ring bist, werd' ich dich festnageln und dich bearbeiten, bis du zahm bist wie ein Kätzchen. Du bist gar nicht das Monster, das die Presse immer aus dir macht. Das wirst du in der zehnten Runde schon merken.«

Joe ist über mir. Ich spüre, wie sein linker Haken meine Kinnlade trifft. Ich halte die Fäuste oben, aber er kommt durch. Ich feuere ihm Linke und Rechte an den Kopf, aber er gräbt mir seine Faust in die Rippen. Sein Kinn ist an meiner Brust. Ich weiß, warum er so gewaltig drauflos geht, warum er in dieser Runde so verbissen kämpft. Yank Durham hat prophezeit, daß ich in der zehnten Runde baden gehe. Mit dem Rücken stehe ich an den Seilen, und er drängt unaufhaltsam nach. Jetzt überfällt mich wieder die Müdigkeit von vorhin. Wieder schlage ich daneben. Die Konzentration, die mir in der letzten Runde geholfen hat, ist weg. Trotzdem erwische ich ihn, als er mit einer linken Geraden hereinkommt. Ich kontere mit einem Haken und verpasse ihm eine schmetternde Rechte, und die nehmen ihm nun doch den Dampf. Im Clinch spüre ich zum erstenmal seinen schweren Atem. Das Tempo bringt mich um, aber ihn bringt es genauso um.
Der Gong. Ende der Runde, und keine von unseren Voraussagen ist eingetroffen. Ich habe nur einen winzigen Vorsprung. Aber ich habe noch fünf

Runden vor mir, in denen ich wieder zur alten Form auflaufen kann. Das habe ich schon früher fertiggebracht, das kann ich auch jetzt.

Wenn er einen Schlag anbringt, werde ich nur den Kopf schütteln und sagen: »Mann, du kannst nicht treffen!« Dann werde ich einen kleinen Shuffle hinlegen, ihm eine schmettern – WUMM! – und zu ihm sagen: »Holzkopf, du weißt doch, daß du keine Chance hast!« Ich werde in den Clinch mit ihm gehen. Und es wird mir ein Fest sein. Und wenn der Holzkopf immer noch verrückt spielt, hab' ich einen neuen Schlag in petto, den ›Ali-Getto-Ripper‹. Mit dem werd' ich ihn in der elften eindecken. Falls es überhaupt so weit kommt.

Ich bin entschlossen, die elfte, zwölfte und dreizehnte Runde zu gewinnen. Und die übrigen will ich auch. Frazier duckt, federt und ist selbstsicherer denn je. Plötzlich taucht er unter meiner Rechten weg und kommt mit dem härtesten Haken hoch, den ich in meinem Leben je einstecken mußte. Rückwärts schleudert er mich durch den Ring. Ich kann mich fast nicht mehr auf den Beinen halten. Im Kopf bin ich benommen; trotzdem sehe ich ihn kommen, und ich wehre mich mit einem Jab und gehe gleich wieder zurück. Auf dem Boden ist es naß; ich rutsche aus, werde aber nicht angezählt. Ich komme wieder hoch, doch in der nächsten Runde greift er abermals an, wirft sich unverdrossen in den Kampf, steckt Schläge ein, die an seinem Kopf, an seinem Kinn, in seinem Gesicht landen. Sein Mund blutet. In der zwölften und dreizehnten halte ich Abstand und erwische ihn aus der Distanz mit langen Schlägen am Kopf, aber er greift weiter an und bedrängt mich wieder schwer. Er steckt drei, vier, fünf, sechs Schläge ein, um mir seine Faust an den Körper, die Hüften, den Kopf setzen zu können. Die Art, wie er herankommt, duckt, hin- und herfedert, irritiert mich. Mal ist er leicht zu treffen, mal nicht. Noch nie habe ich gegen einen Mann mit einem so ungeheuren Stehvermögen geboxt. Er ist doch ein Mensch, denke ich, also *muß* es ihm weh tun. Sein linkes Auge ist geschwollen. Über dem rechten ist eine Platzwunde. Seine Lippen sind so zerrissen, daß es aussieht, als wollten sie abfallen. Ich schmettere ihm meine Jabs entgegen und treffe auch, aber er greift immer noch an. Die vierzehnte überstehe ich. Jetzt nur noch eine.

Ich schlendere den Broadway in Höhe der 146th Street entlang. Wo ich gehe und stehe, vergessen die Passanten, wohin sie eigentlich wollten, und laufen mir nach. Der Verkehr stockt. Menschen strömen auf die Straße heraus, und ich rufe: »Wo ist Joe Frazier? Wo ist der Champion der Weißen? Wenn ich mit ihm in den Ring steige, werdet ihr's sehen. Er ist kein Gegner!«
Ich habe schon auf diesen Kampf hingearbeitet, als ich noch im Exil war. Es wird der größte Kampf der Weltgeschichte. Größer als der Kampf Davids gegen Goliath, größer als damals, als Grant Richmond einnahm, größer als jeder Kampf, den zwei Männer auf dem Planeten Erde je miteinander ausge-

fochten haben. Ich werde den Leuten, die mir den Titel aberkannt haben, um ihn Joe Frazier zuzusprechen, aufspielen.
Red Smith meint, die Vorbereitungen dazu hätten schon sehr lange vorher begonnen: »Sie gehen bis in die Zeit zurück, als Clay mit seinem affektierten Gehabe, mit seiner Angeberei, mit seinen Knittelversen und seinem Eigenlob völlig Fremde derart reizte, daß sie unbedingt sehen wollten, wie er mit eiserner Faust zum Schweigen gebracht wurde. Und Frazier ist der erste, dem man zutraut, daß er das schafft.«
Aber Red irrt sich, wenn er glaubt, daß Frazier mich besiegen wird. Ich werde mit allen Boxern abrechnen. Wenn Joe Frazier mich schlägt, werd' ich durch den Ring auf ihn zukriechen, ich werde sagen: »Joe, wenn du mich schlägst, bist du der wirkliche Weltmeister. Ich werde im Ring vor dir kriechen, zu dir aufsehen und sagen: ›Du bist der wirkliche Weltmeister.‹«

Der ganze Garden ist aufgesprungen. Nur wenige rufen: »Ali! Ali! Ali! Ali!« Fraziers Anhänger dagegen sind voller Zuversicht und schreien laut: »Joe! Los, Joe, schlag ihn k.o.! Schlag ihn k.o., Joe – los!«
Er kommt in Reichweite. Ich will ihn umkreisen, eine linke Gerade landen und mit einer rechten Geraden nachschlagen. Ich entdecke eine Lücke. Ich will sie nutzen und schlage zu, da sehe ich, wie er wegtaucht. Er taucht und schießt eine Linke ab, beinahe von der Matte aus. Ich sehe sie kommen. Ich denke, daß ich sie rückwärts auspendeln kann. Aber er hat sie perfekt berechnet. Sie explodiert an meinem Kopf; ich kann mich nicht erinnern, daß ich zu Boden gehe. Nur, daß ich unten bin, hochblicke, höre, wie gezählt wird, und weiß, daß ich da unten nichts zu suchen habe. Ich stehe auf und lasse das Zählen über mich ergehen. In meinen Ohren dröhnt das Gebrüll der Menge. »Joe! Joe! Joe! Joe! Joe Frazier!«
»Das war der entscheidende Schlag, der hat dir das Lebenslicht ausgeblasen«, erzählt Bundini mir später.
Ich schlage linke Gerade, wehre ihn ab, halte ihn hin, lasse ihn nicht an mich herankommen. Als der Gong ertönt, sehe ich, bevor ich in meine Ecke zurückkehre, noch einmal sein Gesicht: eine Masse von Blut und Beulen, alles dick angeschwollen, aber das ist mein Gesicht auch. Mein Kiefer ist zur Größe einer Melone geschwollen. Angelo dachte in der Mitte des Kampfes, er wäre sogar gebrochen. Als ich in meiner Ecke stehe und auf das Ergebnis warte, tun mir alle Knochen weh. Meine Hüften fühlen sich an, als hätte man sie mit einem Baseballschläger bearbeitet.
»Einstimmiger Sieger und unumstrittener Weltmeister im Schwergewicht – Joe Frazier!«
An den Polizisten vorbei strömen die Menschen in den Ring. Hinter Bundini und Angelo will ich zur Treppe. Plötzlich fühle ich mich am Arm festgehalten. Ich drehe mich um. Joe Frazier ist zu mir in die Ecke gekommen. »Du hast dich großartig geschlagen«, sagt er. Sein Gesicht ist so verschwollen, daß ich kaum seine Augen sehe, aber ich weiß, daß er mich anschaut.

»Du bist der Champ«, antworte ich.
Das hört er anscheinend gern. Zum erstenmal in meiner Profilaufbahn muß ich anerkennen, daß mir einer überlegen ist. Ich hatte versprochen, durch den Ring zu ihm hinüberzukriechen und zu sagen: »Du bist ein gefährlicher Nigger.«
Joe scheint meine Gedanken zu erraten. Aus den Wunden an seinen Lippen sickert Blut. »Wir haben es nicht nötig zu kriechen«, fährt er fort. »Du hast mir einen verdammt guten Kampf geliefert. Du bist ein gefährlicher Nigger. Wir sind beide gefährliche Nigger. Wir kriechen nicht.«
Die Leute drängen sich an mir vorbei, um dem Champion die Hand zu schütteln.
»Wie fühlen Sie sich?« Ein Reporter hält mir sein Mikro hin, aber ich dränge mich an ihm vorbei. Daß ich Erleichterung empfinde, sage ich ihm nicht. Ich bin tatsächlich froh, daß es vorbei ist.
Ich erinnere mich nicht, wie ich in den Umkleideraum gekommen bin, aber ich erinnere mich noch genau, wie ich auf dem Massagetisch liege, wie Bundini mir Shorts und Suspensorium auszieht, wie er mir die Schnürsenkel aufschneidet und wie ich innerhalb von Sekunden nackt daliege. Alles, was ich jetzt fühle, ist Erschöpfung. Ich will nach Hause und meine Kinder sehen. Angelo schreit: »Niemand darf rein! Laß keinen rein!«
Menschen drängen sich vor der Tür, versuchen an den Wachen vorbeizukommen.
Ich höre, wie eine Frauenstimme um Einlaß bittet. Ich sehe, wie Diana Ross mir über den Kopf eines Polizisten hinweg mit ihren mageren Armen zuwinkt, und ich sage: »Laßt sie rein. Laßt sie nur rein.«
Sie lassen sie durchschlüpfen, und sie kommt zu mir. Tränen laufen ihr übers Gesicht. »Du bist der Champ. Du hast gewonnen. Du bist der Champ.« Dann küßt sie mich.
»Das bin ich nicht«, antworte ich ihr. »Ich bin nicht mehr der Champ, Diana.«
»Für einen, der so lange nicht mehr im Ring war, hast du dich großartig gehalten.« Das sagt eine Stimme, die mir gut bekannt ist. Ich hebe den Kopf. Es ist Bird. »Du hast gut gekämpft«, sagt sie. Ich sehe sie an und weiß, daß sie es aufrichtig meint.
An diesem Abend mußte meine Mutter zum erstenmal mit ansehen, daß ich in einem Kampf soviel einstecken mußte. Sie hält meine Hand, aber so sanft und zart ihre Berührung auch ist, sie tut mir weh, ich zucke zusammen und ziehe meine Hand zurück.
Vor Schmerzen schließe ich die Augen, meine Hände sind geschwollen, mein Kiefer ist gefühllos und schwer, und ich höre Dr. Pacheco sagen: »Wir müssen röntgen.«
Dann lassen sie meinen Vater ein, und ich höre durch den Schmerz seine Stimme: »Sie haben uns betrogen! Sie haben dich betrogen!«
»Nun ja, ich glaube ja auch, daß ich mehr Runden gewonnen habe als er«, antworte ich ihm, »aber die Entscheidung habe ich verloren. Ich habe noch

nie einen Schiedsrichterspruch angefochten. Und werde jetzt auch nicht damit anfangen.«
»Wir fahren ins Krankenhaus«, sagt Angelo, und ich beginne mich anzuziehen.
Da kommt ein kleiner Mann in grauem Anzug herein und fängt an, meine Shorts, Stiefel und Handschuhe einzupacken, bis Bundini ihn empört fragt: »Sagen Sie mal, was wollen Sie damit?«
»Das gehört den Veranstaltern«, antwortet der kleine Mann höflich.
»Diese Sachen gehören dem Champ! Das ist seine Kampfuniform. Die ist für seine Enkel bestimmt!«
Der Mann sieht ihn verwundert an und entgegnet geduldig: »Die Sachen gehören den Veranstaltern. Das steht im Vertrag. Sie werden versteigert. Schließlich haben die Leute, die fünf Millionen Dollar aufgebracht haben, ein Recht auf ein paar Souvenirs.«
»Die Veranstalter haben genug bekommen!« fährt Bundini ihn wütend an. »Die haben Millionen gemacht! Der Größte ist zum erstenmal geschlagen worden. Er blutet, sein Kiefer ist gebrochen, seine Lippen sind aufgerissen, seine Knochen blau geschlagen. Heute abend hat er sich die Seele aus dem Leib geboxt! Er hat sein Leben aufs Spiel gesetzt. Er wollte nicht aufhören! Er wollte nicht aufgeben! Er hat ihnen sein Blut gegeben. Was wollt ihr denn noch?«
Der kleine Mann starrt Bundini sekundenlang an und mustert dann die Gesichter der anderen, um zu sehen, ob einer von ihnen auf seiner Seite steht. Dann gibt er nach, entschließt sich zu gehen, ohne bekommen zu haben, was er wollte.
Als ich ins Krankenhaus komme, ergeben die Röntgenaufnahmen, daß nichts gebrochen ist. Geprellt, ja – aber nicht gebrochen. Später erfahre ich, daß Frazier ebenfalls ins Krankenhaus kommt, aber er muß wochenlang drin bleiben. Als ich das Krankenhaus verlasse, mache ich nicht die lange Fahrt nach Hause, nach Cherry Hill, sondern kehre in mein Hotel zurück. Nach Hause werde ich morgen fahren. Zunächst möchte ich die ganze Nacht und dann noch den halben Tag lang schlafen. Doch als es Morgen wird, warten bereits die Reporter im Korridor, wollen herein, und ich wache auf.
Ich höre, wie Angie zu ihnen sagt: »Laßt ihn in Ruhe. Laßt ihn schlafen. Er will nicht fotografiert werden. Er will mit niemandem sprechen.«
Ich winkte Angelo zu mir. »Laß sie rein«, sage ich.
»Aber die wollen mit Fernsehkameras und Scheinwerfern kommen«, protestiert Angelo. »Sie wollen der ganzen Welt zeigen, wie du mit geschwollenem Kiefer und blau geschlagenen Augen im Bett liegst. Yank Durham läßt sie mit Frazier nicht mal reden.«
»Das ist Frazier«, entgegne ich. »Die Leute wissen, daß ich nach einem Sieg immer mit ihnen rede. Jetzt muß ich nach einer Niederlage mit ihnen reden. Sie sollen hören, wie ich verloren habe. Die Leute, die an mich glauben, sollen sehen, daß ich nicht am Boden zerstört bin, daß ich eine Niederlage einstecken mußte, genau wie sie Niederlagen einstecken müssen, daß ich

wieder aufstehen und weitermachen werde, genau wie alle anderen Menschen.«

Ich glaube wirklich nicht, daß ich diesen Kampf verloren habe. Aber die Leute, die an mich glauben, sollen sehen, daß ich eine Niederlage verkraften kann. Ich muß an Levinskys Worte denken: »Cash, was ist das für ein Gefühl, wenn man verliert?«

»Man fühlt sich nackt«, antwortete ich ihm. »Und kalt.«

»Es sind nicht die Schläge, Cash, nicht wahr?«

»Nein, nicht nur die Schläge.«

»Aber es sind die Zuschauer. Alle beobachten sie einen. Man sinkt zu Boden ... und *ihm* brüllen sie zu.«

Ich stehe auf. Die Dinosaurier werden wieder aufeinandertreffen.

Es ist der fünfte Tag meines Trainings; ich laufe, meinen Sparringspartner hinter mir, kurz vor Sonnenaufgang im Dunkeln die Straße entlang. Ich bin müde, aber ich zwinge mich weiterzulaufen. Meine Lungen brennen, mein Kopf dröhnt, meine Stiefel werden mit jedem Schritt schwerer. Vor mir, im afrikanischen Zaire, ein Kampf, den ich gewinnen muß. Jener Fight, auf den ich mich seit meinem Comeback aus dem Exil vorbereite: ein Titelkampf um die Weltmeisterschaft im Schwergewicht.

Erst vor vier Monaten war ich im Madison Square Garden zum zweitenmal gegen Frazier angetreten. Ich war Sieger geworden und hatte meine Rechnung mit ihm beglichen. Bevor ich jedoch in den Ring stieg, hatte ich den Kampf hier draußen auf der Straße gewonnen. Manche Menschen sind der Meinung, ein Kampf um die Weltmeisterschaft im Schwergewicht wird während der fünfzehn Runden entschieden, in denen sich die Boxer im heißen Licht greller Scheinwerfer, vor den Augen Tausender laut schreiender Zuschauer gegenüberstehen. Nur zum Teil trifft das zu. Ein Titelkampf gleicht einem Krieg: Der wesentlichste Teil wird irgendwo weit hinter den Linien und ohne Zeugen gewonnen, im Trainingssaal und hier auf der Straße, lange bevor ich unter diesen Scheinwerfern zu tanzen beginne. Eine Meile liegt noch vor mir.

Mein Herz droht zu bersten, mein Körper ist schweißüberströmt. Ich möchte aufhören, aber ich will mich an diesem Tag testen, will feststellen, wie weit ich überhaupt noch in Form bin, wieviel Trainingsarbeit ich mir vornehmen muß. Jedesmal, wenn ich am liebsten aufhören würde, drehe ich mich um und sehe George Foreman, der hinter mir allmählich aufholt. Und dann laufe ich ein bißchen schneller. Eine halbe Meile noch, jeder Meter zehrt an meiner Kraft, ich laufe jetzt auf Reservetank, aber ich weiß, daß jeder Schritt, den ich mache, nachdem ich total erschöpft bin, meine Widerstandskraft steigert, und allein schon deswegen lohnt sich die Lauferei. Ich brauche einen Anstoß, damit ich nicht aufhöre, bevor ich die Scheune des Bauern, fünf Meilen von meinem Startpunkt entfernt, erreicht habe. Und das ist George. Ich konzentriere meine Gedanken auf ihn und sehe ihn direkt an meinen Fersen. Ich lege noch etwas Tempo zu, denn er holt auf. Ich kann nur noch mit Mühe Luft holen, mir ist, als würde ich jeden Augenblick umkippen. Er macht Miene, mich zu überholen. Das ist der Anstoß, den ich brauche. Ich steigere das Tempo, bis ich wieder auf einer Höhe mit ihm bin. Sein Trikot ist klatschnaß, ich höre seinen keuchenden Atem. Mein Herz hämmert, als wolle es explodieren, aber ich zwinge mich weiter und weiter. Ein Blick zurück zu ihm zeigt mir, daß er auf dem letzten Loch pfeift, daß er sich vollkommen verausgabt hat. Meine Beine sind bleischwer und steif vor Schmerzen, aber ich peitsche mich weiter und weiter, bis ich ihn überholt habe, bis er langsam hinter mir zurückfällt. Ich habe gewonnen, aber ich bin nicht in Form. Ich habe noch einen langen Weg vor mir. Ich ringe keuchend um Luft. Mein Hals ist ausgetrocknet, und ich habe das Gefühl, daß ich erbrechen muß. Ich möchte mich auf den Boden werfen, aber ich muß senkrecht bleiben, weitergehen, aufrecht stehen. Noch habe ich es nicht geschafft, aber ich weiß, daß ich auf dem Weg zum Sieg bin. Ich werde den Kampf auf der Straße gewinnen ...

Falls es überhaupt ein Geheimnis an meinen Fights gibt, dann ist es meine Trainingsmethode. Während der ersten sechs Jahre meiner Laufbahn wäre ich nie auf den Gedanken gekommen, ich könnte über einen längeren Zeitraum hinweg weit von den Menschen, weit vom Trubel der Großstadt entfernt trainieren. Ich wußte, daß ich mir früher oder später ein eigenes Trainingszentrum bauen würde, aber ich dachte gar nicht daran, es etwa auf einen Berg oder tief in einen Wald zu verlegen. Während des größten Teils meines Boxerlebens konnte ich Trainingscamps, wie sie die alten Boxer, Sugar Ray Robinson, Jack Dempsey oder Gene Tunney, irgendwo auf dem Land oder in den Bergen hatten, nicht ertragen. Ich mußte die Stadt um mich spüren. Ich mußte Menschen um mich haben. Ich liebte Hotels und Trainingshallen in der Stadt, wo ich direkt auf die Straße hinaustreten und mich unter die Menschen mischen konnte. Weit von jeder Stadt entfernt würde ich, wie ich glaubte, verrückt werden.

Als ich gegen Doug Jones antrat, trainierte ich mitten in Manhattan. Als ich gegen Liston antrat, wohnte ich im schwarzen Getto von Miami und trainierte in Miami Beach. Für Henry Cooper war ich in London, im Piccadilly Hotel. Für Mac Foster trainierte ich in der Nähe des Zentrums von Tokio; für den Deutschen Karl Mildenberger in Frankfurt am Main. Für Cleveland Williams stieg ich im Americana Hotel in Houston ab; für Patterson im El Morocco von Las Vegas. Für Jürgen Blin trainierte ich im Zentrum von Zürich in der Nähe der Großbanken.

Ich frühstückte mit den anderen Gästen. Nach dem Training ging ich in die Hotelhalle, schüttelte Hände, hörte mir an, was man so redete, gab Autogramme – sogar noch am Tag des Kampfes. Ich liebte die Stadt, ich liebte die Städter.

Angelo, Bundini und Blood warnten mich. »Du mußt heute abend boxen! Es geht um den Weltmeistertitel! Da solltest du jetzt keine Autogramme mehr geben und keine Hände mehr schütteln. Millionen von Dollar stehn auf dem Spiel!«

Doch in den Großstädten ging ich auf die Straße hinaus und unterhielt mich mit den ganz gewöhnlichen Menschen, mit denen, die nicht arbeiteten, mit Wermutbrüdern und Herumtreibern. Ich setzte mich auf Mülltonnen, spielte in den Seitenstraßen mit Kindern Ball. Es lag mir im Blut, während des Trainings unter Menschen zu sein. Ich war überzeugt, daß ich es niemals fertigbringen würde, in die Berge hinaufzuziehen, immer nur Bäume vor Augen zu haben, Holz zu hacken, am Morgen einen Waldlauf zu absolvieren, bis zum Training rumzusitzen, hinterher wieder rumzusitzen und bis zum Abendessen wieder nichts als Bäume und Berge zu sehen. Nicht einmal eine Woche würde ich es in einem solchen Trainingscamp aushalten, behauptete ich; lieber würde ich ins Gefängnis gehen.

Jetzt aber bin ich trotzdem in den Bergen gelandet und arbeite im schönsten Trainingslager in der Geschichte des Schwergewichtsboxens. Hier oben, in meinen Blockhütten, fühle ich mich mehr zu Hause als in meiner Villa in Cherry Hill. Der Grund für diese Veränderung? Mein erster Kampf gegen Joe Frazier. Da war es zum erstenmal in meiner Boxerlaufbahn notwendig geworden, daß ich mich ausruhte, erholte, alles ausheilte. Mark Kram nannte den Frazier–Ali-Kampf in *Sports Illustrated* »einen der vernichtendsten Fights zwischen zwei ganz Großen« der Geschichte des Boxens. Er hatte zur Folge, daß Joe nahezu sieben Wochen im Krankenhaus lag und das Bett hüten mußte, und ebenso dauerte es einige Zeit, bis die Schwellung an meinem Kiefer abklang und meine Knochen aufhörten zu schmerzen. Jetzt sah ich ein, daß die Altmeister recht hatten.

Also kaufte ich einem Nerzzüchter namens Bernard Pollak das Grundstück für mein Trainingscamp ab. Es liegt auf einem Berg in den Poconos, dreißig Meilen von Reading in Pennsylvania entfernt, am Highway 61, und bietet Ausblick auf ein Tal mit weiten Feldern, Wiesen und Nadelwäldern. Eine kleine Blockhütte habe ich für mich selbst eingerichtet, außerdem habe ich einen Trainingssaal, zwei Unterkünfte für meine Crew, vier Gästehäuser sowie einen Stall mit Korral für ein paar Pferde gebaut. Das Ganze habe ich »Fighter's Heaven« genannt und Boxer aus aller Welt eingeladen, herzukommen und hier zu trainieren.

Mir fiel ein, daß Archie Moore sein Camp in San Diego mit Felsblöcken dekoriert hatte, die er nach berühmten Boxern taufte. Und als Harvey Moyer, ein Bauunternehmer, mich zu einer Baustelle mitnahm, in der man riesige Blöcke aus der Eiszeit gefunden hatte, wollte ich diese unbedingt als Symbole für ehemalige Champions haben. Moyer setzte seine gesamte Belegschaft an die Aufgabe, die Blöcke den Berg hinaufzuschaffen und rings um das Lagergelände aufzustellen. Auf jeden pinselte ich den Namen eines unserer großen Boxer: einen riesigen Vierzig-Tonnen-Block nannte ich Joe Louis; einen großen flachen Rocky Marciano; der schönste, eine Rarität von einem Zwanzig-Tonnen-Brocken Kohle, ist nach Jack Johnson benannt; einen rauhen Stein nenne ich Jersey Joe Walcott; es gibt einen Archie Moore, einen Sugar Ray Robinson und einen Kid Gavilan.

Leroy Neiman malte mein überlebensgroßes Porträt im Sportdreß auf die

Wand der Trainingshalle; es reicht vom Fußboden bis zur Decke. Belinda fuhr nach Winston-Salem hinunter und erstand ein altes Brett mit Küchenregeln, das mein Vater mit riesiger, knallroter Schrift kopierte, an die Küchenwand hängte und mit ›Cassius M. Clay sen.‹ signierte.

Jetzt mache ich sogar Bergwanderungen, fälle Bäume und hacke Holz – genau wie die alten Boxveteranen, und es verschafft mir große Befriedigung. Ich liebe die Nachtstille, während ich sie früher nicht ertragen konnte. Ich habe immer noch gern Menschen um mich, brauche im Grunde aber nur noch wenige. Auch mein Training hat sich verändert. Ich war nachlässig geworden, was die Methoden betrifft, die es mir ermöglicht hatten, Sonny Liston den Titel abzunehmen; ich hatte hier ein bißchen geschummelt, dort ein bißchen gemogelt, und das machte sich schließlich bemerkbar. Ich wurde faul.

Beim Training für diesen Kampf halte ich mich jedoch wieder an mein altes Programm. Ich bringe Opfer für die richtige Ernährung, achte auf mein Gewicht, laufe, bis ich fast ohnmächtig umfalle. Und dann die sexuelle Disziplin. Ich habe gelernt, daß es besser für einen Boxer ist, wenn er, sagen wir, drei bis vier Wochen ohne Sex, ohne seine Frau arbeitet. Zumeist aber nimmt es ein Boxer während des Trainings damit nicht so genau. So ist es auch mir früher häufig ergangen. Wenn es ein Boxer aber sechs Wochen aushält, macht er verschiedene Stadien durch. Er wird arrogant, er wird rüpelhaft. Während der ersten Woche ist es hart. Doch wenn er durchhält, kommt er an den Punkt, da er den Sex einfach nicht mehr vermißt. Dann wird er allmählich immer stärker und kommt immer besser in Form. Sein Timing, sein Stehvermögen, sein Rhythmus – alles wird exakter, vervollkommnet sich. Seine Kraft nimmt stetig zu. Er kriegt dritte und vierte Luft und kann viel länger laufen. Ich glaube, je länger er ohne Sex auskommt, richtig lebt und intensiv trainiert, desto besser wird seine Kondition. Er kann länger durchhalten als ein Boxer, der dem Sex erst in den letzten zehn Tagen entsagt. Sein Zustand wird für ihn langsam natürlich. Ein Boxer, der sechs Wochen »ohne« lebt, dessen Knochen sind fest und stark. Er ist mit Kraft geladen. Und dann sorgt Mutter Natur bei Nacht mit feuchten Träumen für seine Entladung. Wenn es so weit ist, dann weiß man, daß man wirklich in Form ist. Am nächsten Tag fühlt man sich vielleicht ein bißchen schwach, aber es ist eine entspannende Schwäche. Die Grundlage ist noch vorhanden. Mutter Natur hat nur das Zuviel beseitigt.

Wie lange man braucht, bis man topfit ist? Früher haben die meisten Schwergewichtschampions vor einem Kampf vier bis sechs Monate trainiert, manche sogar ein ganzes Jahr. George startete mit seinem Training vier Monate vor Zaire, aber ich werde nur ungefähr zwei Monate brauchen, weil ich alle zwei, drei Monate einen Kampf habe und dadurch ständig in Aktion bleibe. Ich warte niemals so lange, bis ich überhaupt nicht mehr in Form bin. Sogar zu Hause, wenn ich zum Lebensmittelhändler muß oder einen Weg von einer Meile vor mir habe, gehe ich ihn zu Fuß beziehungsweise lege die Strecke im Laufschritt zurück. Ich ernähre mich richtig, ich trinke nicht, ich rauche nicht. Ich esse nichts Fettes, und da ich ja Moslem bin, esse ich weder Schweinefleisch noch Speck oder Schinken. Ich bin überzeugt, daß diese Diät mich schneller macht – und selbst meine schärfsten Kritiker werden zugeben müssen, daß ich der schnellste Schwergewichtler in der Geschichte des Boxsports bin.

Aber es sind schon vier Monate seit meinem Kampf gegen Frazier vergangen, und ich habe ein bißchen Speck angesetzt. Ich habe Bananenpudding und hausgemachtes Speiseeis gegessen, habe ständig Kekse und Kuchen genascht und alle möglichen süßen Drinks zu mir genommen. Daher muß ich jetzt ganz besonders auf mein Gewicht achten. Ich muß den Zucker aus meinem Blut kriegen. Jeder Zucker ist streng verboten. Ich esse frisches Gemüse, Lamm, Kalbfleisch, Geflügel, Fisch, koscheres Hühner- und koscheres Rindfleisch. Ich trinke nur destilliertes Wasser und Obstsäfte. Am Morgen esse ich verlorene Eier und Weizentoast und trinke Grapefruit- oder Orangensaft. Ich bevorzuge ungesüßte Grapefruits, weil das den Speck von meinem Bauch wegschafft. Das alles bewirkt, daß ich ein gutes Gewissen habe. Es zeigt mir, daß ich die notwendige Disziplin besitze. Ich habe meine Ernährung unter Kontrolle.

Sobald ich meinem Appetit Zügel angelegt habe, suche ich mir Sparringspartner, deren Stil dem Stil George Foremans ähnelt.

Von dem Augenblick an, da Herbert den Kampf festgemacht hat, studiere ich George eingehend. Ich besitze Filmaufnahmen von all seinen Kämpfen, ich habe mir seine Kampfstatistik angesehen, seine Gegner studiert und die Methoden untersucht, mit denen er sie besiegt hat. Ich fahnde nach einem Hinweis, einem Anhaltspunkt, der mir Aufschlüsse für unsere Begegnung gibt.

Angelo weiß meist ziemlich genau, wo er die richtigen Boxer zum Trainieren findet. Wenn ich kämpfe, bestehe ich immer auf Sparringspartnern, die mir helfen können, mich an den Stil meines Gegners zu gewöhnen, damit es, wenn ich mit ihm in den Ring steige, für mich nicht wie das erstemal ist. Als ich gegen George Chuvalo antrat, hatte ich Cody Jones, einen kleinen Sparringspartner mit einem bedächtigen, harten Schlag, als ich mit dem schnellen Floyd Patterson boxen mußte, hatte Jimmy Ellis den richtigen Stil. Für den Linkshänder Karl Mildenberger aus Deutschland fand ich einen Rechtsausleger; für Henry Cooper aus London einen Boxer, der einen harten linken Haken hatte und bei dem ich lernte, diesen linken Haken zu parieren.

Für diesen Fight wünsche ich mir drei Sparringspartner, möglicherweise Bossman Jones und zwei Schwergewichtler aus Philadelphia – den jungen, schnellen und geschickten Larry Holmes und den Schwergewichtsmeister des Staates Pennsylvania, den kraftvollen Roy Williams.

Aber selbst als wir sie alle bei uns im Lager versammelt haben, bin ich noch nicht zum Training bereit. Ich brauche mindestens eine Woche, um mich an den Gedanken zu gewöhnen, daß ein Kampf auf mich zukommt. Die Teilnahme an diesem Kampf ist für mich ein Geschäft, und das muß ich ernst nehmen. Davon hängt alles ab, was ich mir für mich und meine Familie aufgebaut habe. Ich muß über George nachdenken. Ich konzentriere mich so stark auf ihn, daß ich fast seine Gegenwart spüre. Ich schattenboxe sogar mit ihm.

Angelo, Bundini, Blood und ich setzen uns zusammen und arbeiten ein Trainingsprogramm aus. Ich muß einen festen Plan haben, wenn ich trainiere, dem ich dann strikt folge. Ich habe eine bestimmte Zeit zum Laufen, eine bestimmte Zeit für die Rückkehr in meine Blockhütte, eine bestimmte Zeit zum Essen, zum Ausruhen, zum Arbeiten im Trainingssaal. Ich muß mich dazu erziehen, daß ich eine bestimmte Zeit im Boxring verbringe, eine bestimmte Zeit seilspringe, eine bestimmte Zeit am schweren Sandsack übe. All diese Dinge müssen genau ausgearbeitet werden.

Jetzt, nach einer Woche, stehe ich morgens um fünf Uhr auf und absolviere mein Laufpensum. Dabei bin ich, von meinen Trainern und Sparringspartnern abgesehen, allein. Draußen ist es noch stockdunkel. Das einzige Lebewesen, dem ich begegne, ist ein Kaninchen, das vor mir quer über den Waldpfad hoppelt. Während der ersten drei Tage laufe ich eine Meile pro Tag. Ich muß mich an diesen Vorgang des Laufens gewöhnen, wieder den Duft des Grases und der Bergluft, das Gefühl der Straße unter den Füßen kennenlernen, muß meine Beine und Knöchel einstimmen und mein Herz immer wieder bis an die Grenze des Möglichen strapazieren. Anschließend verlängere ich meine Laufstrecke pro Tag um eine Meile.

Und das ist der springende Punkt: Meine gesamte Abwehr ist von meinen Beinen abhängig. Wenn ich einmal verloren habe, dann nur, weil meine Beine versagten. Ich konnte nicht tanzen, ich konnte nicht aus der Reichweite des Gegners federn. Ich wurde getroffen. Jetzt zwinge ich mich, bis zur Erschöpfung zu laufen, damit ich, falls nötig, mit George Foreman auch fünfzehn Runden durchstehen kann. Ich werde zwar müde und gerate außer Atem, aber ich gewöhne mich daran, trotz dieser Müdigkeit weiterzuarbeiten. Ich zwinge mich vorwärts auf der Straße, damit ich, ganz gleich, wie schwer dieser Kampf wird, im Ring niemals so müde werden kann wie hier beim Lauftraining.

Ich brauche viel Zeit, um zu laufen und meine Beine zu stählen, meine Widerstandskraft zu stärken, dem Sex zu entsagen, mich richtig zu ernähren, meinen Körper durchzuarbeiten. Wenn ich nur drei Meilen laufe und nicht müde werde, schließe ich daraus, daß dieser Tag mir nicht weitergeholfen hat. Ich muß noch eine weitere Meile oder zwei anhängen, bis ich wirklich müde bin. Bei meinen Übungen fange ich erst an zu zählen, wenn ich Schmerzen habe. Dann kann ich am nächsten Tag, wenn ich ausgeruht bin, vielleicht statt zehn schon zwanzig Aufsitzübungen machen, ohne daß ich einen Krampf bekomme. Später werden es vielleicht sogar dreißig. Doch wenn ich am ersten Tag mit dreißig anfange, würde ich mich völlig kaputtmachen. Das ist Konditionstraining.

Nach dem Laufen mache ich einen langen Spaziergang und überlege, was ich an diesem Tag alles tun muß. Das Training ist schwer und eintönig; manchmal hilft es, wenn man etwas hat, worüber man nachdenken kann. Das lenkt dann von den Schmerzen ab.

Wenn ich gegen halb acht mit dem Lauftraining fertig bin, muß ich mich ausruhen. Das Laufen regt mich innerlich und geistig so auf, daß ich erst mal wieder zur Ruhe kommen muß. Ich bin müde, aber hellwach. Ich ruhe, aber ich kann nicht schlafen; ich bin zu zappelig, zu nervös. Eine Zeitlang bleibe ich in meiner Blockhütte, sehe fern, lese Zeitung oder blättere in Illustrierten. Ich stelle mich innerlich auf meinen Gegner ein und schmiede Pläne für die große Schlacht.

Gegen neun Uhr frühstücke ich, allerdings nur wenig, weil ich mir vor dem Nachmittagstraining nicht den Magen überladen will. Anschließend schlafe ich von ungefähr elf bis halb zwei. Um zwei bin ich im Trainingssaal.

Die Arbeit im Trainingssaal bedeutet nichts, wenn man nicht schon ein gewisses Quantum Lauftraining hinter sich hat, also fange ich damit erst an, wenn ich auf mindestens fünf Tage Lauftraining zurückblicken kann. Dieses Training gibt mir genügend Kraft, um drei Runden an der Birne zu arbeiten, genug Luft, um vier bis fünf Runden seilzuspringen, genug Widerstandskraft, um in den Ring zu steigen und drei bis vier Runden hart zu boxen. Ich möchte einen guten Eindruck machen, sogar hier, denn die Neugierigen kommen zu Hunderten. Ich sehe die Zuschauer, gehe in die Trainingshalle, ziehe Socken, Stiefel und Shorts an und lasse mir die Bandagen anlegen.

Ich trainiere genauso, wie ich kämpfe. Manche Boxer trainieren in Vier- oder Fünf-Minuten-Runden, aber ich teile meine Arbeit in Drei-Minuten-Runden wie beim Kampf selber ein. Ich beginne mit drei Runden am schweren Sandsack, drei Runden an der Birne, drei Runden mit dem Springseil. Zwischen den Runden mache ich jeweils eine Minute Pause, weil das auch bei den Kämpfen so gehalten wird. Nicht länger, nicht kürzer: haargenau eine Minute. Das ist von sehr großer Bedeutung, wenn ich mich in Kondition bringe. Ich mag nach der vierten oder fünften Runde todmüde sein – wenn ich in Form bin, brauche ich nur eine Minute, um wieder zu Atem zu kommen. Ich atme tief und so langsam wie möglich ein und aus. Diese eine Minute genügt, um mich wieder auf die Beine zu bringen. Wäre ich jedoch nicht in Form, könnte ich nach der ersten Runde fünf Minuten ausruhen, und es würde mir nicht ein bißchen helfen. Mein Herz, mein Puls, mein Timing wären aus dem Takt; mir würde alles weh tun. Wenn ich dagegen in Form bin, bin ich nach einer Minute wieder ganz da und so erholt, daß ich auch in der fünfzehnten und letzten Runde noch kraftvoll und kampflustig aus meiner Ecke komme.

Wenn ich in guter Kondition bin, benutze ich diese Minute zum Nachdenken. Ich beobachte meinen Gegner, mustere ihn eingehend, um zu sehen, wie er sich fühlt. Ich erkundige mich bei Angelo oder Bundini, ob ich vorn liege. Wenn sie ja sagen, stärkt das meine Selbstsicherheit; wenn sie antworten, die letzte Runde war knapp, hilft es mir, in der nächsten Runde entschlossener zu kämpfen und ein wenig vorsichtiger zu sein. Wenn man weiß, wie man sie nutzen muß, kann diese eine Minute sehr wichtig sein.

Meinen Stundenplan mache ich mir jeden Tag selbst. Ich habe nie einen Trainer gehabt, der mir sagte, was ich tun oder wie ich kämpfen sollte. Was

man da immer im Kino sieht, daß ein Trainer seinem Boxer mit der Zigarre im Mundwinkel zuruft: »Los, Junge, heute laufen wir vier Meilen, nicht aufhören, weiter, weiter«, und daß einer dem Boxer im Trainingssaal vorschreibt: »Jab! Jab! Langsamer werden, und jetzt zuschlagen, und nun möchte ich, daß du mit der Rechten zwei Uppercuts machst« – das ist doch Unsinn. So was tut höchstens ein Amateurtrainer mit einem Boxer, den er wie ein Tier dressiert, weil es ihm völlig egal ist, was mit diesem Mann passiert, solange er dabei ein paar Dollar verdienen kann, und der so verzweifelt und geldgierig ist, daß er versucht, dem Ärmsten einzureden, er sei der Größte. Champions werden nicht im Trainingssaal gemacht. Champions wachsen, weil sie etwas in sich haben: einen Wunsch, einen Traum, eine Vision. Sie müssen bis zur letzten Minute Widerstandskraft beweisen, sie müssen immer ein bißchen schneller sein, sie müssen das Können und den Willen besitzen. Aber der Wille muß stärker sein als das Können. Schon mancher Boxer ist einem weniger talentierten Gegner unterlegen, weil dieser den Willen zum Sieg hatte, weil er entschlossen war, nicht aufzugeben.
Boxer sind sozusagen Entdecker, sie entdecken an ihren Gegnern oder an sich selbst etwas, wovon andere nichts wissen. Niemand kann ihnen vorschreiben, wie sie kämpfen oder was sie tun sollen. Ein guter Trainer kann vielleicht sagen: »Ich habe gesehen, daß dieser Bursche jedesmal, wenn du ihm einen Jab verpaßt, die Rechte herunternimmt. Wenn du das nächstemal mit einem Jab kommst, achte darauf, und wenn du eine Lücke entdeckst, setz ihm einen Haken über diese Rechte, die er runternimmt. Gib ihm eine linke Gerade an den Körper, aber finte vorher an seinen Kopf. Denn wenn du an seinen Kopf fintest, nimmt er die Deckung hoch, um den Schlag abzublokken. Dann ist er ungeschützt.« Oder: »Du springst zuviel im Ring herum. Du hast noch neun Runden vor dir, dies ist erst die erste Runde. Mach ein bißchen langsamer, teil deine Kraft ein, lauf nur, wenn's unbedingt nötig ist, sonst machst du dich vorzeitig müde.« So was kann ein Trainer tun. Er kann den Boxer am Morgen wecken, im Trainingssaal saubere Handtücher und Badeschuhe zum Duschen bereithalten, zur Stelle sein, um ihm den Mundschutz anzulegen, ihm den Kopf-, den Mundschutz und die Handschuhe abzunehmen, wenn er erhitzt und frustriert aus dem Ring kommt, ihm Lektüre besorgen, ihm sagen, wo ein guter Film läuft, dafür sorgen, daß rechtzeitig das richtige Essen für ihn auf dem Tisch steht. Und im Trainingssaal sein, für den Fall, daß sich sein Mann eine Platzwunde zuzieht. Er kann seine Sparringspartner anstellen, bezahlen und den Transport für ihren Weg zum Trainingssaal und zurück organisieren. All das und noch mehr gehört zu den Aufgaben eines Trainers. Letztlich aber ist und bleibt der Boxer auf sich allein gestellt.

Ich gehe für drei Runden an den schweren Sandsack. Dieses Gerät ist für die Entwicklung der Schlagkraft gedacht. Ich weiß noch, was mir einmal ein alter Trainer sagte: »Auf den Sandsack mußt du immer einschlagen, als wolltest du ihn von vorn bis hinten durchlöchern.« Der schwere Sandsack wiegt zwischen einhundertfünfzig und zweihundert Pfund und ist ungefähr ein Meter fünfzig hoch. Er ist der wichtigste Teil des Boxtrainings. Wenn ich auf ihn einschlage, habe ich das Gefühl, daß er mir das überflüssige Gewicht vom Körper reißt. Er nimmt mir Gewicht, festigt meinen Bauch, macht meine Taille schlanker und stärkt meine Muskeln. Er kräftigt meine Gelenke, meine Fäuste, meine Knöchel. Wenn ich nicht ununterbrochen auf ihn eindresche, sobald er auf mich zupendelt, habe ich das Gefühl, zu schummeln. Das hilft mir, weiter zu schlagen. Ich versetze ihm einen Stoß und lasse ihn dann wieder zurückpendeln, damit er mich trifft und so meine Schultern und Arme stählt.

Während der ersten Tage fühlt sich der Sandsack wie Sandpapier an. Die Reibungshitze reißt mir die Haut von den Knöcheln, aber ich schlage weiter auf ihn ein. Meine Knöchel werden wund und sind bald darauf mit abgestorbener Haut bedeckt. Die ziehe ich ab und lasse meine Hände eine Woche lang heilen, ehe ich wieder an den Sandsack gehe. So härteten Veteranen wie Jim Corbett und John L. Sullivan, die noch mit bloßen Fäusten kämpften, ihre Hände.

Bei meinem letzten Treffen mit Joe Frazier kam mir das auch gut zustatten. Ein Kampf mit einem Gegner wie Joe ist eine große Strapaze für meine Hände. Immer wieder zielte ich mit meinen Schlägen auf sein Kinn, doch bis sie dort landeten, war er schon ausgewichen, und meine Faust traf ihn am Kopf. Meine Knöchel schlugen durch die Handschuhpolsterung, und ich bekam seinen harten Schädel zu spüren. Joe kann eine Menge einstecken, und nachdem ich neun oder zehn Runden lang immer nur seinen Eisenschädel getroffen hatte, wurden meine Hände allmählich wund. Wären sie nicht am Sandsack gehärtet gewesen, hätte ich nicht kräftig genug zuschlagen können, um ihn mir wirksam vom Leib zu halten.

Nach dem Sandsack kommt die Birne. Das ist der kleine Sandsack, der sofort zurückschnappt, wenn man ihn trifft. Kaum habe ich zugeschlagen, ist er auch schon wieder da. Ich schlage je zweimal mit jeder Faust. Zweimal mit der linken, zweimal mit der rechten. So schnell es geht, zweimal mit der linken, zweimal mit der rechten, und wieder und noch einmal. Zuzusehen, wie meine Fäuste vor- und zurückschnellen, das schärft die Augen, und die Übung selbst stärkt meine Arme. Das ist für den Foreman-Fight besonders wichtig. Georges Schläge sind nämlich wahre Knochenbrecher, und meine Arme müssen so kräftig sein, daß sie diesen Schlägen während des gesamten Kampfes standhalten können und ich die Abwehr oben behalten kann. Sie dürfen nicht müde werden und herabsinken. Wenn sie das tun, geht's mir schlecht.

Anschließend folgen ein paar Runden Seilspringen. Das ist gut für die Beinmuskeln, und das ständige Drehen des Springseils ist gut für die Handgelenke. Die Übung insgesamt ist gut für mein Timing, und das Hüpfen kräftigt zudem mein Herz. Ich werde allmählich müde, aber ich weiß, daß ich das hinter mich bringen muß, damit ich während des Kampfs nicht müde werde. Damit ich nicht besiegt werde und mich schämen muß.

Das Sparring lasse ich bis zuletzt – im Gegensatz zu den meisten Berufsboxern, die diese Übung zuerst absolvieren. Ich will müde in den Ring steigen. Würde ich zuerst sparren, wäre ich noch voll Energie, meine Widerstandskraft wäre nicht geschwächt und ich stände nicht unter Druck. Aber ich will mich darauf vorbereiten, daß George mehr als zehn Runden durchsteht. Tut er das wirklich, muß ich ihn vielleicht nach Punkten schlagen und brauche Reservekräfte, um gewinnen zu können.
Ich achte stets sehr darauf, daß meine Sparringspartner ausgeruht sind. Ich vergewissere mich, daß sie sich schonen und auf mich warten. Wir legen sofort richtig los, und ich bin doppelt so müde wie sie. Das zwingt mich, Dampf zuzulegen, wenn sie mich unter Druck setzen. Es zwingt mich, sie energisch abzuwehren. Es zwingt mich, zu tanzen und auf Draht zu sein, Jabs auszuteilen und anzugreifen, einen Jab an den Körper und wieder zurück, Haken an den Kopf, ihnen die Luft nehmen. Geistig bin ich ebenfalls müde. Das zwingt mich, unter Druck zu denken und zu reagieren. Es ist ein Äquivalent zur zehnten, elften, zwölften oder dreizehnten Runde eines Kampfes. Wenn ich in diesem Zustand den Schlägen meines Sparringspartners zuvorkomme, habe ich ein gutes Gefühl, weil dieser Mann ja ausgeruht ist. Ich weiß, daß ich selbst jetzt, nach all den vorangegangenen Übungen und obwohl ich müde bin, immer noch mit diesem Mann mithalten kann, der ja weit frischer ist als ich und auch noch mehr Kampfkraft hat. Ich kann immer noch mithalten, ich bin ihm immer noch überlegen.
Im Ring, mit einem Sparringspartner, konzentriere ich mich gewöhnlich auf die Abwehr. Im Augenblick bereite ich mich auf George Foreman vor. Ich pariere Schläge. Löse mich von ihm. Liege in den Seilen. Lasse meinen Gegner müde werden. Erst gegen Ende des Übungsgangs lege ich selbst richtig los. Ich weiß, daß ich meinen Sparringspartner schlagen kann. Ich habe ihn gewählt, damit er versucht, mich zu schlagen, während ich mich mit seinem Stil vertraut mache. Und ich habe mich damit vertraut gemacht.
Ich bin müde und groggy, aber ich zwinge mich zum Weitermachen. Meine Arme und Beine schmerzen vom Trainieren und vom Einstecken der Schläge, aber ich weiß, daß das von allergrößter Bedeutung ist. Ich betrachte meinen Sparringspartner und sehe George Foremans Gesicht vor mir. Dann scheint mein Blick plötzlich klarer zu werden. Ich vergesse, daß ich müde bin. Ich sehe die Schläge kommen, bevor mein Sparringspartner überhaupt dazu ansetzt. Meine Linke und Rechte sitzen im Ziel. Ich teile Haken und Uppercuts aus. Mir gelingt alles, was ich will. Meine Muskeln gehorchen jedem Befehl.
Nach dem Training dusche ich, lasse mich massieren und erhole mich, bis zum Dinner gegen fünf. Anschließend sitze ich bis zehn oder elf Uhr herum, unterhalte mich, lese oder sehe mir einen Fernsehfilm an. Dann gehe ich zu Bett.
Wenn es nur noch zehn Tage sind, bis zum Kampf, habe ich den Hauptteil meines Trainings geschafft. Von nun an konzentriere ich mich auf die geistige Einstellung zum Kampf. Falls mein Körper bis dahin nicht durchtrainiert

ist, wäre es ohnehin zu spät. Ich befolge mein Programm bis drei Tage vor dem Kampf, dann entspanne ich und ruhe mich aus. Denn nun muß ich Energie sammeln, damit ich, wenn der Gong kommt, auf dem Höhepunkt meiner Körperkraft bin. Ich will, daß Körper und Geist zusammenarbeiten. Ich will auf alles vorbereitet sein, was George mir eventuell auftischen wird. Und ich weiß, daß das, was ich ihm auftischen werde, über seine Kräfte geht. So sieht es aus, wenn sich ein Boxer auf einen Kampf vorbereitet.

18

Der Vertrag

Seit meinem Sieg über Joe Frazier ist eine Woche vergangen. Ich empfinde den inneren Frieden, der einen Boxer dann überkommt, wenn er endlich eine alte Rechnung beglichen hat. Ich bin den üblen Nachgeschmack meiner beiden Niederlagen gegen Norton und Frazier losgeworden und denke zum erstenmal in meinem Leben daran, mich vom aktiven Sport zurückzuziehen und mit meiner Familie ein anderes Leben zu führen, abseits von Trainingslagern, Sporthallen, vom Ring und von Pressekonferenzen.

Es war ein Glück für mich, Frazier in den Ring zu bekommen. Herbert hatte die Unterschrift für den zweiten Frazierkampf zurückgehalten, bis sich Foreman entschlossen hatte, für viereinhalb Millionen Dollar noch einmal gegen mich anzutreten. Herbert schickte Atkins nach Oakland in Kalifornien, um Foreman einen Betrag anzubieten, der die höchste Börse in der Boxgeschichte darstellte, aber Foreman wollte ohne einen festen Veranstalter nicht unterzeichnen. Herbert andererseits wendet sich erst an Veranstalter, wenn der Fight unter Dach und Fach ist. Madison Square Garden, Jerry Perenchio und United Artists boten neben anderen Promotern Millionenbeträge für den Superfight. Aber es war schließlich ein Newcomer, der das lukrativste Angebot machte.

Ich sitze auf einem Holzstapel vor meiner Sporthalle in Deer Lake, Pennsylvania, und sehe den Autos zu, die unten auf dem Highway 62 vorbeirollen. Da fällt mir ein langer schwarzer Cadillac auf, der in die kleine Nebenstraße zu meinem Trainingslager abbiegt.

Kilroy, mein Helfer, nimmt den Feldstecher zur Hand. »Das ist Don King«, sagt er.

Einige Minuten später hält der Cadillac. Zwei junge Boxer und King steigen aus. Er ist gekleidet, als sei er auf dem Weg zur Oper: Braune Jacke, Rüschenhemd und Fliege. King ist größer als ich, hat einen Bauchansatz und

dreißig Zentimeter lange Haare, die senkrecht abstehen. Er versteht etwas von Schau und redet wie ein Buch.
Er führt seine beiden Boxer Jeff Merritt und Earnie Shavers an den Steilhang, von dem aus man das Tal und die Blue Ridge Mountains drüben gut überblicken kann. »Mein Gott«, sagt er. »Ein herrliches Plätzchen für einen Boxer, um sich auszuruhen und den Balsam der Natur in die Wunden zu träufeln, die ihm das Schicksal und Frazier zugefügt haben. Nach einem so großen Sieg im Madison Square Garden verdient ein Champion etwas Schönes für das Auge und die Seele. Majestätische Berge, ewig grüne Bäume und diese Weite, das ist der richtige Rahmen für Ihren Triumph!«
Schwester Lana, meine Köchin, sieht ihn und lädt ihn gleich zum Essen ein: »Es gibt gebackene Leber mit Zwiebeln, Kohl und Rübensuppe. Möchten Sie einen Teller?«
King tritt von dem Steilhang zurück. »Es ist mir ein unendliches Vergnügen, meine Liebe, etwas zu probieren, was Ihre zarten Hände zubereitet haben, aber seien Sie bitte mit den Zwiebeln vorsichtig. Ali, jetzt muß ich Sie für einen Augenblick sprechen.«
Ich höre ihm zu. Ich kannte Don schon, als er sich noch in Cleveland mit Glücksspielen befaßte. Er hatte dem Staatscollege den Rücken gekehrt, um von Nachtclubs und Roulette zu leben. Ich hatte ihn nicht mehr gesehen, seit er vier Jahre im Gefängnis gesessen hatte: Ein Mann war nach einer Schlägerei mit ihm gestorben. Er hat alte erfahrene Hasen des Boxgeschäfts verblüfft, als er sich die beiden schlecht betreuten Schwergewichtler Jeff Merritt und Earnie Shavers heraussuchte und sie innerhalb von weniger als sechs Monaten unter die ersten zehn in der Weltrangliste brachte. Nun bereitete er den Titelkampf zwischen George Foreman und Ken Norton in Venezuela vor. Mit Hilfe meines Managers Herbert Muhammad gelang es King als erstem Schwarzen, in den exklusiven Kreis der prominenten Boxpromoter vorzudringen.
»Sie haben mich inspiriert«, sagte er zu mir. »Zum erstenmal sah ich Ihre eindrucksvolle Vorführung marktfähiger Talente, als ich Nummer Viertausendachthundertneunzehn in der Zelle Nummer zwölf, Reihe zwölf war. Man zeigte uns Ihren ersten ›Kampf des Jahrhunderts‹ gegen Frazier im Jahr 1971. Damals beschloß ich, nicht mehr zu spielen, sondern ins Showbusineß einzusteigen.«
»Und warum ausgerechnet Boxen?« will Kilroy wissen.
»Aber, mein Lieber, gibt es da einen Unterschied?«
»Sollen ›Candy‹ und Earnie hier mit mir trainieren?« frage ich.
»Das ist nur ein Teil meiner Bitte.« Er tritt näher. »Der zweite Teil ist wichtiger. Dank der Unterstützung durch Ihren Manager bin ich in der Lage, Ihnen eine Chance zu bieten, die Ihnen, wie Herbert weiß, zwei Jahre lang vorenthalten wurde: Ein Kampf um die Schwergewichtsweltmeisterschaft. Ich kann für George unterschreiben.«
»Niemand bringt George dazu«, sagt Blood.
King möchte lieber unter vier Augen mit mir sprechen, aber bei der Erwäh-

nung des Namens George Foreman wird mein Camp lebendig. Alle drängen sich um uns.
»Wie kommst du da drauf?« fragt Booker Johnson, einer meiner Assistenten und früher selbst Manager. »Nur weil du schwarz bist? George ist es egal, ob einer schwarz, blau, braun oder weiß ist. Er will nur den Titel behalten.«
»Haben Sie mir noch mehr zu sagen?« frage ich King. Ich verberge den Hoffnungsschimmer, der in mir aufsteigt. Soll mir vor meinem Abtritt doch noch ein Titelkampf vergönnt sein?
»George muß mitmachen«, sagt King. »Noch nie in der Geschichte wurde für eine Vorstellung mehr bezahlt. Julius Cäsar hat seinen besten Gladiatoren nicht die Hälfte davon gegeben. Jesse James bekam nie diesen Preis. Kein Schauspieler, kein Tänzer oder Sänger in der ganzen Geschichte unseres Planeten bekam jemals soviel für einen einzigen Auftritt.«
»Dahinter steckt ein Trick«, sagt Blood. »Kein vernünftiger Mensch bezahlt zehn Millionen Dollar für einen Boxkampf!«
»Wenn Sie mir nicht glauben, können Sie ja Herbert fragen. Er steckt hinter der ganzen Sache«, sagt King.
Herbert hatte mich bereits aus Chicago angerufen und mir gesagt, für den Kampf gegen Foreman hätte er bereits von Jerry Perenchio einen beglaubigten Scheck über zehn Millionen Dollar, und der Madison Square Garden sei für etwa dieselbe Summe gut, aber noch hätte niemand George verpflichtet.
»Ich hab' den Entwurf in der Tasche, auf den George einsteigen muß«, sagt King. »Und jetzt muß ich Ihnen erzählen, was Brutus zu dem römischen Cassius sagte:

There is a tide in the affairs of men,
Which taken at the flood, leads on to fortunes;
Omitted, all the voyage of their life
Is bound in shallows and in miseries.

Die Zeiten sind's, die alles Menschliche bestimmen.
Wer von der Flut sich tragen läßt, erreicht das Glück,
Wer sie versäumt, der kreuzt sein Leben lang
Im seichten Wasser kummervollen Elends.

»Warum sagen Sie das?« fragt Blood.
»Wenn ich euch Foreman bringe, muß Ali seine Chance voll nutzen. Es könnte seine letzte Chance zu einem Titelkampf sein. Kein anderer Promoter schafft das.«

Ich blicke Don nach, der den Berg hinunterfährt, und frage mich, ob ihm klar ist, daß George diesen Kampf nicht will. Drei Angebote hat er schon ausgeschlagen. Wie die meisten Schwergewichtschampions möchte er gern jedem gefährlichen Gegner aus dem Weg gehen, bis er genug aus seinem Titel verdient hat. George hat ihn in seinem Heimatland noch nicht einmal verteidigt. Er will damit warten, bis ich älter und langsamer geworden bin.

King kommt nach Chicago, dort erklärt ihm Herbert: »Daß Muhammad zuerst unterschrieben hat, besagt noch gar nichts. Muhammad ist der Herausforderer. Natürlich ist er bereit, gegen den Meister zu kämpfen. Bringen Sie George zum Unterschreiben, dann mache ich automatisch mit. Wir haben George schon einen Kampf angeboten, bevor wir gegen Frazier angetreten sind.«
»Das weiß ich«, sagt King. »Einer von Georges Helfern wollte dafür zweihundertfünfzigtausend unter der Hand und die Aufteilung der neun Millionen im Verhältnis sechzig zu vierzig. Damit war das Geschäft gestorben. Ich weiß von George, daß er den meisten Leuten seiner Umgebung nicht mehr traut, auch Sadler nicht.«
Da beschließt Herbert, sich direkt an George zu wenden und uns beide zusammenzubringen. »Was noch zählen könnte, wäre eine Verpflichtung von George«, sagt Herbert zu King. Schon lange vor der Trennung hatte er gespürt, daß Sadler bei George nicht mehr viel zu bestellen hatte.
Am 10. Februar fliege ich nach Chicago. Herbert hat von seinem Haus eine Konferenzschaltung angemeldet. Endlich kommt sie zustande, und George ist am Apparat. Ich bin zum erstenmal dabei, während Herbert einen Kampf vorbereitet, und es ist ein seltsames Gefühl.
»George sagt, daß er bereit ist«, flüstert Herbert. »Du mußt ihn herausfordern!«
Ich greife nach dem Hörer. »George, würdest du dich trauen, mit mir in den Ring zu steigen?«
»Für das Geld immer und überall«, faucht er zurück.
»Man redet von zehn Millionen Dollar. Wir können Geschichte machen«, sage ich. »Don King kommt mit dem Vertrag hin. Ich habe ihn mir angesehen, er ist in Ordnung. Packen wir's! Falls du keine Angst hast.«
»Angst vor dir? Ich bete nur, daß ich dich nicht umbringe!« knurrt er.
Ich lege den Hörer auf und sage zu Herbert: »Er wirkt angeschlagen.«

Herbert schickt King zu George, aber es vergehn Wochen, bis er zur Berichterstattung in meinem Camp erscheint. »George ist zu der Verabredung nicht erschienen«, erklärt er. »Also mußte ich ihn auf einem Parkplatz suchen. Ich sagte ihm, daß er nach meiner Ansicht sicher gewinnen wird. Er ist immerhin acht Jahre jünger als Sie, er schlägt härter und kann nicht verlieren. Er mußte sich seines Sieges sicher sein, sonst hätte ich ihm um keinen Preis eine Unterschrift entlockt.«
»Was noch?«
»Ich will Ihnen ehrlich eingestehen, was ich zu ihm gesagt habe. Ich sagte: ›George, Ali pfeift jetzt auf dem letzten Loch. Es wäre besser für dich, ihn wegzupusten und den Ruhm dafür einzustecken, bevor es ein anderer tut.‹«
»Glaub's nicht, Ali«, unterbricht ihn Blood. »Jetzt fährt er zurück und erzählt genau dasselbe in Georges Trainingslager.«
»Du willst, daß George gewinnt?« fragt jemand.
King schickt einen Blick zum Himmel empor. »Der Beste soll gewinnen. Ich

gebe zu, daß ich Ali den Sieg wünsche, wenn ich in seinem Camp bin. Fahre ich zu George hinüber, möchte ich, daß er gewinnt. Ich versuche, beide Boxer zu fördern. Was soll ich sonst tun?«
Er wischt sich über die Stirn. »Das Boxen ist das undankbarste Geschäft der Welt. Ich lege zehn Millionen Dollar auf den Tisch, und trotzdem sind die Boxer mißtrauisch. Eine einzige falsche Bewegung, und Herbert traut mir nicht mehr. Wenn ich nur stolpere, steigt George aus, weil er nicht einmal mehr dem lieben Gott so richtig traut.«
»Alle anderen Promoter versuchen, diese Sache zu hintertreiben, und mich betrachtet George noch skeptischer, weil ich ein Schwarzer bin. Er glaubt, die weißen Geschäftsleute hätten mich nur vorgeschoben, aber ich arbeite auf eigene Rechnung. Henry Schwartz und Barry Bernstein wissen, daß sie bei der Firma Video Techniques einen Schwarzen in einer verantwortlichen Position haben müssen, wenn sie mit Boxkämpfen zwischen Schwarzen das große Geld machen wollen. Eigentlich hat Herbert alle Drähte in der Hand, aber er liebt das Rampenlicht nicht. Er sagt, was getan wird. Ein neuer Tag bricht an.«
»Schon gut. Kommen wir zur Sache«, unterbricht ihn Booker.
»Ich weiß, daß George Geldsorgen hat«, fährt King fort. »Seine Scheidung wird ihn alles in allem fast eine Million kosten. Außerdem hat ihn Barbra Streisands Manager verklagt, der behauptet, an Georges Einkünften beteiligt zu sein. Ich hab' zu George gesagt, daß jetzt so viele Leute gegen ihn prozessieren, daß nicht einmal der Kennedy-Clan ihn vor dem Bankrott retten könnte, selbst dann nicht, wenn sein Rechtsanwalt, Sargent Shriver, zum Präsidenten gewählt würde. Ich habe ihm klargemacht, daß ein Kampf gegen Sie seine einzige Chance ist.«
»Und das hat's ausgemacht?« frage ich.
»Nein, das nicht«, antwortet King.
»Was sonst?«
»Ich hab' ihm gesagt, es ist das größte Ereignis in der Sportgeschichte. Die italienische Regierung will den Kampf im alten Kolosseum von Rom stattfinden lassen, wo die Gladiatoren gekämpft haben. Dann sagte ich ihm, daß uns auch ein Angebot aus Zaire vorliegt. Zaire im Herzen Afrikas – zwei schwarze Champions kehren zum Titelkampf ins Land ihrer Vorfahren zurück! Wir haben Angebote aus New York. United Artists bieten zehn Millionen dafür. Die ›Cowboys‹ möchten den Kampf ins Stadion von Dallas ziehen. Frank Sinatra ist bereit, ihn zu finanzieren.
Ich hab' zu George gesagt: ›Wo immer du auch boxen wirst, es werden dir über eine Milliarde Menschen zusehen. Sie werden dann darüber entscheiden, wer ‚der Größte' ist.‹«
»Da muß er weich geworden sein«, sagt Bundini.
»Nein! George war stur. Er bestand darauf, mehr Geld als Ali zu bekommen. ›Bei meinem Kampf gegen Joe Frazier‹, sagt er, ›ist er wie ein Champion bezahlt worden und ich wie ein Herausforderer. Warum sollte Ali fünfzig Prozent kriegen? Das ist eine Beleidigung für den Champion.‹

Ich hab' ihm gesagt: ›Herbert wird Ali für weniger Geld nicht mit dir in den Ring steigen lassen. Er weiß, daß Ali die Zugnummer ist, und er weiß auch, daß du mit einem Kampf gegen einen anderen keine Million kriegen wirst, geschweige denn fünf.‹
Das hat dann allmählich gewirkt.« King lächelt. »Wir waren zu Fuß fast schon wieder an seinem Hotel angekommen, und er hatte immer noch nicht unterschrieben. Ich wußte, daß es meine letzte Gelegenheit war und daß die Zeit knapp wurde. Also habe ich Nägel mit Köpfen gemacht.
Ich sagte: ›George, du hast dir doch Sonny Liston zum Vorbild genommen, nicht wahr?‹
›Nun ja‹, sagt er, ›das stimmt. Ich bin genau wie Liston gebaut, nur größer.‹
›Nun, Muhammad hat Liston zweimal auf die Matte gelegt ...‹
›Da war Liston schon alt‹, sagt George, ›das war keine große Leistung. Wenn Liston in meinem Alter gewesen wäre ...‹
Ich unterbrach ihn. ›George, du bist der junge Liston. Du kannst der Welt zeigen, was Liston in seiner besten Zeit mit Ali gemacht hätte. Du kannst die Boxgeschichte neu schreiben.‹
George wurde nachdenklich. Er hing sehr an Liston. Listons brutale Kraft machte Eindruck auf ihn, und er hat eine Menge davon übernommen.
›Außerdem‹, sagte ich ihm, ›wird dich die Welt nie als den wahren Champion anerkennen, bevor du nicht Muhammad Ali geschlagen hast. Solange er lebt und noch im Ring steht, solange du der Welt nicht bewiesen hast, wer der Beste ist, wird man Ali als den Meister betrachten.‹
Diese Zeitbombe ließ ich fallen, da wurde George wütend. ›Na schön‹, sagte er, ›wie sieht das Geschäft aus? Aber sag die Wahrheit. Wenn ich dir auf eine einzige Lüge komme, mache ich nicht mit.‹«
Sadler hat die Verhandlungen Herbert überlassen, weil er weiß, daß Herbert für beide Boxer das meiste herausschlagen wird.
»Ich sagte ihm: ›Ich bin verpflichtet, jedem Boxer bis zum fünfzehnten Februar hunderttausend Dollar zu bezahlen und weitere hunderttausend zehn Tage später. Dann wünscht Herbert einen unwiderruflichen Wechsel über zwei Millionen auf seine Bank und zwei Millionen auf deine, außerdem dreihunderttausend mindestens neunzig Tage vor dem Kampf. Falls wir in Zaire boxen, habe ich die ganzen zehn Millionen in dreißig Tagen beisammen. Sollte sich irgendeine Zahlung verspäten, behalten du und Ali das bis dahin bezahlte Geld einschließlich der zweieinhalb Millionen als Schadenersatz, aber ihr seid nicht mehr verpflichtet zu boxen. Zu deinem Schutz ist noch die Klausel eingefügt, daß du und Ali für je eineinhalb Millionen antreten müßt, falls Norton dich in Venezuela schlagen sollte.‹
George griff nach dem Vertrag und begann zu lesen. ›Ich hab' so etwas noch nie auf eigene Faust gemacht‹, sagte er. ›Normalerweise lasse ich mich von Sadler oder meinem Anwalt oder sonst jemandem beraten. Aber ich verlasse mich auf dein Wort, daß alles glattgehen wird. Wo ist Alis Unterschrift?‹
›Du bist der Champ‹, sage ich zu ihm. ›Der Herausforderer unterzeichnet nach dem Meister.‹

George zögerte sehr lang, dann unterschrieb er.
›Warum hast du so lang gebraucht?‹ fragte ich ihn.
›Ich hab' erst gedacht, du machst einen Witz. Ich war mir nicht sicher‹, sagte er.
›Der Witz ist, daß ich immer die Wahrheit sage‹, antwortete ich. ›Das ist das Komischste auf der Welt.‹«
King lacht und zeigt mir den Vertrag, von dem ich weiß, daß Herbert ihm schon zugestimmt hat. Aber aus Gründen der Publicity brauchen sie auch meine Unterschrift. Also unterzeichne ich.
»Ich hoffe, es bleibt dabei.«
Dafür sorgt King. Aber das Geschäft scheitert beinahe an mir.

Wenn ich jetzt an das Hin und Her vor dem Kampf zurückdenke und an die Mühe, die sich Herbert mit der Sichtung der Angebote von Promotern aus mindestens vierzehn Ländern in Europa, Asien und Afrika gab, dann muß ich eingestehen, daß einer der kritischsten Augenblicke nicht von Foreman, sondern von mir heraufbeschworen wurde. Ich sah eine Chance, vor dem Kampf gegen Foreman noch gegen Quarry anzutreten. Diese Aussicht freute mich, da Quarry im Flugzeug durch das ganze Land reiste und lautstark verkündete, die schwarzen Boxer »boykottierten« ihn.
»Ich möchte Quarry ein für allemal zum Schweigen bringen«, sagte ich, als ich mich in Herberts New Yorker Wohnung mit Arum und Brenner traf. King, der strikt gegen einen Quarry-Kampf war, hatte sich ins Schlafzimmer verzogen, um im richtigen Augenblick einen Gegenangriff starten zu können.
»Sieh mal an«, sagte Arum, »der Foreman-Kampf kommt ja doch nicht zustande. Die Finanziers ziehen sich bereits zurück. Knöpf dir lieber diesen Quarry vor. Das ist eine sichere Sache.«
»Warum arbeitest du mit Don King?« fragte Brenner. »Weißt du nicht, daß King ein Gangster ist, ein Mörder? Wir wollen diesen Gangster nicht in unserer Branche.«
Ich griff schon nach dem Stift, um zu unterzeichnen, da brach Bundini, der den ganzen Vormittag bei mir war, in Tränen aus. »Champ, tu's nicht. Denk an die vielen Leute in Afrika, die du enttäuschst. Und wenn King ein Gangster ist – das waren dann jedenfalls auch Gangster, die Madison Square Garden bauten.«
Später stellte ich fest, daß ein vorgeschalteter Kampf gegen Quarry die Finanziers in Zaire veranlaßt hätte, ihr Geld zurückzuziehen, weil sie befürchtet hätten, eine Verletzung oder Niederlage durch Quarry hätte mich zwingen können, den Titelkampf abzusagen.
Die Entscheidung fiel durch Herbert. Er machte mir plötzlich klar, daß er gegen meine Unterschrift war.
So ließ ich Quarry laufen. Er jammerte auch weiterhin, daß er boykottiert würde, bis er gegen Joe Frazier boxen durfte. Man mußte den Kampf abbrechen, um ihm das Leben zu retten.

Wenige Wochen später verpaßte ich eine Gelegenheit, mich zum Gewinn der Schwergewichtsweltmeisterschaft inspirieren zu lassen – jedenfalls bin ich heute noch davon überzeugt, daß es eine war. Ich kam um wenige Minuten zu spät.

Das war in Caracas. Ich war hingeflogen, um mir den Titelkampf zwischen George Foreman und Ken Norton anzusehen. Zum erstenmal begegneten Herbert und ich Mandungu Bula, dem jetzigen Außenminister von Zaire, der damals von Präsident Mobutu Sese-Seko beauftragt war, die Einzelheiten des Titelkampfs in Zaire auszuhandeln. Er und sein Assistent Tschimpumpu Tschimpumpu wollten wissen, ob wir mit dem Vertrag zufrieden seien.

»Eine Klausel gefällt mir nicht, und die möchte ich raushaben«, sagte Herbert zu Bula. »Das ist die Verpflichtung, für eineinhalb Millionen gegen Foreman anzutreten, falls er gegen Norton verlieren sollte. Falls Foreman heute abend verliert, wollen wir überhaupt nicht gegen ihn boxen. Wir möchten gegen den Titelträger antreten – wer immer das auch ist.«

»Zaire ist in erster Linie daran interessiert, Muhammad Ali zu einem Titelkampf nach Afrika zu holen«, gab Bula zu. »Wir sind nur an Ali interessiert und an seinem Kampf gegen den Titelträger.«

Herberts Auge leuchtete auf. »Dann schlage ich eine Vertragsänderung vor: Der Gewinner dieses Kampfes hier in Caracas, der dann Weltmeister im Schwergewicht ist, tritt für fünf Millionen Dollar Börse gegen Muhammad Ali in Zaire an.«

Bula studierte eine Weile stirnrunzelnd den Vertrag, dann sagte er: »Also gut, wir ändern den Passus, und ich zeichne die Änderung sofort ab.«

Das war eine Stunde vor dem Kampf, und ich hielt es nur für fair, Ken Norton die Neuigkeit mitzuteilen, daß er im Falle eines Sieges über Foreman schon den nächsten Kampf für garantierte fünf Millionen in der Tasche hätte.

Norton war der Unterlegene, deshalb stand ich auf seiner Seite. Ich fuhr mit einem Taxi zu seinem Hotel und suchte nach seinem Zimmer. Aber ich kam zu spät. Norton war soeben in Richtung Stadion abgefahren. Ich kam gerade noch rechtzeitig, um miterleben zu müssen, wie ein unbeweglicher, gleichgültiger Norton von Foreman furchtbare Prügel bezog.

Stunden nach dem Kampf erfuhr Norton, was auf dem Spiel gestanden hatte: Für ihn hätte es gereicht, um sich nach diesem einzigen Boxkampf als Millionär zur Ruhe zu setzen. Da brach er weinend zusammen.

Ich glaube immer noch, daß ich in Zaire gegen Norton und nicht gegen Foreman geboxt hätte, wenn Norton das früher gewußt hätte.

19

Bossman kommt

Herbert war schon Wochen zuvor mit seiner Frau Antonia und seiner Tochter Safiyyah nach Kinshasa geflogen, um mit den Offiziellen zu verhandeln und der Regierung von Zaire zu helfen, den ersten Weltmeisterschaftstitelkampf auf afrikanischem Boden zu einem wahrhaft historischen Ereignis zu machen. Er brachte genaue Angaben über die Wetterbedingungen, über Verpflegung und Service mit und hatte in letzter Minute eine Änderung des Kreditbriefs, der meine Börse garantierte, veranlaßt.

»Zaire ist das erste Land in der Sportgeschichte, das einen Titelkampf im Schwergewicht finanziert«, sagte Herbert. »Wenn alles klappt, werden andere Länder folgen.«

Nach Zaire sollte Herbert ähnliche Angebote der Regierungen von Malaysia und der Philippinen akzeptieren. Mindestens sechs andere Länder hatten Angebote eingereicht.

Der Kreditbrief über zwölf Millionen Dollar zur Deckung unserer Kampfbörsen und anderer Kosten war der springende Punkt der ganzen Vereinbarung. Er mußte über drei Banken aus zwei Kontinenten transferiert werden, bevor er meine Bank in Chicago erreichte. Das scheiterte einigemal fast an technischen Schwierigkeiten.

Herbert hatte für George und mich zusätzliche Verbesserungen und Sicherheiten durchgesetzt. Beide Mannschaften waren wegen der Temperatur besorgt, denn Zaire liegt am Äquator; aber Herbert beruhigte, im Herbst sei das Klima dort kaum anders als in Houston oder St. Louis im Sommer.

Die Vorbereitung eines Boxkampfs war für Zaire so neu, berichtete Herbert, daß der Geschäftsführer der Barclay-Bank in Kinshasa an einen Irrtum glaubte, als Präsident Mobutu die Anordnung zur Überweisung der zwölf Millionen Dollar erteilte. Er nahm für den Rest des Tages frei und ging schwimmen. Dabei hätte er fast den Termin für die Überweisung verpaßt.

Präsident Mobutu war wütend. Er schickte Soldaten zum Swimmingpool und ließ den Bankchef kurzerhand verhaften und ins Gefängnis sperren. Erst als der Präsident des Bankhauses Barclay in London nach Kinshasa eilte, um sich zu entschuldigen, war Mobutu bereit, die angesehene englische Bank in Zaire weiterarbeiten zu lassen.
»Am wichtigsten ist jedoch«, berichtete Herbert nach seiner Rückkehr, »daß die Menschen freundlich, höflich und hochintelligent sind. Sie haben dem bevorstehenden Ereignis schon jetzt Haus und Herz geöffnet, sie kennen dich, und sie stehen hinter dir. Du mußt nur in bester Verfassung sein, wenn du dort ankommst.«
Ich absolviere gerade die letzte Trainingswoche in Amerika. Am 10. September werden wir nach Kinshasa fliegen, für den 24. September ist der Kampf angesetzt. Ich wollte eigentlich schon früher hinüber nach Afrika, um mich zu akklimatisieren, um die Menschen, die Trainingsbedingungen, die Straßen und das Essen kennenzulernen und es mir dort ebenso gemütlich zu machen wie hier in den Bergen von Pennsylvania; aber andererseits wollte ich beim Verlassen der Maschine schon kampfbereit sein.
Fast jeden Nachmittag nach dem Training sehe ich George Foreman in fünf Filmen: Seinen olympischen Kampf gegen den Russen, das harte, zehn Runden dauernde Gefecht gegen den Spanier José Peralta, seinen leichten Sieg über Joe »King« Roman, seine »Ermordung« Joe Fraziers und die Vernichtung Ken Nortons. Ich weiß alles über ihn, was ich aus Filmen lernen kann, und einiges mehr werde ich von einem Sparringspartner erfahren, der frisch aus Georges Trainingslager kommt.
Bossman Jones hat wochenlang mit George gearbeitet, mit ihm zusammen gelebt und ihn studiert. Ich erwarte jeden Augenblick sein Eintreffen.
»Blood holt ihn am Flughafen ab«, sagt Bundini. »Sie müßten eigentlich schon hier sein.«
Ich will drei Sparringspartner mit nach Zaire nehmen: Larry Holmes, einundzwanzig Jahre alt, groß und geschickt, ein harter Schläger; Holmes hat zwölfmal hintereinander durch k. o. gesiegt und keinen Kampf verloren. Dann Roy Williams, Landesmeister von Pennsylvania, drei Zentimeter größer als ich, ein zäher derber Kämpfer mit Fäusten wie Schmiedehämmer. Schließlich Bossman Jones, falls er mir zusagt.
An diesem Nachmittag drängen sich in der Sporthalle hauptsächlich Leute aus der Umgebung von Pottsville, Farmer und auch Schüler, die wissen, daß sie mich hier zum letztenmal sehen. Ein Pfadfinderführer aus Harrisburg bindet mir ein rotes Halstuch um den Hals und sagt: »Bring uns die Meisterschaft nach Harrisburg mit.« Ich verspreche es ihm. Ein grauhaariger alter Bauunternehmer verspricht: »Wenn Sie das schaffen, werden wir Ihren Namen in den Berg eingraben, wie Jefferson und Washington am Mount Rushmore verewigt wurden.«
Jemand ruft: »Er kommt! Bossman ist da.« Bundini erblickt ihn. »Wir müssen uns gleich mal unterhalten, Bossman.«
Eintreten dürfen nur meine engsten Mitarbeiter wie Kilroy, C.B., Booker,

Harold und Angie. Sie schieben Bossman in die Garderobe und schließen die Tür, als sei er ein Agent. Er lehnt am Tisch, von uns eingekreist.
»Also los, Bossman. Wir warten«, sagt Bundini. »Du bist der letzte Sparringspartner, der mit George gearbeitet hat. Du kannst von Ali für tausend Dollar in der Woche einen Job bis nach dem Kampf bekommen, dazu Futter, soviel du verdrücken kannst, und eine Rückfahrkarte nach Kalifornien. Also, spuck aus.«
Ich ziehe mein Unterhemd aus. Sarria reibt mich mit einem Handtuch ab. Bossman bleibt kühl. »Wo ist die gute Unterkunft, die man mir versprochen hat? Außerdem brauche ich einen Wagen, um mich in den Bergen umsehen zu können.« Bossman weiß, daß er am längeren Hebel sitzt. Er vergißt nichts.
»Wird alles besorgt«, antwortet Kilroy. »Du weißt doch, daß alles klar ist.«
Bundini ist ungeduldig. »Nun, mach schon, du weißt, was wir wollen. Du hast sechs Wochen lang mit George geschlafen, gegessen, geboxt. Jetzt wollen wir aus erster Hand etwas über ihn hören.«
Bossman wischt sich über die dichten schwarzen Augenbrauen und streicht den Ziegenbart, der ihm einen dämonischen Zug verleiht. Seine Stimme bleibt ruhig. »Soll ich euch die Wahrheit sagen?«
»Natürlich«, erwidert Bundini.
»Rede schon, Bossman«, drängen die anderen.
Ich hebe die Hand. »Laßt ihn in Ruhe. Drängt Bossman nicht. Er weiß nicht recht, wo er anfangen soll.«
»Wie wär's mit Foreman?« fragt Blood.
Bossman kratzt sich eine kahle Stelle oben auf dem Schädel. »Wißt ihr, ich boxe seit fünfzehn Jahren. Hundert Kämpfe. Ich bin Mittelgewichtler, aber ich boxe auch gegen Schwere. Vor einem großen Kampf wollen sie mich alle haben. Quarry zum Beispiel, oder Foreman, Patterson, Liston – genau wie George.«
»Wir wollen nicht deinen Lebenslauf hören«, sagt Bundini. »Beantworte unsere Fragen.«
»Trainiert Foreman hart?« fragt Booker.
»Er trainiert täglich«, sagt Bossman. »Er spricht nicht gern darüber, aber es vergeht kein Tag, an dem er sich nicht anstrengt und auf Ali vorbereitet.«
»Wieviel läuft er? Soviel wie Ali?«
Bossman zuckt die Achseln. Er hat so mächtige Schultern, daß sein Rücken fast krumm wirkt. Er legt die dünnen Beine übereinander und tut wie ein Professor, der sich über die Aufmerksamkeit seiner Studenten freut. »George läuft anders als Ali«, sagt er. »Ich bin mit beiden mitgelaufen. Ali läuft die Straße entlang ins Tal hinunter, George rennt die Berge hinauf.«
»Wie meinst du das, Bossman?« knurrt Bundini. »Oben in den Bergen sind nur Ziegen.«
»George Foreman macht es aber.« Bossman bleibt dabei. »Er läuft viel bergauf. Ich weiß nicht, wie er es schafft. So etwas wie George habe ich noch nie gesehen.«

»So steile Berge wie hier?« fragt Bundini.
»Noch steiler«, sagt Bossman. »Er weiß, daß er noch niemals volle fünfzehn Runden boxen mußte, aber er weiß auch, daß ihn Ali dazu zwingen könnte. Also muß seine Kondition für fünfzehn Runden reichen.«
»Wie behandelt er seine Sparringspartner?« fragt Angelo. »Setzt er ihnen hart zu?«
»Nur manchmal. Meistens trainiert er genau wie Ali auf strikte Verteidigung.«
»Aber er ist ein Schläger und kein Boxer«, sagt Angelo. »Er boxt nicht wie Ali. Ali ist der beste Boxer aller Zeiten.«
Bossman nickt. »Das sag' ich ja auch allen Leuten. Aber Ali kann sich nicht darauf verlassen, daß George nicht doch boxt. George macht den Eindruck eines großen dummen Muskelmanns, aber boxen kann er. Er brauchte noch nie zu boxen, denn er tippt dich an, und dann macht er schnell Schluß. Er gibt dir gar keine Gelegenheit zum Luftschnappen.«
»Er ist ein gemeiner Fighter«, sagt Angelo. »Ich hab' gesehen, wie er auf King Roman eingeschlagen hat, da lag der schon fast auf dem Boden. Der schlägt noch zu, wenn du schon flach liegst.«
»George ist auf Sieg aus. Du findest das gemein, aber George trägt das Geld nach Hause. Die Leute finden sich damit ab, daß George brutal ist, und sie wollen sehen, wie er jemanden ausknockt. Das Zeug dazu hat er. Ich hab' schon andere Boxer gesehen, die jemanden bewußtlos schlagen können, aber George ist der erste, mit dem ich im Ring gestanden habe und von dem ich weiß, daß er dich umbringen kann. Er wird vielleicht nie einen umbringen, und ich hoffe, er tut es auch nie, aber die Kraft dazu hat er, und er weiß es.«
»Hör mal«, unterbricht ihn Bundini. »Wir haben dir nicht die Spesen bezahlt, damit du ein Loblied auf George singst. George hat auch seine Schwächen. Wenn du so lange mit ihm trainiert hast, mußt du doch auch Schwächen bemerkt haben. Wie steht's mit den Weibern? Ein großer, kräftiger Kerl wie er?«
Bossman blickt über uns hinweg und schüttelt den Kopf. »Nichts. Nie etwas gesehen.«
»Aha!« Bundini grinst. »Nun, erzähl schon.«
»Er kommt monatelang ohne eine Frau aus«, sagt Bossman.
»Du bist ein miserabler Lügner!« schreit Bundini.
Bossman macht ein trauriges Gesicht. »Ich hab' das bei einem Berufsboxer noch nie erlebt, aber George rührt keine Frau an. Vielleicht ist er irgendwie feige, aber wenn er trainiert, spricht er nicht einmal mit Frauen.«
»Worüber spricht er denn?« fragt Blood.
»Nur über Geld«, antwortet Bossman. »Er redet nur davon, daß er noch mehr Geld verdienen wird, wenn er in den Augen der Öffentlichkeit erst einmal Alis Platz eingenommen hat ...«
»Paß auf, Bossman«, sagt Blood, »wir möchten genau wissen, wo du stehst. Doppelagenten können wir in Muhammads Lager nicht gebrauchen. Du redest nur davon, wie groß George ist.«

»Ihr wolltet die Wahrheit hören«, erinnert ihn Bossman.
»Dann sag die Wahrheit«, gibt Blood zurück. »Wer würde gewinnen, wenn George und Muhammad morgen gegeneinander antreten müßten?«
Im Zimmer ist es still. Alle Augen sind auf Bossman gerichtet.
»Sag etwas, bevor wir dich hinauswerfen«, warnt ihn Bundini.
»Ihr wißt, daß ich mit Muhammad trainiert habe, und ich habe mit George trainiert. Ich habe von beiden Schläge einstecken müssen. Ali schlägt hart, aber George schlägt noch härter. Muhammads linke Gerade war früher fast so scharf wie ein Rasiermesser, schneller als die Zunge einer Schlange, aber sie ist nicht mehr, was sie einmal war. Sie ist noch recht gut, aber ...«
»Und das sagst du hier vor Muhammad?« Kilroy ist erstaunt. »So etwas sagst du?«
Meine Trainer stehen auf, aber Bossman nimmt nichts zurück. »Alis Linke ist nicht mehr, was sie einmal war. Muhammad wird alt. Finden wir uns damit ab, und ich sag' euch auch, warum ...«
Ich hebe meine Hand, weil sie ihn aus dem Zimmer schieben wollen. »Laßt ihn reden.«
»Muhammad ist der beste lebende Boxer«, sagt Bossman. »Daran glaube ich. Aber wenn er George schlagen will, muß er seine frühere Linke zurückgewinnen. Und wenn er wieder eine linke Gerade schlagen will wie früher, muß er die Finger von den Weibern lassen. Mit Sex im Kopf kann man nicht trainieren.«
Bundini war schon drauf und dran, Bossman hinauszuwerfen, aber nun vollführt er eine Schwenkung um hundertachtzig Grad und zieht voll Ehrfurcht die Mütze. »Shorty muß dich uns gesandt haben, Bruder. Mit Worten himmlischer Weisheit.«
»Wenn Ali gegen George antritt, kann er nicht bis zur letzten Woche vor dem Kampf Sex haben und erwarten, all die Kraft zurückzugewinnen, die er in zwei Monaten aufgebraucht hat. Wenn er bis zur letzten Woche Sex haben will, dann wird seiner Linken die richtige Kraft fehlen.«
Bundini strahlt.
»Sehen wir die Dinge, wie sie sind«, fährt Bossman fort. »Sex bedeutet für einen Boxer beim Training jedesmal einen Rückschlag. Er muß wieder ganz von vorn beginnen. Er kann sich sagen: ›Nächste Woche höre ich auf.‹ Aber, was man verloren hat, kann man nicht wieder zurückholen. George ist noch jung. Er ist nicht an einem glanzvollen Leben interessiert oder an zehn Frauen in jeder Nacht. Er will nichts weiter als Muhammad auslöschen ...«
»Hat er irgendwelche Geheimschläge? Irgendwelche Waffen, an denen er heimlich arbeitet?« fragt jemand.
»George hat einen Schlag, an dem nichts geheim ist«, sagt Bossman. »Er kann ihn anbringen, wo immer er will, dann ist etwas gebrochen: ein Knochen, eine Schulter, eine Rippe, ein Finger, ein Muskel. Das fängt so an.« Bossman tritt einen Schritt zurück und imitiert George. »Er setzt den Schlag wie einen Haken an, aber dann wird ein Schwinger daraus. Er zielt einfach irgendwohin. Das ist sein bester Schlag.« Bossman setzt sich wieder.

In meiner Garderobe ist es still. Ich habe mich inzwischen angezogen und setze mich neben Bossman an den Tisch. »Bossman, was du da sagst, klingt zwar ganz nett für Leute, die noch nie im Ring gestanden haben, aber sprechen wir doch einmal wie ein Boxer zum anderen. Boxer wissen doch, worauf es ankommt.«
Bossman nickt.
»Nimm mal deine Armlänge. Streck sie aus. Kommst du mit deiner Reichweite manchmal zu ihm durch?«
Bossman wirkt verlegen.
»Er hat dich etwas gefragt«, sagt Blood.
Bossman wird noch unruhiger. Er antwortet so leise, daß es nur für meine Ohren bestimmt ist: »Die Sparringspartner wissen, daß sie ihn nie treffen dürfen. Wer ihn einmal trifft, dem reißt er den Kopf ab. Dafür bezahlt er auch genug. Nein, ich habe ihn noch nie getroffen.« Bossman sieht zu Boden.
»Aber könntest du durchkommen, wenn du wolltest?« frage ich.
Bossman weicht einer direkten Antwort aus. »George nagelt dich gern an den Seilen fest, dann bearbeitet er dich. Ali, wenn du diesen Mann schlagen willst, dann kannst du dich nicht in die Seile legen wie bei anderen. Auf die Seile darfst du dich nicht verlassen. Du mußt besser und härter boxen, dich bewegen, tanzen, dich wieder bewegen, so wie du es in deinen besten Zeiten machtest. Bei deinem Alter hast du einen Vorteil: Du kannst dir deine Kraft besser einteilen. Das kann George vielleicht nicht, aber er versteht es dafür, einen Mann an den Seilen festzunageln. Mit einem einzigen Schlag hebt er dich aus den Latschen. Wenn du dich auf die Seile legst und ausruhst, bricht er dir die Rippen. Er trifft dich, wenn du zurückgehst oder wieder hochkommst. Bevor sich der Schiedsrichter einschaltet, bist du vielleicht schon tot. Am tödlichsten ist sein Nierenhaken. Das ist der einzige Teil des Körpers, an dem man keine Muskeln spannen kann. Man kann tausend Rumpfbeugen machen, aber die Niere kannst du nicht schützen.
George will diesen Kampf unbedingt gewinnen. Er will von der Welt als der echte Schwergewichtsmeister anerkannt werden. Das wurmt ihn. Es ärgert ihn, daß er den Titel besitzt und daß die Leute immer noch Muhammad Ali den ›Champion des Volkes‹ nennen.«
Wieder wird es still im Raum. Man merkt es Bossman an, daß er das glaubt, was er sagt.
»Ich hab' mir das alles angehört«, sagt Bundini. »Ich sehe, daß du eine Gehirnwäsche durchgemacht hast. Genau wie Blood möchte ich wissen, wohin du gehörst. In Muhammads Lager können wir keinen Doppelagenten brauchen.«
»Ihr wolltet von mir die Wahrheit hören«, wiederholt Bossman ruhig.
»Dann sag uns jetzt die Wahrheit. Wenn George und Muhammad morgen gegeneinander antreten müßten, wer würde nach deiner Meinung gewinnen? Auf wen würdest du wetten?«
Bossman fühlt sich in die Ecke gedrängt.
Ich habe Bossman in Atlanta als Sparringspartner von Jerry Quarry kennen-

gelernt. Quarry holte ihn, weil Bossman meinen Stil imitieren konnte. Sie nannten Bossman »das Chamäleon«. Für einen Schwergewichtler ist er zwar zu klein, aber im Mittelgewicht war er immer unter den ersten zehn. Ich hörte, wie Quarry ihm dieselbe Frage stellte, und als ich in Atlanta gegen Quarry kämpfen sollte, warf Jerry ihn hinaus, weil er Quarry ins Gesicht sagte, dann würde Muhammad gewinnen.

»Auf wen würdest du jetzt setzen?« fragt Blood.

Bossman holt tief Luft, betrachtet die unfreundlichen Gesichter ringsum und sagt leise: »Ich setze auf George.«

»Verdammt!« schreit Bundini. »Gebt diesem Nigger seine Rückfahrkarte nach Hause. Diesen Doppelagenten brauchen wir nicht.«

Sie beginnen zu schreien und drängen Bossman auf die Tür zu.

Ich hebe die Hand. »Einen Augenblick! Laßt ihn in Ruhe! Angelo, besorg für Bossman ein Ticket nach Afrika. Ich brauche ihn.«

Schwergewichtler beobachten einander genauer als Boxer anderer Gewichtsklassen. Ich hörte Boxer sagen, daß sie über ihren Gegner nichts wissen wollen, keine Zeitungen lesen und keine Filme ansehen. Diese Einstellung vertraten angeblich Rocky Marciano, Jack Sharkey und Joey Maxim. Ich beurteile und analysiere einen Gegner. Je mehr ich über ihn weiß, um so beruhigter bin ich. Dabei geht es mir nicht nur um schlichte Tatsachen, um seine Schläge, um sein Verhalten im Ring, sondern ich will alles kennen: Seine politische Überzeugung, sein Familienleben, wie er seine Frau behandelt. Das alles setze ich zusammen. Ich muß ihn »erfühlen« können.

Vergiß nie, daß der Mann, gegen den du antreten sollst, deinen Status bedroht, deinen Job, deine Zukunft, deine Vergangenheit, dein Image. Wir treffen ja nicht auf einem dunklen Hinterhof aufeinander, sondern unter den Scheinwerfern der Fernseh- und Filmkameras, vor Rundfunk und Presse, vor den Augen der Menschen in aller Welt, vor allen Leuten, die man jemals gekannt hat und jemals kennenlernen wird; Menschen, die noch nicht einmal geboren sind, werden dereinst nach den Filmen beurteilen, wie du vor einer Generation geboxt hast. Und wer es selbst nicht liest oder sieht, wird doch davon erfahren.

Am dritten Tag in Zaire habe ich George bereits unter ständiger Beobachtung, und ich weiß, daß er auch mich beobachten läßt. Meine Garderobe liegt genau gegenüber der Sporthalle, in der wir beide trainieren, ein modernes kleines, einstöckiges Apartment in Nsele.

Wenn ich mit der Gymnastik fertig bin, mit dem Schattenboxen, Seilspringen und Sparring, dann winke ich dem Schwarm von Zuschauern zu, sie folgen mir zu meinem Haus, wo ihnen die Wachen den Weg verstellen. Ich strecke mich auf dem Massagetisch aus, damit Sarria meine Muskeln und Bänder durchkneten kann.

George, dessen Spione mich beim Training beobachtet haben, weiß inzwischen schon, daß alles klar ist, und marschiert zu den Klängen des Liedes *Precious Lord,* gesungen von Aretha Franklin, ein.

Ich weiß auf die Minute genau, wann er eintritt, denn die Lautsprecher, aus denen bis dahin Xylophone und Trommeln ertönten, wechseln plötzlich zu Georges beliebtesten Schallplatten über: Gospel Rock. Aretha Franklin ist wohl das einzige, was George und ich gemeinsam haben.
Zum Klang der Musik macht er in der Sporthalle seine Lockerungsübungen. Bundini zieht die Vorhänge zurück, damit ich besser sehen kann.
»Wie sieht er aus?« frage ich, während Sarria meine Muskeln bearbeitet.
»Immer noch schlaff und so fett, als ob er ein Kind kriegte. Wenn der Kampf nur heute abend wäre! Du würdest ihn umbringen.«
»Wer sind seine Sparringspartner?« frage ich.
»Er hat *sechs* Sparringspartner«, antwortet mein Fotograf Bingham. Auch er sieht hinüber. Sie stehen außerhalb des Rings mit Kopfschutz und Boxhandschuhen und warten darauf, nacheinander heraufgerufen zu werden. – Gleich sechs!
»Gib mir mal das Glas.« Ich werfe einen Blick durch Binghams Teleskop.
»Sechs Sparringspartner«, sagt Bundini. »Und wir haben nur drei.«
Ich richte das Glas auf die Sparringspartner. Alle von ihnen haben irgendwann einmal mit mir zusammengearbeitet. »Er hat nur drei«, sage ich. »Die anderen drei sind Clowns. Elmo Henderson ist fünfundvierzig und nur ein Spaßmacher. Stan Ward bringt George zum Lachen, und Bill McMurray hat keinen Schlag. Sie benutzen Terry Lee, weil er meinen Stil nachahmen kann, aber sie treffen ihn nicht. Frank Steele ist fair. Henry Clark ist der einzige, mit dem er ernsthaft trainieren kann.«
Die sechs machen mir keine Sorge, aber ich beobachte George, wie er fünf Sparringspartner bearbeitet, und bin überrascht: Der Weltmeister ist schneller auf den Füßen, als ich dachte.
»Großer Gott!« ruft Bundini nach einer Weile. »Wie lang sind diese Runden denn?«
»Seine Runden sind länger als drei Minuten«, sagt Blood. »Dick Sadler läßt ihn bisweilen Vier-Minuten-Runden mit nur einer halben Minute Pause gehen. Auf diese Weise wird sein Stehvermögen ausgebaut. Er soll nicht müde werden.«
Angelo sagt: »Aber einen Boxer wie Muhammad haben die noch nie gesehen.«
Ich richte das Glas auf Georges Gesicht. Er bearbeitet den Sandsack. Schweiß läuft ihm von der Stirn, aber er kehrt mir den Rücken zu, als spürte er, daß wir ihn beobachten.
Nach wenigen Tagen gebe ich diesen Beobachtungsposten auf und verlasse mich mehr auf die Berichte, die mir meine Trainer und Helfer bringen. Wir vertreten alle beide den Grundsatz der offenen Tür: Das heißt, jeder kann hereinkommen und zusehen. Manche Boxer trainieren heimlich hinter verschlossenen Türen. Frazier tut das gern. Ohne Ausweis kommt man nicht hinein. Aber hier in Zaire wohnen die Mannschaften und Betreuer beider Boxer gemeinsam in Hotels und Sporthallen, und es wird keine Geheimnisse geben, wenn der Gong das große Ereignis einläutet.

20

Archie, bin ich zu alt?

Der Countdown läuft: Noch acht Tage. Ich gebe an meine Sparringspartner die Parole aus, sich voll einzusetzen. Ich bitte Blood und Bundini, sie anzuspornen.

»Ihr Faulpelze«, schreit Bundini und treibt die Sparringspartner wie ein Sklavenhalter an: »Gebt es ihm! Los, gib's ihm doch, Holmes! Geh nicht zurück!«

»Na los, Bossman, mitmischen! Mitmischen! Verdien dir dein Geld!«

Die Zuschauer sind begeistert. Die Halle ist jeden Tag voll, als fände ein richtiger Kampf statt.

An diesem Tag habe ich drei Runden Schattenboxen, fünf Runden an der schnellen Birne, vier Seilhüpfen und drei am schweren Sandsack. Danach gehe ich mit meinen Sparringspartnern in den Ring und spüre die Müdigkeit, von der ich weiß, daß sie mich auch in einem richtigen Kampf beschleichen wird, aber ich treibe mich selbst an und stehe neun heiße Drei-Minuten-Runden durch.

Ich bin bereit.

Nur noch acht Tage; ich nähere mich meiner Topform. Ich weiß noch, wie ich mich zum Ausruhen aufs Bett lege und die Bilder meiner vier Kinder an der Wand betrachte. Ich hätte sie gern in Afrika dabei, aber das kleinste ist erst ein Jahr alt, und ich wollte ihnen die vielen Impfungen ersparen. Außerdem würde ich sie ständig umarmen und küssen, wenn ich sie hier hätte. Dann würden sie jetzt auf mir herumklettern. Ich muß mich in die richtige Stimmung für die Begegnung mit George Foreman bringen. Mich aufheizen. Das fällt einem schwer, wenn man den ganzen Tag kleine Kinder im Arm hat.

»Ali! Ali!« Jemand klopft an meine Schlafzimmertür.

»Es ist offen!« rufe ich. Howard Bingham stürzt herein.

»Der Kampf ist abgesagt.« Bingham, der normalerweise stottert, spricht jetzt klar und flüssig. »Der Kampf ist vorbei! Alles vorbei!«
Ich sehe ihn nur an.
»Hast du nicht gehört, was mit George ist? Er hat einen großen Riß über dem Auge!« Lowell Riley, Herberts Fotograf, kommt herein. Er zeigt auf sein rechtes Auge. »Ich hab' das Blut spritzen sehen!«
Ich bin wie gelähmt.
»Sein Sparringspartner hat ihm die Wunde aufgerissen«, sagt Bingham. »Bill McMurray, der junge Student.«
Ich wälze mich vom Bett und sehe ihnen in die Augen, aber es ist kein Spaß. Rückblickend muß ich gestehen, daß ich für den Bruchteil einer Sekunde erfreut war. George war als unbesiegbares Ungeheuer hingestellt worden. Diese Verletzung zeigte, daß er genauso Mensch war wie ich. Ich kann mir vorstellen, daß ihm so etwas noch nie in seinem Leben passiert ist. Dann erst geht mir die volle Bedeutung dieser Mitteilung auf. »Oh, nein!«
»Ali! Der Kampf ist aus!« Ein tunesischer Reporter stürzt herein.
Andere Reporter kommen den Flur entlang. Ich bitte Bingham, die Tür zu schließen. Ich brauche jetzt Zeit zum Nachdenken.
»Bill McMurray hat ihn mit dem Ellbogen erwischt«, erklärt Riley. »George hüpfte und pendelte. McMurray nahm die Deckung vors Gesicht, da traf sein Ellbogen Georges Auge.«
Sekunden später erfahren wir, daß George über seinem rechten Auge eine Verletzung von fast einem Zentimeter Tiefe hat. Sein Leibarzt Dr. Peter Hacker gibt bekannt, die Heilung werde sechs Wochen bis drei Monate dauern. Dick Sadler habe den Ärzten verboten, die Wunde über Georges Auge zu nähen, und sie selbst mit einem Verband von der Marke »Sadler Spezial« versorgt. Zwei Flugzeuge mit Reportern, die auf dem Weg hierher waren, sind vorerst in Frankreich und Deutschland geblieben und warten auf die Entscheidung ihrer Verleger, ob sie weiterreisen sollen oder nicht. Wir erfahren, daß Präsident Mobutu eine Sondersitzung seines Sportausschusses einberufen hat, um die nächsten Schritte zu überlegen, und daß die Millionen von Dollar, die bereits in den Kampf investiert wurden, in der Luft hängen.
An diesem Abend spreche ich mit Bula. Mir wird klar, was eine endgültige Absage des Kampfes für Zaire bedeuten würde, auch für mich und meine Chance, nach dem Titel zu greifen. Ich erfahre, daß die Verletzung gar nicht so tief und so gefährlich ist und daß Sadler erstaunliche Arbeit geleistet hat. Ich sage zu Bula: »Ich werde auf jeden Fall pünktlich zum Kampf erscheinen. Ich werde nicht nach seinen Augen schlagen – sollte George wegen der Verletzung über dem Auge verlieren, bekommt er einen Rückkampf. Sein Titel bleibt ihm dann. Ich bin bereit, auf der Stelle eine entsprechende Erklärung zu unterschreiben.«
Ich beobachte den Sonnenuntergang über dem breiten Zaire-Fluß, der sich unmittelbar vor unserer Tür vorbeiwälzt, und spaziere mit Hank Schwartz von Video Techniques und Don King die Promenade entlang.
»Das ist für George das Hintertürchen«, sagt King. »Von Anfang an war

er irgendwie gegen diesen Kampf, nun greift das Schicksal ein und hilft ihm auch noch dabei.«
»Was sagt Sadler?« frage ich.
»Falls George darauf besteht, das Land zu verlassen, wird ihn Sadler begleiten«, sagt Schwartz. »Und wir haben Berge versetzt, um diesen Kampf zustande zu bringen.«
»Was kann ich tun?«
»Nichts.« King ist deprimiert. »Nichts als abwarten, was George unternehmen wird.«
Später am Abend hören wir gerüchteweise, daß George und Dick Sadler nach Paris fliegen wollen. Einige der Reporter, denen Afrika als Schauplatz des Kampfes nicht recht war, setzen sogar Gerüchte in Umlauf, auch ich wolle abreisen und hätte erklärt, ich wünschte eine Verlegung des Kampfes nach New York.
Ich weiß, daß ich George nicht den ersten Schritt überlassen darf. Ich muß handeln, und zwar schnell. Ich kämpfe zwar am liebsten in New York, aber deswegen will ich nicht, daß die Arbeit ehrlicher Promoter vergebens war. In der Sporthalle wickle ich routinemäßig mein Training ab, als sei nichts geschehen. Die gesamte Presse von Kinshasa drängt sich in der Halle, gespannt, was ich tun werde. Ich weigere mich, vor dem Training auch nur ein Wort zu sagen. So absolviere ich Schattenboxen, Sandsack und Springseil, als hätte sich nichts verändert. Dann ziehe ich meinen Bademantel über und hocke mich seitlich auf den Ring. Die Reporter umdrängen mich.
Ich sage: »Hören Sie, ich habe so etwas wie einen offenen Brief für Präsident Mobutu.«
»Haben Sie mit ihm gesprochen?« fragt ein Reporter aus London.
»Nein«, antworte ich. »Daher lasse ich ihm heute mitteilen: Ich habe gehört, daß George und Dick Sadler nach Paris wollen und daß George Zeit braucht, bis der Kratzer über seinem Auge ausgeheilt ist. Ich bitte den Präsidenten, George und Dick nicht aus der Stadt zu lassen.«
»Warum?« fragt ein anderer Engländer.
»Weil sie nicht zurückkommen werden!«
Die Reporter merken, worauf ich hinaus will, und beginnen zu lachen.
»So schlimm ist George gar nicht verletzt«, fahre ich fort. »Er hat auch nicht Angst wegen des Kratzers. Vor mir hat er Angst. Ich bin in Form, er nicht. Ihr habt ja gesehen, wie fett er ist. Er ist im Begriff, seinen Titel zu verlieren. Seht mich an!« Ich stehe auf, schlage den Bademantel auseinander, tanze und boxe in die Luft. »Seht, wie schlank und gut gebaut ich bin. Kein Gramm überflüssiger Speck. Und nun appelliere ich an den Präsidenten, niemanden aus dem Land zu lassen, der mit diesem Kampf zu tun hat. Seid vorsichtig, George könnte sich bei Nacht und Nebel davonschleichen. Beobachtet die Flugplätze! Überwacht die Bahnhöfe! Die Elefantenpfade! Sperrt mit Booten den Fluß ab! Wenn ihr ihn hinauslaßt, wird er nicht wiederkommen, denn er weiß, daß ich unmöglich verlieren kann.«
Alle lachten. Die vorher so gespannte und verworrene Atmosphäre wird auf-

gelockert. Anstatt Nachrufe, Klagen über Zaire zu schreiben, denken sie nun an George.
»Was wird George nach Ihrer Meinung tun, wenn er hier abreist?« fragt ein amerikanischer Reporter.
»Er wird nach Hause fahren und darüber nachdenken, welche Prügel er beziehen wird, wenn er gegen mich antritt«, sagte ich. »Er wird sagen: ›Zum Teufel mit den fünf Millionen Dollar. Ich behalte den Titel und lasse mein Auge sechs Monate lang ausruhen. Dann kämpfe ich gegen irgendeinen unbekannten Komiker, den ich schlagen kann. Eine Million genügt mir. Zum Teufel mit den fünf Millionen!‹ Ich werde ein Jahr in Zaire bleiben, wenn es sein muß. *Ein ganzes Jahr!* Ich werde hier am Ufer des Zaire-Flusses bleiben, um auch George hier festzuhalten. Er will fliehen, Herr Präsident. Kontrolliert jedes Gepäckstück, das groß genug ist, um einen Mann von kräftiger Statur aufzunehmen. Unternehmen Sie alles Notwendige, Herr Präsident, aber lassen Sie George nicht aus dem Land entkommen!«
Ob Präsident Mobutu tatsächlich irgendwelche Anordnungen erließ, uns an der Ausreise zu hindern, weiß ich nicht. Aber nach meiner Pressekonferenz erfahre ich, daß sich Sadler die Sache mit dem Flug nach Paris anders überlegt hat.
Nach wenigen Tagen ist Georges Auge so weit verheilt, daß die Verbände abgenommen werden können. Sadlers Spezialbinde hat Wunder gewirkt. Man sieht kaum, daß je eine Verletzung vorhanden war.
Nach zwei Wochen trainiert George wieder in der Sporthalle. Meine Spione beobachten ihn, und seine behalten mich im Auge.

George müßte über mich eigentlich viel besser unterrichtet sein als ich über ihn. Seine Hauptspione sind zwei der größten ehemaligen Champions der Boxgeschichte: der frühere Halbschwergewichtsmeister Archie Moore und Sandy Saddler, der gefährlichste Federgewichtler aller Zeiten. Gemeinsam haben sie über dreihundert Knockouts und über tausend Siege auf ihrer Liste stehen.
Als ich an diesem Tag mit Schattenboxen beginne, schieben sie sich herein und nehmen still zwischen den anderen Zuschauern Platz. Normalerweise achtet George darauf, daß seine Spione bei mir nicht auffallen. Aber Archie und Saddler kleiden sich nicht so unauffällig. Moore sieht aus wie ein Farmer aus Oklahoma, in Overalls mit Hosenträgern und roter Wollmütze, am Arm einen Picknickkorb, den er als »Aktenschrank« benutzt. Saddler steht hinter Archie; er trägt eine große dunkle Brille und eine weiße Jockeymütze. Er ist noch genauso schmal und schlank wie vor siebzehn Jahren, als er den Ring verließ. Beide waren dafür bekannt, daß sie unbarmherzig auf den Abschluß zu dringen pflegten, und etwas davon hat auf George abgefärbt. Ich rufe der Menge zu: »Leute, da sitzen Archie Moore und Sandy Saddler, zwei der größten Boxer aller Zeiten.« Dann beginne ich mit Schattenboxen und sage: »Archie, geh zu George und sag ihm, daß er einiges von dem zu schmecken bekommt, was du mir in deinem Trainingslager beigebracht hast. Erinnerst

du dich noch? Der Riß über dem Auge gibt George Gelegenheit, sich in Form zu bringen, aber das ändert nichts. Er ist noch nie einem Tanzmeister begegnet.«
Ein Lächeln kriecht über Archies Gesicht. Er kennt mich noch als den achtzehnjährigen Olympiasieger, den meine Förderer aus Louisville zum Altmeister Archie nach San Diego schickten.

Mein alter Boxmeister ist jetzt zu mir gekommen, um für seinen neuen Schüler meine Schwächen zu studieren. Ich rufe ihm zu: »Archie, geh zu George und sag ihm, wenn wir kämpfen, wird das größte Wunder aller Zeiten geschehen, das größte Wunder seit Christi Auferstehung, das größte Ding aller Zeiten. Bring mir den Kerl her! Ich will ihn jetzt verprügeln!«
Die Menge grölt. Obgleich die meisten von ihnen Englisch nicht verstehen, begreifen sie, worum es geht. Archie hört sich alles mit einem dünnen Lächeln an.

Ich ruhe mich in meinem Schlafzimmer aus. C.B. bringt einen Brief. Er sagt: »Den hat einer von Georges Männern abgegeben.«
Ich reiße den Umschlag auf und lese:

> Lieber Ali!
> Ali, George wird dich halb umbringen. Warum drohst du ihm? Ich schreibe dir das ganz persönlich, damit du mich als den freundlichen alten Mann in Erinnerung behältst, der dir geholfen hat, den Weisheitszahn zu schleifen.
> Wie ich sehe, hast du dem, was du bei mir gelernt hast, noch ein paar Tricks hinzugefügt. Du hast Kid Gavilan, der jetzt zu deinen Leuten gehört, den ›Bolo-Schlag‹ gestohlen und den ›Watson-Shuffle‹ in den vielgerühmten ›Ali-Shuffle‹ verwandelt. Mit diesen paar Tricks glaubst du jetzt alles zu können. Aber, mein Schüler, ich habe ein Gedicht für dich:
>
> *Your poetry is nothing but rhyme,*
> *Fifteen rounds is a long time.*
> *Frazier couldn't even make two,*
> *Ken Norton was the victim of George's Coup.*
> *Foreman's left will make you dance*
> *Dance Turkey in the Straw.*
> *When his right connects with your lower mandible,*
> *Goodbye jaw.*
>
> *The truth must be told.*
> *You've gotten too old*
> *To win the Big Gold.*
>
> *Deine Gedichte sind nur Reimerei.*
> *Fünfzehn Runden sind nicht so schnell vorbei.*
> *Frazier hat nicht mal zwei geschafft,*
> *Ken Norton fiel vor Georges Kraft.*
> *Foremans Linke wird dir Beine machen,*

Dich tanzen lehren und nicht lachen.
Langt seine Rechte an die Zähne hin
Good-by Kinn.

Damit jeder es weiß:
Du bist bald ein Greis
Für den Goldenen Preis.

Ali, es gibt eine Fabel von einem Hund, der alles hatte. Du hattest Geschick, die schnellsten Beine im Boxsport und einen klugen Kopf. Auch der Hund in der Fabel hatte alles. Dann schaute er hinunter ins Wasser und sah einen größeren Hund mit einem noch größeren Knochen. Er ließ seinen eigenen Knochen fallen und sprang ins Wasser. Für dich, Ali, ist dieser größere Hund nicht nur ein Spiegelbild – es ist George Foreman. Mein lieber Ex-Schüler, dieser Sprung wird nicht nur deine Zukunft, sondern auch dein Selbstbewußtsein kaputtmachen. Ich glaube, was dich erledigen wird, ist Foremans absolute Konzentration.
George hat sich darauf konzentriert, für diesen Kampf die entsprechende Kondition mitzubringen, und du hast dich ablenken lassen, weil du ein leichtsinniger junger Mann bist.
Ich glaube, Ali, du läßt dich vom eigentlichen Thema weglocken, nämlich dem Kampf des Jahrhunderts. Vielleicht solltest du wissen, daß Dick Sadler und sein stellvertretender Trainer Sandy Saddler, der als Federgewichtsmeister zurückgetreten ist, über diesen Kampf nachgedacht haben.
Sandy spielt in Foremans Mannschaft die Rolle des Strategen und hat eine Technik, die auch den Leichtfüßigsten in die Ecke drängt. Saddler, Moore und Dick Sadler arbeiten neue Mittel und Wege aus, um dich mit Gewalt, mit Schlägen und List und Tücke zu einer direkten Konfrontation mit Foreman zu zwingen, der nicht nur TNT in seinen Handschuhen hat, sondern auch eine Atombombe.
Selbst wenn Foreman einmal danebenschlägt, wird allein der Luftzug die Gluthitze von Zaire erheblich senken.
Ich glaube, mein lieber Schüler, daß die stille Gerissenheit und die tödliche Geduld der Tarantel aus der Familie der Spinnen diesmal der lästig summenden Biene den Stachel ziehen wird.
Foreman ist der beste Schwergewichtler seit Joe Louis. Im Gegensatz dazu, mein geschwätziger Schüler, hast du dich unmöglich und langweilig benommen und den Champion mit Drohungen bombardiert.
Das meiste von deiner Prosa ist abgenutzt und inzwischen so dünn geworden wie das Leder an den Lackschuhen eines Zuhälters in Baltimore. Diesmal steckst du wirklich in der Patsche. Ich warne dich öffentlich und privat.
Nach dem Kampf kannst du dich ein paar Jahre im Dschungel verstecken und dann gegen Mitternacht heimlich nach Louisville zurückkehren, und niemand wird es bemerken.
Warum ich dir das alles schreibe?: Ich möchte meine ansonsten so sauberen und fleckenlosen Hände nicht mit dem Blut eines meiner talentierten Ex-Schüler beflecken.
Ich bete um dein Leben.

Herzlich

Dein Archie Moore

PS: Vergiß nicht, mein lieber Schüler:
Du bist bald ein Greis
Für den Goldenen Preis.

Von allen Briefen, die ich jemals vor einem Kampf erhalten habe, ist mir nie einer nähergegangen als diese Worte meines alten Lehrers. Ich schließe die Wohnzimmertür, kehre in das Schlafzimmer zurück, lege mich hin und starre lange Zeit die Decke an.

Ist es Zeit aufzuhören? Bin ich zu alt? Woher weiß ein Boxer, wann es an der Zeit ist, Schluß zu machen und die Arena zu verlassen? Wenn das Ende kommt – werde ich es früher wissen als andere Leute? Werde ich dann bereit sein, den einzigen Job aufzugeben, den ich seit meiner Kindheit gelernt habe? Woher werde ich es wissen? Werde ich es auf den Brettern erfahren, wenn ich blutend und bewußtlos daliege, das Gesicht zerschlagen von einer neuen schwarzen oder auch weißen Hoffnung? Oder werde ich abtreten, wie Benny Paret: mit einem Schädelbruch?

Welches sind die Anzeichen? Sieht Archie die echten Zeichen? Ich weiß, er kennt sie.

Ich hasse Niederlagen. Aber sind Niederlagen das Ende? Eine Niederlage kann eine wertvolle Erfahrung sein, und trotzdem möchte ich lieber als Sieger aufhören.

Gewisse Kämpfe sind in meinem Geschäft unvermeidbar. Wenn ein Kampf jemandem genug Gewinn bringt, läßt er sich durch nichts verhindern. Vor der Öffentlichkeit tat ich so, als sei ich hinter George her, und Georges seltsamer Rückzieher ließ den Eindruck entstehen, als sei er auf einen Zusammenprall mit mir nicht sonderlich scharf. Aber fünf Millionen Dollar sind für jeden von uns ein Anreiz, dem man nicht widerstehen kann. Wie sollen wir den Anspruch erheben, Berufsboxer zu sein, wenn wir die größte Börse, die je geboten wurde, ablehnen? Keiner von uns beiden hätte aussteigen können.

Ich habe allen gesagt: »George schlägt nicht hart.« Aber ich gebe zu, daß ich mir ernste Sorgen darum mache, wie hart er in Wirklichkeit schlagen kann. Bringe ich es fertig, einen Treffer von George wegzustecken?

Am nächsten Nachmittag sehe ich Archie und Saddler wieder. Sie stehen neben dem Sandsack und beobachten mich. Archie weicht meinem Blick aus, aber plötzlich hebe ich den Kopf, entdecke sein Lächeln und unterbreche die Arbeit. Ich wende mich an die Zuschauer: »Archie Moore, einer der größten Boxer aller Zeiten.« Dann sage ich zu Archie direkt: »Du hast mit dreiundvierzig noch eine Weltmeisterschaft gewonnen, du mußtest lange warten, denn zu deiner Zeit ließ man einen Schwarzen noch nicht ohne weiteres nach dem Titel greifen. Du hast die Champions von vier Ländern mit fünfundvierzig, sechsundvierzig und siebenundvierzig ausgeknockt. Du hast gekämpft, bis du vierundfünfzig warst, und hast bis zuletzt die besten Boxer geschlagen.« Archie sieht mich an und lächelt immer noch.

»Archie, bin ich mit dreiunddreißig zu alt?«

Ein weicher, warmer Ausdruck tritt in Archies Auge.

»Bin ich zu alt?« frage ich noch einmal.

Er gibt mir keine Antwort, sondern geht mit Saddler weg.

21

Bomaye!

Ich habe mich gefragt, welches Gefühl es wohl sein würde, mich um vier Uhr morgens in Zaire mitten in Afrika zu einem Kampf auszuziehen; aber es ist genauso, wie wenn man sich um neun Uhr abends, der entsprechenden New Yorker Zeit, im Madison Square Garden auszieht.

In den vier Monaten seit Ankündigung des Kampfes haben Handwerker aus Zaire eine 1917 von den Belgiern gebaute heruntergekommene Arena in ein modernes Stadion umgebaut. Ich treffe hier auf die saubersten Garderoben, die mir bei einem Kampf jemals zur Verfügung standen.

Herbert und ich betreten den Duschraum, halten unsere letzte Besprechung ab, danken Allah und vergegenwärtigen uns noch einmal, um was es geht. Wir umarmen uns wie gute alte Freunde, die acht Jahre lang Höhen und Tiefen miteinander geteilt haben, Prüfungen und Triumphe, und die nun am Scheideweg angelangt sind.

In der Garderobe tanze ich ganz locker und sehe in den Spiegel. Ich verspüre den Nervenkitzel, der sich von allein einstellt: Was immer jetzt auch geschehen mag, es wird auf jeden Fall mein Leben verändern.

»Wieviel Zeit haben wir noch, Blood?«

Seine Hände zittern, als er meine Wasserflaschen mit Klebestreifen versiegelt, die nun wie kleine ägyptische Mumien aussehen. Wenn sie erst einmal versiegelt sind, dürfen nur Blood und Bundini sie berühren.

Angelos Uhr ist stehengeblieben. Bundini sagt: »Die Wanduhr geht nach.« Niemand weiß die genaue Zeit, bis Blood Leutnant Bomba Nsakala losschickt, der mir seit meiner Landung vor fünfundfünfzig Tagen zugeteilt ist. Nsakala drängt sich durch die Menschenmenge vor der Garderobentür, stellt seine Uhr beim Zeitnehmer richtig und kommt ein wenig atemlos zurück. Leise, als sei es ein taktischer Vorteil, wenn nur ich es weiß, sagt er zu mir: »Fünfzehn Minuten. Alle Welt ist da draußen.«

»Ist Präsident Mobutu auch da?«
»Unser Präsident wird den Kampf zu Hause verfolgen.«
»Ist George draußen?«
»George möchte, daß Sie zuerst hinausgehen. Er sagt, er ist der Meister.«
»Noch vor Tagesanbruch werde ich der Meister sein.«
Der Leutnant lächelt.
Ein afrikanischer Reporter aus Sambia, einer von vier oder fünf Korrespondenten im Zimmer, fragt: »Welche Gedanken beschäftigen einen vor einem solchen Kampf?«
Ich antworte: »Ich denke daran, um was es geht. Ich gehe meine Vorbereitungen noch einmal bis ins Detail durch. Mein Lauftraining war richtig. Meine Diät war richtig. Mein übriges Training stimmte. Meine Schlafzeit stimmte, die Zeiteinteilung war richtig. Dreißig Tage lang habe ich um vier Uhr morgens mein Lauftraining absolviert, und wenn ich um vier Uhr das Stadion betrete, wird es so sein, als ginge ich zum Üben in die Halle.«
Dann wende ich mich an meine Helfer: »Das ist nichts weiter als eine Übungsstunde in der Halle wie an jedem normalen Tag.«
Aber an der Stimmung in der Garderobe ändert sich nichts. Normalerweise bin ich es, der die Atmosphäre vor dem Kampf zu locker findet, und normalerweise bin ich es auch, der die Trainer und Angelo dazu bringt, solche Augenblicke ernst zu nehmen. Ich fühle mich beunruhigt und gefährdet, wenn Trainer und Helfer einen Kampf auf die leichte Schulter nehmen; aber heute kommen sie mit ausgesprochenen Leichenbittermienen in die Garderobe. Es ist, als schritten sie hinter meinem Sarg her. Sogar Bundini blickt grimmig drein.
»Es ist nur eine Übungsstunde in der Halle«, wiederhole ich. »Von jetzt an wird die Zeit fliegen.«
Ich führe einige rasche Lufthiebe in Richtung Spiegel aus und erkenne Dr. Pacheco. Er ist eng mit Angelo befreundet und begleitet mich seit jenem Abend, wo ich Sonny Liston in Miami Beach einen Dämpfer aufsetzte. Er war fast bei allen Kämpfen bei mir. Sie nennen ihn »Box-Doktor«, weil er die Sportler in Angelos Studio an der Fifth Street betreut. Er ist ein gebildeter Mann, ein Maler, Musiker und Künstler. Unsere Blicke treffen sich. Als die wenigen Journalisten außer Hörweite sind, nehme ich ihn mit in meine Umkleidekammer. Es geht um meine Hände.
Bei jedem Kampf sorge ich mich um den Zustand meiner Hände. Seit meiner Rückkehr aus der Verbannung hat mich der Schmerz durch alle Kämpfe begleitet. Ich halte meine Hände ans Licht, beuge sie und wünsche mir, ich könnte sehen, was in ihnen vorgeht und was mir heute nacht vielleicht eine Niederlage bescheren könnte. Ich kämpfe gegen den jüngsten und stärksten Gegner, dem ich jemals gegenüberstand, gegen den Mann mit der höchsten K.-o.-Quote in der Boxgeschichte. In Amerika wettet man vier zu eins gegen mich, in Europa drei zu eins – selbst in Tokio, wo ich so beliebt bin, steht es drei zu eins gegen mich. Die Stimmung in Japan hinsichtlich meiner Chancen ist so pessimistisch, daß Shintaru Katsu, der Schauspieler und Produzent und

der Marlon Brando Japans, auf die Option seiner Firma verzichtet hat, den Titelkampf in Zaire in eine Dokumentation über mein Leben aufzunehmen. In England, wo ich selbst während meiner Verbannung Favorit war, auch dann, wenn ich gegen englische Landesmeister antrat, steht es an diesem Morgen zwei zu eins gegen mich. Angelo hat mir ein Exemplar der Chicago-*Tribune* von dieser Woche gereicht, die erklärt: NUR DURCH EIN WUNDER KANN ALI ÜBERLEBEN.

Andererseits strömen aus ganz Afrika Karten, Telegramme und Grüße in mein Lager und bejubeln meinen Sieg, bevor ich überhaupt in den Ring gestiegen bin. Sie danken meinem Manager dafür, daß er den Kampf Schwarz-Afrikas gegen den südafrikanischen Rassismus unterstützt. Herbert hat sich geweigert, irgendeinen Vertrag anzuerkennen, der mich gezwungen hätte, in Südafrika zu kämpfen, solange dieses Land seiner schwarzen Bevölkerungsmehrheit nicht die Freiheit gewährt.

Das alles geht mir durch den Sinn, während ich die Faust balle und die Knöchel immer härter aneinanderschlage, um den Schmerz wachzurufen. Ich spüre Schweiß unter den Armen.

Ein Boxer hat nur eine einzige Waffe: seine Fäuste. Wenn sie ihn im Stich lassen, ist er verloren. Ich habe diese Fäuste im Ring und in der Sporthalle seit zweiundzwanzig Jahren fast ununterbrochen dazu benutzt, um nach dem härtesten Teil des menschlichen Körpers zu schlagen, dem Kopf.

Bisweilen stellen sich Veränderungen an den Knochen ein: Mikroskopisch kleine Absplitterungen, Kalkablagerungen oder etwas anderes. Oft hat sich dadurch mein Kampfstil verändert. Manchmal mußte ich mich bei Gegenangriffen zurückhalten, weil es mir leichterfällt, die Schläge meines Gegners einzustecken, als den Schmerz eines ihm zugefügten Treffers zu ertragen.

Ich hörte einmal Howard Cosells Kommentar zu meinem Kampf mit dem holländischen Schwergewichtsmeister Rudy Lubbers: »Ali hat seine Rechte während der ganzen Auseinandersetzung kaum sechsmal gebraucht. Stimmt etwas nicht? Wofür spart er sie auf? Für seinen Kampf mit Joe Frazier?«

Ja, ich sparte sie für meinen zweiten Kampf gegen Frazier, der mir demnächst bevorstand. Aber während ich mich darauf vorbereitete, waren die Schmerzen fast unerträglich. Es war schon eine Tortur, wenn ich beim Sparring mit der Faust die Schläge meiner Partner abfing. Zuerst war es nur die rechte Hand, dann wurden es beide.

Herbert hatte mich gebeten, nach Boston zu fliegen und den berühmten Handspezialisten Dr. Richard Smith im Massachusetts General Hospital aufzusuchen. Ich wußte, daß meine Tage als Boxer gezählt waren, aber die vorgesehene Behandlung erschien mir zu kostspielig, schwierig und lang.

Außerdem hatten die Schmerzen nachgelassen, als ich ins Trainingslager zurückkam. Ich begann, Sparringspartner und Sandsack zu bearbeiten, um die verlorene Trainingszeit aufzuholen. Da waren die Schmerzen plötzlich wieder da, noch schlimmer als zuvor.

»Deine Sparringspartner treffen dich mit Schlägen, die jedes Baby vermeiden könnte«, klagte Bundini. »Champ, wenn irgend etwas nicht stimmt, dann lassen wir die Boxerei und machen etwas anderes.«
»Frazier ist wie ein Panzer«, sagte Blood. »Da brauchst du eine Pak, Champ. Aber du hast keine mehr. Deine Kanonen sind kaputt.«
Das war knapp drei Wochen, bevor ich gegen Frazier in den Ring klettern sollte. Ich wünschte mir die Revanche gegen Joe Frazier nicht nur, um meine erste Niederlage wieder wettzumachen, sondern weil Frazier der rücksichtsloseste, aggressivste und härteste Schwergewichtler der Gegenwart war. Ich mußte Frazier schlagen, um meinen Anspruch auf einen Titelkampf zu untermauern. Außerdem war zwischen uns eine tiefe persönliche Feindschaft entstanden. Wir kämpften nicht nur ums Geld, sondern um unser Leben. Was immer mir in Zukunft auch zustoßen sollte, im Augenblick war ich körperlich in Höchstform. Ich hatte alle Mittel zur Verfügung, Frazier oder jeden anderen Boxer zu meistern.
Herbert war am Telefon. »Wenn deine Hände in zwei Wochen nicht besser geworden sind, werden wir den Kampf im Madison Square Garden absagen. Lieber aus dem Boxsport ausscheiden als eine Verletzung riskieren. Das ist die Sache nicht wert.«
»Ich glaube, meine Hände werden besser«, antwortete ich. »Es wird schon gehen.«
»Ich höre das ja gerne, aber glauben kann ich dir's nicht«, sagte Herbert. »Trotzdem ...«
Herbert hatte C. B. beauftragt, ihn laufend über den Zustand meiner Hände zu berichten, und zwar nicht nur während meines Trainings für Frazier, sondern schon vorher, als ich für Norton und Quarry trainierte. Nun hielten auch Blood und Bundini nach eventuellen Alarmzeichen Ausschau.
Ich weiß noch, daß ich Mitte Januar 1974 der Verzweiflung nahe war. Ich hatte meinen zweiunddreißigsten Geburtstag hinter mir und wußte, daß sich mir wahrscheinlich nie wieder eine solche Gelegenheit bieten würde, falls ich diesen Kampf gegen Frazier verpaßte. Ich hatte eine schmähliche Niederlage gegen Norton wettgemacht. Dasselbe wollte ich jetzt bei Frazier erreichen.
Joe blieb stur, wenn es darum ging, mir nach unserem ersten »Kampf des Jahrhunderts« eine Revanche zu geben, obgleich alle aus seiner Umgebung, sogar sein Manager und geliebter »Ringvater« Yank Durham, ihn anflehten, noch einmal gegen mich anzutreten – und sei es nur deshalb, weil ein solcher Kampf uns beiden Millionen bringen würde.
»Ich werde nie wieder für Geld gegen diesen Schweinehund kämpfen«, sagte Frazier allen Ernstes zu Yank, »lieber sterbe ich und fahre zur Hölle.«
Aber Yank war es, der vor ihm starb und irgendwohin fuhr, und zwar nur einen Monat, nachdem er und Herbert sich heimlich getroffen und einen Rückkampf zwischen Joe und mir eingefädelt hatten. Joe war über diese Begegnung wütend und warf Yank Verrat vor.
Joe war von offizieller Seite darauf hingewiesen worden, daß fast ein Jahr

verstrichen sei und daß er seinen Titel gegen mich oder Foreman verteidigen oder ihn abgeben müsse. Für ihn stellte sich die Situation so: Entweder vier Millionen für einen Kampf gegen mich oder achthunderttausend gegen Foreman.

Er ignorierte jeden guten Rat, flog schlecht vorbereitet und übertrieben zuversichtlich nach Jamaika und ließ sich den Titel von George abnehmen.

Aber im Januar 1974 hatte ich meine Niederlage gegen Frazier immer noch nicht wiedergutgemacht und fürchtete, daß Frazier im Fall eines erfolgreichen Rückkampfs gegen Foreman nie wieder gegen mich in den Ring steigen würde, es sei denn zu Bedingungen, die für mich allzu demütigend gewesen wären. C. B. sagte, Herbert wünsche, daß ich die Behandlung im Massachusetts General Hospital durchführen ließe. Aber ich weigerte mich. Diese Anordnung konnte das Ende meiner Karriere bedeuten.

Etwa um diese Zeit kam Rocky Aioka, ein japanischer Ringkämpfer, den ich aus Rom kannte und der inzwischen Besitzer der Restaurantkette Benihana war, hinauf in die Berge, um mich beim Training zu beobachten. Er war so betroffen, daß er in Tokio telegrafisch den führenden japanischen Orthopäden anforderte. Aber ich wollte ihn nicht kommen lassen.

Ich wußte jedoch, daß ich etwas unternehmen mußte. Deshalb war ich einverstanden, als Lou Beltrami, ein guter Freund aus der Umgebung, mich bat, in der Nachbarstadt seinen Hausarzt Dr. Peter Greco aufzusuchen. »Bei diesem Zustand Ihrer Hände würde ich empfehlen, den Kampf abzusagen«, erklärte der Arzt.

Ich antwortete gereizt: »Diese Entscheidung müssen Sie mir überlassen. Ich will nur wissen, ob man irgend etwas an den Händen tun kann, bevor ich mir Frazier vorknöpfe.«

Er versprach, es zu versuchen. Dann kam er fast täglich ins Camp, um mich mit Cortison und heißem Wachs zu behandeln.

Ich kaufte mir einen Wachssprüher und besprühte tagsüber und auch abends immer wieder meine Hände. Allmählich schienen die Schmerzen nachzulassen.

Doch am Tag des Wiegens hatte die Boxkommission von New York Wind von der ärztlichen Behandlung bekommen. Reporter, die beobachtet hatten, wie ich mich von Sparringspartnern durch den Ring schieben ließ, schrieben, daß etwas nicht stimmte. Zum erstenmal in meiner Laufbahn wurde ich aufgefordert, meine Hände durchleuchten zu lassen.

Es waren die schnellsten und nachlässigsten Röntgenaufnahmen, die ich je erlebt hatte. Gefunden wurde nichts.

Hal Conrad, einer der erfahrensten Ratgeber im Boxsport, bemerkte meine Verwunderung beim Verlassen des Untersuchungszimmers. »Man mußte die Reporter zufriedenstellen«, sagte er. »Der Garden ist ausverkauft. Eintrittskarten kriegt man auch dann nicht, wenn man sie erbettelt, leiht oder stiehlt. So kurz vor dem Treffen hat ein Boxer nicht krank zu sein – es sei denn, es fehlen ihm zwei Beine oder er hat ein drittes Auge mitten in der Stirn. Ansonsten viel Glück.«

In der Stille meiner Garderobe hob ich zwanzig Minuten vor dem Kampf meine Hände und beugte sie. Die Schmerzen waren nicht mehr so schlimm, aber ich beschloß, vorsichtig zu sein.
Dieser Vorsatz mag Frazier vor einem Knockout in der zweiten Runde dieses Kampfes bewahrt haben. Ich sah, wie er benommen hin und her schwankte, aber ich ging nicht hinterher, nicht nur, weil der Gong zu früh ertönte, sondern weil ich meine Hände schonen wollte. Ich war mir nicht sicher, ob ich ihn wirklich so entscheidend getroffen hatte.

Nsakala erscheint in der Tür. »In zwölf Minuten gehen wir rein.«
Es kann der letzte Kampf meines Lebens sein. Es ist mir gleichgültig, wie sehr meine Hände schmerzen. Ich werde zuschlagen, bis der Schmerz mir die Fäuste an den Handgelenken abschraubt. Ich setze alle meine Mittel ein. Alles, was ich mir im Leben wünsche, steht heute abend auf dem Spiel.
»Countdown! Der Countdown läuft!« raunt mir Blood in seiner eindringlichen Art zu.
Aber mein eigener Countdown hat längst begonnen. Ich kontrolliere alles noch einmal. Was der Countdown immer mit sich bringt, ist der Druck auf die Blase. Jetzt verspüre ich ihn auch wieder, obgleich ich vorhin in meiner Villa noch einmal auf der Toilette war. Der Drang ist so überwältigend, daß ich aufstehe und aufs Klo gehe. Dort stehe ich dann und versuche es. Ich kann drücken, soviel ich will, es kommt nichts. Aber der Druck ist da. Ich möchte nicht nachher im Ring stehen und diesen Drang während eines heißen Schlagabtauschs mit George in der siebten oder achten Runde verspüren. Soll ich dann zu ihm sagen: »George, mein lieber schwarzer Bruder, warte noch eine Sekunde mit diesem Uppercut, ich geh nur rasch in meine Ecke und pinkle in den Eimer? – Zu Gegendiensten gern bereit.« Da würde George antworten: »Kommt nicht in Frage«, mir eins in die Nieren knallen, und es käme von allein. Dann würde sich der tote Jimmy Cannon aus dem Grab erheben und triumphierend berichten: CHRIST SCHLÄGT BLACK MUSLIM DIE PISSE HERAUS. Und Dick Young, der Sportredakteur der New Yorker *Daily News*, würde seine Kolumne beginnen: ALI MACHT SICH IN DER SIEBTEN RUNDE VOR FOREMAN IN DIE HOSE.
Und ich höre Red Smith sagen: ALI GAB HEUTE ABEND MEHR PISSE ALS SCHLÄGE VON SICH.

Genauso sollte es nach dem Kampf an diesem frühen Morgen sein, als sie mich durch die johlende Menge in die Garderobe zurücktrugen. Zwei Ärzte, die ich noch nie gesehen hatte, ein Europäer und ein Einheimischer, baten um eine Urinprobe.
»Bevor Sie jetzt irgend etwas anderes tun, möchten wir eine Urinprobe haben«, sagte der Zaire-Arzt, noch ehe ich mich ausziehen konnte.
Der Europäer erklärte beiläufig: »Da Sie so viele Körpertreffer eingesteckt haben, ist Anlaß zu der Befürchtung gegeben, daß Ihre Nieren verletzt sind.«

Sie reichten mir eine Flasche. Ich ging auf die Toilette und versuchte es. Kein Tropfen kam. Sie zogen enttäuschte Gesichter.
»Vielleicht kommen Sie mit mir nach Hause«, schlug ich vor. »Sicher geht's da besser. Wollen Sie bei mir mitfahren?«
Ich nahm die beiden in meiner Karawane nach Nsele mit. Der Sturm, der sich schon seit vier Wochen zusammenbraute, entlud sich eine halbe Stunde nach dem Kampf. Es war eines der vielen unerklärlichen Wunder in meinem Leben. Der längst überfällige Wolkenbruch war so furchtbar, daß der Ring, in dem wir eben noch geboxt hatten, zerstört wurde, das Stadion überflutet. Sämtliche elektronischen Geräte von Hank-Schwartz-Video-Technique gaben ihren Geist auf. Ich lehnte mich während der Autofahrt zurück und bestaunte das Wunder. Wäre der plötzliche Regen zwei Stunden früher gekommen, hätte ich das Stadion nicht als Weltmeister im Schwergewicht verlassen können. Dann wäre der Kampf noch einmal verschoben worden. George hätte seinen ursprünglichen Plan verfolgen können – mir aus dem Weg zu gehen, bis ich »ein wenig älter und langsamer« geworden wäre. Ich wäre als der alte Boxer nach Hause geflogen, von dem die Fachleute erklärten, er hätte den jungen George ohnehin nicht schlagen können.
Doch obgleich das Wasser tonnenweise auf uns herabprasselte, ich blieb trocken. Als wir die Villa erreichten und ich es im Bad noch einmal versuchte, kam wieder nichts.
»Sie haben alles herausgeschwitzt«, sagte einer der Ärzte. »Ihr Körper enthält kaum noch überschüssige Flüssigkeit.«
Ich entschuldigte mich und schlug vor, es morgen vor dem Frühstück noch einmal zu versuchen. »Vielleicht kann ich Ihnen morgen früh den Gefallen tun.«
Aber sie gaben es auf und kamen nicht wieder.
Später erfuhr ich, daß die Ärzte von der WBA waren. Sie sollten meinen Urin untersuchen und feststellen, ob ich nicht irgendwelche Drogen genommen hätte, die mir zusätzliche Energie verliehen. Hätte man etwas gefunden, so wäre ich auf der Stelle disqualifiziert worden und George hätte seinen Titel wiederbekommen.
Mein Hausarzt Dr. Williams sagte später: »Ich wurde nach dem Kampf zwei Stunden lang in einem Zimmer eingesperrt und ausgefragt. Sie wollten unbedingt wissen, ob ich Ihnen in den zweiundsiebzig Stunden vor dem Kampf aus irgendwelchen Gründen irgendeine Medizin gegeben hätte. Sie waren überrascht, daß Sie einen so starken Eindruck machten, während Foreman so schwach wirkte. Sie gaben erst nach, als ich zeigte, daß es absolut keine Handhabe gab, Ihnen den Titel noch einmal wegzunehmen.«

Ich sitze auf dem Massagetisch. Angelo umwickelt meine Hände mit dünnen Gazestreifen. Dr. Nick Broadus kommt aus Georges Lager herüber, um die Prozedur zu beobachten. Das ist eine uralte Vorsichtsmaßnahme, die den Zweck hat, die andere Seite davon zu überzeugen, daß keinem der Boxer

Hufeisen oder Schlageisen in die Handschuhe eingebaut werden. Wir schikken Dr. Pacheco zu George hinüber, aber George läßt ihn hinauswerfen. Broadus muß ihn hinüberbegleiten und seine Berechtigung bestätigen.
Mir ist es ganz recht, daß George so mißtrauisch und unruhig ist. Vielleicht liegt es an dem Gerücht, das erst gestern abend umlief: Georges Seite hätte versucht, zusätzliche fünfhunderttausend von John Daly zu bekommen, dem jungen Londoner Repräsentanten der Hendale Leisure Corporation, die auch die ursprünglichen eineinhalb Millionen vorgeschossen hatte, die Don King und Hank Schwartz zur technischen Vorbereitung des Titelkampfes brauchten. Das Gerücht besagte, George wolle nur dann in den Ring steigen, wenn die fünfhunderttausend noch vor dem Kampf abgegeben würden. Das ganze Unternehmen, das inzwischen fünfzig Millionen Dollar Kosten verursacht hatte, schien zu scheitern.
George wußte nicht, wie gut ich mich mit Daly, dem Sohn eines walisischen Berufsboxers, verstand. Daly hatte zwar das rosige Aussehen eines harmlosen Schuljungen, aber er war auf seine Art mindestens ebenso schlau und hart wie George, wenn nicht noch härter.
»Es war eine heikle Sache«, erzählte mir Daly nach dem Kampf. »Ich merkte, daß der ganze Kampf auf dem Spiel stand. Ich mußte seinem Beauftragten einen leeren Koffer geben und ihn nach London fliegen lassen, um das Geld zu holen.«
In diesem Augenblick sitzt Georges Beauftragter angeblich in einem Londoner Hotel und wartet darauf, daß ihm sein Koffer mit fünfhunderttausend Dollar in amerikanischen Banknoten gefüllt wird. Später erfuhren wir, daß Dalys Telefonanrufe mit Hilfe von Scotland Yard unterbrochen wurden.
Aber noch ein anderes Gerücht ging in Kinshasa um: Daß Daly sich meiner Niederlage so sicher sei und daß er George als die prominenteste Figur im Boxsport der nächsten Jahre betrachte und ihm deshalb die halbe Million für den Fall zugesichert habe, daß Daly Georges künftige Titelverteidigungen durchführen würde. Der geizige George bestand darauf, das Geld vor dem Kampf zu bekommen.
Ich glaube nicht recht daran, daß George dumm genug sein könnte, nicht anzutreten. Sowohl der Champion als auch ich wurden von Präsident Mobutu Sese-Seko empfangen, und falls George ein ebenso schlechter Menschenkenner ist wie sein Beauftragter, möchte ich nicht in der Haut seiner Frau stecken und darauf warten müssen, ob er eines Tages Afrika wieder verlassen kann.
»Sieben Minuten«, flüstert mir Nsakala zu. Der Countdown läuft. Ich wärme mich vor dem Spiegel auf und imitiere ein paar Schläge. Zwei Minuten später ziehe ich mich mit Herbert in ein leeres Zimmer zurück. Wir sprechen ein Gebet und danken Allah. Dann komme ich, schattenboxend, wieder hervor, um meine Körpertemperatur auf einem bestimmten Niveau zu halten.
»Fünf Minuten.«
Blood beginnt, seine Mumien in den Wassereimer zu stellen. Die einzige Neuerung ist, daß eine der Flaschen eine Lösung von Honig und Orangensaft

in Wasser enthält, ein Rezept von Dr. Charles Williams aus Chicago, der einen Müdigkeitsanfall während meines Trainings in Philadelphia analysiert hat. Ich werde es genauso machen wie Sugar Ray Robinson, ich werde zwischen den Runden etwas Süßes zu mir nehmen.
Bundini legt sich die Handtücher über die Schultern. Alle drängen zur Tür. Eine Elitetruppe von ausgesuchten Fallschirmjägern bekommt von Leutnant Nsakala letzte Anweisungen. Ein Kordon bildet sich um mich.
Ein junger einheimischer Reporter mit einem Notizblock in der Hand drängt sich an mich heran und flüstert: »Was empfindet ein Boxer in diesen letzten Minuten?« Als ob ich ein Verurteilter wäre, der eben zur Hinrichtung schreitet.
Es ist zu spät für die Antwort. Aber ich nehme mir vor, auch das letzte Quentchen Kraft und Zähigkeit aufzubieten, um George zu schlagen.
Ich erinnere mich an die Tafeln, die Präsident Mobutu entlang der Straße vom Flughafen zur Stadt aufstellen ließ. Sie sind ein Willkommensgruß für Besucher in Zaire. Eine der Tafeln bezeichnet den Kampf als »Sport zwischen zwei Brüdern«. Aber in diesem Augenblick empfinde ich gegenüber George alles andere als Brüderlichkeit. Ich balle die Faust. Es wird mir vielleicht nicht möglich sein, den Schmerz zu vertreiben, aber kein Schmerz wird mich davon abhalten, meine Schläge auf George abzuschießen.
Wir stehen an der Tür. Bundini hat den Leitartikel einer Zeitschrift angestrichen und liest ihn mir so feierlich vor wie ein Gebet: »Also läuft es darauf hinaus: Foreman–Ali, je fünf Millionen für den Kampf in Zaire in Afrika. Alles andere kann man vergessen, jeden Boxkampf, der bisher gewonnen oder verloren wurde, und jene, die in den vor uns liegenden Jahren ausgetragen werden sollen. Vergessen jeden Kampf Mann gegen Mann, Geist gegen Geist, Seele gegen Seele. Das hier ist *der* Kampf. Das ist der größte.«
Ich nicke ihm zu. Mein Gefolge setzt sich in Bewegung. »Jetzt gilt es«, sagt Bundini mit heiserer Stimme und schreit laut:

THE LAMB'S COME BACK TO CLAIM HIS OWN!
GET THE PRETENDER OFF THE THRONE!

ES KOMMT DAS LAMM UND HOLT SEIN RECHT!
DEM ANGEBER AUF DEM THRON GEHT'S SCHLECHT!

»Was denkt ein Boxer in diesen letzten Minuten?« versucht es der Reporter noch einmal.
»Ich denke daran, wer ich bin und wer mein Gegner ist. Wer ist er denn? Er vertritt das weiße Amerika, das Christentum, die Fahne, den weißen Mann, Schweinekoteletts. Aber George ist auch der Champion, und die Welt blickt zu dem Champion auf. Ich möchte so vieles sagen, der Welt so vieles mitteilen. Ich möchte in der Lage sein, für mein Volk zu kämpfen. Koste es, was es wolle, George wird Afrika nicht als Meister verlassen.«
»Es wird Zeit«, faucht Nsakala. Wir bewegen uns schneller. Mir ist kalt, ich

bin nervös. Ich möchte pinkeln. Sie schieben und ziehen uns durch die Tür, dann stehen wir auf dem Flur, und die Menge auf dem Korridor erblickt mich. Der Sprechchor setzt ein:
»ALI! ALI! BOMAYE! ALI! ALI! BOMAYE!«
Diese Töne dröhnen durch den Korridor und begleiten uns bis zu der Rampe, die ins Stadion hinaufführt. Wir bewegen uns beinahe im Laufschritt und treten ins Licht. Das Stadion ist taghell erleuchtet. Menschen aus Zaire in leuchtenden, farbenfrohen Gewändern füllen die Arena und singen und jubeln. Viertel vor vier. Der Mond scheint noch, doch im Stadion ist es so hell wie um die Mittagszeit. Scheinwerfer tasten nach unserer Gruppe, und als das Licht uns trifft, ertönt es explosionsartig von allen Seiten:
»ALI! ALI! BOMAYE! ALI! ALI! BOMAYE!«
Ich stehe hinter Leutnant Nsakala, Angelo hinter mir, Bundini an meiner Seite, dahinter Blood mit seinem Eimer. Der Gang führt genau in meine Ecke.
Ich erreiche die vier Stufen zum Ring, klettere zu meiner Ecke hinauf und überblicke das weite Rund des Stadions. An den Wänden, auf den Laufstrekken, überall bis zum letzten Platz besetzt. Sie jubeln. Ich hebe meine Hand und grüße zurück.
Sie antworten, als hätten wir das lange eingeübt. Ich sehe hinauf zu dem Dach, das sich zwölf Meter über uns erstreckt. Sollte der längst überfällige Regen kommen, kann der Kampf dennoch weitergehen. Die Zuschauer werden dann zwar naß werden, aber für die Boxer wird es keine Ausrede geben. Es geht um den Weltmeistertitel.
Ich hebe noch einmal die Hand und tanze von einer Ringecke zur anderen. Ich komme an Georges leerer Ecke vorbei. Die Menge brüllt auf. Sie verstehen mich. Ich bewege mich ganz leicht. Schweiß läuft mir über die Brust und fühlt sich gut an. Ich weiß, daß George bereits dadurch, daß er nicht gleichzeitig mit mir in den Ring trat, einen wichtigen Punkt verloren hat.
»Vielleicht wartet er noch auf etwas«, sagt Blood.
Aber ich weiß, daß er kommen wird. Keine Macht der Erde kann dieser Menschenmenge widerstehen, und sie will uns beide hier sehen.
»ALI! ALI! BOMAYE! ALI! ALI! BOMAYE!«
Bundini runzelt die Stirn. »Champ«, flüstert er. »Ich hab's vergessen.«
»Was?«
»Die Fähnchen hab' ich vergessen.«
Ich lächle. Bundini hatte vorgesehen, daß ich den Ring mit Fähnchen in der Hand betreten sollte, um daran zu erinnern, wie George während der Olympiade in Mexiko eine amerikanische Flagge als Protest gegen die Black-Power-Grüße der schwarzen Meister geschwenkt hatte. Diese hatten auf die Rassendiskriminierung in Amerika aufmerksam machen wollen. Ich sollte den Ring mit einer Fahne von Zaire, dem Symbol der Organisation für Afrikanische Einheit, und einer mit den UN-Farben betreten. Aber Bundini hatte keine Zeit, die Fähnchen zu besorgen.
»George spielt die Primadonna«, bemerkt Angelo. »Er läßt dich warten.«

Ich verstehe gut, was George erreichen will. Er glaubt, mich auf diese Weise noch vor Beginn des Kampfs nervös und reizbar zu machen. Aber er verschafft mir dadurch einen Vorteil, den ich zu nutzen weiß. Ich habe Gelegenheit, die Menge zu studieren und ihre Eigenart, ihre Ausstrahlung kennenzulernen. Menschenmengen üben einen gewissen Druck aus. Jede Masse Mensch ist zunächst ein Fremdkörper, gleichgültig, wem sie zujubelt. Aber beim Aufwärmen spüre ich die freundlichen Schwingungen, ihren Pulsschlag. George läßt mir Zeit genug, die Seile zu prüfen und mir ein Gefühl für die Entfernung zwischen Ringmitte und Ecken zu verschaffen. Ich sehe mir die Zuschauer aus unterschiedlichen Blickwinkeln an – aus der Ecke, aus der Mitte, von allen Seiten. Ich gewöhne mich an die Hitze der Scheinwerfer.

Reporter, die das Umkreisen des Rings vor einem Kampf als »Schau« bezeichneten, haben einfach nicht begriffen, daß mehr dahintersteckt. Ich beginne nicht mit einem Kaltstart, ich weiß mehr über die Atmosphäre als mein Gegner.

Meine Füße ertasten den Bodenbelag. Ich spüre die weichen und die harten Stellen. Normalerweise hat man dazu keine Zeit. Deshalb versuche ich sonst, am Abend zuvor Zutritt zum Stadion zu bekommen, mich zu bewegen und das Viereck kennenzulernen, in dem ich mein Lebenswerk vollbringe. So tat ich es auch vor dem Kampf gegen Frazier im Madison Square Garden.

Angelo sieht auf die Uhr. »Er hat schon über zehn Minuten Verspätung.«

Ich sehe mich auf den Ringplätzen um und nicke Bekannten zu. Ich erkenne Jim Brown, Miriam Makeba, Lloyd Price, Bill Withers. Ich nicke der Presse zu: Red Smith, Jack Griffin, Dave Anderson, Mario Widmar aus der Schweiz.

»Heute abend wird der Champion in die Pfanne gehauen!« schreit Bundini. »Champ, heute abend wirst du gebraten! Gebraten!«

Je länger sich der Weltmeister Zeit läßt, um so lieber ist es mir. Wenn George herauskommt, wird er ein völlig Fremder in einem Haus sein, das ich genau kenne. Ich habe alle Schränke gesehen, die Ausgänge, den Keller, die Schlafzimmer. Ich fühle mich hier zu Hause. George wird hier ein unwillkommener Gast sein; ich werde dafür sorgen, daß er nicht allzu lange bleibt.

»FOREMAN! FOREMAN! FOREMAN!«

Ich sehe, wie Angelos Kopf herumfährt. Die Zuschauer auf der Westseite beginnen mit ihrem Sprechchor für den Meister.

»DA KOMMT ER!«

Der Champion kommt mit seinem Gefolge den Gang entlang. Er hebt beide Hände zum olympischen Gruß. Ich beobachte ihn, wie er hinter Dick Sadler, Archie Moore und Sandy Saddler die Stufen heraufklettert. Er geht sofort zu seinem Hocker. Er bewegt sich nicht erst durch den Ring, um ein Gefühl dafür zu bekommen. Er prüft die Seile nicht, hat keinen Blick für die Zuschauer übrig. Er hockt lediglich auf seinem Stuhl und bleibt dort, bis der Ringrichter in die Mitte tritt.

Ich tanze leicht und gleichmäßig. Drüben flüstert Sadler etwas in Georges

Ohr. Dann tritt Ringrichter Zack Clayton in die Ringmitte. George reißt sich zusammen.
Der Richter winkt uns zu sich.
Ein Gebrüll, wie ich es nie zuvor gehört habe, erfüllt die Luft. Wir stehen uns Auge in Auge gegenüber.
»ALI! ALI! BOMAYE! ALI! ALI! BOMAYE!«
»FOREMAN! FOREMAN! CHAMPION! CHAMPION!«
»ALI! ALI! BOMAYE! ALI! ALI! BOMAYE!«
Wir starren einander in die Augen wie Revolvermänner in einem Wildwestfilm. Angelo und Bundini massieren meine Schultern. Sandy und Archie stehen neben George. George sieht mich an wie Sonny Liston vor zehn Jahren in Miami Beach. Aber es ist ein frischer, jüngerer, stärkerer, größerer Liston. Damit beantworte ich hoffentlich die Frage von Kritikern, die ich immer wieder höre, seit ich den Titel von einem »alternden Liston« eroberte: Hätte ich den jungen Sonny Liston schlagen können?
Clayton beginnt mit seinen Instruktionen. »So, ihr kennt beide die Regeln. Sobald ich *break* sage, trennt ihr euch. Kein Schlag in den Pausen ...«
Aber ich ziehe meine Revolver als erster. Ich beuge mich zu Georges Ohr vor. Da ich offenbar seine ungeteilte Aufmerksamkeit besitze, stelle ich gleich ein paar Dinge klar, die der Ringrichter vielleicht übersehen könnte.
»Champ«, sage ich so verächtlich wie nur möglich, »heute nacht ziehst du dir vor all diesen Afrikanern die Prügel deines Lebens zu.«
Der Ringrichter hebt ruckartig den Kopf. »Nicht sprechen, Ali! Achten Sie auf die Anweisungen!« Er fährt fort: »Keine Schläge unter die Gürtellinie. Keine Nierenhaken ...«
»Hör dir das Zeug nicht an, Schlappschwanz.« Ich spreche ganz leise. »Ich werde dich überall treffen, nur nicht unter den Sohlen von deinen platten Schweißfüßen. Heute erwischt es dich, Schlappschwanz.«
»Ali, ich hab' Sie gewarnt!« faucht der Ringrichter. »Seien Sie still.«
George beißt sich auf die Lippen. Seine Augen funkeln.
»Referee«, sage ich. »Dieser Schlappschwanz steckt in der Klemme. Niemand will ihn als Champ haben.«
Georges Blick wandert zwischen mir und dem Ringrichter hin und her. Er will, daß mich der Unparteiische verwarnt. Aber ich halte seinen Blick fest.
Clayton spricht mechanisch weiter. Ich sage zu George: »Jahrelang haben sie dir von mir erzählt, Schlappschwanz. Dein Leben lang hast du von Muhammad Ali gehört. Champ, jetzt mußt du dich stellen!«
»Ali, ich warne Sie zum letztenmal!«
George kneift die Augen zusammen. Sein Kopf befindet sich dicht vor dem meinen.
»Wie schlimm ich bin, haben sie dir schon erzählt, da warst du noch ein kleines Kind und hast dir in die Hosen gemacht. Heute nacht ...« Meine Stimme wird laut. »Heute nacht werde ich dich vertrimmen, bis du heulst wie ein kleines Kind!«
»Wenn Sie nicht zu reden aufhören, disqualifiziere ich Sie!« Clayton ist auf-

gebracht, seine Hände zittern. »Ich verlange einen guten, anständigen, sportlichen Kampf, sonst werde ich ihn unter allen Umständen unterbinden!«
»Das ist die einzige Möglichkeit, diesen Schlappschwanz zu retten«, sage ich. »Er ist verloren.«
George läuft der Schweiß über die Stirn. Archie Moore massiert seine Schultern.
»Wenn Sie während des Kampfes sprechen«, verkündet der Unparteiische, »werde ich ihn abbrechen. Haben Sie verstanden?«
Das habe ich schon öfter zu hören bekommen. Aber wo in den Boxregeln steht eigentlich geschrieben, daß man während der Arbeit nicht vernünftig diskutieren darf, solange man eine ordentliche Leistung erbringt? Wo steht, daß man nicht über persönliche Dinge oder Weltprobleme miteinander sprechen darf?
Nur einmal noch kam es vor, daß gegen mein Reden Einwände erhoben wurden: Das war bei meinem Kampf gegen Oscar Bonavena im Madison Square Garden. Dooley von der New Yorker Boxkommission erließ eine auf mich gemünzte Sondervorschrift: Sollte einer der beiden Boxer während des Kampfes sprechen, so hatte er fünftausend Dollar Strafe zu bezahlen. In meinen Augen war das ein Kompliment, denn Bonavena versteht nicht Englisch, und ich nicht Spanisch.
Ich rede weiter. Zuviel steht auf dem Spiel, um diesen Kampf noch abbrechen zu können. Eine Milliarde Menschen überall auf der Welt warten gespannt. Wegen des Ringrichters mache ich mir keine Sorgen. Er weiß schließlich, daß ich meine Arbeit auch dann nicht vernachlässigen werde, wenn ich George einen Vortrag halte. Während ich ihn verprügle, werde ich ihn belehren. Die Öffentlichkeit soll trotzdem auf ihre Kosten kommen. Ich werde sogar noch besser sein, als wenn ich nur wie ein ausdrucksloser Frankenstein-Roboter drauflosdreschen würde.
»Schlappschwanz«, sage ich. »Für so einen dicken, langsamen Kerl bin ich viel zu schnell. Du bist deinen Titel schon los. Du hättest gar nicht erst nach Afrika kommen sollen.«
»Schon gut, schon gut.« Clayton gibt es auf. »Gehen Sie in Ihre Ecken, und stellen Sie sich zum Kampf, sobald Sie den Gong hören. Möge der Beste ...«
Ich wende mich ab und tänzle in meine Ecke zurück. Das Gebrüll wogt von den Rängen herab.
»ALI! ALI! BOMAYE!«
»FOREMAN! CHAMPION!«
In einem Stadion wie diesem habe ich noch nie geboxt. Ich komme mir vor wie zu Hause. Ich bin so gelassen, daß ich George drüben betrachte wie ein Totengräber seinen Kunden, dem er den letzten Anzug für den Sarg anmessen muß. Soll ich sofort voll loslegen? Wann soll ich versuchen, ihn in einen Halbtraum zu versetzen?
Seit ich als Junge in Louisville in der Sporthalle einmal fast bewußtlos geschlagen wurde, habe ich diesen Zustand als »Halbtraum« bezeichnet. Damals ging ich nach Hause und dachte die ganze Nacht darüber nach. Im Fern-

sehen hatte ich Profis – Champions und Herausforderer – k.o. gehen sehen. Nun wußte ich, wie das war.
So zum Beispiel während des Turniers um die Golden Gloves; da wurde ich angeschlagen und war benommen. Das ist ein Gefühl, als sei man halb wach, halb im Traum. Die wache Hälfte weiß genau, wovon man träumt. Sie verfolgt genau, was sich abspielt. Ein schwerer Treffer befördert einen an die Schwelle dieses Zustands. Eine Tür öffnet sich, man sieht bläuliche, orangene und grüne Lichter aufblitzen. Man sieht Fledermäuse, die Trompete spielen, Alligatoren mit Posaunen, und dazu schreien Schlangen. An der Wand hängen unheimliche Masken und Theaterkostüme.
Wenn man durch einen Schlag zum erstenmal in diesen Zustand versetzt wird, fürchtet man sich und läuft davon. Aber sobald man aufwacht, sagt man sich: »Es war ja schließlich nur ein Traum. Warum habe ich nicht die Nerven behalten? Die Kostüme angezogen, die Masken aufgesetzt und alles ausprobiert? Man muß sich das nur ganz fest vornehmen, bevor der Halbtraum kommt. Wenn er dann eintritt, dehnt sich die Zeit wie Gummi. Man muß darauf vorbereitet sein, lange bevor man es nötig hat. Der Treffer läßt den Geist vibrieren wie eine Stimmgabel. Man muß verhindern, daß der Gegner die Schwäche ausnutzt. Man muß alles tun, damit die Stimmgabel zu vibrieren aufhört.
Heute weiß ich, wie man das macht – ich denke daran, wie Frazier mich in der fünfzehnten Runde zu Boden schickte. Benommen komme ich hoch. Ich schalte auf Verteidigung um. Ich mime, bis mein Kopf wieder klar ist, wie seinerzeit, als mir Norton in der zweiten Runde die Kinnlade brach und die Tür zum Halbtraum aufstieß. Ich mimte, bis der Kampf zu Ende war.
Ich weiß, daß George noch niemals verletzt oder auch nur benommen war. Er hat noch nie eine einzige Runde abgegeben. Soll ich gleich in der ersten Runde alles aufs Spiel setzen? Wann soll ich versuchen, ihn in die Traumwelt zu schicken? Wird er dann wissen, was er tun muß? Hat der Champion diese Situation genauso gründlich durchdacht wie ich?

BONG! RUNDE EINS.
Ich setze mich in Bewegung, gehe George sofort an und schieße eine trokkene Linke ab. Er trommelt auf mich los. Ich tanze davon und pendle die meisten Schläge aus. Eine volle Minute lang sage ich keinen Ton. Aber wenn er meint, dabei bliebe es und es gäbe keine Belehrung, so irrt er. Ich lege los:
»Komm schon! Jetzt bist du dran. Zeig mir, was du kannst!«
»Bis jetzt war's wie im Kindergarten!«
Eine schnelle Linke zu seinem Gesicht. Ich sehe ihn blinzeln.
»Da hast du noch eine, Freundchen. Und noch eine!«
»Hab' ich dir nicht gesagt, daß ich der schnellste Schwergewichtler bin, der jemals gelebt hat?«
»Hab' ich's dir nicht gesagt, du Schlappschwanz?«
»Die Runde ist zur Hälfte vorbei, und du hast noch keinen einzigen ordentlichen Treffer gelandet.«

Aber in der zweiten Hälfte der Runde praktiziert George, was er monatelang geübt hat. Er schneidet mir den Weg ab und zwingt mich, dreimal so viele Schritte zu tun wie er. Das macht er besser als irgendein Boxer, mit dem ich es bisher zu tun hatte. Mich hat schon mancher Boxer durch den Ring gejagt – die meisten Boxer jagen mich –, aber ich zwinge sie dann, für jeden meiner Schritte auch einen zu machen. George ist der erste Boxer, dem es gelingt, ständig den Weg zu verkürzen.

Sekundenlang zwingt er mich in die Ecke. Ich spüre, wie ich in den Seilen liege. Der Weltmeister faßt mit langen Rechten und Linken und mit regelrechten Heumachern nach. Er steht auf dem Höhepunkt seiner Kraft. Er schießt einen seiner Spezialschläge ab, die »irgendwo« treffen können, und mir ist so zumute, wie Bossman Jones es beschrieben hat.

»TANZEN, CHAMP, TANZEN!« höre ich Bundini schreien.

»BEWEG DICH, ALI! BEWEG DICH!« ruft Angelo.

Während meines ganzen Trainings hatte ich mir vorgenommen, den Seilen fernzubleiben. Jetzt mache ich mich frei und bewege mich durch den Ring. Aber noch bevor diese Runde zu Ende ist, weiß ich, daß ich meine Taktik ändern muß. Sadler und Archie haben George zu gut vorbereitet. Er boxt wie ein Roboter, er boxt gut.

Ich bin dafür bekannt, daß mich in den ersten Runden kaum ein Boxer treffen kann. Aber kein Boxer übersteht fünfzehn Runden, wenn er für zwei Schritte des Gegners selbst dauernd sechs Schritte machen muß. Als ich nach dem Ende der ersten Runde in meine Ecke zurückkehre, raunt mir Angelo eindringlich zu: »Bleib in Bewegung. Du darfst dich nicht an die Seile drängen lassen!«

Die Männer in meiner Ecke sehen nur das eine, daß ich in Bewegung bleiben muß. Aber ich sehe noch etwas anderes. In diesen ersten drei Minuten habe ich Georges immense Kraft zu spüren bekommen und begreife jetzt, wie Frazier und Norton untergegangen sind. Ich weiß jetzt, was seine Strategen eingefädelt haben.

Ich sehe hinüber in die andere Ecke, da macht mich Blood darauf aufmerksam, daß Georges Arzt Dr. Broadus herübergekommen ist und sich genau am Fuße der Treppe unter meiner Ecke aufgebaut hat. Er will hören, was ich sage. Blood will ihn wegschicken, aber ich schüttle den Kopf. »Laß ihn in Ruhe. Im Ring bin ich doch der einzige, auf den George hört.«

»Beweg dich, und stich ihn wie eine Biene!« flüstert mir Angelo zu. »Stich ihn!«

BONG! RUNDE ZWEI!

Ich gehe in die Mitte, schlage die Linke, tanze, dann wieder die Linke. Aber ich weiß jetzt, daß mir die Gefahr nicht in den Ecken oder an den Seilen droht, sondern dadurch, daß ich doppelt so viele Schritte machen muß wie George. Seine Strategen wissen genau, zu welchem Tempo er mich zwingt. Am Ende der neunten Runde wird nicht George erschöpft sein, sondern ich.

»ALI! TANZEN, CHAMP! TANZEN!«

Und ich tanze. Aus dem Clinch heraus sehe ich mich am Ring um. Mein Blick fällt für eine Zehntelsekunde auf Joe Fraziers Manager Eddie Futch, einst Ken Nortons Manager. Er feuert George an. New Yorker Blätter feiern Futch als den einzigen Trainer, der jemals Boxer hervorgebracht hat, die Ali schlagen konnten, und Futch prophezeit: »George wird Muhammad in die Ecke treiben und ihn vernichten. Nichts auf der Welt kann George daran hindern, ihn in die Ecke zu treiben, und wenn er erst mal dort steht ... George hat soviel Kraft wie Joe Louis und Rocky Marciano zusammen. Ich bete um Alis Leben.«
Ich spüre eine Welle von Adrenalin. Ich habe die Niederlage gerächt, die mir Futchs Boxer zugefügt hatten. Nun werde ich Futch fertigmachen.
»TANZEN! CHAMP! WIE EIN SCHMETTERLING FLATTERN! WIE EINE BIENE ZUSTECHEN!«
»ALI! ALI! BOMAYE!«
Aber ich stehe in der Ecke, mit dem Rücken in den Seilen. Eifrig setzt mir George nach. Zum erstenmal in meiner Laufbahn nehme ich mir vor, nicht erst abzuwarten, bis ich das Spiel mit den Seilen leid bin, sondern die Ecken auszunutzen, solange ich noch frisch und schlagkräftig bin. Ich riskiere die Ecken während des ganzen Kampfes.
»Komm schon, Schwächling! Zeig's mir doch, Champ!« – »Da heißt es immer, du schlägst so hart?« – »Mehr kannst du nicht, Kleiner?«
Die Leute in meiner Ecke schreien. Ich höre am Ring die drängenden Stimmen meiner Freunde. Einige springen auf, treten an den Ring heran.
»ALI! WEG VON DEN SEILEN!«
Ich necke George. Ich ärgere ihn.
»Bei dir steckt nichts dahinter, du Angeber!« – »Na, zeig's mir doch, Schlappschwanz!«
George geht brüllend auf mich los. Seine Schläge kommen mit einer Tonnage, wie ich es bei menschlichen Fäusten niemals für möglich gehalten hätte. Ein Brecheisen in Georges rechter Hand durchstößt meine Deckung, kracht mir an den Kopf und schickt mich ins Land des Halbtraums. Mein Schädel vibriert wie eine Stimmgabel. Neonröhren leuchten, gehen an und aus.
Hier war ich schon mal.
Ich sage mir: Er hat dich getroffen. Er hat dich getroffen. Ich kämpfe darum, die Tür aufzubekommen und das merkwürdige Zimmer zu betreten.
»ALI, BEWEGEN!« schreien meine Helfer. Mein Leben lang habe ich aus meiner Ecke noch keine Angstschreie vernommen. »TANZEN, CHAMP! TANZEN!«
Ich höre die Stimmen wie aus weiter Ferne, denn ich bin in eine andere Welt hinübergeglitten und werde in diesem Kampf nie wieder zum Tanzen zurückkommen.
Ich sage mir: Ich darf nicht noch einmal getroffen werden. Die Stimmgabel muß zu vibrieren aufhören. Ich muß die Tür zu dem Zimmer aufkriegen – zu dem Zimmer des Halbtraums, in das ich George schicken wollte. Nun hat er mich zuerst hierher befördert. Nur war ich schon einmal hier. Ich kenne mich

hier aus. Dann sehe ich die Masken und die Kostüme an den Wänden hängen, ich höre die Krokodile Posaune blasen und die Fledermäuse Trompete – aber ich fürchte mich nicht, ich laufe nicht davon. Ich ziehe die Kostüme an. Ich gehe in Deckung.

Ich weiß, daß Angriff die beste Verteidigung ist, daß der Gegner dann, wenn man selbst die Offensive aufgibt, seine besten Treffer landen kann. Georges Fäuste explodieren an meinen Nieren, meinen Rippen, meinem Schädel. Ich beuge mich zurück. Ich rutsche aus. Manches fange ich mit den Armen, den Ellbogen ab, aber ich bleibe an den Seilen.

»WEG VON DEN SEILEN, CHAMP! BEWEG DICH!«

Sie können ja nicht wissen, was ich weiß. Ich bleibe an den Seilen. Gegen Ende der Runde richte ich mich dann plötzlich auf und feuere eine Serie von schnellen linken Geraden und rechten Crosses gegen Georges Kopf ab – Wumm! WUMM! WUMM!

Ich muß auch die Belehrung fortsetzen. Er darf nicht glauben, daß seine Schläge mich vom Reden abhalten. Wenn ich jetzt verstumme, weiß er, daß ich angeschlagen bin.

»Kleiner – war das schon alles? Fester kannst du nicht?«

Der Gong ertönt, ich kehre zu meiner Ecke zurück. In den Augen meiner Helfer lese ich Sorge, Verwirrung und Angst. Sie haben alle möglichen guten Ratschläge für mich bereit – aber ich muß den Kopf hinhalten, nicht sie. Ich habe den heißen Atem des Ungeheuers verspürt. Sie wissen nicht, was ich weiß. Nicht einmal Angelo erinnert sich daran, daß ich jahrelang darauf trainiert habe, die Schläge von Schwergewichtlern aus kürzester Distanz abzublocken. Jahrelang haben meine Trainer und Berater geschrien und gejammert, während ich in den Seilen hing und ausprobierte, wieviel ein Schwergewichtler vertragen kann.

Was Schnelligkeit und Stehvermögen in meiner Gewichtsklasse betrifft, habe ich meine eigene Theorie. Wenn ein Schwergewichtler seine besten Schläge abfeuert, nehme ich sie gern mit weit offener Deckung an, um herauszufinden, wie lange er das durchhält. Ich muß das wissen, denn einen Gegner, der stärker ist als ich, muß ich ermüden. Beim jahrelangen Training in der Sporthalle habe ich etwas herausgefunden: Schwergewichtler verausgaben sich meist, wenn sich ihnen die Gelegenheit bietet, bei offener Deckung des Gegners immer wieder und immer wieder hinzulangen.

In diesem Fall ist das ein Vabanque, da George der stärkste Schwergewichtler der Welt ist. Andererseits weiß ich aber auch, daß er versuchen wird, mich spätestens in der dritten Runde auszuknocken.

Ich habe George sehr genau studiert und weiß, daß er manchmal ein geschickter, routinierter Boxer ist, der alles das anzubringen versteht, was er von Saddler und Moore gelernt hat. Erstaunliche Tricks und Manöver habe ich bei ihm gesehen. Aber George hat dreiundzwanzig K.-o.-Siege hinter sich. Ihm fällt es schwer, nicht daran zu glauben, daß dieselbe Methode mich nicht zu seinem vierundzwanzigsten Opfer machen sollte.

Kann ich erreichen, daß George das Opfer seines eigenen phantastischen Erfolgs wird? Ihm fällt es nicht leicht, eine Gewohnheit abzulegen, die so gut funktioniert.

In wenigen Sekunden wird der Gong die dritte Runde einläuten. Seit fünf Jahren brauchte George nicht länger zu boxen als höchstens drei Runden. Er wird jetzt mit allen Mitteln eine Entscheidung herbeizwingen wollen. Sein ganzes Selbstbewußtsein steht auf dem Spiel.

»VORBEI IN RUNDE DREI!«

Durch das weite Rund hallt eine Megaphonstimme. Ich blicke von George weg hinüber nach links und sehe Elmo Henderson, den Leib- und Magenclown des Meisters, mit einem weißen Megaphon in der Hand. Damit habe ich gerechnet, aber trotzdem läuft mir eine Gänsehaut über den Rücken. In Foremans Umgebung ist es ein offenes Geheimnis, daß ich in Runde drei erledigt werden muß.

»OH, YEAH! OH, YEAH!
VORBEI! IN RUNDE DREI!«

Henderson, groß, schlacksig, ein ehemaliger Schwergewichtler, hat sein Leben und sein komisches Talent der Aufgabe gewidmet, »den Champion aufzumöbeln«. Den ganzen Abend ist er in Kinshasa durch Straßen und Hotelhallen gezogen und hat durch sein Megaphon gebrüllt:

»OH, YEAH! OH, YEAH!
HEUTE IST ES SOWEIT!
VORBEI IN RUNDE DREI!
GEORGE DER ADLER WIRD FLIEGEN!
AUS FÜR DEN SCHMETTERLING MUHAMMAD!
HEUT IST ES SOWEIT!
OH, YEAH! OH, YEAH!«

In den Hotelhallen stieß Bundini mit Henderson zusammen und überschrie ihn: »Gottes Sohn kann man nicht schlagen! Stopf dir dein Geld ins Maul!«

Aber Henderson ist noch lauter als Bundini. Er blieb vor einer Gruppe Menschen stehen und brüllte so lange, bis Bundini wegging und knurrte: »Mit einem Verrückten ist nichts anzufangen.«

Angelo raunt mir zu: »Bleib von den Seilen weg. Bleib in der Ringmitte. Zwing ihn zum Boxen!«

Elmo schreit seine Prophezeiung hinaus:

»VORBEI IN RUNDE DREI!«

BONG! RUNDE DREI.

Ich bin schnell da und schlage linke Gerade mit Pfeffer dahinter. WUMM! WUMM! George blinzelt zwar, aber er geht vor, so stur wie ein Panzer. Er kontrolliert die Ringmitte, als erwarte er von mir einen Angriff, aber ich ziehe mich in die Ecken und an die Seile zurück. Dabei rufe ich ihm zu: »Na los, Schwächling! Hier willst du mich doch haben! Komm schon!«

Ich werde immer lauter. Der Ringrichter zischt mir zu: »Seien Sie still, Ali, schweigen Sie! Ich warne Sie zum letztenmal! Hören Sie zu reden auf!«

Ich werfe einen Blick auf sein Gesicht. Es wirkt gespannt, nervös. Clayton hat tausend Kämpfe geleitet. Er war dritter Mann im Ring, als ich Sonny Liston in Maine k.o. schlug. Besser als jeder andere ahnt er, was kommen muß. Und er weiß, daß dies für George die »Mordrunde« ist. Aber wenn er glaubt, daß ich an meinem vermeintlichen Todestag die Klappe halte, dann täuscht er sich. Ich schlage blitzschnelle Gerade nach Georges Gesicht und zische durch meinen Mundschutz: »Wo bleibt denn deine Kraft, du Schlappschwanz? Zeig's mir doch! Bei dir steckt nichts dahinter! Zeig mir doch was!« – »Hier steh ich! Komm, hol mich doch!«

Meine Ecke schreit: »ALI, WEG VON DEN SEILEN! FESTNAGELN! MEHR GERADE! WEG VON DEN SEILEN!«

George wirft mit Bomben nach meinem Kopf. Ich beuge mich zurück, aber er bleibt dran. Erstaunlich, wie er es fertigbringt, in jeden Schlag soviel Wucht hineinzupacken. Jeder einzelne Haken ist ein Heumacher. Ich blocke sie vor meinem Kopf ab. Plötzlich ändert er die Taktik und kommt mir von unten mit einem Uppercut, daß ich glaube, es reißt mir das Kinn weg. Ich bin verletzt – versuche mich zu halten.

»WEG VON DEN SEILEN, CHAMP! TANZEN! TANZEN!«

Ich versuche mich abzusetzen, aber er drängt mich zurück wie eine Stoffpuppe. Die Stimmgabel in meinem Schädel summt. Ich muß klammern. Ich muß ihn daran hindern nachzusetzen. George spürt, daß ich angeschlagen bin. Er geht los und will Schluß machen. Ich blocke ab, weiche aus und pendle. Es ist die längste Runde, die ich in meinem ganzen Leben durchstehen mußte, aber gegen Ende wird mein Kopf allmählich wieder klarer.

George stürmt stolz aufgerichtet weiter und scheint sicher zu sein, daß ich mich aufs Decken beschränken werde. Plötzlich lege ich los, mit kurzen linken und rechten Geraden, genau in sein Gesicht. WUMM! WUMM! WUMM!

Die Menge tobt. Es wird lebendig in der Arena, als sähen sie mich von den Toten auferstehen.

WUMM! WUMM! WUMM! Es sind keine sehr harten Schläge, aber er zeigt Wirkung.

»BEWEG DICH, CHAMP! TANZEN! BEWEG DICH, CHAMP!«

George wirkt verstört. Er schießt seine allerschwerste Bombe ab. Sie zischt an meinem Kopf vorbei, dann stehen wir so eng im Clinch, daß ich sein Herz pochen spüre. Ich beiße ihn ins Ohr. »Mehr kannst du nicht, Schlappschwanz? Mehr hast du nicht drin, Champ? Da steckt nichts mehr dahinter! Du bist mies dran, mein Junge!«

Ich spüre, wie er stoßweise atmet, und weiß, daß ich ihm zugesetzt habe. Ich weiß, daß auf den Punktekarten diese Runde an George gehen wird, aber etwas davon gehört auch mir.

Nach dem Ende dieser Runde brummt mein Schädel. Aber die »Hinrichtung« ist vorüber, und ich lebe noch. Jetzt muß ich nur genau achtgeben, wann ich an der Reihe bin. Ich nehme einen großen Schluck aus der Wasserflasche und spüle mir das Blut aus dem Mund.

Bundini ruft mir zu: »Champ, du mußt in Bewegung bleiben! Bleib dran, und beweg dich!«
»Er will dich an den Seilen festnageln! Laß das nicht zu!« Angelo ist verzweifelt.
Ich frage meine Ecke nur selten um Rat und richte mich kaum nach dem, was ich zu hören bekomme. Mehr denn je ist mir jetzt klar, daß sie keine Ahnung von dem haben, was im Ring vorgeht.
Deshalb lausche ich nur der Zuschauermenge:
»ALI! ALI! BOMAYE! ALI! ALI! BOMAYE!«
Das ist Lingala, aber ich weiß, was »Bomaye« bedeutet: »Schlag ihn nieder, mach ihn tot!«
Sie wurden Zeugen der schlimmsten Prügel, die ich in meinem ganzen Leben bezogen habe – und trotzdem glauben sie, ich könnte den Kampf noch machen. Das ist wie ein Elektroschock.
»ALI! ALI! BOMAYE! ALI! ALI! BOMAYE!«
Ich sehe hinunter zu Jim Brown. Erst neulich hat er öffentlich prophezeit, George werde mich schlagen. Ich beuge mich nach draußen. »Jim Brown! Du hast auf das falsche Pferd gesetzt! Dieser Schlappschwanz hat keine Chance! Dein Geld ist hin! Er ist als Boxer so mies wie du als Schauspieler.«
»George wird dich lynchen!« schreit ein Ungläubiger neben Brown und springt hoch.
Ich merke, wie mich alle aus Georges Ringecke beobachten. Sie sind verdutzt, weil ich die Pause nicht zur Erholung benutze, sondern zur Belehrung. Noch ehe der Gong ertönt, springe ich auf und dirigiere mit meinen Handschuhen den Chor meiner Anhänger.
»ALI! ALI! BOMAYE!«

BONG! RUNDE VIER.
BONG! RUNDE FÜNF.
BONG! RUNDE SECHS.
BONG! RUNDE SIEBEN.
Den größten Teil der Runden klebe ich an den Seilen und erwache erst gegen Ende einer jeden Runde zum Leben, wenn George mich schon praktisch für tot hält.
WUMM! WUMM! WUMM! WUMM! So trifft es Gesicht und Kopf des Meisters. Beim Clinch lausche ich jeweils seinem heftigen Atem. Ich spüre, daß seine Schläge langsamer kommen, sein Ausweichen zögernder wird. Ich rede mit ihm wie mit einem alten Freund, lauter und lauter. »Sechs Runden sind vorbei, und du hast mich immer noch nicht getroffen. Wer sagt denn, daß du zuschlagen kannst? Komm schon! Ich geb' dir eine Chance! Komm, Kleiner, schlag zu!«
Dann geht es bei ihm genau ins Auge – WUMM! WUMM! WUMM! »Paß auf dein Auge auf, Schlappschwanz. Deinen Riß hab' ich noch nicht einmal angerührt. Ich treffe nur das gesunde Auge.«
Aber George marschiert weiter wie ein Panzer und legt sein volles Gewicht

von zweihundertzwanzig Pfund in jeden seiner Schläge. Ich ermüde ihn, aber es wird für mich allerhöchste Zeit, einen Zahn zuzulegen, bevor er wieder Luft schnappen kann. Obgleich er müde ist, werde ich so hart schlagen müssen wie noch nie in meinem Leben, wenn ich ihn in die Knie zwingen will. Gegen Ende der siebten Runde nehme ich ihn fest in den Clinch und gebe ihm einen guten Rat: »Du hast noch acht Runden vor dir, Schlappschwanz! Noch acht Runden, dabei bist du jetzt schon hundemüde. Ich habe noch nicht einmal richtig angefangen, und du bist schon außer Atem! Sieh dich an! Keine Puste mehr, und ich verhaue dich.«

Er kommt mir mit einem weithergeholten Schwinger, fast in Zeitlupe, und ich antworte mit zwei gestochenen Geraden zum Gesicht – ZACK-ZACK! »Sieh dir dein Auge an, Champ. Schämst du dich nicht? Da sitzen die hübschen afrikanischen Mädchen, und wie sieht dein Auge aus?«

Sadler schreit ihn aus seiner Ecke an. Archie Moore will ihm etwas zurufen. Aber ich weiß, daß er nur auf mich hört. »Laß die Narren in deiner Ecke. Hör nicht auf Archie und Sadler. Die halten dich doch nur zum Narren. Sie haben dir nicht gesagt, wie schlimm ich bin, wie? Sie haben dir nichts davon gesagt, daß ich der schlimmste Gegner der Welt bin. Sie haben dich glatt belogen. Du hast noch acht – ACHT – lange Runden vor dir, Kleiner! Dabei schaffst du diese Runde kaum noch.«

Der Gong ertönt. Überall spüre ich die Schmerzen. Selbst die Leute in meiner Ecke merken die Wende.

Ich setze mich, bin aber unruhig. Dieses Tempo bringt George um, aber es verlangt auch eine Menge von mir. Ich muß aufs Ganze gehen, bevor er noch einmal Luft kriegt. Ich weiß, daß der Weltmeister erschöpfter ist als ich – aber wie lang kann ich seinem Trommelfeuer noch standhalten? Ich blicke hinüber in Georges Ecke. Nur dreimal in seinem ganzen Leben mußte er bis in die achte Runde gehen. Für ihn wird nun jede Minute seltsam und fremdartig sein.

Ich fange einen Blick des hochgewachsenen, dunkelhäutigen Mädchens auf, das die Nummer der nächsten Runde vorbeiträgt. Sie zwinkert mir zu. Ich blinzle zurück und fühle mich gleich wohler.

BONG! RUNDE ACHT!

George stürmt los. Immer noch hat er nur eines im Sinn: den K.-o.-Sieg. Aber seine Schläge kommen bereits langsamer und brauchen länger, bis sie mich erreichen. Ich weiß, daß sich Feuer in seinem Leib und in seinen Lungen ausbreitet, daß jeder Atemzug zur Qual wird, genau wie bei mir. Ich sehe, wie er ausholt und all seine Kraft in einen Schwinger legt. Blitzschnell gleite ich zur Seite. Er verfängt sich in den Seilen .»Schwächling!« sage ich. »Eine Meile daneben! Du siehst nicht gut aus, Champ!«

Ich beobachte ganz genau seine Augen. Ich zwinkere nicht einmal. Ich will nichts verpassen, was sein Mienenspiel mir verraten könnte. Und seine Augen sagen mir alles. Während ich ihm zusehe, wie er sich in den Ring zurückschleppt, muß ich plötzlich an Joe Frazier denken. Habe ich nicht George wie

einen zweiten Frazier behandelt? Wenn man Frazier niederschlägt, springt er hoch, noch bevor er die Matte richtig berührt hat, und geht schon wieder auf einen los. Er hat das Herz eines Löwen. Wenn Frazier angreift, schreien sein Blut und seine Knochen und seine Muskeln: »Wenn du mich nicht umbringen kannst, dann verschwinde, sonst bringe ich dich um!« Er kämpft bis zur völligen Erschöpfung und stürmt dann immer noch. Auch dann kommt er noch, wenn seine Lungen müde sind und brennen, wenn kein Tropfen Blut mehr in seinen Adern fließt. Wie hoch auch immer der Preis für den Sieg sein mag – er ist bereit, ihn zu zahlen. Man kann ihn ein dutzendmal niederschlagen, er kommt immer wieder hoch und greift erneut an.
George sieht aus wie King Kong, wenn er angreift. Aber hat er auch wirklich das Herz eines Joe Louis, Rocky Marciano, Henry Armstrong? Oder eines Joe Frazier?
Nur ein Mann, der die Tiefen der Niederlage kennt, kann vom Grund seiner Seele dieses letzte Quentchen Kraft mobilisieren, das man braucht, um in einem unentschiedenen Kampf das Blatt noch zu wenden. Ich weiß, daß George die Krone des Weltmeisters behalten will. Er will die Krone haben – aber ist er auch bereit, den Preis dafür zu bezahlen? Würde er dafür sein Leben einsetzen?
Es ist an der Zeit, ernst zu machen. Wir stehen Zehe an Zehe. George holt zu einer langen Linken aus, und ich schlage meine Rechte cross darüber. Jetzt gilt es. Wenn man mit einer gebrochenen Kinnlade, einer zermantschten Nase, einem Schädelbruch, einem entstellten Gesicht für den Sieg bezahlen muß, dann ist auch dieser Preis nicht zu hoch, wenn man König der Schwergewichtler werden will. Will man die Krone tragen, ist die Vorsicht nur angebracht, bis man auf einen Mann stößt, der lieber sterben als verlieren will. Dann muß man alles einsetzen – oder verzichten und für ewig verdammt sein.
Die Menge feuert mich an. »ALI! ALI! BOMAYE!«
Ich höre noch, wie mir Kid Gavilan, der Recke aus Kuba mit tausend Kämpfen, einmal sagte: »Ali, die Menge steht hinter dir, als ob du zu ihr gehörtest. Sie gehen mit, als ob es um ihr Leben und ihren Tod ginge. Wenn man sich auf etwas eingelassen hat, kann man nicht mehr zurück, dann ist es zu spät. Du hast oft gesagt: ›Ich bin der Schönste. Ich bin der Größte. Seht nur, wie hübsch ich bin. Kein Kratzer!‹ Die Leute lachen dann, aber eines Tages stellen sie dich auf die Probe. Sie schicken dich in die Höhle des Löwen. Nimm ihm die Beute aus dem Rachen – dann wird sich ja zeigen, wer am Ende der hübschere ist. Wenn du bei diesem Versuch stirbst, werden sie um dich trauern, machst du einen Rückzieher, bleibst du für immer als der Feigling in ihrer Erinnerung. Wenn du um den Titel kämpfst, mußt du alles auf eine Karte setzen.«
Ich weiß, daß dieser Augenblick nun gekommen ist. George will zurück und das Gleichgewicht wiederfinden. Ich lege all meine Kraft, meinen ganzen Schwung in eine gerade Rechte an sein Kinn. Ich treffe ihn beinahe voll, und er steht immer noch.
Archie Moore wird später sagen, daß dieser Schlag jeden von den Beinen ge-

22

Manila, 30. September 1975

Mir gefällt es, wenn Kinder mich sehen und rufen: »Er ist wieder der Champion! Unser Champ ist wieder der Champion!« Große und kleine Städte, Bürgermeister, Gouverneure und Organisationen heißen mich willkommen, veranstalten mir zu Ehren Paraden und besondere »Ali-Tage«. Ich werde aufgefordert, an Orten zu kämpfen, wo ich gesperrt war.
Ich habe versprochen, ein kämpfender Weltmeister zu sein, und nehme innerhalb von zehn Monaten drei Herausforderungen an. Aber von all den Gedanken, die mir durch den Kopf gingen, nachdem ich George am Boden liegen sah, beschäftigt mich am meisten die Frage, ob ich mich nicht vom Boxsport zurückziehen soll. Kaum ein Boxer weiß, wann es an der Zeit ist aufzuhören. Aber jeder Weg ist einmal zu Ende; irgendwo, noch weiß ich nicht, an welcher Stelle, wartet auch auf mich das Ende der Straße.
»Treten Sie ab, wann immer Sie dazu bereit sind«, sagen mir meine Anwälte. »Alles ist dafür vorbereitet. Sie sind sichergestellt und brauchen für sich und Ihre Familie bis an Ihr Lebensende keine Sorgen mehr zu haben. Es wird Zeit aufzuhören. Kümmern Sie sich lieber um Ihre Geldanlagen. Was wollen Sie sich eigentlich noch beweisen?«
Aber es gibt da etwas, das ich nicht unvollendet zurücklassen kann. »Bevor ich mich vom aktiven Sport zurückziehe«, sage ich zu Herbert, »werden wir George Gelegenheit zu einem Titelkampf geben. Er hat auch mir Gelegenheit gegeben. Sobald er dazu bereit ist, werden wir uns revanchieren.«
»Das kann noch lange dauern«, meint Herbert. »Du hast sein Selbstvertrauen erschüttert. George wird jedem Spitzenboxer aus dem Wege gehen, bis er wieder mehr Zutrauen zu sich selbst gewonnen hat.«
»Ich kann warten«, sage ich.
Herbert fährt fort: »Außerdem ist es nicht George, den die Leute im Ring sehen wollen. Sie rufen nach Frazier. Er hat die härtesten Kämpfe geliefert.

Manche Leute glauben, er würde das nächstemal siegen. Das große Geld ist nur mit einem Kampf gegen Frazier zu verdienen. Joe weiß es und wartet nur auf eine höhere Börse.«
Joe lehnt ein Angebot nach dem anderen ab, während ich meinen Titel gegen Chuck Wepner in Cleveland, Ron Lyle in Las Vegas und Joe Bugner in Kuala Lumpur verteidige.
Schließlich empfiehlt mir Herbert, meinen Rückzug aus dem Ring anzukündigen, um Joe klarzumachen, daß er nicht mehr allzu lange warten darf, weil er sonst vielleicht nie die Chance zu einem Kampf gegen mich bekommen wird. Das klappte. Joe unterschrieb bei Don King die Verpflichtung, in Manila gegen mich anzutreten.
Ich halte in Kuala Lumpur wenige Minuten nach meinem Sieg über Joe Bugner gerade eine Pressekonferenz ab, als sich in der Gluthitze Joes breite Schultern durch die Menge auf mein Podium zuschieben.
»Joe Frazier!« rufe ich. »Joe Frazier! Du kommst zu spät! Ich werde abtreten! Du bist zu spät gekommen.«
»Du wirst nicht abtreten«, knurrt Joe. »Du brauchst mich ebenso wie ich dich.«
»Das hier ist mein letzter Kampf, Joe. Du bist zu spät dran.« Ich wende mich an die Menge. »Will mich vielleicht jemand gegen Joe Frazier kämpfen sehen?«
Die Menge tobt, die Antwort überrascht mich. Ein Schrei ertönt: »Jaaaa! Ali–Frazier! Ali–Frazier!«
Ich weiß noch genau, wie mich mein Agent fragte: »Ist es nicht an der Zeit aufzuhören? Du machst immer wieder weiter. Niemand kann ewig siegen. Du hast doch bewiesen, daß du der Größte bist. Mehr ist für dich nicht drin.«
Aber ich höre nicht auf ihn. Ich sehe das Funkeln in Fraziers Augen. Ich weiß, was das bedeutet: daß ihm die Umgebung allmählich auf die Nerven geht. Ich rufe laut: »Wer glaubt wohl, daß mich Frazier schlagen kann? Los, meldet euch! Glaubt ihr, Frazier kann mich besiegen?«
Die Hälfte der Menge schreit: »Joe Frazier! Joe Frazier! Joe Frazier!«
»Wie könnt ihr nur!« fahre ich dazwischen. »Ich habe George Foreman gestürzt, und ihr zweifelt immer noch. Moses ließ Feuer vom Himmel regnen, er verwandelte Wasser in Blut und teilte das Meer. Ihr zweifelt immer noch an mir, nachdem ich alle möglichen Wunder gewirkt habe. Niemand soll mir nachsagen, ich hätte mich zurückgezogen, um mich vor einem Kampf zu drücken. Wenn Joe noch einen Kampf haben will – meinetwegen! Und das gilt nicht nur für Frazier, sondern auch für Norton, Foreman, Ellis!«
King ruft: »Der Super-Fight Nummer drei ist da! Das ist der dritte Superkampf! Muhammad Ali und Joe Frazier treffen ein drittes und letztes Mal aufeinander! Das ist der Zeitpunkt, an dem es ein für allemal entschieden wird. Wir werden ja sehen, wer der wahrhaft größte Schwergewichtler ist. Der Kampf findet am 1. Oktober in Manila statt!«
»Wie hat dir das gefallen, was ich mit Bugner angestellt habe?« frage ich Joe. Ich hatte gegen Bugner einstimmig nach Punkten gesiegt und stand fast die

ganzen fünfzehn Runden auf den Zehenspitzen. »Weißt du, was dir fehlt, Joe? Du kannst nicht tanzen!«
»Dafür kann ich kämpfen.« Joe lächelt. »Und ich kann's nicht mehr erwarten, bis ich dich beim Arsch habe! Ich bin so geil auf dich wie ein Ferkel auf die Maische. Ich kann Manila kaum noch erwarten!«
»Du hast geringe Chancen«, sage ich ihm. »Bei einem Kampf zwischen uns beiden wird niemand Geld auf dich setzen. Niemand wird darauf wetten, daß ein Baptist einen Moslem schlagen kann.«
»Weil's die Leute nicht besser wissen. Sie lassen sich durch dein Großmaul täuschen. Stopf dir doch das Geld ins Maul!«
»Willst du ein Geschäft mit mir machen?«
»Ich ziehe bei jedem Geschäft mit.«
»Dann will ich dir etwas sagen. Dieser Kampf bringt mir sechs Millionen Dollar und dir mehr als zwei. Schlägst du mich, dann gebe ich dir aus meiner eigenen Börse eine Million ab. Wenn du mich schlägst ...«
»Bekommst du von meinem Geld eine Million ab«, beendet Joe den Satz.
»Gut. Sag deinen Managern und Rechtsanwälten, sie sollen es so zu Papier bringen, wie wir's gerade ausgemacht haben.«
»Es geht um eine ganze Million«, rufe ich der Menge zu. »Wir haben uns gegenseitig zu den berühmtesten Boxern der Welt gemacht. Jeder will den Kampf zwischen mir und Frazier sehen. Selbst meine kleinen Töchter wollen ihn sehen. Sie verstehen nichts vom Boxen. Aber wenn sie zu Hause den Namen Frazier hören, fragen sie mich: ›Daddy, wirst du Joe Frazier schlagen?‹ Und ich verspreche ihnen: ›Ja, Kleines, mach dir keine Sorgen, den bösen Mann schlägt Daddy bestimmt.‹«
»Bei mir zu Hause ist dein Name besser bekannt als der von Präsident Ford«, entgegnet Joe. »Wenn sie mich sagen hören: Ich bin auf einen Kampf mit ›meinem Mann‹ aus, dann sagen sie sofort: ›Daddy, damit kannst du nur Muhammad Ali meinen.‹ Und ich sage: ›Ja, das ist mein Mann!‹«
»Ist das abgemacht?« ruft jemand. Andere fallen ein: »Ist der Kampf perfekt?«
»Alles klar!« schreit King zurück.
Ich brülle: *»Das wird ein Thrilla und ein Killa, wenn ich boxe mit dem Gorilla in Manila!«*
Manila entpuppt sich als eine der nettesten Städte, in denen ich jemals mein Blut vergossen habe. Das liegt nicht sosehr an der Geographie, sondern mehr an der warmherzigen, freundlichen Bevölkerung. In den Wochen, die ich für den ›Thrilla in Manila‹ trainiere – übrigens ein Titel, der sich als prophetisch erweisen sollte –, verliebe ich mich in die Menschen auf den Philippinen. Sie umschwärmen mich im Trainingslager und begleiten mich auf meinen Spaziergängen durch die Straßen. Doch als sich dann zwanzigtausend am Morgen des Kampfes im Philippine Coliseum drängen, erhebt sich ein so wildes Geschrei nach Blut, wie ich es noch in keinem Stadion auf der ganzen Welt erlebt habe. Sie feuern uns zum schrecklichsten Schwergewichtskampf meiner ganzen Laufbahn an.

In der vierzehnten Runde gebiete ich Joe Einhalt. Irgendwie bringe ich noch die Kraft auf, in meine Garderobe zu wanken und mich auf die Couch zu legen. Jeder Knochen fühlt sich an, als hätte ihn mir jemand mit einer Brechstange zerschlagen. Der Kampf ist zwar überstanden, aber die Schmerzen sind noch so akut, daß ich meine Helfer beiseiteschiebe.
»Laßt ihn doch Luft schnappen! Gönnt ihm ein wenig Luft!« Blood drängt die Leute zurück. Die meisten werden hinausgeschoben, dann besetzen die Wachen meine Tür.
»Und die Presse?« fragt jemand. »Die Reporter warten oben.«
Ich wimmle sie ab. Ich will mich jetzt nicht der Presse stellen. Ich boxe seit einundzwanzig Jahren und habe Gegner mit Temperament, Kraft und Entschlossenheit kennengelernt. Aber jetzt habe ich etwas hinter mir, was mir in meinem ganzen Leben noch nicht begegnet ist: ein Fighter, der mich bis an den Rand des Todes geführt hat.
Ein Reporter hat sich hereingemogelt und steht am Kopfende der Couch. »Champ«, flüstert er. »Haben Ihnen die Schwierigkeiten in Ihrer Ehe zugesetzt? Stimmt es, daß Moslems nach dem heiligen Koran vier Ehefrauen haben dürfen?« Er spielte auf meinen Disput mit Belinda an. Dieser Streit war in der Presse noch mehr hochgespielt worden als der Kampf mit Frazier.
Belinda – unser oberster Geistlicher Wallace D. Muhammad hat ihr den neuen Namen Kalilah zugewiesen – war nach einem eintägigen Besuch in Manila wieder nach Hause geflogen.
»Ich habe nur eine einzige Frau«, antworte ich. »Sie ist nach Hause geflogen, um sich um unsere vier Kinder zu kümmern.«
Er will noch weitere Fragen stellen, aber ich schüttle ihn ab. Mein Hals ist ausgetrocknet, jedes Wort schmerzt. Ich habe das dringende Verlangen, Eiswürfel zu lutschen.
»Warum haben Sie sich nicht mehr bewegt?« will ein anderer Reporter wissen. »Warum haben Sie nicht getanzt wie sonst?«
»Weil es ein ganz anderer Kampf war«, antworte ich.
Es war wirklich etwas ganz anderes. Wenn ich mich mehr bewegt hätte, dann hätte ich gegen Frazier niemals fünfzehn Runden durchgestanden. Ich hatte Dick Sadler für meine Ecke gewonnen. Sadler, Georges früherer Manager, hatte mit mir das Krafttraining absolviert. Das bedeutete, daß ich mich nicht so viel bewegen durfte.
»Es war der größte Kampf, der jemals ausgetragen wurde!« ruft jemand an der Tür. »Der größte Boxkampf der Geschichte!«
Nun strömen noch mehr Leute in meine Garderobe. Hugh »Watt Earp« drängt sich herein. »So etwas hat's noch nie zuvor gegeben!«
J. Paul Getty III. stürzt mit Tränen in den Augen herein. Sein langes Haar verdeckt die Stelle, an der ihm Kidnapper ein Ohr abgeschnitten haben. »Wenn du abtreten willst, Champ, gibt es für uns tausend geschäftliche Möglichkeiten. Einen solchen Kampf hab' ich noch nie gesehen.«
Ich fahre ihm mit der Hand über den Schopf. Er ist ein schüchterner, hoch aufgeschossener Junge, dem sein Ohr immer noch zu schaffen macht.

»Was ist denn da draußen passiert?« fragt ein Reporter. »Die ersten fünf Runden haben für Sie so fein und so leicht begonnen. In den nächsten Runden schien er dann aufzuholen. Und dann haben Sie plötzlich das Heft wieder an sich gerissen. Was war los?«
»Gibt's hier keine Eiswürfel?« frage ich. Jemand sucht nach Eis, aber man treibt keins auf. »Holt mir wenigstens einen Eimer kaltes Wasser.«
Bundini brüllt: »Macht die Tür zu!«
Immer mehr Leute drängen sich an den Wachen vorbei. Ich nehme es kaum noch wahr. Ich fühle nur die Schmerzen, die nicht weichen wollen, und ich erlebe noch einmal die Schläge, die ich einstecken mußte. Was immer ich auch in der Öffentlichkeit über Frazier gesagt hatte, insgeheim weiß ich, daß ich einem der größten Boxer aller Zeiten gegenübergestanden bin.
In den ersten Runden war ich ihm überlegen. Ich bin größer und verfüge auch über eine größere Reichweite. Aber er pendelt meine Schläge aus und unterläuft sie. In der sechsten Runde machen sich dann seine Körpertreffer bemerkbar. Bevor die Hälfte des Kampfes vorüber ist, bin ich erschöpft. Zum erstenmal in meiner Laufbahn befürchte ich, nicht die volle Distanz zu schaffen.
Ein Reporter fragt: »Woher haben Sie nur diese Kraftreserven genommen?«
Für eine Antwort bin ich zu müde, ich kann nur über seine Frage nachdenken. Ich beziehe Kraft aus dem Gedanken an die Zukunft und daran, was eine Niederlage für mich bedeuten würde. Andere Boxer haben mehr Niederlagen als ich eingesteckt, aber sie vergessen solche Lektionen. Ich kann nie etwas vergessen.
Ich weiß, daß der Mann, der meine Rippen mit linken Haken bearbeitet, niemals aufgeben wird. Mein Magen brennt. Vor Kopfschmerzen bin ich schwindlig. Ich lege alle meine Kraft in meine Fäuste. Aber Frazier geht nicht zu Boden. Sein Gesicht besteht nur noch aus Rissen und Schwellungen. Seine Augen sind zugeschwollen. Aber er bleibt am Mann, unterläuft meine Schläge, drischt mir die Linke in die Rippen, an den Kopf. Ich zwinge mich zum Kontern und packe Kräfte, die ich mir von morgen ausleihe, in die Schläge. Doch in der neunten Runde wird der Schmerz fast unerträglich. In der zehnten ist es noch schlimmer. Dieses Gefühl hatte ich noch nie im Ring: dem Tod nahe zu sein, meinem eigenen Tod. Jeder Schlag, den ich einstecken muß, ist ein Schritt auf dem Wege zu meinem Grab. Erschöpft war ich schon oft – bei den Olympischen Spielen, beim Kampf um die Goldenen Boxhandschuhe, in zahlreichen Turnieren. Aber was ich jetzt empfinde, geht weit darüber hinaus. Irgendwie kämpfe und schlage ich weiter und bringe mich dabei selbst um. Er kommt immer wieder. Er geht einfach nicht zu Boden. Warum tun wir das bloß?
Ich erinnere mich an den Beginn der vierzehnten Runde. Ich weiß, daß ich möglicherweise verlieren werde. Wenn ich nicht zusätzliche Kraftreserven mobilisieren kann, ist alles vorbei. Ich reiße mich zusammen. Schieße gerade Linke und Rechte ab, bis ich meine Arme nicht mehr spüre. Als die Runde vorbei ist, bin ich einem Zusammenbruch nahe. Ich sinke auf meinen Hocker und frage mich, ob ich die letzte Runde überhaupt noch schaffen werde. Ich

sehe hinüber in Fraziers Ecke. Sein Gesicht sieht schauderhaft aus, seine Lippen sind an vielen Stellen aufgeplatzt, sein ganzer Kopf weist überall Schwellungen auf.
Angelo flüstert mir ins Ohr: »Sieh mal. Vielleicht kommt Frazier gar nicht mehr.«
Ich hebe den Kopf und hoffe, daß er nicht mehr antritt. Eddie Futch und der Ringarzt untersuchen Fraziers Augen. Wird ihm Futch die Fortsetzung des Kampfes erlauben, weil er weiß, daß auch ich am Ende bin? Ich weiß noch, wie mich Futch einmal im Krankenhaus besuchte und sagte: »Seinen Boxer muß man lieben wie seinen eigenen Sohn. Als Manager muß man seinen Boxer wie einen Sohn lieben, sonst wird die Sache gefährlich. Denn liebt man nicht, dann denkt man nur an das Geld, schickt ihn hinaus und riskiert, daß er zum Krüppel geschlagen oder gar getötet wird.«
Futch liebt Frazier und wirft das Handtuch. Ich schleppe mich zur Ringmitte, dann geben meine Knie nach. Alles dreht sich. Ich breche zusammen.
Jemand hilft mir hoch und reicht mir eine Wasserflasche, aber ich bin so schwach, daß ich sie nicht festhalten kann. Meine Kehle ist wie ausgetrocknet. Endlich raffe ich mich auf und gehe mit meinen Helfern zur Garderobe. Unterwegs werfe ich einen Blick über die Schulter. Drüben auf der anderen Seite der Arena verschwindet gerade Frazier. Mit dem blauen Bademantel über den breiten Schultern schiebt er sich durch die Menschenmenge in Richtung Garderobe. Dreimal haben wir einander Fuß an Fuß gegenübergestanden. Im Laufe von vier Jahren waren das einundvierzig blutige Runden auf Leben und Tod. Dies ist das letztemal, daß wir jemals gegeneinander in einen Ring steigen werden.
Mein Vater trägt stolz die Trophäe, die mir Präsident Marcos überreicht hat. Er war in den Ring geklettert und hatte gesagt: »Das Volk der Philippinen feiert mit Ihnen die erfolgreiche Verteidigung Ihrer Weltmeisterschaftskrone in einem unvergeßlichen Kampf, wie ihn die Welt kaum jemals gesehen hat. Dieses sportliche Ereignis hat meine Landsleute in die Lage versetzt, einen der größten Fighter unserer Zeit in ihr Herz zu schließen. Unseren herzlichsten Glückwunsch!«

Am Abend sind dann Frazier und ich zu einem Dinner mit Präsident Marcos ins Gästehaus der Regierung eingeladen. Ich gehe hin, obgleich meine Augen geschwollen sind und meine Knochen schmerzen. Frazier sagt ab. Er braucht Zeit, sich zu erholen, aber er läßt mir bestellen: *»Ich habe dich mit Schlägen traktiert, die jede Mauer umgelegt hätten – aber du bist stehengeblieben. Du bist ein großer Champion.«*
Während des Dinners erinnert sich Präsident Marcos an die Millionenwette zwischen Frazier und mir. Mit einem Lächeln sagt er: »Wenn ich recht unterrichtet bin, haben Sie noch Geld zu bekommen.«
»Nein«, antworte ich. »Joe schuldet mir nichts. Und ich bin ihm nichts schuldig geblieben. Wenn zwischen uns jemals eine Rechnung offen war, so ist sie jetzt beglichen. *Wir sind quitt.«*